21世纪高等院校旅游管理类创新型应用人才培养规划教材

休闲学导论

吴文新　张雅静 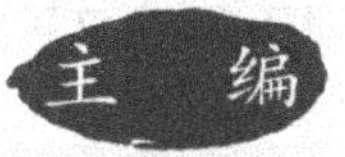

刘海春　卿前龙　刘晨晔 

内 容 简 介

本书编写体例独特，内容系统完整，理论与实践紧密结合，充分吸收了当前休闲学术界的最新成果，因而具有广泛的实用性。本书供读者阅读研究的拓展材料十分丰富，因而在教学方式上富有弹性，可充分发挥教师的个性和创造性，也可引导学生根据兴趣深入研究。本书包括5篇15章，第1篇为绪论，相当于休闲学总论，第2篇为休闲的基本理论（休闲本论），第3篇为休闲文化与教育，第4篇为休闲社会与政治，第5篇为现代休闲及其发展。限于篇幅和学时，本书在各篇内容叙述上有所侧重，师生可灵活把握、有所取舍。

本书既适用于文化类、经济类、管理类、哲学类等专业的本专科生等初学者，也适用于休闲领域的专业人员和相关专业的研究生，以及想使自己的休闲生活更加充实健康、更有品位的读者。

图书在版编目(CIP)数据

休闲学导论/吴文新，张雅静主编. —北京：北京大学出版社，2013.1

(21世纪高等院校旅游管理类创新型应用人才培养规划教材)

ISBN 978-7-301-21655-2

Ⅰ. ①休…　Ⅱ. ①吴…②张…　Ⅲ. ①闲暇社会学—高等学校—教材　Ⅳ. ①C913.3

中国版本图书馆CIP数据核字(2012)第281911号

书　　名：休闲学导论

著作责任者：吴文新　张雅静　主编

策 划 编 辑：刘　翯

责 任 编 辑：刘　翯

标 准 书 号：ISBN 978-7-301-21655-2/C・0842

出 版 发 行：北京大学出版社

地　　址：北京市海淀区成府路205号　100871

网　　址：http://www.pup.cn　新浪官方微博：@北京大学出版社

电　　话：邮购部62752015　发行部62750672　编辑部62750667　出版部62754962

电 子 信 箱：pup_6@163.com

印　刷　者：北京虎彩文化传播有限公司

经　销　者：新华书店

787毫米×1092毫米　16开本　27.25印张　651千字

2013年1月第1版　　2021年1月第5次印刷

定　　价：49.00元

前　言

20 世纪 90 年代，休闲研究进入我国学术界，此后，学术队伍逐渐壮大，至 20 世纪与 21 世纪之交，少量休闲学教材从境外引进，休闲学成为一些高校旅游、体育等相关专业的基础课程。随着高校人才培养模式的转变，客观上要求教学方式方法的改革，这必然对教材提出更高的要求。为此，我们尝试编写了本书。

在我国，休闲学是一门新兴但发展迅速、富有挑战性和吸引力的课程，这样的教材体系也必然难以定型。一本优秀的教材既要能够引领初学者步入休闲学的殿堂，又要能够激励入门者努力探求休闲的奥秘。这就要求教材既能阐明基本原理，又能紧跟时代前沿；既紧密结合休闲实践的现实，又有助于培养休闲领域的个性化创新型人才。然而，要想撰写一本符合这一要求的休闲学教材谈何容易。目前的同类教材，或者内容过于庞杂，以至于使初学者望而生畏；或者因编写者知识背景和专业特长而显出内容的偏颇性或视野的局限性。而展现在读者面前的这本《休闲学导论》则斗胆尝试突破。“导论”者，导引入门之论也。本书基于编者多年的休闲研究和教学实践，力求引导初学者进入休闲学的开阔地，也使稍有基础者能升堂入室领略休闲学术的独特魅力和开阔视野，故具有较强的启发性、引导性和实用性。

本书主要有以下特色。

第一，编写体例独特。本书的编写体例，既符合出版社的统一要求，又有自己的特色。除了阐述基本知识的正文之外，还有丰富的拓展材料和引申文献。学术性或知识性材料以“知识链接”形式呈现，历史性或实证性材料以“阅读材料”形式呈现；每章正文前后分别设置有助于把握该章核心内容的“导入案例”和“案例分析”模块，章末有理论性和实践性兼备的“思考与练习”模块，以及供进一步学习和研究的“精研参考”模块。

第二，内容完整丰富。本书除绪论篇外，主体部分由 4 篇构成，分别阐述休闲学的基本理论、休闲文化与教育理论、休闲的社会形式及政治理论和现代休闲发展理论。绪论篇主要介绍了休闲学的对象、方法、学科性质和体系内容等知识，以及中外休闲学的源流和发展脉络；休闲本论篇主要探讨了休闲的概念和相关原理，休闲活动的特点、类型和功能，中外休闲活动的历史，休闲的人本性、和谐性及其辩证特性，闲暇的概念及其与休闲的关系，休闲需求、动机、体验、畅爽和省悟，以及玩耍、游戏、游憩、娱乐等概念及其与休闲的关系，休闲制约、休闲供给及其与休闲需求的关系，休闲消费及其特点、功能和原则，休闲质量的三种测度方法等；休闲文化与教育篇主要阐述休闲文化及其与先进文化的关系，闲暇道德和休闲伦理的概念、原则和意义，中外休闲教育的历史、现状和基本理论；休闲社会与政治篇主要阐述休闲社会、休闲组织和休闲产业及其关系，中外休闲政策和制度的概念、内容及其发展状况；因篇幅所限，现代休闲及其发展篇只择取了旅游休闲、网络休闲、体育休闲这三种最为时尚而富有潜力的形式加以介绍，并原则性地展望其发展前景。

第三，理论与实践结合紧密。案例以及拓展性材料展现了丰富的休闲实践情况，使学生有一定的感性认识，同时理论叙述又有一定的深度和宽度；思考与练习题的设计在引导学生理论思考的同时，尽可能调动其参与调查和休闲实践的积极性，培养其创新能力。

第四，有较为广泛的适用性。由于体例和内容的特点，本书既适用于文化类、经济类、管理类等专业的本专科生等初学者，也适用于休闲领域的专业人员和相关专业的研究生，以及那些想使自己的休闲生活更加充实健康、更有品位的读者。

第五，充分吸收了休闲学界的最新成果。本书编写者都是近年来休闲学界有深厚学术积淀的学者，编写中不仅体现了自己的研究专长，还很好地驾驭了近年来的最新学术成果，站到了休闲学术的前沿，"精研参考"也为学生的学术兴趣提供了较有代表性的文献索引。

本书在使用中，可能由于教学对象的差异，不同专业的师生会有所取舍。教学材料的丰富不应该成为影响教学进度的因素，而应成为教学灵活性、创造性和个性化的源泉。所以希望教师在教学中各取所需，或增或删、或提升凝练或延伸拓展，一切服从于特定专业及其学生发展的需要。

本书主编为吴文新和张雅静，副主编为刘海春、卿前龙和刘晨晔。原则上由山东大学威海分校休闲研究所吴文新教授统筹第 1 篇，辽宁师范大学政治与行政学院刘晨晔教授和吴文新统筹第 2 篇，华南师范大学政治与行政学院刘海春教授统筹第 3 篇，宁波市行政学院哲学部张雅静教授统筹第 4 篇，广东金融学院休闲产业与高端服务业研究中心卿前龙教授统筹第 5 篇。另外，广东商学院旅游学院秦学教授、广东商学院华商学院廖珍杰讲师、华南农业大学体育教学部王志威博士、广东农工商职业技术学院孙东屏助教、复旦大学社科部曾海涛博士参与了具体章节的编写工作。

本书架构由吴文新拟定，全体主编人员讨论敲定。具体分工如下：吴文新编写第 1 章、第 2 章、第 4 章，吴文新、曾海涛编写第 3 章，刘晨晔、姜秋爽编写第 5 章，曾海涛、姜秋爽、刘晨晔编写第 6 章，孙东屏、刘海春编写第 7 章，刘海春编写第 8 章、第 9 章，卿前龙、张雅静编写第 10 章，张雅静编写第 11 章、第 12 章、第 14 章，秦学、廖珍杰编写第 13 章，王志威编写第 15 章，各章习题主要由吴文新修订。吴文新、张雅静负责统稿，最终稿由吴文新审阅修订。

本书编写还参考了现有的几种相关教材，在此对教材作者深表感谢！同时，十分感谢吴文新的研究生段兰兰、马金利、周恩和已经到复旦大学读博士的曾海涛，他们的辛苦校对保证了书稿的错误减少到最低限度。最后，感谢北京大学出版社对本书顺利出版作出的巨大努力！

本书编写历时一年多，每章内容都经过了深入的思考、讨论和交流，凝聚了一批学者的心血，是集体智慧的结晶。但是由于编者学术水平有限、教学经验不足、写作时间仓促，必然会有各种各样的缺漏，恳请读者不吝赐教，诚望师生同仁在教学中提出宝贵意见和建议，以便于本书的进一步修订和完善。

编　者

2012 年 9 月

目　录

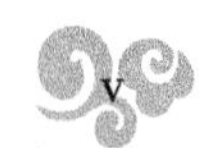

第1篇

绪　论

绪论篇主要阐述休闲学的学科问题，以及休闲研究和休闲学科成长的历史轨迹。由于休闲具有一种人性和社会文化、经济现象的复杂性，以休闲为对象的休闲学也有了自己的独特性；这就决定了休闲学的研究方法的独特性和复杂性，建立在人学和心理学基础上的参与法和体验法是一般方法，而具体实证性的方法多借鉴其他相关学科并加以综合改造而成。本质上说，休闲学是一门人文社会科学，与哲学、人学、社会学、文化学关系更为密切；广义的休闲学是一个庞杂的学科体系，有不同层次和角度的划分；休闲学内容丰富，介于广义和狭义之间的休闲学导论大致包含休闲基本理论、休闲文化理论、休闲社会理论和现代休闲发展理论；本书内容对此稍有取舍与拓展。休闲学在中西方都有深远的思想文化渊源，在西方随着资本主义工业化的发展，休闲思考的学术化、休闲研究的学科化都远远地走在中国前面，为我们留下了丰富的学术成果和学科资源；中国的休闲思想与中华文明一样博大精深、历史悠久，并独具特色，但其严肃的研究和学科化则是近十几年发生的事情；随着世界性的学术交流加强，中国的休闲学术研究也迅速追赶世界前沿，中国特色的休闲学科体系正在形成。

第1章 休闲学概述

教学目标与要求

了解休闲对象的复杂性和特殊性，由此理解休闲学的独特性；理解并掌握休闲学的一般和具体的研究方法；了解休闲学的学科性质和学科体系；理解休闲学的意义。

章节知识框架

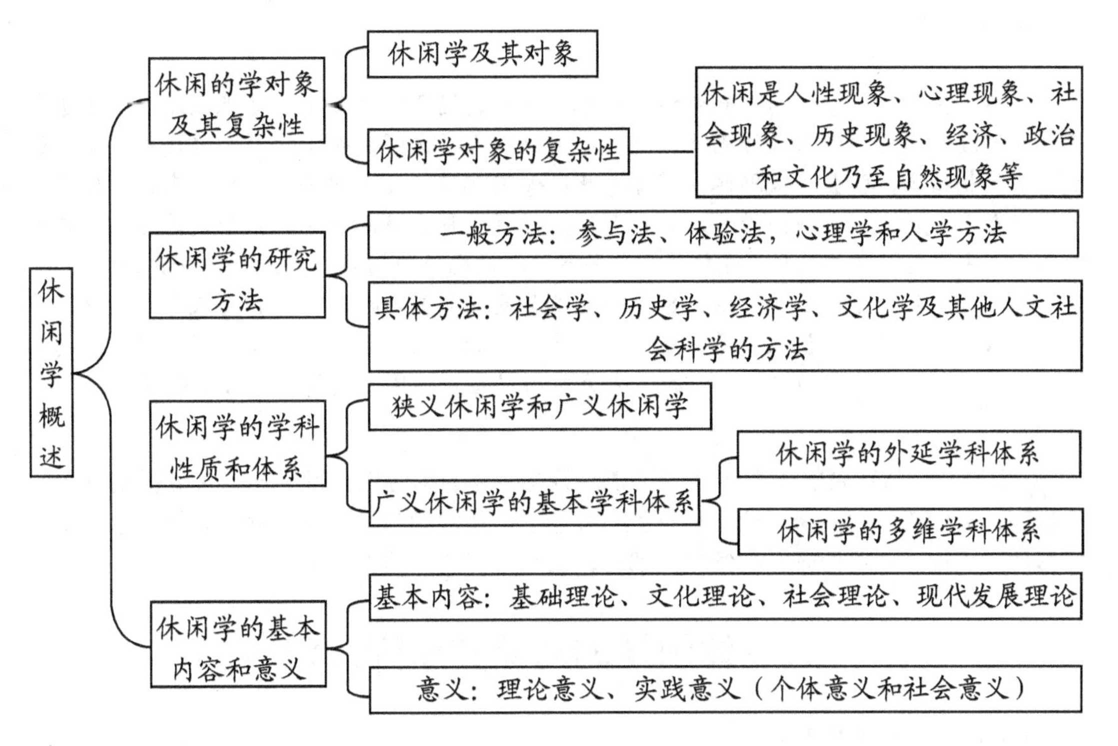

关键术语

休闲学，休闲，研究方法，学科性质，学科体系，意义

导入案例

休闲研究学科归属的困惑

近些年来，一些休闲研究爱好者每每参加中国休闲文化研究中心主任马惠娣老师组织

的“中国：休闲与社会进步”学术年会时，总有一种缺乏学科归属的感觉。人们议论：不是投稿后刊物编辑不知道放在哪个栏目，就是编辑认为休闲根本不是一个学术问题，不值得研究，再者就是批评作者论著学理性不够。更令人难堪的是其他学科的学者对休闲研究不屑一顾甚至嗤之以鼻，即使勉强得到承认，也只能是边缘学科，得不到经费的支持；没有几位有远见的学术领导能够敏锐察觉到这是一个新的学科生长点，是一个大有前途的学科领域；以至于单位的同事几乎没有人愿意参与课题研究，学术队伍组织不起来，学术平台搭建不起来，令不少休闲研究者十分困惑和尴尬。

令人欣慰的是，无论休闲研究者在具体的学术环境中面临怎样的困窘，马惠娣老师持之以恒的研究和呼吁，总让人力量倍增；一些高校的旅游专业纷纷把休闲学作为专业基础课，并作为通识课程向全体大学生讲授，一些以“休闲学”为名的教材相继出版，这才让休闲研究者感到“休闲学”其实就是在不解、误解、冷落乃至排斥之中逐渐成长起来的。

点评

其实，任何一门学科的成长都经历了艰难曲折的过程，总是由一些点点滴滴的思想火花，经过漫长历史的大浪淘沙而逐渐沉淀、凝结为人类文明的精华，再与人类相关实践的发展实际相结合，就会形成思想火花体系化、学科化的社会文化条件。相对来说，休闲学之所以在当今时代成为一门学科，首先是因为休闲这种独特而复杂的社会现象越来越在人们的生活中占据了重要地位，发挥了重要作用；人们已经迫切地感觉到独立研究的必要了。至于很多人对此产生误解和非议，也是因为这种现象的复杂性，以及它尚未普惠大众、显著影响社会，进而往往使人困惑。显然，严肃认真的休闲研究终将导致一门相对独立的休闲学科的形成，这具有历史的必然性。本章将帮助理解休闲学的学科定位或归属问题。

休闲学是一门新兴的人文和社会科学，具有很强的综合性。既有与人性相关的抽象程度较高、类似哲学的高深理论，也有类似社会学、经济学那样的实证性质，还有涉及实业发展的应用性、对策性研究的领域。那么，这是一门怎样的学科呢？

1.1 休闲学的对象和研究方法

1.1.1 休闲学及其对象

休闲学，是以人的休闲行为、休闲方式、休闲需求、休闲观念、休闲心理、休闲效益等为研究对象，探索休闲与人的生命意义和价值，以及休闲与社会进步、人类文明的相互关系。休闲学往往借鉴和采用了哲学、社会学、经济学、行为学、人类学、文化学等多学科的思维方法和理论工具，形成了休闲哲学、休闲社会学、休闲行为学、休闲经济学、休闲心理学、休闲美学、休闲宗教学等。休闲学的核心观点是，休闲是人的生命的一种状态，是一种“成为人”的过程，是一个人完成个人与社会发展任务的主要文化空间；休闲不仅是寻找快乐，也是在寻找生命的意义。

简言之，休闲学以人的休闲活动及其各种要素、条件、影响等为对象，探究休闲与人的生命、社会发展和文明进步的关系及其意义和价值。

1.1.2 休闲学对象的复杂性

休闲学有自己独特的研究对象，即休闲。它是一种极为复杂的人性现象、心理现象、社会历史现象、经济现象、文化现象乃至（政治）制度现象、自然现象等。

（1）休闲是一种人性现象。它根源于人性、成长于人性、发展于人性、提升并完善于人性，同时又反过来服务人性、成就人性、完善人性，使人健康幸福，使人性达致自由。这样的休闲就是人性的一种和谐状态，是人的自然属性的和谐，人的社会属性的和谐，人的精神属性的和谐，是人的这 3 种属性之间和谐的整体状态，是人性与各种外部环境和条件之关系的和谐状态。

阅读材料 1-1

休闲具有内在于人性的根据

首先，休闲是人的先天生理要求，它内在于人的生理本性之中。中国古代重要医学典籍《黄帝内经》记载："上古之人，其知道者，法于阴阳，和于术数， 食饮有节，起居有常，不妄作劳，故能形与神俱，而尽终其天年，度百岁乃去。"《易经》载："君子以向晦入宴息"，"外不劳形于事，内无思想之患，以恬愉为务，以自得为功……亦可以百数。"现代医学和生理学都证明，休闲是人类正常生理生活不可或缺的重要组成部分，它有着内在的、客观的生理物质基础。实验表明，适时适度休闲可以增强身体健康、提高工作效率和减少工作失误率。例如，现代医学证明，许多疾病是"生活方式病"，是劳逸忙闲分配不均的结果。足见祖先发达的智慧。古希腊大医学家希波克拉底（Hippcrates）也有同样的思想。在人类工业化初期，最早出来呼吁缩短工人工作时间，改善工人工作环境的就是医生。又如西方许多企业都很注意创设幽雅闲逸的工作环境，用于提高工作效率等。这些也是对于休闲合法性的一种经验科学论证。

其次，休闲内在于人的社会本性之中，是现实社会关系的必然要求。人是社会化的动物，是一切社会关系的总和。人的这种社会性具体表现在其交往本性中。虽然劳动实践（核心是生产和交换）是迄今为止人类交往的主导形式，但随着人们闲暇时间的增多和休闲生活的繁荣，休闲在人类交往中的地位日益突显。在现代社会中，劳动状态下的交往具有很大片面性，它并不足以展示人类本性。而经过严格测度和科学设计的生产线上的高度繁忙而紧张的劳动甚至会完全扼杀劳动的交往特性。休闲恰恰可以突破精细劳动分工和单调生产线所带来的限制，使普遍交往成为可能的现实生活，充分展示人类的自由本性和形上追求。

最后，休闲也是人的精神本性的必然要求。人是一种最复杂的存在物，生活中有多元价值追求:本能的和理性的，形下的和形上的，物质的和精神的，如此等等。休闲属于其中的后者。它固然是人类的一种现实存在状态，一种现实生活实践形式，却是与劳动生活不同的存在状态，是一种远却功利物欲的超拔性生活。瑞典天主教哲学家皮普尔（Pieper）称其"是一种文化基础"、"是一种精神状态，是灵魂存在的条件"。我国休闲学专家马惠娣也认为:“它(休闲)的价值不在于提供物质财富或实用工具与技术,而是为人类构建一个意义的世界,守护一个精神的家园,使人类的心灵有所归依。”积极健康的休闲,可以唤醒人性和良知,净化人的灵魂,提升人的品位,实现人的自我超越。

(资料来源:刘晨晔. 人类休闲合法性根据探源[J]. 思想战线,2004.)

(2)休闲被认为是一种心理现象。例如,休闲就是愉悦、快乐、畅爽、高峰体验、省悟等,是人的一种内在心理或精神状态,即“心闲”;有学者甚至认为休闲的本质在心理层面。

(3)休闲作为一种社会历史现象,有它自身形成发展的历程和特殊的规律性,与人的其他活动特别是劳动和日常生活密不可分。它最初渗透在劳动和日常生活之中,并与之高度融合,并不能明确区分休闲和劳动、休闲和日常生活;但随着社会生产力的发展,休闲开始从必要的劳动和日常生活中分离出来,成为某些社会阶级、阶层成员的特权;随着社会生产力的持续发展,社会必要劳动和生存性生活时间的显著减少,休闲得以独立、迅速地发展起来,并进一步与劳动和生活融合起来。同时,这也是社会发展和历史进步的必然表现和结果。

阅读材料 1-2

休闲时间的历史增长

不同的历史时代,有不同的人类生活形态。有资料显示,原始人一生中的劳动时间占33%,而闲暇时间只有16%;农业社会以后,人的一生中的劳动时间占28%;闲暇时间占22.9%;到了工业社会,人的一生中的劳动时间约为10.4%,闲暇时间占到38.6%。

近现代大工业社会的崛起,使闲暇时间增多成为必然。按照2003年的数据,平均每名美国人每年工作的时间为1 976小时,德国人平均每年工作的时间为1 535小时,而荷兰人、挪威人的工作时间比德国人更短。德国人平均每年拥有的带薪休假时间为30天,法国人为35天,日本人为18天。

新中国建立后到20世纪90年代初,我国一直实行每周工作6天、每天8小时的工作制。1994年5月1日,我国开始尝试实行5天半工作制,也就是隔周多休息1天,在每月的第一周的星期六和星期天休息,第二周星期天为休息日,依次循环。从1995年5月开始,我国开始实行5天工作制。1999年10月又推出了“黄金周”休假制度,我国职工的法定休息日每年达到了114天。2007年12月又在取消五一“黄金周”基础上,增加了清明、端午、中秋3个传统节日为法定假日,此后,我国法定休息日每年达115天。

(资料来源:http://news.xinhuanet.com/travel/2006-05/02/content_4503682.htm.)

(4)休闲作为一种经济现象,主要是由于历史进入资本主义工业化之后,随着物质生存资料的日益充裕,物质性和精神性的享受与发展资料(即休闲资料)也愈益丰富起来,这引起了产业结构的质的飞跃,休闲资料的生产日益占据了社会生产的重要地位;与此同时,人们的休闲需求也被激发起来,而通过产业形式高效生产休闲资料、提供休闲服务,满足人们的休闲需求,通过休闲消费推动经济社会发展,便成为一种突出的经济现象。休闲产业、休闲消费、休闲服务、休闲营销等便逐渐发展起来,成为现阶段人类休闲发展的社会物质形式。

(5)休闲作为一种文化现象,是人们创造文化、承传文化、欣赏文化、享受文化乃至

消费文化的活动。文化是直接体现休闲本质的东西，不仅直接属于文化活动的休闲是如此，而且表面看属于物质性活动的休闲也是如此，因为“休闲本质上不在于实用，而在于文化”（马惠娣）。休闲的这种文化属性造成了现阶段人类休闲的特殊矛盾，即文化内容与经济形式之间的矛盾，其中文化内容居于主导或中心地位，休闲的经济形式服务于、服从于其文化内容，休闲的文化内容体现休闲的动机、基本要素、目标和内在的人性状态和外显的社会效益等，是体现休闲灵魂的东西。

阅读材料1—3

“休闲”成为小康建设中的大众课题

“是和朋友开越野车去一直想去的甘肃拉卜楞寺，还是在家陪父母郊游烧烤、看看话剧听听音乐？我都喜欢，只不过是选择了后者。”5月1日下午，在北京方庄一家上岛咖啡店，中国政法大学教师阴卫芝一边品着胡萝卜汁，一边慢条斯理地诉说“长假选择的苦恼”。在她手上，印制精美的《都市主妇》杂志相当抢眼。

又一个五一黄金周来临，尽管外出旅游仍是人们的首选，但因为过节方式多元而感到“长假选择苦恼”的人确实越来越多。节前，中国社会调查所对北京、上海、广州等地2 000位公众进行“五一生活安排”的电话调查，结果显示，虽然27%的人选择旅游，但其中六成以上将时间限定为4～6天，不像以前那样把日程安排得很紧，而是预留出2天左右的参与其他活动和调整的时间，尽量实现“鱼与熊掌兼得”。一个现实佐证是5月1日的北京：地铁当日发送260万人次，西客站发送11万旅客，100万市民开始出京游山水；但相映成趣的是，数以千计的大学生志愿者上路维护交通，“全聚德”、“鸿宾楼”等老字号的节日宴售出约八成，北京人民艺术剧院的话剧《北京人》演出座无虚席。

而在“长假选择苦恼”的背后，是作为经济现象和社会文化现象的“休闲”大潮的日渐涌起。在经济层面，从1995年5月实施“双休日”、1999年10月实行“黄金周”到今天，全国假日出游人数、假日消费屡创新高，截至2006年春节，出游总量达12.58亿人次，旅游收入达5 123亿人民币，性急者甚至预言我国将于2015年进入“休闲经济时代”。在社会文化层面，长假已不再是“仅仅睡到日上三竿的连续休息日”，也不单单是旅游的“同义语”，而是更多“闲情逸致”的展示：平时不过瘾、集中看大片的早就对《金刚》、《侏罗纪4》垂涎三尺；连逛几天商场的“欲望者”对各种折扣、各类促销已烂熟于心；好不容易“规律运动”的健身族则打响了体育场馆预订的“争夺战”。如果说花鸟鱼虫、宠物饲养，偏于老人、女性的行为还有些“传统”的话，那么品茗交谈、酒吧小坐，假日探亲访友有了“休闲”的视角；相册观赏、笔写书信，很多怀旧之举多了“休闲”的味道；而青年人热衷于在志愿者、慈善捐助者档案里写下自己的名字，则实实在在地拓展着“休闲”的新天地。

（资料来源：http://news.xinhuanet.com/mrdx/2006-05/03content_4504712.htm.）

（6）休闲还是一种社会制度现象。在社会发展进程中，人们总是能够找到作为劳动之回馈的休养生息的时间和空间，远古时期人们劳作之余的祭祀、歌舞乃至全民狂欢，后来逐渐演化为全民性的节日、庆典和技艺、民俗等；到了农业社会，随着社会制度的成熟和稳定，至少在上层社会形成了建制性的休闲规制。步入近代工业社会，随着劳动生产率的提高，人们的休闲需求随之增加，国家对人民休闲权利给予基本保障的要求也更为迫切，对公民休闲权及工作日和劳动时间、休假时限的法律规定，对民族习俗、传统节日及民俗技艺的保护和承传的政策措施，对休闲资源的生产（供给）、分配、消费等方面的规约等，形成关于休闲的制度体系，已经成为一个现代国家社会制度的有机组成部分。

（7）休闲还被认为是一种自然现象。这不仅是指诸如在冬季众多的植物花叶凋谢进入“休长”期，不少动物收摄生命进入冬眠期，耕地为保持肥力需定期休耕，河海水产则有一定的休渔期等现象。更是指人与自然和谐相处、天人合一的休闲状态；当然这已经不是纯粹的自然现象，而是社会化了的自然现象。

综上可知，休闲的确是一种十分特殊而又复杂的现象，涉及人的生活和社会历史的方方面面，这既表明休闲学对象自身的特殊复杂性，同时也表明休闲学作为一门独立的人文社会学科的独特性。这也决定了研究休闲学方法的特殊性，既要根据其特殊性，找到属于它自身的核心方法；又要根据其复杂性，从不同的角度采用不同的方法。只有综合起来才能形成具有特殊内核的完整的休闲学研究方法体系。

1.1.3　休闲学的一般研究方法

休闲是人的体验性活动，因而休闲参与法和体验法就成为休闲学研究的最为核心的方法，这是一种主体与客体相统一的方法，是不同于其他学科的最为独特的研究方法。实际上，尽管几乎人人都参与休闲，并有实际的休闲体验，但在休闲学术研究领域，这一方法因其不具有可度量的客观性而并不常用。

对主体个人而言，休闲是主体在主动实践中发生的心理现象，心理学的方法是休闲学内在的方法，这既可以是主体自身的心理体验、反思、内省等，也可以是研究者对休闲者的客观实证研究，而后者因其显著的主客二分而属于科学研究的方法。

休闲作为一种人性现象，必须用人学的方法来研究。人学的方法本身也很复杂，但最基本的依然是哲学的方法，即把人作为休闲者或休闲主体放到他与周围世界的关系之中来看待，这个“周围世界”是作为休闲的对象、条件、手段和环境等因素而存在的，探究主体与世界构建一种什么样的关系就是休闲的关系或状态以及如何构建这种关系，或者如何达至休闲的状态。哲学的方法主要是辩证思维方法、历史分析方法等，与上述几种方法一样，都是休闲学的一般方法，也是其核心方法。

阅读材料 1—4

休闲学方法的特殊性点评

参与法和体验法是休闲学不同于其他任何学科的最核心方法，对此肯定会有人有不同的看法。因为在严格科学的意义上，科学的研究方法只能以主客二分、主客对立为前提，主体绝对地与客体保持距离，且不能带有任何先入之见和情感因素，否则研究过程的客观性、研究结论的可靠性和真实性就会大打折扣。但是对休闲学而言，研究的主体如果没有亲自参加过任何的休闲活动，没有产生过任何休闲的心理体验，只是纯粹客观地外在地观

察其他休闲主体的活动，那就永远搞不清楚所研究的主体的活动到底是不是休闲活动。因为休闲与否的根本标准只能是人性内在的而不是物质化、数量化等外在的东西。当然，这种方法并不常用，除了在确立休闲学的核心概念“畅爽”及其他多种个体效益时必须用到外，多在基础性的休闲哲学、人学乃至美学、伦理学等领域有限度地适用；即使是休闲心理学也依然以严格的主客对立的科学研究方法为主。但是，这并不影响参与法和体验法作为休闲学方法的核心、基础和前提性地位。

1.1.4 休闲学的具体研究方法

休闲是一种社会历史现象，必须用社会学和历史学的方法来研究。社会学的方法是将休闲主体划分为不同的社会阶层，把休闲对象区分为不同的种类，把休闲活动划分为不同的社会类型，把休闲时间区分为不同的用途，探究休闲现象在社会结构的横断面上的特征，这是一种实证性十分突出的研究方法，田野调查或问卷调查、访谈调查、个案调查、参与式调查等以及相应的统计学方法都适用于对休闲的社会学研究。历史学的方法注重对休闲历史的考察及规律性的把握，特别是对相关历史资料的考证和收集，弄清楚曾经发生的休闲事实及其运动变化的规律，这也是一种实证研究，不过是一种对历史遗迹、遗物和历史文献的实证。

休闲作为一种经济现象，一般经济学的方法也有相当的适用性。例如，对休闲消费的研究会用到消费经济学的方法，对休闲产业的研究会用到产业经济学的方法，对休闲资源配置的研究会用到市场经济学和制度经济学的方法，对休闲企业的研究会用到管理学、微观经济学等的相关方法；再如休闲供给和需求、休闲生产与消费、休闲产品和服务的营销管理、休闲产业的资本和利润等关系的研究都离不开经济学方法的应用。

把休闲作为一种文化现象来研究，就要用到文化学的方法，也被称为“符号学”的方法。文化是一种符号和象征，含有精神性、意识性或灵魂性的内容，这既涉及文化的知识、技能等方面的工具性，也涉及道德、思想、艺术、宗教乃至政治等方面的价值性。文化学的休闲研究既要研究休闲事实，更要研究休闲价值；既要研究休闲知识和技能，又要研究闲暇道德和休闲伦理；既要研究休闲的文化形式（如民族、地域、国家的区分），又要研究休闲的文化内容。

休闲作为一种社会制度现象，涉及政治学、法学、管理学、伦理学等领域。制度是一种规范和约束、引导和激励，也确立某种惩罚和禁忌，因此，正当合理的休闲制度及其体制的构建需要政治学和法学、管理学和伦理学方法的参与。

此外，休闲在时间的含义上，属于人的生命时间现象，因此又需要采用数学的方法进行时间统计和核算。例如，通过休闲者对自己每天的生活时间及活动内容的记账式记录，考察某段时间人们生活时间的分配和使用状况，从中发现休闲在生活中的地位和作用。

知识链接 1-1

几种通用的研究方法及其休闲学应用

一般研究方法中，最有意义的是定性和定量方法、实证和规范方法、归纳和演绎方法、个体和整体方法，以及逻辑的和历史的相一致的方法。

定性和定量方法基于任何事物都是质和量的统一体的哲学原理。定性方法主要用于探索事物的本质，弄清事物内在的规定性，及它与其他事物相区别的特殊性。例如，对休闲本质的研究，就是要弄清休闲的本质、休闲的内在规定性及它与非休闲的根本区别，则常常要用到归纳、综合和抽象的思维方法。定量方法主要用于探究事物运动变化的量的方面，如事物变化的速度、规模、效率，以及限度、范围等，休闲的量的方面就有休闲时间的多少、某段时间内休闲频次的多少、休闲强度的大小、休闲效益的高低、休闲的公平度、满意度以及用来度量休闲花费的休闲系数、休闲指数等，这常常要用到数学、统计学以及经济学的方法，涉及统计图表和数学模型等。

实证和规范方法基于事物客观规律性及其与人的价值关系的事实。实证方法主要用于回答“是什么”和“为什么”的问题，即要知其然和所以然，探索事物的本质和发展规律，事物的内在规定性及其运动发展的内在机制和动力、发展趋势和规律等，如休闲的起源和发生、闲暇时间的分配和使用、休闲的时间和金钱花费、休闲产业的发展状况、休闲的客观功能和效果等，既有质的方面，也有量的方面，各种辩证的思维方法都会用到。规范方法主要用于研究“应该是什么”、“应该怎样”或好坏善恶的问题，因为大多数人文社会事物都与人的生存、享受和发展有关，因而，人周围存在的事物，其发展变化究竟对人有利还是有害、如何做才能对人有利而避免危害，这就是规范研究的任务。例如，要探究什么样的闲暇活动才是积极的、健康的、有益的活动，才是人们真正需要的休闲？休闲活动的频次、强度等到什么程度就是最适当的？休闲活动的消费怎样才是合理的、低碳环保或可持续的？等，实际上是对休闲之保持其质的稳定性的量的限度和质的作用机制的研究。

归纳和演绎方法是辩证思维的基本方法之一。归纳是从试验和观察（包括调查）中得来的大量个别事实中概括提炼出一般性结论的方法。例如，对休闲本质的认识需要对各种闲暇活动的属性进行提炼和概括，最后形成关于休闲本质的一般看法。演绎就是从一般理论或原理中推导出具体的结论。例如，对休闲的特征和功能的认识，就是从休闲的本质中引申出来的以及各种具体的休闲活动的特殊功能和效益也可以进行推理预测等。

个体和整体方法基于事物的微观成分和宏观构成的辩证关系，主要用于探究部分与整体、个体与集体、要素与系统、微观与宏观的关系。个体方法又称原子主义或个人主义方法，整体方法又称整体主义或集体主义方法。前者用于分析个体或单个要素行为的特点，后者用以探究所有个体或要素之间相互作用的行为和功能特点。例如，在休闲研究中，个体方法用来分析休闲者个人的休闲需求、休闲动机、休闲行为、休闲花费、休闲效益等，整体方法则用于研究某个社会群体、阶层、集团乃至民族、国家的行为，具体要用到综合的方法、统计的方法以及抽象上升到具体的方法。

还有一种更为高级的辩证思维方法，即逻辑的和历史的相一致的方法，这是一种建构和叙述理论体系的方法。在上述方法研究成果的基础上，要将研究成果整理成一个严密的逻辑系统，形成一门学科的知识系统或理论体系。逻辑的方面就是知识或理论叙述的方面，历史的方面就是研究对象客观的发生、形成、变化发展以及人们对它的逐步认识等历史过程，二者相一致就是这门学科的理论表述和逻辑思路要与对象自身的发展和人们对它的认识的发展历程保持一致。这与研究的方法不同，研究是从结果追溯原因、从现在追溯过去，而知识叙述或理论表述则要反过来，即按照历史的原样从原因推导出结果、从过去讲述到

现在再到未来、从要素整合出整体、从简单的本质推演出复杂的现象、从抽象上升到具体。休闲学科的知识体系的建构和叙述也要遵从这样的方法。

1.2 休闲学的性质、体系、内容和意义

从休闲学对象和研究方法的复杂性，可以看出，休闲学并不是一门单一的学科，而是由众多相关学科构成的体系。

1.2.1 休闲学的学科性质

严格意义上的休闲学是指狭义的关于休闲之特殊本质和规律的基础理论学科，具有哲学的学科性质，凸显休闲的人本特质、人文关怀，揭示它对人的生存、享受和发展的关系及其规律。这也是其他有关休闲研究的前提性和基础性学科。

而广义的休闲学则是指一个关于休闲的学术研究和实践应用的庞杂的学科体系，具有综合交叉的跨学科性质，它包含了几乎所有的人文学科、社会学科对休闲的研究成果，既有理论性的基础研究，又有实践性的应用研究，甚至还包含一些工程技术性的内容，多属于"软科学"的范畴。

阅读材料 1—5

关于休闲学概念的不同理解

马惠娣关于休闲学的界定是学术界一般公认的休闲学定义："休闲学，是以人的休闲行为、休闲方式、休闲需求、休闲观念、休闲心理、休闲动机等为研究对象，探索休闲与人的生命意义和价值以及休闲与社会进步、人类文明的相互关系。休闲学往往借鉴和采用了哲学、社会学、经济学、行为学、人类学、文化学等多学科的思维方法和理论工具，形成了休闲哲学、休闲社会学、休闲行为学、休闲经济学、休闲心理学、休闲美学、休闲政治、休闲运动、休闲宗教学等。休闲学的核心观点是，休闲是人的生命的一种状态，是一种'成为人'的过程，是一个人完成个人与社会发展任务的主要存在空间；休闲不仅是寻找快乐，也是在寻找生命的意义。"这一界定包含了狭义和广义两个层面的内容。

有人把休闲学叫做休闲研究，认为："休闲研究（leisure studies or leisure science），也称休闲学，它以人的休闲行为、休闲方式、休闲需求、休闲心理、休闲观念、休闲动机等为研究对象，以探索休闲与人的生命意义和价值，以及休闲与社会进步、人类文明之间的相互关系为学术追求。"但实际上是有区别的。可以说休闲研究的历史比休闲学的历史要悠长得多。例如，古希腊思想家亚里士多德拥有丰富的休闲思想，也就是说亚里士多德曾经研究过休闲问题，但并不意味着亚里士多德是休闲学的创始者。同样，现在由于学科的细密分化，许多学科都会涉及休闲研究，但不能说那就是休闲学本身。休闲学可以以自己的基本视角和方法辐射到对各种社会问题的研究，属于休闲学的范畴，但休闲研究可以是多个学科从各自的学科视角对休闲问题的研究。二者不是一个学科领域，但是，二者的确密切相关。可以说，没

有休闲研究就没有休闲学，有了休闲学，休闲研究就能够更加深入广泛地开展。

其他关于休闲学的理解还有①李仲广等认为："休闲学（leisure）是以人们的休闲行为和休闲现象为研究对象，对闲暇时间、休闲、个人休闲行为、休闲与社会的关系等进行研究，目的在于揭示休闲行为的一般规律以及提高休闲满意度和生活质量。休闲学是休闲学科的核心与基础。休闲学科或休闲研究是关于休闲所涉猎知识的总称，是一个集合的概念。"②马勇等认为："休闲学就是将休闲作为一种综合的社会现象，以其所涉及的各项要素的有机整体为依托，以休闲者活动和休闲产业活动在休闲运作过程中的内在矛盾为核心对象，全面研究休闲的本质属性、运行关系、内外条件、社会影响和发生发展规律的新兴学科。"这一界定把休闲提升到产业的角度进行研究，有它与时俱进的时代性的优点，但也过于狭窄，不能涵盖社会休闲生活中众多非产业性的休闲。

总体而言，以上关于休闲学的理解都有较大的重叠之处，没有本质的区别，人们应该求同存异，保持休闲学概念和学科内容理解上最大的共识。

（资料来源：http://www.people.com.cn/GB/guandian/29/163/20010116/379574.html.）

1.2.2 广义休闲学的基本学科体系

狭义的休闲学为学科核心，向外展开休闲哲学（含休闲人学）、休闲社会学（含休闲人类学）、休闲文化学、休闲心理学，这是休闲学科的专业基础学科；进而展开休闲美学（可拓展为休闲艺术学）、休闲伦理学、休闲教育学、休闲经济学、休闲政治学（含休闲法学）、休闲行为学、休闲旅游学、休闲体育学等专业拓展学科；再进一步延伸出休闲管理学、休闲历史学、休闲宗教学、休闲民俗学、休闲民族学以及休闲生态学、休闲建筑学、休闲地理学、休闲餐饮学、休闲创意学、休闲传播学等理论和应用学科。这可被称为休闲学的外延学科体系。

其中也蕴涵着其他研究视角，如主体视角的老人休闲学、女性休闲学、学生休闲学、农民休闲学、残障人休闲学、（某）少数民族休闲学等，功能视角的康复休闲学（对病患或残障人士休闲的研究）、养生休闲学、益智休闲学等，地域视角的乡村休闲学、城市休闲学（对休闲城市和城市休闲的研究）等，以及活动视角的网络休闲学、旅游休闲学、娱憩休闲学、竞技休闲学等。这些学科都围绕休闲而展开研究，区别主要在于研究视角和方法以及所面向的具体人群、地域等有显著不同。这可被称为休闲学的多维学科体系。

本书所谓的"休闲学"就是在狭义的休闲学基础上，对休闲学之学科体系的一个引导性、入门性的概述，属于休闲学的浅显概览和入门向导。

阅读材料 1-6

休闲学与其他学科研究休闲问题的关系

休闲学涉猎多种学科，似乎与各学科范畴内所涉及的休闲研究相等同，完全可以划归到其他各个学科之中。例如，所谓"休闲社会学"，可以是社会学对社会现象中休闲问题、休闲因素的研究，是社会学的一部分，没有必要独立为一门学科；再如旅游学研究休闲，只是探究旅游中的休闲元素，经济学研究休闲不过是把休闲当成一种消费和产业现象等。但是，由于休闲现象的独特性、复杂性，如同一滴水可以照见太阳的七彩光辉，在休闲研

究中可以找到各个学科的影子，这显然不同于其他各个学科范畴内所涉及的休闲问题的研究。在实际生活中，休闲以其独特的人本、和谐、自由和幸福的理念和现实追求延伸渗透到社会生活的各个领域，因此休闲学不仅是一种对特定对象的研究，而且也是一种独特的视角和方法，因而也是一种特殊的生活理念、人生追求，以此为基点展开对休闲现象的全方位的研究，必然形成某种不同于传统学科的独特的学术领域——休闲学科（亦可简称休闲学）。当然，构建休闲学科体系，离不开其他各个学科对休闲问题的研究成果，并以这些成果为基础，运用休闲学的理论和方法加以概括凝练、提升拓展，从而与以休闲视角和方法的研究成果形成互补，最终形成完备的休闲学科体系。

1.2.3 休闲学的基本内容

从上节关于休闲学学科体系的论述可知，休闲学的内容十分庞杂，这里仅从本书作为“休闲学导论”的叙述框架，简要地介绍休闲学的基本内容，可以说，休闲学其他学科的内容都是从这里延伸拓展出去的，最终形成一个博大精深的休闲学科群。

第一，休闲学的基础理论。这应该属于狭义休闲学的内容，是整个休闲学的基础。包括休闲的劳动发生学，如劳动时间与闲暇、劳动与休闲、闲暇与休闲、闲暇与自由时间、休闲与自由等；休闲作为人的享受和发展形式的人性本质；休闲的人本特质及其内在矛盾和现实表现；表征休闲的核心范畴，如人的生命时间、心理闲暇，休闲需要与休闲动机，体验、畅爽与省悟等心理本质，玩要、游憩、娱乐、游戏等行为方式；休闲活动、休闲供给、休闲制约（障碍、条件等）、休闲消费等。这是对休闲本体的研究，探讨休闲是一种什么样的社会存在。

第二，休闲文化理论。休闲的文化性也是其本质属性之一，因而研究休闲文化可以帮助人们更好地理解休闲作为社会意识的存在形态。大致包括休闲与文化的关系，休闲文化的含义、历史轨迹和现实形态，休闲文化与先进文化的历史和现实关系；休闲价值的内涵及其不同等级，闲暇道德和休闲伦理，宗教与休闲境界；作为休闲文化传播承续之重要途径的休闲教育的概念，休闲教育的基本理论与实践等。

第三，休闲的社会属性和功能。从宏观的社会结构的层面探讨休闲的社会属性和功能，除了休闲文化外，主要包括休闲业、公益性休闲事业和盈利性休闲产业，各种休闲组织，休闲政策、休闲权利与相关法规，休假制度与休闲建制，休闲的社会性指标，不同人群不同地域的休闲，休闲社会的特征等。

第四，现代休闲及其发展趋势。现代社会是工业化和信息化社会，因而不仅传统的休闲活动发生了形式的变化，同时也创生出许多全新的休闲形式，如旅游休闲、文化休闲、体育休闲、网络休闲、娱乐休闲、餐饮休闲等。

阅读材料 1—7

关于休闲学内容的不同看法

（1）李仲广、卢昌崇：除了休闲学的一般概述，主要是闲暇理论，包括①休闲基本理论与个人的闲暇配置；②休闲与休闲活动的理论，包括休闲的概念、性质、作用、休闲活动的类型及其相互关系；③个人休闲理论，包括休闲的动机与障碍、休闲体验、休闲畅爽，个人生命周期中的休闲活动及休闲规范等；④社会休闲理论，包括人类社会的休闲发展史、休闲与工作的关系、未来社会的休闲等；⑤休闲资源与组织理论，分析休闲活动的外部条件——休闲资源与休闲组织。这是作者勾勒出的“基础休闲学”的内容构架，也大致表明了他们对休闲学内容的基本看法。

（2）章海荣、方起东：有两部分，其一是基础理论研究，包括①人类各种休闲现象、休闲方式的表现形式、分类、形成原因及价值研究；②人类休闲行为的生理学基础；③人类休闲行为的心理过程与个性心理；④人类休闲行为与经济；⑤人类休闲行为与文化；⑥休闲伦理与人的道德观；⑦休闲与科学发现、技术发明、艺术创造；⑧休闲与人的全面发展；⑨休闲与人类社会发展；⑩休闲的内涵与本质。从中国特点的休闲学理论研究分析，它还包括⑪中国传统的休闲方式、休闲思想及其在当代的意义；⑫中国当代社会经济、文化、政治背景条件下的休闲学；⑬西方休闲思想及其对中国的借鉴意义；⑭马克思的休闲思想及其当代发展；⑮中国休闲的现状与未来等。其二是休闲的应用研究，主要针对我国的实际提出，包括中国城乡不同阶层、不同职业、不同经济与文化背景以及不同性别、年龄的公民的休闲现状及对策调查，以及休闲产业的研究，其中有①休闲产品的种类、特色及开发研究；②休闲市场的调查分析、预测方法及开发研究；③休闲产业的范畴特点与发展研究等。应用研究还包括休闲行为的伦理与价值引导；群体与个体的休闲咨询与设计；休闲中的人文关怀，弱势群体的休闲权利的实现；中国优秀的传统休闲文化的保护与开发；休闲的社会管理、休闲生活的政策方向和法律保障；政府在发展休闲产业及休闲文化建设中的作用；休闲与社区建设；休闲教育计划、课程体系、教育大纲的建立与实施等。该论述应该是最为全面的，涉及了休闲理论和应用研究、休闲学的一般理论与中国理论、一般应用与中国应用等多个方面和层次，包含了休闲学科群的基本框架。

（3）陈来成：休闲学是一门涉及内容十分广泛的学科，它包括基础休闲学和应用休闲学。基础休闲学通常围绕休闲概念的内涵和外延而展开自己的学术研究，而应用休闲学则主要是围绕社会、政治、经济活动中的休闲问题展开研究的。应用休闲学涉及经济学、社会学、哲学、管理学、文化学、心理学、行为学、人类学、生理学、市场营销等学科和领域。基础休闲学所要解决的根本问题是休闲或休闲现象之诠释，而应用休闲学所要解决的问题则是社会、政治、经济活动中的最大价值。这是作者对休闲学研究对象的认识，也大致反映了他对休闲学基本内容的看法，但语焉不详，无法窥知其具体所指和明确的问题。

（4）马勇、周青：①休闲学的起源。对休闲本质与起源的探寻是休闲学的研究的首要任务。②休闲活动的空间研究。一是从时间地理学出发，对休闲者出游动机及其游憩行为的时空结构进行研究；二是从地理学角度，对区域休闲空间结构和休闲空间规划布局的研究；三是从城市地理学、城市规划、城市设计和建筑学的角度，对城市空间的休闲功能及其规划设计的研究；四是从多角度对城市综合休闲区的研究。③休闲产业与休闲经济研究。主要集中在对休闲经济的特点、休闲经济的成因、休闲经济的作用、休闲产业的概念、休闲产业在国民经济中的地位等方面的探讨。④休闲发展所带来的影响研究。这主要集中在休闲的经济影响、社会文化影响和环境影响3个方面。⑤休闲的组织机构和休闲政策法规。作为一项系统工程，休闲业发展规划与部署、启动和运行都需要有专门的国家行政组织宏

观调控；许多官方或民间的国际休闲组织在推动全球休闲业发展中也起到举足轻重的作用；此外，休闲政策对休闲业的发展方向有着决定性影响，休闲法则是休闲业发展健康稳定的保障。这个看法显然偏重于应用休闲学方面，比较具体实用，对政府或其他的休闲管理者、决策者而言具有直接的参考价值；但这显然不是休闲学内容的全部。

以上看法有很多交集，只是各自的角度有所不同，界定和论述的目的有明显区别。

1.2.4 休闲学的意义

休闲学的意义既是休闲研究的意义，也是休闲学普及的意义，但是它不同于休闲活动或发展休闲的意义，尽管两者有相当的重叠或交叉。后者是实践性的，前者是理论性的，应该区分开来。休闲学的意义，主要有理论和实践两个方面。

1. 休闲学的理论意义

休闲学本身作为一门学问的历史并不长，其本身的内容尚未完全定型，由它衍生拓展的学科体系或学科群，目前并不完善，也未取得共识。因此，从理论上说，休闲学的发展就是休闲学本身的完善，它能够丰富人们对休闲这种复杂且日益重要的社会文化和经济现象的认识，增强并端正人们的休闲意识，引导人们积极休闲；它有助于休闲学科体系的完善，对其他相关学科的发展也有重要的借鉴价值。例如，休闲学对旅游学、文化学、社会学及其中的生活方式理论等的进一步发展都有着显著的积极意义。

2. 休闲学的实践意义

休闲学的理论意义最终体现在实践上。大致有以下几个方面：

首先是对休闲主体个人的意义。这个意义要在主体学习了休闲学的基本知识以后方能彰显，而不是自发的休闲活动带来的收益。学习休闲学，有助于主体形成更加自觉、文明、健康并追求真正幸福的休闲意识，并从事有益的休闲活动，培养科学的休闲技能，形成积极的休闲趣味，养成良好的休闲习惯，培育崇高的人生情趣和理想追求，从而使自己的生活丰富多彩、志趣乐观向上、家庭和睦美满、事业如虎添翼，使自己的人生圆融通达、幸福自由。休闲是人生必不可少的组成部分，学习休闲学，自己的休闲生活将由自发变为自觉、由消极转为积极，由低品位提升到高品位、由不健康转化为健康，变奢靡为简朴、变暴殄天物为节约环保等，足以升华一个人的人格和人生境界。

其次是对社会的意义。休闲学的研究和普及，一方面，会促使越来越多的社会成员成为自觉的休闲主体，这与发展休闲产业、推动休闲消费的意义是一致的。另一方面，政府会以科学的休闲理念进行国民休闲决策，国家的休闲政策会更加人性化、更具有大众性，政策的执行和监督力度会更大，相关的法规和制度也会更加完备、更具有针对性和实效性；政府或民间举办的公共休闲服务组织也会更加普及、惠及面会更广，其服务也会更加体贴入微、细密周到；营利性的休闲组织也能够在经济效益基础上，主动承担更多的社会责任、更加富有人文关怀，更加突显其人本性、和谐性等。

总之，休闲学的意义，不是一般的发展休闲本身的意义，而主要是休闲学的研究和普及所带来的独特的意义，这需要在大力推进休闲学术研究的同时，下更大力气推进休闲学的普及教育；只有休闲学的普及，才能彰显休闲学的意义。

案例分析

马惠娣谈中国休闲学的学科性质和意义

中国休闲学领域的领军人物马惠娣研究员在接受《新周刊》的“香格里拉”专题采访时，谈到了中国休闲学的学科性质和意义。

《香格里拉》：休闲学是一个什么样的学科？

马惠娣：龚育之先生说：“休闲，从少数人的消磨光阴，到多数人的生活方式，进而变为一种研究对象，形成一门休闲科学。”它是一门跨学科的学问，涉及哲学、社会学、心理学、美学、经济学、管理学等学科。因为休闲与每一个人、与每一个人的每一段人生阶段都有关系。休闲学的兴起是人类文化意识觉醒的一种表达，是对人类前途命运的一种思考，是对现代文化精神和价值体系发生断裂的现状做某些补救工作的一种努力。休闲学核心是考察人生世界和生活世界：生活的源头在哪里？生活与生命的目的是什么？探索休闲如何助人“成为人”。于老（即于光远）也说过，拥有休闲质量标志着人的生命和生存质量。而让一切人有质量地存在，是一切社会努力的目标。

休闲研究的兴起体现了人类对文明进化的诉求，是理性思考的产物，它更注重自省、反思与批判。

近几百年来，随着工业社会的高度发展，自亚里士多德以来所倡导的休闲价值受到了空前的挑战。一方面，人成为了生产机器中的一个部件，其结果是，破坏了人的工作与休闲的平衡关系，人们出现了从未有过的压抑感和匆忙感，以及由此所导致的不良价值观。另一方面，消费主义成为一个中心的范畴，它给人带来两个欺骗性：其一，它貌似给人提供一种普遍的幸福，为人民币服务挤压了所有的价值系统。其二，任意的消费，似乎你就获得了自由、快乐，将休闲沦为感官的满足。

这样的现象自然会引起思想家的关注，回眸20世纪西方的学术路程，不难看到，不同学派的思想家都不约而同地把研究视角投向“生活的世界”，有关“人的本质和主体性”、“目的因”问题再次回到思想家的视野中来。当然，更多的是省察人性的缺陷。

（资料来源：http://www.chineseleisure.org/2011n/20110808-1.html.）

根据马惠娣的回答，结合本章有关内容思考问题：

（1）休闲学作为一门学科，是由工业化以来人们闲暇生活的乱象危机所引起的吗？

（2）休闲学对当今人类所面临的各种问题有什么意义？推进休闲学研究的必要性何在？

简要点评：①休闲学并不完全是由工业化以来人们闲暇生活的乱象危机所引起的，它有着人类思想学术发展的逻辑必然性，当然更重要的是，随着科学技术和物质生产的迅猛发展，人们的闲暇时间越来越多，如何填补这生命的“空当”，使之对人有积极的意义，这是摆在人们面前的重要问题。虽然这一问题如此重要，但太多的人类成员没有足够的智慧和能力处理好这个问题，致使闲暇生活出现乱象和危机，这将危及人的心灵和社会的安宁，乃至人类种族的延

续，因而需要予以高度重视。20世纪西方著名哲学家罗素说："能否智慧地休闲是对人类文明的最终考验。"②当今人类面临的各种危机本质上都是人性自身的危机，是人类自我认知的危机，是人类现代生活方式的危机，表现为人与自然的关系、人与他人和社会的关系、人与自身的关系等方面的危机，解决危机的基本价值途径是谋求这些关系的和谐，帮助人类走出各种困境。文明、健康的休闲是帮助人类摆脱困境、走出危机、奔向光明幸福的重要途径之一。

本章小结

本章主要介绍了休闲学的研究对象、休闲学的研究方法、休闲学的学科性质和学科体系、休闲学的基本内容和意义等。休闲学的研究对象简单说就是休闲，而休闲本身具有独特的复杂性，涉及人性和社会的方方面面，因而休闲学的研究方法也具有综合性、多维性、整体性，特别是参与法和体验法是基础的或核心的方法，不可或缺。休闲学具有哲学、人学、其他人文和社会科学的跨学科及软科学的性质。除了休闲学的核心和基础理论外，休闲学形成了涉及各个人文学科和社会科学的庞大的学科群，具有极为广泛的辐射性和渗透性。休闲学的基本内容主要是包括休闲学的基础范畴和理论，休闲文化、休闲的社会形式和功能、现代休闲等，蕴含了基础休闲学和应用休闲学的所有知识体系的萌芽；休闲学的意义是休闲学研究的理论意义和普及休闲学带来的独特意义，主要是休闲主体个人的自觉性，以及社会、国家层面休闲理念的贯彻所带来的整个社会、国家的积极变化。

思考与练习

一、名词解释

1．休闲学　　　2．参与法　　　3．体验法

二、辨析题

1．休闲学的核心观点是，休闲就是人的享乐活动，是对劳动成果的消费活动。

2．简而言之，休闲学的对象就是休闲。

3．休闲学之所以不能成为一门独立的学科，是因为它的方法体系是一个大杂烩。

三、思考讨论题

1．怎样理解休闲学研究对象的特殊性和复杂性？

2．你认为哪些研究方法可以切中休闲的本质？哪些方法更适合于对休闲进行应用对策性研究？

3．请尝试勾勒出休闲学科体系的基本框架。就个人的知识背景和职业规划而言，你对哪些学科更感兴趣？

4．休闲学的意义和发展休闲的意义有什么区别？请谈谈学习这一章后你的最大收获。

第2章　休闲学的源流及发展

教学目标与要求

理解休闲研究的思想文化渊源，把握西方休闲研究发展的基本线索，了解代表性人物和著作；理解中国休闲研究兴起的学术背景，了解中国休闲学形成的过程及代表性论著。

章节知识框架

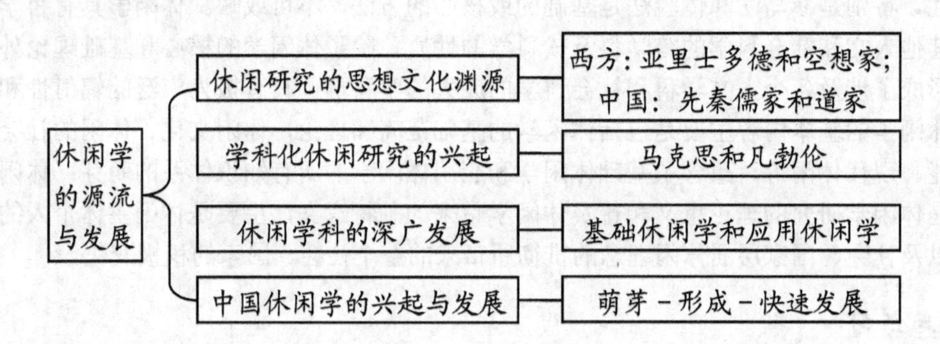

关键术语

休闲思想渊源，休闲研究兴起，休闲学发展

导入案例

休闲研究的遭遇

马惠娣女士对记者说，在1996年的中国软科学学术年会上，她以“休闲：建造人类美丽的精神家园”为主题发表了演讲，之后，立即有两位青年学者对她的研究加以指责，他们说：“中国还有9亿农民，你却在这里大讲闲情逸致！”她说这一指责对她的触动很大，让她意识到连知识阶层对休闲的理解都存在误区！

如今，普通老百姓对休闲的理解多为购物、大吃大喝、驾车外出，而更富有的人认为休闲是打高尔夫、听高档音乐会(听不听得懂无所谓，只要在音乐厅露脸即可)……休闲成为了一种证明人的地位和声望的方式。用马惠娣女士的话说，休闲被异化了。她说：“现在许多中国人的生存压力似乎较过去小了一些，但人们还是感到身心疲惫，普遍没有幸福感、愉悦感或轻松感。”

（资料来源：http://www.chineseleisure.org/20060118/2006011803.htm.）

点评

20 世纪 90 年代中期，研究休闲何以引起一些人如此大的愤慨和指责？中国 9 亿（2005 年数据）农民生活确实还很苦，但他们真的没有休闲吗？而老百姓为什么又对休闲理解得如此低俗，有钱有闲的阶层何以如此在乎休闲的身份意义？这涉及对休闲本质的理解及其在生活中的表现，要弄清楚这个问题，就必须把休闲作为一个客观的人类社会现象对待，并进行严谨的、科学的研究。本章帮助理解人类休闲研究的发展历程，特别是休闲研究的思想文化源流和休闲研究学科化的历程。

休闲学作为一门独立的学科，不是凭空产生的，而是在悠久丰厚的人类思想文化土壤中逐渐成长起来的。因此本章在简要考察西方和中国休闲相关思想文化源流的基础上，梳理国外学科化休闲研究的兴起和发展过程，以及中国休闲学的崛起和近年来的发展状况。

2.1 休闲研究的思想文化源流

随着人类休闲生活的形成，人们对休闲的认识就开始了，但最初并非一种自觉的休闲研究，而是融会在浑然一体的人类思想文化的发展之中。

2.1.1 西方的休闲思想源流

古希腊文化和希伯莱文化是西方文明的两大根源，同样也是西方休闲思想的渊源。亚里士多德（公元前384—前322年）被公认为是休闲思想的最早阐述者，享有西方“休闲学之父”的美誉。他对他同时代的思想和知识进行了整理和分类，并融入了希伯莱文化中的友善、互助、俭朴以及波斯人宣扬的理性、自由意志等思想，从中阐述了快乐、幸福、闲暇、美德、安宁生活等休闲问题。他认为：休闲与思考不可分割，休闲的人是思考者、思想家；休闲是建立友谊的方式；休闲与幸福紧密相连， 只有休闲的人才是幸福快乐的。在他看来，休闲是对意识、精神、个性的开发，其精髓是处于自由时间中的态度与性情，而时间本身不在考虑之列，相反地，当一个人开始筹划时间的时候，就已经不再是休闲了。他把休闲誉为“一切事物为之环绕的中心，是科学和哲学诞生的基本条件之一”。他说，人唯独在休闲时才有幸福可言，恰当地利用闲暇是一生做自由人的基础。亚里士多德的学生柏拉图说：“诸神怜悯生来就是劳累的人们，因而赐予他们一系列的节日，并由酒神、诗神、太阳神相伴，由此他们的身心获得滋养，他们变得高大、正直。”《圣经》的诗篇写道：(上帝对人说)“你们要有休闲，才能感悟到我是神”。约瑟夫·皮珀（Josef Pieper)，需注意亚里士多德著作中的“闲暇”大多是在生命状态而非单纯时间意义上使用的，故而与现在所谓“休闲”基本一致。

知识链接 2-1

古希腊的休闲观

项目		休闲阶级	劳动阶级
柏拉图的哲人阶级结构		荷马（Homer，公元前8世纪希腊诗人） （上流阶级的世界）	赫希俄德（Hesiod，公元前8世纪希腊诗人） （庶民阶级的世界）
柏拉图的政治结构		①统治者 ②战士	③奴隶、老人
亚里士多德的差别意识	国家构成	①市民	②奴隶
	权利	市民权、财产权	没有市民权
	生活	休闲、和平 官僚生活 精神活动 创造性生活	工作、战争 实践性生活 肉体活动 低贱的生活
价值意识		美、快乐	束缚、需求

（资料来源：修田基行. 娱乐哲学[M]. 逍遥书院，1975.）

亚里士多德的思想对西方人的休闲传统产生了极大的影响。在古希腊早期形成的哲学中，犬儒学派、怀疑主义、斯多葛主义、伊壁鸠鲁学派等都主张把学问（知识）与休闲思想联系在一起。他们认为，知识总是同自由相关，自由又同休闲紧密相连；休闲与美德、愉快、幸福密不可分。正是这些要素，奠定了希腊哲学家在科学、哲学、教育、艺术、戏剧、诗歌各领域内做出贡献的基础，甚至在他诞生的两千多年后，仍强烈地影响西方的生活并贯穿于每一个领域。

阅读材料 2-1

亚里士多德论休闲

全部生活也可分为劳作的与闲暇的，或分为战争的与和平的，各种行为则可分为必需又实用的与高尚的两类……战争是为了和平，劳作是为了闲暇，必需又实用的事物以高尚的事物为目的。

人的本性谋求的不仅是能够胜任劳作，而且是能够安然地享有闲暇。需要再次强调，闲暇是全部人生的唯一本原。假如两者都是必需的，那么闲暇比劳作更可取，并是后者的目的。

闲暇时人们应该做些什么？自然不应该是嬉戏，那样嬉戏就会成为人们的生活目的。如果不是这样，那么嬉戏就更多的是在辛勤劳作时所需要（因为辛劳之人更需要松弛，嬉戏就是为了放松，而劳作总是伴随着辛苦和紧张），人们只能在适当的时候引入嬉戏，作为一种解除疲劳的良药。它在灵魂中引进的运动是放松，在这种惬意的运动中人们获得了松

弛。然而闲暇自身能够带来享受、幸福和极度的快活。忙碌之人与此无缘，只有闲暇者才能领受这份快乐。

应该有一些着眼于消遣中的闲暇的教育课程，这些教育和学习只为了自身范围内的事物，而那些必需的劳务方面的教育则以自身之外的其他事物为目的。所以以前人们把音乐归入教育，既不是作为必需之物——因为它不具备这种性质，也不是作为实用之物——因为音乐不能读写，在理财、家务、求知和政治活动等方面有广泛的用途；它也不像绘画，有助于更好地鉴别各种艺术作品；它也不像体育，有助于健康和强壮，因为我们看不到音乐能起到这样的作用。于是，剩下的可能就是在闲暇时的消遣，显然这是设置音乐课程的初衷。

筹划庆典，其目的是祭祀神灵，而实际上是为自己过一个欢娱的节日。祭祀和庆典往往在谷物收成之后举行，实际上是一个丰收节。而且只有在这个季节，群众才有最多的闲暇。(亚里士多德. 尼各马可伦理学[M]. 北京：中国人民大学出版社，2003.)

在活动中有一类是为必需的，为他物而被选择的，另一类则是以其自身而被选择。幸福显然应该算作以其自身而被选择的东西，而不是为了他物而被选择。因为幸福就是自足，无所短缺。这样的活动是以其自身而被选择的，除了活动之外，对其他别无所求。这样的活动就是合乎德性的行为。它们是美好的行为，高尚的行为，由自身而被选择的行为。……幸福就是自足，无所短缺，除了活动的进行之外别无所求。来自游戏的快乐，并不是由它自身而被选择的，它利大于弊。由于有权势的人在游戏中消磨时间，所以游戏也被当做幸福。但它作为高尚活动源泉的理智与德性并不在权势中，所以幸福绝不是游戏。

游戏似乎是一种休息，由于人们不能持续不断地工作，所以休息。休息并不是目的，它为了现实活动而出现。从而，幸福生活可以说就是合乎德性的生活。幸福生活离不开勤劳，却不在游戏之中。

幸福存在于闲暇之中，人们是为了闲暇而忙碌，为了和平而战斗。各种实践德性的活动在整治活动中和战争行为中，有关这一类的实践就不能说是闲暇的。战争行为完全不能闲暇(谁也不会为了战争而进行战争或挑动战争，只有十足的杀人狂，才会为战争和屠杀而对邻人作战)。政治活动也不闲暇，在政治活动之外，所寻求的是权势和荣誉以及自身和公民的幸福。不过这和政治活动是两回事，显然是被当做另外的东西来追求的。如若政治行动和军事行动以辉煌和伟大取胜，而他们是无闲暇的，并不是由于它们自身而选择，而是为了追求某一目的，那么理智的活动则需要闲暇，它是思辨活动，它在自身之外别无目的可追求，它有着本己的快乐(这种快乐加强了这种活动)，它有着人可能有的自足、闲暇、孜孜不倦，还有一些其他的与幸福有关的属性，也显然与这种活动有关。如若一个人能终生这样生活，这就是人所能得到的完满幸福，因为在幸福之中是没有不完全的。

(资料来源：亚里士多德. 尼各马可伦理学[M]. 北京：中国人民大学出版社，2003.
亚里士多德. 政治学[M]. 北京：中国人民大学出版社，2003.)

中世纪在人们看来似乎是茫茫的黑夜，但以托马斯·阿奎那（Thomas Aquinas）为代表的经院哲学，仍在一定程度上继承并发扬了这些思想。15—16世纪的欧洲文艺复兴，更可被看作是古希腊文化传统在欧洲的全面的复兴与升华。文艺复兴之后，真正深入探讨休闲问题的是空想社会主义思想家。例如，对工作时间，莫尔（More）认为每人每天只应工作6小时，康帕内拉（Campanella）和欧文（Owen）都主张不超过4小时，魏特林（Weitling）甚至主张每人每天就工作3小时，通过高效技术生产社会必需品并共有共享之外，其他充分的闲暇时间供每个人自由支配，用来休息、娱乐和发展个性爱好。“人人劳动，个个休闲”是空想家对未来美好社会的共同描述，只是他们没有找到实现这美好理想的现实途径。

2.1.2 中国的休闲思想源流

中国远古时代关于“休”、“闲”二字的思想文化含义，某种意义上也是中国休闲思想的源头。将二字连接起来，休闲就不同于“闲暇”、“消遣”，人靠着树木而休息，缓解劳顿，从紧张辛苦的劳动过程中解脱出来；人于“休”中守“闲”，于“休”中求“闲”，遵规守矩、净化心灵。因此，在中国先秦语言中，休闲不是指平庸懒散、碌碌无为，而是指人的一种积极的生活方式和生存状态，即闲暇时间中人们追求和享受的一种美好的生活。这表达了人类生存过程中劳作与休闲的辩证关系，也喻示着物质生命活动之外的精神生命活动。休闲既是一种闲暇中的休息，更是一种宁静中的自省和沉思。

阅读材料 2-2

我国先秦古典文献关于“休闲”的词解列举

《说文》记载：“休，息止也，从人依木。”“休”作为一个会意字，就是人靠在树木旁歇息，同时也反映了人与自然的和谐关系。《诗经》中的“休”、“闲”二字歌颂古人自然的生活，如《小雅·六月》中“比物四骊，闲之维则”，“四牡既佶，既佶且闲”，同时也透出了古人对休闲与国民生计关系的理解，如《大雅·生民之计·民亦劳止》云：“民亦劳止，汔可小康。惠此中国，以绥四方……以定我王”，“民亦劳止，汔可小休”，《小雅·十月之交》“民莫不逸，我独不敢休”。在《诗经》中，休还有美好、喜悦、福禄等的含义，如《豳风·破斧》中“亦孔之休”，《小雅·菁菁者莪》中“既见君子，我心则休”。其他典籍中，“休”、“闲”也有深刻的文化意蕴，“休”的美善、吉庆、欢乐含义逐渐展现出来。例如，《易·大有》中“顺天休命”，郑玄注为“休，美也”。《书洪范》中“休徵”即“美好的征兆”，《国语·楚语》“无不受休”和《战国策·魏策》“休降于天”中“休”即吉庆的意思。《国语周语》“为晋休戚”乃至“休戚与共”成语中的“休”就是高兴、喜悦的意思。《左传·襄公二十八年》“以礼承天之休”中的“休”即福禄的含义。“闲”字含有范围、法度、规范、约束等意思。例如，《说文》的解释：“闲，阑也，从门中有木”，即在门外树上栅栏，以为边界，《易·家》中“人闲有家”，《易·大畜》：“日闲舆卫”，《周礼·虎贲氏》“舍则守王闲”中的“闲”都是此意。《周礼·瘦人》“掌十有二闲之政教”，《论语·子张》“大德不逾闲”，以及孔颖达“治家之道，在初即须严正立法防闲”中的“闲”即法度、规矩、伦理规范之意。《书·毕命》“虽收放心，闲之维艰”，《左传·昭公六年》“闲之以义”中的“闲”有了限制、约束的意思。

总体而言，在中国几千年的文化思想史上，哲学、宗教（特别是佛教和道教）、医学、武（术）学、修炼、养生、建筑、隐逸等方面都蕴含着丰富的一脉相承的休闲思想。孔孟老庄为先秦休闲思想的源头，之后的《黄帝内经》蕴含了丰富的“天人合一”的防治疾病、

修心养生乃至经世济民的休闲之道。之后佛教传入中国，魏晋南北朝时期的玄学及隋唐佛学中国化的结晶——禅宗都展现了精湛深刻的休闲人生之理，三教合流之后的宋明理学更是把主静居敬的工夫人生、修养受用的休闲境界描述得淋漓尽致。中华传统休闲思想深邃而广博，并始终渗透于人们的日常生活与实践中，相关内容创作丰富的代表性人物颇多，如张良、淮南子、诸葛亮、王弼、嵇康、惠能、李白、朱熹、陆九渊、程颐、程颢、陆游、苏轼、王阳明等，特别是明清之际的李渔，以至近代的林语堂。

阅读材料 2-3

中国古代的休闲思想

（1）养生休闲观。在中国文化中，人有三宝："精"、"气"、"神"，"精"（生命实体之形）与"神"通过"气"相联系，故养生就是通过养神养气以养形，其中养神为根本，养气为中介，养形以求延年益寿为宗旨。《黄帝内经》有这样的论述："恬淡虚无，真气从之，精神内守，病安从来？是以志闲而少欲，心安而不惧，形劳而不倦。"这道出了中国人养生之道的真谛，不仅包含着祛病延年的医道，更强调养生的境界，蕴藏着人生哲学、人生艺术和美学的精深内容。作为中国文化基本构成的儒释道三家（另可加上易、医、武等）皆以养生为重要途径，以达到内圣外王、悟道成仙、涅槃成佛。宋明以来，中国人的养生之道更加注重品位和境界。这里蕴含的休闲思想就是养生休闲观，主张人要摆脱世俗功名利禄的羁绊，使生命处于一种娴雅、自在、和谐、欢畅的状态，它以人生的健康层次和价值境界的提升为目标，而超越了肉体生命的存在和延续，因而是一种独特的休闲方式。

（2）中国文化中的休闲智慧。诸葛亮的"君子之行，静以修身，俭以养德，非淡泊无以明志，非宁静无以致远"，一直以来都受到推崇，并赞誉"体静心闲"。古云："流水之声可以养耳，青禾绿草可以养目，观书绎理可以养心，弹琴学字可以养脑，逍遥杖履可以养足，静坐调息可以养筋骸。"陶渊明的诗句"采菊东篱下，悠然见南山"，非常有代表性地表达了传统文化中休闲之境界与智慧。这是自我心境与天地自然的交流与融合，是精神世界与客观世界的和谐统一。

所以，休闲是心灵的驿站。休闲之时，或奔赴大自然的怀抱，或安卧于树荫下的竹椅上，或沉思，或对饮，或交谈……那么，如徐志摩笔下所写，"人类清明的深沉的伟大的优美的思想根源不就可在风籁中，云彩里，山势与地形的起伏间，花草的颜色和香气里寻得吗!"正如林语堂所言，"享受悠闲的生活是不需要金钱的，有钱的人也不一定能真正领略悠闲生活的乐趣，只有那些真正懂得此中乐趣，有丰富的心灵的人才能享受休闲"。

注重"自省"与"内敛"，也是我国传统休闲文化的一大特色。儒家讲究"吾日三省吾身"。道家则强调"静观玄览"，才能达"道"。"以静制动"突出了人的自省与内敛的色彩，重视个人的悟性，强调以"中"为度，以平为期，实现人体与外部环境、人体内部的和谐协调，直至"动"与"静"之平衡。在这种状态中，肌肉处于休息状态，血液循环也更趋规则，呼吸也更缓和，一切视觉、听觉，以及神经系统都处于完全的平衡状态。在这种状态中，人的精神是自由而敏捷的，因此才能欣赏和感知生命之美好。

休闲实践"依于仁，游于艺"。在传统的休闲文化中，人们很注重"游憩"。何谓游憩？泛指人的消遣、游玩、社交等活动，是中华文化传统的重要组成部分。孔子说："兴于诗，立于礼，成于乐"，不过在儒家文化传统中，游憩何止一个"玩"字了得！这里有深奥的"礼学"思想和文化内涵。《论语·述而》："依于仁，游于艺。"杨伯峻注："依靠在仁，而游憩于礼、乐、射、御、书、数六艺之中。"因为"六艺"对规范社会、教育和引导民众具有重要的作用。

正因为有"六艺"的世代传承，才可能产生诸如《诗经》、《楚辞》、《汉赋》、《唐诗》、《宋词》、《元曲》到清代闲适小品的休闲文化经典，才滋养了国人的休闲智慧与气质。古代圣贤还常常将休闲与自然哲学、人格修养、审美情趣、文学艺术、养生延年紧密地连在一起。所以在民间，也诞生了许多休闲品类，如赶集、庙会、猜谜、楹联、书院、曲艺、书法等，都折射出中华民族的休闲智慧。

（3）隐逸文化中的休闲。隐士和隐逸文化是中国传统文化的一个独特现象。隐士退隐首要的原因是对当朝政治的不满，实属无奈之举，后来却经老庄哲学而发展成为一种自觉的价值选择和人生追求，这使他们远离官场的钩心斗角、阴谋权术，身心获得解放，处于一种自在轻安的状态，从而为他们的艺术创造提供了很好的条件。能够体现这种闲适心情和高雅情趣的艺术形式，主要是田园山水诗、山水花鸟画、琴棋书画、园林建筑等。这种文化大多集中在魏晋南北朝时期，这是一个充满战乱的动荡时期，人们厌恶战乱纷争，转而亲近自然，从中感悟、体验和追寻自己的生命价值和人格理想，唐宋明清也多有追随者。如陶渊明的"采菊东篱下，悠然见南山，山气日夕佳，飞鸟相与还"；谢灵运的"池塘生春草，园柳变鸣禽"；唐代王维的"人闲桂花落，夜静春山空"，"明月松间照，清泉石上流"等，无不表达人们淡泊宁静、闲适从容并与大自然和谐交融的情景。山水画中的"逸"，其意境之高远、幽深、玄妙、空灵、超脱、悠然、飘逸等，几乎直接就是隐士淡泊超然的人格和清闲雅致的风度的外化和体现。中国的园林艺术，也处处体现一种恬淡、宁静、幽雅、悠远的"天人合一"的精神；通过园林艺术，隐士将自己游山玩水体悟自然的收获以浓缩而巧妙的方式呈现出来，这样一个天人合一的审美空间，凝聚了他们的某种气节、人格理想、人生追求或休闲意趣。就连号称中国人修身处世、待人接物、顺时应事的必读书《菜根谭》（明代洪应明著）都大力宣扬淡泊与闲适："昼闲人寂，听数声鸟语悠扬，不觉耳根尽彻；夜静天高，看一片云光舒卷，顿令眼界俱空。地宽天高，尚觉鹏程之窄小；云深松老，方知鹤梦之悠闲。阶下几点飞翠落红，收拾来无非诗料；窗前一片浮青映白，悟入处尽是禅机。忽睹天际彩云，常疑好事皆虚事；再观山中闲木，方信闲人是福人。芳菲园林看蜂忙，觑破几般尘情世态；寂寞衡茅观燕寝，引起一种冷趣幽思。逸态闲情，惟期自尚，何事处修边幅；清标傲骨，不愿人怜，无劳多买胭脂。黄鸟情多，常向梦中呼醉客；白云意懒，偏来僻处媚幽人。栖迟蓬户，耳目虽拘而神情自旷；接纳山翁，仪文虽略而意念常真。满室清风满几月，坐中物物见天心；一溪流水一山云，行处时时观妙道。"

（4）李渔《闲情偶寄》：中国第一部休闲理论和文学著作。明末清初戏曲理论家李渔是唐宋以来有意识地从理论层面探讨休闲活动的第一位文人墨客，《闲情偶寄》是其代表作，凝练了他一生的艺术生活经验。该书"居室部"、"器玩部"、"饮馔部"、"种植部"、"颐养部"分别论述了休闲环境、休闲活动和休闲方法等问题，并希望将各个层次的读者都吸引到自己精心构造的"闲情大厦"中来。作品贴近生活，语言简明有趣，并十分注意依靠自己的才智和富有新意的思想保证作品的文学地位。书中包含了丰富的休闲学思想，大部分篇章既可做理论文章来品读，也可做情趣小品来欣赏。这是一部“有益世道之心的微言大义”于“闲情”的“庄论”，而非玩物丧志的“闲书”。细细品味《闲情偶寄》，不仅深感作者对每一件细小琐碎物品的新颖议论，体现他那种至性尽情、追求趣味的生活态度，而且可玩味他独特的视角、细腻的观察、盎然的好奇心和独辟蹊径的探索精神。他说：“风俗之靡，犹于人心之坏，正俗必先正心。近日人情喜读闲书，畏听庄论，有心劝世者正告则不足，旁引曲譬则有余。是集也，纯以劝惩为心，而又不标劝惩之目，名曰《闲情偶寄》者，虑人目为庄论而避之也。”“劝惩之，意绝不明言，或假草木昆虫之微，或借活命养生之大以寓之者。”李渔深知那些正襟危坐、板着面孔讲大道理的文章和教育方式，令人生畏、讨人厌卷，难有打动人心的力量。他的生活态度、良苦用心及其传道、授业、解惑的方式与今天休闲教育理论和世界休闲协会《休闲宪章》的核心思想完全一致。另外值得注意的是，李渔《闲情偶寄》紧紧扣住一个“俭”字，在“凡例”中开宗明义提出“崇尚俭朴”的原则，而唯有俭朴才能使书中的许多休闲之道适合于普通民众，就效果而言，李渔做到了因人而异、因地制宜，所倡导的休闲生活技法并不为富人所专设，从而具有普惠性的价值。

（5）林语堂论中华传统休闲。林语堂是中国近代以来第一位从哲学角度讨论休闲的文人。1919 年林语堂赴美国哈佛大学留学，而后游学欧洲。在西方，林语堂体验了发达的物质文明，也观察到一个物质繁荣但精神丑陋的工业社会，并勾起了林语堂对西方畸形物质文明的深刻反思。《生活的艺术》（1937）是林语堂谈论休闲的一部最重要作品，在出版次年便高居美国畅销书排行榜榜首长达 52 周。林语堂试图用哲学观点来观察、解析人生，字里行间贯穿着道家休闲精神，而中西文化对比的写作研究视角更加突显了东方文化的精深与情趣。他的休闲思想主要表现在以下几方面：①人生的意义。人是一切事物和活动的中心，人生的目的与真谛在于享受淳朴的生活。活着要快乐，尤其是家庭生活的快乐。达此目的之方法在于明理和中庸。他自命为伊壁鸠鲁派：生活的享受在于一种态度。②中国生活艺术的优越性。中国哲学的“道”相当于并优越于西方哲学的“真理”，“真理”仅指到达正当生活的途径，是可以离开人生的；而中国的“道”则平易近人，是人人应该走且人人可以走的途径，是日常生活的组成部分，不可须臾离开真实的人生的。中国在生活的艺术方面、在享受生活的雅韵和乐趣方面——特别是啜茗、尝醇泉、园艺、哼京调、养鸟等，优于美国和西方。③中华民族是最“近人情”的民族。中国传统文化最有价值的是人文主义思想。无论是儒家哲学还是老庄哲学都是建立在人伦基础上，避开西方那种实证分析思路，能够直接关切人与社会、人与自然诸方面的问题。人生的真正目的是乐天知命以享受朴素的生活，尤其是家庭生活与和谐的社会关系。合情理的精神是人类文化的最高理想，人性化的思想就是合情理的思想。④“性灵”。林语堂的“性灵说”是构筑其生活艺术的哲学基石之一，性灵即“个性”，就是无拘无碍、自由自在地在表之于文学；言性灵是必先打破格套、思想之解放的第一要义。⑤现代化要加强人文关怀。任何一种现代化都不应该以变卖民族文化遗产为代价；并对无视中国的实际和传统，盲目醉心于美国化的行为提出了警告。总体而言，林语堂的人文主义视野极其宽阔，不但有中国儒道互补的古典人文主义，更重要的是包容了西方现代人文主义的精神。因此从这个意义上说，林语堂与现代西方人文主义者是站在统一思想起跑线上的，他无疑是我国历史上第一位中西休闲思想之集大成者，他将同时代的西方休闲思想家远远地抛在了后面，在有些方面甚至已经走到了现代世界休闲思想的最前沿，其休闲思想对今天我国休闲发展仍具有积极的借鉴意义。

（资料来源：马惠娣. 传统文化中的休闲智慧[N]. 浙江日报，2006-4-17.）

2.2 国外学科化休闲研究的发展

真正在学术层面科学地考察和研究休闲只是近百年来的事情。伴随着现代科技的发展及其在物质生产领域愈益广泛而深度地应用，物质财富不断增加，闲暇时间也日渐充裕，但人性的全面性、丰富性也遭到空前的压抑和扭曲，人们的精神生活及全面享受和发展的需求愈加强烈。因此，对休闲的严肃对待和科学研究正是对人类生存困境和前途命运的反思和矫正。马克思、尼采、海德格尔（Heidegger）、弗洛姆（Flam）等对技术理性的效能和意义产生了深深的怀疑，并做了深刻的批判，许多思想家试图通过休闲重新找到思考人性本质、人生意义和人类命运的基点或中介形式，以引导人类返璞归真、永续发展。这构成了现代休闲研究的社会和学术背景。

2.2.1 国外学科化休闲研究的源头

纵观历史，第一位系统深刻地思考休闲问题的是马克思，他不仅在其生产劳动实践的历史逻辑中隐喻了休闲实践的逻辑（刘晨晔，2006），而且还在其关于剩余价值、自由时间、生产与消费的辩证关系以及人的自由全面发展等重要理论中，明确地论述了休闲问题，休闲成为马克思主义思考一切人类问题最终的理论旨趣和价值趋归（张永红，2010）。马克思渴望被资本家无偿占有的工人的剩余劳动时间及其价值能归还给劳动者自己，他把能够为全社会成员普遍享有的自由时间当成是人类真正的财富，他认为生产的最终目的在于通过人的消费而形成人的丰富的个性、全面的能力和完整的社会关系，并把人的这种自由全面发展、这种存在于物质生产彼岸的自主劳动和悠闲生活当成人类最美好的价值理想。

一般认为，作为一种系统的理论研究，“休闲学”发端于1899年凡勃伦（Veblen）的《有闲阶级论》（*Theory of the Leisure Class*）一书。他从经济学的角度对“有闲阶级”的社会地位和生活价值进行了全方位的分析，其许多观点和论述对现代社会休闲学科的发展具有重要影响。书中记载了19世纪后期富裕的有闲阶级的娱乐生活，分析了闲暇时间、休闲和消费、权利等的关系，尤其是试图揭示休闲和消费的内在联系及其规律性，论述了有闲阶级和劳动阶级的显著差别和根本对立。凡勃伦认为，休闲是一种阶级的社会象征；已经成为一种区分上层阶级和广大劳动群众之间不同生活方式的标志和社会制度；在休闲中对奢侈品或休闲活动支付昂贵价格进行无节制的消费，是一种社会差别的象征，是有闲阶级带有社会优越感和阶级荣誉感的消费心理的表现，其“炫耀性消费”、“明显有闲”、“代理休闲”和“金钱竞赛”等概念都具有重要的意义。

2.2.2 国外休闲学科的深广发展

继凡勃伦之后，西方学者纷纷加入休闲研究的行列，特别是20世纪后半叶，休闲研究全面展开，休闲学的学科体系大致形成。

1. 基础休闲学的发展

1）休闲哲学

哲学家很早就把休闲与人的本质、与人性联系起来。在哲学上，休闲是人的一种现实存在，它为人类建构一个意义世界，守护一个精神家园，使人的心灵有所安顿、有所归依。休闲是人一生中持久的、重要的发展舞台，它为社会所必需的创造性和批判性提供了思考的空间（马惠娣，2003）。

继承了亚里士多德的休闲思想，德国天主教哲学家约瑟夫·皮珀（Josef Pieper）1952年发表《休闲：文化的基础》一书，篇幅虽短，但语言精辟、意蕴深刻，被誉为“西方休闲学研究的经典之作”。该书阐释了休闲作为文化基础的价值意义，指出，“休闲是人的一种思想和精神态度，不是外部因素或空闲时间的结果，更不是游手好闲的产物”。休闲有3个特征：休闲是一种理智的态度，意味着一种静观的、内在平静的安宁的状态；休闲是一种敏锐的沉思状态，是为了使自己沉浸在创造过程中的机会和能力；休闲是一种庆典，它与作为社会职责的劳动的观念相对立。皮珀认为，人有了休闲并不是拥有了驾驭世界的力量，而是由于心态的平和使自己感到生命的快乐，否则我们将毁灭自己。该书问世以来不仅对西方休闲学研究产生了深远影响，而且也成了西方哲学思想的一面旗帜。1962年，葛拉齐亚（Grazia）在《论时间、工作和休闲》一书中从政治哲学的角度讨论了休闲，从雅典人的休闲观开始，追溯了这种观念消失的过程，讨论了西方社会中社会、经济和政治给休闲带来的障碍。

20世纪70年代，托马斯·古德尔（Thomas Guedel）和杰弗瑞·戈比（Geaffrey Godbey）合著的《人类思想史中的休闲》，通过对西方休闲发展状况的考察，探索了休闲在人类思想史中的演变及其价值问题，提出了“探索与思考衡量人类进步的标准和人类生存的真正目标的问题”。戈比还在其《你生命中的休闲》一书中精辟论述了休闲作为人的生命过程的一部分，不同阶段的不同状况和特点；在其《21世纪的休闲与休闲服务》中，深刻分析了当今世界不断变化的时代特点，预见到在新的世纪休闲的中心地位必将得到加强，人们的休闲观念会发生本质的变化，新的价值观念意味着人们将从改造外部世界转向改造自身。

2）休闲社会学

社会学家把休闲看作是一种社会建构以及人的生活方式和生活态度。休闲社会学研究的集大成者主要有杜马兹迪埃（Dumazedier）、卡普兰（Kaplan）和约翰·凯利（Johan Kelly）。

美国学者卡普兰1960年撰写《美国的休闲——社会调查》一书，代表了20世纪60年代美国休闲社会学研究的最高水平。作者把休闲作为一个多维度的概念来研究，涉及美国社会制度的诸多方面，如工作、家庭、社会阶层、宗教、世俗价值观等。他指出，如果一个“好的生活”概念尚未形成，人们就不可能理智地决定什么是好的休闲。由于在社会生活中可能会被强加其他人的价值观，这势必限制人们的休闲潜力。

法国社会学家杜马兹迪埃1967年出版《走向休闲的社会》，提出休闲已经是一种新的、个人是自己主人并使自己感到愉快的社会需要。他以批判现实主义的观点，探讨了休闲与家庭、工作、社会政策及共同体的关系和意义。他认为，休闲是个人从工作岗位、家庭、社会义务中解脱出来的时间，是为了休息、消遣或培养与谋生无关的智慧，以及为了自发地参加社会活动和自由发展的创造力。他提出了著名的休闲三部曲：放松、娱乐和个性发展，其中个性发展是最重要的，通过阅读、旅行、教育等实现真我，摆脱功利主义。他认为休闲有3个要素：摆脱工作的疲乏和压力、尽情发挥个人的创造力、促进个人健全人格的发展。法国社会学家J·迪马瑞杰的《法国的闲暇社会学》，系统分析了人类休闲行为对社会造成的巨大影响，特别是推动了社会价值观的变化：个人解放的价值观得到强化；人们的社会关系更加自发自愿、更加自由、情感因素更浓；人们也更加乐于涉足大自然，并从中舒解疲劳、获得快乐。1980年法国罗歇·苏（Roger Sue）的小读本《休闲》也有很高的学术和思想价值，在继承法国休闲思想传统的基础上，对法国的休闲实践及其政策和制度进行了简明深刻而又清晰的阐述。

20世纪80年代之后，约翰·凯利《走向自由——休闲社会学新论》一书产生了持续的影响力。作者以大胆的理论创新、包罗万象的跨学科研究、严谨的逻辑推理以及详实的调查数据，对休闲的本质和现象进行了深入探究。他指出：休闲是一种“成为人”的过程，是一个完成个人与社会发展任务的主要的存在空间，是人的一生中持久的、重要的发展舞台。“成为人”意味着：摆脱“必需性”的自由，探索和谐与美，成人生活的理性与感性、精神与物质的统一，与他人一起行动使生活充满朝气，并推动自我的自由发展。

另外，荷兰著名学者约翰·赫伊津哈（Johan Huizinga）所著《游戏的人》(*Homo Ludens*)，同样也是西方休闲研究的一份重要文献。该书从游戏的角度阐述了游戏与人的文化进化的相关性，他认为，游戏作为文化的本质和意义对现代文明有着重要的价值。人只有在游戏中才最自由、最本真、最具有创造力，游戏是一个阳光灿烂的世界。严格说来，这是一部关于休闲的文化社会学著作，出版后产生了很大的影响。

3）休闲教育学

教育学是非常重要的休闲基础和应用学科领域，西方学者也取得了极有价值的研究成果。

1966年，查尔斯·布赖特比尔（Charles Breitweiser）发表《挑战休闲》和《以休闲为中心的教育》（中译本名为《休闲教育的当代价值》）两部著作，指出，随着人的自由时间的增加，社会的不安定因素也越来越多；人们只注意了工作伦理，却没有思考休闲伦理的发展；因此要发展以休闲为中心的教育。这两部书涉及以下问题：社会为什么要关注休闲？这将意味着什么？休闲在人的知识结构中扮演什么角色？休闲教育的概念基础是什么？它与人类的价值与情感具有什么样的联系？作者认为，只要人们勇于改变当下的价值观，就不仅能够以欣然的心态去欣赏休闲，而且也能够为有意义地享受休闲去设计生活的蓝图。

不能忽视的是，20世纪美国杰出教育家、哲学家莫德默·阿德勒（Mortimer Adler）一生致力于教育，倡导哲学走向每一个人，在其 *How to Think About Great Ideas* 一书中，他特别关注休闲与工作的关系，指出现代人忽视了休闲在人们工作和生活中的意义；批评人们忘记了亚里士多德教导的“休闲可以使我们获得更多的幸福感，可以保持内心的安宁”，“我们需要崇高的美德去工作，同样需要崇高的美德去休闲。是的，休闲可以使我们有意义地生活。”它呼唤人们珍惜休闲、善待休闲。

4）休闲心理学

休闲心理学研究人的休闲心理，涉及休闲动机、休闲行为和休闲体验等。

美国心理学家奇克森特米哈伊（Csikszentmihalyi）在其1982年发表的论文《建立最佳体验的心理学》(*Toward Psychology of Optimal Experience*)的基础之上，于1990 年发表了对休闲心理学影响深远的专著《畅：最佳体验的心理学》(*Flow : The Psychology of Optimal Experience*) ，从心理学的角度对休闲体验的性质做了研究，他认为，休闲从根本上说，是一种有益于个人健康发展的内心体验，而不用什么外在标准界定的具体活动；体验“畅”的能力使人能够超越“工作—休闲”的断然划分，这样，不论是在工作，还是在闲暇活动中都更能积极地去寻求最佳的心灵体验。

美国马里兰州大学教授依索·阿霍拉（Iso Ahola）于1980发表了该领域的一部重要著作《休闲与娱乐的社会心理学》(*The Social Psychology of Leisure and Recreation*) ，吸收了奇克森特米哈伊的思想，提出根据两个变量——自由选择与内在动机，把人们工作以外的活动分为3个层次：自由选择程度较低，内在动机较弱的活动称为“必需的非工作活动”，有一定的自由选择和内在动机的活动是“自由时间的活动”，而具有高度的自由选择与很强的内在动机的活动，才是“休闲活动”。他指出休闲并非消极的无事闲着，而是有着积极的意义——它为人们实现自我、追求高尚的精神生活，获得“畅”或“心醉神迷”(ecstasy)的心灵体验提供了机会。

美国学者纽林格（Neulinger）1981年提出：休闲体验是由两个基本的维度自由与内在动力相结合而产生的，他认为，“感到自由”与“感到约束”是区分休闲与非休闲的最重要的维度。在其《休闲心理学》中指出“休闲就是做自己，显示你的天赋、才能和潜力。”判断休闲只有一个标准，那就是心灵所能体验到的自由感。

2．应用休闲学的发展

西方休闲学者还把休闲学的理论和方法用于实际问题的研究，从而在休闲管理、休闲经济和休闲服务等方面取得了丰硕的成果，建立了一些对休闲服务业及休闲政策具有实用价值的分析、预测、规划和管理的模型或方法。

1）休闲管理学

休闲管理学方面较为突出、已得到休闲服务业与政府有关部门的重视，并在休闲研究和休闲项目的规划与管理上得到广泛应用的，有基于益效的管理（BBM）及由 BBM 进一步发展而成的休闲益效方法（BAL)、休闲服务需求的预测方法、政府在发展休闲服务中作用的分析等。其目的是要为休闲服务项目的规划和管理提供一个好的理论框架和一些具体的方法。

同时执教于密歇根大学的自然资源学院与耶鲁大学的森林与环境研究学院的德莱佛（B．Driver）教授在提出 BBM 与 BAL 概念和推广其实际应用上都是一个重要的人物。他同时也任美国森林署的研究员，致力于将休闲研究的成果应用于政府休闲项目的规划及评价体系的设计。1989年，他与席莱尔（R．Schreyer）合作发表《休闲的益效》一文，首次提出应当从一个休闲服务项目能给有关各方带来的益处着眼，从整体上对之进行规划和管理。1991年，政府有关部门举行了“如何应用关于休闲益效的知识”研讨会，并发表了由德莱佛等主编的《休闲的益效》论文集。会后，一些与会者继续深化这方面的研究，不断完善其基本概念和方法，并通过一些实际的项目对之进行检验。后来又提出意义更为广泛的“休闲益效方法”。

知识链接 2-2

BBM 和 BAL 方法

BBM 和 BAL 方法，即基于益效的管理（benefit-based management，BBM）和由 BBM 进一步发展而成的休闲益效方法（benefit approach to leisure，BAL）。将广义系统论的理论视角与现代管理和规划方法结合起来，指出传统的管理是着眼于休闲活动，以管理为目的，将重点放在建立休闲设施和推销休闲服务上，以用户的多少、项目收入的多少、平均每千人拥有的绿地面积与休闲设施的数量等数字作为评价一个项目的标准。如果把一个休闲项目视作是构成了一个系统的话，传统的管理基本上只看到了输入系统的投资和维护所需的资本、项目管理人员及其技能、休闲设施及推销方法等因素。它要人们先着眼于系统的输出，即项目能带来什么益处，然后再去考虑该如何规划和管理。这样，系统的输入与对系统的管理都只是手段，目的则是使项目给有关各方带来的益效最优化。

休闲预测方法的发展以西彻蒂（C.J.Cicchetti）1973年发表的《预测美国未来的娱乐》为代表。这种模型不仅被用于后来美国各州的“户外娱乐规划”项目，而且被一些欧洲国家所采纳，用于其休闲服务的规划。与之相应，一些研究者致力于设计定性的休闲项目审核方法与休闲预测方法。在这一时期对休闲服务项目计划的审核中，SWOT 方法，得到了较为广泛的应用。特尔菲法（亦称“专家预测法”）等定性预测法也开始受到重视。一些研究者，如伯尔顿（T.L.Burton）、维尔（A.J.Veal）、查拉坦（A.Zalatan）等，还设计了一些将定性分析与定量分析相结合的方法。

知识链接 2-3

SWOT 方法

SWOT 方法，即对一个项目的优点（strengths）、缺点（weaknesses）、其为人们提供的机会（opportunities）及其对人或环境可能有的威胁（threats）进行分析的方法。现在又通俗地被称为优势、劣势、机会和障碍的分析方法。

在美国和加拿大多所大学任教的哈维茨（Hurwiez）教授主要研究营利与非营利机构的营销、消费者行为、休闲与失业等方面的问题，在其代表作《商业部门和公共部门对两类休闲活动抉择的偏好分析》、《公共休闲服务营销：不后悔的乐观者的一些悲观视角》、《非在业成人的多元世界：休闲价值、生活方式和福利》等书中，他指出：劝导性信息会对人们购买选择性公共和商业娱乐服务产生影响，因此，必须树立休闲服务营销的观念，通过营销改变休闲者的偏好和活动。加拿大滑铁卢大学的麦克维里（McVerry）教授在《通过市场行为改进休闲服务》一书中，通过一系列在不同价格情形下监控顾客期望的试验，发现了参与者对不同价格模型的反应，以及服务质量对不同休闲者经历的反应。

2）休闲经济学

受凡勃伦《有闲阶级论》的影响，众多经济学者开始从效率的视角考察休闲，并对休闲产业和经济的发展起到积极的作用。

明瑟（Mincer）1962年指出工作和休闲二分法存在缺陷，如对妇女就不适用。贝克尔（Becker）指出不应把休闲当成一个独立的范畴，所有休闲都含有某种消费，所有消费活动都含有某种休闲；人们不是在休闲和工作之间，而是在不同的消费活动之间选择；市场活动时间（工作）与非市场活动时间（休闲）的最佳组合可以使消费者获得最大效用。在此基础上，林德尔（Linder）1970年出版《受折磨的有闲阶级》，从效用理论出发，使用经济数量模型，得出了一个与时间密度有关的“休闲悖论”。

知识链接 2—4

休闲悖论

休闲悖论，即从效用最大化原则出发，在时间的稀缺性日益增长的情况下，理性的行动者越来越不幸，因为人们将放弃耗时多而耗费商品和劳务少的沉思式的活动，而对那些耗费商品和劳务甚多但在短期内可以完成的活动却情有独钟，趋之若鹜。虽然物质日益丰富是社会福利的源泉，但由于时间供应量固定不变，对福利产生越来越大影响的是时间而不是收入。因此，休闲不是简单地不工作，它是个人或家庭为了消费用劳动所得的收入购买的商品或服务所必需的时间，休闲不亚于工作，它是经济系统不可分割的一部分。

布鲁克（Block，1973）和格鲁诺（Gronau，1977）分别对美国和以色列家庭时间利用模式进行了研究，发现社会经济环境变化（如工资率、非工资收入、丈夫和妻子的学历、孩子数量变化等）对家庭工作、休闲以及丈夫的时间分配等都产生了不同的影响。格鲁诺还发现，已婚者的休闲时间少于未婚者，且男女在休闲时间方面差距很大。另外，艾布特（Abbott）和阿森菲尔特（Ashenfelter）1976年在阐述劳动供应、商品需求和时间分配的关系时探讨了物品与休闲消费的相互作用；威尔士（Wales）和伍德兰（Woodland）1977年则对工作、休闲和家务劳动时间分配进行了预测。马斯金（Maskin）和莱利（Riley）1980年提出了“休闲税”问题，并比较了收入税和休闲税在不同情形下的优劣。库热曼（Kooreman）和卡普坦（Kapteyn）1987年构建了一个家庭时间利用模型，并运用大量时间利用的数据验证了格鲁诺等人更严格意义上的模型的含义。科克斯基（Kokoski，1987）对家庭福利指标及休闲时间价值进行探讨，认为虽然国民每周工作时间减少，却发生了家庭层次的劳动力活动增加及家庭休闲消费减少。

另外一些对休闲产业和休闲公共服务的研究乃至规划，都在实际意义上推动了休闲及休闲服务业的发展。特别值得一提的是，联合国于1956年在世界范围内展开了首次大规模的休闲问题调查，涉及法国、瑞士、波兰等11个国家；国际社会学会于1967年决定成立休闲研究委员会，次年又建立国际休闲研究中心。1970年在联合国援助下，首届国际闲暇会议在比利时召开，通过了《休闲宪章》；之后又分别于1979年和1983年由世界休闲和娱乐协会修改，并于2000年7月由世界休闲组织通过。《休闲宪章》概括了休闲在当代人生活中的重要性：补偿消耗，丰富生活，激发才能，体现人的价值，对全世界范围内推动休闲发展、提高生活质量、尊重休闲权利等起到了积极作用。1998年10月30日，世界休闲组织在巴西圣保罗召开第五届世界休闲大会，通过了《圣保罗宣言》。《休闲宪章》和《圣保罗宣言》是休闲学发展的重要里程碑。

阅读材料 2–4

第二次世界大战以后北美的休闲研究概览

1. 休闲期刊

第二次世界大战以后，十几种主要的休闲学术刊物先后出现。按照创刊时间先后，这些期刊主要包括美国的《治疗性娱乐杂志》(1967 年创刊)，《休闲研究杂志》(1969 年创刊)，《休闲科学》(1977 年创刊)，《公园与娱乐管理杂志》(1982 年创刊)，加拿大的主要休闲学术期刊《休闲研究》、《世界休闲》也先后问世。

美国休闲科学研究院自成立之始，就是一个代表北美休闲研究最高水平的一流学者组织。国内第一套《休闲研究译丛》的作者托马斯·古德尔、杰弗瑞·戈比、约翰·凯利、卡拉·亨德森（Kara Henderson）、戴博拉·拜尔列席基(Deborah Bialeschki)、苏珊·萧(Susan Shaw)等都是其主要成员。2006 年，马惠娣被选举为美国休闲科学研究院成员，这是进入美国休闲研究高端领域的第一位中国学者，也是目前为止唯一的一位中国学者。

2. 休闲研究概况

关于 20 世纪 70 年代中期以前北美休闲社会学研究的成果，以刊登在 1969 年《休闲研究杂志》创刊号上罗尔夫·梅尔森(Rolf Myerson)的文章《美国的休闲社会学：介绍和参考文献》的介绍最详细。文章从社会学角度专门论述了 1945—1965 年美国休闲研究的成果，涉及的主要专著和论文达到 229 项。1972 年，梅尔森又对全球范围内休闲社会学研究的学术成果进行过一次统计，其中第一个部分是美国的成果。后来，美国又有一些关于休闲研究学术研究进展的成果问世。例如，赫伦（Heron）的《休闲文献》介绍了 1992 年以前的美国休闲研究的主要文献，是梅尔森工作的继续。他通过对多达 283 种参考文献的考查证实，三种增长最迅速的休闲研究方向分别是旅游、体育与健康。其实，这也直接反映出，随着美国社会的高度发达，包括各种节假日在内的休闲时间的增加，人们了解外部世界的欲望更加强烈了，旅游已成为人们生活中不可缺少的组成部分。同时，通过体育锻炼和其他方式获得健康，也逐渐成为人们的一种生活追求。

1983 年和 1989 年，美国学者巴奇（Budge）分别对两个主要休闲期刊《休闲研究杂志》和《休闲科学》所刊登的文章进行了分析。他发现，休闲研究已经逐渐从第二次世界大战初期的注重社会学、经济学的休闲社会学研究，转向诸如森林、娱乐和公园管理等应用性研究，商业性娱乐与市场研究的成果也有不少的增加。

从一些主要的休闲专著方面也可以更清晰地看出该研究的轨迹。这个时期影响比较大的专著如布赖特比尔和迈耶（Meier）的《娱乐》、德欧(Deo)和菲茨杰拉德(Fitzgerald)的《美国公园和娱乐简史》、拉诺比和梅尔森(Melson)的《大众休闲》、梅尔(Mel)和珀根(Borgen)的《休闲及其应用》、布赖特比尔的《挑战休闲》与《人与休闲》、凯普兰的《美国的休闲——社会调查》与《休闲：理论和政策》、麦克坎尼尔(Maccannell)的《旅游者：休闲阶层

的新理论》、戈比与帕克(Parker)的《休闲研究与休闲服务》、戈比的《娱乐、公园与休闲服务：基础、组织与管理》、布赖恩（Brian）的《广义户外活动中的冲突》、克兰兹（Krentz）的《公园设计政治学——美国杜市公园史》等，都主要涉及了公园、娱乐、旅游等应用休闲的内容。而纽林格的《休闲心理学》、依索·阿霍拉的《休闲与娱乐的社会心理学》、奇克森特米哈伊的《畅：最佳体验的心理学》、曼内尔（Manner）和克莱伯(Kleiber)的《休闲社会心理学》等休闲社会心理学的研究成果也在当时学术界广为流传。

在涉及休闲思想史、休闲发展史、休闲教育、女性休闲、综合性休闲研究等方面，古德尔和戈比的《人类思想史中的休闲》、克罗斯(Kroos)的《1600年以来的休闲社会史》、希弗斯(Shivers)和德莱尔(Delisle)的《休闲的故事》、芒蒂(Menthue)的《休闲教育：理论和实践》、亨德森的《女性休闲：女性主义的视角》、戈比的《你生命中的休闲》、戈比的《21世纪的休闲与休闲服务》、凯利的《走向自由——休闲社会学新论》与《休闲》等也都具有重要的学术影响。

另外，从1960年开始，户外娱乐资源审察委员会开始进行全国娱乐调查，以评估美国的户外娱乐参与。自1960年以来，美国共进行过6次全国娱乐调查，其中1999—2000年由联邦政府所进行的娱乐与环境全国调查的覆盖面最广、规模也最大。此外，关于美国时间预算的研究还有1965年、1975年、1985年、1995年的4次全国性调查，以及1965和1985年杰克逊市关于时间预算的辅助性调查。在对美国休闲资源进行广泛调查的基础上，1962年，户外娱乐资源审察委员会出版了资料丰富的《美国的户外娱乐》，以此为基础，1973年，西彻蒂发表了《预测美国未来的娱乐》。在关于时间预算的诸多成果中，1997年由罗宾逊（Robinson）和戈比合作出版的《美国人时间利用的社会学调查与方法》在北美休闲研究领域具有里程碑式的影响。

到了21世纪初期，北美休闲学术界除了继续对公园、娱乐、旅游等研究领域拓展和深化外，也更加关注休闲与健康的关系、休闲文化的影响，以及休闲研究的国际化趋势，并逐步加强了休闲研究与教育的国际交流。

这一时期比较有分量的专著包括杰克逊（Jackson）的《休闲制约》、杰克逊和伯顿（Burton）的《认识休闲与娱乐：回顾过去和展望未来》与《休闲研究：21世纪的前景》、维尔（Veal）的《休闲与旅游政策和规划》、韦伊梅尔和马塞厄斯（Mathias）的《旅游与休闲产业》、戈比(Gobbi)的《走向21世纪中叶的休闲与休闲服务》与《你生命中的休闲：新视野》、克罗斯(Krose)的《休闲：在变化中的美国》、弗雷辛格(Friesinger)和凯利(Kelly)的《21世纪的休闲：现实的问题》等。这些著作的共同特点在于总结过去、预测未来。例如，在杰克逊和伯顿主编的两本著作《认识休闲与娱乐：回顾过去和展望未来》、《休闲研究：21世纪的前景》中，前一本书是对北美休闲研究历史的回顾和展望；后一本书则是40多位来自美国、加拿大、澳大利亚、英国的知名休闲学者的研究成果的合集，其中大部分作者都是休闲科学研究院成员。这本书至今还是北美休闲学术史中具有经典意义的作品，是休闲专业研究生的必读教科书。维尔的《休闲与旅游政策和规划》、韦伊梅尔和马塞厄斯的《旅游与休闲产业》则从政策、规划，以及产业角度论述了休闲与旅游在政府、社会层面上的重要意义。戈比的《走向21世纪中叶的休闲与休闲服务》、《你生命中的休闲：新视野》是《21世纪的休闲与休闲服务》、《你生命中的休闲》的深化与拓展；克罗斯的《休闲：在变化中的美国》、弗雷辛格和凯利的《21 世纪的休闲：现实的问题》用了大量篇幅对美国休闲发展历史进行回顾，同时，又对美国休闲发展的未来进行了科学的预测与评价。

（资料来源：程遂营．北美休闲研究：回顾与展望[J]．旅游学刊，2009,10.）

2.3　中国休闲学的崛起与发展

中国文化中的休闲思想丰富而悠久，但大多存在于文学及哲学作品中，虽然出现了李渔及《闲情偶寄》这样的休闲论者和著作，但真正理性的休闲研究起步较晚。直到20世纪70年代末，我国才有学者开始涉足闲暇问题的研究。20世纪80年代后期，研究休闲的人逐渐增多，那时人们对“休闲”价值的认识既片面又单薄。休闲学作为一个学科是20世纪90年代中期才从西方传入中国，直到21世纪初才受到人们的关注。概言之，休闲研究和休闲学在中国的发展大致可划分为三个阶段：萌芽时期、形成时期、发展时期。

2.3.1　中国休闲研究的崛起

1．萌芽时期

我国著名经济学家、哲学家于光远是最早关注休闲的学者之一。早在1983年他就指出：中国对体育竞赛是很重视的，但对体育之外的竞赛和游戏研究很不够。在中国高等院校中没有一门研究游戏的课程，没有一门游戏专业，没有一个研究游戏的学者，这不是优点而是弱点。1985年，邓伟志《生活的觉醒——漫话生活方式》一书涉及休闲、休闲时间和休闲活动等内容，并做了相当的论述。20世纪90年代初，于光远指出，应重视对休闲文化的研究。1992年，王雅林、董鸿扬主编出版的《闲暇社会学》，主要借鉴前苏联和东欧国家的方法，从社会学视角对闲暇做了较为深入的研究，开启了中国休闲研究的先河。1994年于光远在广州讲学时进一步指出：“玩是人类的基本需要之一，要玩得有文化，要有玩的文化，要研究玩的学术，要掌握玩的技术，要发展玩的艺术。”1995年，于光远《竞赛论》出版，同年倡导成立了北京六合休闲文化研究策划中心。1996年，他发表《论普遍有闲的社会》，以战略家的眼光，论述了休闲与社会进步的关系，深刻指出：“闲”是生产力发展的根本目的之一，生产力的发展意味着闲暇的增长，这与人类文明进步是同步的；劳动时间必将进一步减少，休闲的地位必将进一步提高，这是走向未来的必由之路。从某种程度上说，于光远《论普遍有闲的社会》一文标志着休闲研究正式进入中国学术界，至此，中国学者才开始有意识地研究休闲这一新的社会经济现象。顺便提及，几乎同时，辽宁师范大学刘晨晔发表《休闲文明建设初探》（《道德与文明》，1996年第3期），也是对萌芽时期中国休闲研究的贡献。

2．形成时期

随着双休日和长假日制度的实施及带薪休假细则的出台，中国人的闲暇时间显著增加，引起了社会经济、文化乃至政治生活的巨大变化，受到学界的广泛关注。西方休闲研究文献陆续被引入，一批理论性较强的研究论文和报告相继发表，相关研究机构开始出现。其中，中国自然辩证法研究会自然辩证法研究杂志社的马惠娣研究员对我国休闲学的形成起

到了不可估量的推动作用。1996年，马惠娣向第四届世界休闲大会提交了《文化精神领域的休闲理论》一文，引起了国外学者的关注，也成为第一位参与国际休闲学术研究的大陆学者。随后，在1996年中国软科学第一届学术年会上，她又提交了题为《休闲：建造人类美丽的精神家园》的论文，清晰地论述了休闲在人类文明进化的历史中具有重要的文化价值，是人类精神家园的一种境界；休闲是人类自省与沉思的产物，是探索人的本质、生活目的的一把"钥匙"；并特别指出，中华民族具有五千余年的悠久历史，在休闲文化方面，有着独特的理解方式和行为方式，是世界文化宝库中的一颗璀璨的明珠；继承、发扬中华文化传统的宝贵遗产，构建当代休闲理论，应是中国学者义不容辞的责任。在她的推动下，中国休闲研究迅速发展，一批有分量的学术文章相继发表。2000年，于光远、成思危、龚育之任主编，马惠娣任执行主编，组织一批学者翻译出版了《西方休闲研究译丛》，介绍当时西方休闲研究的最新成果，标志着休闲学正式传入中国。2002年8月世界休闲组织理事会决定，2006年世界休闲博览会将在中国杭州举行，这使越来越多的学者乃至产业界人士参与到休闲研究的行列，极大促进了中国自己的休闲学的形成。2002年10月，中国软科学研究会、自然辩证法研究杂志社、中国艺术研究院休闲文化研究中心在北京联合举办"中国：休闲与社会进步学术研讨会"，学术界首次聚焦休闲理论问题研究，这标志着中国休闲学的正式形成。由于相对西方中国休闲研究在很短时间内便初成气候，故谓之"崛起"。

2.3.2 中国休闲学的快速发展

从目前来看，中国的休闲研究主要有四支力量在推动（宋瑞，2010）。

其一，是以于光远、成思危、龚育之、马惠娣等为代表的哲学、社会学人的努力。他们凭借对人类发展、社会进步和经济运行的深刻理解以及浓厚的人文精神，敏锐地认识到休闲发展的社会意义，认识到休闲研究的学术价值，从20世纪90年代开始便身体力行地倡导休闲学研究，并集中于"关注国计民生中的休闲，关注休闲中的人文关怀"。这支力量组织的"中国：休闲与社会进步学术年会"作为国内连贯性的学术例会，除了2003年因"非典"流行而未举办外，截至2012年已连续举办10届，每年选取一个专题，带动其他选题，组织和团结了一批休闲学者，开展了视野广阔的理论探讨和对策研究，成为中国休闲学快速发展的核心骨干力量。这极大地推动了较为纯粹的休闲学术研究，形成了一篇有分量的译著和原创专著。在他们的努力和影响下，休闲不仅引起了学界的重视，更重要的是，唤起了社会对这一问题的广泛关注，并在国际上发出了中国学人的声音，建立了国际学术交流的网络。

其二，是旅游等休闲分支领域内的研究者，以各自领域为起点，逐步延伸到休闲研究领域。例如，旅游研究者在对实践的追踪和前瞻性研究中，逐渐将视野扩展到旅游之外更加广阔、同时又与旅游相邻很近的领域——休闲。这一趋势，始于20世纪90年代中后期，特别是2000年之后对"黄金周"集中旅游的思考。人们在关注节假日异地休闲（即旅游）的同时，也开始关注平日本地休闲的发展。这其中不仅包括了诸多学院派研究者的努力，也包括了被誉为学者型官员或官员学者的魏小安等人的鼓励与呼吁。旅游研究者对休闲的介入，体现了"旅游"与"休闲"的密切联系，更重要的是，唤起了人们对旅游发展中人文关怀的重视，拓展了旅游业界的视野。此外，体育研究者也从健身运动发展的角度，对人们的健身活动、城乡的健身设施等进行了研究。农业、林业等专业的研究者也基于各自研究领域，对与人们休闲活动相关的供给部分给予了关注。这些研究者从关注相关产业的角度出发，更多地研究休闲的产业化发展和经济贡献，也推动了相关教育体系的调整（包括院校专业的设置、高校教材的出版等）。

其三，是社会学、统计学等研究者从对人们生活时间分配的关注开始，逐步拓展到对在自由时间内的活动（即休闲活动）的研究。这其中以王琪延、王雅琳等人为代表。虽然他们最早的研究在名称上并没有直接冠以“休闲”二字，在理论和方法上主要是通过统计学来研究人们的生活时间分配，但为了解人的休闲生活提供了科学的依据，而这恰是休闲研究走向深入、休闲管理科学化的前提。

其四，是人文地理、城市规划等领域的学者，从人的休闲活动的空间分布、游憩设施和休闲空间的规划与设计、城市发展等角度给予了关注。他们的研究试图解释并解决与人们日常休闲活动最为密切相关的部分——休闲空间和休闲设施，尤其是公共休闲空间和休闲设施，从而使休闲研究能够最终落地，并指导规划者提供更有利于人们休闲活动的设施和场所。

当然，这些力量在共同推动中国休闲研究向前发展的过程中，从不同的出发点起步，而不断汇聚，并越来越多地相互借鉴、相互交融。此外，有关部门的重视、地方政府的实践、业界企业的推动，也为休闲研究提供了更多的支持，并扩大了相关研究的社会影响力。

近年来的休闲学术发展值得关注。2003年，王雅林主编的《城市休闲》（社会科学文献出版社）问世。该书对上海、天津、哈尔滨三大城市居民的周末时间分配做了大量抽样调查，生动反映了近年休闲时间、生活变化及社会新问题，并与美国城市进行比较，及针对三地休闲状况作了深入分析。2004年，李仲广、卢昌崇《基础休闲学》（社会科学文献出版社）出版，阐述了休闲学的基本概念、基本知识，勾勒了休闲学研究的基本理论框架，是我国策一部系统总结休闲学科基础知识的教材类著作。2005年，“中国学人休闲研究丛书”出版，代表了我国学者十多年来休闲研究的学术积累，它探讨了有关休闲理论和实践问题，对于什么是休闲、为什么要休闲、如何休闲等问题做了多层面、跨学科的思考。此后很多学者在发表了众多论文的基础上，2005年王琪延、楼嘉军、郭鲁芳，2006年刘晨晔、魏小安，2007年卿前龙、周觉、徐明宏，2008年刘海春、吴承忠、吕勤等，2009年程遂营、唐湘辉、魏翔、马永纯、吴文新、孙林叶、郭茜等，2010年张雅静、张永红、李仲广、张玉勤、白日荣等，2011年余伟、刘嘉龙等相继发表了休闲学专著；章海荣（2005）、马勇（2008）、刘嘉龙（2008）、陈来成（2009）等相继出版了休闲学教材；中国经济出版社（2009）、浙江大学出版社（2009）、中国旅游出版社（2010）相继发行了几套译著，介绍欧美的最新研究成果。由此可见，我国的休闲研究从无到有，从粗浅到逐步完善，从引进到自我发展，已经历了二十几年的时间，目前也已有了一定数量的著作和文章，内容涉及哲学、社会学、经济学、管理学等不同领域。可以说，中国自己的休闲学研究队伍和休闲学科体系已经初步形成。

阅读材料 2-5

近十年来中国休闲研究剪影式扫描

1. 主要成果

2000 年马惠娣主持翻译的“西方休闲研究译丛”（第 1 辑）可算是一个重要标志。该

丛书包括5本著作:《人类思想史中的休闲》、《你生命中的休闲》、《女性休闲——女性主义的视角》、《走向自由——休闲社会学新论》、《21 世纪的休闲与休闲服务》，由云南人民出版社 2000 年出版，对美国休闲学研究中有代表性的成果进行了一次集中介绍。2004 年，马惠娣等人主编了“中国学人休闲研究丛书”，共 5 本:《论普遍有闲的社会》、《民闲论》、《中国公众休闲状况调查》、《走向人文关怀的休闲经济》、《休闲：人类美丽的精神家园》，由中国经济出版社 2004—2005 年出版，作为其 10 年学术研究的积累和课题研究的成果，立足国情、国人，反映了中国学者对中国问题的思考。2008 年，由湖北大学马勇教授等人主编的“休闲与游憩管理译丛”共 6 本:《休闲产业》、《休闲市场管理》、《休闲与游憩管理》、《户外娱乐管理》、《休闲项目策划》、《娱乐与运动的规划与设计》;“休闲与游憩管理丛书”共 9 本:《休闲学概论》、《休闲经济学》、《休闲文化学》、《休闲社会学》、《城市休闲度假目的地管理》、《休闲市场营销学》、《休闲规划案例》、《休闲与娱乐管理》、《运动休闲概论》等，由重庆大学出版社 2008—2009 年出版，这套丛书以教学为主要目的，着力对休闲相关基础知识的普及和人才的培养。2009 年，由马惠娣担任主编的“西方休闲研究译丛”(第 2 辑)面世，共 6 本:《休闲与生活满意度》、《劳动、社会与文化》、《休闲教育的当代价值》、《走向 21 世纪中叶的休闲与休闲服务》、《美国人生活时间分配的调查与反思》，由中国经济出版社 2009—2011 年出版，该丛书从休闲与生活满意度、休闲教育、休闲服务、美国人时间分配等角度，再次向人们介绍了美国休闲研究的近期成果。2009 年，浙江大学出版社出版的“休闲书系”(第 1 辑)的 4 本译著:《休闲：一种转变的力量》、《休闲的制约》、《娱乐与青少年发展》、《休闲与生活质量》及 3 本论文集和专著:《休闲评论》2 辑和《从细节品味城市》等。2010 年中国旅游研究院、中国旅游出版社组织翻译出版“西方休闲研究经典译丛”6 本:《休闲理论原理与实践》、《休闲社会心理学》、《现代社会游憩与休闲》、《休闲政策政治学》、《休闲和旅游供给》、《休闲游憩导论》等。除了上述丛书之外，另有不少著作、译著陆续出版，其中不乏精品力作。令人印象深刻的有马惠娣、于光远合作的著作，如《休闲·游戏·麻将》(文化艺术出版社，2006)、《于光远与马惠娣十年对话——关于休闲学研究的基本问题》(重庆大学出版社，2008)，译著有介绍英国休闲研究的《休闲研究引论》、《休闲经济学》等，国际知名学者维尔所著的《休闲与旅游研究方法(第 3 版)》等。

2. 学术机构和学科建设

在于光远、马惠娣等人的大力推动下，中国文化研究所休闲文化研究中心、中国艺术研究院休闲文化研究中心、中国自然辩证法研究会休闲研究专业委员会等学术机构相继成立。作为我国自然科学和社会科学的最高殿堂，中国科学院和中国社会科学院也有专门的力量从事休闲研究，其中中国社会科学院 2003 年批准将财政与贸易经济研究所旅游研究室更名为旅游与休闲研究室，中国科学院地理科学与资源研究所也在 1998 年立项研究北京老年人的休闲生活，并于 2009 年将城乡室调整更名为“旅游与社会文化地理研究室”，将休闲作为一个重要研究主题。2003 年东北财经大学在其旅游研究所基础上成了“旅游、休闲与会展研究所”。2004 年 2 月，中国人民大学成立“中国休闲经济研究中心”; 2004 年 9 月，山东大学威海分校成立“休闲研究所”; 2004 年 11 月，由浙江大学、杭州市政府等联合成立的“浙江大学亚太休闲教育研究中心”正式建成。2007 年 4 月，四川省休闲文化研究会在政府支持下高调成立，浙江省、湖南省等也有相应的休闲研究学会、协会等成立，并在学术、产业策划、咨政等方面发挥了显著的作用。在学科建设方面，2002 年，华南师范大学体育学院创办休闲与运动系，北京旅游学院设立休闲管理系，中山大学成立了旅游与休闲学系；2005 年广州体育学院改社会体育系为“休闲体育与管理系”；山东旅游职业学院整合一些专业成立了休闲产业管理系；2007 年上海体育学院成立体育休闲系，浙江林学院成立了“乡村旅游与休闲观光农业研究所”；杭州商学院旅游学院把休闲学纳入旅游管理专业的本科课程之中，东北财经大学、厦门大学、广东金融学院等也在相关专业的研究生课程中渗透了休闲学内容。南昌大学、首都经济贸易大学、广东商学院、上海体育学院、东北财经大学、湖南师范大学、对外经济贸易大学等已招生休闲相关方向的研究生。不可忽略的是，2007 年 6 月，国内第一个休闲学博士点在浙江大学设立，2008 年 1 月国内第一个休闲农业学科博士点在福建农林大学设立。

3. 科研项目或课题

科研项目或课题出现较早的有 1998 年王雅林等人在福特基金会的资助下所做的多个城市居民休闲生活调查、王琪延教授组织的关于北京市居民生活时间分配调查等。特别是马惠娣等人先后承担了“休闲产业与社会条件支持系统”、“休闲产业将成为我国经济新的增长点的对策研究”、“我国公众闲暇时间、文化精神生活现状的调查与研究”等国家级课题研究，并将其成果结集成书，在学术界引起了较大反响。之后吴文新（2005）、张雅静（2007）、秦学（2008）、李其原（2011）、舒建平（2011）、周丽君（2011）等一批国家社科基金项目相继立项，各省市级社科及软科学休闲相关项目更多。

4. 会议

2000 年 8 月“中国休闲产业国际研讨会”首次在北京召开，成为我国休闲研究的一个里程碑。与会代表围绕“休闲产业——新的经济增长点”议题，就休闲产业在中国，休闲组织的变化及服务管理，女性、青少年、老年休闲项目的开发与创新，休闲产业与经济发展，假日旅游等问题展开了充分探讨。2001 年 11 月，由国家旅游局和杭州市政府合办，杭州宋城集团协办的“中国休闲经济国际论坛”邀集了国内外学者，就休闲经济在中国的发展进行了深入讨论。2002 年 10 月，由中国软科学研究会、自然辩证法研究杂志社、中国艺术研究院休闲文化研究中心联合举办的“2002 中国：休闲与社会进步学术研讨会”就“休闲产业与经济结构、产业结构、消费政策、劳动时间的关系”、“转型期城乡（社区）居民休闲时间的利用、特点及存在问题”等一系列问题进行了讨论。由世界休闲组织、浙江大学、杭州市人民政府、浙江省旅游局联合、连续主办的中国休闲经济国际论坛，以及密云休闲论坛等也都提供了一个交流的平台。2004—2011 年，中国自然辩证法研究会休闲哲学专业委员会和中国艺术研究院休闲研究中心等连续组织了 5 次会议，分别以“全面建设小康社会中的休闲问题”、“文化：城市的荣誉与责任”、“休闲价值与构建和谐”、“休闲与社会转型问题”、“休闲与国计民生”、“休闲：一条通向人类福祉与社会和谐之路”、“休闲学的理论与实践”、“闲暇时间分配与生活方式变迁及城市的休闲气质”为主题，进行了广泛讨论，产生了较大反响。另外，一些地方政府机构、媒体和产业界举办的一些休闲相关会议，在推动休闲的社会发展的同时也激发了更多学者涉足休闲研究的兴趣和创造性。

（资料来源：宋瑞. 近十年来我国休闲研究的历程与特征[R].（休闲绿皮书）2010 年中国休闲发展报告，2010.）

案例分析

马惠娣谈中国休闲学的缘起

中国休闲学领域的领军人物马惠娣研究员在接受《新周刊》“香格里拉”专题采访时，谈到了中国休闲学更为深远的历史渊源。

《香格里拉》：中国休闲学的创始人是于光远先生，他当年创办的休闲文化研究小组，您是最早的成员之一。请谈谈这个小组的情况。

马惠娣：于老是一个在自然科学、社会科学、人文科学等方面知识渊博的人。关注休闲文化问题，最早可以追溯到1936年，他在俄语读本上读到苏联的公园改为“文化休息公园”，觉得很有道理。20世纪70年代末，于老就提出了发展旅游业的问题，国家旅游局第一任局长韩克华在多年后谈及于老时说，“于老真是目光远大”。1980年，于老在中国社会科学院任职，领导新成立的政府机构改革研究小组。这个小组从几十个驻外使馆那里获得了其驻在国中央政府机构设置状况，于老注意到，法国内阁有一个“业余部”，他认为，这说明了法国对业余问题的重视，反映业余支配时间在社会生活中的重要地位。20世纪70年代末80年代初他关注生活方式的研究，当时发表了许多这方面的文章。这都是于老重视休闲文化的思想渊源，也是中国休闲研究的思想源头。

1995年5月，5天工作制实施，于老意识到这一社会文化现象的重要性，当年7月成立了休闲文化研究小组。最初的组员只有10个人左右，除了于老，还有时任《人民日报》总编辑的秦川、国家旅游局局长韩克华、中共中央宣传部部长朱厚泽、国家科学技术委员会副主任吴明瑜、中国人民大学经济学教授何伟、胡冀燕（于老秘书）、杨海瑞、马万里和我。1996年4月，在于老组织的休闲文化研讨会上，我做了主题发言“休闲：人类美丽的精神家园”，这是我的休闲研究的处女作，当时多家媒体发表了这篇文章，《新华文摘》1996年12期全文转载。

但是在1996年年底召开的“中国软科学研究会第一届学术会议”上，我的发言“谈休闲的价值”，不料遭到众多学者当场的质问与批评，说我在宣扬资产阶级生活情调。当时主持会议的秘书长孔德涌先生，（曾任中国驻联合国代表）却对我的观点表示支持。会后时任中国软科学研究会理事长的成思危先生也支持了我，并对我说，休闲学是一门很有发展、很有前瞻性的学科领域。

1997年，于老成立了玩学家俱乐部。关于“玩”他说过著名的6句话：“玩是人类基本需求之一，要玩得有文化，要有玩的文化，要研究玩的学术，要掌握玩的技术，要发展玩的艺术。”在《论普遍有闲的社会》中，他说：“‘闲’是最大最大的一个字眼”。在他的带动下，一批学者及学者型的官员进入了休闲研究的领域。成思危、龚育之、韩德乾、朱训、王文章、孔德涌、刘梦溪、白春礼、马俊如、孙小礼、沈宝祥、何祚庥等都参加了“西方休闲研究译丛”编委会和其他方面的工作。他们成为中国休闲学研究擎旗的群体。虽然，在这个领域他们没有那么多著述，但是每当关键时刻，他们都挺身而出，使研究者的工作能够继续下去。

（资料来源：http://www.chineseleisure.org/2011n/20110808-1.html.）

请结合本章有关内容，思考以下问题：

（1）中国休闲学崛起的国际大背景和国内小背景是什么？

（2）中国休闲学形成过程中的一些遭遇说明了什么？

（3）结合目前我国休闲发展状况，你认为我国的休闲学应该怎样开展研究？

简要点评：马惠娣的这番话表明：第一，中国的休闲研究最早并且主要是由于光远先生极力推动起来的。第二，在于老倡导下，组织和培养了一批休闲学的中坚力量。第三，中国休闲学的崛起既有世界相关领域发展的背景，更是中国社会快速发展的必然。第四，中国休闲学的兴起并非一帆风顺，曾经遭遇到各种各样的阻力和非议，主要是因为人们当时并不了解休闲的真正内涵和意义，以及某些“极左”思想的负面影响；直到现在，这个问题的解决仍然需要再加努力。第五，目前似乎形势一片大好，国家在发展战略和政策、制度层面开始重视休闲，但是“红头文件”中涉及休闲的时候，其含义依然偏于经济、消费、产业，而很少顾及它的文化性、人本性等，特别是忽略普通群众作为休闲主体的综合效益等，这需要更多“挺身而出”的学者来引导，甚至纠偏。

本章小结

本章主要介绍了中国和西方休闲思想源流及休闲研究的历史，以及学科化休闲依据的兴起和休闲学的现代发展，特别是中国休闲学的崛起等。无论中国和西方，休闲研究都有着深远的思想文化渊源。和古希腊、古罗马一样，中国古代也有丰富的休闲思想，这是现代休闲研究的历史文化基础；休闲学首先在西方形成并获得深入广泛的发展，目前已形成较为完善的学科体系；20世纪90年代后逐渐引入中国，通过萌芽和形成期；至2000年以来，中国休闲学在于光远、马惠娣等人的强力推动下逐渐形成自己的学术队伍、学术争地、学科体系和学术风格。随着国家日益重视休闲的效益和发展，中国休闲学正在迎来全面繁荣的新局面。

思考与练习

一、单项选择题

1．享有西方“休闲学之父”美誉的是（　　）。

A．苏格拉底　　B．柏拉图　　C．亚里士多德　　D．德谟克利特

2．西方文艺复兴之后马克思主义产生之前，真正探讨休闲问题的是（　　）。

A．启蒙思想家　　B．空想社会主义思想家

C．自然科学家　　D．艺术家

3．明清之际，堪称中国第一部休闲理论著述的是（　　）。

A．《庄子》　　B．《黄帝内经》　　C．《闲情偶寄》　　D．《生活的艺术》

4．国外学科化休闲研究的源头可以追溯到（　　）。

A．马克思　　B．凡勃伦　　C．约瑟夫·皮珀　　D．杰弗瑞·戈比

5．新中国最早关注休闲问题的学者是（　　）。

A．林语堂　　B．于光远　　C．邓伟志　　D．王雅林

6．20世纪90年代后期至今，（　　）被公认为中国休闲学界的领军人物。

A．王雅林　　B．刘晨晔　　C．于光远　　D．马惠娣

7．近10年来国内持续聚焦休闲问题的学术会议是（　　）。

A．世界休闲大会　　B．中国软科学学术年会

C．“中国：休闲与社会进步”学术年会　　D．中国休闲产业国际研讨会

二、思考讨论题

1．在思想文化渊源上，中国的休闲思想与西方休闲思想相比有哪些特殊之处？

2．学科化的休闲研究是怎样在西方发展繁荣起来的？

3．怎样理解中国休闲学在不到20年的时间内迅速崛起并初步形成学科体系？

4．你认为中国传统休闲思想对当今社会休闲的发展和休闲学的繁荣有什么价值？

三、案例分析题

对比本章“阅读材料2-4：第二次世界大战以后北美的休闲研究概览”和“阅读材料2-5：近十年来中国休闲研究剪影式扫描”，从中分析中国和北美休闲研究的差异，并对我国的休闲研究提出自己的看法。

第2篇

休闲的基本理论

本篇主要论述关于休闲的基本理论，可称之为“休闲本论”，其他各篇则属于其延伸或拓展理论。该篇讲述休闲、休闲活动及其历史，休闲的人本性、和谐性及其辩证特性，围绕休闲的一系列核心范畴：闲暇、休闲需求和动机、休闲体验、休闲畅爽、休闲省悟，以及休闲与玩耍、游戏、游憩、娱乐、体育、旅游等的复杂而微妙的关系。

休闲的概念众说纷纭，但其核心是人性或精神的自由状态；劳作创造了休闲，休闲渗透并引导劳作，成为劳作的历史目的。休闲活动有身体型、精神型、心身型、信仰型、玩物型、综合型等多种类型，具有特殊的人性和社会功能；中国和西方都有着悠久的休闲发展历史，并各有特色和文化底蕴；随着经济和文化的全球化进展，基于社会主义原则集中西文化优势为一体的休闲是中国休闲发展的大趋势。

人本性是休闲的本质属性，即休闲中人的身心内在性与体验超越性的有机统一；和谐是休闲人本性的核心和灵魂，表现为人的自然属性的和谐、人的社会属性的和谐、人的意识属性的和谐，以及人性与各种环境之间的和谐；在现代社会，休闲人本性的矛盾即其辩证性表现为实践和谐性、社会公益性，特别是经济性与文化性的矛盾。

闲暇是人的生命的有机组成部分，有物理闲暇和心理闲暇两种方式，后者才是休闲的真实前提；休闲是人的高级需要，这是休闲动机产生的客观基础，休闲动机有生理性、心理性、社会性、文化性四种；休闲体验是主体的休闲经历和亲身感受，有亲验和想验两种形式，属于表达个性自由的情感范畴；休闲体验中最突出的是休闲畅爽和省悟，畅爽是休闲中痛快、欢畅、怡爽等高峰体验，省悟是休闲中的反思性和觉悟性体验，是人生修养和创造力的源泉。玩耍、游戏、游憩、娱乐乃至体育、旅游等之间相互交叉、渗透，与休闲有着复杂而微妙的关系，现实中浑然一体，用法上各有意境。

休闲需要一定的主客观条件，其中以“闲心”、“闲钱”、“闲时”为最重要；如果条件缺乏就构成了休闲制约；休闲需求和供给则要克服制约，使休闲活动成为现实，二者相互作用；我国当前的休闲需求和供给都存在一定问题，亟需切实改善。在现代社会，休闲多表现为满足休闲需求的消费活动，它具有促进就业和分配公平以及优化产业结构的经济功能；休闲消费内在地具有人本性和生态性相统一的和谐性特点和要求，反对消费享乐主义。休闲质量的测度需要从生活方式、生活时间分配结构和幸福指数等几个方面综合进行，既有主观和客观的不同方面，也有个人和社会的不同层面，实际也是对制约因素影响休闲程度的测量；但直接针对休闲质量的通用的测度方法尚待深化研究。

第3章　休闲、休闲活动及其历史

教学目标与要求

通过本章学习，能够理解休闲的概念及基本特征，正确把握休闲与劳作的关系；理解休闲活动的特点，了解休闲活动的分类方式及功能；了解中国和西方休闲发展的历史脉络和基本特点，理解休闲悠长的历史及各自的特点并加以比较。

章节知识框架

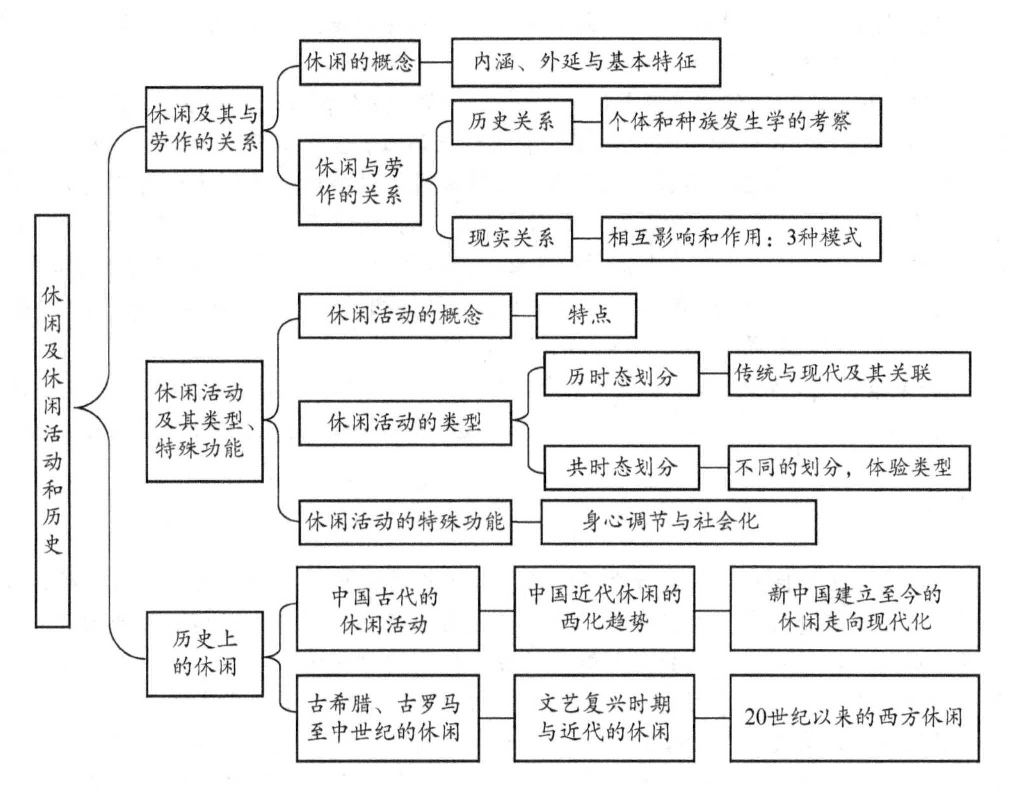

关键术语

休闲，劳作，休闲活动，休闲历史

导入案例

对休闲活动的误解

长期以来，无论是在知识界还是在普通民众中都存在这样的认识，仿佛休闲就是吃、喝、玩、乐，无所事事，游手好闲，玩物丧志，嬉戏虚度，甚至荒淫糜烂等，或者就是疯狂购物和炫耀性消费，它是富裕阶层或成功人士的特权。似乎拥有金钱、占有多量的物甚至是拥有多量的金钱、占有多量的奢侈品是进行休闲活动的必需的基础，正如法国哲学家鲍德里亚所指出的："今天，在我们的周围，存在着一种由不断增长的物、服务和物质财富所构成的惊人的消费和丰盛现象。它构成了人类自然环境的一种根本变化。恰当地说，富裕的人们不再像过去那样受到人的包围，而是受到物的包围。……那些从属的、引起幻觉的物带着无声的目光老生常谈、总是向我们重复着我们自己的惊人力量、潜在的富有和相互之间老死不相往来的状况。……我们生活在物的时代，我是说，我们根据它们的节奏和不断替代的现实而生活着。"现在，一提起休闲就想到以"黑黄赌毒"为营生的"天上人间"。

当"休闲"终于进入政府工作报告的时候，人们发现它仅仅与刺激消费、拉动内需联系在一起；当休闲进入民生视野的时候，它又与"旅游"割舍不开。例如，所谓"国民旅游休闲纲要"，不知是"旅游"纲要、作为休闲形式之一的"旅游休闲"纲要，抑或是整体的国民"休闲"纲要？当文化大发展大繁荣的战略决策开始执行的时候，人们发现休闲仅仅是一种娱乐、消遣或难耐的无聊时光，登不上文化的大雅之堂。

据 2012 年 2 月 3 日台湾《联合报》报道，台湾一位患有心脏病的 23 岁男子陈荣宥，因沉迷网络游戏，1 月 31 日到网吧打了一整天线上游戏，2 月 1 日深夜被店员发现四肢僵硬，气绝多时，两眼仍注视屏幕、双手还放在键盘上。这些极端的例子让真正的休闲情何以堪？再看看网络，随处可以看到以"休闲"为名义的"娱乐"、"八卦"，哪个明星吸毒了、醉驾了、诈捐了、偷税了、入外国籍了……让人应接不暇。当人们在举出这些例子的时候，也只是想把它当做"休闲"的罪状而一棍子打死。对休闲做如此混乱而低俗的理解和滥用，难怪严肃研究休闲的学者总是受到人们的奚落和嘲笑。

（资料来源：[法]鲍德里亚．消费社会[M]．刘成富，全志钢译．南京：南京大学出版社，2001．
http://news.sohu.com/20120203/n333621265.shtml.）

点评

这些事实引出的问题是到底什么是休闲？当休闲被误解、曲解以至非人性化解构和滥用的时候，这个社会又有多少罪恶假"休闲"之名而行？这不能不引起全社会特别是主管部门的严肃关注，否则，人类社会可能真的会被所谓的"休闲"毁掉。在中国休闲学研究的领军学者马惠娣看来，休闲是人类美丽的精神家园；在很多西方学者看来，休闲是"成为人"的过程，是实现人生价值的舞台；在马克思看来，休闲是人类享受文明、自由个性全面发展的实践途径；也有学者为现实休闲的庸俗与荒诞而忧心忡忡，惊呼：能否智慧而道德地休闲是对人类文明的终极考验！在人类思想史上，似乎再也找不到一个概念，能比"休闲"有这么鱼龙混杂、藏污纳垢的理解和滥用了！那么，休闲究竟是什么呢？既然现实休闲如此混乱，那些学者、思想家又何以认为是人类的精神家园、人生价值的舞台、人自由发展的途径？ 本章乃至整篇将尝试帮助人们正确地理解"休闲"。

休闲跟劳动或工作（合称劳作）一样，也是人类特有的一项活动；但它与劳作不同，是一种直接以人自身为目的的活动，因此，它有自己特殊的本质。随着社会的发展，人们拥有了越来越多的闲暇时间，也将有更多的机会从事多种类型的休闲活动，通过其特殊的功能来完善人自身。休闲不是现代社会特有的现象，而是自古就有，有着悠久的历史传统和深厚的文化底蕴。

3.1 休闲及其与劳作的关系

3.1.1 休闲的概念

在休闲学界，关于休闲概念的界定可谓众说纷纭，其原因正如第 1 章所述，休闲本身是一个非常复杂的特殊事物，可以从多个角度进行界定。

1. 休闲的内涵

一般认为，其内涵可从以下角度加以定义。

（1）时间的角度。这是公认最基本的定义，它把一个人每天的生活时间分为生理必需（包括睡眠、吃饭等维持生命）时间、劳动或工作（即劳作，包括家务劳动，亦即谋生）时间、闲暇时间 3 部分，认为休闲就是从劳动、工作及其他义务活动中摆脱出来的闲暇时间。在时间意义上，休闲等于闲暇。

（2）活动的角度。在时间定义的基础上，认为休闲是人在闲暇时间内的活动。在此意义上，休闲活动等于闲暇活动。

（3）状态的角度。在活动定义基础上，认为休闲是人谋求并获得身心和谐、健康、幸福和自由的状态。它表明一种内在动机、态度、体验和境界，并与心态的快乐、畅爽、喜悦、从容、宁静等密切相关。在此意义上，休闲等于自由，意味着自主、自在、无拘无束。

综合而言，本书认同杰弗瑞·戈比（2000）的界定：休闲是从文化环境和物质环境的外在压力中解脱出来的一种相对自由的生活，它使个体能够以自己所喜爱的、本能地感到有价值的方式，在内心之爱的驱动下行动，并为信仰提供一个基础。这个定义的关键词是解脱、自由、生活、喜爱、价值、信仰，规定了休闲的质。

2. 休闲概念的外延

（1）时间的角度。闲暇一般泛指一切非劳作或非生产时间，包括日常生活中的闲空、周末（双休日）、法定节假日及休假时间，还有退休后的生命时间；但不包括病休时间、待业或失业期间。在闲暇中，人们是相对自由的，可以从事自主选择的各种活动，可能达到自由、畅爽或喜悦、幸福的状态；这是一个纯粹客观事实的时间范畴。闲暇与自由时间不同，它是可能意义上的自由时间，而后者是必然性或现实性意义上的自由时间，是一部分闲暇，具有鲜明的价值取向，表明人在这段时间内必将、正在或已经获得自由。但一般不做这样细致的区分，也笼统地把闲暇（时间）叫做自由时间或休闲时间。

（2）活动的角度。休闲活动包括闲暇时间内所从事的一切活动；如同闲暇时间一样，这也是一个纯粹客观事实的活动范畴，包括了各种自主的价值取向的活动，如玩耍、娱乐、游戏、运动、游憩、旅游，甚至吸毒、赌博等。

（3）状态的角度。在此意义上，就并非一切闲暇活动都是休闲，因为休闲实际上是人的一种特殊的人性或身心状态、生命和精神状态，这是一种内在状态；反过来，也并非一切不在闲暇时间内的活动都不是休闲活动，即使是劳作的活动，只要能够达到这种内在状态，就属于休闲（马克思曾提出自主劳动或自由劳动的概念，与此大致相同）。所以，从状态的意义上看，休闲并没有特殊的外在形态，无论是在什么时间，也无论是从事什么活动，只要出现了这种和谐、畅爽、健康、愉悦以及幸福、自由等状态，那就是休闲。这样就把酗酒、吸毒、赌博等活动排除在外了，因为它们损害身心健康、破坏家庭幸福、危害社会和谐。

综上所述，时间角度的休闲定义，虽然是最基本的，但不是最本质的，休闲的本质含义是指人所从事的含有内在自由的身心或人性状态的活动。

知识链接3-1

中国学界关于休闲的各种定义列举

国外特别是西方休闲研究历史较长，对休闲概念的探讨也最多，限于篇幅不一一列举；中国学界在此基础上，近年来为构建中国休闲学科，也对休闲概念做了多维度的界定，试举一些例子，以便理解休闲的含义。

（1）休闲是人的一种生命状态，一种精神态度和气质，一种欣赏生活的能力，一种高雅的生活情趣。它要求人们自由地尝试着做自己；它教会人们学会运用时间；它帮助人们与社会进行广泛的联系；它让人们在生活实践中享受生命、体验美好的事物；它使人们的生命个体充满活力，并极富创造力。从本质上讲，休闲是对生命意义和快乐人生的生活实践和生命体验，是具有重要意义的人文文化现象，是人的本体论意义之所在，是使人“成为人”的过程中的重要舞台，是人类美丽的精神家园，是人生的一种智慧，也是发展文明社会最有效的途径。

（2）休闲是人们在可自由支配的时间内自主选择地从事某些个人偏好性活动，并从这些活动获得惯常生活事务所不能给予的身心愉快、精神满足和自我实现与发展。

（3）休闲是人们在可以自由支配的时间中用于满足精神生活之需要所从事的各种活动。休闲同人们每天所占有的可自由支配的时间有极大的相关性，人们在这样一种相对自由的时间中能够从事自己所喜爱的、有助于满足心理和文化需要的活动，并本能地感到从事这些活动是有价值的。

（4）休闲作为人类的一种现代社会现象，在本质上是人们社会生活的一种方式……休闲活动是人们实际的社会生活和社会活动……休闲本身也是一种精神体验和享受，一种人在休闲活动时对人与休闲环境（存在的“在构性”）融合的感觉……休闲，作为人的生活方式，是人的价值存在的一种表现……休闲只有在人的动态存在，即“成为”和“去生存”（海德格尔）的意义上才有一种本真的含义，对人才是一种体验和享受。

（5）休闲是人们在个人自由时间内，自发地选择和参与有利于身体的休息和体能的恢复并能够产生内心愉悦感的体验性活动过程及其所引起的一切现象和关系的总和。

（6）休闲是以自身为目的的自由活动，休闲是人们在自由时间所自发选择的。……休闲是一种人类行为，它发生在个人的自由时间里，并在个人内心本能喜爱的心态驱动下平和而宁静地进行着；休闲行为会导致某些相应制度的建立。

（7）休闲是人们在自由时间里自由选择的，能够获得自由和愉悦感的一切有益于身心健康和追求生活意义的活动与生活方式。

（8）休闲是人们在自由时间内自由选择的、从外在压力中解脱出来的、具有内在目的性的一种相对自由的活动。

上述例子大同小异，多数首先强调自由时间的基础地位，而与本书采纳的戈比的概念有些区别，更加强调休闲作为“状态”的特征：自由性和自目的性。

（资料来源：张文瑞，宋瑞．关于休闲的研究[J]．社会科学家，2001，5.
王雅林．信息化与文明休闲时代[J]．学习与探索，2000，6.
许斗斗．休闲之消费与人的价值存在：经济与非经济的考察[J]．自然辩证法研究，2001，5.）

3．休闲的基本特征

对休闲的基本特征可从多个角度加以概括，这里仅将其他理解做适当归类，做如下概述：

（1）人本性。这是休闲的本质属性，是指休闲的手段和目的、过程与结果都是以人为本的，是为了人、服务于人的享受和发展，而不是为了物、服务于物的积累和扩张。

（2）自由性。这是休闲状态的最高规定，自主性、自在性、悠然性乃至畅爽的体验都不过是自由性的表现而已，其本质是人的自由全面发展。它也是人的一切活动中自由度最高的活动，如图3.1所示。

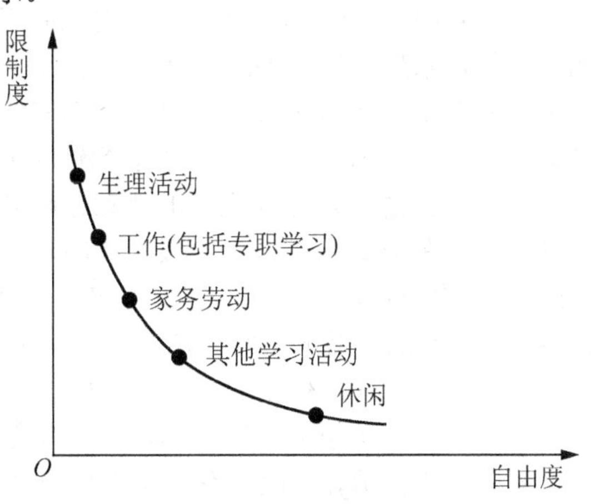

图3.1 人类活动的自由度比较

（3）自目的性。也就是休闲的独立性、内在性、非功利性；休闲活动本身是自足的，它别无其他目的，它本身就是动机和效果、手段和目的的高度统一。

（4）价值性。这表明休闲与闲暇（活动）不同，后者只是纯粹事实，而休闲则是有着鲜明的价值取向和客观的价值趋向、价值结果的活动，如有益于人性、自然和社会，有益于自由等。这是休闲的各种功能、作用、价值或意义的内在根据。

当然，这些特征从更深的层次上看又是相互兼容的，并都包含了和谐、畅爽的体验在内。

3.1.2 休闲与劳作的关系

围绕休闲的有一系列范畴，如闲暇、游憩、娱乐、游戏、体验、畅爽、劳作等，将在第 5 章详细探讨，这里仅简要阐述劳作与休闲的关系，因为现代社会，在时间和活动方面与休闲直接相对的就是劳动或工作（简称劳作），劳作是理解休闲的基础范畴。它们在时间上有鲜明的界限：劳作时间和休闲时间构成人的生命时间的两大不同的重要部分。在活动上有显著的差异：劳作是消耗脑力和体力创造外在财富以获取生活资料，谋生性、役使性是其突出特点；休闲是恢复、增进和享受自己的脑力和体力，以获得内在体验，乐生性、自主性是其明显特点。但更重要的是，需要理解二者之间的联系。

1. 休闲与劳作的历史关系

从个体发生学来看，“人之初，性本玩”（于光远），表明休闲是人的天性。婴儿一出生就会手舞足蹈、哇哇啼哭，逐渐开始蹒跚学步、牙牙学语，再学会玩耍、游戏，并在此过程中锻炼身体、健康发育，并获得各种生活技能、常识性知识，学会观察、想象、学习和思考以及简单的待人接物。可以说，没有玩耍和游戏，幼儿就不能正常发育、健康成长；这种形态的休闲是一个人的人性形成、发展、成熟和完善的重要途径，是他人性化、社会化的必由之路。个人在整个未成年期，可以不从事任何劳作，只从父母那里获得基本生活资料，而休闲则具有不可替代的“成为人”的功能。在成人之后，逐渐进入社会生产领域，开始以劳作的方式维持生存，这时休闲才开始与劳作形成对立的两极。

从种群发生学来看，“劳动创造了人”（恩格斯），是劳动实践把人从动物界分化出来，使人的生存活动与动物的生命活动区分开来；进而因为有意识的生命活动的需要，休闲便在劳动过程中逐渐孕育产生，也在劳动过程之外逐渐独立。随着生产力的发展和社会的进步，劳动之外的时间越来越多，非谋生性的活动也越来越多；在私有制社会，劳动和休闲逐渐分属于两个对立的阶级——劳动阶级和有闲阶级；到了资本主义社会，这种对立达到顶峰，同时劳动阶级也因为劳动生产率的提高而有了越来越多的闲暇时间，加之物质财富的日益充裕，劳动阶级的日常生活时间也出现了休闲与劳作的截然二分。目前由于劳作方式的智能化，出现了休闲与劳作重新融合的迹象。但无论如何，劳作是休闲的源头和创造者：没有劳动阶级的辛苦劳作，就没有有闲阶级的悠然休闲；对劳动者而言，没有一段时间的谋生性劳作，就没有乐生性休闲的享受——休闲是对辛劳的报偿。

2. 休闲与劳作的现实关系

休闲和劳作是人类的两种不同的实践形态，是个体人生的不同状态，而且是不可须臾分开的；二者是对立统一的关系。

（1）劳作对休闲产生影响。人们根据劳作计划决定休闲时间，根据劳作内容确定休闲的类型和数量。一般来说，从事不同职业或劳作活动的人会选择不同的休闲形式。例如，体力劳动者多选择休息和恢复体能的休闲；经济拮据的劳动者多选择免费的散步、公园游憩等活动；白领阶层则多选择智力型或运动型休闲；同时劳作者对岗位或职务的满意程度也会影响休闲的选择（孙海植，2005）。但如果以劳作的态度和方式从事休闲活动，那么，休闲将失去其本质意义。

（2）休闲对劳作也有影响。最根本的就是，使劳作本身越来越具有休闲的性质。这伴随着人们对休闲认识的提高和劳作时间的缩短而发生，同时也意味着以劳作为中心的社会开始向以休闲为中心的社会转型。这种影响首先发生在智能型劳作领域即白领阶层中，而体力型劳作领域依然充满了单调、机械乃至身心损害；而随着劳作方式逐渐地全面智能化，休闲向劳作的渗透和融合趋势会加速。这种影响还会对人的职业选择发挥作用。例如，选择职业时会考虑劳作方式和环境的休闲可能性。

知识链接 3–2

马克思论异化劳动的反人性本质

马克思对异化劳动有着非常深刻的论述。下面摘取几段，用以帮助体会马克思针对资本主义异化劳动的残酷现实，而对工人的劳动能够回归人性的自主活动、自由活动的深切渴望，也就是对休闲影响以至渗融劳作的期盼。

工人生产的财富越多，他的产品的力量和数量越大，他就越贫穷。工人创造的商品越多，他就越变成廉价的商品。物的世界的增值同人的世界的贬值成正比。

劳动所生产的对象，即劳动的产品，作为一种异己的存在物，作为不依赖于生产者的力量，同劳动相对立……工人同自己的劳动的产品的关系就是对一个异己的对象的关系。因为根据这个前提，很明显，工人在劳动中耗费的力量越多，他亲手创造出来反对自身的、异己的对象世界的力量就越强大，他自身、他的内部世界就越贫乏，归他所有的东西就越少。

按照国民经济学的规律，工人在他的对象中的异化表现在：工人生产的产品越多，能够消费的产品越少；他创造价值越多，他自己越没有价值、越低贱；工人的产品越完美，工人自己越畸形；工人创造的对象越文明，工人自己越野蛮；劳动越有力量，工人越无力；劳动越机巧，工人越愚笨，越成为自然界的奴隶。

劳动为富人生产了奇迹般的东西，但是为工人生产了赤贫。劳动生产了宫殿，但是给工人生产了棚舍。劳动生产了美，但是使工人变成畸形。劳动用机器代替了手工劳动，但是使一部分工人回到野蛮的劳动，并使另一部分工人变为机器。劳动生产了智慧，但是给工人生产了愚钝和痴呆。

首先，劳动对工人说来是外在的东西，也就是说，不属于他的本质；因此，他在自己的劳动中不是肯定自己，而是否定自己，不是感到幸福，而是感到不幸，不是自由地发挥自己的体力和智力，而是使自己的肉体受折磨、精神遭摧残。因此，工人只有在劳动之外才感到自在，而在劳动中则感到不自在，他在不劳动时觉得舒畅，而在他劳动时则觉得不舒畅。因此，他的劳动就不是自愿的劳动，而是被迫的强制劳动。因此，这种劳动不是满足一种需要，而只是满足劳动以外的那些种需要的一种手段。劳动的异己性完全表现在：只要肉体的强制或其他强制一停止，人们会像逃避瘟疫那样地逃避劳动。外在的劳动，人在其中使自己外化的劳动，是一种自我牺牲、自我折磨的劳动。最后，对工人来说，劳动的外在性表现在：这种劳动不是他自己的，而是别人的；劳动不属于他；他在劳动中也不属于他自己，而是属于别人……同样，工人的活动也不是他的自主活动。他的活动属于别人，这种活动是他自身的丧失。

因此，结果是，人（工人）只是在运用自己的动物机能——吃、喝、生殖，至多还有居住、修饰等的时候，才觉得自己在自由活动；而在运用人的机能时，觉得自己只不过是动物。动物的东西成为人的东西，而人的东西成为动物的东西。

异化劳动把自主活动、自由活动贬低为手段，也就把人类的生活变成维持人的肉体生存的手段。

（3）休闲与劳作的关系模式，通常认为有延伸、对立和中立 3 种。其一，休闲是劳作的延伸，二者在结构和目的上完全一致，可能会比正式劳作更加轻松自在；这种关系主要存在于社会事业家、成功的企业家、医生、教师、软件设计师等职业领域。其二，休闲是劳作的对立面或补偿，两者不仅界限明显，而且性质相反，休闲是对劳作过程的反向调节。例如，矿工、建筑工人等体力劳作者的休闲与劳作的关系。其三，休闲与劳作二者互不相关，特别是对劳作既不肯定也不否定；这种关系多存在于上流社会或有闲阶级（孙海植，2005）。实际上两者的关系模式并非这么简单，相对而言，绝大多数劳作者对休闲的渴望依然在于消除劳作带来的身心疲劳、恢复劳作能力、维护健康并尽可能地享受自己的劳作成果，获得幸福。从历史趋势来看，休闲与劳作的关系模式会逐渐向对立补偿型和融合型方向发展。

阅读材料 3-1

马惠娣、于光远论劳作与休闲的关系

“劳作与休闲”是休闲研究中的一对，一般情况下人们常常把它们对立起来。笔者认为，劳作与休闲是人的存在的组成部分。劳动创造了人类，也创造了休闲；没有劳动就没有休闲，没有休闲，人类就不会有高级的劳作形式。伴随着科学技术的迅猛发展，人类的劳作与休闲形式都将发生重大变革。一方面，劳动产品的附加值将愈来愈高；另一方面，劳作与休闲的界限也越来越模糊；再一方面，劳作对休闲的依赖也愈来愈多。西方学者预言，未来若干年“工作的终结”将来临，这既可能将人送入“天堂”，也可把人打入“地狱”。关注劳作与休闲的关系，实质是对人的未来存在的思考。

（于光远）无论如何，快乐的劳作是人的生命的组成部分，是人的存在的组成部分，是人的尊严的组成部分。而就个人的经验和体验来说，学会休闲与劳作的融合，学会掌控张与弛、忙与闲的尺度，学会平衡享受生活与享受劳作的能力，就不会在“繁忙的工作”或“终结的工作”面前迷失人性。毋庸置疑，劳作与休闲融合的社会是历史发展的必然规律，是生产力发展的必然结果。未来的劳动将会更多地凝聚人的休闲智慧，休闲智慧也将使未来的劳动充满创造的激情与乐趣。劳动形态的多样化、多元化、个性化，既是人类的理想，也是文明社会真正来临的标志。

3.2 休闲活动及其类型、特殊功能

3.2.1 休闲活动及其特点

前面已经在活动角度对休闲做了简单定义，这里要对“活动”做更深一步的理解。“休闲活动”概念是在运动的形态或过程的意义上把握休闲的，是指人们在闲暇中所从事的各种自主的活动。这表明休闲是人们自愿进行的发自内心喜欢的活动，是具有愉悦精神的积极意义与价值的活动。

区别于人们的其他活动，休闲活动具有如下特点：第一，动态性，休闲活动是一个动态的过程，但这一过程并不必然有独特的外在标志，进行体育运动、娱乐游戏、学习、思考、冥想等都是休闲活动。第二，自主性，人们对休闲活动有策划、安排以及是否参与的决定权，人们不只是活动的参与者，更是活动的发起者、指导者和拒绝者。第三，自由性，人们能自由地决定在闲暇时间内如何休闲、何时休闲、在哪里休闲、和谁休闲以及休闲多久等问题。第四，参与性，进行休闲活动的人们能够积极地投身其中，在休闲中充分而全面的展示自我。第五，娱乐性，与工作的严肃性和规范性要求不同，休闲活动可能是生动活泼的，使人们在非劳动及非工作时间内以各种“玩”的方式来求得身心的调节与放松。第六，内外统一性，即内在体验性与外在感受性的结合，指的是休闲活动既要求精神体验性，又要求一定的外在刺激性，是动与静的对立统一，以身体的活动得到心灵的清净。第七，非功利性，在休闲中人们不受功利欲望的驱使，暂时摆脱了日常事务与责任的羁绊，不以任何功利性为根本目的。

在更抽象的层次上可以说，休闲活动是人们在工作之余，在完成了社会必要劳动之后对生命的享受，是人们自由与自主的选择，是生活的另一种形态，是人的尊严与价值的体现，它展示了生命的轻松、愉悦的一面。休闲活动是一个社会正常存在、健康发展的重要内容，对社会成员的健康、幸福、自由和发展具有非凡的意义。

3.2.2 休闲活动的类型

休闲活动的产生、发展、演变不能脱离一定的社会历史背景，处于不同地域、不同历史时期的人们创造了多种多样的休闲活动，许多休闲活动如昙花一现最终淹没在历史的长河中，更多的休闲活动得到了保留，但随着时代的变迁而不断更新其内容与形式。总体而言，对休闲活动的类型，可做历时态与共时态两种划分。

1. 休闲活动的历时态划分

休闲活动的历时态划分是指以休闲活动产生的时间与社会历史条件为依据的划分方法。按此标准可将休闲活动分为传统休闲活动与现代休闲活动。传统休闲活动产生和发展

于古代和近代社会，现代休闲活动则产生和发展于现代工业社会。历史的发展是连续的，现代休闲活动不过是传统休闲活动在现代社会生产和生活条件下的继承和发展而已。随着社会的发展，文明的进步，一些原始、野蛮的活动逐渐遭到淘汰，如古罗马传统中的角斗活动等，更多的传统休闲活动则仍具生命力，如作为中国传统休闲活动重要组成部分的“游艺”等。

现代休闲活动对传统休闲活动有继承、有发展、有创新，二者并非完全对立，但无论在内容还是形式上都有很多的不同，现代休闲更多地追求活动的刺激性、激烈性与竞争性，往往对于外在的感受性要求高于内在的体验性追求。即使是同一休闲活动也追求形式的多样性、内容的多变性。以春节民俗为例，如贴门联、走亲访友、拜年等内容古今亦然，现代社会更关注于年节的喜庆、消费或游览等，而传统社会除此之外，慎终追远、酬谢祖恩等内容居于重要的地位。需要指出的是，即使现代休闲似乎走入了“物化”的误区，但对休闲本真意义的追求应该是一致的。

知识链接 3-3

游艺的概念及起源

游艺，是中华民族传统文化中一个古老而又颇具特色的词汇。在人类文化的发展史上，几乎没有人一生中没有玩过游戏。当人还在襁褓之中刚刚会啼哭、嬉笑的时候，他便会时常拍起手掌，或者蹬动双腿，做出一些最为幼稚，同时也是最为可爱的游艺动作。因此，游艺本身又是一种与人类关系非常密切的文化现象。游艺，顾名思义，就是游戏的艺术，是各种游戏或娱乐活动的总称，是人们以娱怀取乐、消闲遣兴为主要目的的一种精神文化活动。“游艺”一词源于《论语》：“志于道，居于德，依于仁，游于艺。”孔子要求学生要有志于追求大道，要德行于世，要践行仁义，要熟悉六艺。最初的“游艺”本义就指用六艺来陶冶身心，这与今天所讲的游艺概念有很大不同。

那么，“游艺”一词是从何时具有娱乐、游戏的含义呢？在现代，“游”和“遊”是相通的，“遊”是“游”的异体字。在古代，二者有区别，“游”字的含义多与水有关，只有“遊”字才有闲暇、嬉戏的意思。东汉郑玄解释“遊”字为：“闲暇无事为之遊”，三国张揖认为：“遊，戏也”，清代钱大昭解释为：“遊，游戏也”，宋代朱熹在《论语集注》中，认为孔子的“游于艺”，就是“玩物适情”。可以说，最迟在宋代，“游艺”一词已经具有玩物消遣、游戏取乐的含义了。可见，游艺以娱乐为目的，因游戏者亲自参与其中，所以与戏曲、歌舞等纯观赏性的艺术表演不同；游艺的众多内容与体育同源异流，又由于强调以娱乐消遣为主要目的，因而它与强调竞技性的体育又有本质差异。这也同时形成了游艺本身的特点。

游艺是人类社会活动的内容之一，与其他文化活动一样，起源于原始人的生产劳动和其他社会实践，并伴随着社会的进化不断地发展完善。在原始社会初期，由于生产资料异常贫乏，生产力极为低下，因而，人类游艺活动的原始形态对于经济的依赖性就表现得更为突出和直接，其活动领域不仅与生产、生活实践紧密联系，而且在原始性条件的制约下，相应地表现得很狭窄。随着原始公社制的发展，在原始社会后期，人类在生产、生活等实践活动中所产生的认识、思想、感情等日益复杂，原始游艺形态的内容与表现形式逐渐丰富和多样化，并在人们的认识过程中，逐渐地从生产活动、部落战争、宗教及乐舞等社会实践中萌发出来。可以说，人类最初自身进化的生理性和群体活动的社会性，为原始游艺活动的产生创造了条件。

从发生学的角度看，中国传统游艺活动产生于人类最初的娱乐，可分为间接发生和直接发生两大类。间接发生是指从生产手段、生活方式、信仰崇拜仪式等人类社会生活中通过娱乐活动而演变发生的游艺活动。它们一般都有着厚实的历史根基和文化意蕴，其滥觞可追溯到原始社会。相比较而言，直接发生的游艺活动，则是人们为了娱乐、消遣、竞赛或教育等原因有意识地创造出来的。可以说，原始娱乐的出现是中国传统游艺活动得以发生的标志，它表明我国的先民第一次摆脱了作为它物（自然）的附属而独立，其意义是明显的。

（资料来源：崔乐泉．忘忧清乐：古代游艺文化[M]．南京：江苏古籍出版社，2002．）

2．休闲活动的共时态划分

休闲活动的共时态划分是指以休闲活动在一定时间段内的不同空间的存在为依据的类型划分。在一定时期内共存的休闲活动并不只是那个时代独立产生的，它同时包含有过去和现在的休闲活动，还有未来的休闲活动的萌芽。对传统休闲活动和现代休闲活动都可进行共时态的划分。

以所体现的文化内涵为依据，休闲活动可分为“雅”休闲与“俗”休闲（通常简称“雅闲”和“俗闲”）。“雅闲”的参与者在传统社会主要是贵族阶层与智识阶层，在现代社会主要指少数人才能从事的文化层次较高的有益身心的活动，如各类文学、艺术、哲学、科学活动等，“俗闲”指全民均可参与的、文化层次较低的休闲活动。

以进行休闲活动的区域为依据，可分为全国性的和地区性的休闲活动，或从民族主体角度分为全民族的和各民族的休闲活动。前者如传统节日（春节、中秋节等）、艺术欣赏等，后者如少数民族的传统节日（傣族的泼水节、彝族的火把节、藏族的雪顿节等）以及地区性的纪念、展览或其他休闲活动等。

以休闲活动所需的花费为依据，可分为付费的和免费的休闲活动。传统社会中，炫耀性的、奢侈性的休闲消费是阶级特权的标志。付费的休闲活动又可分为高消费休闲活动如旅游、时尚运动、自驾游等活动，和低消费休闲活动如进行一般的体育运动、欣赏戏剧表演、参观博物馆、看电影、观看文艺演出等活动；免费的休闲活动，如踏青、散步、去图书馆或书店读书等。

以休闲活动对技能的要求为依据，有高端休闲活动如竞技运动、登山、探险等，低端休闲活动如散步、阅读等。需要指出，高端休闲与低端休闲与参与者的文化水平并无直接关联，且休闲活动的高端与低端是相对的。例如，对专业文献资料的阅读与一般书籍的阅读就体现了高端与低端的差别与转化。

以个体的休闲体验为依据可划分为①身体性休闲活动，主要是锻炼身体、增强身体功能或挑战身体极限或实现身体感官快乐，如体育运动、探险、游戏活动等。②精神性休闲活动，如文学创作、文艺活动、道德实践等，主要是学习、研究、创作活动，发挥人的智慧能力、情感能力、道德能力等。③心身性休闲活动，如武术、太极等，其特点是在特定的精神或思想指导下，发挥身体活动的特定功能，从而达到身心整体的愉悦、和谐以及身心健康程度的提升，身心整体潜能的挖掘等，再如踏青、游历与游学等。④信仰性休闲活动，如宗教修炼与法事活动、祭祀祈福活动等，这一般是一种内向型的意识修炼和祈拜活动，可以纯粹个体的形式出现，也可以信仰者集体典礼或仪式的形式出现，人们从中强化对信仰对象的神圣感和敬畏感，进而体现为知行合一的实践特征。⑤玩物性休闲活动，如养宠物花草、斗鸡以及各种收藏活动等（养、斗、藏），这是以培养和把玩动物、植物、文物或其他文化产品等为主要内容的休闲活动，有明确的把玩对象，在收藏和把玩过程中获得快乐，同时也享受成就感和满足感。⑥综合性休闲活动，如各种民俗活动与传统节日等，包含了以上各种活动的元素，或者是某几种活动的组合，或者是以某种活动为主兼有其他活动内容的休闲活动，一般具有群体性或大众性，参与的人们可属于社会各个阶级或阶层。随着旅游与休闲的深度融合，旅游的休闲化程度越来越高，旅游也越来越成为综合性休闲活动了。

从休闲的社会发展形式（产业）角度，休闲往往划分为文化休闲（包含网络休闲）、旅游休闲、娱乐休闲、体育休闲、餐饮休闲等几个大类，虽在形式上互有交叉，但也便于进行行业统计和分类指导（刘德谦等，2011）。

阅读材料 3-2

中国古代丰富多彩的休闲活动

中国古代的休闲活动形式非常丰富。

在身体性休闲活动中，投射类主要有击壤、打布鲁、弹弓、射侯、吹箭、射粉团等，如今农村儿童仍在玩弹弓。玩球类主要有蹴鞠、马球、捶丸、踢石球、踏球、十五柱球等，蹴鞠就是现在足球的最初形式，古代马球延续至清初，与民国初年从西方传来的马球很相似，捶丸在玩法和规则方面与高尔夫球很相似，有可能是高尔夫球的源头，踏球在现代杂技中依然存在，十五柱球又名木射，与现在的保龄球很相似。角力类主要有角抵、相扑与摔跤，翘关、扛鼎与举石锁，以及游泳、跑步（目前运动会中的各种径赛形式）等。

精神性休闲活动主要流行于上层社会，如吟诗作对、琴棋书画，这是古代文化成就得以不断涌现的基础，文学艺术（诗词歌赋、小说、曲艺说唱、音乐、书画等）创作、哲学思考、探索自然、建筑（园林、宫观庙宇等）设计、装扮服饰、饮食创意等，以及流行于民间的剪纸、捏塑（泥塑、面塑等）、女红、刺绣、编织等手工技艺，还有棋戏（如围棋、象棋、弹棋等）、博戏（如六博、双陆、纸牌、麻将等）、猜谜、七巧板等益智类休闲活动。

心身性休闲活动，既可以是宴饮中的文化因素，如具有不同地域和民族特色的行酒令、斗茶、投壶等，其中行酒令至今盛行不衰，斗茶则演变为韵味无穷的茶道；也可以是旅游（古代的主要是游学、云游及徐霞客、李白、李时珍那样的科学考察、艺术游历等）、研习太极、武术、中医以及其他养生修心之道等，这些活动也大多传了下来。

信仰性休闲活动主要包括宗教信仰和日常信仰活动，前者一直延续，只要宗教存在、教徒需要，这种活动无论是出于何种动机都是发生在人们闲暇时间的主要的休闲活动，而且这些活动往往与文学创作、曲乐书画、建筑、服饰等结合在一起，形成了巍巍壮观的宗教文化。而日常性的信仰活动，则除了一些在家居士的日常祭拜和祈祷活动以外，还有普通老百姓类似迷信那样的信仰活动，如祭祖、拜神（包括烧香磕头等仪式）、禳灾祈福等，如渔民出海祭拜妈祖娘娘，商旅出行前祈求观音菩萨的保佑，拜送子娘娘求得早生贵子，动修宅院时选择“偷修日”、讲风水，过小年祭拜灶神，还有拜财神、拜土地爷等，不同的信仰活动有不同的文化内容，表现了古人对先人、对大自然的敬畏以及对现实生活的严谨态度。

玩物性休闲活动实际也是一种心身性活动，不过它是外向型的，属于玩物取乐的活动，如养宠物、养花草即通常所谓花鸟虫鱼至今不衰，斗鸡、斗牛、斗蟋蟀等在上层社会流行，今天还有部分流传，收藏古玩珠宝等也延传至今，甚而成为一种产业，如收藏古董、手工艺品、金银珠玉、不同时期的币种或纸票、某些动植物样本等，不一而足。还有百戏杂艺中的幻术、俳优、侏儒戏、角抵、斗赛、绳技、橦技、驯兽、影戏、木偶戏、舞龙与耍龙灯等，这些活动需要很高的技巧，需要长期的专业训练才可以习得。

综合性休闲活动包括了上述各种活动，主要是发生在传统节日和儿童群体中，除了个别专门性的节日外，中国古代的大部分节日都具有文化、经济乃至政治上的综合性，因而同一个节日会有各种各样的休闲活动同时呈现。中国的传统节日不仅有二十四节气中的时令性节日，如“四立”（立春、立夏、立秋、立冬）、“二分”（春分、秋分）、“二至”（夏至、冬至），人们多会有一些民间信仰性的活动来表达对大自然的敬畏，而且还有重要的文化性节日，如春节、元宵、清明、端午、七夕、中秋、重阳、腊八、小年等。不同节日有不同的活动内容，如清明节有扫墓、踏青、蹴鞠、插柳、放风筝、荡秋千、吃春饼等活动，端午节有祀神、赛龙舟、吃粽子、佩香囊、悬艾叶菖蒲、饮雄黄酒等活动。综合性最强的要数春节了，从小年（腊月二十三）开始到元宵节（也叫灯节）结束，中国传统的休闲文化几乎都荟萃在这段时间，真可谓五彩纷呈、韵味无穷。另外还有不同地域、不同民族的社火、庙会、集市等，也属于中国古人的狂欢节，很多也都保存了下来。值得关注的是古代的儿童嬉戏，因儿童有大量的闲暇时间，为了使他们能够健康成长，古人设计了形式多样、灵活机智的娱乐游戏活动，如捉迷藏、抽陀螺，都有多种玩法；抖空竹，古时在儿童中流行，现在也受到很多老年人的喜爱；踢毽子、放风筝、跳绳等至今还很流行，其中放风筝在山东潍坊已经成了一个举世闻名的休闲文化品牌，跳绳也在各种健身体育比赛中受到喜爱。另外，还有骑竹马、摸鱼、摘莲蓬、垂钓、捉小动物（如捕禅、捉蛐蛐、逮蜻蜓、抓麻雀等）、翻花、打麦、抓子儿、绘制消寒图、唱诵诗词歌赋和诸子经典、石子棋、荡秋千等，这些休闲活动有助于健身益智、融入群体生活、锻炼心性意志，促进儿童身心整体和谐地健康成长。

以上并未穷尽对休闲活动类型的划分，各种划分方式多为表达方式的区别，并无绝对的优劣之分。进行具体研究时，研究者可根据研究的角度及对象的具体特点，选取不同的分类方式。但无论如何划分，休闲活动研究关注的主体应该是人本身，只有这样才不会背离休闲研究的初衷。

知识链接 3–4

休闲活动划分的其他方式

按照休闲的表现形式的不同，可以分为静态休闲和动态休闲。静态休闲是作为存在状态以及作为直接体验的休闲，它是一种相对静止的状态，它包括在思维中寻找生命的意义，以及生理或心理的休闲感。动态休闲的一个取向是开始并行使一种能够促进发展的行动方式，这种促进发展的行动方式是各种休闲行为的抽象。动态休闲的另一个取向则是社会，人是天生的社会动物，人的休闲活动可以是独处也可以是社交，但休闲确实发生在社会空间。在社会空间的动态休闲，不仅能够创造出一个不同的自我，而且还可以创造出一种共同体——具有相同休闲行为的个体的集合。

按照休闲的影响结果的不同，可以分为积极休闲和消极休闲。积极休闲是休闲者主动、积极地自由选择的结果，它是在内心之爱的驱动下本能地、以自己喜爱的方式行动。消极休闲在一定程度上是积极休闲的对立面，它通常包括这样一些状况：被压迫状态下进行的休闲，无所事事的独处和闲玩，还有主流文化并不鼓励的、对自身有害的活动。

按照休闲的作用层次的不同，可以分为消除疲劳的休闲、寻找快乐的休闲和“成为人”的休闲。消除疲劳的休闲是对劳作状态的剔除，是一种生理和心理的放松，特别是劳动者劳累过后体力的恢复。寻找快乐的休闲上升到了精神的层面，这是一种精神的寄托，一种远离外部压力的“自我的世界”。“成为人”的休闲是一种高度投入的创造性活动，这种休闲使个体寻找到和发展了自我，是自己对自身的肯定，同时也获得了外部环境的肯定。

按照休闲的目的的不同，可以分为功利性休闲和非功利性休闲。休闲的目的是多种多样的，可以是个体为了自身体力的恢复、为了寻找心灵的驿站；也可以是为了某一社团的主动参与，或者是为了获得某一公益性的结果。前者是非功利性休闲，后者是功利性休闲。

根据休闲是否商业化，可以分为商品型休闲和自足型休闲。商品型休闲是指个体的休闲感来源于对作为商品的休闲手段或休闲方式的运用。自足型休闲是一种远离市场、远离商品的休闲类型。

另外，章海荣等人的划分方式也很有意义。①按功能有身心恢复型休闲和身心发展型休闲两大类；②按价值学和伦理学标准分为积极休闲和消极休闲；③按活动场地分类，有室内休闲和户外休闲；④按活动状态分类有静态休闲和动态休闲两大类；⑤按人口学特征可分为儿童类特色休闲、青少年类特色休闲、成人类特色休闲、老年人特色休闲、女性类特色休闲；⑥另还有按照职业、居住地（城乡之分）及生活方式等的分类。

（资料来源：廖小平，孙欢．休闲及其类型：一种文化哲学的视角[J]．河南社会科学，2010，6．）

3.2.3 休闲活动的特殊功能

休闲的功能也可理解为其价值、作用或意义，将在第 8 章详细阐述，此处仅简要叙述休闲活动几个不可替代的特殊功能。

1. 休闲活动的身心调节功能

休闲活动是人处理好自然生理规律和社会心理规律的基础性活动，离开休闲活动很多生理问题和心理问题就将产生，并无法解决。古人云：一张一弛，文武之道。也就是说，闲适放松与紧张忙碌一样，缺一不可。事实上，人一生如果长期劳累，必然伤及健康，甚至缩短寿命。随着社会发展节奏加快，人的身心压力日增，于是过劳死、抑郁死、过游死、酗酒与吸毒，以及因过于疲劳而发生安全事故等现象都愈益突出。所以，有意识地积极休闲，消除身体疲劳，释放心理压力，维护身心和谐，防病保健，是人生不可缺少的组成部分。同时，人如果患上了身心疾病，休闲还具有医疗功能。现代医学揭示，生活方式与遗传、饮食、环境并列构成人类健康的四大杀手。因此，健康的休闲化的生活方式已经成为预防和医治许多疾病的有效方法。休闲保健、休闲康复、休闲治疗将成为休闲活动日后发挥作用的重要领域。

2. 休闲活动的社会化功能

综合并改造法国学者罗歇·苏（1996）有关这方面的论述，休闲活动的社会化功能有以下 3 个方面。

（1）社会回归功能。首先表现在对抗标准化、个体化、封闭化的现代工业生产所造成的异化，它成为突破这种异化的重要力量。其次表现在回归家庭的趋势，随着休闲生活的繁荣，特别是网络终端离散化人际联系，大量宅男、宅女纷纷涌现的形势下，人们还是越来越多地渴望在家庭中享受休闲生活。

（2）符号象征功能。“商品拜物教”已经包含了这一功能（马克思，1867），进入资本主义垄断阶段，休闲进而成为“有闲阶级”的象征（凡勃伦，1997）。今天，劳作的自动化和标准化，弱化了劳作本身的社会等级划分的功能，休闲的社会等级划分功能相应被强化。工作越是不能说明一个人的社会地位，休闲就越是能被用作社会识别的目的（罗歇·苏，1996）。进入消费社会以后，休闲的符号象征功能被进一步强化，消费崇拜甚至渗透进入主流社会体制以及主流意识形态。

（3）人性发展功能。这体现了休闲活动促进人的自我实现和自由发展的终极意义。按照现代心理学关于人的需要规律的理论，自我实现和自由发展雄踞人类各种需要“金字塔”的顶端，成为人生的最高价值和终极追求。劳动领域充满对象化、分化（分工）和异化过程，与人的自我实现和全面发展存在客观的矛盾，经常成为制约因素。而休闲领域主体是自由的，不存在对象化和分化，也不存在异化现象，成为人类自我实现和自由发展的可能的时空界域。人们希望在这个领域最大限度地发展自己的各种能力、爱好、特长等，充分展示自己的个性和才华，实现个人价值。

3.3　休闲活动的历史

休闲活动的历史几乎与人类的历史一样悠长，但中国和西方休闲的历史却各有其特点，这与二者不同的文化传统有密切关系。

3.3.1　中国古代的休闲活动

中国是一个历史悠久、底蕴深厚的休闲大国，中华民族的休闲创造力极为旺盛，留下的休闲文化遗产举世无双，这实际上反映了中国休闲历史的源远流长。

1. 中国古代"休闲"的意蕴及特质

先秦中华古文明时期，先贤对"休闲"二字的理解既反映了当时人们的休闲状况，也体现了他们的休闲追求。总体来看，在中国古代，休闲的文化含义是十分积极的，二字合起来应该就是以愉悦美善而有节制的、与自然和他人和谐的方式度过休息的时间（闲暇），这实际上也反映了远古人们的休闲生活状况。

阅读材料 3–3

苏东坡月夜游赤壁

北宋神宗元丰二年（公元 1079 年），苏轼反对变法，被贬黄州（今湖北黄州）任团练副使。因政治上屡受挫折，很不得志，便在一块被称为"东坡"的土地上耕耘，自食其力，于是自号"东坡居士"。他在黄州生活了 4 年又 3 个月，经常到黄州西北角赤鼻山下的赤壁漫游，饮酒吟诗，抒思古之幽情。

元丰五年七月，苏轼再次登上赤壁矶头，面对滚滚东去的长江，心潮澎湃，诗情勃发，当即填写了千古名篇《念奴娇・赤壁怀古》："大江东去，浪淘尽，千古风流人物。故垒西边，人道是，三国周郎赤壁。乱石穿空，惊涛拍岸，卷起千堆雪。江山如画，一时多少豪杰！　遥想公瑾当年，小乔初嫁了，雄姿英发。羽扇纶巾，谈笑间，樯橹灰飞烟灭。故国神游，多情应笑我，早生华发。人间如梦，一樽还酹江月。"

苏东坡还多次秉烛夜游赤壁。

元丰五年七月十六日夜晚，东坡与四川籍道人杨世昌在赤壁下的一叶小舟上喝酒吟唱，江山清风徐来，水波不兴。不久，月亮出来了，徘徊在北斗星与天牛星之间，白雾飘过白茫茫的大江，水光、月光和雾气连成一片。他们乘坐的小舟缓缓地飘移在波光粼粼的大江之上，仿佛在空中航行。东坡和道人自我陶醉般地一边叩击着船舷，一边吟唱着一首古曲："桂棹兮兰桨，击空明兮溯流光。渺渺兮予怀，望美人兮天一方。"

杨世昌擅吹箫，苏东坡陪着哼唱，曲调幽怨。如泣如诉，余音袅袅。坐在另一条船上的孀妇听了，感动得哭出声来，连水中的鱼儿也似乎为之动容。

苏东坡很难过，问杨世昌道："这支曲子为何如此悲哀？"朋友说："800 多年前，赤壁之战再次发生，决定了三国的命运。你东坡先生难道不能想象出当年曹操战船如林，由江陵而下的盛景？曹操也是诗人。你难道不记得他那‘月明星稀，乌鹊南飞’的诗句？可曹操他们而今安在？真令人哀叹人的生命如此短促；真令人羡慕着长江之无穷无尽！”苏东坡听了也是不胜感慨，只好指着江水和月亮，用“逝者如斯，而未尝往也”、“盈虚者如彼，而卒莫消长也”之类的话，安慰自己的这位朋友。

接着，二人又举杯饮酒，最后就睡着了，不知不觉之间，东方已经破晓。根据这晚的畅游经历，苏东坡写了著名的《赤壁赋》。

（资料来源：章海荣，方起东. 休闲学概论[M]. 昆明：云南大学出版社，2005.）

中国古代休闲具有和谐、人本的特质。总体而言，中国古代休闲的一贯传统是内向型的，“反求诸己”、“致虚极守静笃”，并由内而外达成各种休闲的内在或外在效果，其琴棋书画、静坐修道、武术太极、养生修身、诗文词赋，以及繁荣于民间的各种手工艺术、神技奇能等，无不是休闲者心灵内求并与外部世界沟通融合的产物，欣赏之、传颂之，再创造之，也无不让人每每沉入天人合一、和谐欢畅的休闲境界之中。这体现了中华文化的特点，以及中华民族爱好和平、追求和谐的禀赋。这种超越于物质功利的休闲方式，恰好展现了休闲的最为核心和关键的人本特质——身心和谐、天人合一。在中国古人看来，休闲就是人身心和谐的一种内在状态，就是对这种身心和谐状态的体验和不断的超越和提升，并基于此，而在人与外界自然和社会环境的和谐统一，即在休闲中确实地实现主客体的内在统一以及不同主体之间的和睦融洽。中国古代休闲自觉或不自觉地实现了这一点，表现于外的各种与休闲相关的器物产品，不过是古圣先贤这种人本休闲的外化结晶，甚至可以说，流传于世的主要思想、科学、艺术和宗教经典以及各种融自然与人文为一体的寺观古刹、名胜古迹等，都是这种天人合一的内向型人本休闲的结果和证明，并体现着这种休闲的意蕴神髓，中华民族的悠长历史、文化精神都能够在这些古人休闲的遗迹和遗产中散发出迷人的芳香和智慧的启迪。中华古典休闲的内容和形式的丰富性、和谐性、文化性、人文性等，无不体现着古人休闲对身心和谐和“天人合一”的不懈追求，体现着中华民族的休闲智慧。

2. 中华传统休闲活动的发展

中华文化非常重视休闲者个人的体验，按照个人体验对休闲活动的划分似乎更加适合于中华传统休闲，也最为典型。身体性休闲活动、精神性休闲活动、心身性休闲活动、信仰性休闲活动、玩物性休闲活动、综合性休闲活动等，丰富异常，而尤以精神性、心身性和综合性休闲活动见长。例如，各种传统节日与民俗活动，前者如春节、中秋节、少数民族的传统节日等，后者如庙会、赶集、进香以及地区性纪念活动等，都是中国古人包括普通百姓的休闲狂欢，并在悠久的历史中，创造了各种民间技艺、神话传说、艺术作品等，成为当今蔚为大观的“非物质文化遗产”的渊源所在。

粗略而言，中华传统休闲活动源于远古时期，在汉唐时期初步成型。例如，传统节日的成型主要在汉唐时期，而像曲艺、戏剧等休闲活动，在汉唐时期已有一定的发展，某些休闲活动甚至已发展至很高的水平，如百戏、棋戏等。中华传统休闲活动基本定型是在宋代，宋代是我国封建制度发展的顶峰，商业繁荣，推动市民社会的发展，人们社会生活丰富，对传统休闲活动的繁荣发展发挥了极大作用。元明清时期则是各种传统休闲活动的深化发展时期。例如，“国粹”京剧是在宋代戏曲的基础上经过明代昆曲的深化、提炼而形成的，其他各类戏曲究其根源与唐、宋时广泛兴起的戏曲关系密切。及至清末，随着社会生产生活方式的变化，社会结构也在发生深刻的变革，传统社会开始向现代社会转型，这也推动着休闲活动的特点、方式、内容发生变化，传统休闲开始向现代休闲转变，与此同时国外休闲活动的广泛引入，如电影、现代赛马等，更加速了传统休闲向现代休闲的转变。

3.3.2 中国近代及新中国成立以来的休闲发展

1. 中国近代休闲的西化趋势

进入近代，打乱这种古典休闲特色的是鸦片战争，西方列强的坚船利炮送来了连西方人自己也不欣赏的“鸦片休闲”。因为，当吸食鸦片成为国人普遍的“休闲”时尚的时候，“鸦片休闲”对中华民族的身心和文化的冲击便是致命的。同时，西方所谓先进的休闲方式也随即涌入国门，上层社会纷纷效仿和投入西式休闲之中，从而我国的休闲方式开始了西化、殖民化、物质化、非和谐化或称“现代化”的历程。进入20世纪，国人传统的休闲方式更是愈益隐退，西式休闲则愈益彰显甚至达疯狂境地。从上流社会迷醉的西餐馆、照相、听戏，到对汽车的憧憬、对西式舞厅的向往、对西洋电影的追捧、对类似西方情色文学的“鸳鸯蝴蝶派小说”的沉醉，以及西洋话剧的推崇等，都无不反映了西式休闲对国人休闲生活的震撼性冲击。而底层百姓唯一可做的、廉价的休闲，就是街头麻将赌博和吸食西洋的纸卷烟，以及大城市居民到具有交易和娱乐功能的商业街上逛街、欣赏杂要等，一些大城市如北京和上海还出现了一些比较廉价的集中西休闲为一体的游艺园，也吸引了不少下层市民。特别是赌博，以一种空前绝后的姿态呈现出来，它花样繁多、变幻无穷，上至王公贵族、下至平民百姓，无不沉醉其中，加上西洋的彩票、轮盘赌等新赌法，让国人的休闲与吸食鸦片一样彻底腐化糜烂。民国时期，战乱不止，但并未抑制城市人的休闲生活，还是出现了一些积极的休闲方式。例如，国粹京剧的繁荣发展，出现了一代京剧大师梅兰芳等艺人，算是让中国人因此保有了些许的文化尊严，看戏、集邮、看电影等开始流行开来。尽管西式休闲强烈地冲击了中国传统的休闲方式，但基于传统民俗和家族宗社结构的传统休闲文化得以在民间保存和延传。

2. 新中国成立至今的休闲发展

新中国成立后到 1966 年，整个 17 年的休闲时尚自然地体现出一种健康向上的革命化和理想化的色彩。建国初的前两年便通过“三禁”措施消灭了旧社会泛滥成灾的赌博、卖淫和吸烟（鸦片），从而大大净化了中国人民的休闲方式。最能够体现这种休闲方式变化的是，在每一个国庆节，全国人民载歌载舞，所有的城市和农村、工厂和学校都沉浸在一片欢欣鼓舞、生动活泼的喜庆海洋之中，从而以崭新的面貌展现着中国人“翻身得解放”后的扬眉吐气、自豪乐观和积极进取的精神状态。那些充满了靡靡之音和腐朽气息的舞场被取缔了，那些旧式的酒吧，那些有可能滋生懒惰、寄生、剥削的茶馆和游乐场所被彻底清理掉了——而人们的休闲空间不是因此变小了，而是无限扩大了。在海阔天空的共和国的广场，他们奔跑，跳跃；他们尽情地欢呼与歌唱。17 年中，每一次广场集会对于集会的参与者来说，都是一次除了激情、兴奋和狂热便无需付出其他的大众化的快乐休闲。同时，还在全民流行着运动健身的时尚，其休闲健身的效益非常突出，当时全国有 1/3 的人经常参加体育活动，6 亿人中有 4 亿多人达到体育锻炼标准；由于群众性体育运动的普及，中国人民的身体状况得到很大的提高，人均寿命已达 70 岁，比中华人民共和国成立前增长了一倍，接近世界发达国家水平。17 年里，人们的浪漫和激情同样体现在另一种个人化的休闲活动——集邮中。这种大众化、个体性极强而又具有较高文化意境的收藏性休闲活动，展示了那时人们休闲情趣的高洁和典雅。即使在艺术娱乐领域，革命化、理想化的文化内容依然是艺术和娱乐休闲的主旋律。观赏革命电影和戏剧，阅读革命小说和其他文学作品，从中重温革命历史的血与火，以及英雄烈士的共产主义精神，更加坚定共产主义理想和社会主义信念，这种休闲的思想政治教育意义超出了任何人的想象——休闲真正成了信仰的基础，没有这种承担着革命道义的休闲文化，就没有那时候年轻人的理想和激情。

“文化大革命”的十年（以下简称“文革”十年)，在中国现代休闲史上算是一段暗淡的时期，真正意义上的休闲几乎绝迹，游泳、乒乓球等带上了浓浓的革命意味，而原本就属于休闲的文艺领域也被几部样板戏和老电影、忠字舞所主导，严肃的政治迷信和个人崇拜代替了轻松舒适、和谐欢畅的个体闲适和大众狂欢。读《毛主席语录》、唱毛泽东诗词和语录歌曲大概是最具全民性的休闲了。但需要说明的是，流传于民间几千年的休闲方式并没有消失，只是在内容上革命化、政治化了，生活在社会底层的人民大众采用他们流传了几千年的休闲娱乐方式来完成这个特殊时期的政治和思想道德使命，这时的休闲的确承载了过于沉重的社会历史责任，以至于同样的休闲形式相比古代却大大地失去其应有的人生乐趣和休闲体验。总体上说，新中国成立后的这 27 年，是西式休闲几乎绝迹、中国古代传统休闲方式潜藏隐匿，而新兴的中国特色的社会主义休闲异军突起，为我国更好地发展休闲打下了一定的基础。

改革开放之后，中国人的休闲潜能开始得以空前的释放，寻求刺激和宣泄、设法快乐和享受，成了这个时期休闲的主色调。于是解放前曾经有过的各种西式休闲在更高的层次和规模上再次成为国人的休闲时尚。西式休闲以先进、时尚、现代化、改革、开放等众多亮丽的字眼充斥着国人的休闲生活，以至于享乐主义和消费主义成了国人休闲生活的指导思想。得益于社会主义制度的约束，中国现代休闲受到了社会主义先进文化的显著影响，人的平等、自由、健康、快乐和发展、幸福等理念得以倡导和光大；体现社会主义基本价值和基本精神的休闲体制和休闲文化也逐渐在社会大众的休闲意识中生根成长；大量有社会责任感的休闲学者和休闲业经营者也开始着手纠正异化休闲的偏颇，开始探索推动健康有益的休闲发展的新的社会物质途径。在国家层面，1995 年 5 月，开始实行每周 5 天工作制，1999 年推行五一、十一、春节 3 个长假日，我国每年法定假日达 114 天；2007 年 12 月又颁布新的休假制度，将五一“黄金周”改为小长假，增加清明、端午、中秋 3 个传统假日，使我国全年法定假日达到 115 天。近来正在出台的《国民休闲纲要》首次在国家战略和国计民生的高度推进和提升中国人民的休闲生活，中国将迎来休闲发展的黄金时期。

阅读材料 3–4

20世纪中国休闲活动形式的变迁

20世纪中国休闲活动形式的变迁见下表。

20世纪中国休闲活动形式的变迁

时期	主要休闲活动
晚清时期（1900—1911年）	赌博（国博）、泡茶馆、体育、旅游、逛公园
民国时期（1911—1949年）	戏剧、曲艺、逛游艺场、游商业街、看电影、集邮、泡茶馆、聚赌
新中国前17年（1949—1966年）	体育运动、跳交谊舞、集邮、看电影、看戏、逛公园、广场集会狂欢
“文革”十年（1966—1976年）	看样板戏、唱诵语录歌、跳忠字舞、打乒乓球
改革开放以来（1977—）	唱卡拉OK、跳迪斯科、蹦迪、健身、看电视、上网、听唱流行歌曲、收藏、旅游、探险、

（资料来源：刘新平．百年时尚 休闲中国[M]．北京：中国工人出版社，2002．）

3.3.3 西方历史上的休闲

1．古希腊至中世纪的休闲

在古希腊和古罗马时代，休闲只属于具有特权的奴隶主和贵族阶级，劳动就属于奴隶阶级，并成为特权阶级享受休闲的基础和代价，休闲成为特权阶级经济、政治和文化上尊贵地位的重要标志。闲暇标志着自由人和富者的地位，他生来不受命运驱使，无需劳作，闲暇甚至被置于比道德的、公民的和政治的要求更为重要的地位。特权阶级把休闲看成是锻炼自己、提高修养、创造文化的途径，主要有参政议政、哲学沉思和论辩、教育活动、研究学术、观察自然、趣味娱乐、宗教仪式以及定期举办奥林匹克运动会等。古希腊鼎盛时期，公共休闲设施完备，人们在其中发现并欣赏数的和谐、音乐的优美、舞蹈的奔放、喜剧的快乐和悲剧的壮美，还有盛大的祭祀活动和乐舞的比赛，比赛期间，所有敌对活动一律停止，国人云集雅典城，停止公务，免费供应食物。日常生活中，雅典人午前办理公务，午后便跻身浴室、角力场、剧场，尽情饱尝休闲之乐。在古罗马，社会安定和财富积累，使有闲阶级每年拥有大量的可自由支配的时间来享受休闲。古罗马人有当时世界上最长的闲暇时间，每年有175天的节假日。但与古希腊休闲更重视文化研习和创造相比，古罗马更盛行物质消费型的休闲，他们把休闲当做政治的工具，制订休闲计划、开发休闲项目，建造了大量的公共休闲设施，如澡堂、室外剧场、运动竞技场、公园、游乐园等，其中作为社交活动场所的大众浴池享有盛名。

阅读材料 3—5

古希腊人理想主义的休闲

民族的本能使希腊人天生是可爱的理想主义者。一些极小的东西，一棵树，一朵花，一条蜥蜴，一只乌龟，都令人会想到是人们所歌咏的无数变形的故事。一条细流，一个嵌在岩石中间的空隙，所谓水仙的洞窟；一口井，井栏上放着一个杯子；一湾狭窄的海峡，往往蝴蝶从中穿过……山岩中间的一个小松林。所有这一类的景致使希腊人在美感中获得满足。晚上在园中散步，听着蝉鸣，坐在月下吹笛；或者上山去喝泉水，随身带着一块小面包，一条鱼，一瓶酒，一边喝一边唱；家中有喜事的日子，门上挂起一个树叶编成的环，头上戴着花冠；遇到公众的节日，拿着藤萝和树叶编成的棍子整天跳舞，跟驯服的山羊玩儿。这就是希腊人的乐趣，一个清寒、剑身、永远年轻的民族的乐趣。

（资料来源：[法]丹纳. 艺术哲学[M]. 北京：人民文学出版社，1963. ）

进入中世纪的罗马帝国，教会拥有至上的控制权，这使得大部分休闲活动具有强制性和仪式化的特征。在各种宗教仪式、周日活动、节庆活动（如圣诞节、复活节、狂欢节等）中，农民必须参与并服从这些活动的规则，而被剥夺了个人参与活动的自由，这对农民而言显然不是休闲。休闲与日常生活的分离，是这段时期西方休闲的显著特点。中世纪之初，人们认为休闲的最高境界就是祈求拯救的冥想，这主要是在宗教仪式中实现。那时的封建领主和骑士集团是有闲阶级，骑士为领主做骑马竞技、剑术、枪术、跑步、投石等身体训练。同时城市的诞生和手工业行会的出现，也使独立的商人和手工业者在财富积累的基础上有了自己较为世俗的休闲生活。但中世纪主导人们精神生活的天主教因秉承基督教的原罪说，而倡导人们通过辛勤的劳作和祈祷时的冥想来赎罪和忏悔，因而极为鄙视世俗的休闲。

2. 文艺复兴时期与近代西方的休闲

文艺复兴时期是西方摆脱中世纪的黑暗而迎来的文化发达繁荣时期，而这恰恰建立在当时人们从宗教束缚中解脱出来的个体思想和行为的自由基础上。由于商业、贸易和金融业的发展，富裕的有产阶级开始把充足的财力和时间投入到娱乐和休闲生活中。例如，可以不顾及任何道德原则地参与狩猎、宴会、舞会、歌剧、演戏及其他艺术活动中，并以自己的财力投入促进了艺术、文学、雕塑及其他娱乐部门的发展。大量兴建剧场、歌剧院等艺术休闲设施，不惜巨资赞助艺术的富人群体常常光顾画廊而不是皇宫、教堂或大城市。这是西方历史上“玩乐的黄金时代”，人们从中世纪的禁欲主义和天启信仰的教义中解放出来，物欲被充分释放，理性得以舒展，这为近代西方上流社会享受休闲营造了良好的思想文化氛围。另一方面，宗教改革虽也推动了历史的进步，但是依然固守了劳作最神圣、休闲是罪恶的传统观念，清教徒的工作伦理对近代以来资本主义的发展和工人阶级享受休闲起到了复杂的作用。

随着资本主义制度的巩固，工业革命之后人们的劳动时间和非劳动时间界限明显，占有生产资料并拥有自己的工厂和牧场的资产阶级希望通过纵情的享乐确立自己优越的社会地位，政治经济上的特权也使他们得以过上一种安逸闲适的生活。工业革命初期，由于工厂主对利润的过度贪婪，工人的劳动时间爆炸性地增加，休闲时间急剧减少；两个对立的阶级由此产生：一个阶级拥有大量的金钱和自由时间，却不知怎样打发；另一个阶级不得不终日枯燥而无休止地劳作，却极少拥有他们那曾经熟悉的田园牧歌式的休闲时光。阶级对立和竞争使工人憎恨有闲阶级过多的财富和娱乐，于是争取缩短劳动时间、降低劳动强度的工人运动风起云涌，这最终导致了标准工作日的形成，工人阶级的休闲终于成为社会问题。这时资产阶级的休闲生活主要表现在具有某种政治功能的所谓“公共领域”，其中以沙龙、咖啡馆、读书会、辩论俱乐部最为盛行，他们在那里一边吃吃喝喝、打情骂俏、传播流言蜚语，一边谈论艺术、哲学和科学并围绕自己的利益议论或抨击时政，这同时也展现他们优雅的生活意境。到 19 世纪后期和 20 世纪初，资产阶级的休闲生活开始向赤裸裸的“金钱竞赛”和“炫耀性消费”以及“代理休闲”发展，对此美国制度经济学家凡勃伦的《有闲阶级论》一书做了深入细致的探讨。

知识链接 3–5

资产阶级公共领域的休闲属性

资产阶级公共领域……最先是在 17、18 世纪的英格兰和法国出现的，随后与现代民主国家一起传遍 19 世纪的欧洲和美国。其突出的特征，是在阅读日报或周报、月刊评论的私人当中，形成一个松散但开放和弹性的交往网络。通过私人社团和常常是学术协会、阅读小组、共济会、宗教社团这种机构的核心，他们自发地聚集在一起。剧院、博物馆、音乐厅，以及咖啡馆、茶室、沙龙等等对娱乐和对话提供了一种公共空间。这些早期的公共领域逐渐沿着社会的维度延伸，并且在话题方面也越来越无所不包；聚焦点由艺术和文学转到了政治。

德国哲学家汉娜·阿伦特（Hannah Aredt）认为，资产阶级的公共领域是一个排除了任何仅仅是维持生命或服务于谋生目的的领域，从劳役和工作中解脱出来，不再受到肉体性生命过程那种封闭性的束缚。在公共领域中，任何人处于最大限度的开放之中，也最大限度地表现了自己的个性和实现自己的最高本质。在公共领域，人们可以从事艺术、文学、科学、哲学、大众文化的“头脑风暴”、思辨、辩论和传播，也可以从事政治思想的创造和政治事件的策划等。

（资料来原：[德]尤根·哈贝马斯．关于公共领域问题的答问[J]．社会学研究，1999，3.
杨仁忠．公共领域论[M]．北京：人民出版社，2009.
[美]汉娜·阿伦特．人的条件[M]．竺乾威，等译．上海：上海人民出版社，1999．）

相反，工人阶级则很少享有休闲，正如马克思在《资本论》中所述：“工人终生不外就是劳动力，因此他的全部可供支配的时间，按照自然和法律都是劳动时间，也就是说，应当用于资本的自行增殖。至于个人受教育的时间，发展智力的时间，履行社会职能的时间，进行社交活动的时间，自由运用体力和智力的时间，以至于星期日的休息时间……，——这全都是废话！但是，资本由于无限度地盲目追逐剩余劳动，像狼一般地贪求剩余劳动，不仅突破了工作日的道德极限，而且突破了工作日的纯粹身体的极限。它侵占人体成长、发育和维持健康所需要的时间。他掠夺工人呼吸新鲜空气和接触阳光所需要的时间。它克扣吃饭时间，尽量把吃饭时间并入生产过程本身，因此对待工人就像对待单纯的生产资料那样，给他吃饭，就如同给锅炉加煤、给机器上油一样。资本把积蓄、更新和恢复生命力所需要的正常睡眠，变成了恢复精疲力竭的机体所必不可少的几小时麻木状态。在这里，不是劳动力维持正常状态的决定工作日的界限，相反地，是劳动力每天将可能达到最大量的耗费（不论这是多么强制和多么痛苦）决定工人休息时间的界限。资本是不管劳动力的寿命长短的。它唯一关心的是在一个工作日内最大限度地使用劳动力。它靠缩短劳动力的寿命来达到这一目的，正像贪得无厌的农场主靠掠夺土地肥力来提高收获量一样。”即使有一点点的休闲时间，也不过是他们能够恢复体力、调整心态以便更高效率地重新投入工作的唯一途径，而下班后或失业者酗酒、打架斗殴、赌博等麻醉神经逃避痛苦的闲暇活动却随处可见。为争取工人阶级的休闲权利，法国著名工人领袖、马克思的女婿拉法格（Lafargue），1880年发表了《懒惰权》（又译《悠闲权》）一文，猛烈地抨击了资本主义的“勤劳”（即成为异化劳动的奴隶）观念，热情地讴歌了劳动人民“懒惰”（自由支配自己生命）的需求和渴望，他这样呼吁：“工人阶级应从心底拔除统治他的并且使其本性退化的罪恶，以惊人的力量崛起，……制定一条铁律，禁止任何人每天工作3小时以上，地球，古老的地球，会因欢乐而颤抖，感到一个新的天地在腾起！”随着工人运动的发展，争取缩短劳动时间的斗争取得了实质性进展，有些国家开始通过法律规定限制劳动时间的恶意延长，从12小时到10小时，以至8小时工作日制度最终形成。

阅读材料 3-6

8小时工作制的起源与形成

8小时工作制最早由社会主义者罗伯特·欧文于1817年8月提出。他还提出了一个口号：“8小时劳动，8小时休闲，8个小时休息”。1833年，在欧文的支持下，具有同情心的工厂主约翰·多赫尔蒂（John Doherty）等人发动了一场争取8小时工作制的运动。1866年，第一国际日内瓦代表大会提出了“8小时工作，8小时自己支配，8小时休息”的口号，要求各国制定法律予以确认。

争取8小时工作制的实践主要是19世纪80年代的美国工人运动。当时，美国和欧洲的许多国家，逐步由资本主义发展到帝国主义阶段，为了刺激经济的高速发展，榨取更多的剩余价值，以维护这个高速运转的资本主义机器，资本家不断采取增加劳动时间和劳动强度的办法残酷地剥削工人。在美国，工人阶级每天要劳动14～16个小时，有的甚至长达18个小时，但工资却很低。马萨诸塞州一个鞋厂的监工说：“让一个身强力壮体格健全的 18 岁小伙子，在这里的任何一架机器旁边工作，我能够使他在 22 岁时头发变成灰白。”沉重的阶级压迫激起了无产者巨大的愤怒。他们知道，要争取生存的条件，就只有团结起来，通过罢工运动与资本家作斗争。工人阶级提出的罢工口号，就是要求实行 8 小时工作制。

1877 年，美国历史上第一次全国大罢工开始了。工人阶级走向街头游行示威，向政府提出改善劳动与生活条件，要求缩短工时，实行 8 小时工作制。罢工不久，队伍日渐扩大，工会会员人数激增，各地工人也纷纷参加罢工运动。在工人运动的强大压力下，美国国会被迫制定了 8 小时工作制的法律。但是，狠毒的资本家根本不予理睬，这项法律只不过是一纸空文，工人阶级仍然是生活在水深火热之中，备受资本家的折磨。忍无可忍的工人阶级决定将这场争取生存权利的斗争，推向一个新的高潮，准备举行更大规模的罢工运动。1884 年 10 月，美国和加拿大的 8 个国际性和全国性工人团体，在美国芝加哥举行一个集会，决定于 1886 年 5 月 1 日举行总罢工，迫使资本家实施 8 小时工作制。

这一天终于来到了。5 月 1 日，美国 2 万多个企业的 35 万工人停工上街，举行了声势浩大的示威游行，各种肤色，各个工种的工人一齐进行总罢工。仅芝加哥一个城市，就有 4.5 万名工人涌上街头。这下，美国的主要工业部门处于瘫痪状态，火车变成了僵蛇，商店更是鸦雀无声，所有的仓库也都关门并贴上封条。当时在罢工工人中流行着一首《8 小时之歌》，歌中唱道：“我们要把世界变个样，我们厌倦了白白地辛劳，光得到仅能糊口的工饷，从没有时间让我们去思考。我们要闻闻花香，我们要晒晒太阳，我们相信：上帝只允许 8 小时工作日。我们从船坞、车间和工场，召集了我们的队伍，争取 8 小时工作，8 小时休息，8 小时归自己！”罢工运动的巨大力量使政府和资本家十分恐慌，但又不甘心，露出了狰狞的本性，他们派人混入罢工队伍中制造混乱，制造流血事件，以此为借口，用暴力镇压工人，政府顺水推舟把 8 名工人领袖判刑，7 人绞刑，1 人 15 年徒刑。此举激起美国各地工人群众的强烈抗议，进一步掀起了全国乃至欧洲的工人阶级的罢工运动。在世界进步舆论的支持下，全世界工人阶级的支援下，美国政府终于在一个月后宣布实施 8 小时工作制。美国工人运动终于取得了胜利。

1889 年 7 月 14 日，各国马克思主义者召集的社会主义者代表大会在法国巴黎隆重开幕。这次大会上，法国代表拉文（Levine）提议：把 1886 年 5 月 1 日美国工人争取 8 小时工作制的斗争日，定为国际无产阶级的共同节日。与会代表一致同意，通过了这项具有历史意义的决议。这就是“五一”国际劳动节的来历。

（资料来源：http://baike.baidu.com/view/1626193.htm.）

3. 20 世纪以来的西方休闲

进入 20 世纪，经济危机、阶级斗争、世界大战，资本主义制度摇摇欲坠，迫于工人运动的巨大压力，各国纷纷制定相关法规，推动各级政府、企业主等高度关注劳动者的生存权益，也包括劳动者的休闲权利。西方物质文明的进步带来了人类灵魂的极度扭曲，为了心灵的安宁并寻求生命的意义，人们想到各种办法，如组织读书会和唱诗班、规范体育活动、开展成人教育，并发明了各种业余活动形式，这些措施都促进了大众休闲的诞生。特别是电影和电视等影像媒体的出现，劳动者的收入显著提高、劳动时间逐渐缩短、通信和交通技术的进步等，都为人们带来了较大的选择余地，形成了大众娱乐。低价货车和市内有轨电车使很多人有条件进行短途旅行，电车终点站建起的娱乐公园吸引了人们，不少运动和娱乐项目开始大众化。技术进步促进了电唱机、收音机、电影和机动车的发展，大大增加了人们的休闲机会。到 20 世纪 30 年代，北美开始实行双休日，这揭开了大众休闲文化时代的大幕，休闲从上层有产阶级的独占开始转向大众共享。

大众休闲是现代社会大批量生产、大批量消费的产物，休闲的意义对劳动者自身似乎并不重要，重要的是，它成了资本再次攫取利润的又一高效工具，休闲的商品化伴随着大众休闲的始终。但是，即使被扭曲，休闲的人性价值还是得以彰显，它已成为千百万劳动者生活的主要因素，它直接关系到劳动、家庭、政治和社会等方方面面的问题，因此，休闲成为任何国家和政府都必须认真对待的议题。劳动、工作和休闲的关系正面临着历史性的转变机遇。

知识链接 3–6

休闲价值观的变迁

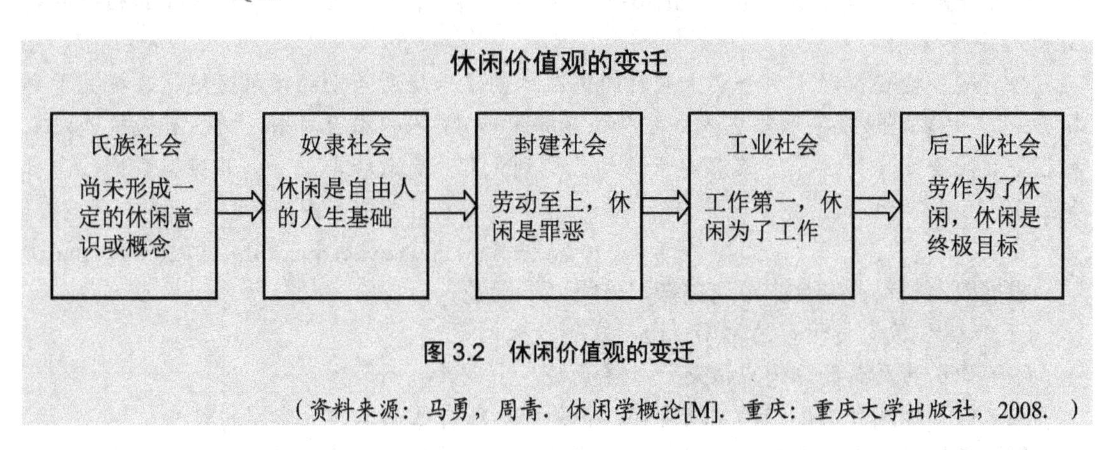

图 3.2 休闲价值观的变迁

（资料来源：马勇，周青. 休闲学概论[M]. 重庆：重庆大学出版社，2008. ）

案例分析

领导干部工作时间休闲娱乐

【阅读提示】2011 年 12 月 13 日，山西省纪律检查委员会（以下简称纪委）、监察厅召开新闻发布会，向社会公布了 13 起近期查处的党政机关干部在工作时间休闲娱乐的典型案例。早在 2010 年，山西就曾掀起多次“查岗风暴”，共查处 500 多名上班期间玩乐的干部。今年以来，更是多次狠刹干部不良风气，查处一起，公开一例，以案释理、以案说法、以案明纪、以案警示。干部纷纷反映，公开案例，让纪律变得更有力了。

“抓好案例，要动真、碰硬、狠刹歪风邪气，是正风肃纪的关键之举。这是密切党群干群关系、凝聚发展合力的迫切需要，是加强干部队伍建设、优化发展环境的迫切需要。”山西省委常委、纪委书记李兆前说。

12月13日公布的13起党政机关干部在工作时间休闲娱乐的典型案例，源于山西省纪委、监察厅部署安排的全省纪检监察机关整肃工作纪律“回头看”统一行动。

11月22日星期二，是正常上班的工作日。15～16时，山西省纪委和各地市纪委派出督查组，对机关干部上班时间在茶社、洗浴场、歌厅等休闲娱乐场所活动情况进行了明察暗访。

在某洗浴场所洗浴的太原市万柏林区商务局原党委书记刘某、在某洗浴部打麻将的太原市尖草坪区工商局原党组副书记李某、在某大酒店洗浴中心洗浴的大同市广灵县烟草专卖局原局长马某和原副局长葛某、在某足疗中心足疗的大同市灵丘县工商界联合会原副主席刘某、在某棋牌室打麻将的国家统计局阳高调查队原党支部书记冯某、在某酒店打麻将的晋中市左权县教育科技局原副局长郝某、在某足疗店足疗的晋城市城区法院执行局原副局长闫某、在某足疗店足疗的晋城高平市交警大队宣教科原科长贾某等纪律观念淡薄的党员干部被现场查实。

11月23日下午，各督查组继续明察暗访，在15～16时正常工作时间，又查实了在某健身娱乐馆看打麻将的太原市娄烦县科技局原党支部书记刘某、在某酒店桑拿部洗浴的长治市平顺县阳高乡原党委书记张某、在某KTV歌厅唱歌的运城市新绛县水利局原副局长光某。

全省统一检查行动，共查实上班时间仍在休闲娱乐场所活动的顶风违纪党政机关干部46人，其中县处级领导干部2人，乡科级领导干部11人。截至目前，对所有违规违纪人员已全部处理处分到位，13名领导干部均已受到免职、行政撤职处分，其典型案例已向社会公布。

（资料来源：http://news.cntv.cn/20111217/103740.shtml.）

根据以上材料，结合本章有关知识分析以下问题：

（1）这13位党员干部的休闲观念存在着什么问题？

（2）你认为真正的休闲应该是什么样子的？

（3）假如你是我们国家的党政干部，将如何处理自己的工作和休闲的关系？

简要点评：此案例表明，山西省的这些党政干部，不只是不能很好地遵守党政纪律和岗位职责，他们还存在严重错误的休闲观念，不懂得真正的休闲是什么，也未能正确处理休闲与工作的关系。①这些干部的休闲观念错误有三：其一，时间搞错了，上班时间就是工作时间，就是为社会尽职尽责的时间，休闲只能是下班之后才能进行的活动；上班时间从事休闲活动，这不符合休闲的时间规定。其二，活动不算高雅但消费较高，作为党员干部，上班时间从事洗浴、打麻将、足疗等活动，不会对工作有帮助，也不利于身心健康，更不会提升他们的党性修养和工作能力，但由于其高消费，则很容易滋生腐败，败坏党和政府的形象，也不符合休闲的含义。其三，他们在上班时间从事这些活动，其心态是扭曲和放荡的，而不是洒脱、悠然和自在的，只是通过单纯的娱乐和游戏，获得肉体和感官的发泄和刺激，这也不符合休闲的核心内涵，如自主性、自由性等。②真正的休闲是完成了劳作职责之后所自主从事的有益于身心健康、人际和谐以及道德和精神境界提升的活动；如果不能把劳作当成内心喜爱、可以自我实现的活动，那么休闲就只能是在劳作之余的闲暇时间内才能发生的，这样才能达到休闲的内在状态。③在我国，党政干部是人民公仆，应该恪守全心全意为人民服务的宗旨，把工作职责放在第一位，在此前提下培养健康、积极和高雅的生活情趣，适当地从事有益的休闲活动，一方面修养道德、提高文化和执政素质，同时也锻炼身体、调适精神，以便更好地工作。

本章小结

本章主要介绍了休闲的概念、休闲活动的类型和功能，以及中国和西方休闲发展的历史。休闲是人们在自由时间里所自主从事的各种有益的活动，其本质是一种和谐、畅爽和自由的人性或身心状态，特别是心理或精神状态；它与劳动有着悠久的历史渊源关系，并在现实生活中，与劳作相互影响、相互作用，而且出现了休闲向劳作渗透并逐渐融合的迹象。休闲活动是人所特有的享受和发展活动，可以根据不同的标准进行类型的划分，而从体验的角度进行划分更具有休闲学的理论意义；休闲活动具有调节身心和使人社会化的特殊功能。无论中国和西方，休闲与其他文化一样都源远流长。中国休闲几千年连绵不断，且有深厚的文化意蕴和人本和谐的特质，近代西方列强侵略，打断了这个过程，西化休闲延续至今，建国后向社会主义方向发展。西方休闲古希腊时期非常辉煌且思想深刻，中世纪被宗教神学打断，文艺复兴以后逐渐形成资产阶级的休闲方式，强调外向性、物质化，目前已经进入大众消费型休闲阶段。

思考与练习

一、名词解释

1．休闲　2．劳作　3．休闲活动　4．精神性休闲活动
5．心身性休闲活动　6．信仰性休闲活动　7．玩物性休闲活动

二、单项选择题

1．最能体现休闲本质的定义角度是（　　）。
A．时间　B．活动　C．状态　D．目的

2．休闲的本质含义是指（　　）。
A．人所从事的含有内在自由的身心或人性状态的活动
B．人在闲暇时间内所从事的一切活动
C．一切追求享受和快乐的活动
D．一切与劳动和工作不同的生命活动

3．在休闲的基本特征中，体现休闲状态之最高规定的特征是（　　）。
A．人本性　B．自由性　C．自目的性　D．价值性

4．中国古代休闲活动最突出的人本特质是（　　）。
A．和谐欢畅　B．天人合一

C．身心和谐、天人合一　　　　　D．功利实用

5．在西方古代休闲历史上，每年休闲时间最长的是（　　）。

A．古雅典人　　B．古希腊人　　C．古埃及人　　D．古罗马人

6．进入工业社会之后，西方人的休闲的显著特点是（　　）。

A．休闲与日常生活的分离　　　　B．休闲与工作的截然对立

C．休闲与工作融为一体　　　　　D．休闲受到整个社会的强烈鄙视

7．马克思批判资本主义有很多原因，其中之一是（　　）。

A．资本主义造成了休闲的极大发展

B．资本主义造成了休闲与工作的激烈冲突

C．资本主义导致了占人口绝大多数的工人阶级几乎丧失休闲的时间和乐趣

D．资本主义使得休闲成为最为低贱或卑鄙的事情

三、多项选择题

1．以下命题对休闲做了正确理解的是（　　）。

A．休闲就是从劳动、工作及其他义务活动中摆脱出来的闲暇时间

B．休闲是人在闲暇时间内所从事的一切活动即闲暇活动

C．休闲是人谋求并获得身心和谐、健康、幸福和自由的状态

D．休闲意味着自主、自在、自由或无拘无束

E．休闲就是不劳动、不工作

2．休闲的基本特征是（　　）。

A．人本性　　B．享乐性　　C．自由性

D．自目的性　　E．价值性

3．以下对休闲与劳作的关系的理解中正确的是（　　）。

A．休闲与劳作是根本对立的，二者相互冲突、相互否定，互不相容

B．劳作是休闲的源头和创造者，休闲是劳作的目的和归宿

C．从事不同劳作形式的人有不同的休闲需要

D．休闲是劳作的补偿，也是对劳作的回报

E．从趋势看，劳作与休闲逐渐融合为一，成为人的自主活动

4．休闲活动的特殊功能有（　　）。

A．身心调节功能　B．社会化功能　C．社会回归功能

D．符号象征功能　E．人性发展功能

5．从个体体验角度，中华传统休闲活动能够较为典型地分为（　　）几种。

A．身体性休闲活动　　　　　　B．精神性休闲活动

C．心身性休闲活动　　　　　　D．信仰性休闲活动

E．玩物性休闲活动　　　　　　F．综合性休闲活动

6．当代发达资本主义国家的休闲被称为“大众休闲”，对其理解正确的是（　　）。

A．大众休闲是休闲从有产阶级独占转化为普通民众共享的产物，是历史进步的表现

B．大众休闲是社会大量生产、大量消费的产物，其实质是消费主义休闲

C．大众休闲是休闲商品化的产物，因而也就是异化了的休闲

D．大众休闲意味着全体社会成员都能平等地享有社会文明发展的成果

E．资本主义条件下的大众休闲其实依然是资本追逐利润的有效工具

四、辨析题

1．闲暇时间、自由时间、休闲时间 3 个概念虽然说法不同，但实质是一样的。

2．人们在闲暇时间里所从事的一切活动都是休闲活动。

3．人们无论在什么时间，从事什么活动，只要进入了某种和谐、畅爽、健康、愉悦以及幸福、自由的状态，也就达到了休闲的境界。

4．劳作创造了休闲。

五、思考讨论题

1．学习本章后，你对休闲如何理解？试对照本章“导入案例”中的曲解和滥用加以阐述。

2．你认为休闲和劳作的本质区别是什么？它们在历史和现实两个维度上分别存在怎样的辩证关系？

3．中国传统休闲方式有什么特点？它几千年连绵不断的历史说明什么？

4．西方休闲历史经历了哪几个阶段？尝试概括它们各有什么特点？

六、实践练习题

1．简要阐述你对休闲活动及其类型的理解，并请根据自己的休闲生活状况清晰地叙述自己所喜爱的休闲活动类型，以及它们对你发挥的作用。

2．可以尝试一些对自己而言全新的休闲活动，力求获得某种深层次的体验，并达到某种相对稳定的内在状态。

七、案例分析题

仔细阅读本章的“阅读材料 3-2：中国古代丰富多彩的休闲活动”，对照目前我国社会的休闲活动形式，看看还有哪些依然保留？哪些经过改造得以延续？哪些已经完全消失？并分析其原因。

第4章 休闲的人本性及其内在矛盾

教学目标与要求

理解休闲人本性的含义，特别是休闲对于人性的内在超越性；理解和谐是休闲人本性的核心；理解休闲人本性的内在矛盾，这些矛盾在社会发展中的现实展开。理解本章内容，有助于把握现代社会休闲发展的正确方向。

章节知识框架

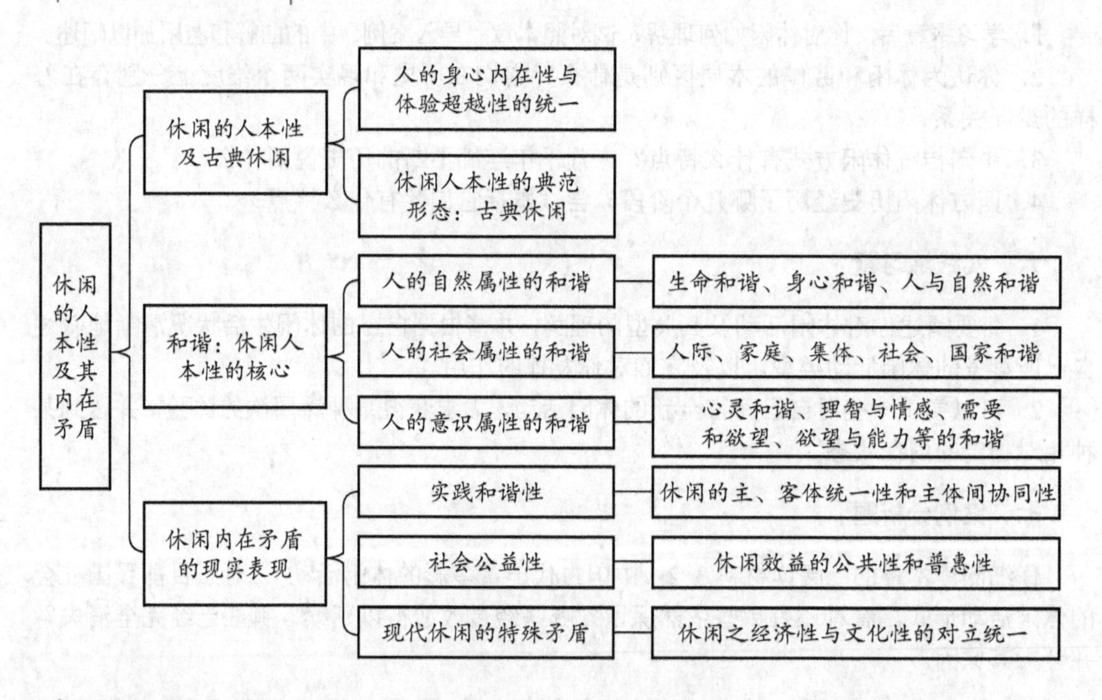

关键术语

休闲，人本性，内在矛盾，社会表现

导入案例

休闲必然依赖于外在的物质吗？

现今是一个商品充斥、物欲横流、消费享乐的时代，到处可以看到刺激人对物质产品的消费和享乐欲望的广告、场所或活动项目。例如，遇到双休日或节假日，就会有类似“假

日休闲哪里去？××××好享受”，或“时尚达人，休闲××”的广告语，好像离开了这些物质性的东西，人们就根本无法休闲。而在社会范围内，休闲作为一种产业，在旅游、体育、文化、娱乐、餐饮甚至购物、品牌消费及奢侈品的购买、收藏与炫耀等，都成了经济链条上的重要环节，都在为GDP（Gross Domestic Product，国内生产总值）的增长贡献着自己的力量。那些冠之以“休闲”的各种名贵服饰、自然风景秀丽的房产别墅、有着炫目造型与色彩的豪车，加上一些花边“八卦”，以及在网络或现实中拥有无数“粉丝”，都成了各路明星时尚达人的休闲形象。有些豪富人士更是以普通百姓难以企及的方式享受着无比奢华的“高端休闲”，其对物质资源的消耗乃至对环境的破坏都彰显了这种休闲的极端的外在化和物质化的异化特征。而现代媒体中的广告也在把这作为典范的休闲方式向全社会强力推广。这必然使休闲在人们的心目中更加物质化、外在化，使休闲愈益成为普通人们心目永远难以享受到的乌托邦梦幻。调查显示，许多人一直心存困惑：难道休闲就是这样的吗？

点评

的确，现在的休闲形态令人困惑。在此前很长一段时间里，休闲固然只是有产阶级的专利，他们依赖其丰厚的家庭资产享受着奢华的生活，普通百姓终日辛苦劳作，也仅得养家糊口而已，休闲连想都不敢想。但是随着科学技术的迅猛发展及其在生产中的广泛应用，劳动生产率极大提高，物质财富日益丰富，同时全社会的休闲时间也越来越多，这样，休闲必然移入普通百姓生活之中。设想，如果也让最广大的普通百姓享受富豪们那种极奢华的高端休闲，那需要有多少地球的资源和环境来支撑啊！因此，休闲到底是什么？它对人到底意味着什么？有没有超越物质性的休闲，既有益于人自身，又不无限消耗资源和损害环境？这正是本章探讨的问题。休闲的人本性及其表现于现代社会的深刻矛盾。

人本性是休闲的本质属性，其核心是人性自身的和谐及其与各种外部环境和条件的和谐。休闲的人本性有其内在矛盾，并在现代社会中表现为休闲的实践和谐性、社会公益性，特别是休闲的文化内容和经济形式的对立统一性。

4.1 休闲的人本性与古典休闲

休闲的人本性主要指的是休闲对于人性的内在性，也就是说，它是内在于人性的——休闲发端于人性、成长于人性、发展于人性、完善于人性，并且反过来服务人性、增益人性、丰富人性、优化人性，休闲促使人性达成幸福、趋向自由。具体到主体（休闲者、休闲主体）个人，休闲的人本性集中体现在它的内在超越性方面，亦即休闲是主体身心体验的内在性与超越性的辩证统一。

4.1.1 休闲人本性的内涵：身心体验的内在超越性

人是社会的人，时时处于纷繁复杂的社会关系网络之中。作为一种实践形式，休闲可以是小型群体性的活动，这时的社会关系及由此所实现的社会关系的和谐既是主体自身内在身心和谐的外在表现，又是实现其内在身心和谐的外部条件；休闲也可以是无需别人参与的纯粹个人的活动，这时外在于主体身心的一切都无条件地服从于主体自身的身心体验，而且这种体验不仅是超越自己身心局限的，而且也是超越具体的物质和文化环境的。

休闲是人自己主动进行的活动，是推动自己“成为人”的活动，其人本性突出表现为，主体依靠自己来实现、享受、发展和完善自己。这也是休闲的内在性——它并不表现于外，如金钱的增加、物质财富的丰富、社会地位的提升、身份的荣耀等，而是以自己身心的和谐、欢畅、自然、省悟为标准，大多数情况下只有自己才能深切地体会到这种境界和状态，甚至是不可言说的，因而具有鲜明的个体独特性和内在丰富性。休闲的内在性决定了它没有统一的心理和社会标准或衡量尺度。显然这也是它对外在物质条件、手段及环境的超越性，既是对狭隘自我的超越，对金钱、财富和地位身份等身外之物的超越，也是对现实的社会关系和人与自然关系的超越，这种超越性也具有鲜明的个体独特性和内在丰富性，因而也没有统一精确的标准和尺度。

阅读材料 4-1

林语堂和皮珀的休闲感悟

休闲“必须要有一个恬静的心地和乐天旷达的观念，以及一个能够尽情玩赏大自然的胸怀方能享受。没有金钱也能享受悠闲的生活。有钱的人不一定能够真正领略悠闲生活的乐趣，那些轻视钱财的人才真懂得此中的乐趣。他须有丰富的心灵，有简朴生活的爱好，对于生财之道不大在心，这样的人，才有资格享受悠闲的生活。”

德国哲学家约瑟夫·皮珀认为：“当一个人和自己成为一体，和自己互相协调一致之时，就是闲暇。”“闲暇因而是一种精神的现象……是一种灵魂的状态！”闲暇（皮珀此语相当于本书所说的“休闲”）的观念“强调一种内在的无所忧虑，一种平静，一种沉默，一种顺其自然的无为状态。”

休闲的沉默“是一种对应现实世界的精神力量，非言语所能形容，只能意会不能言传，闲暇因而是一种投入于真实世界中，听闻、观看及沉思默想等能力的表现。”“更进一步看，闲暇同时是一种无法言传的愉悦状态，并由此认识这个世界的神秘性格，带给盲目信仰某种信心，让事情顺其自然发展。”

“闲暇的状态不是干预，而是自我开放，不是攫取，而是释放，把自己释放出去，达到忘情的地步，好比安然入眠的境界”。“我们释放自己，专注于一朵盛开的玫瑰花、一个沉睡中的婴孩或是一桩奥秘的神迹沉思默想时，这时一股新的生命气流便立即流向我们，这股新的生命气流不正像是从我们深沉无梦的睡眠所流出的吗？”“我们对许多伟大真知灼见的获得，往往正是处在闲暇之时。在我们的灵魂静静开放的此时此刻，就在这短暂的片刻之中，我们掌握了理解‘整个世界及其最深邃之本质’的契机，这样的时刻稍纵即逝，这之后如想重新寻回这个美妙时刻，恐怕就有待付出努力的‘工作’了。”

“闲暇的能力会是人的灵魂的基本能力。闲暇的能力和沉浸在存有之中默想的天赋以及在庆典中提升自己的精神能力一样，能够超越工作世界的束缚，进而触及超人的、赋予生命的力量，让我们能够以再生的崭新姿态重又投入忙碌的工作世界之中。我们唯有能够处

于真正的闲暇状态，通往‘自由’的大门才会为我们敞开，我们也才能够摆脱‘隐藏的焦虑’之束缚。”

休闲的这种内在超越性也有不同的层次和境界，并随着主体的人生阅历、知识背景、休闲能力、休闲动机、休闲价值观等，甚至外部环境的不同而不同。试想一下，当看到小孩子非常陶醉地做游戏的时候，成年人如果不是返回童年，就不能体验和想象孩童那内在愉悦而超越的身心状态；在孩童的眼里，满世界都是玩具，都是乐趣，都是愉快和幸福，即使一粒沙子，也充满神秘和灵性，他们都会发挥无限的想象力，和它进行非常融洽的对话和沟通，并从中获得无尽的快乐。这才是休闲的原本内涵，一直是贯穿人的休闲生活的精神内核。但是，当孩童逐渐成人，这种与外物（自然界）的内在沟通和交流趋于弱化甚至消失，相应地，这种体验就显得愈益拙劣和粗糙，成年人愈来愈需要借助于复杂的工具或设施才能获得一些与日常经验不同的内在感受；这就使休闲的个体内在超验性不断外化、社会化和物质化，最终催生了庞大的服务于休闲的社会性实业系统（包括公益性休闲事业和营利性休闲产业等）。在这样的休闲中，只有首先实现了肉体感官的快乐，才可能进一步达到身心和谐的体验和内在超越性的状态；这是现代社会休闲发展的特殊矛盾。但是无论如何，具体的休闲活动仍然是个体性的，休闲所具有的个体的内在超越性是其人本特质的核心含义。

阅读材料 4—2

玩乐游戏中儿童的想象力

控制论创始人维纳（wiener），3岁能读写，11岁上大学，18岁获得哈佛大学哲学博士学位。他在《自传》中记述了自己童年时如何玩耍的情景：爬迷宫、玩滑梯、打群架，摆弄扩音机、万花筒、幻灯机，与妹妹“过家家”，6～9岁，还对生物现象发生了浓厚兴趣，观察细胞分裂、精卵结合，这种满足好奇心的玩耍促进了他的想象力和创造力的发育成长，对他后来成为一代科学大师具有极为重要的意义。

爱因斯坦曾说：“我是首先从直觉中发现光学中的运动的。而音乐又是产生这种直觉的推动力量。我6岁起，父母就要我学习小提琴。音乐的感觉给我带来了新的发现。”当他4岁时第一次看到指南针总是指向南方，便非常惊奇，于是探究这背后神秘力量的好奇心成为他终其一生坚持科学探索的不竭动力。他说：“想象力比知识更重要，因为想象力是知识进化的源泉。”他学识渊博，在哲学、历史、文学等方面都有很深造诣，他酷爱音乐，堪称一位优秀的小提琴家，他说：“如果没有早期的音乐教育，我将一事无成。”

鲁迅曾惊叹于孩子的想象力，他说，孩子常常想到星月以上的境界、地面下的情形，花卉的用处、昆虫的语言，想象飞向天空、潜入蚁穴等，因此玩耍就是儿童最正当的行为。

美国心理学家马斯洛（Maslow）说，几乎任何一个孩童都能在没有事先计划的情况下即兴创作一支歌、一首诗、一个舞蹈、一幅画或一个剧本、一个游戏。

我国的艺术教育家丰子恺说：“我企慕这种孩子们的生活的天真，艳羡这种孩子们的世界的广大。或者有人笑我故意向未练的孩子们的空想界中找求荒唐的乌托邦，以为逃避现实之所。但我也可笑他们的屈服于现实，忘却人类的本性。”

我国著名哲学家、经济学家于光远也说：“玩是人类第一部教科书”，这部教科书交给人们的是分享、欣赏、好奇心、想象力、勇气、信念、镇定、秩序、和谐、审美，它使人性得到张扬，个性得以显现，心灵获得释放，创造有了方法。人们在其中理解自由、体验自由、创造自由，自由是美，自由是创造，是具有“完整的有意义的人”的重要方面。

（资料来源：于光远，马惠娣. 休闲·游戏·麻将[M]. 北京：文化艺术出版社，2006.）

休闲的这种内在超越性表明：第一，无论社会从什么角度看待休闲，以什么方式发展休闲，休闲与否的判断根据只能是主体的内在超越性的实现；虽然这没有统一的社会尺度，但还是可以观察的，这就是主体的心理感受、精神变化，以及相应的社会文化精神氛围的改善。第二，以人为本的社会发展进步与否的重要标准也只能是个体的幸福感。个体作为劳动者在劳动中的幸福感是一个方面；进一步看，一个更加重要、更能体现以人为本的方面，就是个体在休闲活动中的幸福感，而这对于人的生命活动的最高境界就是劳动的休闲化，也就是实现人们在劳动及整个生命过程中的身心统一和超越性体验。这是发展休闲的终极目的。

4.1.2 休闲人本性的典范形态：古典休闲

“古典休闲”是对休闲人本性的另一种描述，主要是指休闲的古典意蕴，那就是单个主体个人在具体休闲活动中所产生的内在体验、内在快乐、内在幸福与自由。人本性强调休闲对主体自身的积极意义，当然也包含了对他人和集体的积极意义。这里的“古典意蕴”指的是休闲对外在物质条件和手段的超越，是主体个人单纯的内在性和超越性，是一种理想化的个体休闲或“休闲一般”，这是休闲的其他社会形式得以发生、发展的逻辑和现实的起点。古典休闲的最典型形式是宗教和信仰实践，以及身心修炼或修养实践，其根本特征是，通过内向型运用意识，调动自身的内在能量，培养并发挥对大自然极为敏锐而深刻的感受力，对自己的身心关系深刻而细微的洞察力，对自己与他人关系广阔而深厚的包容力；休闲对人性的和谐价值其实就是这样实现的。正是在此意义上，古典休闲的内在超越性也是一切休闲形式的其他社会性功能得以展现的根源。其具体形式可以是中国佛家和道家的修炼、修养实践，也可以是太极、武术、中医的养生实践，还可以是古印度的瑜伽修行；广言之，伊斯兰教教徒和基督教教徒面对真主和上帝的祈祷、忏悔、诵经等也可包括在内。其各种外延形式主要是感受和体验大自然的各种艺术创造——琴棋书画、诗词歌赋等，以及和谐社会关系的开示度人、救死扶伤、扶危济困、行善积德等。

知识链接 4-1

东方修炼实践的身心和谐、天人合一

（1）佛家修炼：也叫修行，首要是修福德，称“福德资粮”。其次是修心，即时时检查自身心灵，莫使染上污垢，使心灵受惑。最后是修身，即修证“三脉七轮”。①修福德就是行善积德。佛家认为，福德资粮与智慧资粮是对等的，积多少福德便能获多少智慧，无德的人是不可能真正获得智慧的。修德的核心是行善，要与人为善，与众生为善。众生皆有佛性，人与众生在生命本质上是一致的，而且人与众生是轮回的，所以要普度众生。普度众生就要有舍己为人、舍己为众生，舍己救人、舍己救众生的善念与善行；还要有广为布施的善念与善行，广为布施包括物质财富的布施与知识财富和精神财富的布施，并认为布施越多、功德越大。所有行善积德之事皆为善缘，善缘即为福，所以称作福德资粮。②佛家的修心内容有“去惑”与“除障”，“惑”指心灵被污垢所蒙蔽，含“见之惑”与“思之惑”。“见之惑”指见解不正使心灵蒙垢而被惑，“思之惑”指心念不正使心灵蒙垢而被惑。“障”指心灵的视线被自身所遮挡，包括人的生命意识与七情六欲等均会遮挡心灵的视线，遮盖人心灵深处的佛性。“惑”与“障”均是修行的主要障碍，所以必须“时时勤拂拭，莫使惹尘埃”。③修身是指身体的修炼，包括命宫修炼和性宫修炼。佛家的气脉理论的核心内容为“三脉七轮”。三脉是指中脉、左脉与右脉，“七轮”是指顶轮、眉间轮、喉轮、心轮、脐轮、海底轮与梵穴轮，目的在于净化身体，开发和提升生命功能。佛家修行重在修性，修行的目的就是开启佛性，其主要步骤为“戒、定、慧”。“戒”是对修行者的行为与思想的约束，应属修心的范畴；“定”是修炼的重要手段与修炼过程中的状态之一，代表具体的修炼；“慧”是修炼的结果与收获。

（2）道家修炼：也叫道家功，一般分为正一和全真两大派别，各自分成许多小的宗派，各派在功理、功法方面也有自己的独到之处，但都是以炼养阴阳、性命双修作为第一要义，以返璞归真、天人合一作为最高境界，以延年益寿和长生不老作为追求的最终目的。以道论、气论、精气神理论以及阴阳、五行、八卦、干支理论等为基础理论，以“修心炼性”为主，重视内炼精气神，目的在于“葆性全真”、“长生久视”、“返璞归真”，揭示宇宙及人体奥秘，探索人体生命自控与优化的方法。其发展经历了三个阶段。先秦时期以清净无为为主，法理合一，简洁明了，直指先天。例如，以老子、庄子为祖师，《道德经》云：“虚其心，实其腹”，“专气致柔，能归婴儿乎”，这是后来守一法和胎息法的基础，此外，庄子还创立了心斋、坐忘、踵息、吹嘘呼吸和熊经鸟伸之类的仿生导引功；两汉两晋以至隋唐，呼吸吐纳、调和阴阳、药饵服食（外丹）占据主导地位。例如，东汉末年出于宗教目的吸收了许多古老的养生术和“仙术”，总结各派修炼功法促使道家功夫体系成熟起来，成为我国古代养生修炼的一条主要流派；唐宋以后，丹道之学（内丹派）成了主流。例如，唐朝司马承祯提出了“存想”，就是存我之神、想我之身，以达到入静的境界，同时还要用意念导气运行进行修炼，这导致了“金液还丹”、“大小周天”等功法的创立。在其长期发展中，不断吸收各种学问，逐渐形成门派林立、公法名目繁多、内容丰富、涉及面极广的庞大体系，有炼养派和符箓派两大类，在练功模式上分为内丹功、清净功、存想功、导引功、吐纳服气功等。在功法方面，主要有守一、吐纳、导引、行气、存神、坐忘、心斋、还精、辟谷、踵息、胎息、内丹、太极拳、八卦掌等，其中的守一、导引、胎息、存神、内丹最有代表性。

（3）儒家修炼：以儒家思想为指导的修身方法，强调在日常生活中修炼，着重于心性的陶冶，以“存心养性”为主；主张于各种繁杂的事务中砥砺意志、正心诚意、养浩然之气，以求“豁然贯通”。儒家修炼的根本理论是《大学》中的“三纲”（明明德、亲民、止于至善）、“八目”（格物、致知、诚意、正心、修身、齐家、治国、平天下），和《中庸》中的“中和”观与“诚明”观。后两者是儒家修炼心法的概括，“诚”是发自内心深层的意识活动，“至诚”可达于“明”，即获得高超智慧，明察事理；“中”是意识不受外物扰动时的平静状态，“和”是反映外物或做事时意识恰到好处的状态。“中”还被认为儒门“十六字”圣传心法的核心：“人心惟危、道心惟微。惟精惟一，允执厥中”。《中庸》言：“喜怒哀乐之未发谓之中，发而皆中节谓之和”，“中和之性”的修养成了儒家修炼水平的重要标志。具体如何达到“诚明”与“中和”，儒家提出了“以礼制欲”、“克己复礼”、“内求诸己”、“慎独”等，认为通过“礼”可以克服各种私欲、通过时时处处内求、省察自身，可使自己不断进步。如此长期修炼可使意念精纯、言行思想发自内心、忠正诚信、光明正大、廓然大公，从而达到大道“净”境。作为入世修炼之法，儒家没有提出像佛家、道家那样的具体功法，但也可总结出诸如守中法、守一法、存诚法、养气法、格物法、修正法、修静法、修定法、修观法、修息法、至命法等，但具体练法上与佛道修炼法没有特殊区别。

（4）武术与太极修炼：武术修炼有技击和养生两类，但其基本修炼都是强调把精气神集中到身形上，加强身体生命的功能；主张动静双修，内外兼炼。武术在长期发展中，形成了武当派、少林派、峨嵋派、昆仑派、南宫派等大的门派，包括了轻功、硬功及点穴等功夫内容；现在流行的主要有，以技击为主的太极拳、形意拳、八卦拳等，以养生为主的少林易筋经、峨嵋庄法等。太极拳作为中华武术的著名拳种之一，因其兼有技击和养生的双重妙用，并逐渐向养生方向发展而在国内外广泛流行。太极拳由于每一动作圆柔连贯，每一式都绵延匀缓、拳法变幻无穷，好像太极之旋转变化一般，故以中华古代哲学“阴阳”、“太极”理论来诠释拳理而命名。古传太极并无套路，原始骨架就是十三式，分别为定、进、退、顾、盼、棚、捋、挤、按、采、列、肘、靠13字组成，它概括了太极拳的主要法则。其运动特点是中正安舒、轻灵圆活、松柔慢匀、开合有序、刚柔相济，动如“行云流水，连绵不断”。这种运动既自然又高雅，可亲身体会到音乐的韵律，哲学的内涵，美的造型，诗的意境。在高级的享受中，使疾病消失、身心健康。太极拳有陈式、杨式、孙式、吴式、武式以及武当、赵堡等多种流派。目前流行最广的是源于陈氏太极的杨氏太极拳，其几乎涵盖了中华武术技击和养生的所有理法和效用，具有极高的意识和谐、身心和谐和天人合一的境界。

（5）瑜伽修炼：瑜伽（yoga）是古代印度的一种修炼方式，传承至今依然在世界上变化多端、流行不衰。瑜伽是一个通过提升意识，帮助人类充分发挥潜能的体系，其姿势运用古老而易于掌握的技巧，改善人们生理、心理、情感和精神方面的能力，是一种达到身体、心灵与精神和谐统一的运动方式。古印度人更相信人可以与天合一，他们以不同的瑜伽修炼方法融入日常生活而奉行不渝：道德、忘我的动作、稳定的头脑、宗教性的责任、无欲无求、冥想，宇宙的自然和创造。正统的印度“古典瑜伽”包括智瑜伽、业瑜伽、信仰瑜伽、哈他瑜伽、王瑜伽、昆达里尼瑜伽六大体系，各有自己的理论体系，但也有根本的共性，即能动地运用意识，“控制心的作用”（《瑜伽经》）。印度史诗《摩诃波罗多》中《薄伽梵歌》阐述了瑜伽修持的要旨和目的，认为，修炼瑜伽要“集各器官于心（心根），集心于自我意识（我慢），集自我意识于统觉（觉），集统觉于原初物质（自性）”。进而念想绝对、无垢、无垠、无终、清净和不同的神我，念想独存、不老、不死、永恒存在和不朽的自在天或梵。这讲的是内向型运用意识的基本程序。瑜伽修炼的方法大体分为3个层次，每一层次又分为若干阶段。第一层次分为8个阶段：禁制（克制）、道行、坐法、调息、制

感（使感官与相应的对象分离，把意识活动完全置于心的控制之下）、执持（心注一境）、禅定、等持（三昧）。第二层次是等持境界的变化，又分有智三昧和无智三昧。第三层次即等至（定），又有种子等至和无种子等至之别。通过瑜伽修炼会使人的生命运动进入某种高级状态，在此状态下，人具有超常的智慧和能力，从而能获得对世界本质的直觉把握，此所谓“瑜伽感觉”。因此，瑜伽是古代印度先哲认识世界的基本方法，也不少不同流派的哲学家看作是一种获得最高哲学智慧的修行方法。瑜伽发展到今天，已经成为世界广泛传播的一项具有养生功能的身心锻炼修习法。从印度传至欧美、亚太、非洲等地区，因为它对心理的减压以及对生理的保健等作用明显而备受推崇。

总体而言，上述修炼理论和方法，都是古圣先哲在其超越物质生存的基础上，修养体察人的身心关系、天人关系的伟大成果，其共通之处都在于主动地运用人的意识功能，通过意识专一清静的锻炼，求得身心和谐，进而达到天人合一的人生境界，因而这恰恰也是他们休闲人生的最高境界。

把休闲的这种古典意蕴作为一种人生态度和方式融入个体的人生历程中，这种古典休闲就提升为一种世界观、人生观和价值观，进而具体化为一种思维方式、价值取向、行为方式和生活方式，那么这样的人就具有生活寡欲简朴、不计功名利禄、积极进取而又淡然超脱的特点，因而能够达到心灵的和谐、身心的和谐，以及人与大自然的和谐、人与社会的和谐，即“天人合一”之境界。这是一种休闲的境界，也是一种人生的境界。中国古代许多文人墨客的艺术作品或贤德圣哲的德行品位就是这种休闲人生的产物或表现。

阅读材料 4-3

陶弘景、嵇康和陶渊明的休闲人生

魏晋南北朝时，隐居成风，文人高士皆以做隐士为时尚、为光荣，各种隐居方式纷纷呈现：隐于朝、隐于市、隐于酒、隐于禄、隐于山林、隐于田园等，并且都“隐”出了水平和格调。这里选择3位隐士，简单考察他们颇值回味的休闲人生。

陶弘景，是一个学识、才华过人的人，读书万卷，而且“善琴棋，工草隶”，仕途也一帆风顺，“为诸王侍读”，对朝中大事也很有发言权。然而他并不在这荣华富贵之中沉迷，而是选择适当的时机抽身引退，隐居山林，历名山、访仙药、听松风、游泉石，没有丰富充实的内心世界和精神追求的人，怎么可能做到如此视高官厚禄如粪土，又怎么能够在悠游林泉之中其乐无穷，“老而弥笃”？他的避权势而无争给自己赢得了“朝野荣之”的殊遇，乃至皇帝还与他“书问不绝”、“恩礼愈笃”，因此得到了“山中宰相”的谑称，但观他不像是矫情作秀，恐怕是真正的“心如明镜”，想清楚了自己的人生乐趣之所在。能够做到“与物遂绝”、“性好著述”、“顾惜光景”这几条，恐怕就绝非等闲之辈，就决不是作秀、作伪的浅薄之徒。

但中国历史上有如此美满结局的只是偶尔的例外，更代表着现实真貌的是魏晋间另外两个震撼人心、影响深远的典型——嵇康和陶渊明。嵇康，“早孤，有奇才，远迈不群。身长七尺八寸，美词气，有风仪，而土木形骸，不自藻饰，人以为龙章凤姿，天质自然。恬

静寡欲，含垢匿瑕，宽简有大量。学不师授，博览无不该通，长好《老》《庄》。与魏宗室婚，拜中散大夫。常修养性服食之事，弹琴咏诗，自足于怀。以为神仙禀之自然，非积学所得，至于导养得理，则安期、彭祖之伦可及，乃著《养生论》。又以为君子无私，……盖其胸怀所寄，以高契难期，每思郢质。所与神交者惟陈留阮籍、河内山涛，豫其流者河内向秀、沛国刘伶、籍兄子咸、琅邪王戎，遂为竹林之游，世所谓‘竹林七贤’也。戎自言与康居山阳二十年，未尝见其喜愠之色。……康尝采药游山泽，会其得意，忽焉忘反。时有樵苏者遇之，咸谓为神。至汲郡山中见孙登，康遂从之游。登沈默自守，无所言说。康临去，登曰：‘君性烈而才隽，其能免乎！’康又遇王烈，共入山，烈尝得石髓如饴，即自服半，余半与康，皆凝而为石。又于石室中见一卷素书，遽呼康往取，辄不复见。烈乃叹曰：‘叔夜志趣非常而辄不遇，命也！’其神心所感，每遇幽逸如此。……康将刑东市，太学生三千人请以为师，弗许。康顾视日影，索琴弹之，曰：‘昔袁孝尼尝从吾学《广陵散》，吾每靳固之，《广陵散》于今绝矣！’时年四十。海内之士，莫不痛之。”（《晋书·嵇康传》）嵇康的隐居有着强烈的政治抗议的意味，与现实社会和芸芸众生，他显得格格不入，以至于自己都感慨万千：“性不伤物，颇致怨憎。昔惭柳惠，今愧孙登！”他的被杀达到了统治者的政治目的，这也是他休闲人生的政治悲剧。

与嵇康相比，同样因为“不为五斗米折腰”的陶渊明，依然退隐，躬耕南亩而终不复出，更显出了他在隐逸传统中开一种规格和气象的意义，这是陶渊明成为中国隐士历史上无人可比肩的影响最为深远的人物。宋代大儒朱熹说：“晋宋人物，虽曰尚清高，然个个要官职。这边一面清谈，那边一面招权纳贷。陶渊明真个能不要，此所以高于晋宋人物。”（《朱子语类》）陶渊明的这种高格为后人敬仰，而他作为隐士的典范的人格形象，则应是以他自己所写的《五柳先生传》中的自画像最为真切传神：“先生不知何许人也，亦不详其姓字，宅边有五柳树，因以为号焉。闲静少言，不慕荣利。好读书，不求甚解；每有会意，便欣然忘食。性嗜酒，家贫不能常得。亲旧知其如此，或置酒而招之；造饮辄尽，期在必醉。既醉而退，曾不吝情去留。环堵萧然，不蔽风日；短褐穿结，箪瓢屡空，晏如也。常著文章自娱，颇示己志。忘怀得失，以此自终。赞曰：黔娄之妻有言：‘不戚戚于贫贱，不汲汲于富贵。’其言兹若人之俦乎？衔觞赋诗，以乐其志。无怀氏之民欤？葛天氏之民欤？”（《晋书·陶潜传》显然，这是一位好读书而不拘于章句、以与书本的神交意会而“欣然忘食”的阅读者；这是一位好饮酒而且“期在必醉”的饮者，他知道在酒中他能寻找到什么样的忘怀而从不“吝情去留”；这是一位“不慕荣利”的退隐者，他在“环堵萧然”的清贫生活中自得其乐，不失其志；这又是一位参透玄机、超然物外的高人，他的“闲静少言”或许是因为沉浸于与造物的对话，他的人生感悟或许只淡淡流露在他的“著文章自娱”中，他留下的“颇示己志，忘怀得失”的斯文包含着无限丰富的心灵体验，他“采菊东篱下，悠然见南山”的诗句，给后人留下了宝贵的休闲思想财富，影响了中国文化中的整个隐逸传统。他著名的《归去来兮辞》，既有对“心为形役”的世俗生活的批判，也有对乡村生活恬淡宁静和闲适的体验，更有充满历史悲情的哲学沉思，从而体现其超脱和放达的休闲人生，陶渊明因此而堪称“古今隐逸诗人之宗”。

魏晋时代是一个政局险恶的时代，但也是中国隐逸文化历史上最具特色的时代。对于魏晋士人来说，要逃离那险恶的时局，要超越那污浊的俗世，要排遣那深深的历史和人生

悲情，要宣抒那郁积胸中的沉闷，只有向那更高的精神境界追求，只有在那大自然中寻找抒情写意的审美感受，只有在自己的日常生活中努力营造一种轻松闲适的氛围，以这样一种看起来充满了休闲和舒适的外在环境氛围来放松自己那高度紧张的心灵。……一种人格守持和审美追求，既抚慰了魏晋士人饱受创伤的心灵，又为后人揭示、标举了一种休闲文化的境界。

（资料来源：吴小龙. 适性任情的审美人生：隐逸文化与休闲[M]. 昆明：云南人民出版社，2005.）

4.2 和谐：休闲人本性的核心

马克思主义哲学告诉我们，人性就是人所特有的属性，即人在实践基础上形成的自然属性、社会属性和意识属性及其相互作用的有机整体；和谐是矛盾同一性的特殊表现。因此，休闲的人本性就是人性的和谐，休闲中的人性和谐是休闲内在矛盾在同一性主导下的存在和发展状态。概言之，休闲是人性整体的和谐及其充分展开的存在状态和境界，是人性作为一个系统演化的主流趋势和目标，因而和谐是休闲的人本特质或人本性的核心或灵魂。

知识链接 4-2

和谐范畴的哲学诠释

和谐是马克思主义哲学唯物辩证法的重要范畴，但它从属于对立统一规律即矛盾规律，是矛盾范畴的下位概念。矛盾的两个基本属性是同一性和斗争性，同一性就是事物矛盾双方相互依存、相互贯通、相互转化的联系和作用，它占主导地位，矛盾双方就能够相互协调、相互合作、相互促进、共同发展，从而整个矛盾处于和谐状态。斗争性是矛盾双方相互排斥、对立、冲突和离异的联系和作用，它是促使事物矛盾发生质变的决定性因素；如果斗争性起主导作用，矛盾就处于激烈对抗和冲突之中，从而远离和谐。和谐不是无矛盾，也不是消灭矛盾，而是尊重矛盾双方的差异，包容各自的特殊性，并使双方平等对待，使双方的相互作用呈现正反馈关系，即你追我赶、比翼双飞的状态。和谐范畴具有重要的方法论意义。

4.2.1 休闲：人的自然属性的和谐

人首先是一个自然自在的生命实体（身体）。休闲就是人的身体的一种自然自在的和谐趋势，是人的身体的一种健康状态。人的生命健康依赖于内部五脏六腑和四肢百骸等的和谐与平衡，而任何具体的劳动和工作都可能只调动人的生命功能的某一方面，则势必过劳某些器官或“部件”，同时闲置了另一些器官或部件；强化了某些功能，同时弱化甚至退化了另一些功能。而生命的潜能是需要在全面的功能发挥和正常运转中挖掘出来的。休闲就具有这样的作用，它使人在一种无拘无束、自由自在、轻松欢快的状态中，随心所欲地去做自己欣慰愉悦之事，去发挥自己生命内部潜藏的另一些能力，从而使人体内部状态趋于

平衡与和谐。生命需要休闲，休闲健旺生命。

人的身心之间也存在着整体性的内在联系。现代文明的畸形发展造成了千奇百怪的身心恶性互动的病征，不仅是身心的分裂和对峙，而且是身心之间的对抗和损害，严重时直接威胁人的生命。身心的和谐与平衡是人的身体健康和人格健全的重要特征。休闲就是人的身心和谐统一的状态和发展境界，是人的健康的意识自由地支配和调节健康的身体的那种状态，在此状态中，人的神经系统和免疫系统之间的相互协调与促进，人的四肢百骸和五脏六腑之间达到平衡，并与人的整个意识和睦相处、协同作用。身心分裂的现实呼唤休闲，休闲实现并提升人的身心和谐。

人的生命时时刻刻与外界大自然进行着物质、能量和信息的交流，美好、清洁、丰富多样而生命力旺盛的大自然给人的身心带来舒适和健康。休闲就是这样的大自然与人的身心整体协同作用的一种状态。从这个意义上说，休闲的一个重要前提是，大自然的清洁、完美、丰富多样、平衡和谐与旺盛生机。休闲是人在身心和谐的条件下实现自己与大自然的和谐统一，从而享受自身自然和外界自然的一种活动、一个过程，以及这种享受的内在愉悦和幸福的体验，这种体验达到的那种状态和境界。人与自然的危机回望休闲，休闲恢复人与自然的和谐。

总之，休闲是人的内在生命的和谐、身心的和谐以及与大自然的和谐。和谐以及享受和提升这种和谐才是休闲的真谛。

4.2.2 休闲：人的社会属性的和谐

一个人的本质就是他在人生实践中所创造的各种社会关系以及这些关系的运动变化的总和。休闲就是一个人与这些社会关系的一种和谐状态，是人能够自由地利用这些社会关系及相关条件，充分发挥和展现自身潜能、实现自我价值的过程和状态。这种和谐是建立在社会的物质关系的有序、物质基础的雄厚、物质条件的便利等基础上的；在休闲中，人使这些物质因素服务于自己的享受和发展目标，因而，休闲充分体现人的思想、精神、情感、价值等方面的境界。当个人有了充裕的闲暇、足够的生活资料，有了充分的享受能力、便利的休闲条件，以及负责任的休闲目标，他就可以从事有价值的休闲活动，从中实现和提升自己的社会关系本质。

每个个人总是处于具体的社会利益集团的关系网络之中，休闲的物质量度必然受到这些利益关系的制约，但休闲的性质及其境界层次与这种物质利益没有必然联系。从本质上说，休闲是非物质和非功利的，是人超越这些具体利益关系的局限和纠缠，而胸怀更广大的人类群体，体验自己与整个人类和谐统一的那样一种过程和状态，平等和博爱是其核心理念。对于主体来说，只有淡化自己的物质利益追求，才能获得真正的休闲。例如，志愿者及其志愿服务便是这样的一种追求人的社会属性和谐的表现。

知识链接 4-3

志愿服务与志愿者

志愿服务（voluntary service）：泛指利用自己的时间、自己的技能、自己的资源、自己的善心为邻居、社区、社会提供非赢利、无偿、非职业化援助的行为。1985 年联合国代表大会把每年的12月5日规定为国际促进经济和社会发展志愿人员日(简称国际志愿人员日，IVD)，如今已有100多个国家在这一天集中开展志愿服务活动，IVD作为国际志愿服务活动的重要标志已经深入人心。1997年11月20日，第52届联合国代表大会通过了包括中国在内的123个国家提交的52/17号提案，决定把2001年确定为国际志愿者年(International Year of Volunteers)。正是多年来IVD活动的成功开展为国际志愿者年的确定奠定了基础。国际社会对IVD的欢迎和肯定激发了确定国际志愿者年的思想，用足足一年的时间，而不是更短一些时间来促进志愿服务，使活动超越各国政府和联合国的范围，影响到社会的各个方面，已经成为世界各国的共识。通过志愿活动，志愿者不仅使他们所服务的社区受益，而且令自身受益。志愿者能够通过志愿服务来增强自己对他人的关爱之心和领导能力、管理能力以及沟通技巧。志愿服务通过教导人们要有责任心以及促进互信和谐，让整个社会更有凝聚力。

志愿服务的历史：志愿服务起源于19世纪初西方国家宗教性的慈善服务，志愿活动在世界上已经存在和发展了一百多年。据北京大学志愿服务和福利研究中心（2002年7月16日正式成立，该中心是我国第一家专门从事志愿服务和福利研究与培训的机构）丁元竹主任介绍，中国最早的志愿者来自联合国志愿人员组织。1979年第一批联合国志愿者来到中国偏远地区，从事环境、卫生、计算机和语言等领域的服务。20世纪80年代中期，民政部号召推进社区志愿服务，天津和平区新兴街就是早期开展社区服务的典型。90年代初，中国青年志愿者协会成立。社区志愿者和青年志愿者是目前我国国内最大的两支志愿队伍。志愿服务最近几年越来越成为一种国际潮流。西方有学者专门指出，“如果说人类发展前500年是技术革命带动全球的经济发展，那么今天人类正处于一个十字路口，面临的问题越来越多。后500年社会学、社会服务将成为地球上生存的重点，人类也将开始重新调整自己。”

志愿者（volunteer）的定义:联合国将其定义为“不以利益、金钱、扬名为目的，而是为了近邻乃至世界进行贡献活动者”，指在不为任何物质报酬的情况下，能够主动承担社会责任而不关心报酬奉献个人的时间及精神的人。根据中国的具体情况，志愿者定义为“自愿参加相关团体组织，在自身条件许可的情况下，在不谋求任何物质、金钱及相关利益回报的前提下，合理运用社会现有的资源，志愿奉献个人可以奉献的东西，为帮助有一定需要的人士，开展力所能及的、切合实际的，具一定专业性、技能性、长期性服务活动的人。”

志愿者的辞源及含义：volunteer一词来源于拉丁文的“voluntas”，意为“意愿”。对于这一概念，我国大陆和港台地区由于对volunteer的译法不一致而有所不同（我国大陆地区一般称为志愿者；香港称之为义工；台湾地区称之为志工），但实质内容基本是一致的。一般认为，志愿者是自愿贡献个人时间和精力，在不计物质报酬的前提下为推动人类发展、社会进步和社会福利事业而提供服务的人员。

志愿者的历史渊源：志愿者制度的确立可追溯至第二次世界大战后福利主义抬头，但志愿者本身则自古以来已经存在，古时候的赠医施药可被视为志愿者的雏形。西方志愿者起源的重要概念建基于罗马时代的博爱精神和基督教的宗教责任及救赎观念，透过义务工作表现出人性的爱及弘扬宗教的善性；中国儒家的仁爱、泛爱，佛家的慈悲和普度等，也是志愿者的精神源头。而近年志愿者制度的确立，是为了弥补政府对社会支援的不足，结合政府、商界及民间的力量为社会上有需要的人士服务。

志愿者的种类：志愿者所从事的服务众多，可能包括教育、环保、倡导及福利等范畴，难以统一划分，因此出现了几种划分：第一种是以职权可划分为政策制定、直接服务及庶务类；第二种是以时间性划分为定时性和临时性；第三种是以服务类型划分为福利类、教育类及文化类等；第四种是以服务内容划分为行政性、专业性及辅助性。还可如此划分：第一种是助人的美德及福利活动，在志愿活动中志愿者没有收取任何报酬，并以自由意志奉献自己从事福利、心理健康及社区发展等方面的工作；第二种是具有组织性的利他行为，是以帮助他人或对环境有益的活动，并能在各个领域直接帮助他人；第三种是基于社会公益的参与行为，是回应社会责任及态度的一种行为，当中并不求回报。

志愿者的特征：①志愿者是无偿付出，不是开业、打工，而是不计报酬的；②志愿者不是救世主，而是与被帮助者处于平等、互相尊重的地位；③志愿者不仅是给予了他们帮助，同时也得到了收获——自我的一种成长；④志愿者的出发点不是好奇心的满足，而是对社会的回报；⑤志愿者不是指挥者、教育者，而是用生命去影响生命。

志愿（者）精神：这是一种利他主义和慈善主义的精神，指的是个人或团体，依其自由意志与兴趣，本着协助他人改善社会的宗旨，不求私利与报酬的社会理念。

志愿者的动机：志愿者参与义务活动的动机可以分为三类。第一类是自我取向，参与者着重个人学习与成长，获取个人内在的满足感，依个人感受来决定参与的志愿者。第二类是人际取向，参与者着重他人和团体的影响，他们的目的是结识朋友，获得他人的肯定。第三类是情境取向，他们参与是为了回应社会责任，并获得社会的认可。

志愿者的动力：由于志愿者的目标并不是为了追求个人的功利成效，因此不能单靠命令及控制操纵志愿者，所以要运用不同的手法来鼓励志愿者持续投入服务，志愿者机构可从三大方面提升志愿者的动力。①根据马斯洛的需求层次理论，机构可在服务过程中满足志愿者的5种需求，从而提升他们的动力。②在志愿服务过程中，机构可以先了解志愿者对服务的期望，当其期望能够实践时，志愿者会有更大动力持续服务。③根据学习理论，在提供服务时，以奖励及惩罚来提升或删减特定的行为，从中提升志愿者的动力。

志愿者的作用：①青年志愿者活动使他们（如大学生）获得一个深入接触社会实际、真实了解与认识中国国情的极好机会，这不仅丰富了他们的生活阅历，还增强了他们的感性认识。②青年志愿者活动强化了他们的社会责任感，这对改善社会风气，确立敬业精神起积极作用。③通过志愿服务培训和实际工作，增强了协作精神、团队精神和帮扶弱势群体意识，使他们学会与人团结合作，依靠团队力量去共同完成任务。通过培养帮助残障观众、残废人奥林匹克运动会运动员或者灾民及其他弱势群体的技能和树立帮扶意识，他们从中学会关心他人，并延及关心整个社会；学习维护弱势群体的利益，并延及服务于整个社会和人民的利益。

志愿服务的发展限制：①由于现时大部分福利机构是由政府资助，而在接受政府资助的同时，机构需要达成一定的服务指标，但志愿者的成果不易量度，因此难以向政府交代。②志愿者服务缺乏创新性，为了申请各项资助，机构会撰写各类计划书，但结果是换来换汤不换药的服务，志愿者服务的发展亦因此受到限制。③部分机构仍视志愿者为免费的人力资源，当中缺乏对志愿者的培训及管理，令志愿者的服务素质停滞不前。

志愿者及志愿活动的意义：①对社会而言，志愿活动：一是传递爱心，传播文明。志愿者在把关怀带给社会的同时，也传递了爱心，传播了文明，这种“爱心”和“文明”从一个人身上传到另一个人身上，最终会汇聚成一股强大的社会暖流；二是有助于建立和谐社会。志愿工作，提供了社交和互相帮助的机会，加强了人与人之间的交往及关怀，减小彼此间的疏远感，促进社会和谐；三是促进社会进步。志愿工作正是鼓励越来越多的人参与到服务社会的行列中来，促成全社会的共同参与和努力，来推动社会进步。②对志愿者个人而言，参加志愿活动：一是奉献社会。志愿者通过参与志愿工作，有机会为社会出力，尽一份公民责任和义务。二是丰富生活体验。志愿者利用闲余时间，参与一些有意义的工作和活动，既可扩大自己的生活圈子，更可亲身体验社会的人和事，加深对社会的认识，这对志愿者自身的成长和提高是十分有益的。三是提供学习的机会。志愿者在参与志愿工作过程中，除了可以帮助人以外，更可培养自己的组织及领导能力。学习新知识、增强自信心及学会与人相处等。③对服务对象而言，通过志愿活动：一是接受个人化服务。志愿者服务，提供大量的人力资源的同时，更能发挥服务的人性化、个人化及全面化的功能，从而令服务对象受益。二是帮助融入社会，增强归属感。通过志愿者服务，能有效地帮助服务对象扩大社交圈子，增强他们对人、对社会的信心，同时，志愿者以亲切的关怀和鼓励，帮助服务对象减轻接受服务时的自卑感和疏远感，从而使其建立自尊心和自信心。

随着信息网络技术和经济全球化的发展，每个人愈益具有充分的条件享受地球和整个人类的一切自然资源、历史遗产和文化财富，因而正在成为世界历史性的人。休闲就是人充分利用现代科技体验我们这个星球的壮观和美丽，享受人类全部共同的历史遗产和文化财富的过程，从而实现自己自由全面发展的那种内在的愉悦和幸福。从长远来看，休闲的境界，是“世界历史性的人”与世界历史的合一，世界的发展直接决定着每个人的发展，而每个人的发展又势必影响世界历史的发展，以至于“每个人的自由发展是一切人的自由发展的条件”（马克思）；这一过程，凸现的是休闲境界的“世界历史性”。总之，休闲就是人在整个人类的复杂多样的社会关系网络之中自由、全面和充分发展自己的人性潜能的过程和状态。中华文化中的“立人”、“达人”、“觉他”、“度人”、“兼善天下”、“后天下之乐而乐”、“齐家治国平天下”等都是古圣先贤对人的社会属性的深邃领悟。

4.2.3 休闲：人的意识属性的和谐

人的意识属性是最为复杂的，它渗透到人的自然属性和社会属性之中并支配和主导它们的活动和变化，深刻地影响它们的运动方向和发展目标。人的意识因素的这种作用，使得休闲本身趋于对自然、社会等方面单纯物质因素的扬弃或超越。实际上，休闲也只有凝练和提升到意识的层面才能实现和体现其本质。

相对劳动或工作而言，休闲首先是人的价值性意识主导人的生命活动并调节自己社会关系的过程；其中，各种工具性意识的参与都旨在实现休闲的人性价值目标。它要沉伏各种在劳动和工作中经常使用的工具性意识，并在物质工具的帮助下完成具有鲜明价值意向的休闲活动，体现人的价值选择并实现提升人格、完美自我的价值目标；外在的物质或者精神财富不再是目的，生产本身成为目的，人就在此过程中体验人生的另一种韵味。

其次，在休闲中，人在沉伏强硬的逻辑理性之后，使自己的情感、直觉和意志等因素充分展露和表达，获得和谐、纯洁和向上的情感体验，以直觉洞察自身生命的奥秘、体悟自然宇宙至理。在这里，人的各种非逻辑的生命意识和非理性意识都会自然地参与其中，从而使休闲表现出强烈的生命直观与直觉顿悟的特性或倾向，这时，人的生命自身的整体性、身心的整体性、人与外界自然、与社会的整体性得以凸现。在休闲中，由于工具意识、逻辑理性和其他非生命意识的沉伏，人回归自己身体之内、回归自己的身心整体之内，融入大自然之中，进而回归自己的社会本质，升华到崇高的精神层次，通过修养和锻炼而成就完美的人格和大公的自我。

知识链接 4–4

意识及其和谐

在哲学上，意识是指人的主观世界中一切心理活动的总和，包括意志、思虑、认识、情感等，是大脑皮层的功能和属性，也是社会（实践活动）的产物，和客观存在相对立，又是对它的主观反映；也可以根据意识与实践活动之间的关系划分为工具性意识（如知识、技能、方法、意志、信念等）和价值性意识（如情感、趣味、价值观、态度、理想、信仰、道德、审美等），或手段性意识和目的性意识。在心理学中，意识是指“个人运用感觉、知觉、思考、记忆等心理活动，对自己的身心状态（内在的）与环境中人、事、物的变化（外在的）综合觉察与认识。”包括“焦点意识”即个人全神贯注于某事物时所得到的清楚明确的意识经验，“边意识”即对注意范围边缘刺激物所获得的模糊不清的意识，“半意识（或下意识）”即在不注意或略微注意的情形下所得到的意识，“无意识”即个人对其内在（身心状态）或外在（一切事物）环境中一切变化无所知与无所感的情形，“潜意识”即隐藏在意识层面之下的感情、欲望、恐惧等复杂经验，因受意识的控制和压抑，致使个人不自觉察知的意识，“前意识”即介于意识与潜意识之间的一种意识层面，或者（认知心理学认为）是以前储存在长期记忆中的讯息。在心理学中，也往往把人的意识概括为“知”、“情”、“意”3 个方面，“知”即智力因素、知识、理性、技能等方面，“情”即情绪、情感、情趣、志趣、欲望、动机等，“意”即意志、毅力、耐性、恒心、信念等。在此基础上，可以理解人的意识的和谐可以有如下内容：①工具性意识和价值性意识的和谐，如创造能力与健全人格的和谐、知识能力与理想信仰的和谐等；②潜意识与各种显意识的和谐——人脑在某种特殊的身心状态中呈现出“全脑”功能协同地发挥作用的情形，使得各种意识形态、意识功能得以整体呈现；③通常讲的心灵的和谐，主要是指情感与理智的和谐、感性与理性的和谐、欲望与需要的和谐、欲望与能力的和谐、经验与知识的和谐，乃至肉体与灵魂（即身体与心灵、生命活动与意识活动）的和谐、信仰与知识（科学）的和谐等。经验表明，人在超越物质功利和肉体欲望的前提下，这些方面的和谐是比较容易达到的，这为休闲中的“高峰体验”或“畅爽”的身心状态提供了心理学的基础。

（资料来源：张春兴. 现代心理学[M]. 上海：上海人民出版社，1994.）

在休闲中，主体体察自身生命奥秘、与大自然的博大和生生不息，与更广大的人群亲密接触，都会丰富自身的另一种人生阅历和体验。所谓休闲是“成为人”的过程，实际就是指这样一种人生状态和人格境界：人在自然之中，在社会关系之中，由于意识功能的凸现，人对生存境界的理想追求，以及对休闲行为的支配，人成了人自身，塑造和成就了人自身，实现了人的本质，完成了人性的整合和提升。

综合而言，休闲就是人的自然属性的和谐、社会属性的和谐、意识属性的和谐，以及这 3 种属性之间有机统一的和谐趋势、状态和境界。这是休闲人本性的集中体现，是它的灵魂，是休闲之“成为人”的内在根据；同时，这也是休闲的古典意蕴及其现代内涵的人本特质之所在。

4.3 休闲辩证性的现实表现

人的本质是一切现实的社会关系的总和，也就是说，表面看每个人都是孤立的单个人，但实际上他是与他相关的一切现实关系的产物，因而，他的任何活动都带着这些社会关系的烙印；休闲活动也是如此。休闲的内在超越性就必然在主体个人的社会关系中有所表现，也就是表现为社会的形式，这就是休闲的人本性之内在矛盾的现实表现。大致有 3 个方面，前两方面都是休闲内在矛盾在同一性主导下处于和谐状态的表现。

4.3.1 实践和谐性：主客体统一性和主体间协同性

休闲是人的实践存在的一种重要形态或高级发展阶段。但是无论它多么高级，都不能超脱实践作为人的活动系统的构成要素和方式，依然具有主体、客体和中介的实体构成，是主体能动地通过中介与客体之间的相互作用。不过与求生性劳动实践（特别是私有制下的异化劳动）不同的是，它不是主体与客体的分离和对抗，以及主体吞噬客体或者客体奴役主体的对立形态，主体间关系也不是相互冲突的两个或者几个阶级的对立形态，而是主体力求达到与客体的统一以及主体之间的协调一致即主体间协同性。主体在休闲中的内在体验，不是孤立于人类社会之外的，而是主体与人类社会其他成员（特别是与他的社会性本质直接相关的社会成员）融为一体的和谐景象。休闲作为人的特殊的实践形态，本质上正在于它所追求并达到的主客体的统一和主体间的协同。这实际上也是休闲之超越性的一种表现，是对主体与客体和主体间对立性关系的否定和超越。主体在休闲中的幸福感不仅源于他身心的内在和谐及其体验，而且源于他对他与客体及与其他主体间和谐关系的建构和体验。

这说明，在休闲中，主体的休闲对象就是自然（包括人化自然）和人本身；休闲的人本性不仅是主体自己的身心和谐，也是主体与其对象的和谐，还是主体与其“休闲伙伴”的和谐；而“休闲伙伴”无非是组成自己的人际关系环境的一部分的人们，这种和谐也就是人际关系或社会关系的和谐。这种主体间的和谐不会自动降临并渗透人的身心之内，它需要主体亲自参与休闲并全身心地投入。可见，这种沉醉于伙伴和谐之中的休闲，应该是比个体休闲的人本性具有更高层次、体现人的社会性本质的实践形态，如现在大力提倡的

无偿为他人和社会提供服务的志愿者活动。

阅读材料 4-4

中国青年志愿者网关于志愿者的定义、理念与精神

1. 我们是怎样一群人？

① 无偿，志愿服务，不计报酬；

② 不是救世主，我们以平等、尊重对待来话者，助人自助是我们的服务宗旨；

③ 不仅是给予，也是一种获得——自我成长，也是助人自助一方面；

④ 不是好奇心的满足，而是心灵的需要；

⑤ 不是指挥者、教育者，而是用生命影响生命。

2. 我们提供志愿服务时，想到什么？

① 真诚的帮助别人会为我们自身带来快乐；

② 长期的心灵关怀与自我学习会促进我们内心的成长；

③ 不断的自我成长有助于了解与接纳自己，从而更自然地接纳与关怀别人。

3. 志愿精神的核心

① 爱人、爱社会、爱生命——无条件地接纳以及尊重、平等地对待任何人；

② 认识自己，人性地对待自己——全面地注入丰富的人性资源。志愿服务的过程是一种心灵的互动，这样才能进入他人的内心世界，志愿者是一杯水，给予他人的是溢出来的部分；

③ 助人自助，在互动中共同成长——进入他人的内心世界；

④ 志愿精神是为了一个共同的目标，有组织地奉献的一种团队精神。

4. 对志愿者的人格要求

① 应该有更高的精神境界——理性冷静；

② 更宽阔的胸怀——能包容各种人；

③ 更善解人意——体贴关怀；

④ 更深沉的爱——正值、善良、无私。

5. 志愿者三字经（志愿者网友自编）：

志愿者，本平凡，非富贵，非才高。 献爱心，非施舍，非救世，诚必达。一份心，一点力，一滴水，爱成海。先励志，再互助。及感恩，终奉献。须有爱，须有德，须亲为，结硕果。爱他人，互惠爱。互援助，积善行。人世间，情最真。献爱心，人之本。施恩者，不图报。滴水情，涌泉报。水长滴，石必穿。传诚意，暖人心。欲人助，先助人。助人财，价有限。

（资料来源：http://bbs.zgzyz.cyol.com/forum.php?mod=viewthread & tid=22389.）

休闲的实践和谐性启迪我们：第一，休闲作为实践活动，是主体亲自参与和体验的活动，体现主体在休闲中直接的“亲在性”，这是任何人无法代替的。第二，因为休闲的“亲在性”，每个人都有权利获得这样的条件和机会；因而社会是否平等地为其每一位成员提供

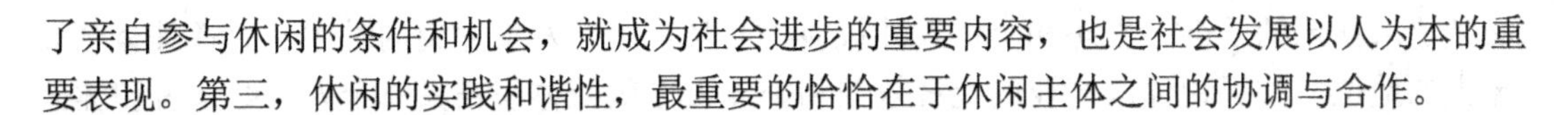

了亲自参与休闲的条件和机会，就成为社会进步的重要内容，也是社会发展以人为本的重要表现。第三，休闲的实践和谐性，最重要的恰恰在于休闲主体之间的协调与合作。

阅读材料 4—5

皮珀论休闲的和谐性

“闲暇意义的核心所在”，“闲暇之所以成为可能，其前提必须是，人不仅要能和自己和谐相处（懒惰基本上已经否定了这种和谐），同时必须和整个世界所代表的意义符合一致。”“闲暇是一种肯定的状态，……这就像一对情侣谈话之间的静默时刻，什么话都不必说，两人却能融而为一。……可见闲暇包含了人的内省能力，他看到了它在现实世界的工作完成之后，感到心满意足。”

作为休闲形式之一的“节日的庆祝活动其意义是，对世界基本意义的肯定并与之符合一致，同时透过特殊而有别于日常生活例行公事的方式，努力去完成个人在这个世界上所代表的自我身份。”

人在休闲中超越工作状态的地方在于，人“必须能够以更为宽广的眼光看待整个世界，然后借此实现自己并将自己导向一种整体性的存在。”

4.3.2 社会公益性：休闲效益的公共性和普惠性

将休闲活动的内在超越性和实践和谐性进一步扩展到整个社会之中，就会发现：休闲作为人的实践活动的重要部分和方面，在整个社会中已经形成了为之服务的各种实体组织，以及它们之间相互联系形成的行业部门和系统。休闲既可以是社会经济意义上的产业，也可以是社会公益意义上的事业，而作为二者统一的休闲实业（简称休闲业），在整个社会实业体系中占据了第三产业、文化业和公益事业的绝大部分，而且服务于休闲的价值取向在其中居于主导的地位。

本质属于个体身心内在超越性的休闲活动，之所以采取这种经济-文化产业和社会文化事业的形式，实际上是历史发展的产物，是休闲的内在超越性外化、物化、感官化的结果。其中蕴含了休闲异化的萌芽和内在动因，但作为文明发展的历史阶段却具有客观的必然性。因此，当要社会地发展休闲时，客观上势必要求所有的体育、艺术、影视、餐饮、旅游、会展、交通和通讯等行业都具有休闲的文化—社会性质，这些行业或者是为了他人的休闲而创造产品或提供服务，或者是作为休闲服务的中介而发挥作用，或者就是休闲活动本身。

从这个方面来说，休闲的各种社会形式表现的正是它的公共性和公益性。休闲服务是一种公共服务，休闲活动具有公共效益，促进休闲发展就是推动社会公共事业的发展和公民素质及健康幸福水平的提升。公共性的领域往往也具有公益性，由政府或非政府组织举办的各种公益性文化事业毫无疑问具有公益性，即使带有鲜明利润动机和取向的休闲产业，也因为它实际促进了公民普遍的休闲权利的实现而具有一定的公益性，不过是采取了产业的形式，隶属于社会的经济系统而已。这说明，休闲产业具有其他物质性产业所不具有的特点：商业性和公益性并存，前者决定了它必须追求利润，获取经济效益，后者决定了它必须追求休闲的社会、生态和个体人性效益，而且在两者发生冲突的时候，后者具有至高无上的地位。如果说休闲产业的经济效益和个体人性效益体现在具体个人（经营者和休闲主体）身上，那么休闲产业的社会和生态效益则惠及所有公民，而个体的人性效益是社会和生态效益在具体主体身上的集中体现，它围绕的轴心仍然是主体身心体验的内在性与超越性，否则任何打着休闲名义而进行的“休闲产业”都将因缺乏休闲的价值功能而丧失其合法性。

休闲作为社会实业体系的一部分必须体现其公益性，还因为休闲关系到公民的切身利益，和劳动的权利一样具有普遍的合法性根据，是民生的应有之义，是宪法和法律必须予以保障的基本人权之一；推动公共休闲的发展，使之普惠公众，也是政府的责任和义务。休闲业的普惠性最终要体现在所有主体的内在超越性和实践和谐性上。这要求，社会发展必须统筹协调劳作和休闲的共同发展，使之成为公民全面发展的两条协同的途径。

阅读材料 4–6

山东省公益文化事业调查启示

山东公益性文化事业的发展中，广大管理者、组织者和服务者一直如履薄冰，他们在“忧”中审视发展方向，在“忧”中破解发展瓶颈，在“忧”中寻找解决方法。在文化事业管理者“为了人民、依靠人民，诚心诚意为人民谋利益”的清醒认识和科学把握中，在组织者“从人民群众中汲取智慧和力量”的服务方式创新中，在服务者“把对群众的真挚情感转化为服务群众的内在动力”的服务精神中，山东公益性文化事业迎来了全面发展，也为其他地区文化的创新和发展积累了宝贵经验。

公益性文化事业的发展需要“造影检查”： 公益性文化事业的发展需要立即进行“造影检查”，唯有始终把最广大的人民群众作为文化服务的对象，扎根基层、奉献基层，激励更多的人关注基层、投身基层、服务基层，才能够创造出人民群众欢迎的文化产品和文化服务，从而实事求是、因地制宜地解决文化消费中的基本性、保障性需求。

公益性文化事业的发展需要“升级转型”： 公益性文化事业本身需要进行服务内容的升级转型，服务形式的升级转型和服务手段的升级转型。将现代信息手段和时代元素融入文化下乡，广泛借助新技术、新媒体搭建新的传播平台，采用先进信息手段拓展文化服务领域和渠道，提升公共文化服务水平，拓展公共文化服务的空间，增强公共文化服务的效果，这将为公益性文化事业的发展注入一针催化剂。

公益性文化事业的发展需要“量体裁衣”： 公共文化服务的质量，不仅取决于文化产品的创作生产能力，还取决于是否有完善的服务渠道和多元的服务方式。只有顺应百姓的消费习惯，适应百姓的文化需求，才能够让公共文化服务发挥更大的作用；只有在公共文化服务中及时问政于民、随时问需于民、定时问计于民，以人民群众丰富多样的文化需求为出发点和着眼点，才能使文化设施的建设、文化作品的创作、文化活动的开展避免流于形式，从而发挥其最大化的文化价值效能。

公益性文化事业的发展需要“内生动力”： 哪里的文化工作做得好，哪里就有一支过硬的文化队伍；哪里的文化生活搞得好，哪里就有一批热心服务群众的文化能人。鼓励、引

导和支持各界人士志愿参与公益性文化服务，让更多的文艺院团文艺工作者、志愿者、高校毕业生到基层、到农村从事文化服务工作，培养大学生村官，创新志愿者服务方式，激发文化服务工作者的艺术活力，不断提高公共文化服务从业者的整体素质，优化从业人员的组织结构，把对群众的真挚情感转化为服务群众的内在动力，是确保公益性文化事业发展的关键所在。

公益性文化事业服务者需要"忧民之忧"：在山东，公益性文化事业在组织者、服务者和管理者的忧深思远中，基层文化服务工作者眼睛向下，重心下移，推进公共文化服务进一步向基层倾斜、向农村倾斜、向普通百姓倾斜，让文化改革发展成果更好地惠及人民群众，公共文化的参与者享受了高效率、高质量的文化服务，安居乐业；工作者不断适应广大人民群众日益丰富的文化消费需求，拓宽文化服务的渠道途径，深感其乐；志愿者在良好的文化氛围中"送人玫瑰，手有余香"，乐善不倦。

（资料来源：光明日报，中国传媒大学联合调研组. 公共文化服务的"忧与乐"：关于山东省公益性文化事业的调查[N]. 光明日报，2011-9-6.）

4.3.3 现代休闲的特殊矛盾：经济性和文化性的对立统一

从现代社会中休闲发展的情况来看，休闲以一定的经济发展为基础，又极大地促进经济的发展。尽管并不是所有个体性的休闲活动都依赖于经济，或者说真正的休闲也许根本就不需要经济产业这一物质的外壳，但现代社会的休闲实践表明，大多数休闲就是主体社会性地、大规模地消费物质财富，进而消费文化商品的活动，亦即一种经济活动。休闲与经济的这种复杂关系可能导致休闲的"异化"。休闲异化的直接原因，正在于休闲的人本特质及其人性价值取向与商品经济的"物本"特质及其利润价值取向存在天然的对立。在商品经济时代，休闲不能不采取经济的发展形式，否则它就不能存在；而单一地采取经济形式，它便必然走向异化，这就是现代社会中休闲与经济的二律背反。

从本质上说，休闲的内容和目标是人性的、人文的、人道的或文化的。有了休闲的内在超越性，才有了休闲那深邃的文化意蕴和作为文化之形上层面的哲学、艺术和道德等的繁荣发达，以及它们为文化的整个发展所设定的价值导向；有了休闲的实践和谐性，才有了休闲的人道使命，休闲的过程和结果本身也才能成为主体得以享用的对象和环境；有了休闲的公益性，才有了文化的公益性，或者说休闲的文化功能——对文化的创造、传播和提升只有在更广泛的大众休闲中才可能实现。正是在这个意义上，休闲就是文化的基础，而文化尽管是社会结构中相对独立的一个子系统，但在离开利润的驱动就没有自己独立发展动力的时代，任何文化的繁荣背后都存在着强有力的经济支撑。事实上，文化本来就是休闲的产物，文化的艺术就是休闲的艺术，因而休闲本身就是文化，同时也承载着文化，传播着文化，创造着文化。

文化有自身的规律，休闲也有自身的规律，它们和经济的规律是截然不同的。但是现实的休闲发展的规律则是休闲中文化和经济交互作用的规律，这就使休闲发展呈现出复杂的景象。休闲之经济形式和文化内容之间这种特殊的复杂关系，在商品经济或市场经济主导社会发展的阶段最为典型。在这个阶段，市场机制由于资本—利润规律的作用而无度扩张，从而冲击休闲经济组织的人文社会责任，造成市场行为对人们休闲需求的滥用，甚至不惜提供有害的休闲产品和服务，侵蚀人们的闲暇道德和休闲伦理，损害休闲领域的公共性和公益性。对此，无论是主体个人还是各种休闲组织，特别是负有宏观调控责任的政府部门应该予以高度的重视。

案例分析

走向人文关怀的旅游业

作为全球第一大产业，我国改革开放以来发展最为迅速的行业之一，旅游业经历了30年高速发展的辉煌。作为全国绝大多数省区的支柱产业，旅游业正在承担国民经济战略性支柱产业的重担。在这个时刻讨论旅游业的本质特点和发展方向，对于旅游业发展面临的阶段性的转型很有必要。

1. 发展的阶段性特征引导旅游业转向人文关怀

作为国民经济战略性支柱产业的旅游业，在当前全面建设小康社会的宏观发展背景下，已经超出经济属性的视野，融入人文社会领域全面发展的内涵。

第一，旅游业本质中的人文属性日益凸显。旅游业的发展首先是建筑于一个物质和文化发展的社会——可自由支配收入和余暇时间构成旅游的物质条件，由文化精神需要驱动的旅游动机构成旅游的文化基础。当前旅游业的表现形态，侧重人的体验、欣赏、情感表达等方式，以及由此传递出的消费需求信息，使各类旅游服务、市场、营销、规划策划、产品生产、组织管理等都要建筑于对其中涉及的各种关系的人的关注和需要的满足之上。经济学学科范围内对旅游消费行为的阐释已经显得力不从心，需要向更深层的“以人为本”的方向回归。旅游业必须合于旅游活动者在生理、物质和自然维度上的规律，如衣、食、住、行的物质需要规律，即人体生命新陈代谢的规律，生理力量发挥的限度的规律，对物的需求的“边际效应”规律等，更重要的还在于人的生存发展在社会、心理、精神维度上的人格尊重、自由创造发展的需要规律。旅游业符合这些规律，并能最大限度地发挥旅游者的精神力量，旅游业走向人文关怀的特质才能最大限度地释放。

第二，旅游业发展由经济上供求关系的矛盾而深入人文体验。从人性的角度看，旅游需求的差异不仅体现在休闲时间的多少、经济实力的大小，而且与每个人的文化背景、经济背景、宗教背景、身体条件、个人好恶等都有联系。从心理学角度看，人不是单纯的经济动物，人的精神需要的获得和满足，才是人类的本质。从消费的角度看，生活与生产用品的消费，是用以维持人的生存和发展的，而旅游消费，企图达到的是对文化精神产品的拥有，满足的不是外在的东西，而是内在的心理满足、欣赏、愉悦，由我对“物”的消费到“物”对我的完善。从行为学和社会学角度看，旅游活动一方面可以体验、娱乐、消费，支持有效的经济参与，另一方面经济参与“买来”旅游，成为经济回报的一部分，所以旅游消费的“再创造性”使得旅游业成为经济中的重要组成部分。从经济供给的角度看，物质消费不再是旅游经济的最终目的，经济“人文化”表现在经济学从强调对“物”的合理配置，继而发现“仅此”已经不够，旅游经济对有形资源的关注向无形资源关注扩展。

第三，走向人文关怀已经成为当前旅游业发展转型和产业优化的标志。人文关怀是经济发展的最终目的。从基本生存需要到精神文化需要，经济发展的不同阶段着重点不同。前一阶段，旅游业繁荣的表面掩盖了生态环境和遗产文化的毁坏付出的惨痛代价，游客陋习和素质问题，旅游消费精神价值和文化内涵的缺失等。当前宏观经济增速放缓，旅游经济渡过起步增长期，正是调整旅游业航向的时机，应迅速纠正以追求经济利益而付出人文代价的心态，引导旅游活动全面转向文化经历、体验、传播、欣赏的过程，远离炫耀、从众、畸形消费。旅游业的发展与经济社会发展相关，并且取决于人们在具有深刻人文特征的自由时光和休闲中能够享受创造性的休息、度假和旅行的自由。旅游业建设从有形资源、设施和环境的硬件增长，逐步转向人文、环境与社会精神等的全面发展。

2. 着眼民生为旅游业的可持续发展提供动力

旅游业发展的根本目的是满足人的需要，促进人的全面进步与发展，因此，以人为本是导向，着眼民生是落脚点，具体体现在对资源可持续利用负责，对环境保护和文化传承负责，对旅游者权益负责，对大众民生利益负责等。旅游业走向人文关怀既要关注人民的物质生活和需求的满足，更要关注人民的精神生活和权益的满足；既要关注作为个体的人的成长和发展，又要关注作为总体的社会的安定和进步。

第一，旅游业在区域社会财富再分配中扮演重要角色。目前旅游业被确立为西部地区的优势特色产业，中部地区的优势升值产业，东北老工业基地资源型城市的重要接续产业和替代产业，并且日益成为一些贫困地区脱贫致富的首选产业。

第二，增加就业是社区旅游业不容小觑的发展目标。社区旅游业发展中，通过增加就业，使得各层次利益相关者主动分享发展成果，尤其是妇女、年轻人、体力劳动者等就业中的弱势群体，通过旅游业不同层次的岗位就业，有利于解决社区人口的生存和发展问题。

第三，旅游业发展改善了生活环境，扩大了相关产业的社会效益。旅游业与文化、农业、工业、林业、水利、地质、海洋、环保、气象等相关产业和行业融合发展，支持节约环保、低碳发展方式，改善当地的生态环境。旅游业信息化、标准化建设，完善旅游地公共服务，建立旅游地文明、安全、友好的社会环境。

第四，旅游活动的教育和保健作用，成为个人人文关怀的首义。旅游活动对个人的益智性、健身性、美育性、技艺性、交际性等，使得旅游对个人而言，不仅可以寻找快乐，而且可以在放松平衡中发展，提升人的价值，领悟生命的意义。

第五，旅游业弘扬社会优秀传统文化，保护人类的精神之根。破除旅游等于消费的庸俗化、肤浅化观念，吸收并发扬优秀文化传统中把旅游与自然哲学、人格修养、审美情趣、文学艺术、养生延生紧密结合的旅游观，保护文化遗产，满足人类对精神的需求。

走向人文关怀的旅游业，要建立新的旅游价值观和旅游发展观，旅游业的治理也将从经济手段、行政手段、科技手段和法律手段，向文化引导的作用和人文关怀的力量扩展，来推动旅游产业的发展。

（资料来源：http://theory.people.com.cn/GB/40537/12147324.html.）

根据以上材料，结合本章有关内容思考问题：

（1）旅游业走向人文关怀，是否体现休闲的人本性？为什么？

（2）旅游业走向人文关怀对中国现代社会的休闲发展有何启示？

简要分析：①从广义来说，旅游业也属于休闲业的范畴，旅游业走向人文关怀，正是休闲人本性的重要体现。休闲的人本性表明，休闲是人自身追求人性和谐及与其他环境因素和谐的活动，这有利于提高人自身的素质、人格修养和人生境界；当前中国旅游业在本质上凸显人文属性，解决旅游业供求矛盾以消费者人文体验为导向，把强化人文关怀作为旅游业优化升级的重要抓手，乃至平衡区域财富分配、增加就业、改善生活环境、促进教育和保健、弘扬传统文化守护民族精神家园等，都无不彰显现代旅游业的人本特质和人文情怀；而其他休闲业经营和服务人员的这种人本意识也都体现在休闲业的人文关怀上。②旅游业是中国最早发展起来的带有显著休闲性质的产业部门，至今依然是休闲行业的龙头产业。它日益走向人文关怀，既是它自身逐渐成熟的标志，也体现了旅游业休闲化的历史趋势，对中国其他休闲业的发展具有深刻的启示。中国休闲业要处理好自身文化内容和经济形式之间的关系，要在遵守法制地追逐利润和追求经济效益的同时，更加关注满足休闲消费者更高层次的心理需求，丰富并提升其休闲体验，关注休闲主体人文价值的实现，进而达到休闲业文化内容和经济形式的和谐统一。

本章小结

本章主要介绍了休闲的人本性及其内在矛盾和各种表现。休闲人本性的核心含义就是休闲中人的身心内在性、体验超越性及其有机统一；其典范形态是完全超越任何功利性的类似儒释道修养、宗教或信仰修炼、瑜伽、太极等内向型运用意识的人生修养实践形态。由此可知，和谐是休闲人本性的核心和灵魂，表现为人的自然属性的和谐、人的社会属性的和谐、人的意识属性的和谐，以及人性与各种环境之间的和谐（即天人合一），最重要的几个方面是身心和谐、人与自然和谐、人际和谐，家庭、社区、集体、社会、国家和谐（外延至世界和谐），以及人的心灵和谐，感性与理智、需要与欲望、欲望与能力的和谐等。在现实的休闲发展中，休闲人本性的矛盾表现为实践和谐性即休闲中主客体统一性和主体际协同性，社会公益性即休闲之积极效益的公共性和普遍性，特别是商品社会有可能破坏现代休闲的一对特殊矛盾即其经济性与文化性的矛盾，这是现代休闲可能异化的深刻根源。

思考与练习

一、名词解释

1．休闲的人本性　　2．古典休闲　　3．休闲的和谐性　　4．休闲的公共性

二、单项选择题

1．和谐对于休闲的意义在于（　　）。

A．和谐是休闲的本质　　B．和谐是休闲的基本特征

C．和谐就是指休闲的可持续发展性　　D．和谐是休闲人本性的核心或灵魂

2. 志愿服务体现的是休闲的（　　）。
   A. 自然属性的和谐　　B. 社会属性的和谐
   C. 精神或意识属性的和谐　　D. 自由性特征
3. 休闲使人“成为人”的内在根据是（　　）。
   A. 休闲的人本性与和谐性　　B. 休闲的自目的性
   C. 休闲的自由性　　D. 休闲的价值性
4. 现代社会休闲异化的直接原因是（　　）。
   A. 私有制的存在
   B. 商品经济的存在
   C. 休闲的产业化
   D. 休闲的人本特质及其人性价值取向与商品经济的“物本”特质及其利润价值取向存在天然的对立

三、多项选择题

1. 以下对休闲的人本性做了正确理解的是（　　）。
   A. 休闲主体身心体验的内在性与超越性的辩证统一
   B. 休闲是个体身心的内在和谐
   C. 休闲是对外在物质条件的超越和肉体感官的快乐享受
   D. 休闲产业和休闲经济发展的最终目的在于实现休闲的人本性
   E. 社会性的休闲行业是休闲人本性的超验性不断外化、社会化和物质化的产物
2. 古典休闲的正确理解是（　　）。
   A. 也可称为人本休闲，是个体休闲的理想化状态，即“休闲一般”
   B. 它是休闲的其他社会形式得以发生、发展的逻辑和现实的起点
   C. 其最典型形式是宗教和信仰实践，以及身心修炼或修养实践
   D. 其内在超越性也是一切休闲形式的其他社会性功能得以展现的根源
   E. 它使人脱离社会，具有个人主义、享乐主义的特征
3. 以下对休闲和谐性的理解，正确的是（　　）。
   A. 休闲是人的自然属性的和谐
   B. 休闲是人的社会属性的和谐
   C. 休闲是人的精神或意识属性的和谐
   D. 休闲是人的自然属性、社会属性、精神属性之间的和谐
   E. 休闲是人性整体的和谐及其充分展开的存在状态和境界
4. 以下对休闲的实践和谐性理解正确的是（　　）。
   A. 休闲中主体与客体的一致性、相辅相成性等
   B. 休闲中“人定胜天”的状态或境界
   C. 休闲中各主体之间的和谐相处
   D. 休闲中主体之间相互帮助、相互促进、相互完善的关系
   E. 对主客体对立以及主体间分裂对抗的关系状态的全盘否定

5．以下对休闲的公共性理解正确的是（　　）。

A．休闲是一项政治性很强的事业，关系到国家的前途和命运

B．休闲活动虽然是个人的事情，但是休闲条件和环境的创造却是一种公共服务

C．推动休闲的社会发展也是推动社会公共事业特别是公共文化事业的发展

D．其重要表现是休闲发展的社会效果的公益性和普惠性

E．休闲是公民的法定权利，推进休闲发展、实现公民权利就具有公共性和公益性

6．现代社会的休闲具有特殊的矛盾，对其理解正确的是（　　）。

A．现代社会的休闲是文化内容和经济形式的对立统一

B．现代社会的休闲本质上都是异化的休闲

C．现代社会的休闲与古典休闲有着本质的区别

D．在现代社会，休闲就等于消费

E．在现代社会，休闲依然承载着文化，传播着文化，创造着文化

四、思考讨论题

1．与人们的其他实践形式相比，为什么说人本性是休闲的特殊的本质属性？

2．根据本章的有关论述，试比较古典休闲与现代休闲在人本性方面的异同。

3．怎样理解和谐是休闲人本性的核心或灵魂？现代休闲如何实现这一灵魂？

4．怎样理解现代休闲之经济性与文化性的特殊矛盾？你认为应该如何避免休闲的异化？

五、实践练习题

1．你是否练过太极拳或者瑜伽？你觉得这种休闲活动与现代社会比较流行的冲浪、攀岩、蹦迪、蹦极等休闲活动有什么区别？

2．试就现代社会休闲的经济性与文化性的矛盾问题做一次社会调查，并对如何“和谐”、“人本”地解决这一矛盾提出自己的看法。

六、案例分析题

根据本章“知识链接4-3：志愿服务与志愿者”和“阅读材料4-4：《中国青年志愿者网》关于志愿者的定义、理念与精神”所提供的材料，思考以下问题：

（1）志愿者的志愿服务活动是否都属于休闲活动？

（2）志愿服务活动在什么意义上与休闲具有一致性？

（3）你是否参加过志愿服务活动？若参加过可回忆一下当时的情境及感受；若没有参加过，可尝试参加一次，着重体验休闲中人与人之间社会关系的和谐，并做书面描述。

第5章　表征休闲的核心范畴

教学目标与要求

通过学习本章，了解人的生命与闲暇的关系，理解心理闲暇的重要性；把握人们在日常活动中真正的休闲需要和蕴藏的休闲动机，理解休闲体验的本质；理解休闲畅爽的特征和影响因素，把握休闲省悟的概念、特征和功能。了解玩耍、游憩、游戏、娱乐以及休闲体育和旅游的概念，把握它们与休闲的内在联系。

章节知识框架

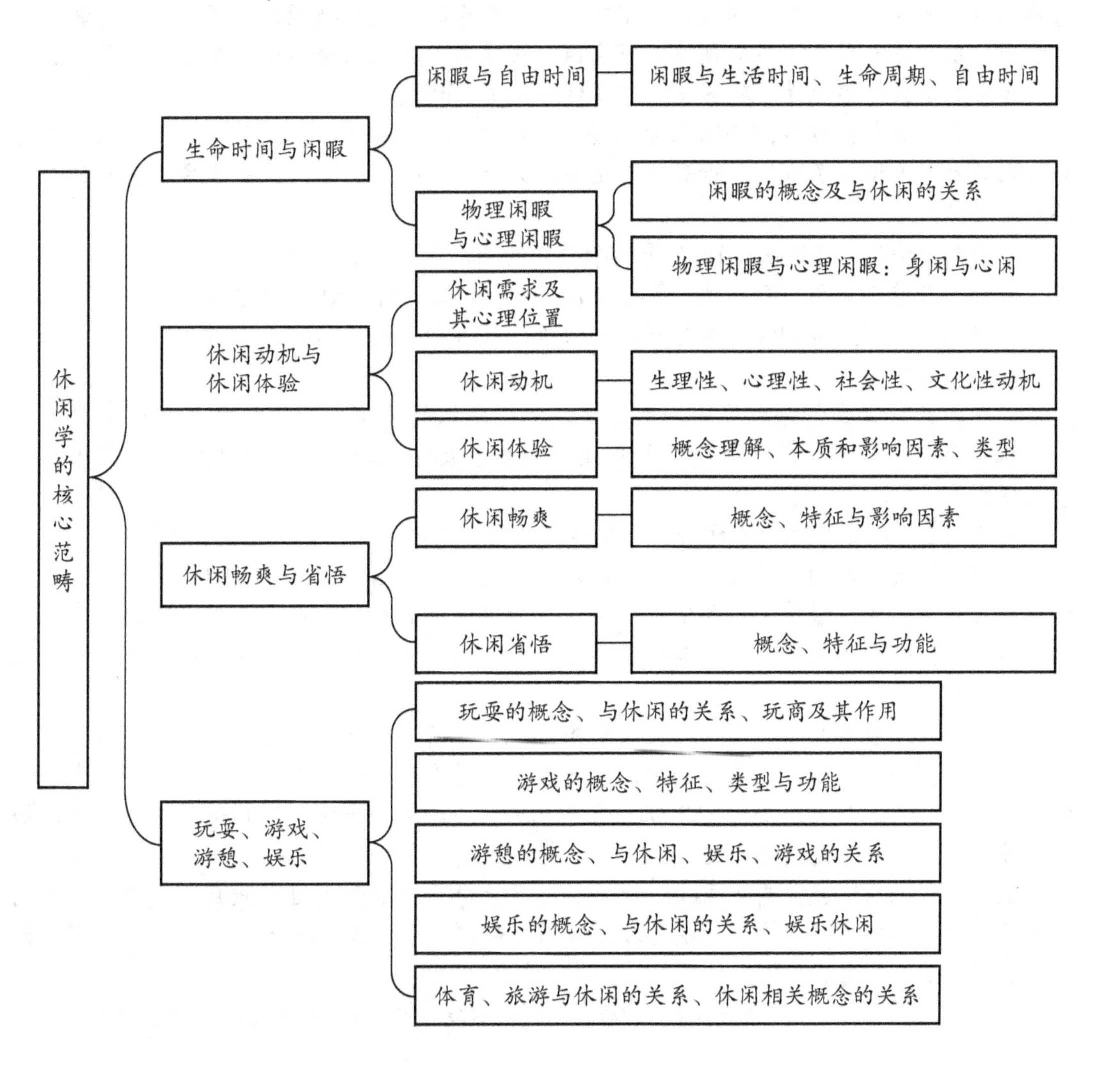

关键术语

闲暇，休闲动机，体验，畅爽，省悟，玩耍，游戏，游憩，娱乐

导入案例

旅游的体验

人在名利行走，心在荒村听雨，也许我属于这种人。人喜欢在两极跳跃，像长久奔跑后需要喘息那样，持续平静无波的生活导致对冒险的渴望。人也许能克服这种时时袭来的幻想，成功了，就说这个人“成熟”了，如果失败，一般会称他为“疯子”。

韩国到朝鲜，北京到成都，从成都到拉萨，再从拉萨到加德满都到香港、巴黎，每年我都要花掉几万元去各地旅游。我看到过摩天高楼、摇摇欲倒的民房，看到过直插蓝天的喜马拉雅、冈底斯山，也看到过纤尘不染、晶莹剔透的圣湖和藏教徒一步一拜的虔诚，还注意到首尔、香港居民目不斜视地穿过街道。说实在，我无法分辨哪种生活方式是我的需要。我原本是到这些地方寻找答案，可得到的是更多的疑问。

在万山之源岗仁波齐、圣湖玛旁雍错、那木错、羊卓雍错，无数藏人、印度人、巴基斯坦人远渡万里抛弃了地位、青春甚至生命，只为了流着泪去朝拜。是生命中真有什么东西无法解释？

尼泊尔的费瓦湖（Phewa Tal）是明净安详的湖，水平如镜。当我缓缓划着一艘小船，披着朝阳，在雪山俯视下到达湖心的夏克蒂女（Barahi）神庙时，顿觉心灵纯净如洗。想呐喊，想入睡，可身边却没人能分享我的快乐。我看到了时间从眼前流过，回头问自己，我真的身在其中吗？

是啊，为什么我们每天黎明即起，穿过烟尘滚滚的城市，去做自己不见得喜欢的工作，仅仅是为了赚取微薄的薪水吗？但是，想唱歌就唱歌，想打渔就下河，却有几人能够这样呢？

我常问自己，如果在山清水秀、人民淳朴的村寨了此一生，有没有这种勇气呢？遗憾！每次的回答都是否定的。见过太多外面的诱惑，这是一个不可逆转的过程，见到了就会永远停留在心里。而这激情山水其实也一样，只能在遥远的角落、在无人的夜晚静静地怀想这段景、这段情。如果天天处在其中，大概就要怀想花花世界了。羡慕是因为不了解，我相信是这样。

每当离开这些地方时，心情之复杂很难描述，像所有以前的冒险旅游一样。这些经历将因时间而提纯，最后形成一种与理念和想象有关的东西。每当再回想时，都会产生一种难以克服的忧伤。虽然逝去，可不断会有更具吸引力的地方出现。不知道的东西永远比知道的多，何必对往事恋恋不舍呢？

有时透过人群，我能看到雪山、天池、冰峰。像一只翩然飞过的候鸟，我忽然找不到自己应该落脚的地方，也许飞翔就是我生命的全部？“人在名利行走，心在荒村听雨”，也许我就属于这种人吧。

（资料来源：李海．人在名利行走，心在荒村听雨[J]．旅行家，1999，6.）

点评

休闲就是一种生命体验。现代人的旅游由于带着太多的解除疲劳、缓解压力乃至炫耀消费的功利倾向，已经很少有这种深度的心灵体验了。回想历史，大概只有徐霞客这样的旅行家才有如此的体验，从《徐霞客游记》开篇记载“癸丑之三月晦，自宁海出西门。云散日朗，人意山光，俱有喜态……”之中，可以发现他从自己选择的游历之路中获得的休闲乐趣；案例中的这位作者也获得了类似的体验和乐趣，显然，旅游、游历这种休闲对作者来说更重要的意义不再是一种单纯的玩耍与消遣，而更是衡量其生命质量的一种体验，是一种高层次的自我实现的需要。那么休闲中的体验与消遣、玩耍有何不同？本章将介绍闲暇、需要、动机、体验、畅爽、省悟、游憩、消遣与娱乐等休闲理论所涉及的一些关键范畴，从而帮助人们对休闲有更确切的把握。

一般认为休闲是发生在闲暇时间中的行为，而闲暇又是人的生命时间的重要组成部分，故休闲对于人的生命有着非常重要的意义。但并非所有的闲暇活动都是休闲，只有心理闲暇才是休闲的内在基础，它产生休闲需求，并转化为休闲动机，从而在活动中产生休闲体验。休闲体验极类似于“高峰体验”，表现为畅爽感，宁静休闲中的畅爽蕴含着深刻的省悟，这才是休闲中人生修养和文化创造的源泉。现实生活中，玩耍、游戏、游憩、娱乐乃至体育、旅游等与休闲都存在着密切的关系，是休闲的不同而又相互影响的形式。

5.1 生命时间与闲暇

5.1.1 闲暇与自由时间：生命时间的组成部分

“时间实际上是人的积极存在，它不仅是人的生命的尺度，而且是人的发展的空间”，这既是马克思关于时间的重要命题，也是关于人的解放和全面发展条件的重要命题。它表明，马克思主义所憧憬的，人类社会发展所趋向的，人的一生所追求的，就是人的意义的最大化，即实现人的解放与人的发展。人的生命时间有两个维度，一个是每个人一天24小时及每周的生命时间（俗称生活时间），另一个是一个人一生的生命时间（又称生命周期）。

1. 闲暇：生活时间的有机组成部分

马克思在《资本论》中通过正反两方面的论述表明，人的生活时间，除了劳作时间，还必须要有满足生理需要的时间（如吃饭、睡觉），满足由劳动者所生活其中的民族、国家的历史文化传统所决定的精神和社会需要的时间（马克思把它具体地分解为“个人受教育的时间，发展智力的时间，履行社会职能的时间，进行社交活动的时间，自由运用体力和智力的时间，以及星期日的休息时间”），还有维持生存的家务劳动时间。用公式表示：

生活时间＝维生时间＋闲暇时间

其中，

维生时间＝劳作时间＋满足生理需要时间

劳作时间＝工作时间＋家务劳动时间

或者

生活时间＝谋生时间＋延生时间＋闲暇时间

其中，

谋生时间＝工作时间

延生时间＝家务劳动时间＋满足生理需要时间

由此可见，闲暇时间（本书简称闲暇）是人的生活时间的内在组成部分，具有生命的必然性，用来满足人们的精神和社会需要，求得享受与发展。

2. 闲暇：生命周期的有机组成部分

人的生存与发展就是人的生命时间的延续，人的生命周期是由一天天、一月月、一年年的生活时间组成的，就成人而言，一月的生活时间是由平时的工作日和法定休息日所构成；一年的时间无非由工作日、法定休息日和法定节假日所构成；而一个人的一生时间则可笼统地分为玩耍游戏期（6 岁及以前）、玩耍学习期（小学及初中阶段）、学习期（实际上是社会文化遗传过程，也是劳动力的生产期间，从中学一直到大学，当然一部分人到初中或高中就中断了这个过程）、劳作期（承担社会和家庭职责，谋求家庭和社会持续存在的必要劳动的生命期）、休养期（基本退出社会工作和必要劳动领域而可能自由选择生命方式的时期，直至死亡）。除了严格的学习与劳作期间，婴幼儿及少年儿童期和晚年修养期是人生两大闲暇期间，特别是后一部分，可能占到人生的 1/3 还多。可见，闲暇在生命周期中居于相当重要的地位。

阅读材料 5-1

商人与渔夫——生命与闲暇的隐喻

一个到海边度假的商人站在一座小渔村的码头上，看到载着一个渔夫的小船靠岸。船里放着一些看起来很新鲜的大鱼，商人夸赞渔夫的鱼很大很新鲜，并问他捕这些鱼要花多长时间。

渔夫回答说："先生，用不了多长时间，我才驾船出海几小时而已。" 商人有点困惑地说："显然你捕鱼的工夫非常好，你为何不多捕一点呢？" 渔夫笑了起来："我干吗要那样做呢？我需要多余的时间做点别的事。" 商人又问："那多余的时间你用来做什么？" 渔夫说："我想做什么就做什么。我跟孩子玩耍，陪老婆睡午觉，每晚到村里跟朋友喝喝小酒，唱唱歌。我的生活过得美满又充实。" 商人嘲笑地说："哦，你实在是目光短浅。"他抛出名片："我能帮助你。依我的看法，你应该每天多花一点时间打鱼，用赚的钱换一条大一点的船。不出多久，你又可以卖掉大船，再买几艘船，最后你可以自己做生意。你必须雇更多的渔夫，当然，这你不用担心，我刚好认识人能帮你招聘渔夫。"

这时，商人忙拿出笔纸画着图表。"几年后，"他继续说："与其把鱼卖给中间人，不如直接卖给加工厂，最后你可以自己开罐头厂。这样，你就能控制产品的生产和销售。当然，你还必须撤离这个小渔村，在市中心找一个合适的地点，你知道，你必须扩大你的市场占有率。也许你会搬到更大的城市，在那里你可以完全掌握成功且不断扩大你的生意。"商人

说得有点上气不接下气，他稍微停顿一下，等着渔夫对他的意见表示采纳和感激。渔夫思考了一会说："先生，这要花多久时间呢？"商人忙着按计算器和在纸上做笔记，然后回答说："哦，大概……15～20年吧。"

"先生，这然后呢？"

商人笑着说："问得好，当时机对了，我会很高兴给你建议，你可以把公司上市，然后出清你手上的股票，你就会变得很有钱。你可以赚上几百万，甚至上千万。"

"先生，几百万、几千万吗？"渔夫揉着脸颊问道："那么，接下来呢？" 商人说："恩，最后你可以很有钱地退休，选择一个你和家人想要的生活环境。例如，你可以搬到你喜欢的小渔村住下。你爱做什么就做什么，你可以陪孩子玩，中午陪老婆睡觉，每晚到村里和朋友喝个小酒，唱唱歌，你可以拥有美满又充实的生活。"

渔夫歇了一会儿说："先生，谢谢你给我的建议，不过如果你不介意的话，我想我还是省下这15年，过我现在的生活好了。"

（资料来源： http://www.foodmate.net/hrinfo/story/12617.html.）

3．闲暇：可能性上的自由时间

在闲暇里，人们可以从事任何与维持生命无关的活动；具有内在价值并独立存在的"休闲"就发生在这段时间里。但并不是有了闲暇就必然会有休闲。例如，失业者和患病者有了大量度日如年般的闲暇，但这对他们而言很难"以欣然之态做心爱之事"，闲暇不是休闲，当然也不直接等于自由时间。闲暇只在可能性上是自由时间，是相对空闲因而也相对自由的物理形态存在的时间，即物理闲暇或身体闲暇，在此意义上相当于自由时间，它是一种以时间形态存在的丰富的社会文化资源，也是人的自由发展的广阔的空间。这也是马克思通常所用的自由时间的含义，他把"自由时间的运用"作为"整个人类发展的前提"，而这个自由时间不过是社会必要劳作时间之外的剩余劳作时间的转化形态。

马克思认为，要实现人类的最终解放，首先必须缩短劳作时间，争取更多的自由时间。没有自由时间，人的解放是不可想象的。人类从蒙昧进入文明之际，就是人类通过劳动生产出剩余时间、能把"自由时间"从劳动时间中游离出来而用于非必要生产性劳动之时。"所有自由时间都是供自由发展的时间"，而人类的"自由发展"就是"超出对人的自然存在直接需要的发展"，即"超过他维持生命力的直接需要"的发展。这种支撑自由发展的"自由活动"不再是维持"单纯生存"这种体现人的生存"自然的必然性"的外在活动；人类在"自由时间"中进行的"自由活动"，也是人全面占有自己本质的生存活动。

4．自由时间的意义

作为追求以个人自由发展为条件最终达到一切人的自由发展的社会活动而言，自由时间的充裕，具有了多方面的积极意义。首先，它有利于创造新型的社会经济形态，使人们的劳作最终由谋生的手段转变为生活的目的，转变为人类自由自觉的活动，实现劳动意义的革命性跃迁；其次，它有助于消灭旧式劳动分工所带来的不公平，缩小劳动操作方式的差别、劳动部门的差别以及劳动产品的差别；再次，它有利于把人的劳动与志趣结合起来，劳动与教育协调起来。毫无疑问，自由自觉的劳动可以促进人的创造性的发挥，驱走人的约束性心理，排除异化劳动对人的形式上的限制和压抑；最后，它有利于在更深层次上解放劳动力，使物质生产过程完全成为科学和技术在工艺上的运用，使人的劳动摆脱沉重艰辛的困境。也正是这样，时间尺度构成了人的发展与解放的现实尺度，自由时间就是人的解放的重要标志之一。（赵军武，2006）

知识链接 5-1

马克思论自由时间

一个人如果没有一分钟自由的时间，他的一生如果除睡眠、饮食等纯生理上的需要所引起的间断以外，都是替资本家服务，那么，他就连一个载重的牲口还不如。他身体疲惫，精神麻木，不过是一架为他人生产财富的机器。(马克思，恩格斯. 马克思恩格斯全集[M]. 16卷. 北京：人民出版社，1964.)

如果所有的人都必须劳动，如果过度劳动者和有闲者之间的对立消灭了，……如果把资本创造的生产力的发展也考虑在内，那么，社会在6小时内将生产出必要的丰富产品，这6小时生产的将比现在12小时生产的还多，同时所有的人都会有6小时“可以自由支配的时间”，也就是真正的财富，这种时间不被直接生产劳动所吸收，而是用于娱乐和休息，从而为自由活动和发展开辟广阔天地。时间是发展才能等等的广阔天地。(马克思，恩格斯. 马克思恩格斯全集[M]. 26卷(第Ⅲ分册). 北京：人民出版社，1972.)

如果资本不再存在，那么工人将只劳动6小时，有闲者也必须劳动同样多的时间。这样，所有的人的物质财富都将降到工人的水平。但是所有的人都将有自由时间，都将有可供自己发展的时间……（马克思转述“修鞋匠”麦克库路赫的“一个精彩的命题”）“一个国家只有在劳动6小时而不是劳动12小时的时候，才是真正富裕的”，“财富就是可以自由支配的时间，如此而已。”（同上）

自由时间，可以支配的时间，就是财富本身：一部分用于消费产品，一部分用于从事自由活动，这种自由活动不像劳动那样是在必须实现的外在目的的压力下决定的，而这种外在目的的实现是自然的必然性，或者说社会义务——怎么说都行。……不言而喻，随着雇主和工人之间的社会对立的消灭等等，劳动时间本身……将作为真正的社会劳动，最后，作为自由时间的基础，而取得完全不同的、更自由的性质，这种同时作为拥有自由时间的人的劳动时间，必将比役畜的劳动时间具有高得多的质量。”（同上）

不劳动的社会部分的自由时间是以剩余劳动或过度劳动为基础的，是以劳动的那部分人的剩余劳动时间为基础的；一方的自由发展是以工人必须把他们的全部时间，从而他们发展的空间完全用于生产一定的使用价值为基础的；一方的人的能力的发展是以另一方的发展受到限制为基础的。（马克思，恩格斯. 马克思恩格斯全集[M]. 32卷. 北京：人民出版社，1974. ）

从整个社会来说，创造可以自由支配的时间，也就是创造产生科学，艺术等等的时间”。（马克思，恩格斯. 马克思恩格斯全集[M]. 46卷（上）. 北京：人民出版社，1979. ）

个性得到自由发展，因此并不是为了获得剩余劳动而缩减必要劳动时间，而是直接把社会必要劳动缩减到最低限度。那时，与此相适应，由于给所有人腾出了时间和创造了手段，个人会在艺术、科学等等方面得到发展。(马克思，恩格斯. 马克思恩格斯全集[M]. 46卷(下). 北京：人民出版社，1980.)

在必要劳动时间之外，为整个社会和社会的每位成员创造大量可以自由支配的时间(即为个人发展充分的生产力，因而也为社会发展充分的生产力创造广阔余地)，这样创造的非劳动时间，从资本的立场来看，和过去的一切阶段一样，表现为少数人的非劳动时间，自由时间。……于是，资本就违背自己的意志，成了为社会可以自由支配的时间创造条件的工具，使整个社会的劳动时间缩减到不断下降的最低限度，从而为全体社会成员本身的发展腾出时间。但是，资本的不变趋势一方面是创造可以自由支配的时间，另一方面是把这些可以自由支配的时间变为剩余劳动。(同上)

一方面，社会的个人的需要将成为必要劳动时间的尺度，另一方面，社会生产力的发展将如此迅速，以致尽管生产将以所有的人生活富裕为目的，所有的人的可以自由支配的时间还是会增加。因为真正的财富就是所有个人的发达的生产力。那时，财富的尺度……决不再是劳动时间，而是可以自由支配的时间。(同上)

节约劳动时间等于增加自由时间，即增加使个人得到充分发展的时间，而个人的充分发展又作为最大的生产力反作用于劳动生产力。从直接生产过程的角度来看，节约劳动时间可以看作生产固定资本，这种固定资本就是人本身。(同上)

自由时间——不论是闲暇时间还是从事较高级活动的时间——自然要把占有它的人变为另一主体，于是他作为这另一主体又加入直接生产过程。(同上)

5.1.2 物理闲暇和心理闲暇

1. 闲暇及其与休闲的关系

实际上，闲暇有广义和狭义之分。广义的闲暇即除去生存必要劳作之外的剩余时间；狭义的闲暇，即除去生存必要劳作时间和生理必需时间之外的剩余时间，这段时间作为客观存在的相对空闲的物理时间，本身并不等于休闲，而只是可能性上的自由时间，是可以自由支配的时间，但并不直接等同于自由。闲暇与休闲的直接等同关键在于闲暇中人的内在自由的状态，即内在自由的闲暇才是休闲；而其必要前提是“心理闲暇”。进一步说，一个有意义的闲暇生活即休闲生活，取决于个人在闲暇生活中自由程度的提高，闲暇趋向于自由，或者说闲暇是可能性上的自由，而休闲则是现实性上的自由。

知识链接 5–2

闲暇是什么

名学者对闲暇的定义可谓是仁者见仁。西方“休闲学之父”亚里士多德称之为手边的时间。凡勃伦在《有闲阶级》中指出，闲暇时间是指人们除劳动外用于消费产品和自由活动的时间。他认为闲暇是指非生产性消费时间，人们在闲暇时间中进行生活消费，参加社会活动和娱乐休息，这是从事劳动后身心调剂的过程，与劳动再生产和必要劳动时间的补偿相联系。马克思则强调，闲暇是摆脱了各种社会责任之后的，剩余的时间，而且这种时间不被直接生产劳动吸收，主要用于娱乐、休息和满足个人精神文化需要。也有人基于现代社会的法制化背景，把闲暇作为每个公民的权力，即“闲暇权”，拉法格和罗素等人曾为之呼吁，《联合国宪章》、《休闲宪章》以及一些国家的劳动相关法律等都有这方面的规定。

根据《现代汉语词典》的解释，“闲”，古代写作“閒”，是一个会意字，取“门中漏月光”之意，意思是“隙”，具体来说，是指“不被占有”，而“暇”的意思也是“空”，联合起来使用仍然是“空”的意思，现在特指时间方面的“不被占有”。也就是说，“闲暇”一般是指“不被占有（的时间）”。不被什么占有呢？不被“必须”占有，不被“其他”占有，而这“必须”和“其他”是外在于“我”的，对主体而言是一种必然性的存在，是自由的对立面，也就是说，是一种对自由的限制和剥夺性的存在。这样看来，闲暇的内涵应该是“自由时间”，正如马克思所说，“自由时间就是可以自由支配的时间，……这种时间不被直接生产劳动所吸收，而是用于娱乐和休息，从而为自由活动和发展开辟广阔天地”。而它的外延则是“空出来的时间”或“不是必须支出的时间”。“必须支出的时间”包括：①社会劳动（工作）时间、上下班的往返时间。②睡眠、饮食等满足生理所必需的时间。③家务劳动时间。在人的时间总量中，除去上述 3 类时间之后，所剩下的则是可以自由支配的，用于消遣、娱乐、学习、个人爱好和创造性活动等满足各方面生活需要的闲暇时间。

（资料来源：冯英，李庆峰. 闲暇本不应无聊[J]. 社会心理科学，2005，4. ）

在闲暇里，人们拥有相对多的自由时间，可以做内心喜爱的事情。一般来说，闲暇是指人们可以不受其他条件的约束而完全根据自己的偏好或意思去支配使用的个人时间。闲暇的表现形式主要有：日常闲暇，公休日如周末、节假日，其他闲暇如奖励假期、带薪假期等。不同的闲暇形式具有不同的活动内容和意义。但并不是每个人都完全拥有这些类型的闲暇，即闲暇具有相对性和结构性，这与闲暇主体所处的社会阶层及其角色有关。例如，目前我国很多人就没有带薪假期，甚至法定公休日也难以保障。学生的闲暇具有特殊性，主要是指学校规定的课堂时间之外的其他可自由支配的时间。总体而言，闲暇是以时间形态存在的社会—文化空间，是一种宝贵的财富。一般来说，个人闲暇的经济价值＝工资率×闲暇时间；即如果人们将闲暇时间用于工作，那么他就会获得收入；如果用于休闲，则会为自由活动和个人发展开辟广阔的天地（李仲广等，2004）。

阅读材料 5–2

人类闲暇的增长

在人类文明的历史长河中，人们的生活时间也在不断地发生演变，这种演变主要体现在劳动时间与闲暇时间的消长方面。社会每前进一步，闲暇时间就延长一次。在原始社会，由于生产力水平低下，人类以采集和渔猎为生。生产劳动占去了大部分生活时间，而闲暇时间少得可怜。在奴隶社会，奴隶劳动时间几乎占用了除生理必要时间之外所有的时间，

而奴隶主阶级却获得了大量的闲暇时间。人类历史上的休闲活动与休闲文明就是从奴隶社会开始的，如古希腊文明和我国的先秦文化。在漫长的封建社会中，人们过着封闭、隔绝、愚昧的生活，闲暇时间极少。农业社会中人们平均一生的生命周期为 35 岁，劳动时间占 29%，而闲暇时间占 22.9%。到了资本主义社会，尤其是工业革命以后，劳动生产率达到空前的水平，社会必要劳动时间不断缩短，工作时间相对缩短，而闲暇时间相对增加。在工业社会，人的一生中劳动时间只占 10.4%，而闲暇时间占 38.6%。闲暇时间的日益增加是历史发展的总趋势，这是因为工业技术突飞猛进、机器广泛采用、劳动力素质提高等促进了劳动生产率的改善；缩短必要劳动时间可以扩大就业，增强社会稳定性，更好地保护劳动者的健康，弥补高度紧张状态下脑力和体力的透支；闲暇时间的增多可以促进消费，而消费又可以促进经济的发展；参与闲暇活动可以使人获得个性与全面发展。目前，北欧一些国家已实行每周 35 小时或 37 小时工时制。在 21 世纪，人类每周占有的闲暇时间还将进一步增多。

随着经济和社会的发展以及科学技术的进步，人类已经悄悄地进入后工业时代和信息时代，人们对时间和空间的观念与运用都产生了根本的变化。工作时间趋于逐渐缩短，而闲暇时间趋于逐渐增加，这对人类生活产生深刻影响。在 21 世纪，休闲产业将取代信息产业成为推动全球经济增长的最大动力。在未来几十年内，人们将真正体会到休闲时代的各种变化。新中国建立后，《中华人民共和国劳动法》等相关法规及其不断完善，中国目前实行 5 天工作制，及元旦、春节、清明节、“五一”劳动节、端午节、中秋节、国庆节等节假日制度，中国人已经有 115 天的时间属于闲暇了。

2．物理闲暇和心理闲暇的关系

根据闲暇活动的目的，马克思把闲暇分为“用于娱乐和休息的余暇时间”以及用于“发展智力，在精神上掌握自由的时间”，这就是闲暇二分法，即享受型闲暇和发展型闲暇，这其实就是休闲，休闲就是人的享受和发展。而如上节所述，根据主体的状态，闲暇又有两种：纯粹客观的物理闲暇即“身闲”，作为休闲之必要前提的心理闲暇即“心闲”；而休闲的本质则是内在自由的心理闲暇。

进一步从闲暇的物质内容或活动对象看，闲暇的一部分用作物质消费或服务消费，即闲暇消费，闲暇消费通常在物理延展的闲暇时间内完成；由于物理延展有其局限，而制度性劳作时间具有相对固定性，因此，另一部分是用作非物质消费或非服务消费，如人类的静思、读书等活动则需在心理延展的闲暇时间内完成。闲暇的这种双向延展，又大致对应着物理闲暇和心理闲暇；二者在时间上难以截然划分，也没有直接的因果联系；有时，心理闲暇并不以物理闲暇为前提。

在中国传统文化中有“身闲”和“心闲”之谓。身闲，顾名思义，指的是在劳动时间之外得到身体的放松和人体机能的恢复，这是休闲最基本的功能和含义；它往往与获得更多的闲暇和从繁重的体力、脑力劳动中解脱出来相联系。心闲，则是指闲暇活动带来心情的舒畅和心灵的宁静，这是闲暇发展到休闲状态而呈现的更高境界。实际上，达到这种状态并不必然要以闲暇活动为中介，当人们真心热爱自己的工作，将之作为终生追求的事业，那么即使在繁忙的工作中，依然能有“心闲”的体验。在中国的传统文化中，心理闲暇比物理闲暇更为重要，人们对“心闲”的渴求更甚于“身闲”。

阅读材料 5–3

身闲与心闲的文化意蕴

早在公元前4世纪，亚里士多德就说过：“休闲可以使我们获得更多的幸福感，可以保持内心的安宁”。德国天主教哲学家皮珀认为，人有了休闲并不是就拥有了驾驭世界的力量，而是由于心态平和而使你感到生命的快乐。

闲暇时间双向延展的思想在中国的先贤中也有实践的基础。“身在庙堂之上，心无异于山林之中”，就是一种“闲暇时间延展”的典范。正如苏状所论述，东晋时期，先贤创立了一种独特的“闲居”生活，它不像先秦时期那种退避于山野江湖之外的“小隐”，而是追求一种立身于朝廷闹市之中的“大隐”。东晋王康琚的《反招隐诗》中，最早提及了“小隐”和“大隐”的概念：“小隐隐陵薮，大隐隐朝市。”做到“大隐”的一个重要的前提就是“心闲”，正如宋朝程颢在《偶成》言及：“心闲不为管弦乐，道胜岂因名利荣”，“心闲”是“天理之闲”。明朝张萱对此有过精辟的论述：“闲有二：有心闲，有身闲。辞轩冕之荣，据林泉之安，此身闲也；脱略势利，超然物表，此心闲也”。他说：“韩愈曰：‘断送一生唯有酒，寻思百计不如闲’；陶渊明诗曰：‘形迹凭化往，灵符常独闲’；朱晦翁诗曰：‘深源定自闲中得，妙用元从乐处生’，是闲一也。韩不如陶，陶又不如朱”。因此，“心闲”可以突破时空的桎梏，达到一个新的境界。从闲暇发展史可以看出，“身闲”先于“心闲”，“心闲”重于“身闲”，人生的最佳境界是“心身俱闲”，只有这样，才能真正地进入“采菊东篱下，悠然见南山”的和谐境界。

（资料来源：苏状. “闲”与中国古代文人的审美人生[D]. 上海：复旦大学，2008.
张萱. 西园闻见录 · 知止前言[M]. 台北：明文书局，1991. ）

实际上，在闲暇日益增加的今天，却有越来越多的人“心闲”不下来。国际劳工组织的一份报告说，世界上成年人中1/10患有紧张症、疲劳症或抑郁症。（黄铁苗等，2003）工作压力大，生活节奏快，社会矛盾频繁，让现代人无法在闲暇里尽情释放自己的情感，无法超脱功名利禄，所以常常处于忧虑、紧张、苦闷的情绪中，即使“身闲”却得不到“心闲”。发展休闲，一方面，要保证人们有更加充裕的闲暇和更加轻松的劳动以实现“身闲”；另一方面，要正确处理社会矛盾和各种复杂关系，健全民主，完善法制，建立公平合理的社会秩序，为广大民众的内心宁静创造良好的社会环境；同时，要加强个人修养，克服名利诱惑，保持坦然心态，以此实现“心闲”，即实现心灵的和谐、宁静与欢畅。

阅读材料 5–4

偷得浮生半日闲

篆刻是一门艺术，是有情有性的书法在方寸之地上的展现，篆刻是书法的一种特殊表

现形式，好的印章通过篆刻线条的变化，给人以强烈的文字美感：横与竖、粗与细、疏与密，相互交错，美的意境，难于言表，使人爱不释手。

我喜欢收集篆刻印章，得益于王利亮先生，早年间结识利亮先生，几次交谈被他的儒雅风度所吸引，更惊诧于他篆刻的寿山青田巴林印章，利亮先生痴迷书法篆刻，印宗秦汉，气贯神畅、心摹手追，渐入佳境，平整中见精神，是著名篆刻家邹振亚先生的入室弟子，常向利亮先生讨教，也收藏了许多他的篆刻作品，其中一枚巴林闲章“雪雨静夜好读书”，我尤为喜欢。

几年下来，我的书架上也添了数十枚印章，有一枚青田，颜色如画极其精美，宛如一幅活灵活现的山水，温润光滑，把玩在手如同和田籽玉的感觉。

每每购回新书，打开印泥盒先盖藏书印再挑选一枚闲章，钤盖在书的扉页上，或“天涯倦客”、或“偶得”，或“顺其自然”，或“砚田生活”，或“大年”，或“不薄今人爱古人”，或“半日闲”，好书好似烟台纯生张裕解百纳，而闲章印文就像清煮飞蛤海螺拌黄瓜。

春雨野花、秋月虫鸣、冬夜落雪几支小曲一壶清茶，“雪雨静夜好读书”，欣赏印文把玩闲章，远离浮躁时尚，偷得浮生半日闲。

（资料来源： http://www.jiaodong.net/wenhua/system/2009/06/01/010543093.shtml.）

5.2 休闲动机与休闲体验

5.2.1 休闲需求

1. 休闲是人的生命的内在需要

闲暇是人的生命时间的有机组成部分，休闲当然也是人的生命的内在需要。马克思指出，由工人自由支配的休闲时间，不仅对于恢复构成每个民族骨干的工人阶级的健康和体力是必需的，而且对于保证工人有机会来发展智力，进行社交活动以及社会活动和政治活动，也是必需的。当代人也认为，休闲就是一个人利用自由时间，从事满足自己精神文化需求的活动。在人的生活时间中，吃饭、睡觉是生理需求，为了维持生命和养精蓄锐，获得更多的精力和体力；工作和劳动为了履行社会责任和实现社会的发展；休息娱乐则是在前者基础上，利用闲暇从事完全由个人支配的自由活动，用于精神文化消费和其他消遣活动，亦即休闲。实际上，即使生理需求和必要劳作的实现，也都离不开适当的休闲需求的满足。可见，休闲是人的正常需求，即休闲需要或休闲需求。

2. 休闲是人类高层次的心理需要

人本主义心理学认为，驱使人类行动的，是若干始终不变的、遗传的、本能的需要，它不仅是生理的，更是心理的。根据马斯洛需要层次模型（图 5.1），人类的需要是镶嵌在人类心理需要的内在体系当中的，从而肯定了作为人的积极意义，反映了人本质层面的规定性；机体的基本倾向在于尽量实现自身的能力和人格，即自我实现；人的需要是有层次的，并且以高层次的需要为导向；在需要层次结构中，从基本的生理需要到最高层次的自我实现的需要，存在着阶梯式的过渡关系；高级需要的出现有赖于低级需要的满足，但只有高级需要的满足才能产生更深刻、持久的幸福感和丰富感；高级需要比低级需要有更大的价值。

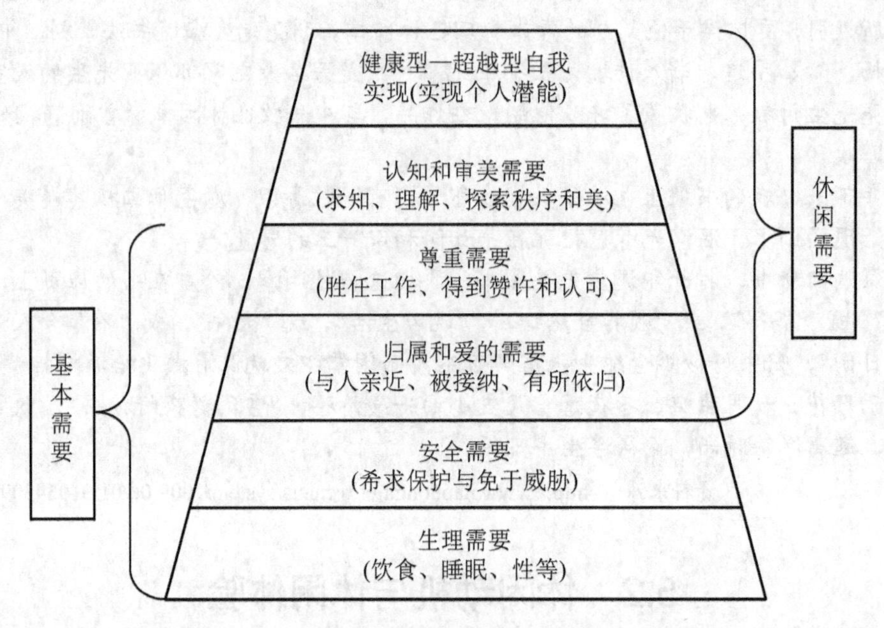

图 5.1　马斯洛需要层次模型及休闲需要的位置

（资料来源：谢彦君. 旅游体验研究：一种现象学的视角[M]. 天津：南开大学出版社，2005.）

根据此模型，休闲的行为动力，一般会超越基本的生理需要和安全需要这两个基本层次。通过休闲，人们获得某种归属和认同，如以探亲访友为主要形式的旅游等；通过休闲，人们会赢得别人的尊重和认可，这在休闲过程中通过与目的地社区的接触以及在休闲过程结束之后与个人生活环境中的其他人的接触中都能有所体现；休闲更不仅是获得审美享受和增长见识的机会和途径，也是发现自我、认识自我、表现自我和实现自我的一种方式。因此，休闲满足了一种高层次的人类需求。

3．休闲需要的内外表现：休闲动机和休闲权利

个人的休闲需求是内在的，但人是社会动物，因此其休闲需求的有效满足不能脱离社会，主要表现在以下两个方面，一是休闲利益，即休闲中人与人之间对休闲资料的占有和分配关系，二是休闲权利，即休闲利益在法律上的确认和保障；前者是后者的社会内容，后者是前者的法律形式，其本质都是休闲需求；社会通过休闲立法，确保公民休闲权利的实现，以满足公民的休闲需要。而回归心理结构内部，被主体自觉意识到的休闲需要，便转化为休闲动机，成为人们休闲行为的内驱力。

5.2.2　休闲动机

在心理学上，动机（motivation）是与需要相关联的概念，是指个体满足需要的行为的

内在驱动力，或者是激活身体能量使之达到某一目标的内在状态；它是行为者希望其需要得到满足时被激发产生的一种紧张的心理状态，它驱使行为者朝着满足这种需要的目标从事活动。休闲动机是休闲需求转化为休闲行为或活动之内在动力的形态，是一切休闲活动得以发生的内在发韧点和驱动力，对休闲活动具有激发、导向和维持作用。可分为生理性动机、心理性动机、社会性动机和文化性动机几个方面（克罗姆顿，1979）。

1. 休闲的生理性动机

这是因主体的各种活动对生命功能的必要的补偿、均衡、放松和恢复的需要而产生的。例如，脑力劳动者需要适度的体力活动；多使用某种身体机能的人需要发挥一下其他的身体机能；久坐的人需要站立或运动；以运动为职业的人往往需要安静和休养；身体高度紧张之后需要放松；推而广之，患病的人需要身体功能的平衡与恢复；残障人士需要康复性或补偿性强化训练等。

2. 休闲的心理性动机

第一，逃离感到无聊的环境。暂时性地变换环境是从事休闲活动最常见的动机。即使是最优越的生活环境有时也会使久居其中的人感到困顿无聊，这就需要一种与其日常感受完全不同的快乐方式。例如，旅游胜地的居民在旅游旺季会离开人满为患的居住地，城市居民会向往农村和自然风光，周末人们会离开家庭和办公室到郊外放松等。

第二，勘探和评价自我。休闲是一种重新评价自我和发现自我的机会，可以确立自我形象，重新定义和调整自我。例如，畅游归来的人可能产生多种认知；而其中的体验与感受是在工作中永远无法获得的。人们参与各种有组织的休闲活动，转换环境，将自己置于不同的氛围之中，往往会对自己产生一种全新的认识，甚至修正对现存自我身份的感知，重估自我价值，重新评价自己的生活方式。其中，全新的自然与社会背景是其中的关键因素。

第三，放松。放松是休闲活动永恒的动机。这里更强调精神状态而非身体的放松。

第四，新奇性。新奇性指的是休闲中的新体验，但不一定是全新体验，它可能是“重新”体验。一般来说，具有好奇心和冒险精神的人喜欢尝试新事物。

3. 休闲的社会性动机

第一，声望。在前工业社会，休闲只是特权阶级的专利，是身份、地位和财富的象征。即使在现代社会，声望和地位仍然是有些人从事休闲活动的首要原因。但随着后工业化社会的普遍到来和休闲的大众化，休闲活动的声望动机色彩将逐渐消退。

第二，增进血缘关系。休闲是家庭聚会的良机，可增进和融洽成员间的关系。现代家庭规模较小，长时间的休闲活动可以促进成员的相互交流，使他们充分地享受天伦之乐。

第三，增进社会交往。休闲活动具有双边互动的特点，这为人们拓宽视野、结交朋友、扩大自己的社会交际范围提供了不可多得的机会。

4. 休闲的文化性动机

第一，教育。教育能提高一个人的综合素质，是积累人力资本的主要手段，因而，利用休闲机会来获得知识或教育孩子就成为许多人从事休闲活动的主要动机。

第二，回归。休闲可以为人们提供某些在通常生活方式中没有机会重现的场景或经历。例如，孩子般地耍闹、非理性地做事、重复青少年或童年的行为等。因为休闲时人们不必再扮演日常角色和履行日常职责，也不受日常习惯、行为模式和道德观念的约束，可以放松地重温曾经的美好体验。童稚是回归行为的主要形式，还有怀旧情结的表达。回归动机的实质在于，人们希望回溯到一种更简单、更天真、更稳定、更有人文关怀的环境，它舍弃复杂而趋从简单，回避喧嚣而向往古朴，逃避科技主义和物质主义的现实世界，具有浓重的浪漫主义色彩。

在具体的休闲活动中，这些动机并不是彼此孤立地发挥作用的，而是常常相互渗透或重叠。休闲动机还时常表现为休闲意愿、偏好、好奇心或休闲欲望等，是休闲体验的心理前提。

知识链接 5–3

几种休闲动机理论

除J.L.克罗姆顿外，托马斯（Thomas，1964）最先提出18种重要的旅游动机，并将其归纳成4大类：教育与文化、休闲与娱乐、种族传统、其他。霍华德·E.廷斯利（Howard E.Tinsley）和理查德·A.卡斯（Richard A.Kass）（1979）以因子分析的方式，从45种休闲需要中提取10种动机因子，分别为自我实现、友谊、权力、补偿、智力提升、社会服务、运动、自尊与自我控制。理查德·克兰德尔（Richard Crandall）（1980）将休闲动机分为17种因素：享受自然、逃避文明；逃避日常例行公事与义务；锻炼身体；具创造力；释放；社交；接触新的人们；接触异性；家庭交际；获得地位；社会权利；利他主义；寻求刺激；自我实现；成就感、挑战、竞争；打发时间、避免无聊；知识性的唯美主义。贝维·德莱弗研究发现，人们进行户外休闲的动机主要有试验，包括感官刺激、冒险、挑战极限、享受宁静、沉湎于往事等；个人发展，如成就感、改善自我形象、测试自己的能力、发现自我、学习等；社会因素，包括社会承认、家庭团结、交往等；自然欣赏，如观光、接近自然、寻找开阔地带等；寻求改变，如休息、逃离压力、摆脱日常事务等。

我国学者李仲广和卢昌崇在总结以上研究成果的基础上将参与休闲活动的动机归结为以下几方面：①欣赏大自然，从现代工业化文明中获得暂时解脱；②暂时逃离或解除日常的工作、生活、情感等方面的责任；③寻求回归自然的活动形式；④创造性地发挥平时受到压抑的个人潜能；⑤全身心地放松；⑥有机会遇到或结识不同的人；⑦结识异性并在减少社会压力的情况下交往；⑧寻求不同于日常生活的家庭活动；⑨寻求刺激；⑩获得成就感、挑战感和竞争感；⑪提高个人修养并获得某种反馈；⑫消磨时间，避免无聊；⑬求知性的审美活动；⑭利他主义行为；⑮获得社会承认及提高在非正式组织中的地位。

（资料来源：J L Crompton.*Motivations for pleasure Vacations*[J].*Annals of Tourism Research*,1979,12.
Crandall.*Motivations for Leisure*[J].*Journal of Leisure Research*,1980,12(1).
Driver,et al.*Benefits of leisure*[M].state College,PA:Venture publishing,Inc,1991.）

5.2.3 休闲体验

1. 体验的一般理解

体验（experience）是主体从事某种活动或经历某个过程的亲身感受。在心理学上，它是指人们亲身的经历、感受、体会、理解、认识等，是建立在个体内部知觉基础上的一种特殊的活动；体验的过程既是感觉、知觉的过程，也是注意、思维、情绪以及行为产生和变化的过程。从哲学角度看，体验不仅包含原始的经历，还有与生命的内在联系，它存在于生命整体之中。概括来说，外界事物、情境所引起的自我的内心感受或亲身的经历就是体验。

体验按其存在形态可分为“亲验”和“想验”。亲验是指体验者亲自置身于一定的关系世界和生活情境之中，经历或受过感动，对自身及其状态和意义有所体察并获得经验。儒家的“践履”、“体悟”，佛家以及大多数宗教把修行模式与修行境界有机统一，也属于亲验。想验则是指体验者通过自己的亲历、感受和观察，在积淀了一定的生活阅历基础上，借助于他人的表达和自己的想象去领悟表达者的生活阅历、生存状态及其人生意义，如阅读、观赏等活动中的体验。亲验与想验互为条件，在一定条件下，亲验是想验的生活基础，想验又是亲验的思想准备，有过想验之后，亲验往往更加深入、丰富，而有过亲验之后，想验才会有发生的现实生活的支持，从而更加切己、栩栩如生。无论是亲验还是想验，都倾注了体验者的情绪、情感等身心因素，而不仅仅是认知因素或认识活动。

体验与经验既有联系又有区别。体验往往以经验为基础，但又不停留于已有的经验，而是立足于精神世界，由个体对事物的意义进行自我建构，是对他人以往经验的一种升华与超越，它也有可能成为一种新的经验；而经验则是过去体验的积累和沉淀，是个体立足于客观世界、建立在感官知觉上对事物的认识和反映，具有普遍性、间接性和可传授性；体验通过个体的想象、移情、神思、感悟等心理活动使经验生命化和个性化，是一种注入了体验者生命意识的经验。体验能使经验内化为自我感悟，使感悟到的东西成为个性化的知识和经验。

在体验中，主体往往融“我”入境，物我两忘，形成主客观的沟通与默契，从而使认识得以升华、超越；体验者的主体地位由此得到确立与保证。美感是人类的一种原始的、自发的情感体验，道德感即主要是良心和善恶的价值体验在此基础上逐渐形成。体验是感性与理性的统一，带有强烈的反思性和神秘性。体验作为主体的一种反思和价值判断能力，非常注重一种超越意向，力图使存在的本源意义展示出来的趋向，得以体悟自然、宇宙、社会和人生的玄妙；体验不仅是主体的一种内心生活，也是一种与对象的意向性交流。

对体验的本质可作如下理解：第一，体验属于情感范畴，影响人们通常所说的情商（EQ）。一个情商较低的人，情绪单调、情感枯燥，因缺少生命、生活、自然和宇宙等的丰富体验，因而没有感受力和想象力。 第二，体验是自由与个性的表现形式。体验是人类理解、思维、存在等独特性的品质，必然是一种自由的个性化的表现。第三，体验是知识与人的本质关系。人通过体验将知识内化，通过社会交往、接近自然等获得和深化对知识的体验，并以此获得个人与社会的认同。第四，体验是人的高级需要，是一种自我创造与实现。体验以最有效和最完整的方式来表现个人的潜力，唯此才能使人得到高峰体验。热情是由高层次的需要激发的，高层次的需要比低层次的需要具有更大的价值。人的自我实现的创造性过程能产生出一种“高峰体验”，此时，人将处于最激荡心房的时刻，具有一种欣喜若狂、如痴如醉、销魂断肠的感觉，是人存在的最高、最完美、最和谐的状态。（章海荣等，2005）

知识链接 5-4

马斯洛论高峰体验

马斯洛理论的自我实现者有两种：健康型的自我实现者和超越型的自我实现者。前者主要是更现实、更入世、更能干和更凡俗的人，他们更多地生活在此时此地的世界或生活在匮乏的王国、匮乏需要和匮乏性认知的世界里；后者则可以说更经常地意识到存在的王国，生活在存在水准即目的水准、内在价值水准，更明显地受超越性动机的支配，或多或少能经常有统一的意识或高原体验，有或曾经有高峰体验，并随之获得启示或卓越或认识。

可通过一个很普通的例子来说明高峰体验这个复杂的心理现象。一个年轻的母亲在厨房里忙碌着，为她的丈夫和孩子准备早餐。这时，一缕明媚的阳光泻进房间。阳光下，孩子们穿戴整洁，十分漂亮，如欢快的小鸟唧唧喳喳地嬉闹；丈夫也在轻松悠闲地和孩子们逗乐。当她注视这一切的时候，她突然为眼前的美景所深深感动，一股不可遏止的爱笼罩了她的整个心灵，突然感到世界是多么美好，人生是多么美好，甚至于流下了幸福的泪水。这是一种神秘的体验，是一种和谐的领悟，是一种存在的认知。马斯洛指出，高峰体验完全是自然产生的，它可以来自爱情、和异性结合，来自审美感受（特别是对音乐），来自创造冲动和创造激情（伟大的灵感），来自意义重大的顿悟与发现，来自女性的自然分娩和对孩子的慈爱，来自与大自然的交融（在森林里、在海滩上、在群山中等），来自某种体育运动（如滑冰），来自翩翩起舞时……高峰体验的特点可以归纳为以下几点：①从主观感受上说，它是人生命中最快乐、最心醉神迷的时刻；②它同时也是一种“目的体验”、“终极体验”或“存在体验”；③从持续的时间来看，这一种体验往往是短暂存在的。总之高峰体验是一种最接近于超越型自我实现的体验，它最接近于真正的自我，是一种人性的可能性与现实性、自我与自然、社会合一的“剧烈的认同感体验”。

在情绪、情感体验上，个人感受到了令他心醉神迷的快乐，体验到了人生最高的幸福；在认知上，个人获得了对宇宙万物的存在性认知，领悟到了事物的存在性价值；在人格特征上，个人表现出许多与自我实现者相吻合、相重叠的人格特征，获得了他最高程度的认同感。因此高峰体验既是个人一生中最幸福的时刻，又是他“自我实现的短暂时刻”。（http://www.xinli110.com/xxlp/rbzy/lljs/201012/191989.html）

马斯洛对处于高峰体验者的状态特点做了如下描述：①他有一种比其他任何时候都更加整合（统一、完整、浑然一体）的自我感觉。②当他更加纯粹地独自成为他自己时，他就更能与世界、与以前非我的东西融合。③他通常处于自身力量的顶峰，正最佳和最充分地发挥着自己的潜能。④他的行为轻松自如；他表现得胸有成竹，明察秋毫；他精力充沛、切中要害。⑤他更富有责任心，更富有主动精神和创造力，更加感到自身是自己行动和感

知的中心。⑥他最大限度地摆脱了阻滞、抑制、谨小慎微、畏惧、疑虑、控制、自责、制动，体现了他的自承、自爱和自尊。⑦他在行动时更具有自发性、表达性、纯真性，即正直、天真、诚实、公正、坦率、朴实、无防备、无防御；他在行动时更加自然、放松、不踌躇、简单、诚恳、不做作、直截了当，有一种特殊的淳朴；他更加不受控制、自由地奔涌出生命力，即他更加自动地、冲动地、反射般地、"本能地"、非抑制地、非自我意识地、非思考地、无意识地表现自己。⑧他在一种特殊的意义上更具有创造性。⑨他达到了自己独一无二的个性。⑩他在各种意义上最大程度地摆脱了过去与未来，具有更强的此时此地之感，最接近于全在的人。⑪他已不完全是受世界法则支配的尘世之物，更多的是一种纯粹的精神；他无为而为，即顺应天性、听任自然、任其所为，而不是人为控制。⑫他所达到的真切的认同是非努力、非需求、非欲求的，也就是说，他超越了一般类型的需要与驱力；在他面前，一切皆自然而生，不期而至，无所希望、无所努力、无所企求，然而源源不断，如歌如诉；他如同神灵一般没有需要、没有愿望、没有匮乏，什么也不缺少，所有方面都得到了满足。⑬他的表达和交流常常富有诗意，带有一种神秘与狂喜的色彩，仿佛是表达这种存在状态的一种自然而然的语言。⑭他的心理彻底地释放、宣泄、倾泻一空、爽然若释、登峰造极、大功告成、完美极致。⑮他强烈地感觉到有一种属于存在价值的欢悦，即幸福愉悦、生气勃勃、神采奕奕，丰富充裕、漫衍四溢；自由自在、悠然自得、洒脱出尘、无往不适、不为压抑、约束和怀疑所囿、以存在认知为乐、超越自我中心和手段中心、超越时空、超越历史和地域。⑯他有一种源承神恩、三生有幸的特殊感怀，一种感恩之情油然而生，并表现为一种拥抱一切的，对于每一个人和万事万物的爱，它促使人产生一种"世界何等美好"的感悟，导致一种为这个世界行善的冲动、一种回报的渴望，甚至一种责任感。

（资料来源：www.huiyn.com/马斯洛关于高峰体验的描述. html.
http://www.xinli11o.com/xxlp/rbzy/lljs/201012/191989.html.）

2. 休闲体验的本质和影响因素

休闲体验是体验的一种，是指通过适当的休闲活动获得的某种身心反应，是难忘的某种经历、体察和经验。随着休闲学和心理学研究的进展，人们越来越认识到：休闲本质上就是一种体验，它不是一种纯粹内省或主观式的随意表达，而体现为诗与思的统一；它既与个体的生命、生存和现实之境紧紧关联，又指向未来之域和神性之境；它不仅体现为一种状态、过程、情景，还体现为一种中介，一种通向本体休闲和主体诗意生存的中介。可以说，满足了人的高层次需要的高峰体验本身就是休闲体验的典型状态。

休闲体验有自己的独特之处。它由两个基本的维度即自由与内在动力相结合而产生；自由选择与不受限制是休闲体验的关键因素，是休闲体验的一个核心的、基本的方面；休闲体验的其他重要方面还有跟他人交往和保持亲密关系、有机会独立自主行动、有一些属于自己的时间、能从自己对家庭和他人的责任中解脱出来（卡拉·亨德森等，2000）。休闲体验有 3 个基本要素：心理闲暇中的过程性，个体性、个性化和内在性的自由感，身心的协同反应性（如畅爽和省悟等）。影响休闲体验的因素也很复杂，一般来说，休闲活动的形式和内容等的变化会使参与者获得丰富的休闲体验；休闲在任何一种休闲空间中都可能发生，但不同的休闲空间对休闲体验的产生有不同的作用；一个人所处的境况（阶层、年龄、性别、婚姻、职业、种族等）会影响到他的家庭、工作、社交的场景，从而影响到他通过什么样的空间来承载自己的休闲体验。

3. 休闲体验的类型

休闲体验有不同的类型。如按其存在形态划分为亲验性休闲（参与活动过程而获得全新的体验或重复已有体验）和想验性休闲（通过阅读或观赏等在已有体验基础上重温或深化体验）。从主体的心态和内在追求角度来划分，可以有宁静平和型（侧重追求和谐、安适和平静，强化生命的自足、安逸和整合，如看电视综艺节目、听流行音乐、读畅销小说等）、冲突刺激型（侧重追求冲突、碰撞、新奇、刺激、怪异、潮流，强化生命的张力、生存的活力、心灵的丰满，如探险漂流、竞技体育、怪诞审丑等）、厚重典雅型（侧重追求文化欣赏、文化创造和文化建构，强化生命的本真、自由和澄明，如琴棋书画、品茶论道、以文会友等）等类型。如果从主体与外部世界的关系角度，可把休闲体验分为外部容易和内部简单的幼稚型体验（即尽管休闲体验的层次不高，但较容易和经常性地从生活中找到休闲感觉）、外部困难和内部简单的充实型体验（即尽管外部条件很艰难，但仍能找到一般意义上的休闲感）、外部容易和内部复杂的价值型体验（即能够在平凡的日常生活事件中体验到休闲的价值和生命的意义），以及内部复杂和外部困难的创造型体验（即能够在相对困难的条件下体验到休闲的价值意义，并导向自由创造）等类型。

阅读材料 5—5

西方哲人心中的瑜伽体验

西方哲学家田纳森（Tenneson）曾用一段诗样的文字来描述瑜伽体验，这是东方科学成果最成功的西方式体验："在我独坐调整气息时，世界就成了我自己，死亡已经远离我去，我进入无名之界，就像云雾消散在空中。我感到自己的肢体很奇异，不是我的，对此毫不怀疑。然而，说起话来非常清晰，却正是自我迷失的经历。生活的乐趣与收获极其广泛，就像光芒万丈的太阳，此情此景难以描述，语言只是虚幻世界的游戏。"

德国哲学家席勒（Schiele）在其《关于教条主义与批判主义的哲学通信》中，描述道："在所有人身上都有一种不可思议的潜在力量，一种使我们挣脱时间的束缚，把我们由外在事物引向内在的神秘力量，从而使我们发现所谓永恒只不过是以不可变性存在于我们身上的力量。这一自我显现和观察是最真实的个人经验，任何事物都是以此为基础的，通过它我们可以了解超感性的世界。这一显现向我们展示了什么是真实的存在，而其他的一切都是虚幻的。在那个时刻，时间静止了。我们不再置身于时间中，而时间（或永恒）则在我们之中。外在的世界已经不再是外在的了，它融入我们之中了。"

这才是真正纯粹的瑜伽。

(资料来源：[锡兰]L A 贝克．东方哲学简史[M]．赵增越，译．北京：中国友谊出版公司，2006．)

5.3 休闲中的畅爽与省悟

5.3.1 休闲畅爽

顾名思义，畅就是毫无阻碍的、痛快的、尽情的，爽就是发自内心深处的不由自主地感到的一种莫名的惬意；畅爽是休闲中最为显著的一种愉快、喜悦、欢乐、舒畅、爽心、怡爽的身心体验。

知识链接 5–5

关于畅爽概念的研究

对于休闲中快乐体验问题，古代的亚里士多德等哲学家已经说到过，赫伊津哈的《人：游戏者》、罗素的《幸福之路》和马斯洛的“高峰体验”的论述等，都已经发现了人类对爽快、痛快等极富创造力的体验。然而，对这种人类最佳体验进行高度抽象，并创建一种全新的学科范式的研究却是到了休闲研究深入开展的20世纪下半叶、美国芝加哥大学教授奇克森特米哈伊提出“畅”（flow）起始的。奇克森特米哈伊提出的“flow”概念，中文译作“畅”，也有学者译为“爽”、“心流”、“神迷”、“沉浸”或“快感”等，我们将之译为“畅爽”，是指在工作或休闲时产生的一种最佳体验，类似于马斯洛提出的高峰体验（peak experience）或高峰表现（peak performance），即人在进入自我实现状态时所感受到的一种极度兴奋的喜悦心情。这种感受不常出现，但又是多数人都曾有过的。它不仅出现在科学发明和文艺创作等活动之中，同时也是日常生活和平凡劳动或工作中所获得的体验。

奇克森特米哈伊在1982年发表的论文《建立最佳体验的心理学》（Toward Psychobgy of Optimal Experience）的基础之上，于1990年发表了对休闲心理学影响深远的专著《畅：最佳体验的心理学》（Flow: The Psychology of Optimal Experience），此书从心理学的角度对休闲体验的性质作了深入的研究，提出了“畅爽”（flow）的概念，即“具有适当的挑战性而能让一个人深深沉浸于其中，以至忘记了时间的流逝、意识不到自己存在的体验。”“适当的”挑战指活动的难度与一个人所掌握的技能相适应，太难的活动会让人感到紧张和焦虑，而太容易的活动则会让人感到厌烦，都不能让人获得真正的畅。他认为，休闲从根本上说，是一种有益于个人健康发展的内心体验，而不是用什么外在标准界定的具体活动；体验“畅”的能力使人能超越“工作—休闲”的断然划分，这样，不论是在工作，还是在闲暇活动中更能积极地去寻求最佳的心灵体验。

美国马里兰州大学的教授阿霍拉是另一位对休闲心理学做出重要贡献的学者。他在1980年发表了该领域的一部重要著作《休闲与娱乐的社会心理学》（The Social Psychology of Leisure and Recreation），并吸收了奇克森特米哈伊的一些思想，提出根据两个变量——自由选择与内在动机——把人们工作以外的活动分为3个层次：自由选择程度较低、内在动机较弱的活动称为“必需的非工作活动”，有一定的自由选择和内在动机的活动是“自由时间的活动”，而具有高度的自由选择与很强的内在动机的活动，才是“休闲活动”。他指出休闲并非消极的无事闲着，而是有着积极的意义，它为人们实现自我、追求高尚的精神生活、获得“畅”或“心醉神迷”（ecstasy）的心灵体验提供了机会。之后，这一概念便在休闲研究中得到了广泛的应用。

（资料来源：张海荣，方起东．休闲学概论[M]．昆明：云南大学出版社，2005．）

1．畅爽与休闲

“畅”或“畅爽”逐渐成为休闲学的重要和基本概念之一。畅爽是一种可以在“工作”或“休闲”时产生的一种最佳体验；它是一种以自身为目的的活动体验，它是自足的（由自身定义的）。当一个人的技能能够在一个有预定目标、有规则约束并且能够让他清楚地知道自己做得如何之好的行为系统中充分地应付随时到来的挑战时，就会产生畅爽的感觉（杰弗瑞·戈比，2000）。畅爽概念可以在身心体验这一本质层面定义休闲，如休闲中“畅”与“阻畅”（anti-flow）体验（如无聊、失意、焦虑）的关系，后者就不是休闲。研究发现，白领女性在工作场合与非工作场合都比蓝领女性体验到更多的“畅”，表明白领女性在工作上也有体验到“畅”与休闲的可能性；而这两类女性非工作活动的“畅”都是围绕自由时间的活动，尤其是在家中与家人进行的交流（卡拉·亨德森，2000）。

畅爽作为一种极度兴奋的喜悦之情，当然是一种最佳体验心理，是高峰体验的一种表现；但这一概念又是对马斯洛自我实现概念的重要突破。在马斯洛看来，在人们追求更高层次的需要之前，其基本需要应该首先得到满足。然而，现实的情况是许多正在忍受贫穷、悲伤和侮辱的人却能通过休闲投入和畅爽体验设法寻找满意感和成就。这种畅爽不仅出现在科学和文艺的创作活动中，也能在日常休闲活动及平凡的劳动中出现。

2．休闲畅爽的特征

根据奇克森特米哈伊的调查研究，休闲畅爽感具有以下八个方面的特征：第一，适当的挑战性。当活动具有挑战性而且个人有可能完成的时候，畅的体验就会出现。第二，目标的明确性。目标的明确性表现。例如，有些游戏包括积分、拯救公主、摧毁敌人或在某一恶劣环境中求得生存等的目标都十分明确，在达到目标的过程中容易获得畅的体验。第三，反馈的即时性。人们平时很可能经常处于自发盲目的状态，但是在畅爽活动中，人们却很清楚自己在做什么，并能根据反馈信息及时进行调节。第四，专注性。参与者全神贯注于某一给定的活动中，完全聚精会神地投入进去，而忽略掉与目标对象无关的事物。第五，沉醉性。参与者轻易地就可以深度沉浸于其中，他所有的感官知觉均投入到这项他觉得有意义的活动当中；个人身心已经协调妥当，所有流畅的肢体动作完全来自心领神会和直觉的驱使；它使人暂时摆脱生活的压力和困扰。第六，控制感。在畅爽体验的时段里，参与者能产生对生活的控制感。第七，浑然忘我。参与者在活动中暂时失去自我意识，并因拥有畅爽体验，“小我”和“大我”高度融合，迈向更高层次的人生境界；处于畅爽状态的人在精神上融入了活动的挑战性和其固有的快乐中，没有自我意识和活动绩效忧虑。第八，无时间感，即意识不到时间的存在。参与者进行某项休闲活动时，对时间的流逝浑然不觉，结束后才发现时间过得如此之快。这种对时间感觉流动趋快或是越来越慢，正是掌

握最佳畅爽体验的证明。

3. 影响休闲畅爽产生的因素

1）生理基础

大脑有一个快感中心区域，脑电流刺激该区域就会使大脑产生比鸦片、海洛因更为剧烈的化学物质，从而影响大脑电流的运行，这是人们能在休闲活动中形成兴奋或消极、快乐或痛苦等体验的物质基础。畅爽是人们在活动前或活动中面临活动的挑战性和自身能力约束下所具有的一种心理状态。

2）心理因素

在休闲或工作时，一个人只有全神贯注、游刃有余，才能获得畅爽的体验。如果专注的可能性被破坏，那么畅爽的体验就很难出现。在家庭环境中，如果家长对其孩子的预期目标明确，能对其孩子的行为有所反馈；如果家长能把其孩子做的事情放在核心位置上；如果孩子有选择的机会；如果孩子能够不断地做出承诺，使自己有足够的信心超越他们的心理防御，不知不觉地投入到他们喜欢的事情中；如果家长能不断地让其孩子得到进行更复杂活动的机会，那么或许孩子更容易获得畅爽的体验。为此，家长不仅要付出时间和精力，而且还要把对孩子们的信任与培养他们的愿望结合起来。

3）外部约束因素

奇克森特米哈伊研究发现，当活动中个人技能完美地与绩效要求相称时，个人处于畅爽的状态；如果活动是自愿的，那么畅爽可以发生在任何人、任何活动之中；如果界定好一个适当的挑战水准，那么人们就会在他们的技巧发挥到最高水准时，感受到最好的畅爽体验；如果把高挑战和低技巧界定为焦虑，而将高技巧和低挑战界定为无聊，那么畅爽这种令人着迷的情感状态则处于无聊与焦虑之间，即仅当活动的挑战性水平与个人技能水平相称时，个人才能体验到畅爽。同时，畅爽体验需要付出努力，只有高难度挑战与卓越的能力相互配合，个人全身心投入才可能触发畅爽情感，创造出异于平常的体验感受。畅爽被界定为高技巧和高挑战，而漠不关心、无动于衷或麻木不仁则被视为低技巧和低挑战的结果；在获得畅爽的体验时，挑战的难度与个体自身的技能水平是一致的（杰弗瑞·戈比，2000）。

畅爽是评价人们休闲质量的重要指标。许多浅层或初级的休闲体验并不具备畅爽的潜力。那些不需要什么技能、没有任何挑战性或缺乏明确目标的事情，如看电视，当独处或平时与家人一起时，就不大可能产生畅爽感。因此，可以从畅爽的角度来评价休闲活动或休闲项目的好坏。畅爽从根本上说是意义的创造，需要某个目标挑战下的全身心投入。

阅读材料 5-6

饮茶的畅爽之境

饮茶之心境是说人品茗时的心情和境界。所谓好的心境，当然是指闲适、虚静、空灵、舒畅的心境。但在当今高速发展的时代，人们紧张地工作、生活，却难以获得这种心境。人在现实生活中，不可能不食人间烟火。学习上要不时更新充电，就会有压力。工作上有激烈竞争，精神难免紧张。另外，事业上的起落，仕途上的浮沉，感情上的悲欢，生活上的沟坎等人生宠辱、是非、毁誉不时困扰人们的心。这使人们心境要做到闲适、虚静、空灵、舒畅很难。饮茶品茗是被生活折磨的一颗疲惫不堪的心的歇息，心的梳理，心的洗涤；当然，也是一颗平常心的更加美静，更加素心。

有一首茶诗："青山茅屋白云中，汲水煎茶火正红。十载不闻尘世事，饱听石鼎煮松风。"这种"十载不闻尘世事"的超然出世的脱俗我们很难做到，也不现实。唐代杜荀鹤的茶诗中有这样几句："刳得心来忙处闲，闲中方寸阔于天。罢定磬敲松罅月，解眠茶煮石根泉。"大意是说人生在世为利而忙，应忙中偷闲，静下心来品品茶。心闲适了，那方寸大小的心便会像比天空还广阔。待感受到悠远的钟磬声中，月辉透过松树的缝隙中洒向我。我用石根泉水煮茶，茶汤洗涤我的困惑。杜荀鹤诗中这样的忙中抽闲品茶的心境，现代人能够做到；为了疏缓紧张、繁忙的生活或精神上的压力，也应该努力做到。

饮茶能使人的心灵得到慰藉。饮茶时的心境靠饮茶人对人生的感悟。一个人品茶，心容易清静，远离尘嚣，给身心愉悦，精神和情感随飘逸的茶香而升华，心融自然，内省自性，达忘我境界。正如清代袁枚饮茶后所言："令人释躁平矜，怡情悦性。"饮茶而陶冶人的气质，提升生活品质。这是饮茶心境的"独品得神。"

饮茶可增强人与人的交流和沟通。林语堂在《谈茶与友谊》文中说："从人类的文化和幸福的观点上看来，喝茶更有意义。对于闲暇，友谊，交际与谈话的享受更有直接贡献的发明了。可以帮助我们的亲睦……"鲁迅也说过："茶清香可口，一杯在手，可以和朋友半日谈。"老朋故友、新交朋友、红颜知己，或窗下互坐、或茶室对饮、或野外相啜，互吐心扉、推心置腹、倾诉衷肠。人与人心灵相息，化解沟通，促进和谐。这是饮茶心境的"对啜得趣。"

多人相聚品茗，气氛亲切而温馨。《茶经·之饮》："夫珍鲜馥烈者，其碗数三。"是说用最好的茶待客，寓"和"于香，动之于情。每碗轮流着饮完，"传饮"强调着沟通。《茶疏》中的："宾朋杂沓，惟素心同调，彼此畅适……"即是说众多宾客饮茶的心境。众人品茗，人多，话题多，议论多，信息多，相互敞开心扉，交流思想，启迪感悟。正如颜真卿《月夜啜茶联句》云："素瓷传静夜，芳气满闲轩。"这是饮茶心境的"众饮得慧"。

"独品得神"的饮茶心境也好，"对啜得趣"的饮茶心境也罢，总之，饮茶需要好的心境。这好的心境要靠饮茶人的营造。高山出好茶，清泉泡好茶。心中宁静，以一颗素心，即平素的心意，保持良好的心态，以好的心境待人待事，定能泡一壶自已喜欢又受朋友欢迎的好茶，享受如同鲁迅说的"清福"。

（资料来源：谢美生. 饮茶之心境[N]. 保定晚报，2007-8-17. ）

5.3.2 休闲省悟

1. 休闲省悟的概念

省悟是休闲中的一种心灵体验，也是一种特殊的畅爽，但比畅爽更具有神秘的性质，许多宗教或修行体验的本质就是省悟。如果说畅爽是休闲体验中客观地趋向欢快舒畅的身心协同反应，那么省悟就是带有显著价值意蕴的心灵上的畅爽，一种发生在心灵深层的高峰体验。

严格来讲，休闲的内在超越性根源于省悟这种特殊的畅爽体验，省悟就是从内心深处喷涌而出的那种自我陶醉和自我超越，休闲的内在价值和文明功能也在此基础上逐渐生发。

顾名思义，省悟即反省和觉悟。反省就是回头、追溯、反思、冥想、省察、返观内照、反身内求、反求诸己等，曾子所谓“吾日三省吾身”之“省”当是此意，是人生修养的重要途径。觉悟就是自觉、清醒、悟解、领悟、体悟、证悟、顿悟等，包含了逻辑性的冷静和理性，更重要的是非逻辑的直觉、顿悟和灵感等，显然这是创造性的活水源头。这实际表明了省悟的两种形式，即修养和创造，省而修养，悟而创造；前者是哲学和宗教的心灵源泉，后者是科学和艺术的意识渊源；沉思、澄明与彻悟是二者共同的高峰体验，之于修养便是澄澈清明、明心见性、圆融无碍、大彻大悟，之于创造便是豁然贯通、径情直遂、灵感迸发、文思泉涌。休闲之成为哲学、宗教、科学、艺术等文化的基础，便是由于休闲省悟的这种畅爽体验。

2. 休闲省悟的特征

如前所述，体验是最为宽泛的范畴，内容丰富、形式多样，有幸福的体验，也有痛苦的体验；休闲体验则是指休闲或类似状态中幸福的体验。畅爽是一种幸福的体验，是在人的任何活动中都可能获得的幸福、自由、欢畅、怡爽的体验；休闲畅爽是主体处于休闲或类似状态中的畅爽体验。相对来说，省悟的特点在于：

第一，闲暇性。这是说省悟是在心理闲暇亦即心闲状态才能呈现的一种体验，是心灵处于某个空当、闲置或“真空”状态才能出现的，因此，闲暇中最易产生省悟，人们也把增加闲暇、促进休闲作为激发省悟体验、转变人生态度和文明模式的重要途径。第二，心灵性。省悟是发生在人的心灵深层的意识反应，如果有身体上的反应，那也只是副产物或伴随现象，或某种心身反馈现象。第三，内在性。省悟是发生在人的意识内部的活动，是别人所无法察觉的，也没有显著的外在行为表现。第四，莫名性。省悟的状态和境界只可意会不可言传，一般难以名状，是人的心灵内部的潜意识活动，这也是其神秘性的来源。第五，反身性。省悟中的意识活动对象是内在的而不是外在的，方向和途径是向内的而不是向外的，是一种内向型意识活动模式。第六，创造性。无论是反身内求的修养，还是思考问题的直觉和顿悟，都会有新的发现、新的感受或新奇事物的产生，这与联想、想象和创造密切相连；宗教的修行悟道是一种创造，科学艺术的思索想象也是创造；显然，创造力的重要源泉是休闲省悟。

并非任何省悟都是休闲，但省悟是休闲体验的一种最高和典型状态，休闲中更易省悟，发展休闲能够促进省悟。

3. 休闲省悟的功能

德国哲学家皮珀把休闲定义为一种精神的态度，意味着人所保持的平和、宁静的状态。同时，休闲也是一种使人类自身沉浸在创造过程中的机会和能力。其实这说的就是省悟的状态和能力，省悟的功能就在这种状态中得以彰显。

1）人性及生命意义和价值的发现

在休闲中超越现实生活的羁绊直追生命本质的价值思索便是省悟。一般认为，休闲学的核心观点是，休闲是人类生命的一种状态，是一种“成为人”的过程，由此，休闲不仅是寻找快乐，也是在寻找生命的意义。畅爽使人获得快乐，省悟使人觉察生命的意义。反求诸已、澄明觉悟使人发现人性和生命的本质，并感受到人生的价值。勤于省悟、善于省悟，人生才能获得强大持久的动力。

2）生活方式的调整及幸福观的改善

休闲省悟有助于人们反思自己的生活方式与他人、社会和大自然的关系，并以和谐的理念去评估自己生活方式的影响，进而通过纠正和改善自己的幸福观来调整生活方式，特别是消费方式。省悟使人察觉到人与世界的深层统一性，使人体悟到天人合一的美妙和喜悦，使人体察到内在的愉悦和快乐才是真正的享受和幸福。没有省悟，就没有生态消费、绿色生活、低碳环保的理念和行为。

3）文明发展的物本模式向人本模式的转变

休闲的人本特质及其和谐性、生态性，都表明它与目前主导人类文明发展的物本模式有着根本的区别，因而发展休闲，并特别强调深度休闲，以至达到内在的畅爽和省悟的境界，势必使人们更多地体会到物本模式的反生态性和反人性，进一步洞察和领悟到人本模式之于人性和生态的优越性。这有赖于人们的省悟，有赖于人们全新的创造和建构。

休闲中的省悟就是通过休闲活动来发掘人性与生命价值，休闲因而是一种衡量人性境界的标准；扩展开来，休闲省悟的生活方式和文明转型的功能，也是人类幸福水平和自由程度的重要标准。

阅读材料 5-7

袁岳《省悟的境界》

我一向主张人要多读书、出远门的，这样可以扩大见识；同时我也主张人要多行动、勤折腾、多总结，这样可以扩大经验。在这两样之外，我还主张人们要有时间去悟悟做人做事的道理。这个悟字，大概佛家讲得是最多的，而且似乎可以悟到一佛出窍二佛升天的地步。其实不只佛家，似乎凡宗教，对于以凝神聚想或者息思参省的方法都有描述与要求，这一些方法我都归到悟这一类中去。

我不想借用任何一个宗教门派对悟的定义。我自己觉得所谓悟，就是人们的思想对于某个或者某几个主题有所聚焦，集中关注，于是人们在有意识与无意识中对于与此相关的信息就敏感起来，而且集中起来，开始对于这些问题的表层问题有了一些新的见识，继续聚焦就会在一些新的信息或者来自其他领域的跨界知识的穿插下，又形成了一些新的认识，再接着凝聚信息与揣摩其中的道理，在某个时候对于有些问题可能有突然之间的一种想通，这个想通可以算开悟。其实悟可以是自己在不断累积的思索中突然出现的顿悟，也可以是思索到某个时候被其他人点拨而得到的开窍，还可以是持续了很长时间的层层叠叠的渐悟，与见识是见他人之识，经验是自己体验过的行动要点不同，悟往往带有一定的深度洞察的特点，带有一点思辨，往往带有个人色彩的道理。而要达到悟，在这里起码需要选择主题，相对聚焦，持续关注，甚至日思夜梦。我自己历有聚焦问题到达一个程度，以至于在梦中

想到了对待某个问题的很好的解决方案。作为一种方法，悟需要人们专门辟出时间，规划出问题的重点，对待一个问题中的点的关注到达超越寻常的程度，在这个意义上，悟很像是对于大问题的关键穴位的用力。当然，不是所有的悟都能得到究底，但是因为悟，人们对于一个问题点的突破能力有极大的主观资源投入，因此被突破的可能性远远超过了注意力分散的随心状态。

见识、经验、省悟代表了人们在认识事物的时候动静结合的基本模式，而如果说见识与经验是收集高级思考的原材料的行为，那么省悟代表的是将更多的原材料在我们的内部思维机制中梳理、交叉、融合、消化、精炼、萃取的过程。省悟的过程可能看似静一些，但是就思维内容的变化而论可能很具风暴特点；省悟可能是默想，但也不尽然，它也可能是朋友的有心交谈，或者是自言自语，或者是与人的激烈辩论，或者是画图构象，或者是以文辨析。能悟者，即使不曾得大道，也离大道不会太远。

（资料来源：http://blog.sina.com.cn/s/blog_489548eb0100bgjf.html.）

5.4 休闲与玩耍、游戏、游憩和娱乐

前两节着重在心理层面阐释休闲的内在动机、状态和境界，本节将说明几种与休闲相关的活动，它们既与休闲紧密联系，又与休闲有所不同；既不是休闲的具体形式，也不是休闲的特殊内容，而是基于某些社会和文化的差异所形成的范畴。

5.4.1 玩耍

1. 玩耍的概念

玩耍（play），又俗称玩，意指“做轻松愉快的活动或游戏”。就词源看，古希腊语“玩耍”与“孩子”的词源是同一的，表示玩耍的词语是“paidia”，含有孩子气（childlike）的意思。《现代汉语词典》中，“玩”与休闲相关的词义有：玩耍，做某种文体活动，观赏，供观赏的东西；相关的词汇有玩具（供儿童玩的东西）、玩乐（玩耍游乐）、玩赏（欣赏、观赏）、玩耍（是自己精神愉快的活动，游戏）、玩味（细细地体会其中的意味）、玩物（供观赏或玩耍的东西）、玩意儿（玩具、曲艺、杂技等）。“耍”有玩耍、表演、施展的意思，如耍把戏（表演杂技）、耍笔杆子（施展文字才能）、耍闹、耍手艺等。而相对于“玩”，“耍”包含更多别有用心地滥用心机和手段的负面意思。这说明玩耍不是认真严肃的，也不是严格理性或义务的，而是本能的、自发的、追求愉快的行为。

2. 玩耍与游戏、文化和休闲的关系

玩耍包含游戏；游戏属于玩耍，是玩耍的一种。而玩耍多指孩童的玩乐与游戏，或者成人的那些类似孩童或孩童般的游戏，具有天真无邪、童趣可爱的特点。在成人的日常生活中，玩耍是指没有职业、懒惰、不干活或者从事那种不是为了生计的事情。

玩耍是和劳作等严肃性的活动相对立的概念。

玩耍与文化关系紧密，人类的文化是玩的继续，玩耍先于文化，是文化的基础。玩耍的特点是自由的活动，玩耍本身是进取的，玩耍没有时间和空间的限制，具有创造性的意义。（赫伊津哈，1996）

休闲与玩耍的关系复杂而微妙。①它们的共同特征是动机上的自发性、状态和目的上与劳作的对立性；但玩耍和休闲的身心状态却可以渗透或主导劳作的过程。②二者都追求快乐，但对成人来讲玩耍的快乐是外在的，休闲的快乐则是内在的。例如，道家的“无为”和基督教的“安息”的状态应该是休闲而不是玩耍。③相对于“现实的原则”而言，玩耍更接近于“快乐的原则”，而常成为道德指责的消极对象；休闲则处于一种更加合乎道德的地位。④从社会阶层考察，休闲是人在所有年龄段的活动，而玩耍一般被认为是典型的儿童活动。⑤玩耍的积极作用就主要体现在儿童的全面素质的成长方面。

知识链接 5-6

关于玩耍的不同理解

早期许多学者把有动机的玩耍定义为过剩能量的发散，即所谓的过剩能量论，其根据是当能量不足成为玩耍活动的动机时，人们去劳动；当能量过剩并成为玩耍活动的动机时，人们便去玩耍。于此相反，有的休闲论点认为玩耍是为了恢复劳动以后的疲劳。关于玩耍的一些学术研究，见表 5-1。

表 5-1　玩耍的各种代表性理论

观点	学者代表	内容
能量过剩论	F.V.席勒（F.V.Schiller）	玩是人类精力过剩时没有目的的发散
反复论	G.S.霍尔（G.S.Hall）	玩是人类在一生中简要重复种族过去经验的活动
生活准备论	K.格罗斯（K.Gross）	玩是本能而能愉快进行的生活准备
净化论	H.A.卡尔（H.A.Carr）	玩的价值在于减少和发散人们日常生活中有害的东西
本能论	W.詹姆斯（W.James）	玩是基于人类的本能而追求兴奋的生活
修养论	J.F.古斯穆斯（J.F.Gutsmus）	在玩的过程中驱散身体或精神的疲劳以得到满足的修养
自我表现论	E.D.米歇尔（E.D.Michell）	人类从玩中追求自己想得到的体验

我国著名哲学家于光远先生创立“玩学”，被学界称为中国第一位玩学家。他提出“人之初，性本玩，活到老，玩到老”，以及“要玩得有文化，要有玩的文化，要研究玩的学术，掌握玩的技术，发展玩的艺术”等著名观点，获得了休闲学界的高度认同。他还认为游戏

的境界应该是“玩得从容，情趣如云；玩得平淡，味道自得；玩得朴素，丰富于心；玩得自在，创造无限。”在他和马惠娣看来，玩耍和游戏基本没有区别；会玩的人往往心情活泼、思维发达、肢体灵活、反应迅速、创造力强、生活丰富多彩。

时下又出现了“玩商”的概念，根据百度百科，“玩商”（leisure quotient，LQ，实际应该是“闲商”的英文词）是描述人们休闲、生活、玩乐能力的指数，是一个人玩乐方面能力的反映。玩商直接提升一个人自我生活的控制力，拓展个人价值，使人生更健康、更快乐，让人的工作时间和非工作时间的生活方式更多样化。玩不是让人用玩的方法去逃避现实，而是从玩的角度去反思现实生活，发现生活的乐趣和奥妙。但吴文新认为，“玩商”（play quotient，PQ）不同于“闲商”。因为第一，玩不等于休闲。第二，“闲商”是一个人的休闲智能，表征一个人在休闲方面的整体素养，包括休闲的智慧和能力两个方面，休闲的智慧包括争取“闲”（特别是“闲心”和“闲空”）的能力和方式，对待“闲”（特别是“闲空”和“闲钱”）的方式和态度，休闲活动的道德智慧、健康智慧和生态智慧等，涉及休闲过程中人与人、人与自身、人与自然等方面的关系，不损害这些关系的和谐是这种智慧的底线，有利于甚至可以不断提升这些关系的和谐程度，这是休闲智慧的较高境界；休闲的能力则包括休闲的知识及基于此的技能技巧、熟练程度等，表现为极高的休闲难度、想象力和创造力及其艺术或审美境界等。显然，根据现有的玩商概念无法涵盖如此丰富的内容。第三，玩商有特殊的适用领域，主要是少年儿童，其次是各种职业玩家；闲商则适用于所有人。第四，闲商某种意义上就是一种超越世俗功利的心态，也是一种大智慧；而通常所谓“以欣然之态做心爱之事”、“以出世心态做入世事业”，表明闲商高的人更容易获得成功和幸福。第五，以玩商代替闲商必然加剧休闲异化，因为玩商是一个工具性的概念，而闲商则既有智商又有情商，是工具性和价值性的有机统一；片面推崇工具性必然加剧异化。

（资料来源：http://blog.163.com/wx8438@126/blog/static/86262222012217771639682/.）

3. 玩商及其作用

一般认为，玩商就是人玩耍、游玩、娱乐等方面的生活能力，其核心是指人玩乐的技能技巧。玩商就是人在玩耍方面的智商，是智商的一种，属于一种工具性的休闲智能。玩耍是儿童的天性，儿童就是通过玩耍来探索世界、享受生活的；玩耍也是儿童身上潜在的学习驱动力，因而是培养、训练和发展儿童综合素质的符合儿童天性的愉快且重要的方式或途径。提高孩子的“玩商”有如下益处：可激发孩子的天分，促进儿童活泼健康成长；可让孩子逐渐认识和了解他周围的世界；可让孩子认识真、善、美；可培养儿童与他人友好、积极相处的能力；可促进孩子大脑左右半球的发育；可提高孩子的语言学习和想像能力；可激发儿童的好奇心与培养孩子的毅力；可大大提高儿童的注意力；可增强孩子的自主性和解决问题的能力；可显著提高成人之后的闲商，有助于成人的成功与幸福。但是，当前的应试教育恰恰缺乏对少年儿童玩商的培育与发展。因此，将玩商引入教育学，将玩耍、游戏、休闲引入基础教育系统，无疑会切实提高素质教育的效果，特别是有助于培养具有较高想象力和创造力的创新型人才。

5.4.2 游戏

1. 游戏及相关概念

游戏是人的休闲方式之一，与玩耍、运动、娱乐、游憩等概念密切相关，同等重要。游戏是一种由二人以上参与的、有通行规则的玩耍、嬉戏，既可是一种娱乐活动，也可是一种体育运动，还可是一种智力活动；在发生的时间和心态上都与休闲一致。

相对于劳作而言，游戏是人们在满足了生活资料的基本需要后才可能出现的。从游戏的活动形式和时间安排看，它与劳作直接对立，因为劳作的规则与目的跟游戏截然不同；但休闲化的劳作在内在状态上与游戏也是相通的，如会出现大致相同的成就感、满足感、幸福感等畅爽感。

知识链接 5—7

关于游戏的一些观点

心理学家威兼·马克斯·伍恩德（Wilhelm Max Woundt）在 1878 年指出，游戏与娱乐乃是人性的表现。这种观点引起了社会的普遍重视和相当的关注，对后世作为身体娱乐理论基础的游戏论影响甚大。卢梭认为，游戏是一种置身其中的、自由的、有乐趣的、欢快的活动。黑格尔认为，游戏比正经事更正经。席勒认为，只有在游戏中，人才能够由“断片”组成完整的人，由分裂走向统一的人，完整而统一的人就是自由的人、理想的人。游戏的诞生和发展与社会文化的发展以及人类文明的提高有内在统一关系。也就是说，游戏是衡量人的自身意识觉醒程度的一把标尺。

关于游戏的原因，有如下观点：①有生物学方面的依据，即人有了超出生存所必需的能量之外的能量，必须通过游戏将它消耗掉并转化为其他能量。②人们需要从工作和其他非游戏性的能量消耗中解脱出来。③游戏是对未来所需要的技能的一种习得。④游戏重复了一个成人的过去经验。⑤游戏既是将生活领域中的快乐体验带到游戏世界中来，也是在游戏中寻找在其他生活领域中无法得到的快乐。⑥游戏本质上是治疗性的，它可以使人通过游戏清除或逐步化解那些令人不快的经验和情感，并将它们排遣掉。⑦游戏具有生理学的基础，大脑中的快感中心区域受到外界刺激而产生“麻醉”感或畅爽感，游戏就是寻求或制造这种能够刺激的活动方式。

（资料来源：于光元，马惠娣. 于光远马惠娣十年对话：关于休闲学研究的基本问题[M]. 重庆：重庆大学出版社，2008. ）

2. 游戏的特征

第一，游戏是有规则约束的、自愿的、自由的行为。游戏是相对于规则的自由，而不是无限制的；游戏是自觉自愿的活动；游戏的起始和停止是随意的，不受时间的制约；只有当游戏被视为文化功能时，如作为一种仪式或庆典，它才会有责任和义务。游戏的理想境界即它的本质状态：追求乐趣，在游戏的乐趣中自满自足。

第二，游戏的非功利性和非生产性。游戏的性质是非日常的，仅仅是模仿和纯粹为了乐趣，即它是非功利的、无结果的，仅追求自身内在的目的；游戏可以远离严肃性，达到自我满足的境界；游戏通过具有创造性和变化性的活动来使人体验变动中的欢愉感，以实现自身的价值，追求人格的升华。游戏的非功利性与其自由性的特征是一致的。

第三，游戏具有超越时空的独立性。这也是理想的游戏境界的重要方面。只有当人们脱离了日常事务，把日常生活的繁务杂念弃之脑后，游戏活动才是纯粹的；游戏是对现实生活的一种超越，远离日常生活；游戏往往被排除在生活之外，有时间和空间的规则和限制。因此，游戏超越时空，又受限于时空，其独立性是相对的，这使游戏世界与日常生活世界分离。

第四，游戏具有象征意义。游戏特有的具有象征意义，是由人的文化需求所形成的，这些文化需求包括与游戏相关的特有的规则、价值观、技巧，以及游戏者特有的服饰、游戏设施等，它形成了与游戏外部现实世界截然有别的亚文化氛围。游戏活动是人在文化领域的生动的外部表现形式。

第五，游戏过程的竞争性和结果的不确定性。这也正是游戏对参与者颇有吸引力的根源。如果结局能够被预料到，那么游戏将不复存在；游戏通常具有高度的竞争性和绝对的吸引力。但游戏中的获胜者及所有参加者得到的仅仅是荣誉。而游戏中的紧张、冒险、运气等因素，都使参加者单凭能力、技巧和愿望并不能完全决定游戏的结果。

3．游戏的品类和功能

游戏有不同的品类。在不同年龄段有不同的游戏种类，儿童游戏是儿童玩耍中有规则的活动，游戏往往挑战儿童的智力和体力，具有刺激性、冒险性，可以促进其身心成长；而无规则的玩耍则是无任何约束的，任凭其想象力、好奇心而发挥意识和身体功能的活动。成人游戏则被规则性所限制，想象力和好奇心的作用要弱得多。

根据游戏目的可分为博弈类游戏（如棋艺、扑克、麻将等）、情趣类游戏（如儿童玩的跳绳、踢毽子、藏猫猫、剪刀石头布、击鼓传花等）、竞赛类游戏（如各种具有娱乐性的比赛、竞技性活动）、益智类游戏（偏重于训练和提高智力的娱乐性活动）以及素质类游戏（如用于训练人的身心综合素质的拓展训练的各种活动）等，并互有交叉。

游戏品质有高有低，博弈类游戏智能技巧性很强，但价值引导不力则容易导向博彩或赌博，引导得力则属于高品质游戏；其他几类均可归入高品质游戏；网络游戏具有综合性，但其中部分游戏的暴力和色情倾向严重，具有较大的感官刺激性和博弈性，属于低品质游戏；有人针对网络游戏的低俗性提倡的严肃（网络）游戏，就属于高品质游戏。

高品质游戏正是以其最直接的感性实践方式成为塑造人的休闲活动，它具有积极的功能。首先，可促进个体的完善。例如，在现实世界中，游戏与社会文化的方方面面密切联系，最直接的是愉悦身心的健康效果，进一步是训练身体机能（技能）、训练并提高智力水平、传承生活方式、改善生活质量。其次，对社会具有文化的功能。游戏作为一种重要的社会文化形式，必然具有表达文化的功能，尤其是一些具有民族性和宗教意味的游戏，其表达文化、传承文化、象征意义的功能尤为显著。最后，在当代高科技社会，可发挥平衡工具理性与价值理性的关系，协调感性与理性，和谐身心、柔化控制的功能。

5.4.3 游憩

笼统而言，游憩就是人们在劳作之后为消除疲劳、放松心情而参加的各种有益的活动，含有休息、消遣、轻度锻炼、身心恢复、获取愉悦的意义。它是一种相对低层次却又是主要的休闲活动。人们（特别是市民）大量的日常户外休闲活动属于游憩活动。

与游戏相比，游憩没有规则，属于日常活动，缺乏挑战性，与劳作关系更为紧密，是一种恢复性、补偿性休闲。休闲不等于游憩，只有在闲暇时间内所进行的游憩活动才是休闲活动， 许多休闲活动也不是游憩活动；游憩的休闲层次和水平较低，所得到的体验也较浅、畅爽感不够深刻，也很难出现高峰体验或省悟。游憩包含了较为随意的玩耍，活动本身没有直接的目的，除了一般的法律和社会公德，没有确定的责任和道义约束。游憩包含了娱乐的成分，但因其随意性，并不是显著的社会性或文化性的娱乐活动。但大多数时候，这些概念或活动之间难以清晰划界。

知识链接 5—8

关于游憩的词源和概念研究

游憩（recreation）的辞典解释是“劳累工作后力量和精神的恢复和振作；获得娱乐和消遣的手段”。其英文解释是：“(form of) play or amusement; refreshment of body and mind; sth that pleasantly occupies one’s time after work is done”。根据大多数文献所提供的线索，将“游憩”对应于“recreation”，应是源于《雅典宪章》的中译。之所以弃“娱乐”而选择这个词语，译者的考虑应是认为“游憩”比“娱乐”更能切合《雅典宪章》中城市基本功能的涵义，它与“工作”、“居住”、“交通”一起被列为城市的 4 项功能；但也因其与“娱乐”关系密切，国内有学者也译为“娱憩”（李仲广等，2004）。所以，尤其在城市研究、旅游研究领域里，“recreation”总是被称作“游憩”，而“leisure and recreation”总是被称作“休闲和游憩”。在西方研究中，“recreation”被认为与“leisure”一样，也有着相类似的概念上的含糊和定义上的难题。闲暇规划者和业界从业人员的一些务实性观点，导致“recreation”等同于那些人们在闲暇时间里所参与的活动。它被认为是自然性娱乐和运动的同义词。

这种观点提供了许多实际的好处：易于确定是什么样的活动、活动的地点、活动的时间、活动的持续时间和活动的发生频度。据此，业界人士往往很少会去分析这些活动是否真正适合人们的需要；规划者往往按已有的活动类型和人们的参加频率作为规划基础，却并不怀疑这与人们潜在的偏好是否相符。这种“活动”观，其不利的地方是从本质上忽视了需要、动机、满意度、态度、经历和选择的问题。

其实，英文文献中的“leisure and recreation”，指的是一个术语。若用中文来对应它，无论是“休闲和娱乐”，还是“休闲和游憩”，都有不能自圆其说之处。其实，“休闲”或“闲娱”、“娱憩”，在汉语语境中已能够表达出“leisure and recreation”的英语本意。而对于单个的“recreation”，在很多时候，也可直称为“休闲”，尤其是在讨论那些具体的活动时，并不一定强给它安上“游憩”的称呼，那样反而会使问题变得复杂起来。

马惠娣认为，游憩泛指人的消遣、游玩、社交活动，作为游戏的一种，更强调其记忆的多样性和目的的创造性；她把其英文“recreation”拆成“re”（反复、重复）和“creation”（创造）两部分，之所以受到西方人重视，就是因为其不断创造的含义，即游憩、休闲是能够培养创造力、发挥创造性的活动，鼓励游憩、发展休闲也就是激发创造性。她还认为，中华祖先创造了“游憩”一词，相当有文化品位，所谓游憩就是要“藏焉、修焉、息焉、游焉”，要“志于道、据于德、依于仁、游于义”，游憩于礼、乐、射、御、书、数“六艺”之中，这才是游戏的精髓！显然，如果在创造性的意义上理解游憩，那么其体验中的省悟成分应该很浓，因为达到省悟的畅爽体验才是创造力的源泉，这样似乎游憩又是深度的休闲了。由此可见游憩与休闲关系的复杂性和微妙性。

（资料来源：Edgar L Jackson,Thomas L Burton. *Understanding leisure and Recreation: Mapping the past,Charting the Futule*[C].Verture publishing,Inc,1989.）

从积极的方面看，游憩乃个人或团体于闲暇时间从事的活动，它也属于有意义的享受，并可能发生于任何时间、地点，只要主体认为该项活动对他而言具有游乐性即可，而且会因时间、空间的不同，产生不同的活动感受。因此，游憩是一种具有提供“体验”潜力的“活动”；游憩与生活密不可分，积极的生活本身就是游憩，游憩过程是一种能量生产、消耗和积蓄过程，游憩系统是城市社会能量储存与生产系统，市民通过这个系统把作为“潜能”的信息与资源吸收转化为能量和动力，使游憩者有更充沛的精力、更丰富的知识、更健康的身体从事生产和创造性活动，促进文明的发展。

阅读材料 5—8

心湖雨又风

当你早早走进西湖，占取任意角度，凭栏远眺，西湖是如此神奇、绝妙、令人遐想万端，感慨不已。她是如此安静，安静得可以听见潺潺的流水声，甚而能听见自己的心跳。游人稀少的那一刻，或许能给你留下足够的遐想三维空间，令你神清心静，悠然处之，有种天高地阔皇帝远的感觉，似乎是置身于世外桃源的仙境。沿湖公路，西湖岸边，曲水回廊旁，人烟渺无，飞鸟绝踪。此刻的西湖犹如一位窈窕的睡美人静静地躺在杭州的西侧，似醒非睡，似坐似卧，痴痴地等待自己的心上人的突然降临……那“苏堤春晓”、“柳岸闻莺”的意境，你可以在这里得到最充分的诠释。此时你真正能享受到苏东坡的“山色空蒙人亦绝”的最佳意境。垂柳穿着青翠的绿裳，舒展着撩人心绪的身姿，拂弄着你乌黑的秀发，轻吻着你稚嫩的脸蛋，妙极了。甜甜的露珠洒在绿叶上晶莹剔透，跃跃欲滴，滴进了你的心里，滴进了你的笔尖，敲打着你的心窗，萌发着你的志向，激发着你的斗志，也净化了你的心灵。春夏之交的西湖，像出浴的新娘，窈窕而丰腴，腼腆而含蓄，文静而温顺。那粉红的脸颊，清丽深邃的黑眸，流转的眼神，妩媚妖娆的姿态，始终保持着那种欲遮还羞、欲言又止的东方女性的神秘和魅力。她甜美而热情，大方而得体，柔美而迷人。羞惭却不卑微，外向却不轻浮。高贵圣洁，丰腴美丽，清丽端庄，文静可人，动人心扉。实属国之精粹，民之魂魄，画之神笔，玉之绝品，美之典范。

西湖的万顷水面烟波浩渺，远远看去，整个西湖有如海市蜃楼，朦朦胧胧，粉黛含羞，遮遮掩掩，确有不识庐山真面目之感，她好似那腼腆的新娘含情脉脉，静心等候有情人亲切地撩起她的纯白色长裙，迫不及待地拥入爱的怀抱，品尝那令人向往的痴痴的爱恋之情，聆听有生以来的那种幸福而甜蜜的心跳。湖水绿波潋滟，鳞光闪闪，倒影婆娑。微风轻拂，荡人心扉，惬意极了。泛舟西湖，心旌飘然，酣畅无比，不能自抑。湖心大小游船穿行不息，帆影点点，络绎不绝。各种各样的小船两头尖尖，造型各异；似跳似跃，似颠似簸；忽而疾驰，忽而漫游；摇摇摆摆，飘飘荡荡，摇出脸上无限蜜意，荡出心中万千柔情；船槁轻轻一点，小船疾驰而飞，后面落下一串串洁白的浪花。湖岸一瞥，杨柳依依，桃红柳绿，人头攒动，游人如织……举目远处，山色空蒙，水天一色，山水交融，青黛含烟，雾气氤氲。置身于如此美丽仙境，顿觉心醉神迷，万念俱无。

苏白两堤，春意盎然，杨柳垂岸，绿波荡漾，清风习习，空气新鲜，各类鸟儿叫声不绝于耳。漫步堤上，一股股清香扑面而来，令你心醉神迷，忘乎所以，甚而忘记回归的路。断桥到两堤，风景如画，百花争艳，蝶飞凤舞。不时有清脆的歌喉飘然而至，歌声抑扬顿挫，哀婉凄楚，不绝于耳，似叹似吟，似怨似愁，莫衷一是，使得你心潮激荡，浮想联翩，给人留下一番无穷的回味……杨柳岸，莺啼百啭；西子湖，千年情缘；雷锋塔下，风情万种；断桥头上，遥想当年。整个西湖景区，你来我往，人流不息，车流不断。面对西子湖美景，他们她们我们究竟在想些什么呢？

夜西湖给人的印象是更为神秘、更具魅力，更促使你心旌摇曳，思潮澎湃，浮想联翩。夕阳西下时分，西湖万顷水面清风微浮，波澜不惊，水清见底，一尘不染，呈现出“日落湖面红胜火，春来湖水绿如蓝”之意境。置身于波光粼粼的西湖岸边，你已经被这种美丽温馨的晚景所深深吸引陶醉。当夜幕渐渐降临，一玄弯月羞惭地向游客崭露芬芳的时候，一种温馨、幸福的感觉顿时会在你的心底躁动着、升腾着。耳畔不时传来悠缓的乐曲，凝神细听，声音婉转悠扬，动人心扉；远远看去，忽隐忽现，变幻多姿的水柱腾空而起，又悠然落下，洒下一串串美丽的彩珠，像一个个美丽的姑娘向游客展示自己窈窕的曲线；随着乐曲铿锵有力地变换，多彩的水珠瞬间又幻化成一个个潇洒倜傥的白马王子，风度翩翩，英姿飒爽，呈现出阳刚之美。夜雾朦胧，游客渐少的那一刻，西湖仿佛又恢复了她原本的平静。操劳一天的睡美人似乎只有在这个时候才能安静如常，才能得以舒缓一下自己一天的心绪，梳理一下自己散乱的发髻，清洗黏贴在自己身上的污物和尘埃，抛却身心所有的不快、烦闷和焦躁。朦胧天宇挂悬月，西湖镜中一点红。若是人生不如意，请来西湖把泪滴。此时此刻，你完全可以启动你平时被抑制的泪腺，在这人走茶凉的夜西湖岸边，静静地躺在它温馨的任一角落里，任你热泪挥洒，任你哭断柔肠，任你一诉心中委屈，任你抒发一世情囊。在这里，可任你抚今追昔，睹物思人，缅怀前生，启迪来者，宣泄人生冷暖之感慨，咏叹世间儿女之情长；在这里，你还可以追忆千古，问道红尘，茫茫天宇，谁是今日之主宰，以使你奋发图强，蓄积能量，以图抱负，统而天下。

雨中的西湖，轻风摇曳，细雨缠绵，诗意浓浓，浪漫无限，美丽动人，令人怀想。宽阔的湖面雾气含烟，微雨点点，一剪飞燕乘风翱翔，自由飞落。不时有不知名的鸟儿在雨

中打斗嬉戏。这时水面原有的平静随之被打破，淼淼粼粼的景观也在瞬间消失。此刻的西湖，犹如一位淳朴善良的村姑静静地徜徉在蒙蒙的雨中……你在西子湖畔的任何角落，都能感受到她就是你避风的港湾，她就是你遮雨的家园，都能感受到她的温柔细腻、热情周到和多情的爱恋。这是西湖给你预先搭建好的临时休闲思考的平台。在这里，你可以尽情享受这雨中情、雨中爱、雨中思、雨中忧、雨中泪；在这里，你还可以放开你思绪的翅膀，翱翔在这广袤的西湖空间，你可以去想，去写，去哭，去笑，去愤，去恨，去感恩，去悔恨，以尽可能地松解你平素被禁锢的思想领地，驰骋在你曾经被羁绊已久的遐想空间，随便你怎么去欣赏慨叹发泄，任凭你去体恤人间酸甜苦辣，任凭你去感受世道冷暖寒凉，也任凭你去思考人生轨迹，论证人生价值，探究人生的真谛。

（资料来源： http://blog.sina.com.cn/s/blog_51f729db0100r7ei.html.）

5.4.4 娱乐

娱乐是人们在闲暇时间内从事能消除疲劳并在生理和心理都获得满足、愉悦的休闲行为。它也是最主要的休闲活动之一，无论是个人还是集体参与，它都能使人感到轻松和愉快。通常认为娱乐是工作的反义词；人必须工作，而后疲倦，于是去娱乐，之后，重新变得生机勃勃和充满活力，便重新投入工作；无论从意义上还是功能上看，娱乐都依赖于工作而存在。娱乐不是一件严肃的事情，它只不过是取乐（fun）和游戏（game）。

知识链接 5-9

关于娱乐概念的研究

娱乐概念大约产生于 20 世纪初，但国内外学者一直未能就其准确的定义达成共识。1942 年，弗兰克·布洛克（Frank Brock）将娱乐界定为积极而愉悦地使用休闲时间。1954 年，霍华德·丹佛（Howard Danford）认为，娱乐是个人自愿参与任何悦人心意的社会休闲活动，从中可立即获得持续性的满意。1960 年，纳什（Hash）认为，娱乐是一种人们借以满足内心驱动之表现需求的工具或手段。1980 年，陈水源认为，娱乐是日常生活上消除精神和体力上疲劳的一种休闲活动。1989 年，池田胜等人认为，娱乐是指体力、精神上的恢复及康复，暗指能量的再创造或能力的恢复。1990 年，蔡佰禄认为，娱乐是人们利用自由时间或于休闲状态下所从事的各类活动，是能获得个人满足与愉快的体验。1993 年，欧圣荣认为，娱乐是人们于休闲时间或自由时间为满足个人需要和欲望，依据自由意愿所从事的活动或追求的体验。约翰·赫彻恩斯尔（John Hutchinsor）认为，娱乐是一种有价值的、社会上认可的休闲经历，该经历能对自愿参与一种活动的人们提供即时的和长期的满足。马特思（Martin）和厄斯特尔（Esther）则认为，娱乐是在闲暇时追求的（身体）活动，它是自由的和愉悦的，它有其自身的吸收力。葛拉齐亚（Grazia）认为，娱乐是人类为了再生产劳动而进行的休息、转换心情等活动。

英国哲学家赫伯特·斯宾塞（Herbert Spencer）曾说："人类在完成了维持和延续生命的主要使命之后，尚有剩余的精力存在，这种剩余精力的释放，主要是娱乐。"德国生物学家谷鲁司认为，娱乐并不是没有目的的活动，并不是完全与实用无关的行为；娱乐不但是人类在改造自然、改造自身生活的进程中用以调节节奏、获得休息的手段，同时也是对未来人生的准备。娱乐活动中所呈现的益智性、健身性、美育性、技艺性、交际性等，是现代人纷纷对娱乐活动抱以非凡热情的主要原因。谁不希望快乐而想拥有苦痛？娱乐现象无所不见，正是应和了人类的本性，这是娱乐消费业繁荣的根本源头。

令人困惑的是，娱乐一词的英文也是“recreation”，与上文所说游憩是一个词。但在互动百科中，娱乐是指一种通过表现喜怒哀乐，或自己和他人的技巧而给予受者以喜悦，并带有一定启发性的活动（Bryant & Miron，2002），它包含了悲喜剧、各种比赛和游戏、音乐舞蹈表演和欣赏等。在英文词典中，表达娱乐的词语还有 entertainment，amusement，pastime，relaxation，enjoyment 等，从而与游憩有微妙的区别。

娱乐的目的是为了获得快乐。为了快乐，人类创造出了丰富多彩的娱乐方式，其中有健康的，也有不利于健康的。各种娱乐方式都是有助于平衡人的脑部化学结构的工具，但娱乐也有可能对人们的身体、心灵和情绪造成负面效果。例如，有些电视节目有助于提高血清素，有些却会引起高度亢奋，尤其是当安静地坐着观赏时，人们的脑部化学结构会被动作片、恐怖刺激片等所操控；有些抑郁症患者特别喜欢借看电视逃避现实和自己的内心，这与吸毒或酗酒没什么两样，但如果改为写情绪日记、听音乐、户外运动或参加其他有助于平衡脑部化学结构的活动，则其康复效果要好多了。

娱乐与休闲既有联系又有区别。它们都是在自由时间内追求快乐的自发行为。但相对而言，休闲活动的含义宽泛，而娱乐活动则较为具体；休闲是综合性的、非组织性的个人行为，追求内在的满足，而娱乐则在活动的种类和范围上有限定性，而且有一定的组织性，它强调社会利益，为了强化家庭、单位、团体等社会建构而进行的，伴随着一个社会目标的活动，这也是娱乐业得以存在的根据。休闲与娱乐的差异见表 5-2。

表 5-2　休闲与娱乐的差异

休闲	娱乐
综合性活动范畴	限定性活动范畴
非组织性	有组织性
主要满足个人目的	主要满足社会目的
自由时间	自由时间内的活动
自由，强调内在的满足	强调身心重生和社会利益

（资料来源：Kelly, John R.“Work and Leisure:A Simplified Paradign[J].Journal of Leisure Research，1972，4.）

娱乐作为一种休闲方式，被称为娱乐休闲，大致包括了观赏大众传媒上的娱乐节目、观赏或参与表演、唱卡拉 OK、蹦迪、跳有韵律的健美操等；有些体育活动具有娱乐性，娱乐体育是为娱乐而从事的一种身体活动，如中国民族传统体育活动，龙舟、舞狮、踢毽、摔跤等。体育活动千方百计地变换方式供人娱乐，充分地满足和发掘人们的感受，引导人们注重消遣、游乐和嬉戏。

5.4.5 体育、旅游与休闲

1. 体育、休闲体育与体育休闲

体育（sports）一词本来是从“disaport”中分离出来的，“disaport”是干活累的时候，为了转换心情而做点什么的意思，因此它包括热衷于生活或者忘掉悲哀、调节心情等内涵。体育侧重身体机能和技能的发展，是较为激烈的锻炼、竞技和挑战性、刺激性活动。但并非所有的体育都属于休闲。职业性的专业足球赛具有经济价值，这跟追求内在满足的休闲有本质不同。只有那些具有排斥拘束和制约以便自由地享受心理快乐的体育才能算作休闲，而把观赏竞技体育的活动当作娱乐（如球迷沉醉于各种球类比赛的电视节目之中）。

休闲体育是指在闲暇里从事具有运动性质并以健康为目的且能愉悦身心的体育活动，即能够作为休闲方式的体育活动；而以体育方式从事的休闲活动就是体育休闲。体育休闲的内容不仅有休闲体育，还有对竞技体育的观赏及相关阅读和游览，以及具有广泛参与性的养生体育。体育休闲与休闲情趣相适应，有某种文化娱乐意义，从而使得休闲体育从一般的体育活动变成一种休闲情趣、一种生活方式。体育休闲较其他娱乐活动具有特殊功效：可以在生理方面强身健体，在心理方面愉情悦性，在审美方面体验超越与自由。体育休闲正好有助于个体享受高质量的生活——基于人的享受感、满足感、履行感和自由感的富有情趣的生活。

2. 旅游、休闲旅游与旅游休闲

旅游（tour）一词在东方来源于《周易》的“观国之光，利用宾于王”，强调旅游的目的。在西方，“tour”一词来源于拉丁语中的“tornus”，强调旅游行为。世界旅游组织对旅游作如下的界定：旅游是人们在持续不足一年的时间内出于休闲、商务和其他目的而离开惯常环境的旅行和逗留活动。在休闲学角度看，旅游就是较长闲暇时段内的异地休闲。其特点：旅游目的地比出发地更新奇、更独特，充满未知的事物，更具有新鲜感；在时间上，是主体离开常住地 24 小时以上；在经济上，是一种非报酬性和消费性活动；在活动上具有移动性和综合性，即它是离开日常生活空间，不断地移动、连续地游览和观赏以及亲自参与和体验，并可能包含各种休闲方式的行为；其目的是为了进行心情转换、休息或者满足好奇心而去接触新的生活、未知的风景，提高教养、审美意识或开阔眼界等，具有显著的文化意义，旅游因而是一种文化事业。

在现代社会，旅游作为一种特殊的商品，买卖的对象是体验或文化、精神的愉悦和享受。旅游的休闲化是大趋势，以休闲为目的旅游亦即休闲旅游，因其更加人性化、文化化和生态化，而越来越受人们推崇；它更注重旅游者的精神享受，更强调人在某一个时段内而处于的文化创造、文化欣赏、文化建构的状态；它通过人的共有的行为、思想、感情，创造文化氛围，传递文化信息，构筑文化意境，从而达到个体身心和意志的全面和完整的发展；它为激励人在当代生活中的许多要求创造了条件。

旅游休闲就是以旅游的方式度过闲暇或从事休闲，是休闲的一种形式。旅游休闲的内容主要是休闲化了的旅游。休闲与旅游都是摆脱必要义务在自由时间内进行的活动；但休闲可在日常和非日常的任何空间里进行，而旅游只是发生在非日常的空间里，并以空间移动为前提。

3. 休闲与其系列概念的关系

以上已经讨论了休闲与玩要、游戏、游憩、娱乐、旅游、体育等相关概念的关系。这些概念的细微差别可以在图 5.2 中有大体认识。在现实生活中，它们都是很重要的概念。像其他重要的概念一样，每一个人对它们的理解都会稍有不同，而且每一代人也都会加上自己这一代人的诠释。但本书认为，休闲是比娱乐、游戏、旅游、体育（休闲体育）更宽泛的概念，实际上它是包括所有人类快乐活动的更普遍的概念。

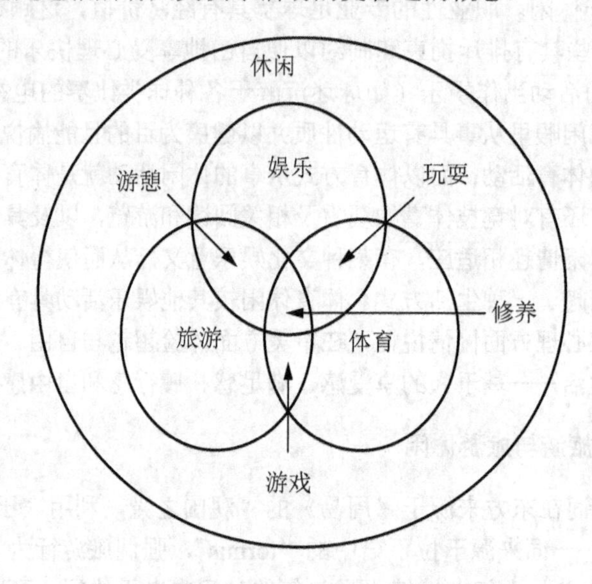

图 5.2 休闲与相关概念的关系

案例分析

苏轼的休闲诗词及生命体悟

生命，是这个世界上最美丽的花朵；那么，对生命的感悟、阐释，就成为作者最富灵性的文字。苏轼之所以能成为中国文学史上最受人们喜爱的文人之一，就是因其从灵魂深处流露出来的对生命科学感悟的文字，感染和启迪了一代又一代的读者。

雪泥鸿爪——生命的偶然性

生命，就是一个必然和偶然巧妙组合的魔方。生命的过程是一个必然，但连接这个过程的各个点，却有很大的偶然性；就像人们所比喻的那样：叶子要长在树上，这是一个必然，但要长在哪一棵树的、哪一个杈的、哪一个枝上，却是一个偶然。苏轼感悟到了这一点，且形象而又灵动地将它抒写了出来。在《和子由渑池怀旧》一诗中，他这样感叹："人生到处知何似，应似飞鸿踏雪泥。泥上偶然留指爪，鸿飞那复计东西？"的确，人的生命轨迹，就像雪泥上留下的飞鸿爪印一样，带有很大的偶然性。古人云，苏诗长于比喻，此诗句的经典性也正表现于此：将人内心那种微秒的感受，用富有机趣的语言表达出来了，难怪"雪泥鸿爪"能够积淀成一个人们十分喜爱的成语。还有一种理解：雪泥鸿爪以喻人

之“无心”，人生不过如此，一切的一切都带有很大的偶然性，如“天衣怀禅师”所感悟的：“雁过长空，影沉寒水；雁无留踪之意，水无涵影之心”。故，人不要太在乎去留，应随遇而安。苏轼此诗虽然有些低调，但也道出了哲人对生命的真切体验：人生美丽的弧线，是由那一个个偶然的“点”连接起来的。

月圆月缺——生命的二重奏

生命又是一个长长的旅程。在旅途上，有丽日蓝天、绿茵鲜花，也会有风雨雷电、枯枝败叶；人在旅途，就应该有充分的心理准备，时刻准备着命运的挑战；正如一首歌中所唱到的“风雨过后是彩虹”。苏轼的一生风风雨雨，历尽坎坷。在北宋政坛上，王安石变法时，他被划入保守派；司马光废除新法时，他又被划入了革新派；厄运连连，一贬再贬，后来被贬到蛮荒之地惠州时，他还乐呵呵地吟诵：“日啖荔枝三百颗，不辞长作岭南人。”故林语堂称其为“不可救药的乐天派”。苏轼为什么能这样洒脱呢？这与他对生命的科学感悟是分不开的。他看到了生命原色的二重性，即如《水调歌头》中吟诵的：“人有悲欢离合，月有阴晴圆缺、此事古难全。”正所谓古语云：“人不得全，月不得圆。塞翁失马，焉知非福？”苏轼从月圆月缺、月缺月圆这亘古不变的自然现象中，感悟到了生命的存在、运行亦应如此。世上的事没有一成不变的，任何事都有它的两面性，好事可以引出坏的结果，坏事也可以引出好的结果；人不论处于顺境还是逆境，都要看到另一面，就像天空中的月圆月缺一样，是一种自然的必然、必然的自然；这就是生命旅程上的一曲永远的“二重奏”。

身在此山——生命的自限性

上帝给人以一双眼睛，就是用来看世界、看他人的，人这一辈子最看不清楚的恐怕就是自己了，故古人云：人贵有自知之明，这就是生命的自限性。哲人苏轼在长期的生活实践中，深切地感悟到了这一点，故在《题西林壁》中写到：“横看成岭侧成峰，远近高低各不同。不识庐山真面目，只缘身在此山中。”苏轼在中国诗歌史上最大的贡献，就是创造了理趣诗。此为理趣诗中的极品，直到如今还脍炙人口、传诵不衰，就是因为他悟出了生命的劣根性，即自限视野：自己看不清自己。所以，人好自以为是、好为人师，如井底之蛙，只能看到进口大小的天。故，人生在世，就有一个突破自限性，认识自己、超越自己的问题。这是一种生命升华的境界。若能进入这样一种境界，视野就开阔了，胸怀就宽广了，生命之光将会更加灿烂。据传，东坡一日退朝，食罢扪腹徐行，顾谓侍儿曰：汝辈且道是中有何物？一婢遽曰：都是文章。坡不以为然。又一人曰：满腹都是识见。坡亦未以为当。至朝云乃曰：学士一肚皮不合时宜。坡捧腹大笑。看来王朝云的确是苏轼的红颜知己，一语中的；苏轼也贵有自知之明，知道自己一生致命的弱点是——不合时宜。

变与不变——生命的圆融性

“哀吾生之须臾，羡长江之无穷”，这是古今文人永恒的生命咏叹调：人生短暂，宇宙无穷；对酒当歌，及时行乐。基于这样的“生命观”，文人不免要伤春惜花、对镜抚鬓，生出无尽的闲愁忧思；还有甚者，寻仙访胜、炼丹服药、导引叠坐，想飞举升天，惧怕生命过程的结束。而苏轼面对生死，却非常坦然：人之初，一口气；生也气，死也气（生命元气），何惧之有？于是，他在《前赤壁赋》里豁达地咏叹道：“盖将自其变者而观之，则天地曾不能一瞬；自其不变者而观之，则物与我皆无尽也。而又何羡乎？”在这里苏轼用“变与不变”的独特的视角来解读生命：从变的角度来看，天地瞬息万变，一瞬也不会停；从不变的角度来看，物我将来都要变为气体，回归之然，物我最终归于同一永恒；那你们还羡慕这长江和明月做什么？在苏轼的笔下，生命真是一个奇妙的东西，生命的现在时：斗转星移，瞬息万变；生命的将来时：物我永恒，回归自然。生命的形态与现在、将来、自然、宇宙是融为一体的，这就是生命的圆融性。苏轼既对生命已参悟到如此透彻的地步，他还会对什么想不开呢？故，最后被贬到海南岛还是乐呵呵的，笑对人生，坦然生死。无怪乎苏轼的诗文会有永恒的魅力，因为他对生命的体验和阐释是最透辟、经典的，超越了时空的阅读障碍。

风雨坦然——生命的自调性

生命享受着生活的欢乐，但有时还承载着生活的苦难。当苦难的风雨，向毫无准备的生命袭来的时候，生命怎样才能从容应对呢？学会自我调节，用一句很当代的话来说，就是调整心态，自我解脱。苏轼因“乌台诗案”被贬黄冈做团练副使，这是一个虚职，俸禄就连一家人的温饱都解决不了。苏轼不得已，让朋友在东坡买了块土地，开荒种地、自食其力，于是，他干脆自号“东坡”，以此自嘲、自解、自慰。正如其《定风波》一词所云：“莫听穿林打叶声，何妨吟啸且徐行。竹杖芒鞋轻胜马，谁怕？一蓑烟雨任平生。料峭春风吹酒醒，微冷，山头斜照却相迎。回首向来萧瑟处，归去，也无风雨也无晴。”这首词表面上是写大自然中的风雨，实质上是隐喻仕途上的风雨；面对仕途风雨，怎么办？心中坦然相对，就会进入“也无风雨也无晴”的佳境。生命就是这样一个奇妙的东西，只要自我感觉良好，就没有翻不过的山，没有蹚不过的河，这样就能面对挫折、随遇而安了。苏轼正是这样一位达人，最大限度地释放了生命中自我调节的能量，从容应对仕途上的坎坎坷坷、风风雨雨，他的生命才会那样的亮丽！

请结合本章所有相关内容，思考以下问题：

（1）苏轼的休闲活动如何反映了他的生活经历与生命智慧？

（2）如何从游憩、体验与省悟等视角分析苏轼休闲生活的当代价值？

简要点评：①无论是从两度游历赤壁、在庐山上题西林壁，还是中秋饮酒、东坡开荒耕种、吟啸徐行，苏轼都是一位注重休闲、热爱生活的乐观主义兼有浪漫主义的伟大诗人。苏轼的休闲诗词是其生活经验与生命省悟的统一，在休闲活动及其后的赋诗之中，苏轼将他的人生智慧与这种休闲体验高度融通起来，在休闲的省悟中反观并提升自己的生命境界。从其在游历、提名、吟啸与饮酒等休闲活动中对生命有限性、生命偶然性、生命圆融性及生命自调性的感悟看，苏轼的休闲是在萃取传统文化精髓的基础上在休闲中反观自我的一种高层体验与畅爽之感。②从其才华横溢的诗句中，可以发现苏轼不仅是一位才华卓绝的诗人，而且是一位懂得生活与养生的休闲能匠。苏轼这种融通生活经验与生命体悟的休闲方式，对喧嚣社会的当代人们选择合理的休闲生活仍具有重要的启发价值。

本章小结

本章首先以马克思的休闲理论为基础，从衡量人类生命尺度的时间出发阐释了休闲与闲暇之间的关系，区分了物理闲暇与心理闲暇两种不同的闲暇方式；其次，从马克思与马斯洛的需要理论出发，剖析了休闲需要与休闲动机范畴，阐释了它们的逻辑关系及区别；再次，对休闲体验、畅爽与省悟这三种表征休闲学深层次价值的情感性范畴进行了剖析；最后，对于休闲相关的玩耍、游戏、娱乐、游憩、旅游及体育等概念及其与休闲的关系进行了详细阐释。本章为人们清晰地认识休闲提供了基本的概念框架，建构了休闲所关涉的基本维度。研究表明，闲暇是人的生命的有机组成部分，有物理闲暇（身闲）和心理闲暇（心闲）两种方式，后者才是休闲的本质；在需要模型中，休闲需求是高级需求，这是休闲动机产生的客观基础，休闲动机有生理性、心理性、社会性、文化性四种；休闲体验是主体的休闲经历和亲身感受，有亲验和想验两种形式。其本质是表达个性自由的情感范畴；休闲体验中最突出的是休闲畅爽和省悟，畅爽是休闲中痛快、顺畅、豪爽等高峰体验，省悟是休闲中的反思性和觉悟性体验，是人生修养和创造力的源泉。玩耍、游戏、游憩、娱乐乃至体育、旅游等之间相互交叉、渗透，与休闲有着复杂而微妙的关系，现实中浑然一体，用法上各有意境。休闲远非一种与玩耍与游戏等同的消极性活动，而是一种关涉人类的生活体验、生命境界及自由解放的积极活动。在物质生活日益丰裕的当代社会，发展健康的休闲活动并通过它来提升人类的生存境界具有重要的现实意义。

思考与练习

一、名词解释

1．闲暇　　2．休闲需求　　3．休闲动机　　4．休闲体验　　5. 休闲畅爽
6．休闲省悟　　7．玩耍　　8．游戏　　9．游憩　　10．娱乐

二、单项选择题

1．确切地说，闲暇与自由的关系是（　　）。
A．闲暇是可能性上的自由　　B．闲暇是现实性上的自由
C．闲暇就是自由的时间　　D．闲暇就是自由

2．休闲需求与休闲动机的关系是（　　）。
A．休闲需求就是休闲动机
B．心理性的休闲需求才是休闲动机
C．只有被主体意识到了的休闲需求才能转化为休闲动机
D．休闲动机就是休闲需求的社会形式

3．休闲体验的典型状态是（　　）。
A．感官的快乐　　B．精神的快乐
C．幸福感　　D．满足了人的高层次需要的高峰体验

4．畅爽是（　　）。
A．在休闲中发生的一种身心体验
B．在工作中发生的一种身心体验
C．在任何情况下都可能发生的身心高峰体验

D．休闲活动必然带来的一种最佳的身心体验

5．省悟是（　　）。

A．只有在休闲中才能发生的现象

B．只有在宗教活动中才会发生这样的现象

C．唯一具有创造性的心理现象

D．休闲之文明价值的内在根据

6．游戏与玩耍的最大区别是（　　）。

A．游戏是玩耍的一种

B．玩耍是随意的，而游戏是受到规则制约的

C．玩耍没有明确目标，而游戏的目标性很强

D．游戏的规则性和竞争性是其他的玩耍形式所不具有的

7．相对来说，游憩是（　　）。

A．最为日常化的休闲方式

B．不受任何责任和道德约束的娱乐活动

C．文化含量较小、随意性较强、较难发生省悟但也有一定积极意义的休闲活动

D．很容易获得休闲畅爽的休闲活动

三、多项选择题

1．以下对闲暇的理解正确的是（　　）。

A．闲暇就是除了工作时间之外的全部生活时间

B．闲暇是人的生活时间和生命周期的重要组成部分

C．闲暇是除了谋生时间和延生时间之外的生活时间

D．闲暇在人的生命周期中，幼年少儿时代和离退休后的老年时代最为集中

E．对学生而言，闲暇就是除了学校规定的课堂时间之外的其他可自由支配的时间

2．以下对闲暇与休闲的关系理解正确的是（　　）。

A．只有内在自由的闲暇才是休闲

B．休闲的必要前提是心理闲暇

C．闲暇中人的活动的自由度越高，其休闲的质量也越高

D．有些人的有些闲暇是不自由的，因而并非所有的闲暇都是休闲

E．休闲就是物理闲暇与心理闲暇的总和

3．休闲需求（　　）。

A．既是一种生理性的需求，也是一种心理性的需求

B．是一种主观精神现象，并不具有客观性

C．是任何人任何时候都有的需求，并非什么高级需求

D．在现实的社会生活中往往表现为休闲权益

E．在人的心理层面往往表现为休闲动机

4．休闲动机一般认为有（　　）。

A．生理性休闲动机　　　　　　　　B．心理性休闲动机

C．社会性休闲动机　　　　　　　　D．文化性休闲动机

E．利他性休闲动机

5．休闲畅爽是一种特殊的畅爽，对其理解正确的是（　　）。

A．休闲畅爽是发生在休闲过程中的一种身心整体的最佳或高峰体验

B．休闲畅爽只有在休闲过程中才可能发生

C．如果主体的劳动活动是自由自主的，那么劳动过程中也可以产生休闲畅爽

D．休闲畅爽是休闲中发生的具有冒险性和刺激性的身心体验

E．休闲畅爽是主体在休闲中的一种感官快乐或肉体享受

6．休闲畅爽有自己的特征，以下能够体现其特征的是（　　）。

A．庖丁解牛过程中，精神专注、深度沉醉而又游刃有余的身心状态

B．一些人吸毒时的那种忘我的迷醉和身体快乐的状态

C．作家在灵感呈现时的文思泉涌、酣畅淋漓、下笔如有神的状态

D．小孩子在路边玩石子，而且边玩边与石子对话，忘乎所以

E．一些心理学试验通过电流刺激人脑的某些部位使人出现的某种快乐的感受

7．休闲省悟可以理解为（　　）。

A．宗教或修行体验的本质就是省悟

B．省悟就是带有显著价值意蕴的心灵上的畅爽，一种发生在心灵深层的高峰体验

C．省悟就是从内心深处喷涌而出的自我陶醉和自我超越

D．休闲的内在超越性根源于省悟这种特殊的畅爽体验

E．休闲省悟是人生修养的重要途径和创造力的源泉

8．休闲省悟的功能是（　　）。

A．有助于人们发现生命及人性的意义或价值

B．有助于人们由物质主导的生活方式转向由心灵主导的生活方式

C．有助于人类的生产方式由物本模式转向人本模式

D．有助于人类的幸福观、进步观、文明观等一系列价值观念的改善

E．有助于一个人的健康、德行、成功和幸福

9．玩商的主要作用在于（　　）。

A．激发孩子的好奇心，使之能够投入到探索奥秘的活动之中

B．激发孩子的想象力，提高其思维和行为的创造性

C．培养孩子的观察力和感受力，使之眼光敏锐、情感细腻

D．发挥身心的整体功能，使之能够身体健康、心灵健全

E．刺激孩子的快感神经，使之生活得更加快乐

四、辨析题

1．只有心理闲暇才是休闲的真正的前提。

2．休闲畅爽的产生主要依赖于外界因素对人脑中快感区域的刺激。

3．休闲就是玩，就是娱乐。

五、思考讨论题

1．谈谈自己对生命、闲暇、休闲和自由的关系的理解。

2．物理闲暇与心理闲暇有何不同？对休闲而言哪个更重要？

3．休闲何以成为人类的一种需要？人的休闲需要包括哪些内容？

4．休闲动机与休闲偏好、休闲意愿、休闲欲望等是什么关系？你参与休闲活动的动机有哪些？

5．怎样理解体验和休闲体验？

六、实践练习题

1．畅爽在人本心理学需要层次模型中处于什么位置？重温一下自己在休闲中曾经有过的畅爽体验。

2．你常参加哪些休闲活动？其中能够帮助你获得更多省悟的是怎样的休闲活动？

3．回顾一下自己的儿童时代，重新体验玩耍或游戏时的身心状态，并加以描述。

4．在你的休闲生活中，玩耍、游戏、游憩、娱乐、体育及旅游等是怎样的一种关系？试加以描述。

七、案例分析题

阅读本章“知识链接 5-4：马斯洛论高峰体验”所提供的材料，思考以下问题：

（1）是否人的所有高峰体验都是休闲体验？为什么？

（2）休闲体验一定都是高峰体验吗？为什么？

（3）根据自己的生活经验，你在什么情况下最容易出现高峰体验？为什么？

第6章　休闲的供给、消费及质量测度

教学目标与要求

了解休闲的条件，理解休闲制约的概念和内容；理解休闲需求和休闲供给的概念及其相互关系和影响因素；了解休闲消费的概念和经济功能，进而把握休闲和谐性的含义及休闲生态性的内在要求；了解休闲质量的测度方法，并能初步运用这些方法进行休闲质量的调查研究。

章节知识框架

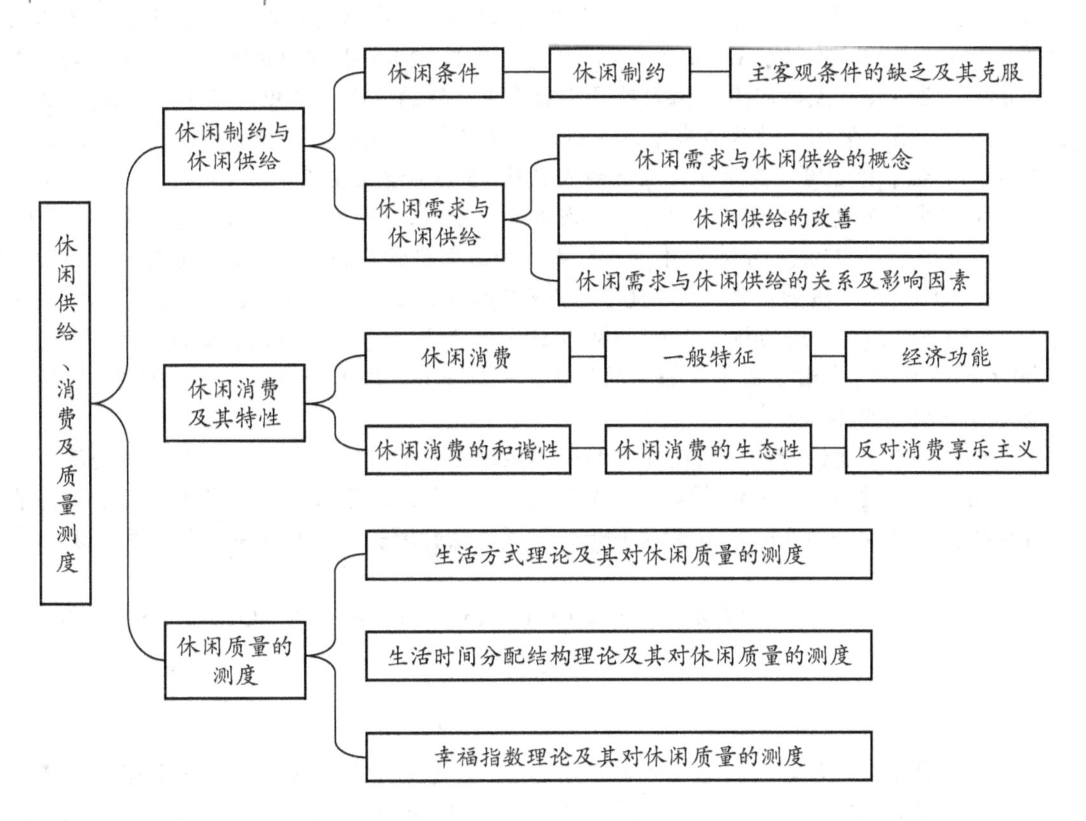

关键术语

休闲制约，休闲需求，休闲供给，休闲消费，生态性要求，休闲质量的测度方法

导入案例

心情、金钱、时间决定休闲方式

休闲，当前已然成为城市居民不可或缺的生活内容，那么什么因素能够直接影响到居民休闲的方式和内容呢?

调查显示：首先，个人健康及心理因素起决定性影响。上海市居民参与休闲活动具有很强的主观性，个人因素是居民是否参与休闲生活，选择什么样的休闲方式首要考虑的问题。其次，个人社会经济因素占据极其重要的地位。个人的收入和闲暇时间有限，在很大程度上左右居民休闲方式的选择。最后，休闲设施及服务、价格因素也有重要影响。客观条件的好坏和环境的优劣也是其休闲方式选择和决策过程中的较为重要的因素。

休闲时间作为影响居民休闲活动的重要因素，其时间的长短直接影响居民的休闲活动选择和完成，并且能够反映出居民对休闲活动的重视程度。调查显示，有 53.80%的受访者平时每天花费的休闲时间在 2～3 小时；周末有 46.39%的受访者拥有 1～10 个小时的休闲时间。而小长假中，有 63.36%的受访者，愿意花费 8～20 个小时的时间从事休闲活动；在黄金周中，至少花一天时间用于休闲的居民数量占总数的 95%，其中，有 42.75%的受访者选择 1～3 天用于休闲；带薪假期中，受访者主要选择 3 天以上进行休闲活动，占总数的 69.77%，较之于黄金周，花费 5 天以上的人数从 15.78%增至 32.85%。

休闲消费支出也是休闲活动的重要组成部分。平时，受访者平均休闲花费集中在 100 元以内，占总数的 77%；而到了周末，有 46%的居民愿意花费 100～300 元用于休闲活动支出，有 22%的居民愿意支付 300～500 元的周末休闲消费；在小长假里居民的平均休闲花费中，有 30.79%的受访者维持在 300～500 元这一水平上，还有近 1/3 的受访者达到了 500～1 000 元的消费水平；黄金周带薪假期的消费水平集中在 1 000～5 000 元，还有近 1/3 的居民消费水平超过 5 000 元。

从整体来看，受访者的休闲花费有两个明显的发展节点，一是周末，二是黄金周，即随着休闲时间的增加，休闲消费首先在周末表现出了一定的增长势头，在小长假里维持了这种变化，而从黄金周开始，消费水平开始了又一轮的增长，并且在带薪假期里表现出最高的消费水平。

（资料来源： http://www.china.com.cn/info/2011-06/20/content_22822476.htm.）

点评

休闲消费是现代社会休闲活动的重要经济形式，也是直接满足人们休闲需求的经济性活动。当然受到各种复杂因素的影响，其中收入、闲暇和心境的影响最为显著。实际上，制约休闲的因素还有很多，这些因素如果能够实现，那就是推动休闲的条件，否则就是构成休闲障碍。从休闲消费的增长可以看出整个社会的休闲供给与休闲需求的平衡情况，以及它们的增长情况。那么，影响休闲供给的因素有哪些呢？休闲消费在特征和功能上与其他的消费有什么不同？它又有什么样的规范和要求？人们的休闲生活质量又该怎样测量和判断呢？本章将帮助理解这些问题，以便更近一步地把握休闲学的基本问题。

人们从事多种休闲活动，以满足不同的休闲需求；现实的休闲活动需要一定的条件，否则会形成制约；消除休闲制约，必然增加休闲供给，进而提升休闲需求，同时提高休闲资源利用率；在现代社会，人们满足自己休闲需求的活动一般表现为消费活动，即休闲消费，它有一定的功能，也有其内在要求和规范制约；休闲质量的测度需要从生活方式、生活时间分配结构和幸福指数等几个方面综合进行，实际也是对制约因素影响休闲的程度的测量。

6.1 休闲制约与休闲供给

从事休闲活动需要一定的条件，条件缺乏就构成休闲活动的制约或障碍。而消除休闲制约有助于形成休闲需求和休闲供给。

6.1.1 休闲条件与休闲制约

1. 休闲条件

一般而言，休闲的实现需要一些条件，涉及主、客观两方面的因素。

从主观因素看，首要的是人们的休闲意愿（包括兴趣、爱好等），这是休闲的基本动力即休闲动机（俗称“闲心”）的源头。其次是对休闲的认识，一般而言，休闲意愿产生于人们对休闲的意义与价值的正确认识；对休闲认识不足，常常是由于对休闲的错误理解，如将闲暇活动简单的等同于休闲，或者认为缺少金钱、缺少休闲设施而无法休闲等。再次是对某些具体休闲活动的知识和技能缺乏相应的知识，特别是没有休闲实践的技能，就无法实际地参与休闲活动并体验其中的快乐。

从客观因素看，首先，休闲需要人们有“闲时”或闲空，指的是人们在工作之余有能够自主支配的，并按自己的意愿做喜欢的事情的闲暇时间。如果人们在“闲时”，却仍深陷琐屑的日常事务中，这是休而不闲；或者过度地纵情于声色享乐中，这是闲而不休，两者都不能称为休闲。其次，休闲还需要具备一定的物质条件。从个人层面说，休闲要求有必要的经费（“闲钱”），一定的身体条件（健康）；从社会层面说，休闲还必需一定的场所和设施，如文化馆、影剧院、图书馆、健身器材、游览景点等（即“闲物”）。再次，还要有一定的法律制度和文化条件，即要有相应的法律保障、有完善的休闲制度及文化事业、文化产业的一定发展。

2. 休闲制约

休闲的这些条件如果不能得到满足，就形成了休闲制约。

对个体而言最根本的休闲制约仍然在主观方面，主要是休闲主体个人缺乏休闲意愿或动机即没有“闲心”，缺乏对休闲积极作用的正确认识，缺乏相应的知识和技能。随着中国社会的发展进步，人们已经越来越认识到休闲的重要性，普遍产生了休闲的意愿，相比过去人们也有了更多地可供选择的休闲活动，但人们的休闲现状并不乐观。尤其处于社会转型期，人们的观念更新并未跟上经济发展的步伐，对生活的态度、对休闲的理解与认识还有一定的偏差。一方面，人们或者将休闲理解为闲暇消遣，或者吃、喝、玩、乐，或者是时尚的攀比；另一方面，是个体休闲能力的不足，由于社会发展与经济发展的不协调，使得人们普遍缺乏对休闲能力的培养与训练。还有压抑感、焦虑感、宗教信仰等，都形成了对人们有效休闲的主观限制。

阅读材料 6－1

改变休闲主观条件的措施

首先，提高个人的道德修养。对物质力量最有效的控制，是人的自我约束能力。文明的发展有赖于科技的进步以及人的素质的提高，更需要由高素质的人来把握文明的发展。只有具备较高的道德修养水平，才能避免人为物所操控，以及由此导致的对休闲的误解与滥用。

其次，生活方式应该尚俭、尚简。2011 年高盛集团发布的亚太地区最新消费数据显示，2010 年中国奢侈品消费高达 65 亿美元，连续 3 年全球增长率第一，同时 2010 年在中国落地的奢侈品牌几乎都获得了两位数的增长，中国市场占全球奢侈品消费市场的份额已达到 15%。也是在 2010 年，中国人仅仅在奢侈品消费这一领域为各大奢侈品供应商拱手送出 684 亿元人民币，2010 年当之无愧的成为了各大奢侈品牌的丰收年。一时间中国奢侈品消费市场呈现出了方兴未艾的前景。然而，从我国的国情来看，2008 年基尼系数已经达到了 0.47（警戒线为 0.4），在贫富差距如此大的情形之下我国的奢侈品消费总额却仅次于日本，位居世界第二。从中国整体的情况来看"未富先奢"的局面已经形成。这种极端化的消费易加剧社会财富与社会地位的分化，加深贫困阶层的"仇富"心理，从而社会矛盾越来越突出，因此倡导理性消费是规范奢侈品消费的重中之重。培育养成俭朴、简单的生活方式，决定了休闲良性发展的可能性。

再次，树立符合人性和生态本质的休闲观。要理解休闲的意义，在休闲中身心的愉悦是最重要的，不应将休闲变为工作之余的另一决胜场。科技突飞猛进，人类力量急剧膨胀，正快速地破坏着我们赖以生存的自然环境，为图一时之快，而断绝人类持续发展的可能性实不可取。如何做到"有所为、有所不为"，懂得"何者可为、何者不可为"，以及"知止"其实是对人性的最大考验。

最后，休闲技能的培育以及休闲规划设计能力的提高。现代休闲活动对进行活动的技能有较高的要求，很多休闲活动如果不满足一定的基本要求，也根本无法进行。因而努力掌握一定的休闲技能，才能更加科学、合理、安全地进行休闲，从而获得更多的休闲乐趣。对于人们休闲规划设计能力的提高，则有赖于高校相关专业的学科发展。资料显示，在美国有 126 所大学拥有与休闲相关的硕士学位授予权，占全部休闲高校的 37.61%；在加拿大有 8 所高校有休闲硕士学位授予权，占全部休闲高校的 30.77%。在美国开展博士学位教育的高校有 20 所，加拿大有 2 所。

（资料来源：杨啸. 中国奢侈品消费现状及其推力探析[J]. 南方论坛，2011，10.）

在客观制约方面，首先，收入低、时间紧从根本上限制了人们的休闲。改革开放 30 余年来，中国国力有了巨大提高，国民所拥有的财富量也有了显著增加，休闲设施的总量虽然仍显不足，但是初步的休闲条件已经具备。人们为了金钱和虚名而忙碌，必然失去欣赏自然的悠然心态，失去了感受平凡事物之伟大的能力，更无暇领悟休闲的真谛，休闲沦为人生的附属，可有可无；但如果没有足够的金钱收入，大部分需要付费的休闲无法享受，他们就会选择更多的时间来赚钱以养家糊口，从而减少休闲的时间，进一步制约了休闲。这是制约现代社会尤其是当代中国社会人们休闲的最为重要的因素。其次，由于片面的市场化，资本把休闲作为追逐利润的工具，也造成大众免费或低价休闲设施的相对不足与高消费性休闲设施的过度兴建现象并存，这也影响着更多民众参与休闲的积极性。最后，其他客观因素，如整个社会教育普及的程度、社会成员文化素养的状态，特别是休闲场所和设施在居民区的分布合理性、交通的便利程度、可选择的休闲项目的多少以及休闲供给信息的社会传播等，都会制约休闲的发展。

知识链接 6—1

休闲制约及其表现

杰弗瑞•戈比等对休闲制约有相当深入的研究，在世界休闲学术界产生了较大影响。他认为，休闲制约即休闲障碍，有个人的心理内在性的（intrapersonal）障碍（如心理问题，压力或压抑；表现为“我不想做那些事来出洋相”），人际间制约或人际交往性（interpersonal）障碍（如合适的休闲伙伴的缺乏；表现为“没有人会和我一起做那些事的”），结构性的（structural）障碍（如时间、金钱或其他资源的缺乏及家庭生活周期；表现为“我没有时间或者金钱来做这些事”）。后两者大致对应着所谓的客观制约，前者大致对应着主观制约。他们还调查了十几岁青少年的休闲行为障碍，表现为以下说法。

（1）内在心理性的障碍：开始一项新的休闲活动时，我感到害羞；如果我家里人觉得不错，我很愿意开始一项新的休闲活动；如果一项新的休闲活动让我感到不自在，我是不会做的；如果朋友都觉得不错，我很愿意尝试一项新的休闲活动；如果一项新的休闲活动与我的宗教信仰一致，我很愿意做；如果一项新的休闲活动能不让我感到窘迫，我很愿意做；如果一项新的休闲活动不需要很多技巧，我很愿意做。

（2）人际关系性的障碍：我认识的人住得都离我太远，没法跟我一起开始一项新的休闲活动；我认识的人总是没有时间跟我一起开始一项新的休闲活动；我认识的人总是能有足够的钱跟我一起开始一项新的休闲活动；我认识的人总是有太多的家庭束缚，不能和我开始一项新的休闲活动；我认识的人总能知道，他们可以跟我一起开始哪些新的休闲活动；我认识的人总是没有足够的技巧，跟我开始一项新的休闲活动；我认识的人总是因为交通问题赶不上和我一起开始一项新的休闲活动。

（3）结构性的障碍：我会很愿意开始一项新的休闲活动，如果进行这个活动所需要的设施不是很拥挤的话；我不会开始一项新的休闲活动，如果我还有其他的事情要做；我会很愿意开始一项新的休闲活动，如果交通便利的话；我会很愿意开始一项新的休闲活动，如果我知道它是现成的；我不大会开始一项新的休闲活动，如果这项活动所需要的设施不是很方便的话；我不大会开始一项新的休闲活动，如果我没有时间的话；我会很愿意开始一项新的休闲活动，如果我有钱的话。

（资料来源：杰弗瑞•戈比．你生命中的休闲[M]．康筝，译．昆明：云南人民出版社，2000.）

休闲制约还有不同年龄、性别、职业、民族、宗教信仰乃至风俗传统等多个方面的因素，有关的实证研究能够更加深入细致地探讨这些问题。克服休闲制约，需要在政府、社会、社区、家庭、个人等多个层面进行，公益性休闲事业和经营性休闲产业承担着重大责任。

阅读材料 6–2

改变休闲客观条件的措施

从政府层面，首先，加大休闲投入，解决休闲设施和休闲建设问题。这里所指的休闲投入应该大量投入于开展大众化、普适化的休闲活动中。休闲从本质上来说关照的是人们的精神世界，更应该作为一项事业来经营、管理，而不应该以休闲带来的经济收益作为休闲投入的风向标。其次，制定合理的政策、制度，使每个人都有进行自己喜爱的休闲活动的可能。目前我国公民虽然有了 115 天的法定节假日，但还没能充分完全地利用这些闲暇时间，如最重要的 3 个长假期，人们集中于此时旅游度假，不仅造成社会各部门如交通运输、饮食住宿、景区环境维护等部门的巨大压力，而且此时旅游，往往见人不见景，难以达到休闲的目的。造成这一问题，固然有人们休闲消费选择的原因，同时也在一定层面反映了当前休假制度的制定有值得商榷之处。最后，适当提高人们的收入水平，使人们有钱休闲。研究表明："如果我们的城市居民人均月收入能够达到 4 000 元人民币（至少是 3 000 元），那么就可以说中国的城市居民站到了一个'休闲时代'的起点；如果是全国人民大多数都到了这个收入标准，那么可以说我国跨入了'休闲时代'的大门。"这要求政府发挥更大的作用，使社会财富的分配更加合理，早日使我国跨入"休闲时代"的大门。

从社会层面，首先，要努力推动尚俭、尚简的社会氛围的形成。休闲的效果并不在于花费多少，休闲本意是实现人们精神世界的完满，休闲的世界是不受物欲影响的世界，一味追求奢侈的休闲，与休闲的本意相背离，一旦形成休闲的奢侈风气，就是休闲的"异化"。现代社会常以物的拥有量作为判断人们生活幸福的标准，迫使人们不停地追求财富、权力、名望，人们的生活越来越忙碌，与享受生活差之千里，其实欲望少一些，生活简单些，人们才有更多的机会享受生活。这个道理很简单，人们也并非不知道，而是社会风气使然。因此改善人们的休闲状况，就要从促使整个形成社会尚俭、尚简的风气开始。其次，依靠法治保障人们的休闲权利。虽然国家有各种法令、法规来保障人们的休闲权利，但在实践中人们的休闲权利常常遭到损害，这时相关部门应严格执法，切实保障人们的合法权益。再次，社会资源的合理使用。各国休闲发展经验表明：休闲发展仅靠政府的力量远远不够，更需依靠各种社会力量。鼓励引导各种社会资金修建休闲场馆、会所及其他公益性休闲设施的建设、维护，依靠社会教育力量普及休闲知识，提高居民休闲能力。最后，充分发挥社区的特殊作用。社区休闲的发展，主要依靠社会力量，城市居民散居于各个社区中，社区生活是人们的日常生活的中心，发展社区休闲，能更有效地满足人们的休闲需求。同时，单个社区的休闲设施不能完全满足人们的休闲需求，而通过构建社区休闲网络，各社区互通有无，既能更好地满足人们的休闲需求，又能避免资金投入的浪费、建设的重复，使各个休闲场所、设施的功能得到充分的发挥。

6.1.2 休闲需求与休闲供给

1. 休闲需求和休闲供给的概念

第 5 章曾从心理学的角度简单考察过休闲需求的概念（详见 5.2.1），而在社会经济层面上，休闲需求是与休闲供给相对应的概念。休闲需求一般指当前休闲主体对休闲对象（设施、场所和项目等）的利用水平及未来希望利用的数量，包括想要参加不同休闲活动的人们的数量。这实际上反映了某段时间内社会大众主流的休闲行为趋向性或休闲偏好。休闲需求可分 3 类：有效休闲需求即实际参加或消费服务的休闲活动的数量；延期休闲需求即有实现能力但由于各种原因而没有实现的休闲需求；潜在休闲需求指由于种种原因未能实现但希望未来实现的休闲需求。休闲需求主要取决于收入水平、教育水平、职业状况、交通状况，这些方面越好，休闲需求越大、层次也越高；休闲需求也与人的生命周期、居住地、性别、年龄等因素相关，这些因素不同，休闲需求的内容、形式及层次都会有显著差别。从某种意义上说，休闲需求正是休闲主观条件和部分客观条件的实现，亦即消除了休闲之内在制约或障碍的结果。

与此相关，休闲供给指能够满足主体休闲需求的休闲资源、休闲业等的总和，包括直接和间接满足休闲需求的场所（空间）、设施及作为其辅助的补充或延伸部分。休闲供给可有不同的类型。例如，根据供给要素所有权的性质可分为公共（公有）休闲部门和民间（私有）公共部门，根据供给要素的空间范围可分为地方级、国家级和中间级的休闲供给，根据供给要素的利用时间可分为当日型、周末型、休假型等，按供给要素形态可划分为有形供给（场所设施等）和无形供给（相关信息服务等）。

休闲供给主要取决于以下 4 个因素：首先是休闲容量，这是衡量休闲资源接待能力的重要指标，是指在不损害场所或设施的生物、物理结构和功能及休闲体验的前提下，休闲设施所能提供的休闲机会的数量。其次是可进入性，这是增加休闲资源利用率的重要变量，也是休闲供给经营者应该考虑的首要因素。再次是休闲资源管理，这是提高资源价值和供给质量的重要途径，休闲资源的性质和类型决定着休闲资源管理的方式和内容。最后是休闲活动项目，这能极大地提高休闲供给质量，主要包括身体活动项目、知识性活动项目、艺术性活动项目、社交活动项目、实习活动项目及特别项目等。从某种意义上说，休闲供给是克服休闲客观制约因素、创造和完善休闲客观条件的结果；也是在一定的时空范围内对休闲制约的适应，即在现有状况短期难以有显著改善的情况下，使现有休闲供给要素的利用最大化。

2. 休闲供给的改善

改善休闲供给需要制定长远规划与短期目标，长远规划的最终目的是逐渐消除休闲限制因素，实现人们的休闲最大化；短期目标则致力于解决现有资源充分、合理利用的问题。对我国而言需注意以下几点：①中华传统休闲文化是巨大而丰富的休闲资源宝藏，其中很多活动形式简单易得，适宜于普通民众，适当加以开发，能够有效增加休闲供给。②根据本地居民特点，充分调动各方资源，开发具有地域特色的休闲项目，鼓励人们积极参与社区活动。③在法律政策许可的前提下，休假制度要有一定的灵活性，如可考虑员工分期、分批、错时休假等，既可有效地降低休闲成本（如管理费用、环境代价等），也能使人们更充分享受休闲乐趣，更加体现休闲的人本性。④休闲供给固然要考虑到不同人群的休闲需求，但不能将休闲资源集中配置给少数富裕阶层，而应面向最大多数社会成员，相关部门要加强监督，控制休闲供给的配置流向，最大限度地实现休闲公平。⑤对于公益性休闲设施、场所的利用，要协调好公益与部门或私人利益的关系，尽可能地免费或降低进入门槛，使最大多数人能够共享休闲。⑥休闲供给要充分考虑到生态环境的承受能力，实现代际永续性。

阅读材料 6–3

由公共图书馆的建设、使用看我国休闲供给的状况

据统计资料显示，截至 2005 年年底，福建省共有公共图书馆 84 个，包括省级图书馆 1 个，地市级图书馆 9 个，县（区）级图书馆 74 个，平均每个图书馆服务人口数 42.08 万人，公共图书馆藏书总量 1274 万册，人均拥有藏书数 0.3 册。虽然福建省近年来在公共图书馆建设方面取得了较大成绩，但仍存在诸多不足之处：①公共图书馆数量仍显不足。截至 2005 年年底，福建省公共图书馆数量在全国 36 个省市自治区中仅排名第 21 位，落后于周边兄弟省份；平均每个图书馆服务人口数排名第 19 位。说明福建省公共图书馆的馆舍建设形势严峻。②藏书量不足。截至 2005 年年底，福建省公共图书馆总藏书量，在全国排名第 15 位，但人均藏书量仅有 0.3 册，这不仅与国际图书馆协会联合会每人拥有 2 册的标准相差甚远，同时在国内也处于中下水平，排在全国第 11 位，不但远远低于上海（3.4 册）、天津（0.83 册）、浙江（0.47 册）等省市，甚至低于全国平均水平 0.37 册。③专业人才不足。这点在市县级公共图书馆中表现更为明显。随机选取福建省沿海经济发达地区和经济欠发达山区的 50 个图书馆调查后发现，2001—2005 年 5 年间，市县级图书馆的从业人员总量基本保持不变，甚至有所减少；学历结构偏低，大专以上学历平均只占 47.33%；职称构成不合理，高级职称平均只有 4.33%，初级职称却占到了 41.67%，没有形成合理的梯度及缺乏研究型人员等。④数字化程度偏低。主要表现在中外文数据库较少以及网站建设滞后等方面。在运用层次分析法对我国 31 个省级公共图书馆网站进行的综合评分中，福建省图书馆的得分仅为 55.6958 分，排名第 27 位。福建省经济总量在国内属中上水平，但其公共图书馆的建设问题依然极其严重，无论是图书馆的数量、分布，还是在图书、服务的质量方面都不能让人满意，这也严重影响了图书馆的使用，在图书总量不足的同时，还存在着资源的严重浪费。例如，图书馆分布集中于城市，广大农村严重缺乏图书资源，城市居民获得图书资源的途径相对较多。显然，为实现图书资源的优化配置，在目前农村人口仍占人口较大比例的情况下，要加速图书在农村地区的流转，同时图书馆的建设、图书资源的分配应较多考虑广大农村人口的需要。

再看国内总体情况。人民网曾对图书馆的认知和使用情况进行过网络调查，截至 1 540 人参与调查时，其结果即使不能反映当前普遍情况，也能够说明一定的问题。调查显示，所在地有图书馆的占 75%，认为需要建设图书馆的占 52%，图书馆配有网站的占 59%，几乎每天去图书馆的占 10%，每月超过 3 次以上的占 32%，而从不去图书馆的则占 32%，其

中，馆藏不够丰富（22%）、路程太远（20%）、有其他途径可以代替（19%）、馆藏更新速度慢（16%）是不去图书馆的几个最主要原因。去图书馆的目的最主要为查阅资料、学习自习、休闲消遣，其比例分别为64%、44%和21%。所去图书馆的类别以公共图书馆（48%）和高校图书馆（26%）为主，人们主要将图书馆看作是学习场所（68%）和文化机构（55%），认为是公共场所的占（35%），值得注意的是将图书馆看作是研究机构的并不多，只占19%。人们普遍有对图书馆改进的要求，主要集中于以下几个方面：丰富馆藏（65%），提高馆藏更新速度（50%），增加分布点（43%），提升硬件水平（43%），另外对提高馆员素质、增加延伸业务（讲座、展览等）、简化节约程序、提供个性化服务、增加互联网服务以及图书的定位、查找更加便捷等的要求也很强烈。使用图书馆的最大人群，月收入在4 000元以下，共计占72%。最后一项是对最近一周人们上网时间的调查，以平均每天1～3小时居多，占39%。据此可知，人们对图书馆的要求较为普遍，虽有图书馆设施，但图书资源的配置，图书馆的分布、功能以及管理等方面还存在着诸多问题，这也限制了图书馆功能的完全发挥。将图书馆看作是学习场所、文化机构、公共场所的人数众多，将之看作科研机构的人数较少，说明图书馆已经日益走近人们的生活。从人们去图书馆的目的可以看出，图书馆是人们增进学识，提升自我价值的重要场所。使用图书馆的主体人群月收入在4 000元以下，表明图书馆属于大众化的休闲场所。调查也反映出，作为公共图书馆重要补充的高校图书馆的社会利用率仍待提高。此外，网络等其他资源的利用也是图书馆资源不足的重要补充。

上述情况表明，福建省在图书资源利用中的问题，在全国也具有普遍性。因而，进一步增加图书总量的供给、拓宽图书供给的覆盖面、开辟更多的图书资源供给途径，是更好地满足大众文化休闲需求，解决当前存在的图书资源不足、分配不合理问题的努力方向。

（资料来源：王丽娜. 福建省公共图书馆与海西区文化建设浅析[J]. 福建图书馆理论与实践，2008，4. http://poll People.com.con/1934_ctdzb_001/sub.Php.）

3. 休闲供给与需求的关系及其影响因素

生产要素和终端产品的供求关系是微观经济学的研究对象，供求平衡是市场经济规律的客观要求。休闲供求大致也有类似的关系，即休闲供给必须满足休闲需求并有利于不断丰富休闲需求，促进休闲主体休闲水平的提高；休闲需求要适应休闲供给，并能够促进休闲供给的改善，进而推动整个社会休闲业的发展。实现休闲供求在休闲业稳定快速健康发展中的动态平衡，应成为国家推动休闲发展的重要目标。

要实现休闲供求平衡，必须关注休闲供求的影响因素。主要有以下几方面：第一，政治因素。现代国家为提高国民福利，从政策上努力保护休闲空间、缩短工时、实行带薪休假等；虽然不同发展程度的国家休闲政策有显著差别，但致力于提高低收入阶层的福利，健全休闲体制以增进劳动者健康、促进其个性发展，应该成为国家促进休闲供求发展及其平衡的政治目标。第二，经济因素。国家经济状况影响国民休闲活动的数量、形式和休闲意识。家庭可支配收入的增加会提高家庭有效休闲需求，提升国民休闲的文化层次；经济发展也意味着休闲场所和设施的增加及更多休闲资源和项目的开发，最大限度增加休闲供给。第三，社会和文化因素。这是指社会和文化环境及其整体。社会环境主要是指人口因素，文化环境包括个人意识、生活方式、价值观等。例如，人口规模、分布、流动、人均寿命等都会影响休闲需求；各民族或信仰群体因受传统、风俗、生活方式及价值观的影响而有不同样的休闲形态，会影响休闲供求的特殊内容。第四，生态因素。这是指影响休闲的自然资源和环境。近年来的环境污染、资源枯竭等问题导致休闲空间的缩小和设施的破坏，加之休假集中导致的休闲场所和设施容量超载，都会威胁休闲供给；如果反过来损害到人的身心健康，还会间接压缩休闲需求（孙海植，2005）。

6.2 休闲消费及其功能、原则

休闲消费是生活消费的高级形态，也是休闲活动产业化的表现。只有当休闲需求是通过对某些产品、设施和服务的消费，即以消费支出的形式得到满足时，休闲活动才转化为休闲消费。在现代社会，休闲供给的创造服务于休闲需求的满足，而对主体个人而言，除了实际地从事休闲消费，少有别的办法能够满足自己的休闲需求。休闲消费不同于其他消费，因其来源并服务于休闲，便有其特定的价值判断、价值选择或价值取向。通过第4章的学习可以知道，和谐性是休闲特质的核心或灵魂，因此休闲消费也当然具有和谐性，并表现为人本性和生态性的统一。

知识链接 6-2

休闲消费研究的诸多视角

休闲学属于综合性的交叉学科，因而对休闲消费的研究可从多门学科入手。例如，从哲学层面，探讨休闲消费的本质；从经济学层面，研究休闲消费对经济发展的作用；从心理学层面，研究休闲消费的心理机制及对个体心理发展的影响；从社会学层面，研究大众休闲消费的旨趣及其对人们社会关系的影响；从人类学层面，研究休闲消费的种群差异；从政治学层面，研究由人们的休闲消费所展现的社会分层与分化；从伦理学层面，研究人们的消费伦理问题；从人学层面，则可研究休闲消费对人自身发展的意义；等等。而在实际研究中，单一层面的研究有之，而基于休闲消费的特殊性，多层面的交叉研究也是研究者经常采用的方式。

从社会学的角度看，休闲消费更广泛地连接社会和文化的有关方面，它是经济生活、文化精神生活和社会生活的连接点。休闲消费不仅是经济学意义上的消费者追求个人效用最大化的过程，而且也是社会学意义上的消费者进行“意义”构建、趣味区分、文化分类和社会关系再生产的过程。从哲学的角度看，休闲消费是自由、教育与文化的维系，是同知识与美德、愉快与幸福相连接，是通过节制行为、限制奢望和避免对世俗占有物的竞争，是在精神的自由中历经审美的、道德的、创造的、超越的行为方式。从经济的角度看，休闲消费是人类消费的高级形态。在经济发展水平较低、人们的温饱还成问题的情况下，经济的首要目标是满足生存的需要。而到了现代社会，尤其是进入后工业社会，物质消费已经不再是一个主要问题，于是人们的消费需要向高一层次进化，进入到休闲消费阶段。从价值观的角度看，一旦生命价值本身成为目的，生命的意义就不再是单纯的物质享乐和身体的安逸了。生命价值是和生命整体意义相联系，这种意义就在于道德的价值。

（资料来源：http://www.chineseleisure.org/2009n/09112301.html.）

6.2.1 休闲消费及其一般特征

消费通常可以分为生产消费和个人消费，生产消费指物质资料生产过程中的生产资料和活劳动的使用和消耗，个人消费则是在“生产过程之外执行生产职能”；休闲消费显然不属于前者，而是在后者基础上，彰显其促进个体实现、提升内在价值的功能，因此休闲消费属于更高层次的个人消费。休闲消费有广义和狭义两种，广义的是指把一切休闲活动都理解为消费活动，即使没有外在的物质性消费，那也是对生命和内在精神性资源特别是对闲暇时间的消费，因为在现代社会，闲暇是需要购买的。作为广义的一部分，狭义的休闲消费是指为满足个体休闲需求而进行的商品性消费活动，在大的“消费”范畴中，它属于“休闲性消费”；包括休闲物品和休闲服务的消费。一般而言，与消费相对应的是获利，对休闲供给者来说就是获取经济利益，但是休闲消费的特殊之处恰恰在于它不特别关注新的经济价值的创造或经济利益的获取，而在于为休闲主体创造可供消费的休闲产品和服务；对休闲需求方来说，休闲消费是个体的自主行为，其重心是个体休闲消费中的身心体验，目的在于获得身心的放松、精神的愉悦以及个人价值的提升，消费只是实现这一目标的必要手段或载体。相对而言，休闲服务越来越成为休闲消费的主要对象。

知识链接 6—3

凡勃伦论休闲消费

凡勃伦可能是第一个将休闲看作是时间的非生产性消费的学者，他曾在其名著《有闲阶级论》中将休闲看成是资本主义社会中有钱人的一种“炫耀性的显摆”，是上流社会矫揉造作的一种病态的生活方式。这是因为，自18世纪下半叶以来，随着资本主义工业社会的来临，休闲在带有资产阶级印迹的“幸福”的概念中开始确立起来，并为人所追逐。新兴资产阶级给幸福的定义：首先要有一定的社会地位，有钱、安全，也就是说要有一系列的外在条件。因此，对幸福的追求就成为一种对财富的占有欲，正是在对财富的追逐中，休闲被“商品化”扭曲了，变成了一种炫耀富有的消费活动，变成了生产的附属物，变成了为经济政治所控制的工具，而不是发展和完善自我的条件。在这样的休闲中只剩下了对财富的占有和控制的欲望，休闲仅仅是一个小小的虚假的自主空间——这里你可以任意支配钱财，给人自由与选择的表象，真正的自由被虚假的自由所替代。

他说：“这里使用有闲这个字眼，指的并不是懒惰或清静无为。这里指的是非生产性消耗时间。所以要在不生产的情况下消耗时间，是由于①人们认为生产工作是不值得去做的，对它抱轻视态度；②借此可以证明个人的金钱力量可以使他安闲度日，坐食无忧。作为一位有闲的先生，他生活中的理想的一个组成部分，就是这种可敬的有闲，他要使旁观者获得印象的也就是这一部分。但他的有闲生活并不是全部在旁观者的目睹下度过的，其间有一部分必不能为公众所看到，为了保持荣誉，对于这个不能被人所窥见的部分，就得有所显示，使人信服他的生活的确是有闲的……这一点只能间接地做到，办法是把他从有闲中得来的一些具体的、持久的成绩显示出来。”

（资料来源：凡勃伦. 有闲阶级论[M]. 蔡受百，译. 北京：商务印书馆，1964.）

休闲消费受到多种因素的影响，与前述休闲制约的因素大致相当。在社会层面，闲暇时间、收入水平以及休闲意愿依然是最为重要的影响因素；同时，影响其他消费的因素也会影响到休闲消费，经济学上关于消费的一般规律在此也是适用的。但就个体而言，休闲消费受到个人职业、教育程度和兴趣爱好、身体状况的影响更为显著。

知识链接 6–4

休闲消费的影响因素

（1）休闲意愿与闲暇时间。这既是休闲的必要条件，也是休闲消费得以产生的前提，闲暇时间的多少更会对休闲消费的深度（消费量）与广度（消费范围）产生影响。

（2）性别。男、女的社会需求有一定差异，对休闲的要求不同，也影响了他们的休闲消费取向。

（3）年龄。不同的年龄有不同的休闲偏好和消费观，一个社会的年龄结构特征，决定了社会主体的休闲群体，进而决定了休闲供给的主要方向和休闲消费的主要内容。

（4）教育程度和职业。个体从事的职业往往取决于其教育程度，不同职业的人们对休闲的理解与认识不同，闲暇时间也有差异，休闲活动的类型以及休闲消费的重点等都会有不同的特点。

（5）收入。个体收入水平直接影响了人们消费的层次，收入高者可能会选择花费较高的休闲活动，而且即使是同一种休闲活动，不同的收入也会导致人们消费程度的不同。

（6）族群。中华民族的性格表现为中庸、内敛、含蓄，传统休闲活动尚静不尚动，注重休闲的内在体验，西方民族性格外向、开放、富于冒险精神，休闲活动尚动不尚静，注重休闲的外在感受，即使在一个国家内部，不同的民族对休闲也有不同的偏好，这些特点决定了休闲消费趋向的不同。

（7）社会环境。它包括经济发展水平、法律法规、社会稳定程度等，经济越发展，更多休闲场所、设施的建设成为可能，人们休闲消费的可能性也就越大；公共假期（节假日）、定期休假的制度保障等，是人们休闲消费的必要保障；不稳定的社会环境，人们的生存受到威胁，休闲、消费等的欲望将直接受到压制，而在稳定的社会环境中，人们就有可能更好地享受生活，获得更多地休闲享受，休闲消费才更为迫切。

（8）文化科技。科技进步节省了社会必要劳动时间，增加了人们的休闲时间；科技手段的应用，丰富和扩展了休闲消费的内容和形式；社会的文化氛围，如崇尚奢侈还是崇尚节俭，影响了人们对休闲消费的选择。

休闲消费的一般特征源于休闲的人本性特质，大致有以下几个方面：第一，自目的性。即休闲中的消费就是为了休闲本身，没有休闲之外的其他目的。第二，内在体验性。与其他的消费不同，休闲消费旨在获得内在的超越性体验，以获得内心的满足。第三，非必要性。休闲消费是在日常必需品消费基础上产生的，如果受到客观生活条件的制约，现有的物质资料和时间只能满足生存必需，那么休闲消费就不在考虑范围。第四，可替代性。休闲无非是为了快乐、幸福、健康和自由等，满足某种具体需求的休闲形式也是可选择的，而且从事活动所需要的知识经验和技能也使得不同休闲活动之间的可替代性较高。第五，时效性。在现代社会，某种休闲活动会在一段时期内流行，成为休闲时尚，之后会转换为另一种时尚，这样的休闲消费就具有时效性（章海荣，2005）。显然，休闲消费的这些特征会对休闲供给造成显著影响，如导致休闲供给方之间的激烈竞争，休闲市场营销策略必须具有及时性和准确性。

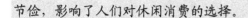

知识链接 6-5

现代休闲消费越来越具有投资性

贝克尔（Becker）的人力资本理论指出，个人可以通过教育投资提高人力资本的水平，更高水平的人力资本会导致更高的劳动生产率，从而可以获得更高的收入。其实，休闲消费也在一定程度上具有教育投资同样的特性。休闲消费不但能给消费者带来当前的消费效用，还能给消费者以未来的回报。因为个人通过休闲消费，可以促进身心发展、提高智力水平和健康水平，提高对外界刺激的敏感性和身心协调的能力，最终提高劳动生产率。因此，休闲消费可以在智力和体力两个方面产生投资效果，它最终可以通过提高生产率而导致市场上一个更大的产出，其最终结果会导致个人生活质量的提高，而且这是一个良性的循环过程。也就是说，休闲消费具有人力资本积累的作用，它既是一种当前消费，还是一种人力资本投资。

费斯特（Juster）在 1985 年就曾把休闲看作是一项投资。事实上，有调查发现，人们对很多休闲的需求主要是由于它的投资特性而不是消费特性，这一点在运动休闲中尤其明显。因为人们之所以参与运动休闲，主要是出于健康的考虑。健康无疑可以提高人力资本的水平，而人力资本可以看作是耐用消费品，它将在一生中给消费者带来收益。例如，一个经常参加运动的人有可能活得更长、一生中所需支出的医疗费用更低、工作生涯中有更高的劳动生产率从而可以获得更高的收入等，而这些都属于运动休闲消费的投资性收益。现代社会中，不但消费者的收入水平提高了，而且他们也越来越认识到休闲消费的投资特性，因而愿意把越来越多的收入用于休闲消费，这也是休闲在现代社会兴起的一个重要原因。

6.2.2 休闲消费的经济功能

休闲消费与其他消费相比，具有特殊的经济功能。

1．扩大就业

通过鼓励休闲消费、发展休闲业从而扩大就业，是现代各国尤其是发达国家所普遍采用的提高就业率的重要措施。其作用机制大致是休闲消费的增长以缩短工时、增加闲暇为前提，这样既可腾出较多空闲岗位、通过“分享工作”方式增加就业，又可因为休闲消费创造对休闲服务和产品的需求，从而直接增加休闲领域就业人员；并且还会出现产业和就业的级联放大效应。

2．促进分配公平

相对来说，休闲消费是富人的活动，通过促进休闲消费，却能给一部分相对较为贫困的人创造就业的机会，给一些贫困但休闲资源丰富的地区带来致富的机遇，从而实现财富从高收入阶层（地区）向低收入阶层（地区）的合理转移，有利于缩小贫富差距、促进分配公平；同时，如果国家政策得当，休闲消费一定意义上能转化为对弱势群体的扶持。

3．优化产业结构

休闲消费属于较高级的消费，它的兴起必然会带来供给结构的一系列变化，从而催生一些新的产业和部门，使得产业结构不断由低向高演进升级，最终改变传统的产业结构。例如，休闲服务业兴起优化第三产业的结构，进而推动第三产业“休闲化”升级；休闲消费促进第三产业增长，提高第三产业在产业结构中的比重；休闲消费的多样化还促进休闲产业自身结构升级；休闲消费的增长还反过来优化第一和第二产业，并使之朝“休闲化”方向发展，从而走向生态化、人性化等。

另外，休闲消费拉动内需、刺激消费、促进经济增长的作用也十分明显。

阅读材料 6-4

1990 年以来的美国休闲消费状况

关于美国的休闲消费，人们最常引用的政府统计数字是消费开支中娱乐消费所占的比重。在商业部所定义的娱乐消费中，包括了家用电器、收音机和电视机、音乐、公共娱乐、运动器材、演艺娱乐、家庭园艺、玩具、书籍和杂志，以及游船、摩托车、自行车之类的娱乐设备等方面的开销。1990 年，全美国消费者在娱乐性商品和服务方面总共花掉了 2 800 亿美元，占全部消费开支的 7%。这一数字是消费者 1990 年购买新车花销的 3 倍。而大部分的休闲消费支出被归入了其他类别中。例如，1990 年美国交通运输的支出为 4 580 亿美元，其中 1/3 以上花在了休闲旅游上。航空旅客的 60%是休闲旅游者，而非公务旅行者。在住房、服装、餐饮和教育方面也有很大部分可归到休闲消费中。把以上相加，则休闲方面的支出在 1990 年高达 1 万亿美元，约占全部消费支出的 1/3。休闲经济的巨大规模主要由消费来推动，因此休闲经济成为美国第一位的经济活动。旅行和旅游业每年创造了 3 万亿美元的产值，其中美国的税收已经超过 6 000 亿美元。目前美国

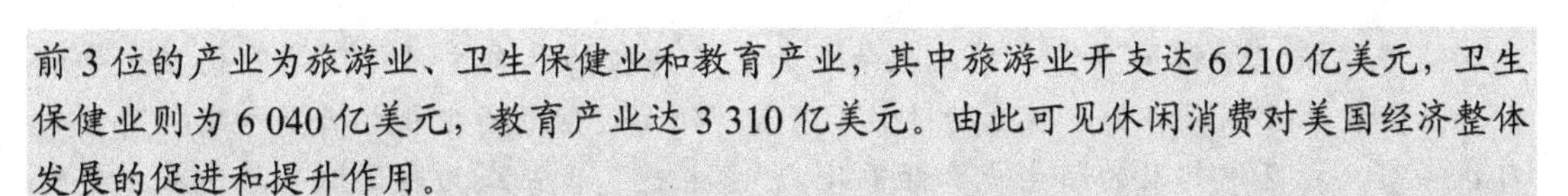

前3位的产业为旅游业、卫生保健业和教育产业，其中旅游业开支达6 210亿美元，卫生保健业则为6 040亿美元，教育产业达3 310亿美元。由此可见休闲消费对美国经济整体发展的促进和提升作用。

（资料来源：吴承忠．奥运机遇拉动下的北京休闲经济发展[M]．北京：中国经济出版社，2008.）

6.2.3 休闲消费的和谐性和生态性原则

1．休闲消费和谐性原则及其背离

和谐性是休闲消费的基本原则，也是其内在特性。在逻辑上它源于休闲的和谐性（详见4.2），主要指的还是休闲消费过程中人性整体的和谐以及人性与其他物性的和谐。如从内外两个视角看，这种和谐表现为内在的和谐即休闲人本性特质的实现，亦即休闲消费的人道主义原则；外在的和谐即休闲生态性要求的实现，亦即休闲消费的自然主义原则。而人本性和生态性的融合，即人道主义和自然主义这两大原则的有机统一便是休闲消费和谐性的核心内涵。休闲消费由此倡导消费的合理化和适度性，倡导休闲生活的简单、简朴与简约，对人、社会和自然具有“友好性”。

中国目前的休闲消费存在背离和谐性的误区：第一，将休闲消费片面理解为经济消费，更为关注它可能创造的经济价值，重视短期效益，忽视长远效益；重视经济效益，忽视人文效益，这是当前我国在休闲消费领域最突出的问题。第二，高投资高消费高利润，造成目前大量高档次休闲场所如雨后春笋般兴建，如高尔夫球场、高档宾馆、洗浴及养生会馆等，为中高收入阶层提供了更好的休闲环境，但其高价的确排斥了普通大众。第三，休闲消费往往被“符号”化——成为财富、名望、权力、社会地位等的象征，休闲所构建的价值与意义的世界成为附属品，这与休闲的人性意蕴根本背离。第四，休闲场所的建设及休闲相关产业的发展也缺乏长远眼光，往往急功近利，官员追求政绩、商人追求高利润，常常是政府跟着商家走，商家跟着利益走，尤其体现在城市的拆迁改建上，不仅造成环境及文物的破坏、资源的浪费，而且往往是无个性、无文化的复制、推广，最终造成千城一面。这些误区严重背离休闲消费的和谐性本质。

阅读材料 6—5

我国城镇居民的休闲消费现状

在市场经济条件下，追求个性解放、追求自我实现以及西方休闲文化的引进影响了我国城镇居民的休闲消费取向，使得个性化趋势日趋突出。就目前的休闲消费而言，登山、击剑、骑马、攀岩、空中滑翔、迷你攀岩、蹦极、旅游等各具特色的运动休闲消费方式纷纷登台亮相，休闲消费的热点开始从单一领域向多领域发展。

（1）休闲消费结构存在畸形居民休闲消费结构的不足，主要表现在3个方面：①重娱乐性、消遣性休闲消费，轻发展性、智力性休闲消费。例如，“看电视”、“唱卡拉OK”、“聊天”等休闲活动所占时间较多，而提高和发展自身素质为目的的“看书”、“读报”、“学习知识技能”等活动时间较少。②重非自主性休闲消费，轻自主性休闲消费。目前

休闲消费现状以炫耀性消费、攀比性消费为主要特征的非自主性休闲消费仍占主导地位。③重被动性休闲消费，轻主动性休闲消费。例如，伴随着电视的普及和电视节目的日益丰富，社区中邻里的陌生化和距离化，“看电视”日益成为我国城乡居民最主要的消遣方式。

（2）我国在休闲消费中存在的消费环境不佳，在很大程度上与我国休闲消费支持系统的建设尚不完善有很大关系。①发展休闲经济缺乏科学的指导与政策引导，一些基础性的问题缺乏系统、科学、规范的论证，支持休闲产业发展的相关政策法规还不完善。另外目前我国法律对休闲消费品还缺乏统一的标准，尤其是缺乏对这些产品提供者的监督，导致许多休闲产品提供者不能提供良好的服务，降低了休闲消费的水平。②社会支持系统，如交通、饭店、餐饮、接待能力等的发展还不完善，“瓶颈”问题有待解决。休闲活动的安全保障性差，配套的设施和服务不到位，导致了出行买票难、吃饭住店贵、道路拥挤等问题。

（资料来源：彭渝，张毅. 我国城镇居民休闲消费现状及对策研究[J]. 价值工程，2011，11.）

2. 休闲消费的生态性原则及其背离

休闲消费有其特定的价值取向——使人在天人合一中享受健康和幸福，因而它对生态性的内在要求，即任何休闲消费都要遵循自然主义原则，保持人与自然的和谐及其永续性。生态性原则，要求在休闲消费中注重生态平衡的保持，对自然资源进行合理的开发、使用，倡导绿色休闲，同时还蕴含着对简单、质朴生活方式的推崇。

阅读材料 6–6

芝加哥：湖水洁净的休闲港湾

美国密歇根湖西南岸的芝加哥高楼林立，密西西比河、芝加哥河、卡拉麦特河构成纵横交错的水网。工业的快速发展曾经使芝加哥城市水域的运输功能成为其服务社会的主要功能，但20世纪中期的世界性产业结构调整，使芝加哥城市水域经历了一场逆工业化过程，湖滨的铁路运输、港埠等设施迅速衰退，比邻的水体受到一定程度的污染，滨水空间从城市的经济活力中心沦为城市的废弃地带，成为环境恶劣、犯罪滋生的温床。水上运输业的衰落也为芝加哥遗留了许多废弃的水域空间。芝加哥市整治了芝加哥河及其南北支流，加强了密歇根湖与芝加哥河的联系，并规划建设了一系列半岛、码头设施、沙滩、游艇俱乐部、游乐场和公园等，将湖滨地区建设成永久性的城市公共空间，芝加哥河和密歇根湖给芝加哥带来一种有别于其他城市的空间感受，人们在临水平台上散步，可以避开街道上的喧哗，远离街道上繁忙的车辆和行人，自然生出一种放松的心情去欣赏沿河或沿湖的风光。从心理学的角度，沿河的空间和环境有助于缓解人们在大城市形成的紧张情绪，医治心灵的创伤。几乎大部分人都有喜欢戏水、与水接触的天性，良好的滨水区域设计正好满足人们的这种天性，无形延长人们在室外的步行时间。芝加哥重塑滨水空间，使之成为人们亲近水、接近自然的美景，也为城市居民提供休闲、交往、娱乐赏景的公共空间。芝加哥市政府部门通过建设水位提升设施和闸门，将原本流入密歇根湖的芝加哥河的流向倒转，向南流入伊利诺河，从此，城市的污水不再注入密歇根湖，蔚蓝色的密歇根湖成为城市与水域和谐的样板。对湖滨地区和滨水区域的保护和限制性开发也是芝加哥保持城市特色的一个重要举措。芝加哥在保护湖水洁净的基础上，注重在沿湖开展休闲旅游。芝加哥大都会的中心地带原本被废弃的铁轨、高架路、地铁线和停车场所占据，经整治后被建设成芝加哥湖滨千禧公园，成为芝加哥市的骄傲。两座近 50 米高的喷泉塔对称地树立在公园广场西南方向的转角处，塔上是变化的数码人像，人像的嘴角位置上各有一个小孔，水流汩汩而出，不时又会变化成喷出的小瀑布。在这里，科技不再是一张冷漠的面孔，艺术也不是博物馆里的阳春白雪，而成为亲切幽默的水域造景。全长 900 米的海军栈桥经过大规模改修后，被开辟为儿童博物馆、三维立体剧院、露天舞台、庭园等休闲游憩复合体，游客可以在悠闲轻松的散步中欣赏音乐家或表演家们的精彩献艺。密歇根湖滨地带已成为居民休闲和旅游者游玩的好去处。欧美发达国家对休闲的理解已达到相对高级的程度，休闲消费的生态性，已经受到了相当程度的重视。但是这种发展并非一蹴而就的，它经历了一个破坏后重建和治理的痛苦过程。他们的先进经验固然值得借鉴，但其教训更值得深思，我国应该力求避免这样一个破坏后重建和治理的痛苦过程，而直接走生态化休闲之路。

（资料来源：全华，杨竹莘，赵磊．美国城市水域景观休闲旅游利用经验及其对中国的启示[J]．水利经济，2011，5．）

科技的突飞猛进，物质力量的日益增强，贪婪物欲的恣意膨胀，征服自然的不断胜利，使人们渐渐淡忘了自己的生存之根，并难以回避自然的残酷报复。近年来，全球自然灾害明显增多，人类对自然环境的破坏及其所造成的全球生态及气象系统的恶化便是其重要原因之一，这为人类的生存敲响了警钟。发展休闲，把握休闲的本真含义，以欣然之态对待生活，从外在索取转向内在体验，从对物质财富的无限占有转向对自身人性潜能的挖掘和享受，是众多有识之士寄予厚望的救赎之路。但是如果休闲也跟劳动或工作一样被异化，违背其人本性特质和生态性要求，必然加剧环境的恶化和灾难。实际上，生态性不只是休闲消费的内在要求，更应成为今后人类一切活动的根本行为准则之一。

阅读材料 6—7

一个消费主义者的重复死亡

物质的时代，消费是永恒的主题。

生命的价值在于财富的积累和挥霍。而我们已经别无选择。

在物化的时尚包装里，生命力和人性在一点点消亡着，在那些茫然的目光里，在商厦拥挤的电梯里和柜台前，我们只是看见了无数熙熙攘攘的购物的机器。

消费着的人，空虚的心，镜子里苍白的脸，手提袋印刷着精美的品牌，钱包里最后的呻吟。

于是远离着作为人所喜好和眷恋的一切，沉迷在物质和品牌之中，陶醉在付款和交货的瞬间。这世界，猛然有了一些贵族般的奢华和傲然，在芸芸众生的交错恍惚之中。

重复死去。消费主义者一次次把活泼生动的生命，残忍杀死，用那些广告牌上的物品，以及强烈而盲目的欲望，还有些深藏的卑微和嫉妒。

这些都化作怀中满抱的商品，那是货币和财富的象征，以及享受和富裕的标志，是一面迎风招展的旗帜，书写着招揽更多卑微和嫉妒的符号。而此时，人是物质最好的奴隶。

消费主义者在寂寞和空虚里无所事事，消费着自己的辛苦和血汗，或者是别人的，也无所谓，更不经意。消费主义者在死亡的一个个瞬间似乎有所领悟，但也只是偶然的片段闪烁，继续消费下去吧。

这被钞票和物质堆积的世界里，消费就是最好的通行证，可以带他去往那些所有高尚和污浊的角落，包括终将到来的天堂，或者是专为贵族而设的特种地狱。

（资料来源：章海荣，方起东. 休闲学概论[M]. 昆明：云南人民出版社，2005. ）

3. 反对消费享乐主义

休闲消费的生态性原则要求反对消费主义和享乐主义（合称“消费享乐主义”）。休闲的本意是为人们构建一个完满、自足的精神世界，过度的物欲是对这一精神世界的破坏。消费享乐主义原是有闲特权阶级或上流社会成员的生活价值取向，但是随着物质财富的日益丰富及其市场化营销，这种价值观逐渐向中产阶级和底层大众蔓延。目前流行的大众消费文化和奢靡消费就是这种价值观的表现；而可透支的信用卡的普及更加剧了这种消费享乐主义的泛滥，以至于很多人的生活呈现出“我购物故我在”、“我消费故我在”、“我享乐故我在”的癫狂状态，休闲似乎成了炫耀性、奢靡性、挥霍性消费的合法旗号。这势必从内外两个方向上造成危害：对内通过破坏身心平衡威胁人性的健康存在和自由发展，对外通过资源浪费和环境破坏恶化人与自然的关系；这也是休闲异化的重要表现。

知识链接 6–6

马克思、恩格斯论休闲消费和生态保护

真正的经济——节约——是劳动时间的节约。而这种节约就等于发展生产力。可见，绝不是禁欲，而是发展生产力，发展生产的能力，因而既是发展消费的能力，又是发展消费的资料。消费的能力是消费的条件，因而是消费的首要手段，而这种能力是一种个人才能的发展，一种生产力的发展。

人不仅为生存而斗争，而且为享受，为增加自己的享受而斗争……准备为取得高级的享受而放弃低级的享受……人类的生产在一定的阶段上会达到这样的高度：能够不仅生产生活必需品，而且生产奢侈品，即使最初只是为少数人生产。这样，生存斗争……就变成为享受而斗争，不再是单纯为生存资料斗争，而是为发展资料，为社会地生产出来的发展资料而斗争，对于这个阶段，从动物界来的范畴就不再适用了。

仅仅供享乐的、不活动的和挥霍的财富的规定在于：享受这种财富的人，一方面，仅仅作为短暂的、恣意放纵的个人而行动，并且把别人的奴隶劳动、人的血汗看作自己的贪欲的掳获物，因而把人本身——因而也把他本身——看作毫无价值的牺牲品。他把人的本质力量的实现，仅仅看作自己放纵的欲望、古怪的癖好和离奇的念头的实现。

但是我们不要过分陶醉于我们人类对自然界的胜利。对于每一次这样的胜利，自然界都对我们进行报复。每一次胜利，起初确实取得了我们预期的结果，但是往后和再往后却发生完全不同的、出乎预料的影响，常把最初的结果又消除了……因此我们每走一步都要记住：我们统治自然界，决不像征服者统治异族人那样，绝不是像站在自然界之外的人似的，——相反地，我们连同我们的肉、血和头脑都是属于自然界和存在于自然之中的；我们对自然界的全部统治力量，就在于我们比其他一切生物强，能够认识和正确运用自然规律。

（资料来源：马克思，恩格斯. 马克思恩格斯选集[M]. 4卷. 北京：人民出版社，1995.）

6.3 休闲质量的测度

休闲是人类追求更高层次、更高质量生活的产物，它的发达程度本身就是衡量人们生活质量的一个尺度，所以，休闲质量是透视人类生活质量的一个晴雨表。目前关于生活质量的理论较有代表性的包括生活方式理论、生活时间结构理论、生活满意度或幸福指数理论；它们也提供了测度休闲质量的主客观方法。以生活方式理论来考查休闲生活的质量，主要是区分闲暇生活方式的积极健康抑或消极有害，以形成良好的社会导向，是一种颇具历史性的主客观相结合的测度方法；休闲直接以闲暇时间的增加为基础，生活时间分配结构是考查休闲的质与量的最客观的维度；幸福指数理论，20世纪后期以来已被越来越多的国家作为衡量本国经济社会发展的核心指标体系，大众对休闲生活的主观满意度，可以反映大众休闲生活质量的主观认可程度。

阅读材料 6-8

休闲质量是人类文明的重要尺度

自文字记载以来，人类对于休闲的理性关注便已开始，但休闲的思想观念一度被一系列复杂的历史力量所掩盖，只是在当代，人们才有机会再次去追求这一理想。经过2 400年的时间，进入20世纪以来，人们才开始对休闲和所有与之相关事情加以理解。

尽管20世纪以来人类文明空前繁荣，但所有衡量进步的主客观标准，似乎都显得不够完善，因为，人们所有的标准在很大程度上都忽视了对人类生存的真正目标的思考。例如，消除疾病和战争、防止意外事故的发生、长寿、就业率、对“必需性”的消费之后的财富积累等，都是把物质文明作为衡量人类进步的尺度。这些标准固然重要，但它们代表的只是人类进步的某些手段，并没有涉及人类渴望进步的最终目的。

第一次世界大战后，凯恩斯（Keynes）预言说，如果我们选择致力于非经济目标的话，那么，每周15小时的工作时间就可以满足一个社会的需求。但他认为，对于我们来说，这是最困难的一件事，因为以前的整个进化史已经使我们形成了为生存而斗争的本能和习惯。人类的真正永久性的问题是如何利用解除了经济忧患之后的自由问题，或者说，是如何休闲以便使自己“理智地、舒适地和更好地”生活。

凯恩斯所预言的一切大约将在2030年或稍晚一些时期发生。需要花费这样长的时间不是因为人类无能，相反，在某种意义上，是因为人们懂得，在什么时候“充分”才是“充分”，是因为人们懂得，何时才能辨识出哪些层次更高和更有意义的活动，从经济需求中解脱出来的自由将会憧憬这些活动。但是，正如马克思所说，人们已经在把自己生来已有的权利局限在一碗汤上，而对于其他东西，人们似乎懒得去想它们，或者说，对之缺乏十分优雅的爱好。总之，我们缺乏一种休闲哲学；而如果没有它，我们是绝对不会感到满足的。

（资料来源：托马斯·古德尔，杰弗瑞·戈比. 人类思想史中的休闲[M]. 成素梅，等译. 昆明：云南人民出版社，2000. ）

6.3.1 生活方式：休闲质量的历史测度

1. 生活方式理论及其对休闲质量的关注点

生活方式是由一定的生产方式所决定，为一定的自然环境所制约，在一定的世界观指导下的个人、群体或社会为满足自身需要而进行的生活活动模式。换言之，生活方式就是特定时代、地域、观念下人们共同的生活图式。生活方式研究一开始就把理论锋芒聚焦在工业化社会的伴生问题上，含有批判不良生活习惯，弘扬优良生活方式的精神和使命。一方面，它要理性反思工业化以来人类遭遇的诸多难题与困境，寻找化解矛盾，走出困境的现实可行道路；另一方面，也要探索能够保证人类社会长期可持续发展的新的生存观念，倡导更加积极、健康、最少弊端的新的生活方式。近几十年来，生活方式的休闲化无疑是影响最大的一个趋势，更加彰显了闲暇时间的利用问题的愈益重要性。

运用生活方式理论来考察休闲的质量，主要关注点在于休闲生活的发展趋势，并据此思考整个人类社会的发展趋势，及其本身内在蕴涵生活质量的要素；大众休闲生活中存在的问题，这些问题直接影响休闲生活的质量。

有助于提高休闲质量的趋势：第一，休闲时间在增加。这主要表现为法定劳动时间的不断缩短，法定节假日日益增多，带薪休假越来越普及，社会老龄化加速使退休人员队伍不断扩大，个人闲暇率和社会闲暇率都在增加，社会休闲时间总量也随之增加。第二，劳作与休闲的边界愈益模糊，劳作休闲化趋势明显。自动化机器的广泛应用，把广大劳动者从繁重的体力劳动下解放出来；社会信息化及知识经济的发展，正在软化社会经济结构，越来越多的人将主要从事智力化、创造性的劳作活动，因能满足人们的高级创造性需要而变得更富意义，更能使人获得休闲感；同时，劳作方式由于“远程化”而回归家庭，“在家工作”或“远程工作”，进一步提高了劳作与休闲的融合度。人类正在进入一个工作与休闲模糊不分的时代。第三，休闲及相关行业越来越成为许多国家和地区的重要的社会实业领域。各种生活及文化服务业以及娱乐、旅游、网络休闲技术和产业的大发展，商家积极迎合大众追求享受的心理，开发出各种满足消费者贴身又贴心需要的产品和服务，为人们的休闲创造了优越的条件和环境。第四，各种智能数码休闲设备具有零距离、个性化、家庭化及便携性的特点，最大限度地满足了人们的日常休闲需要。

而影响、制约或阻碍休闲质量提升的问题主要有：一是重物质消费，轻文化消费；二是俗文化消费热于雅文化消费；三是某些社会陋习和丑恶现象死灰复燃，侵入休闲生活领地；四是休闲领域较少受到理性关注。休闲质量的提高依赖于这些障碍的消除。

2. 生活方式理论对休闲质量的测度方法

生活方式理论对休闲质量的具体测度方法在个人和社会两个层面发挥作用。

首先，可用“休闲系数”概念来测度个人生活方式的休闲化程度，并把它界定为一个人用于休闲的支出占其总支出的比例，用公式表示：

休闲系数＝个人休闲支出/个人生活总支出×100%

显然，休闲系数是一个人的休闲消费能力，是其生活水平和休闲质量的重要的客观标志，数值越大，表明这个人的休闲质量越高，其个人生活方式的休闲化程度也越高。

其次，可用“休闲指数”概念来描述一个社会的全体成员对休闲资料和休闲服务的有效购买和消费能力（笼统地说就是整个社会的休闲消费能力），即

（社会）休闲指数＝社会休闲总支出/社会总消费支出×100%

显然，休闲指数是一个社会生活方式休闲化水平的重要标志，数值越大，表明这个社会的休闲生活水平越高，这也是整个社会休闲质量最容易被精确量化测定的指标。

6.3.2 生活时间分配结构：休闲质量的客观测度

1. 生活时间分配结构理论的休闲质量观

关于时间对休闲的意义本书已有论述（详见5.1），本节所要阐明的是，人们生活时间的分配结构能够从客观上测度休闲的质量。因为现代社会生活内容的丰富、活动空间范围的扩大以及生活节奏的加速驱使精确时间计量进入寻常百姓生活，时间成为表达人们活动内容及范围的最客观、最完整的维度。

马克思对工人生活时间分配结构的研究，发现资本家与工人不同的生活质量和人生命运就在他们不同的生活时间分配结构中得到客观的反映：剩余价值源于工人的必要劳动时间、剩余劳动时间在工作日内的加减法，资本家从容享受的自由时间归根结底来源于工人的剩余劳动时间。

知识链接 6-7

生活时间分配结构研究及不同方法

在马克思之后及20世纪以来，生活时间结构研究逐渐形成为一门独立的学科。先是由苏联学者S.斯特鲁米林（S.Strumilin）创始，经欧美及苏联东欧国家学者的不断深化和细化，生活时间结构研究成为社会学的一门重要分支，国际上通称为“时间预算研究”（time budget research）。中国的生活时间分配结构研究发端并不晚，但直到改革开放后，经过王雅林、潘允康、卢汉龙、王琪延等学者的拓荒式的不懈努力，加之各级统计调研部门的大力支持与配合，才使这一研究在中国得以发扬光大，并产生了可以与国际社会对话的成果，也为我国学者的研究提供了宝贵的一手资料。

生活时间分配结构研究就是对一个人在特定时间段（通常以一天为单位）所参与的生活活动在时间维度上予以客观记录，并按一定标准将这些活动及其所占用时间加以分类整理，从而形成对一个人的生活内容、结构及质量等多方面属性的客观认识。该理论对人们生活时间分配结构做出不同细致程度的分类，主要有两分法、三分法、四分法和五分法。两分法就是将人们的生活时间分配结构区分为劳动（工作）时间和闲暇时间，这是一种比较简单粗略的分类研究方法，也正因其简单明了，研究过程中易于操作，经常被研究者采用。三分法将人们的生活时间区分为三个部分，即劳动（工作）时间、生理时间和休闲时间，与两分法相比，它是把闲暇时间做了进一步划分，区分为生理时间和休闲时间。四分法在此基础上又区分出家务劳动时间，意在揭示家用电器日益丰富和普及对人的生活时间分配结构的影响。五分法则进一步区分出上下班途中花费的时间，这一区分对于交通越来越拥挤的大中城市的上班族来说就显得十分必要。

生活时间分配结构理论表明，随着社会生产力的发展，人们生活时间分配结构变化的一个基本趋势就是劳动时间越来越短，闲暇时间越来越长，休闲生活越来越丰富多彩。休闲活动内容在时间维度上的客观记录既可以精确反映休闲时间量上的增加，又可以客观揭示休闲生活质的变化。

2. 生活时间分配结构理论对休闲质量的测度方法

首先，可采用“闲暇率”和“闲暇工作时间比”来衡量个人的休闲质量，前者是指一个人的“闲暇时间在某一段个人时间（时间禀赋）中的比例”，用公式表示为

闲暇率＝闲暇数量/时间禀赋×100%

显然，闲暇率越高，表明这个人可用于休闲的时间总量也越多；后者是指一个人的闲暇时间与工作时间的数量比率，用公式表示为

闲暇工作时间比＝闲暇时间/工作时间×100%

可见，这一比率越高，闲暇所占的生活时间就越多，如果这一比率小于 1，就说明个人的谋生性劳作依然居于首位，大于 1 则表明休闲已成为此人生活的中心。

其次，在社会方面，主要看一个社会的休闲－工作的平衡程度以及休闲比率，可采用以下两个指标来评价。一是社会闲暇率，即社会成员的平均闲暇时间在某一段社会时间（社会时间禀赋）中的比例。这一段社会时间可以是一天、一周、一月、一年。这是衡量社会闲暇在整个社会生活时间中所占比重的指标，其计算公式为

社会闲暇率＝社会闲暇总量/社会时间禀赋×100%

可见，这一比值越高，表明社会闲暇总量也越多，实际上也反映了这个社会的富裕和发达程度。第二个指标是社会闲暇工作时间比，是社会闲暇与社会劳作时间的比率，反映社会成员的生活时间在劳作和休闲的分配关系，可以用这一公式来计算：

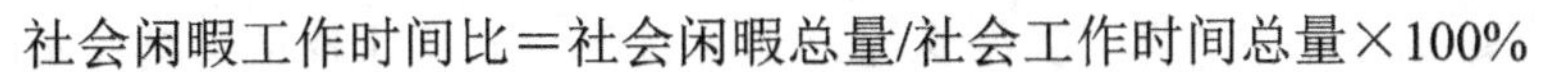

社会闲暇工作时间比＝社会闲暇总量/社会工作时间总量×100%

显然，这一比率越高，说明这个社会中人们闲暇时间越多，工作效率也越高，工作的重要性就愈益下降（李仲广等，2004）。

阅读材料 6–9

劳动时间的缩短与生活时间分配的变化

1. 劳动时间不断缩短的历程

一般认为，原始人平均生命周期约为 18 岁，而一生用于劳动的时间多达 6 年。农业社会平均生命周期为 35 岁，其中用于劳动的时间约为 10 年。进入工业社会后，先是劳动时间一度大幅度延长，平均每天在 14～16 个小时，赶上加班加点经常达到 20 个小时以上；但从 19 世纪末 20 世纪初开始，世界各主要国家的法定劳动时间普遍缩短为每天 8～10 小时。因此，从总体上看，自从人类进入工业社会以来，随着劳动生产率的提高，人们每周工作时间还是在不断降低，19 世纪的 100 年内，周工作时间从 80 小时降低到 60 小时。20 世纪的 100 年内 1 周工作时间从 60 小时进一步降低到 40 小时左右，在一些发达国家工作时间降低得更多些。例如，北欧一些国家周工作时间为 35 小时和 31 小时。目前法国实行周 35 小时工作制，并在一年中有 5 周带薪假期，法国工人的实际年工作时数只有 1600 小时左右，这样算来一年每周的工作时数只有 30.76 小时，而一周的休闲时间平均为 32.15 小时。所以 20 世纪后 20 年中在发达国家工作时间和闲暇时间已经发生了“历史性倒转”。到 1995 年，全世界 145 个国家实行每周 5 天工作制，其中大多数国又实行每年 5～52 天不等的在职带薪休假制。带薪休假也将逐步延长，弹性工作制将进一步推广。在发达国家和地区，恩格尔系数已降到 20%～30%，人们的可自由支配收入将大幅度增长。在美国，美国人已有 1/3 的休闲时间，2/3 的收入用于休闲，1/3 的土地面积用于休闲。可以预见，人类社会在 21 世纪的 100 年中，工作时间还会进一步缩短，有些发达国家有可能实行每周工作 4 天、每天工作 5 小时、每周工作 20 小时。届时，托夫勒（Toffler）当年的预言，即“第三次浪潮”社会人们的周工时将缩短到 25 小时，将被超越。

2. 中美两国居民生活时间分配结构比较

从表 6-1 中不难看出 20 世纪下半叶的 20 年间，两国居民每天花在工作、家务、生理需要和休闲方面的时间的变化趋势。表中涉及的 4 个项目都是两减两增，即两国居民每天花在工作和家务方面的时间都在减少，而花在生理需要和休闲方面的时间都在增加；就变化绝对量来看，幅度最大的都是休闲时间的增加量，美国居民 20 年间增加了 82 分钟，中国居民 18 年间增加了 240 分钟。但每个具体项目的变化幅度两国存在较大差距，取最高值与最低值对两国相应数据差做比较就会看到，美国居民 4 项时间变化幅度分别为－56 分、－40 分、＋12 分、＋82 分，而中国居民相应时间变化幅度分别为－231 分、－146 分、＋109 分、＋240 分。这至少说明，第一，发达国家居民生活时间分配结构变迁起步早于发展中国家。作为当代世界最发达的国家，美国居民生活时间分配结构变化远比中国早，中国由于受到左的思想倾向的影响，在发展中国家里也显得尤其迟滞，具体表现为，处于下降状态的相应项目的起始数据美方普遍低于中方，反之，则处于增长状态的相应项目的起始数据美方普遍高于中方。第二，居民生活时间分配结构变化幅度受社会变革剧烈程度影响。中国相应数据变化幅度较大，是因为这期间中国改革开放在突飞猛进发展，处于深刻社会转型期；而美国社会这20年则是比较平稳，无剧烈变革发生。

表6-1 中美两国时间预算调查数据　　单位：分/日

		工作时间	家务时间	生理需要时间	休闲时间
美国	1965—1966年调查	290	234	622	295
	1965—1966年杰克逊市调查	287	228	624	298
	1975年调查	258	204	644	333
	1985年调查	259	208	634	339
	1985年杰克逊市调查	234	194	634	377
中国	1980—1981年调查	471	287	555	126
	1985年天津市调查	373	242	590	236
	1988年调查	468	181	578	215
	1987-1988年上海调查	363	194	615	259
	1998年调查	261	197	645	337
	上海	240	185	664	354
	天津	294	201	632	313
	哈尔滨	253	207	637	343
	1997年全国40城市调查	301	141	642	366

（资料来源：王雅林. 城市休闲：上海、天津、哈尔滨城市居民时间分配的考察[M]. 北京：社会科学文献出版社，2003.）

6.3.3　幸福指数：休闲质量的主观测度

1. 幸福指数的概念及对休闲质量的意义

幸福指数又称国民幸福指数（gross national happiness， GNH），是一些发达国家用以检视经济社会发展的重要指标，是来衡量国家成功与否的重要标准。它涉及幸福感与生活质量、收入、环境、健康、宗教、工作、休闲、社会、教育等的关系，幸福感影响因素，特定群体的幸福感，幸福感测量方法等领域。

知识链接 6—8

幸福指数概念的提出及认同

最早提出幸福指数概念的是20世纪50年代的美国经济学家、诺贝尔奖获得主萨谬尔森Samuelson，他认为幸福＝效用/欲望。而“国民幸福指数”最早则是由不丹王国（以下简称不丹）国王在1970年提出的。他认为：人生的基本问题是如何在物质生活和精神生活之间

保持平衡，政府施政应关注幸福并以实现幸福为目标。国家在制定政策时应考虑“在实现现代化的同时，不要失去精神生活、平和的心态和国民的幸福”。在这种幸福理念下，不丹又创造性地提出了由政府善治、经济增长、文化发展和环境保护四级组成的国民幸福指数指标。其最终目标是让人民过上幸福的生活。不丹是世界上唯一用 GNH 代替 GDP 来衡量发展成效的国家。30 多年的实践，不丹民众的高幸福指数引来了众多学者的关注和研究。1990 年年末，美国宾州大学马丁·塞利格曼（Martin Seligman）创建积极心理学，设计了幸福方程式，总幸福指数＝先天的遗传素质＋后天的环境＋你能主动控制的心理力量。2002 年，英国首相布莱尔（Blair）邀请了伦敦经济学院教授莱亚德（Layard）给战略智囊作“幸福政治”讲座，并尝试建立一种与 GDP 数据类似的统计体系。2006 年，美国诺贝尔奖获得者丹尼尔·卡尼曼（Daniel Kahneman）与普林斯顿大学的艾伦·克鲁格（Ehren Kruger）开始编制国民幸福指数，“使它与 GDP 一样成为一个国家发展水平的衡量标准”。近年来，发达国家都开始了进行国民幸福指数研究，进而创设了不同模式的国民幸福指数。美国的世界价值研究机构称之为“幸福指数”，英国则称之为“国民发展指数”（MDP），日本则称之为“国民生活快乐指数”（GNC）。

中国的幸福学研究大致从 2004 年开始，以邢占军、刘正山、乐正、周四军等人的成果为标志，引起国内学界和政府的高度重视。2006 年，国家统计局就曾表态将把“幸福指数”和“社会和谐指数”纳为新的统计内容。同年中国国家主席胡锦涛在耶鲁大学演说中也明确提出“关注人的价值、权益和自由，关注人的生活质量、发展潜能与幸福指数”。在 2011 年“两会”召开前温家宝总理在与网民交流时将“幸福”解读为“让人们生活得舒心、安心、放心，对未来有信心”。近年来国内用 GNH 取代 GDP 作为经济社会发展综合指标的呼声越来越高。

幸福指数研究的难题在于如何客观准确地测度反映国民生活满意度的各项指标。不同时代的人对幸福有着不同的理解，即使是同一个时代的不同个体对于幸福的感受也会存在较大差异。有学者提出社会进化史可以用 3 个主题词概括，即农业化的主题词是“温饱”，工业化的主题词是“富强”，信息化的主题词是“幸福”。这 3 个词基本上概括了 3 个时代的人们衡量生活满意度的根本尺度。如果说温饱可以用粮食产量来衡量，富强可以用国 GDP 来衡量，那么，幸福用什么来衡量？卡尼曼的方法是从个人行为推导社会利益，从微观推导宏观，从快乐原理推导出幸福之道，从快乐测度推导出幸福测度。一般认为，显著影响人们幸福感的因素有 3 个：一是人的个性；二是当前处境的局部特点（local features）；三是生活环境及其重大改变。

幸福是人们对生活满意程度的主观感受，也是一种可以直观观察和客观评价的状态。每个人的生活阅历、人生背景、教育程度、思想观念、身体状况各不相同，对幸福会有不同的理解，但如富裕感、愉悦感、安定感、归属感、向心感、自由感、情谊感等主观感受则是共通的。幸福指数，就是衡量这些感受的主观指标。国民幸福指数就是指综合测度国民对经济与社会发展满意程度的一种指标体系，是反映某一时期国民幸福感的测度数值。幸福指数和国民幸福指数均属于生活质量的主观评价指标范畴。

生活质量是幸福指数的核心内容。包括 3 个要素：可支配收入、可支配时间和可支配的个性发展，在日常生活中对人们幸福感产生直接影响，主要反映在美满的家庭生活、惬意的工作环境和愉悦的社交娱乐 3 个方面。综合来看，虽然在实现温饱之前，可支配收入对居民的幸福感会发挥较大影响，可一旦突破这个瓶颈，可支配时间和可支配个性发展就跃升为最主要的影响因素。如果说可支配收入是前提，那么自由时间、个性发展在幸福指数测度中的重要性，又恰恰是内在于休闲生活并直接反映休闲本质的要素。可见幸福指数实际就是衡量休闲之质的重要指标。

2．幸福指数对休闲质量的测度方法

1）主观评价法

具有代表性的有其一，影响幸福感的因素主要是社会发展水平、历史文化背景、个人社会阶层、个人生存状况和改善预期及其实现度。因此，他的观点是“幸福＝美满生活＋愉悦身心＋和谐关系”（乐正，2006）。其二，幸福感是由人们所拥有的客观条件以及人们的需求价值等因素共同作用而产生的个体对自身存在与发展状况的一种积极的心理体验，它是满意感、快乐感和价值感的有机统一。从我国文化背景和当前社会实际出发，可构建一个由 10 个次级指标构成的我国民众幸福指数指标体系：知足充裕体验指数、心理健康体验指数、成长发展体验指数、社会信心体验指数、目标价值体验指数、自我接受体验指数、人际适应体验指数、身体健康体验指数、心态平衡体验指数、家庭氛围体验指数；再具体分解为 40 个项目来测量（邢占军，2005）。其三，畅爽评价休闲质量的最为直接的重要指标（李仲广等，2004）。休闲体验越强烈，休闲质量越高；畅爽感越强，休闲质量越高；休闲省悟的频次越多、创造性越强，修养越好、创造力越高，休闲质量也越高。

2）客观评价法

具有代表性的有：①按照“幸福指数公式”，

幸福指数＝收入的递增/基尼系数×失业率×通货膨胀

公式中，收入的增长体现了时间性比较，也自然体现了收入增加前后的比较；收入增加后人们新的谋求幸福的活动就会随之增加，收入的增加将主要用于增进福利的新的开支，这将导致脉冲式的幸福的增加。基尼系数即测量收入不平等的指标，所体现的社会比较带来两种效果：对于财富增加者的社会对比的幸福的增加和对于财富没有增加者、增加幅度小者以及财富减少者幸福的减少；基尼指数增加，对于财富增加带来的社会幸福将远远大于财富减少带来的社会幸福减少。至于失业，它不仅仅是失业者的不幸，也是他的亲人的不幸，对于所有就业者也是减少幸福的不祥的阴云。通货膨胀使所有人的财富缩水，减少所有人尤其是富人的幸福。（陈体滇，2004）②GNH 量化方法，从社会健康、福利和环保的角度定义幸福，

GNH＝生产总值指数×a%＋社会健康指数×b%＋社会福利指数×c%＋社会文明指数×d%＋生态环境指数×e%

其中 a、b、c、d、e 分别表示生产总值指数、社会健康指数、社会福利指数、社会文明指数和生态环境指数所占的权重。（蔺丰奇，2009）。

3）主客观结合评价法

可通过设定几个重点指标来测定“国民幸福指数”，如婚姻、恋爱、事业（与收入、地位相关）、休闲等。这其中又分为客观指标和主观指标。主观指标包括开心程度、个人外向

指数、人际关系指数等，主要通过访谈法、问卷调查法测算；客观指标主要包括：①基尼系数（财富分配的离散度）越大，收入分配越不平等，总的幸福感就越低；②支出结构，使用休闲支出占比（即休闲系数）与食品支出占比（恩格尔系数）衡量，生活越贫困，恩格尔系数越大，休闲系数越小；③婚姻美满度，用离婚率与家庭暴力程度来衡量；④就业，运用失业率等衡量；⑤生命的价格（即失去生命之后获得的补偿）；⑥游戏规则的公正性，可以运用计量经济学原理，委托其他变量来衡量。其中主观指标只占10%，客观指标占90%，如此更接近事实，保证幸福指数的科学性。（刘正山，2007）

4）社会闲暇公平度（leisure equity，LE）的测量

历史经验表明，一个社会的公平度越高，人们的满意度也越高，幸福指数也就越高；因此，社会闲暇公平度能够成为衡量整个社会休闲质量的一个重要指标。闲暇在社会成员中的分布具有相对性或不均衡性，这就是闲暇的不公平性，通过样本比较来显示。例如，男性（M）和女性（F）、有闲阶级（L）和劳动阶级（W）的比较，用他们各项活动的时间差即M或L各项活动时间减去F或W各项活动时间，其正、负、零的指标结果表明这两个样本之间闲暇分配的不同的公平度；若指标值越小，公平度越高，否则公平度越低；指标为零表明绝对公平，若指标值为48小时，则表明绝对不公平。可用如下方差来计算：

$$\mathrm{LE}=\sqrt{\frac{(t_1-\overline{t})^2+(t_2-\overline{t})^2+\cdots\cdots+(t_n-\overline{t})^2)}{n}}$$

公式中，t表示闲暇时间，n表示比较对象的数量，t_1、t_2，…，t_n表示1，2，… n个对象的闲暇时间（李仲广等，2004）。

休闲的目标直指幸福，因此幸福指数可看作是休闲质量的测度指标，二者呈正相关：幸福指数越高，表明休闲质量越高，反之亦然；因而，上述4类方法各有其独特的适用性。至于直接的休闲幸福指数（休闲生活满意度）的测度方法，尚有待于进一步研究，一个基本的原则是，在前述关于生活方式和时间分配结构对个人和社会休闲侧重于量的客观测度的前提下，休闲的质应该侧重于从个人和社会休闲满意度的测量；并将它们结合起来，整体地、辩证地进行测度。

阅读材料6-10

幸福指数与休闲质量密切相关

我国学者周四军和庄成在《基于距离综合评价法的我国国民幸福指数测评》中，用经济发展水平、人口与就业结构、人民生活水平和生活环境水平4个方面构建了国民幸福指数评价指标体系，运用变异系数法和距离综合评价法对我国1998—2006年国民幸福指数进行了测度和评价。研究发现，1998—2006年我国国民幸福指数有连续上升趋势，并且2002年以后的增长速度较2002年以前的快。总体看，2006年国民幸福指数相对于1998年有了较大的提升，无论是经济发展水平、人民生活水平、人口与就业水平还是自然环境水平都有了较大改善。

一些调查研究也表明，国民幸福指数与休闲生活的状况密切相关。《瞭望东方周刊》与

芝加哥大学教授、中欧国际工商学院行为科学研究中心主任奚恺元合作曾对北京、上海、杭州、武汉、西安、成都六大城市采取随机访问的方式进行了一次幸福指数测试，旨在了解每个城市当前、未来和预期下一代的幸福度。每个城市选取了近 200 个样本，样本人群主要 20～50 岁，测试结果表明六大城市的幸福指数从高到低依次是：杭州、成都、北京、西安、上海、武汉。从各城市之间经济发展水平考察，研究者发现，人均月收入与幸福指数没有直接关系，上海人均收入最高，但幸福指数排倒数；成都人均收入最低，幸福指数竟排第二位；杭州人均收入居中，幸福指数却遥居榜首。分析其中的原因，不难发现生活休闲化所发挥的作用。成都历来被视为中国休闲之都，成都人生活方式的缓慢节奏，慵懒闲适举世驰名。那里的茶馆是市民休闲生活方式的一个缩影。一年四季市民都会利用闲暇时间泡茶馆，饮水嚼茶，细品茗芳，消暑纳凉，吐热解渴，谈天说地，讽古论今，多么令现代都市人艳羡的生活啊！至于杭州，近些年来利用世界休闲博览会的契机，充分发掘古都文化底蕴，弘扬“人间天堂”的存量美誉，大打“中国休闲之都”这张增量牌，在追赶世界休闲化趋势大潮中抢得先机，这无疑是成功秘诀所在。表 6-2 是杭州一个街区居民休闲生活满意度的调查统计数据，从中可以看出在与居民休闲生活满意度相关的 14 个方面的实际满意度排序的情况，有助于政府及社会管理相关部门的科学决策及改进工作时参考。

表 6-2　杭州市小河直街居民休闲满意度各项目平均数与标准差统计

休闲满意度因素	休闲动机因子	平均数	标准差	平均数排序	标准差排序
心理满意度	很感兴趣	3.69	1.11	6	4
	给我自信	3.39	1.17	10	8
	有成就感	3.14	1.31	14	15
	使用许多不同技巧与能力	2.85	1.26	15	11
教育满意度	增加对周遭事物的	3.54	1.30	7	14
	认知	3.40	1.35	9	16
	尝试新事物	3.36	1.10	11	3
	更了解自己	3.36	1.14	11	7
	更了解他人				
社会满意度	和别人接触互动	3.83	1.29	5	13
	寻觅知己	3.19	1.17	13	8
放松满意度	放松身体	4.38	1.05	2	1
	心情愉悦	4.42	1.08	1	2
身体满意度	挑战体能	2.53	1.23	16	10
	维持身心健康	4.21	1.13	3	6

（资料来源：蒋艳. 居民社区休闲满意度及其影响因素研究[J]. 旅游学刊，2011，6.）

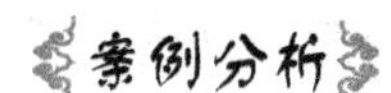

北京主题公园现状分析

一、空间布局及主题类型

北京市各区县的主题公园在点状空间布局上呈现相对均衡发展态势，但“城八区”主题公园在整体空间布局上仍优于其他区县。主题公园中，以朝阳、怀柔、大兴、通州较多。北京市主题公园基本涵盖了我国主题公园的主要类型，其中以体验娱乐和观光农业比例最重，两项之和占到市主题公园总数的54%。

二、经营状况

据统计，北京现有的32处主题公园，很大一部分投资规模小，产品项目缺乏创意、经济效益欠佳，投资成本未能收回。其中，老北京微缩景园因存在“烧高价香”、给导游回扣等行为，已被认定为非法宗教活动场所，故未被计入。建成时间较早、规模相对较大的“世界公园”，自1993年开业以来，15年来共接待中外游客2 000余万人次，平均每年130余万人次，按照65元门票计算，年营业收入也仅在8 500万元左右。另一处自2006年开业起就吸引无数眼球的北京欢乐谷，2007年共接待游客200万，而深圳欢乐谷2007年入园游客人数超过320万，销售收入、利润均创历史新高。相比之下，北京主题公园经营状况都不容乐观。

三、北京欢乐谷的经营现状及存在问题

2006年，一个投资20亿元、耗时4年打造、占地面积100万平方米的中国目前最大主题公园在北京横空出世，它就是欢乐谷。园内设置的120余项体验项目，包括40多项游乐设备、50多处人文生态景观、10多项艺术表演、20多项主题游戏和商业辅助性项目，都强调“体验”，让游客在体验中领略欢乐。先来回顾一下它的发展历程。2006年7月9日，开园仅一个小时，欢乐谷就售出门票近6 000张。据工作人员称，当日总接待量突破6万人次，已超出主办方设定的5万人次日接待警戒线。2007年五一黄金周期间，欢乐谷以7天接待18.5万人次，2 600多万元的旅游收入首次超过故宫和八达岭长城，成为北京黄金周收入最高的景点。2008年4月，北京欢乐谷被批准成为国家4A级旅游景区。

辉煌起步的背后，人们也听到了一些不同的声音。欢乐谷的经营中到底面临哪些问题？

1. 市内交通条件不便利

相比开业时没有一条公交线路直达景区门口的尴尬局面，目前已有41路、31路两条直达欢乐谷门前的公交路线。若游客乘坐674、680、687路抵达华侨城站，仍需要步行10分钟到景区门口。而在弘燕站、工大东站等站下车的乘客，则需要步行20分钟。在交通状况本来就不乐观的情形下，居住在城西、城北的本地游客，必须忍受辗转换车数次的痛苦，花费一两个小时，才能到达位于北京东南角的欢乐谷。此外，由于公交收班时间及班次少的缘故，晚上入园的游客或许还要承担打车回家的费用。

2. 排队等候时间过长引发的通票价值之争

很多游客需要等两个小时才能玩上一个项目。因此，在开业的第一天就出现了部分游客因不满过长的等待和通票价值而要求退票的短暂混乱。欢乐谷的负责人表示正在考虑开通游乐设施的预约排对系统，以节省等待时间。

关于欢乐谷通票的价值，已有游客做了分析，表面上看，160元可以不限次地游玩40多个游乐项目，相比北京其他的游乐场，是有一定竞争优势的。但从理论上讲，通票允许的项目全部玩一次需要23个小时左右。而欢乐谷每天的营业时间只有11个半小时。不算每项游戏前的等待时间和吃饭时间，不停歇地玩也只能玩一半，而一般游客只能玩10项左右的游戏。在开业初期的爆满情况下，根据有关人士的现场了解，平均每位游客只能玩不到5项游乐设施。

3. 演艺作品叫好不叫座

由华侨城集团斥资2亿元在北京欢乐谷倾情打造的原创大型舞蹈史诗剧《金面王朝》，从表现形式、内容、规模、产业模式等各方面，都可称为"京城一秀"。这场由国内顶级导演、编剧、舞美、灯光、音乐制作人、服装设计师以及200名中外优秀演员共同奉献的大型舞台表演秀，舞蹈剧、杂技、服饰表演等多种艺术手段和舞台特技于一体，是欢乐谷延伸其文化内涵的一个重要举措。凡看过此演出的观众大多感觉震撼，认为好看。然而，从首演至今，这台演出的上座率始终不高。很大一部分观众是得益于园内游玩或购物后所得的赠票才知晓并观看演出的。在接受调查的50位游客中，仅有6位表示观看过此演出。

4. 季节性因素的影响

季节性差异是深圳欢乐谷与北京欢乐谷经营上面临一个重大客观差异。由于室外温度的影响，冬季的北京欢乐谷一些项目停开，如奥德赛之旅、玛雅天灾等，几个水上的表演项目也在暂停之列。为此，11月15日—次年3月31日，欢乐谷实施冬季运营，票价下调40元，营业时间也由夏季的12个小时缩短为7个小时。

（资料来源：吴承忠. 奥运机遇拉动下的北京休闲经济发展[M]. 北京：中国经济出版社，2008.）

请结合本章有关内容，思考以下问题：

（1）你认为我国城市休闲供给方面存在哪些问题？

（2）你认为休闲项目的开发，首要的考虑因素是什么？

（3）结合国内休闲消费现状，谈谈你对休闲消费的认识。

简要点评：①案例表明：第一，目前在休闲供给方面，还存在不均衡的现象，城市休闲供给相对较多；第二，限于城市空间的有限性，一些大型休闲娱乐场所，常常建于城区周边地带；第三，配套的城市基础设施不完善，造成人们出行休闲的不便，抑制人们休闲消费的欲望，降低了休闲设施的利用率；第四，大型休闲娱乐场所的开发，主要基于商家对休闲消费高回报的预期，未能充分考虑自然环境等外界因素，出现由于自然原因而导致的休闲供给受限的现象；第五，商家缺乏对公众利益的考虑，直接增加了公众休闲消费的显性和隐性成本；第六，在休闲活动的供给方面，看似众多，但很多活动由于条件所限，在一次休闲消费中人们不能完全参与，造成休闲活动的种类虚假繁多；第七，商家休闲收费不合理，更多是基于商业利益的考虑，很多休闲活动的开发，缺少对公众参与便利的考虑；第八，发掘传统休闲资源，结合现代技术，利用社会力量开发新优秀的休闲活动是可能的，但要使之得到更为广泛地推广，还缺乏有效的途径，有待今后的实践探索。②休闲项目的开发应该首先考虑到休闲设施分布的均衡性、交通的便捷性、价格的适中性等因素。③休闲消费是满足人们休闲需要的消费，虽有物质条件制约，但主要是精神性的活动，因而，必须注意改善主体休闲的心理感受和畅爽体验，满足消费者精神文化发展的需要。

本章小结

本章主要探讨了休闲制约、休闲供给、休闲消费及休闲质量测度等问题。休闲需要一定的主观和客观条件，其中以“闲心”、“闲钱”、“闲时”最为重要；如果条件缺乏就构成了休闲制约；休闲需求和休闲供给则要克服制约，使休闲活动成为现实；休闲供给与休闲需求存在相互作用的关系，我国当前的休闲需求和供给都存在一定问题，需要切实改善。在现代社会，现实的休闲活动多是休闲消费活动，即满足休闲需求的消费活动，它具有促进就业和分配公平以及优化产业结构的经济功能；休闲消费内在地具有人本性和生态性相统一的和谐性特点和要求，由于消费享乐主义价值观的误导，当前的休闲消费有加速异化的倾向，面临着人性和生态的双重危机，故应反对消费享乐主义。休闲质量的测度需要从生活方式、生活时间分配结构和幸福指数等几个方面综合进行，既有主观和客观的不同方面，也有个人和社会不同的层面，实际也是对休闲制约因素对休闲影响程度的测量；但直接针对休闲质量的通用的科学的测度方法尚待深化研究。

思考与练习

一、名词解释

1．休闲制约　2．休闲需求　3．休闲供给　4．休闲消费
5．消费享乐主义　6．休闲质量　7．幸福指数

二、单项选择题

1．对主体个人而言，休闲制约中最根本的因素是（　　）。
　A．闲暇时间　B．足够的收入
　C．闲暇的心境　D．完备的休闲设施
2．对社会或政府而言，克服休闲制约，最根本的是（　　）。
　A．提高公众的经济收入，同时确保社会必要劳动时间不断缩短
　B．提供充分完备的公共休闲设施
　C．大力发展公益性休闲事业和相关服务
　D．积极构建和谐社会，使公众具有和谐畅爽的心境
3．本章的“休闲需求”概念与第5章的“休闲需求”概念最显著的区别是（　　）。
　A．前者是心理学范畴，后者是经济学范畴

B．前者是在社会经济层面相对于社会的休闲供给而言的，而后者则是在心理层面对主体个人的需求结构而言的

C．前者表现为休闲的市场情况，后者表现为主体个人的休闲动机

D．前者是指群体的休闲需求，后者是指个体的休闲需求

4．对整个社会或政府而言，休闲供给最重要的因素应该是（　　）。

A．休闲容量　　B．可进入性

C．休闲资源管理　　D．休闲活动项目

5．以下符合休闲消费的生态性要求的是（　　）。

A．休闲消费为了人自身的享受和发展，遵循人道主义原则

B．休闲消费要追求人与自身的和谐、物质与精神的和谐

C．休闲消费要以自然生态系统的完整与平衡为目标

D．休闲消费要简朴、适度，遵循自然主义原则，不危害甚或促进人与自然的和谐

三、多项选择题

1．对社会来说，休闲需求的变化规律是（　　）。

A．整个社会的必要劳动时间越短，休闲需求越大

B．社会大众的收入水平越高，休闲需求越大

C．社会的公共休闲设施越多，休闲需求越大

D．社会大众的受教育程度越高，休闲需求越大

E．有关休闲的法制、政策等越健全，休闲需求越大

2．要使休闲供给越来越完备、充分，就必须（　　）。

A．大力发展休闲产业

B．大力发展公共文化休闲设施和服务

C．合理配置休闲资源，最大限度实现休闲公平

D．最大限度降低成本，使越来越多的大众能够共享休闲

E．充分考虑生态环境承载力，确保休闲供给的可持续性

3．影响休闲供求关系的因素主要有（　　）。

A．政治因素，如休闲法制、休闲政策等

B．经济因素，如国民经济总体状况、居民家庭收入状况、休闲产业状况等

C．社会因素，如人口及其流动状况、性别、年龄、寿命、职业、居住地等

D．文化因素，如风俗习惯、文化传统、生活方式、价值观念、教育发展程度等

E．生态因素，如自然资源的丰裕度、生态环境的质量等

4．关于休闲消费的理解，正确的是（　　）。

A．休闲消费就是休闲过程中的物质耗费活动

B．休闲消费是休闲主体利用休闲供给满足自己的休闲需要的消费活动

C．休闲消费就是休闲性的消费，是以满足休闲需求为目的的消费活动

D．休闲消费就是闲暇活动中的一切消费行为

E．休闲消费的目的在于获得身心的放松、精神的愉悦以及个人价值的提升

5. 以下几项能够体现休闲消费一般特征的是（　　）。

A. 在消费中体验愉悦，收获健康、幸福或实现自由

B. 一个饥寒交迫的人在满足食欲和得到温暖时的身心感受或体验

C. 在小长假里，一个人可以选择宅在家里，也可以到郊外观光或走亲访友等

D. 一个人一顿饭吃掉几千到几万元，或者酗酒、赌博等

E. 20世纪80年代人们闲暇时听收音机，90年代后开始流行看电视，进入21世纪，闲暇时上网冲浪的人越来越多

6. 以下能够体现休闲消费的经济功能的是（　　）。

A. 通过休闲业的发展而吸纳更多的劳动力，扩大就业

B. 一些环境优美但又贫困的地方发展旅游观光业、吸引富裕地区休闲消费，实现财富由富裕地区向贫困地区的流动，从而促进地区发展的平衡

C. 富人的休闲消费为穷人创造就业机会，从而使穷人变成和他们一样的富人

D. 休闲消费促进休闲产业发展，提高第三产业比重，促进产业结构优化升级

E. 休闲消费有利于扩大内需、拉动消费，推动经济持续增长

7. 消费享乐主义主导休闲消费，危害巨大，具体包括（　　）。

A. 造成人的身心失衡，危害身心健康

B. 以炫耀性消费的方式进行休闲，造成资源浪费和环境破坏

C. 刺激人的物欲泛滥，导致休闲异化

D. 促进大众文化普及，助推现代化进程

E. 对庸俗、低俗和媚俗文化推波助澜，扭曲了社会主导价值观

四、思考讨论题

1. 休闲的条件是什么？我国当前休闲主要的制约因素有哪些？它们与休闲供给和休闲需求是什么关系？

2. 你认为怎样的休闲消费观才是正确的？应该如何理解休闲消费的和谐性、人本性和生态性及其关系？

3. 你认为休闲质量是一个主观性的范畴还是客观性的范畴？它应该包含哪些内容？

五、实践练习题

1. 假定你是政府有关休闲的行政管理人员，请就所辖区内休闲供给方面存在的问题和改善对策展开调查研究，并撰写研究报告；或者假定你是政府官员，请通过下访调查，了解所辖地区的情况和社会发展的需要以及居民的生活特点，并据此就当地居民的休闲规划、引导休闲消费撰写研究报告。

2. 尝试运用本章介绍的几种测度休闲质量的方法，实地调查测度一下你所在社区或家乡居民的休闲质量，并撰写相关报告；或者运用所学的有关知识，尝试设计一种能够较为科学地测度个人或社会的休闲质量的指标体系或公式、模型。

六、案例分析题

阅读本章开头提供的“导入案例：心情、金钱、时间决定休闲方式”，对照自己的休闲生活，回答以下问题：

（1）现实生活中，究竟哪些因素制约着你的休闲生活？

（2）对于你的休闲来说，是否花的钱越多，消费的资源越多，休闲就越有品位？

（3）大致测算一下你或你的同学、老师或家人的休闲系数、闲暇率和幸福指数，从中可以较客观地评价自己的休闲质量。

第3篇

休闲文化与教育

本篇主要阐述休闲文化、休闲伦理和休闲教育的基本理论。休闲是文化的基础和发展动力，也是文化发展的产物，它本身就是文化，即休闲文化。休闲文化就是以休闲为动机和目的的文化，包括物质性、精神性和制度性文化，狭义或通常所谓休闲文化是指精神性休闲文化；休闲文化具有鲜明的民族性、时代性和历史性，中国和外国具有不同形态的休闲文化，也有不同的发展轨迹和传承机制；休闲文化是先进文化的基础和动力，先进文化丰富休闲文化的内容并引领其发展。休闲价值是休闲作为客体的功能和属性满足主体需要的关系，有个体价值和社会价值两个方面；闲暇道德和休闲伦理是休闲价值的核心内容，也是休闲文化的神髓，前者是主体个人内在的闲暇选择和价值取向，后者是主体在从事休闲活动时必须恪守的各种社会性的言行规范；各种公众人物的闲暇道德和休闲伦理素养对社会道德风气起到风向标的作用。休闲文化的传承，主体休闲知识的积累和技能的提高，闲暇道德和休闲伦理状况的改善，有赖于休闲教育的普及；休闲教育在国内外都有悠久的历史，也各有其特点。而自觉的休闲教育则发生在20世纪的西方，相对我国来说较为完善，包括休闲专业教育和休闲普及教育，前者多集中在学校和科研院所，后者分散在家庭、社区、社会等，特别需要在终身教育体系中引进休闲教育，促进全体社会成员“成为人”并达到较高的精神和人生境界。

第 7 章　休闲文化概述

教学目标与要求

把握休闲文化的内涵与外延；了解中外历史上休闲文化形态的发展脉络以及中西传统休闲文化形态的差异；能用辩证的眼光合理看待现代社会中新型的休闲文化形态并重视对传统休闲文化的继承和发展；能够理解休闲文化与先进文化之间互相促进的关系。

章节知识框架

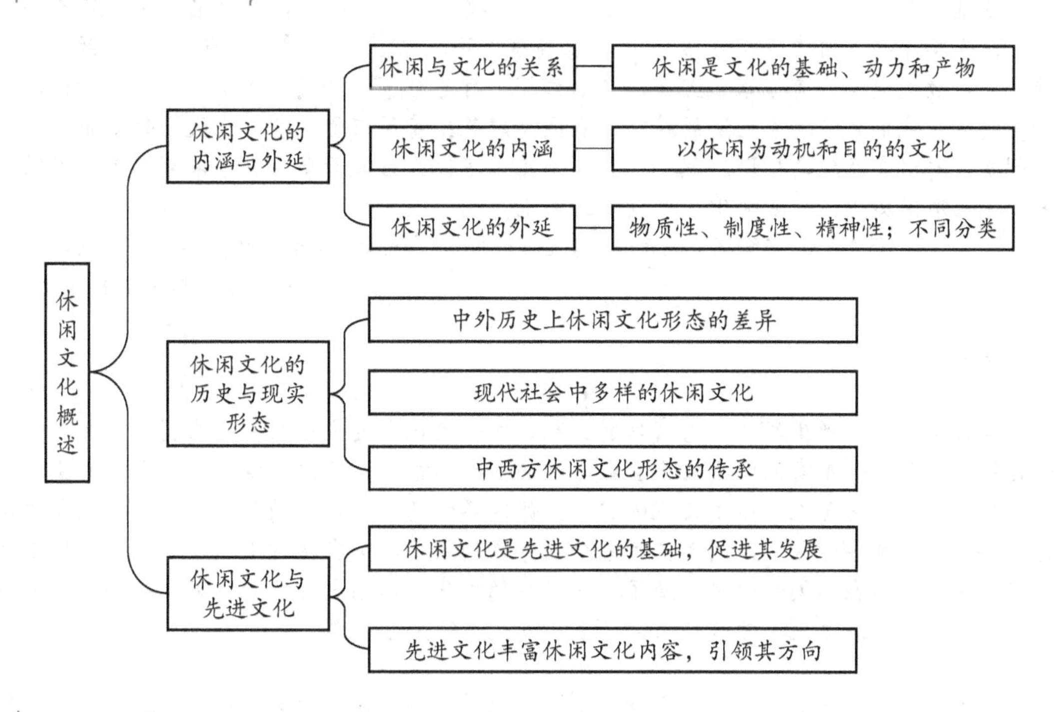

关键术语

休闲文化，文化，休闲文化形态，先进文化

导入案例

中国古代休闲与文化结合的完美典范

休闲作为中国文化的基础，在中国文化传统中可以找到依据。透过四书五经，可以看到古代先贤在自然哲学、人格修养、审美情趣、文学艺术、养生延年中那种潇洒、悠然的态度。

好多诗词歌赋传递着人生理想、价值美德，都源自他们的休闲智慧，也恰恰由于他们充分地享受了休闲智慧，才可能留下传世的诗文、精神、中华民族的文脉。

号称“五柳先生”的陶渊明在《饮酒》诗中云：“结庐在人境，而无车马喧。问君何能尔，心远地自偏。采菊东篱下，悠然见南山。山气日夕佳，飞鸟相与还。此中有真意，欲辨已忘言。”从中可见五柳先生在隐居生活中体味劳动之余，借无车马喧嚣之际，心驰神往、极尽天边、悠然淡泊的人生态度。

苏东坡在《临皋闲题》中有“江山风月，本无常主，闲者便是主人”的诗句，此般气魄与境界，其心怎不自在逍遥呢？苏东坡在写此短句时，恰遭政敌陷害，逮捕下狱，后被营救，被贬谪到黄州。面对政坛凶险风云，他不仅临危不惧，而且挥毫写下：“临皋亭下八十数步，便是大江，其半是峨眉雪水，吾饮食沐浴皆取焉，何必归乡哉？江山风月，本无常主，闲者便是主人。”因“闲”，苏东坡进入一种超乎寻常之境界——悠然深处，是他海纳百川的胸襟，是苍山翠柏的意志。

这就是中国人的休闲，中国人的文化，也是将休闲和文化结合得最完美的典范之一。

清代李渔的《闲情偶寄》、冒襄的《影梅庵忆语》、沈复的《浮生六记》、蒋坦的《秋灯琐忆》等散文随笔，看似家长里短、夫唱妇随、厅堂纪事，却篇篇文笔精致、意境优美、情真意切。他们考究物质生活的精致，在园林建筑、房屋布置、室内摆设、饮食服饰、家具闲赏中都讲究品位与格调。然而，它又是美而不奢、红装素裹、繁中求简、平外内雅。他们不仅消遣文化、享受文化，也创造新文化。

（资料来源：于光远，马惠娣. 于光远马惠娣十年对话：关于休闲学研究的基本问题[M]. 重庆：重庆大学出版社，2008.）

点评

休闲与文化的产生发展有着密切的关联，休闲文化也是主流文化的表现形式之一。中国传统文化是一个丰富的休闲文化宝藏，它的博大精神、五彩斑斓以及天人合一的幽远意境都彰显出来，它是人类休闲文化的典范。休闲不仅是文化产生的基础之一，也是文化传播和再创造的重要途径。休闲不仅带给个人身体的放松，更在精神上为个体提供高质量的审美享受，人类在休闲的同时创造了许多灿烂的文化。休闲文化作为一种特殊的文化形态承载着人类的主流文化，渗透在人们的生活方式和行为方式中。

休闲是人类文化的基础，它本身也属于文化。休闲文化传承着人类的主流文化，并且以各种不同的形态渗透在人们的生活中，不仅在身体上给人放松，更在精神上给人启发、提升人类的精神生活质量。健康的休闲文化是人类先进文化的代表之一，同时先进文化需要依靠休闲的滋养和传承，休闲培育文化品质、弘扬文化精神。

7.1 休闲文化的内涵与外延

7.1.1 休闲与文化的关系

休闲是文化创造和传播的动力源泉及广阔空间，文化是休闲的内容、意义和境界；休

闲是文化的基础，文化是休闲的产物；其实二者是互为前提、互为因果的。

1．休闲是文化的基础

1）休闲是文化发展的必要条件

休闲是对自由、教育与文化的维系，是对尚未消失的人性的维系；它不仅是艺术的发展，而且是一切成长与发展所必需的思想和冒险的体验。休闲乃是文化的基础；缺乏休闲，人类永远会是工作的奴隶，被束缚于狭隘的世界之中而脱身不得，没有休闲，人就不可能有思想活动，文化就无从产生（皮珀，2005）。

2）休闲为文化发展提供了时空

休闲为各种科学、艺术、思想及宗教的创造和交流、传播提供了时间与空间。没有自由时间，就没有一切科学、艺术、诗歌等富于创造性、融智慧与浪漫于一体的社会文明（马惠娣，1999）。有了休闲，人们才有时间和空间进入创造性思想与符号的王国（约翰·凯利，2000）。只有享有充分的自由时间，人类才能发展文化，才能从事一切有益于人类进步的文化创造。城市中的艺术馆、博物馆、图书馆、文化公园、画廊、歌剧院、科学实验室、酒吧、咖啡馆、文化中心等地方，既是人类休闲的场所，也是人类休闲的文化创造物。

3）休闲为发展文化提供了重要的、也许是最根本的环境

从整个社会来说，创造可以自由支配的时间，也就是创造产生科学、艺术等的时间。在文化环境中，休闲是相对开放的，它是情景自由的社会空间，也是通向“未来”的开放性的环境，它提供了思考与探索的文化空间，即一个社会系统所必需的创造性、批判性的思考，文化的创造远比物质生产创造的价值高。

2．休闲是文化的动力

休闲推动科学、艺术及其他文化的创造。科学及文化史证明，人类历史上3个学术发展最惊人的时期——希腊极盛时期、文艺复兴时期与20世纪……是财富增多及闲暇增多的时期。（W.C.丹皮尔）根据马克思“消费也是生产”的观点，休闲是文化消费的时间，也是文化创造（生产）的时间。休闲既是由社会经济发展水平决定的，又对社会经济、文化建设进一步发展有着重大的推动作用。充裕的闲时、丰裕的“闲钱”，足够的身闲、深度的心闲，都为文化创造、文化传播和文化消费提供了强大的动力。

3．休闲是文化的产物

休闲本身就是一种社会文化的创造和再创造，是文化的产物；它本身就是一种文化即休闲文化。人的休闲模式也是在社会化过程中形成的，是文化适应的结果，是文明积淀的产物；换言之，休闲反映了人的文明化和社会化程度，体现了文化和社会环境对人的教化和塑造作用。从文化角度看，休闲是指人在完成社会必要劳动时间后，为不断满足人的多方面需要而处于的一种文化创造、文化欣赏、文化建构的生命状态和行为方式。休闲的价值不在于实用，而在于文化。它使人在精神的自由中历经审美的、道德的、创造的、超越的生活方式。它的意义是非功利的，它给人们一种文化的底蕴，支撑人们的精神。因而，

它被誉为“是一种精神状态，是灵魂存在的条件。”它是一种对社会发展的进程具有校正、平衡、弥补功能的文化精神力量。闲暇时间应当用来提高文化水平，增加对社会和政治事务的兴趣，最后获得从追求暂时的消遣中解脱出来的幸福，使生活真正富有意义。

阅读材料 7-1

中国传统休闲文化的两枝奇葩

在中国休闲文化的传统中，有两枝奇葩最为绚烂，也最为持久：一是“家训”，二是“女红”。它们像“细雨润物”，像“花入泥土”潜移默化地影响着、滋养着我们的祖祖辈辈，世世代代。

“家训”是中国文化的产物，是传承思想文化的载体，是休闲教育的基础，也是中华民族教育后代的基本形式。而广为流行的《朱子治家格言》、《三字经》、《千字文》等“家训”，因浅显易懂、朗朗上口，易铭记、易背诵、易实践，且与人民大众的日常生活密切相连，对民间的道德伦理、礼规礼仪影响深刻，成为端正门风、振作家声、名垂后代的摹本。

在《朱子治家格言》中，就有这样的告诫：“一粥一饭，当思来之不易。半丝半缕，恒念物力维艰。宜未雨而绸缪，毋临渴而掘井。自奉必须俭约，宴客切勿流连。器具质而洁，瓦缶胜金玉。饮食约而精，园蔬胜珍馐。勿营华屋，勿谋良田。”……多少代人被这些训诫所滋养，并内化成一种既普通又高尚的生活方式和行为方式。

在中国，家与国相连。“修身服从齐家，齐家为治国平天下之本。”表明己、家、国三位一体。家庭的幸福与和谐，是个体与整个社会幸福和谐的基础。因此，在古代中国，“家训”有着特殊的教化功能。

同样，“女红”在中国漫长的农耕社会中，对人，尤其对女性的生存、生命价值也有着特殊的贡献。“女红”一般指妇女所做的刺绣、缝纫等针线活的总称，是古代女性休闲生活的重要组成部分。

在中国许多经典文学作品中，都有关于“女红”场景的描述。《礼记·内则》记有：“女子十年不出，姆教婉娩听从。执麻枲，治丝茧，织纴组紃，学女事以共（供）衣服。”在《孔雀东南飞》中有“十三能织素，十四学裁衣”的贤惠忠贞的刘兰芝；在《木兰辞》中“唧唧复唧唧”地“当户织”的木兰；在《红楼梦》中有挑灯“病补雀金裘”的晴雯等。

“女红”可以展示女子的灵气与才气，也对提升妇德、丰富心灵、获得教养有十分重要的作用。女红，不仅是女德培养的一种形式，而且也是中华民族民间艺术宝库中最美丽的奇葩，其艺术内涵和独特的审美价值让世人刮目相看。

几千年来，“女红”对“女德”的影响十分深远，一是“女红”可以直接或间接地孕育“女德”；二是可以陶冶女性善良美好的精神世界；三是对塑造一代又一代母亲的角色和形象有重要的影响，特别是在繁衍后代、养育子女、身体力行地传承女子美德方面功不可没；四是对家庭的休闲生活有良好的导引作用。这也是“家训”、“女红”几千年来之所以从不间断、从不泯灭的原因之一。

（资料来源：于光远，马惠娣．于光远马惠娣十年对话：关于休闲学研究的基本问题[M]．重庆：重庆大学出版社，2008．）

7.1.2 休闲文化的内涵

休闲所特有的文化蕴涵表达了人类在生存过程中对劳作与休闲辩证关系的理解，又喻示着人们在物质生命活动之外还有精神生命活动。而“文化”从广义上则是指人类在社会历史发展过程中所创造的物质财富和精神财富的总和。因此，休闲文化的内涵界定应立足于“休闲”定义本身同时包含的物质和精神两方面内容。

一般认为，休闲文化是指以满足人的休闲需要为动机和目的的文化。具体而言是指人们在闲暇时间内所从事的各种能够使人摆脱身心疲劳、恢复精神与活力，同时获得高层次精神体验，提升个体生命质量的活动形式，以及它们所创造或承载的物质文化和精神文化。休闲文化是将休闲上升到文化的范畴，是人们在闲暇时间里所从事的文化创造、文化欣赏、文化建构，也是“以文化闲”的产物，使人们的闲暇活动更有文化蕴涵。休闲文化本质上是一种能促进个体获得放松，帮助其构建美丽的精神家园，实现其自我发展的优秀文化；休闲文化在形式上表征为与休闲活动相关的载体、场所、器物等物质形式和包含在各种物质形式当中的丰富的精神文化意涵。但狭义的休闲文化是指休闲活动的观念形态，是休闲活动的文化内容和思想观念方面，是休闲作为一种客观的社会存在的社会意识反映。

休闲文化的价值意蕴在于，作为一种亚文化，它是人类健康、有益和先进文化的重要体现，它滋养和哺育了人的心性，提高了个体的文化修养，促进个体身心得到发展；人们在从事休闲活动的同时也进一步培育了文化。

知识链接 7—1

休闲文化（业）与文化休闲（业）

休闲文化是以休闲为出发点和落脚点的文化，或者是以休闲为目的的文化，是文化的一个亚种；而文化休闲则是休闲的一种方式，是以文化为形式或手段的休闲。休闲文化属于文化，文化休闲属于休闲，虽然二者在实践内容上大部重叠，但依然存在语用角度和价值取向的区分。休闲文化业是创造和传播服务于休闲的文化的事业和产业的总和，文化休闲业是通过文化形态或提供文化产品和服务满足人们休闲需要的休闲事业和产业的总和；休闲文化业直接服务于文化休闲业，二者在内容上也大部重叠。

2010、2011 两年的《休闲绿皮书》曾对“文化休闲业”做过初步界定。根据中华人民共和国国家统计局 2004 年 24 号文件发布的《文化及相关产业分类》的通知，“文化及相关产业”被界定为“为社会公众提供文化、娱乐产品和服务的活动，以及与这些活动有关联的活动的集合”，并在其外延界定的第 3 项涉及休闲，即“文化休闲娱乐服务”，这可看作文化休闲业的核心层，其他文化及相关产业也都与大众休闲有密切联系，但从休闲的角度看都属于外围或相关层。据此把“文化休闲业”界定为“为满足社会大众休闲文化生活需要而提供的休闲文化、休闲娱乐产品和服务的活动，以及与这些活动有关联的活动的集合”。这一界定明确了文化休闲业的直接对象和目的、核心及其外围和相关内容。

在《文化及相关产业分类表》的第二层第六大类“文化休闲娱乐服务”中，除了“旅游文化服务”外，直接服务于大众休闲的就是其第三层第二中类“娱乐文化服务”，包括“室内娱乐活动”、“游乐园”、“休闲健身娱乐活动”、“网吧服务”和“其他娱乐活动”几个小类。其中，“游乐园”、“休闲健身娱乐活动”常有专门考察，而“室内娱乐活动”及“其他娱乐活动”和“网吧服务”则是文化休闲业的主要对象，实际上这几项的具体活动形式也是相互交叉的。例如，室内娱乐活动可以是家庭内低花费或无花费的休闲活动，如看电视、上网、电话聊天、阅读、琴棋书画、武术太极、静坐禅修、练瑜伽等，也可以是到家庭外的各类“吧”中从事活动，如酒吧、歌厅、咖啡馆、饭店、茶艺馆、瑜伽馆等，当然也可涵盖网吧内的各种娱乐活动，以及其他行业所提供的类似的休闲产品和服务。“网吧服务”所指较为清晰，包含与之相关的各种互联网信息服务，与休闲相关的就有网络阅读、网络聊天、网络游戏、网络影视、在线音乐、动漫、各种有一定娱乐性的“客”（如博客、威客、掘客、播客、微博等）及社区、个人空间、论坛、视频互动、白社会、校友录等服务项目，与“室内娱乐活动”稍有重叠。实际上，随着近几年宽带网络在大众家庭中的普及，“网吧服务”中的大部分内容已经转移到家庭电脑及互联网上去了，因此，这里的“网吧服务”包含了营业性网吧和家庭网络的所有服务。对“其他娱乐活动”，可以根据与“满足居民休闲需求”直接相关的产品使用和相关服务，从文化及相关产业的其他层、类中找到，如广播电台和电视服务，电影放映，以手机为载体的各种休闲产品和服务，其他动漫及游戏产品和服务，文艺表演及相关场馆服务，博物馆、烈士陵园、纪念馆、图书馆、科技馆、档案馆、群众文化馆及相关群众文化活动服务，会展服务等。而近两三年的《休闲绿皮书》关于文化休闲业的专题报告就把重点放在其中跟网吧服务、其他娱乐活动相重叠的一些休闲活动和相关服务上来，具体说就是网络游戏、网络聊天、动漫娱乐、在线音乐等“网吧服务”，以及广播影视、文艺表演、手机娱乐（与移动互联网有关）、出版及数码阅读（包括网络阅读）等方面。

（资料来源：刘德谦，高舜礼，宋瑞. 2010年中国休闲发展报告[M]. 北京：社会科学文献出版社，2010.
刘德谦，高舜礼，宋瑞. 2011年中国休闲发展报告[M]. 北京：社会科学文献出版社，2011.）

7.1.3 休闲文化的外延及分类

广义的休闲文化，依其实践作用方式亦可分为工具性休闲文化和价值性休闲文化。细分之可以有以下三种：休闲物质文化或物质性休闲文化，如各种休闲设施、景观、工具等，属于工具性休闲文化；休闲制度文化或制度性休闲文化，如休闲习俗、休闲建制或休假制度、休闲法规、休闲政策等，是工具性和价值性休闲文化的联系桥梁；休闲精神文化或精神性休闲文化，如休闲理念、休闲知识、休闲体验、休闲道德、休闲价值观、休闲学术，特别是各种服务于休闲活动满足休闲需要的其他精神性文化，如诗词歌赋等，其主体属于价值性休闲文化。而狭义的休闲文化亦即通常所说的休闲文化则是指后面这种与休闲相关的精神性、观念性文化。但在休闲学术研究中，由于休闲的社会复杂性，也常常涉及休闲的物质文化和制度文化。休闲文化的对象或内容一般包括三个部分：自然地理环境（或地质生态景观）、人文社会环境（或人文社会景观）、历史文化遗迹，这是静态的一面；从动态的意义上看，休闲文化的对象是各种具有文化性和艺术性的活动，如供人们参与或观赏的各种艺术和体育表演、各种比赛或竞技活动乃至各种媒体承载的类似内容。当把文化理解为生活方式的时候，休闲也自然地成为生活方式，成为一种充分彰显文化性的生活方式；若广义地理解文化，那么休闲文化就是“休闲方式”，就是休闲生活方式，“休闲

文化”的概念不过是突出了这种生活方式的精神性或价值性文化蕴涵。

此外，还可以按照休闲方式的不同划分而将休闲文化分为不同的类型，例如根据休闲对个体作用的不同可以把休闲方式分为身心恢复型和身心发展型，身心恢复型主要是放松为主，包括散步、饮茶、游戏、欣赏戏剧、上网等；身心发展型的包括各类体育运动、旅游度假、园艺、读书、社交等。相应地，可以将休闲文化划分为身心恢复型文化和身心发展型文化，其对个体的作用和功效则也就相应有所不同。

如同文化有高雅和通俗之分，从文化价值和情趣层次上看，休闲文化也有“阳春白雪”和“下里巴人”之分，还有庸俗、低俗、媚俗的“休闲”文化即“三俗”文化。听歌、唱歌、下棋、看书、上网、饮茶这些都是普罗大众日常有的休闲方式，其中渗透的休闲文化也颇有民间风味；而绘画、欣赏古典音乐、弹奏乐器则非所有人都能随意享受，这些休闲方式体现出来的休闲文化则因层次较高而显得精致、难得。

可以说，休闲文化既有物质可见的一面，也有精神感化的一面；既有休养生息型，也有发展提高型；既有普世广义的适用性，也有自成一品的独特性。

阅读材料 7—2

中国特色休闲文化之茶文化

茶文化是我国传统休闲文化的重要内容。茶清香宜人，清热解渴，深受中国人的喜爱。林语堂先生写道：“中国人最爱品茶，在家中喝茶，上茶馆也是喝茶，开会时喝茶，打架讲理时也喝茶；早饭前喝茶，午饭后也要喝茶。有清茶一壶，便可随遇而安。”

我国饮茶的历史十分悠久，据文字记载，茶作为饮料始于两千多年前的西汉。魏晋时饮茶成风，特别是一些清谈家，他们终日流连于青山秀水之间，高谈阔论，把茶作为助兴之物；南北朝时期佛教盛行，和尚坐禅破睡，饮茶发挥了很大作用。各寺院开始种茶饮茶，时人称“茶佛一味”。唐时饮茶的习惯在文人中间兴盛，因为饮茶能活跃思维能力，有助于吟诗作赋。我国茶史上的第一部专门著作，也是世界上第一部茶史——陆羽《茶经》3 卷，就是在这时问世的。书中对茶的起源、历史、栽培、煮茶、用水、品茶等都作了精湛的论述，提出了一整套茶学、茶艺、茶道思想，成为茶文化的集大成者。到了宋代，饮茶之风更甚。斗茶就是随着当时的饮茶风尚而产生的。斗茶，又称“茗战”，是古人集体品评茶的优劣的一种茶事活动，它极大地促进了茶艺的发展。由于斗茶具有比较浓厚的审美情趣，因此，从它产生以来，便成为人们，尤其是文人士大夫阶层中的一种高雅的文化活动，被称为“盛世之清尚”。

中国人各地饮茶方式也不一样，广东有两种特别的饮茶方式，一是早茶，二是功夫茶。广东人特别重视早茶。清晨起床后，茗茶美点，是广东人的绝妙享受。广东最有特色的饮茶方式是潮汕功夫茶，这种饮法源于清代。饮功夫茶，配有一套古色古香的茶具，冲泡也别具一格，堪称艺术品茶。中国茶馆最多和最有特色的地方，还是四川。明代人顾云庆说：“除烦去腻，川人固不可一日无茶”，可见川人自古以来就好饮茶。四川人喝茶讲究雅的气氛，店名要雅致，茶具要雅致，茶馆内的座椅也要小巧轻雅，喝茶时不慌不忙，慢慢品味，多半还要欣赏一些曲艺节目。因此，四川人可称喝的是雅茶。

（资料来源：章海荣，方起东．休闲学概论[M]．昆明：云南大学出版社，2005．）

7.2 休闲文化的历史和现实形态

人类的文化发展史有多绵长，休闲文化的发展史也就有多长远。纵观历史，各种休闲文化形态闪耀着璀璨的光辉，是人类无价的瑰宝。中西方由于民族传统和发展历程的差异，其休闲文化形态上也有不同的表现方式，但现代社会，随着国际交流合作的深入，休闲文化的地域性差别也在逐步缩小，并开始交汇、融合，形成新的文化形态。

7.2.1 中外历史上休闲文化形态的差异

根据第 3 章关于休闲历史的讲述，大致说来，休闲活动的历史也是休闲文化的历史。休闲文化反映时代风貌，更能体现人的本质与本性，是整个人类文化精神的缩影（马惠娣，2004）。但休闲文化形态在中国和西方社会有着不同的发展轨迹，并存在多方面的差异。

1．休闲文化历史不同

西方休闲文化历史呈现两头高中间低的马鞍型曲线，即在古希腊形成一个高峰，即前工业社会以祭祀文化或宗教文化为主的休闲文化（主要是指前资本主义社会）；漫长的中世纪、文艺复兴到工业革命及资本原始积累时期整个属于休闲生活和研究的低谷；享乐型的休闲生活到近代工业革命后，至工业文明达到一定高度的 20 世纪逐渐形成另一个高峰，又可细分为两个阶段，即工业社会或劳动社会以劳动文化和消费文化为主的休闲文化（主要是指资本主义社会早中期），以及后工业社会或后劳动社会以人为本的多元文化为主的休闲文化（主要是指晚期资本主义）。在中国，由于漫长的农本自然经济和大一统主导的政治体制，休闲文化在春秋战国、魏晋南北朝以及唐宋明清时期有过几个小小的高潮，但多数时候都是在民间和个人那里稳定地延续千年；鸦片战争以来又经历了殖民化和西方化以及社会主义化的不同发展，到如今，改革开放造就了融古今中外为一体的休闲文化形态；特别是近年来，双休日制度的实施、旅游业的崛起，国家战略层面“国民休闲纲要”的实施，休闲文化及其发展受到空前的重视。

2．休闲状态迥异

西方人休闲活动偏于动态，中国人则偏于静态。西方人信奉伏尔泰的“生命在于运动”的哲理，于剧烈的身体活动中求得心灵的快乐，如拳击、击剑、摔跤、足球、篮球、排球、手球、橄榄球、曲棍球、冰球、水球等，以及冒险性、刺激性的运动，如斗牛、跳伞、登山、攀岩、洞穴探险、蹦极等。中国人则惯于以形静神游来取代剧烈运动，更偏向体验“行到山穷处，坐看云起时”的况味，乐于做静态观赏，与大自然共享一份安闲自在；这种静怡情养性、修心养生，平和悠闲，如打太极拳、练气功、种花、养鱼、琴棋书画等，真可谓“鸟语水声可以养耳，青禾绿草可以养目，观书绎理可以养心；弹琴学字可以养脑，逍遥杖履可以养足，静坐调息可养筋骸。”

3．休闲形式互补

与中西方文化分别彰显集体主义和个人主义相反，西方休闲重视集体活动，而中国休闲则重视个人活动。西方人户外体育多结队成伙，如球类运动、水上芭蕾、空中造型等，热闹、狂放。而中国休闲如琴棋书画、花鸟虫鱼、太极武术等都是个人为主，自得其乐，孤独、清静。

4．休闲功用有别

相对而言，中国休闲重在向内发掘心灵世界，功用在于调适性情、慰藉心灵；西方休闲重在外扬个性，功用在于强壮筋骨、刺激感官。中国人放下工作和功课后面对明月清辉、和煦微风常感心旷神怡，用大自然的精灵之气涤荡人心，从而获得精神享受；西方人选择跳伞、滑翔、冲浪等以求痛快淋漓，并以此使个体获得畅快的高峰体验。西方人张扬个性不惜冒生命危险，中国人惜生爱命不以身家做赌注。

总之，西方的休闲文化形态重于身体潜能的极限挑战，中国的休闲文化形态更重于精气神的传递。

阅读材料 7—3

中西休闲文化的差异

（1）由于文化的差异，对于“休闲”的理解中西方存在一定的区别。从文化渊源上来说，受老庄哲学和禅宗思维方式的影响，中国人对休闲的理解是“体静心闲”，以为宁静能容纳百川。流水之声可以养耳，青禾绿草可以养目，观书绎理可以养心，弹琴学字可以养脑，逍遥杖履可以养足，静坐调息可以养筋骸。中国人的休闲观其实就是一种“境界”，是一种与万物合一、消除了人我分别、内外分别的精神境界。而被西方学者奉为“休闲学之父”的亚里士多德，他把休闲誉为“一切事物环绕的中心”，“是科学和哲学诞生的基本条件之一”，认为工作的目的是为了休闲，人唯独在休闲时才有幸福可言，恰当地利用闲暇是一生做自由人的基础。在古希腊，多把休闲与真善美，与美德、幸福和愉快联系在一起。即把休闲看作个体和人类社会发展必不可少的外部条件。对于“休闲”意旨的理解，中国偏“心休”，西方偏“体休”。换一句话来说，中国人休闲主“静”（注意内省），重在向内发掘心灵世界，调适性情，追求心灵慰藉。例如，“君子之行，静以修身，俭以养德，非淡泊无以明志，非宁静无以致远”，赞誉“体静心闲”；尤其讲求修身养性，“吾日三省吾身”、“君子慎其独也”，强调“积习即久，脱然自有贯通处”。而西方人却是主“动”（注重外在表现），重在向外张扬人的个性，缓张筋骨，追求感官刺激。中国人的这种“静”则是静中颐情养性，兼求养生，其休闲活动多是一些平和悠闲的项目，如打拳、练气功、种花、养鱼、听戏、下棋、打麻将、祭灶、拜访亲戚等，都呈现出一种静态特征。而西方人信奉“生命在于运动”，休闲更多是一种激烈、刺激的体育运动，如登山、跳伞、滑翔、飞车特技、潜水、冲浪、滑水、漂流、斗牛、蹦极、攀岩、探险等。尽管，中国和西方在休闲价值观的学术渊源和休闲方式的表达方面，看似有较大的区别，但透过各自的旨趣与追求的研究，可以看到它们之间实有异曲同工之妙。两者都是追求生命的体验、意义与道德的完善，实现自我价值。

（2）中西休闲文化的综合比较见表 7-1。

表 7-1　中西休闲文化的综合比较

因　子	西　方	中　国
发展历程	经历了原始社会、农业社会、工业社会、后工业社会的发展阶段，法制社会，重视个体的自我实现和个体价值	经历了原始社会、农业社会、工业社会中后期的发展阶段，还未完全形成工业社会，农本经济和专制政治根深蒂固，崇尚等级和权威，有忽视个人价值的倾向
哲学基础	人本主义、理性主义、后现代主义、存在主义	儒家思想、道家思想、佛家思想（特别是禅宗）
休闲目标	个性的张扬和自我价值的实现，宣泄的目的	调适心情，追求心灵慰藉
活动内容	以运动竞技项目和狂欢节目为主	以平和悠闲、修身养性的项目为主
活动性质	以动态为主，动中求静，于健身中兼求娱心	以静态为主，体静心闲，于修身养性中实现娱心

（资料来源：叶文. 城市休闲旅游理论案例[M]. 天津：南开大学出版社，2006. ）

7.2.2　现代社会中多样的休闲文化形态

当今时代，文化交流日趋频繁，休闲文化获得了一个飞跃发展的契机，并随着日益普及的以信息技术为载体的文化创新，它也呈现出更丰富的现代形态，特别是更多具有虚拟色彩和新奇的形态。在休闲文化异彩纷呈的年代，可以依循其形态呈现方式的不同归纳如下：

第一，体育运动中彰显的低碳、健康、竞争、勇敢型的休闲文化。奥林匹克精神经过人类的不断传承，现在以各种各样的体育运动方式渗透到了人们的日常生活中，闲来跑步、打球、游泳、打太极、跳健美操，与三两好友一起观看比赛、交流心得，参观各式体育建筑，已经成为现代体育休闲文化的常有形态。随着人们环保意识的增强，越来越多人的注重低碳休闲。例如，广州建起了遍及全城的绿道供居民悠闲散步、骑单车，亲近自然，降低能量消耗，这正是休闲文化的现代表征。

第二，观光旅游中彰显人文、自然、和谐型的休闲文化。随着“闲钱”、闲暇的增多，越来越多的人选择在节假日中陪同亲友外出观光旅游。这是现代社会中常见的休闲文化形态，人们可以领略山川湖景的秀丽风光，感悟人文建筑悠久的历史文化，在放松身心的同时提升人文修养。随着私家车的不断增多，越来越多的家庭选择自驾游，这也是现代休闲文化的形态之一。

第三，在阅读、摄影、绘画、雕刻、赏析影视作品、种养花草虫鱼中彰显雅趣型的休闲文化。尽管古代人也有琴棋书画、花草虫鱼这些休闲文化形态，但如今，这些传统的休闲文化形态则有了新的呈现形式，如数码阅读、数码摄影、看电影、在线听音乐、通过电视或网

络观赏歌舞曲艺表演，参观博物馆、展览馆、科技馆等，都是现代独有的休闲文化形态。

第四，在美食、美体健身中彰显的生活型休闲文化。通过餐饮休闲，寻觅各样美食，品尝各色风味成了现代流行的休闲文化形态之一，美食文化本身就富有丰富的内涵，在给人温饱的同时也传递着各地的风俗人情，可谓是色香味俱全的文化盛宴。此外，现代人在平时繁忙的工作后寻求美容、按摩、足疗等恢复身心活力的休闲方式也逐步演化成现代休闲文化，但须加强监控导正，以健康的方式推动发展，否则可能沦为“三俗”文化。

第五，在网络游戏、虚拟空间中彰显的信息型休闲文化。通过网络休闲，人们构建一个无限的休闲娱乐空间；休闲文化也随之演变出更多虚拟化的形态。在虚拟空间中，人们可以聊天、听音乐、看电影、看电子书、玩游戏，甚至玩虚拟恋爱、虚拟家庭等。特别是随着动漫产业的不断发展，动漫文化已经成为越来越多年轻人喜爱的休闲文化形态，各种各样的动漫展、动漫节在各大城市展开，吸引大批年轻人参与，也带动了国家文化产业的发展。

阅读材料 7-4

当代德国人的休闲文化掠影

德国人把出门度假看成是天经地义的事，一个人如果把法定的假日消耗在家里而没有做出什么惊天动地之举，会在同事和亲友前降低威信，让人感觉你是一个不热爱大自然，不会生活和手头拮据的平庸之辈。很多普通的德国人，喜欢像候鸟一样在寒冬之际向南飞往西班牙的加那利群岛度假；在下班后或周末，也会开着汽车到寓所附近的湖泊、海边、森林等去寻找一块自己感到赏心悦目的地方。2/3 以上的德国人每年旅行度假一次（长达 5 天以上），1/10 的人一年旅行两次。除此之外，每个德国人大约每年进行 26 次一日游，一半的人进行短途旅行一次或多次（2～4 天）。1/4 的德国人的旅行目的地在本国。在国外则优先选择去西班牙、奥地利、美国和斯堪的纳维亚半岛等地区。

德国人有一种十分喜爱的休闲活动，叫“wandezing”，即徒步旅行或称为“漫游”。在假日中，或是一家人，或是约上两三好友，准备一些简单的路途用品，如食物、水，头戴遮阳帽，身背背囊，脚蹬旅游鞋，就可以上路了。近者为一天的路程，远者可以数日，而路线则是在行前经过精心设计的。人们往往是搭乘火车到城郊某站，然后就开始向山野步行，或是沿着山路，或是顺着河边，或是穿过森林，或是越过田野。沿途还可以经过一些小镇。徒步旅行强调的是在路上的游览与感受，是一种获取自我身心愉快的旅游。那种穿行于山林田野时的从容，那种享受阳光、和风而与大自然相融时的宁静，那种置身于寂寥开阔时的自在，那种与同伴在行进中时而说笑，时而静默的和谐，都是直扑景点的旅游者所无法想象的。它使人回味无穷，经久难忘。

德国人特别习惯于每星期至少好好流一次汗，也就是去打球、跑步、做各项体育运动。各种集健身、健美、康复、娱乐、社交为一体的体育娱乐中心遍布大小城镇，体育中心开放的时间相当长。体育中心与体育协会或体育俱乐部一起互为完善，构成了丰富多彩的德国大众体育。几乎每 4 个德国人中就有 1 个是体育协会的会员。德国人称足球为“观众运动”，一是指足球有最多的观众；二是指足球是最需要观众的活动。现在，有近千个足球俱乐部、足球协会分布在德国各地，足球比赛十分频繁。德国还有许多自行车俱乐部。运动不仅能保持身体的健康，而且能扩大自己的交际圈。人们尤其喜欢在运动结束后一起去小酒吧喝酒。

德国是一个富有音乐传统的国家，对于大多数德国人来说，没有音乐简直谈不上真正的生活。在德国人家里，边听音乐、边进餐、边闲聊，似乎已是一种生活习惯。人们普遍认为音乐能激发人的思想感情，使人思维敏捷，反应灵敏，可以给人以安慰，增强自信与自尊。每年，德国各地都会举办各种音乐文化节，以至于成年人若不懂得音乐，不会欣赏或者不会乐器，则被认为是文化修养上的一大缺陷。

全国各大学和专科学校都拥有藏书丰富的中心图书馆，这些图书馆除对本校人员开放外，也向全社会各界人士免费开放和服务。此外，各地还有无数对外开放的社会图书馆。所有的图书馆都实行分类开架自选的管理，都有电脑查询和管理系统。书店也是星罗棋布。德国人爱读书，德国妇女平均每天至少阅读 1 小时书报，公共图书馆也从来没有像现在这样受欢迎。人们在乘坐地铁上下班的途中，在假期旅游时，在家里的壁炉前或者床上，往往都在贪婪地看书，陶醉于知识的海洋之中。正如德国人所说，休闲时最乐意做的事便是读书，而且希望拥有自己的藏书。德国人不仅一个人读书，而且也会到读书会中与他人一起读书，度过富有意义的时光。德国博物馆与各种专业展览馆之多是令外国人难以想象的，多达数千个，如故乡博物馆、私人博物馆、珍宝馆、教会博物馆、城堡馆、宫殿和露天博物馆等，分散在各个大小城市和乡镇。人民文化生活不可缺少的组成部分就是参观博物馆。德国人说他们的展览馆和博物馆是“永恒的国宝”、“无价的国宝”，因为他们认为，它们的价值不仅在于这些展品本身，而且在于文化能提高人的文化素质，能勾起回忆，指明现在，预示未来；更在于它们能教育后人，让他们了解国家的历史，激励人们奋发向上。

追求生活的乐趣而今成为老年人的一种时尚，甚至可以说老年人是享受休闲的主体。参加冬季度假，经常去亲戚朋友家吃饭，喜好阅读，喜欢参观博物馆，经常参观历史遗迹等，老年人的休闲活动可真是丰富多彩。“过一个无忧无虑、幸福有趣的晚年”，已成为德国老年人的愿望和追求。

人们认为在休闲旅游和经济事业发展的同时，必须爱护人类生存的环境，因而自然和环保在休闲旅游活动和公众舆论中是最热门的话题之一，很多公益性的志愿活动都与环保有关。在德国，有几百万人加入或致力于自然保护的联合会。

德国是世界上啤酒消耗量最大的国家，德国人酷爱喝啤酒，因此德国形成了一种特殊的“啤酒文化”——有悠久的历史、古老的传说和各式酿制方法，还有专属的节庆和舞蹈。在德国，最著名的啤酒之乡是巴伐利亚。巴伐利亚地区有 1 100 万居民，每人的年平均啤酒消耗量为 230 升。慕尼黑一向是公认的“啤酒之都”，人口仅 100 万，却有 3 000 多个每天都座无虚席的啤酒馆；每年秋季都会在该市举办世界上规模最大的啤酒节——十月庆典。

（资料来源：章海荣，方起东．休闲学概论[M]．昆明：云南大学出版社，2005．）

7.2.3 中西休闲文化的传承与发展

休闲所构建的生活时空，相比人类生活的其他氛围更为放松。身在其中，人们能够悠闲自得、顾虑最小、感觉最轻松愉快。文化具有共享性，这意味着，文化作为一种社会现象，是可习得的，是长期历史积淀的结果。因此，休闲文化作为文化的一种形式也是可创

造、可传承的。休闲既是文化延续的基础，也在产生并诠释着文化。休闲文化在传承和发展上存在以下规律和特点：

首先，中西方休闲文化在历史传承的共同境遇。虽然中西休闲文化形态存在巨大差异，但各自都在历史发展的过程中形成了宝贵的文化遗产，且影响至今。但二者在传承的继承性方面都存在不够全面和细致的问题，一些传统休闲文化遭到了损坏甚至濒临消亡。这在中国表现尤其明显，中国民间许多的非物质文化遗产，如一些传统工艺、用民族语言创作的文艺作品等，正日益面临着无法传播与继承的困局，长此以往，将难免最终消亡的厄运。

其次，中西方休闲文化形态在现代社会中渐趋一致。经济全球化和现代化的快速发展，使得中西方的现代休闲文化形态日渐相通，并且对西方文化先进性的夸大也导致中国休闲文化日趋西化，蹦极、冲浪、攀岩、徒步旅游、滑板、形体艺术、cosplay 等西方盛行的休闲活动形式也逐渐在中国流行了，而且受到年轻人的热捧。但同时，随着中华复兴及其国际影响力的增大，中华传统休闲文化也开始走出国门，中华文化的吸引力与日俱增。而这种文化的交流、碰撞、融合正是新文明、新文化得以产生的必要条件，未来的休闲文化必然是这种新文明、新文化的重要组成部分。

知识链接 7-2

休闲文化的社会变迁

休闲文化的社会变迁见表 7-2。

表 7-2 休闲文化的社会变迁

社会阶段	社会生活	劳动	自由时间
民族社会	① 小规模、鼓励性、同质性； ② 维持高度的凝聚力； ③ 严格的社会结构； ④ 社会流动性低	① 为获得食物而劳动； ② 劳动力流动性低； ③ 没有食物过剩现象； ④ 自给自足经济	① 传统生活方式； ② 神圣、赞美神； ③ 休闲只是生活的一部分
封建社会	① 农业社会、人口增加； ② 少数贵族； ③ 存在各种阶层、组织； ④ 知识分子社会性地参与活动	① 出现多种职业； ② 商业贸易增加； ③ 手工业专业化； ④ 订货生产方式	① 统治阶级追求休闲； ② 在仪式、节日、集会、婚礼等活动中休闲
产业社会	① 工业社会、人口剧增； ② 不同性质文化； ③ 流动性社会结构； ④ 文盲减少； ⑤ 契约生活	① 职业专业化； ② 劳动、职业分化； ③ 机器生产自动化； ④ 高度技术、大批量生产	① 大众休闲； ② 认为休闲是另一种时间； ③ 通过劳动获得的休闲； ④ 社会公认的休闲
后工业社会	① 基于多元化的协作关系； ② 物质基础上的意识决定； ③ 高度发达的技术、信息社会	① 富裕的经济； ② 高度科学技术化； ③ 生活质量优于数量； ④ 社会导向型生产结构	① 作为基本权利的休闲； ② 体现个性和价值观； ③ 满足个人欲望； ④ 灵活使用选择的机会

（资料来源：James Murphy.Concepts of Leisure[M].New York:Prentice-Hall Inc,1981.）

最后，在传承中丰富发展现代休闲文化形态并保持中西各自特色。传统休闲文化是现代休闲文化孕育、成长的沃土。这提示人们应该在保持传统休闲的基础上结合现代社会需求发展现代休闲文化形态。同时，在中西文化的交流互动中，更应注意保持中西休闲文化的各自特色。对中国而言，最重要的是，防止西方文化的过度渗透对中国独有的休闲文化的侵蚀，特别是通过对年轻人价值观的同化，造成中华文化传承后继乏人的困境。

阅读材料 7–5

中国历史上璀璨的休闲文化

中国传统文化有着丰富的休闲思想内涵，其独特而深邃的理解会极大地丰富现代休闲学内涵。从《诗经》、《庄子》、《墨子》、《楚辞》、《汉赋》到唐诗、宋词、元曲、明清小说，无不体现出中国文化对休闲的体验、理解与思考。这些散见于期间的休闲思想火花，是在中国自己的文化传统中形成的、原生性的，有着自己的独到之处。

1.《诗经》及先秦文化：休闲思想的产生

休闲思想的源头与人类文明史一样久远，在我国也不例外。大约公元前1100年，中国人已经开始热情讴歌生活；到公元前500年，体现中国远古休闲文化的《诗经》已成为孔子传授弟子的脚本。

“朝吟风雅颂，暮唱赋比兴。秋看鱼虫乐，春观草木情，”休闲思想在《诗经》中占有核心的位置。《小雅·六月》中的“比物四骊，闲之维则。维此六月，既成我服”。《国风·汉广》中的“南有乔木，不可休思”。《诗经》除了在动植物、天文地理、建筑、爱情等赞美自然和生活的诗歌中表达了大量休闲思想、休闲文化和休闲方式外，最值得人们关注的是周朝的大夫在向周王进谏时也认为休闲是治国安邦的重要谋略和准则。《大雅·生民之什·民亦劳止》直接阐述了休闲、小康和国家安定兴盛的重要性，“民亦劳止，汔可小休”。殷商帝王祭天的颂词也祈求吉庆、美善、福禄，《商颂·长发》中的“何天之休，不竞不絿，不刚不柔，敷政优优，百禄是遒”。而《小雅·十月之交》则强调统治者应该关心人民的休闲，“民莫不逸，我独不敢休”。

《诗经》之后，我国休闲文化主要受到老庄哲学的影响，在不同的历史时期表现为各具特色的4个方面：六朝的隐逸文化、南宋兼收并蓄休闲文化、明清描写丰富多彩休闲活动的小品文、近代人文主义的闲适文化。

2. 隐逸文化与田园生活

汉朝根据建立封建中央集权政府的需要，罢黜百家、独尊儒术。直到魏晋时期，道家思想才流行起来。当时战乱频仍，门阀士族之间倾轧争夺激烈，知识分子一旦卷入就很难自拔，何晏、潘岳、陆机、陆云、谢灵运等大学士就因卷入这些政治风波而招致杀身之祸，因此知识分子有一种远离政治的心态，加上对老庄之学感兴趣的人与日俱增，他们探究玄理乃至隐逸高蹈。魏晋文人好辩，精通“三玄”（老、庄、易），不仅在清谈中才思敏捷、侃侃而谈，而且著述有成。这种风尚给整个六朝的精神生活打上了深深的印记，隐逸文化就是其突出的表现。隐逸文化由来已久，孔子说“邦有道则仕，邦无道则隐”，孟子也说“穷则独善其身，达则兼济天下”。隐逸文化不仅表现为大批名士遁迹山林，还表现在隐逸文学上，如张载和左思的《招隐诗》。

陶渊明是隐逸文化的代表人物。他的休闲思想体现在两方面：一是继承了汉魏以来抒情言志的传统撰写风格，辞《归去来兮辞》、诗《饮酒》、散文《桃花源记》等“隐逸诗”文，表达了对徜徉于逍遥、怡然自得的隐居生活的由衷赞美。二是反映隐逸生活的田园诗（山水诗），后人常用质朴、平淡、自然来评价陶渊明田园诗的风格。

3. 唐宋璀璨的休闲文化：休闲思想的发展

春秋之后，战国崇尚武术、秦焚书坑儒、汉独尊儒术、六朝的文风追求玄学或一味堆砌辞藻而流于浮靡，中国文化直到唐朝才重新发展起来，唐宋是中国封建社会最为兴盛的历史时期。在这一时期里，中国的经济、文化都呈现出生机蓬勃的发展态势。在此基础上形成的休闲文化也是一幅艳丽多彩的图景，宛如群星闪烁的银河。

汉唐以来的文化都很注重古传统的朝气雄风、开拓进取、经世致用、行建不息，但唐更显帝国海纳百川、兼容中外之风范，文化上实行开放政策，儒、道、佛“三教”并立，产生李白（近于道）、杜甫（近于儒）、王维（近于佛）等伟大的诗人，文化交流与融合给中国传统文化带来了巨大变化，对文化结构、宗教哲学、文学、音韵学、舞蹈、建筑、雕塑、衣食住行等都有很大的影响。唐代名家讲学成为时尚。山林讲学、学院讲学风行一时，唐汇集了僧一行、王孝通、孙思邈等一大批杰出的科学家，文学、书画、艺术、宗教和哲学方面的成就，更为人们所熟知。

4. 明清休闲：追求精致的艺术话生活

明清的小说开始详细地描写各种游戏等人文雅致，也经常论及人生处世的态度以及闲雅的生活情趣。清人张潮在《幽梦影》中说：“人莫乐于闲，非无所事事之谓也。闲则能读书，闲则能游名胜，闲则能交益友，闲则能饮酒，闲则能著书。天下之乐，孰大于是？”

（资料来源：李仲广，卢昌崇. 基础休闲学[M]. 北京：社会科学文献出版社，2004.）

7.3 休闲文化与先进文化

波兹曼（Postman）曾说：“如果一个民族分心于繁杂琐事，如果文化生活被重新定义为娱乐的周而复始，如果严肃的公众对话变成幼稚的婴儿语言，如果人民蜕化为被动的受众，而一切公共事务形同杂耍，那么，这个民族就会发现自己危在旦夕，文化灭亡的命运就在劫难逃。”（于光远等，2008）这段话实际揭示了文化与休闲之间存在的深层次关系：不是简单的娱乐，也不是完全的劳作不休，而是先进文化与休闲文化的关系。

7.3.1 休闲文化是先进文化的基础

休闲是文化的基础，文化是休闲的内容和意境。如果把文化理解为“人文之化，并转化成道德、仁爱、教育、宗教、游憩、科学、艺术、审美等形态，构成人的生活方式、行为方式。”（于光远等，2008）那么先进文化则是指一切能促进人类进步，具有正面导向作用的文化，是健康的、积极向上的，而非低俗、迷乱淫秽的不良文化；显然，作为休闲之本真内容和人性意蕴的文化就与先进文化有共通之处。

知识链接 7-3

休闲文化与先进文化的辩证关系

1. 休闲文化与先进文化的发生学关系：休闲是基础

当脑体劳动正式分工，文化的直接创造在大多数情况下便成了脑力劳动者的专利，而之所以如此，首先是因为这些脑力劳动者不必为生存资料而发愁，不仅有充足的闲暇时间，而且有足以（或超过）满足其基本生存需要的物质财富；文化便成了休闲活动的直接产物，也许正是在这个意义上，德国哲学家皮珀才断言：休闲是文化的基础……从历史上看，如果说物质生产劳动是文化得以产生的客观前提，那么休闲时间和休闲活动就是文化的基础；在考察文化的发生时，休闲（时间和活动以及人的内在精神活动和状态）是不可忽视的重要因素。

2. 休闲文化与先进文化的生存论关系：休闲文化具有目的导向

在文化内容中，除了直接激励人们劳动和工作的价值观、知识技能经验等“维生文化”（以谋生和延续生命或维持生命为根本出发点和落脚点的文化）外，大多数文化不仅是休闲活动的产物，而且是直接为着休闲的，这些文化可称为“乐生文化”……而乐生文化本身就是休闲文化，或者说休闲文化的主体内容和为之环绕的中心就是“乐生”。看来休闲不仅是文化的基础，而且在“乐生”的意义上还是文化的中心。“维生”就要进取、奋斗和拼搏，“乐生”则要悠闲、宁静和享受。一切维生的活动都不是目的本身，乐生才是重要的和根本的……显然，在生存论的意义上，休闲文化具有某种“前卫性”和“时尚性”，其先进性也十分突出，对人的生活理想具有导向性作用：维生是手段，乐生才是目的。

3. 休闲文化与先进文化的系统论关系：休闲文化具有渗透性和感染力

超越物欲、有利于缓解全球性问题的休闲文化当然属于先进文化，而先进文化也不再以物质财富的积累为标准，而以引导人自身的全面发展为目标。……休闲文化与其他文化样式的相互作用也十分重要：用先进文化来主导休闲文化，即用先进的价值观主导人们的休闲活动，其文化效应和社会效益必然是积极的和向上的。在文化系统中，休闲文化虽然有明确的活动领域，但它不是一种“实体性”因素，而是一种渗透性因素，其影响是辐射、蔓延和改变底蕴的，具有变革思维方式和价值观的作用，因而在文化建设，尤其是先进文化的建设中不能丝毫忽视休闲文化的影响力……在各个价值层次的文化大多发生、活跃于人的闲暇时间的情况下，正确地辨析疏导休闲、管理规范休闲、引导提升休闲，无疑将对各个层次文化的良性互动起到积极的作用。高雅文化和精英文化的价值导向比较明确，正常的宗教文化也大多属于健康有益文化，至多是落后文化，只要引导得力，并稍加改造即可起到积极的作用……从本质上说，先进文化的历史尺度就是它能够极大地促进先进生产力的发展，巩固和发展适应生产力性质和状况的经济基础……休闲文化……则使其开放性以向外发散、弥漫和辐射的形式对其他文化和社会经济、政治系统发挥作用。

4. 休闲文化与先进文化的人性论关系：共同促进人的全面发展

“休闲”与马克思所说的自由有了本质上的一致性。人的自由发展是马克思主义所追求的最高价值目标，被赋予积极意义的、为休闲学所倡导的休闲将历史地成为人类自由全面

发展的现实途径和实践形态。随着自由时间的增加，休闲活动将成为人们最重要的日常活动，在这种活动中，人们“以欣然之态做心爱之事”，自由自在、悠然自得，随心所欲、适宜人性，人性的各种潜能得以挖掘，人性的丰富性得以展现，人性的完整性得以实现，人性的层次和境界得以提升，这正是人的自由全面发展的状态……先进文化的根本宗旨就是要在历史和道德的尺度上最终实现人的自由全面发展。休闲不仅是先进文化的载体，起着传播先进文化的作用，而且相应的休闲文化必然历史地成为先进文化的重要组成部分。

5. 休闲文化与先进文化的和谐论关系：共建和谐社会

文化即人文濡化，休闲的人本特质，就是休闲的人文濡化功能。社会主义和谐社会要求文化事业的繁荣发达，显然，没有人民大众的充分而健康的休闲，就不会有文化的传播和创造，更不会有先进文化的传播及其主导作用的实现。没有先进文化和精神文明的发展，也没有充实的休闲内容和健康的休闲价值观，用先进文化和人类的精神文明成果来充实人们的闲暇时间和休闲生活，可以净化人们的道德、提升人们的人格境界，从而创造科学、健康、文明的社会精神文化氛围，推进先进文化发展和精神文明建设……休闲是社会主义和谐社会的润滑剂，也是催化剂。和谐社会的建构不能没有休闲的社会建制……如果说，一切有利于社会主义和谐社会建构的文化都是先进文化，那么在休闲作为和谐社会润滑剂和催化剂的意义上，休闲文化就属于先进文化。

（资料来源：吴文新. 休闲文化与先进文化：复杂关系辩证[J]. 中共福建省委党校学报，2006，3.）

实际上，休闲文化是先进文化的基础。休闲既恢复人的生机，又陶冶人的性情。“休闲”赋予了人类时间和心境去感悟自然之美、创造文化之秀，休闲让人们在放松身心的状态下进入更高层次的精神体验，在这种身心和谐平静的状态中，人类才能感受到最真切的人生意义并进一步发展道德、艺术、教育、科学等一系列灿烂的文化。休闲中的高峰体验、心灵的畅爽感，特别是具有文化创造和人性澄明之功能的休闲省悟，更是先进文化的直接滥觞；休闲文化服务于人的休闲，让人们能够在心理闲暇中反思和觉醒，因而它实际上是先进文化的摇篮。唯其如此，我们才说休闲文化是先进文化的基础。

7.3.2 休闲文化增强先进文化的发展动力

更重要的是，休闲文化可增强先进文化的发展动力。休闲是对生命意义和快乐人生的生活实践和生命体验，休闲是通往人类美丽精神家园的重要路径，是人类精神生活质量的风向标。忙碌的工作使人疲于奔命，只有闲下来，让身体放松，让心灵自由，人才能进入安详快乐的精神世界，从而发展智力，调动兴趣，做自己喜欢做的事情，也才能在更广泛的领域获得更多的思想自由、进行更多的文化创造。中国的诗词歌赋、琴棋书画等艺术创造与休闲有着密切关系，人们只有在闲暇之余才能进行高尚典雅的艺术创作；西方自古希腊以来的文化发展也得益于休闲，可以说，没有休闲，就不会有柏拉图、亚里士多德，也就没有米开朗琪罗、达·芬奇、莎士比亚、牛顿、亚当·斯密等伟大的艺术家、思想家、科学家，就没有当前西方璀璨的文化。事实上，所有的人类文明都与休闲难以分割，人类的社会进步史就是一部休闲发展史；社会进步又离不开先进文化的指导，休闲文化则为先进文化的持续产生与发展提供了源源不绝的动力。

7.3.3 先进文化促进休闲文化的发展

休闲的特征是，通过人的个体或群体的行为、思维、感情、活动等方式，创造文化氛围、传递文化信息、构筑文化意境，从而达到个体身心的全面完整发展。（马惠娣，2004）从这个角度看来，文化为休闲提供了对象和环境；先进文化的传播和发展为休闲文化提供场景和素材，进一步丰富休闲文化形态、提高休闲文化的品味，更好地满足现代人高质量的精神生活需求。例如，道德、法律等制度型文化的不断完善，倡导一种积极向上的休闲观，既能为人们闲暇生活的高质量提供保障，也能促进休闲文化内容得到更深远的传播，使更多的民众受益；而书籍、音乐、戏剧、书画、美食文化、体育文化等先进文化形态的不断丰富和发展则能够为休闲文化提供更多姿多彩的材料，为个体从事高品位的休闲活动创设优良场景。可见，先进文化可丰富休闲文化的内容，促进休闲文化的发展，两者相得益彰。

7.3.4 先进文化导引休闲文化的发展方向

先进文化在社会发展规律和趋势的意义上引领休闲文化的基本方向。虽然休闲文化在本质上是促进人性自由发展的文化，与先进文化无异，但人类历史发展毕竟依然处于私有制和阶级分化和对立的阶段，凌驾于劳动之上的阶级的休闲生活依然充斥着反人性、反社会、反文化的因素，因此，用先进文化去引导休闲文化，克服“三俗”及腐朽文化的消极影响，促使休闲文化健康发展，就是非常必要的。

先进文化指引休闲文化的发展方向，休闲文化的发展则服务于先进文化的要求，并为先进文化的发展开辟道路；二者的平衡发展，是它们健康发展的保障；先进文化对休闲文化还有监督、纠偏的作用。先进文化对休闲文化的导向作用无疑有利于社会的发展、历史的进步和人的自由发展，当阶级消亡、剥削不再，当人类共同体最终形成，两者就会合二为一，成为真正自由的文化。

阅读材料 7–6

于光远、马惠娣对话——“要玩得有文化”

于光远：“要玩得有文化”，这句话是对玩的人提出的要求。因为有人喜欢玩那些低级趣味、内容低俗的东西，甚至有的人的玩不仅对本人的身心有害，而且还危及他人与社会。这样的玩我们当然反对！我们提倡高尚的玩和有文化的玩，是指在社会上传联下来的、在较大范围内传播开来的人类自古迄今的优秀创造物。这种创造物，使人类从野蛮时期进入文明时期，使人类的物质文明和精神文明程度不断提高。一个人的行为如果是“有文化的”，就是说他在行动中接受了人类优秀的创造物，因而他的行为有助于文明的发展。当然，也要注意区分“文化内涵比较少的玩”和“对玩者身心甚至是对他人和社会有害的玩”。

马惠娣：是否可以把“要玩得有文化”理解为，玩是建立于闲暇时间基础之上的行为情趣，或是休息、娱乐，或是学习、交往等，它们都有一个共同的特点，即获得一种愉悦的心理体验，产生一种美好感。例如，通过人与自然的接触，可以铸造人的坚韧、豁达、

开朗、坦荡、虚怀若谷的品格。人与人的交往会变得真诚、友善、和谐、美好。在玩中，会促进人类理性的进步，科学发现、技术发明、哲学思想、艺术杰作的产生，如天人合一的思想、可持续发展的追求、命运交响曲的感召力等，都是人类沉思、玩味的果实。

休闲与游玩，为补偿当代生活方式中的许多要求创造了条件，它通过身体放松、竞技、欣赏艺术、科学和大自然，一方面为丰富生活提供了可能性，另一方面锻炼了健康的体魄，提供了激发基本才能的条件。更重要的还在于培养了人的丰富的感情世界，表达和体现着人的高尚与美好的气质，所以强调要玩得有文化。

于光远：要玩得有文化，就“要有玩的文化”。首先说明的是，不要误以为以前没有玩的文化。可以说，在漫长的人类历史中玩的文化在不断的积累，内容在不断地丰富。这里强调“要有玩的文化”，是承认还存在“玩文化不足”的现象。一方面，优秀的、传统的玩文化失传不少；另一方面，能够满足现代人需要的具有文化创新的“玩”又严重匮乏。当然，玩的文化要靠人们有意识、有目的地去发展，因为，玩文化是整个社会文化的一个组成部分，并随社会的发展而发展。例如，电子技术和电子工业的发展推动了电子娱乐设施（设备）的兴起，开辟了玩文化的一个很大领域。优秀的玩文化可以物化在各种物质资料中，也可以与人的头脑、四肢、躯体结为一体，成为人的知识和技能，并在学习和传授中掌握和传播。例如，下棋既是人的智力活动，又是人的智慧结晶。古人以为，一副棋盘，就是一个缩小了的宇宙，象征着人的生活空间。在这里或是体味“四面楚歌的悲壮”，或是分享“兵攻城下的快慰”，或是体验“背水一战的无奈”。真是其乐无穷。这就是玩的文化。

马惠娣：如此说来，中国民间传统文化中许多精华的品类，如赶集、庙会、放鹰、养鸟、观鱼、垂钓、猜谜、楹联、诗社、书院、风筝、踢毽、打拳、舞剑、啜茗、嚼蟹、书市、园林、流觞、国画、曲艺、管弦、戏曲、书法、金石……以及琴棋书画、诗词歌赋，也是“玩”文化的产物。这些高雅的“玩文化”表达着我们民族的聪明与智慧、道德与伦理、勤劳与善良，在源远流长的五千年历史中形成了独具魅力的文化特色，是中国民族文化宝库中重要的组成部分，是当今玩的文化继承与发展的重要内容。

于光远：所以要“研究玩的学术”，强调对中、外的玩进行历史的考察与研究，这一方面可以阐明“玩”与社会进步的关系，又可以挖掘玩的历史遗产。例如，中国古代的“博弈”中的“博”，马王堆出土文物中有一套比较完整的博具，但是，如何进行“博”这种游戏就有待研究。再如《水浒传》中的高逑踢的球到底是什么样的东西，怎么踢法，发掘出来也许有用处。还有麻将牌为什么分“条子”、“万子”、“饼子”？都表达什么意思？为什么“一条”用麻雀的形象？等。对玩进行学术研究的方面很多，如，玩之为物、玩之种种、玩之意义、玩与人生、玩与心理、玩与健康、玩与文学、玩与教育等。总之，既包括理论的研究，也包括历史的研究；既包括对中国的研究，也包括对外国的研究；既包括对在文献上有记载材料的研究，也包括对活人脑子记忆中的材料的研究。但遗憾的是，玩的学术研究还没有引起各方面足够的关注，这对人们全方位地继承文化遗产、进行新的文化创新带来局限性和片面性。从文化的角度讲，将失去优秀传统文化的完整性。从哲学的角度讲，使对主体性的认识和研究失去了一个维度。

马惠娣：的确是这样，中华民族悠久灿烂的文化中有相当多的内容与玩有关，但是，对玩的学术研究却很落后。我记得10多年前，您就呼吁建立玩学图书馆、在大学里开设玩学的课、成立有关玩的研究机构以及永久性的玩具博物馆。大概到现在还没有一项能够实现。这里固然有缺少人才、资金等方面的问题，但实质还是认识上的问题。但现在也有一个可喜的消息，国家已经把民间流传的口头和非物质遗产的抢救与保护工作，以及民间民俗制作工艺的传承与保护活动列入国家重点课题。恢复和发掘优秀的“玩的品类”有助于民族精神和民族性格的再现，有助于对民族创造历史的了解。如此，方能构筑现代化文化进步的基础。

在西方，有关玩的问题已成为休闲学中一个很重要的内容。在我接触到的许多休闲研究著作中，“玩”被作为一个重要的概念加以阐释。例如，早在200年前，德国思想家希勒从美学的角度就谈到了玩的意义，他说：“人性的圆满完成就是美。这样的美是理性提出的要求，这个要求只有当人游戏时才能完成。所以，人同美只是游戏，人只是同美游戏；只有当人是完全意义上的人，他才游戏，只有当人游戏时，他才完全是人。”75年前，赫伊津哈就指出，游戏的本质和意义实乃是人类的文化现象。这些见解十分深刻。

（资料来源：于光远. 论普遍有闲的社会[M]. 北京：中国经济出版社，2005. ）

案例分析

马惠娣谈休闲与休闲文化

休闲文化是将休闲上升到文化的范畴，指人在闲暇时间内，为不断满足人的多方面需要而处于的一种文化创造、文化欣赏、文化建构的一种生命状态和行为方式。它通过人的个体或群体的行为、思维、感情、活动等方式，创造文化氛围、传递文化信息、构筑文化意境，从而达到个体身心全面、完整地发展。休闲的本质主要体现为人的一种精神生活，它不同于闲暇与空闲。在英文“leisure”一词中，“休息的成分很少，消遣的成分也不大，主要是指‘必要劳动之余的自我发展’”（见林春女士致于光远的信）。表明了“休闲”一词所暗含的独特的文化精神意含。休闲文化是人类文化的重要组成部分。它发端于物质文明，物质文明又为闲暇提供了条件，伴生了人对文化精神的不断追求。因此，休闲文化反映时代风貌，更能体现人的本质与本性，是整个人类文化精神的缩影。透过休闲文化可以了解其他文化形式，折射出人的追求与品位。休闲文化总是与一定历史阶段的政治、经济、道德、伦理水平紧密相连，并相互促进。

休闲作为一种特殊的文化形态，它往往以渗透、融合、感染、凝聚、熏陶、净化等多种形式影响人的行为方式和生活方式，从而改善人的生命质量。休闲生活可谓丰富多彩：“闲能读书，闲能游名胜，闲能交益友，闲能饮酒。天下之乐，孰大于是？”闲暇——是心灵的驿站，在这里人们可以驱逐精神的劳顿，安抚疲惫的心，或者得到一次精神的解脱，或者促进一次精神的升华。闲暇之时，或奔赴于大自然的怀抱，或安卧于树丛下的竹椅上，或沉思，或对饮，或交谈……，那么“人类清明的深沉的伟大的优美的精神家园，不就可在风籁中，云彩里，山势与地形的起伏间，花草的颜色和香气里寻得吗！”大文豪林语堂下面的一段话也许更深刻，更耐人寻味，他说：“消闲生活并不是富有者和成功者独享的权利，而是一种宽怀心理的产物……，这种心情是由一种达观的意识产生。享受悠闲的生活是不

需要金钱的，有钱的人也不一定能真正领会悠闲生活的乐趣，只有那些轻视钱财的人，才真正懂得此中的乐趣。他必须是有丰富的心灵，爱好俭朴的生活，对于生财之道不放在心头。”尽管，林老夫子的理论多了几许清高，也和市场经济的规则相去甚远，但从净化人的精神世界的角度，不难看出它的崇高、清明、深沉与美丽。或许这就是休闲文化的真谛。也是人们当前需要的状态，自然，也是我们从文化精神之域考察休闲的意义之所在。

从文化的角度研究休闲，起始于19世纪末。美国经济学家凡勃伦1899年出版的《有闲阶级论》一书，是目前见到的较早涉及休闲文化的著作，虽然，该书主要在于分析和证明休闲与消费是如何联系在一起的，但是，当时他已十分敏锐地注意到，资产阶级新权贵在获得物质享乐的同时，开始注重和追求精神生活的丰富和享乐。“闲暇方式常采用‘非物质的’，是准学究或艺术的以及谈论各种事变的知识。”20世纪以来，一方面随着科学技术的迅猛发展，生产力水平的提高，闲暇时间在普遍地增加，另一方面由于工人阶级向资本家的抗争，30年代中期开始，西方资本主义工业国，劳动工人的工作时间逐渐缩短，劳动者所付出的体力也大大减轻。闲暇对于人们多方面的发展自己的要求显得格外重要和必要，人们追求休闲的愿望也更加迫切。1936年，法国一个负责体育和娱乐的国务秘书处成立，标志着休闲在法国国家政府部门制度化的合法性。（1981年5月政府组建了空闲时间部）二次大战以后，旅游及其他休闲活动快速增长，各种娱乐项目不断创新，使得度假休闲的人们可以有充分的余地选择他们追求的去处，以满足学习知识、保健娱乐、追求猎奇、丰富个性等多方面的需要。20世纪 60、70 年代，各种国际劳工组织关于劳动者权益宣言相继问世，从而在法律上对于闲暇与闲情予以了充分的保障。1970年有关国际组织讨论通过了《消遣宪章》，文中明确指出：“消遣时间是指个人完成工作和满足生活要求后，完全由他本人自由支配的一段时间，他为补偿当代生活方式中的许多要求创造了条件。它通过身体放松、竞技、欣赏艺术、科学和大自然，为丰富生活提供可能，还为人们提供了激发基本才能的条件。建立于闲暇时间基础之上的行为情趣，或者是休息、娱乐，或者是学习交往等，它们都有一个共同的特点，即获得一种愉悦的心理体验与满足，产生一种美好感。”与此同时，西方许多学者从文化批判、意识批判、日常生活批判等角度发表了系统的和完整的理论。

中国有关休闲文化的历史相当悠久，但在近代以前，主要反映在官宦、士大夫阶层以及文人墨客中。在中国优秀的传统文化宝库中，记录休闲文化的内容也十分丰富。从《诗经》、《楚辞》、《唐诗》、《宋词》、《元曲》到清代文人的《秋灯琐记》，都记述了古人追求自由幸福的灵性文字。但，这只是“荒野上的呼喊”（弗洛姆），对于绝大多数平民百姓来说，则是可望而不可即的事情。而后，由于近一个世纪中国社会文化背景的特殊性，休闲文化跌入低潮。

当代中国，最早提出休闲文化理论的学者是于光远先生，他曾在1983年就指出：“我国对体育竞赛是很重视的，但体育之外的竞赛和游戏研究得很不够。在中国的高等院校中没有一门研究游戏的课程，没有一门游戏专业，没有一个研究游戏的学者。这不是什么优点而是弱点。”1994年他又进一步指出：“玩是人类基本需要之一，要玩得有文化，要有玩的文化，要研究玩的学术，要掌握玩的技术，要发展玩的艺术”。并与1995年成立“六合休闲文化策划中心”，开始了休闲文化理论的研究，以期促进广大人民群众有品位的休闲。

然而，作为一种政府行为和国家建制，则起始于近10年。自1985年起，国家科委中国科技促进发展研究中心缩短工时课题组，历经两年多的考察论证，于1987年2月提出了一份《中国缩短劳动工时的初步可行性研究》的报告。为此，政府做了 8 年的准备工作，于 1995 年 5 月起，在中国全面推广了 5 天工作制，同年的下半年，国家颁布了“全民健身计划”，倡导科学、文明、健康的生活方式，表明了中国进入世界休闲文化的进程。同时，揭开了休闲文化的新篇章。

（资料来源：于光远．漫谈竞赛论[M]．北京：中国文联出版社，2000.）

结合本章所学内容，请思考以下问题：

（1）休闲文化与文化之间存在怎样的关系？

（2）休闲文化在历史和现实中呈现出怎样的形态？

（3）结合当前我国休闲文化形态的实际，思考如何进一步促进休闲文化的发展？

简要点评：休闲文化是一种特殊的文化形态，在中西方历史发展进程中，休闲文化对文化的推进和社会进步都发挥了不可或缺的作用。休闲文化在今天有了更好的发展环境，我们应该努力创设更好的条件，促进休闲文化在当代中国的飞跃发展。从本章 7.1 讨论的休闲文化的内涵及 7.2 中西方休闲文化的传承中可以加深对案例的认识。

本章小结

本章主要介绍了休闲文化的内涵和外延，休闲文化的历史和现实形态，以及休闲文化与先进文化的关系等。休闲文化是指人们在闲暇时间内所从事的各种能够使人摆脱身心疲劳，恢复精神与活力，同时获得高层次的精神体验，提升个体生命质量的活动形式以及这些活动形式所承载的物质和精神文化状态。休闲文化是将休闲上升到文化的范畴，是人们在闲暇时间里所从事的文化创造、文化欣赏、文化建构。根据不同的划分标准，可以将休闲文化形态分成不同的种类，如物质性休闲文化、制度性休闲文化、精神性休闲文化，或者身心恢复型休闲文化，身心发展型休闲文化等。在中外历史上，休闲文化都有着绵延的发展历程，呈现出多姿多彩的形态，同时保持着各具特色的差异；在当前，休闲文化形态有了新的展现方式，要注意总结休闲文化形态的传承与发展规律。最后，休闲文化与先进文化之间存在相互促进的关系，休闲文化是先进文化的基础，促进先进文化的发展，而先进文化又反过来进一步丰富了休闲文化的内容，引领休闲文化健康发展。

思考与练习

一、名词解释

1．休闲文化　　2．先进文化

二、多项选择题

1．休闲与文化的关系是（　　）。

A．休闲是文化创造和传播的动力源泉及广阔空间

B．文化是休闲的内容、意义和境界 C．休闲是文化的基础
D．文化是休闲的产物 E．二者是互为前提、互为因果的

2．对休闲文化应该这样理解：（ ）。
A．休闲文化是以满足人的休闲需要为出发点和落脚点的文化
B．休闲文化是人们在闲暇活动中所创造、传播或所接触的一切文化
C．休闲文化就是指人们在休闲活动中创造出来的文化
D．休闲文化本质上就是围绕着休闲，并服务于人的自我享受和发展的文化
E．就狭义来说，休闲文化就是休闲这种客观的社会存在的社会意识或观念形式

3．以下属于现代休闲文化形态的是（ ）。
A．饮酒、品茶、赌博、吸毒及色情活动等
B．琴棋书画、静坐修禅、太极武术、气功养生等
C．蹦极、攀岩、自驾车旅游、上网、参观博物馆等
D．练习瑜伽、跳健美操、利用各种体育器械锻炼身体、瘦身塑形等
E．游戏、玩耍、读书、散步、爬山、游泳等

4．关于中西休闲文化的理解，正确的是（ ）。
A．中国休闲文化是落后文化，西方休闲文化是先进文化
B．中国休闲文化是传统文化，西方休闲文化是现代文化
C．中国休闲文化个体性较强，西方休闲文化群体性较强
D．中国休闲文化偏重于静态，西方休闲文化偏重于动态
E．中国休闲文化重在向内调适心灵，西方休闲文化重在向外张扬个性

5．休闲文化与先进文化的关系是（ ）。
A．休闲文化是先进文化的基础
B．休闲文化可以增强先进文化发展的动力
C．先进文化丰富休闲文化的内容，促进休闲文化发展
D．先进文化引领休闲文化的发展方向，指明休闲文化的发展目标
E．休闲文化与先进文化相互补充、相互促进、相互引导、互为因果

三、辨析题

1．休闲是文化的唯一源泉。

2．在当今世界，特别是加速全球化的进程中，西方的休闲文化越来越优越于中国的休闲文化。

3．庸俗、低俗和媚俗的文化不是休闲文化，因此休闲文化本身就是先进文化。

四、思考讨论题

1．休闲文化的内涵是什么？
2．根据不同的划分标准，休闲文化的外延有哪些？
3．中外历史上休闲文化形态有哪些差异？思考一下中西休闲文化最深层的差异。
4．现代社会有哪些休闲文化形态？

5．怎样理解休闲文化形态的传承和发展？

6．你认为休闲文化与先进文化之间存在怎样的关系？

五、案例分析题

就本章的“案例分析”所提出的问题进行详细的分析。

第 8 章　休闲价值与休闲伦理

教学目标与要求

准确分辨休闲个体价值对于个体作用不同的 3 个等级和休闲社会价值在经济、政治、文化等方面的体现；懂得遵守闲暇道德和休闲伦理的规范要求；通过了解宗教与休闲的关系，能进一步用发展的眼光看待休闲境界与人的精神生活质量之间的关系。

章节知识框架

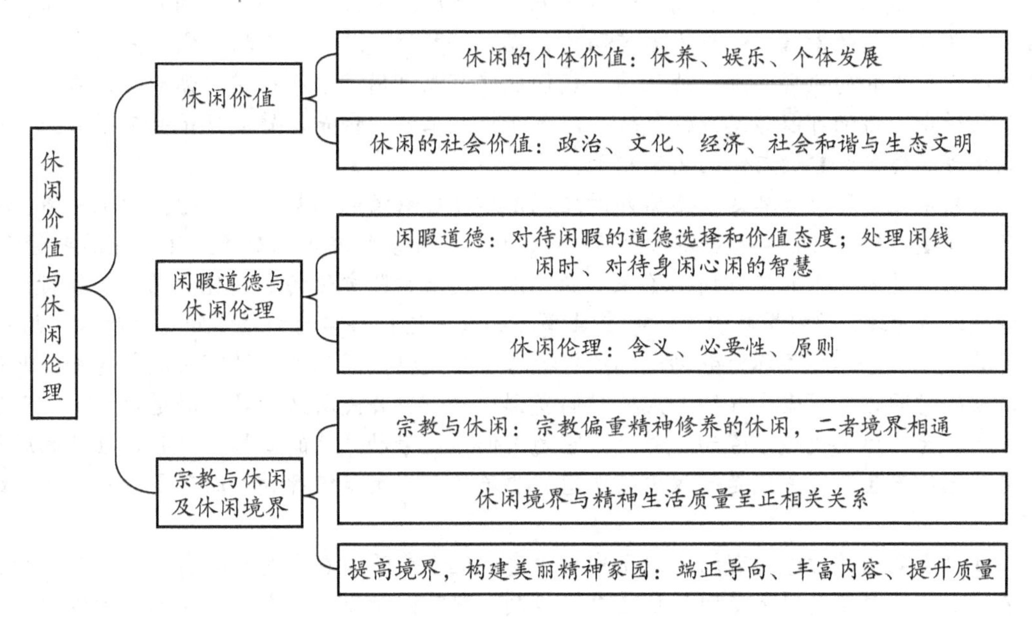

关键术语

休闲价值，休闲伦理，闲暇道德，宗教休闲，休闲境界

导入案例

亚里士多德的休闲伦理思想

亚里士多德作为成就卓著的智者，他对于休闲有着深刻的阐释，特别是在《尼各马可伦理学》和《政治学》等著作中，他阐述了什么是快乐、幸福、休闲、美德和安宁的生活。

亚里士多德认为，伦理学和政治学是密切联系的。他指出，既然个人生活由于它和集体生活之间的关系而变得很重要，那么，伦理学就应当是政治学的一部分。伦理学是关于个人幸福的科学，政治学是关于集体幸福的科学。幸福是重要的，因为他发现幸福的目的就在于其自身。满足欲望的目的是为了幸福，追求财富、名誉、权力等的目的也是为了幸福。因此，亚里士多德研究的中心问题是如何得到幸福。他认为，得到幸福的方法是培育起人的美德或优秀品质，正确的行为意味着有所节制。他描述了当某种品质在其量适当或过多或过少时人们所表现出的行为特征：合适的量是美德，太多或太少都是恶。例如，介于贪婪和懒惰之间的是有所抱负的美德；介于鲁莽与胆怯之间的是勇敢的美德；介于争吵与奉承之间的是友谊的美德等。这样，可以从亚里士多德那里得到"中庸"思想：凡事要懂得节制，任何事情都应有适当的比例，以与自然的公正观念保持一致。

在《尼各马可伦理学》一书的某些章节里，他把美德与快乐和幸福联系起来。他认为，美德是让人愉快的，因为美德是高尚和善的。美德本身是愉快的真正源泉。一个善的人是终身奉行美德的人。因此，他的幸福是持续的。在这里，可以清楚地看出，亚里士多德用一种不同于我们谈论"空闲时间"的方式来谈论休闲。一天或一个短暂的时间间隔都不能带来真正意义上的幸福。亚里士多德认为，摆脱必然性是终身的事情，它不是远离工作或任何必需性事物的短暂间歇。他认为，我们也许可以利用这些间歇进行休养性的娱乐；在这些间歇中，我们可以休息或恢复体力以重新投入工作。但是，嬉戏娱乐并不是真正的愉快或幸福的源泉；它们与休闲毫不相干。

必须牢记，雅典和其他希腊城邦的文化是建立在奴隶制的基础之上的。奴隶从事提供食品、房屋、衣服等生活必需品的劳动，而包括亚里士多德在内的公民并不从事这些劳动。这为下列人员所从事的工作提供了基本的保证：追求希腊文化的思想观念的人和履行公民职责的人，管理、监督军队以及从事公共事务的人和进行科学的和哲学的思考的人。也许，这里产生了一个恶性循环：劳动者不能够被给予公民权，因为他们没有时间获得知识和经验，没有时间进行探索和沉思，没有时间发挥出一位好公民所必须具备的道德能力。亚里士多德认为，休闲优越于劳动，并且，它是人们通过劳动寻找的目标，这时，在他的脑子里可能已经产生了公民优越于奴隶的思想。要记住，休闲是终身的，而不是指一个短暂的期间。

亚里士多德的哲学还有两个方面需要注意。他十分明白在自愿和非自愿的行为之间存在着区别。非自愿的行为是因为缺乏自我控制，它等同于罪恶；或者，是因为受到他人的强迫，这可能包括对上帝、教堂监护人或法制所给予的惩罚的恐惧。人们必须谨慎地去选择美德。如果一种好的行为是你被迫做出的，那么，这只是一种不得已的行为，其中不存在美德。因为，对我们的休闲观来说，如此重要的"自由选择"对于亚里士多德来讲也是至关重要的。因为它使得美德成为可能，也使得幸福成为可能。

最后，亚里士多德认为沉思是最好的活动，事实上，是一种神圣的活动。与他的前辈和同时代的人一样，他相信不同的思考与推理能力可以将人区别开来。正因为上帝无所欲求，所以他才能够把时间花在杰出而天才的沉思中。在这种沉思中，人们越来越可能认识到：在自己的本性里什么是最神圣的东西。早期的哲学家认为，休闲不仅仅是摆脱必然性，也不是人们能够选择做什么的一段时间，而是实现文化理想的一个基本要素：知识引导着符合道德的选择和行为，而这些东西反过来又引出了真正的愉快和幸福。灵魂的高尚、与神圣事物的联系等，正是这些理想孕育了休闲哲学。在目前涉及的所有宗教和伦理的体系

里，善的生活在现代人的宣传中早被远远地抛弃掉了。在充分享受物质条件的时候，人们指责物质主义，同样，也许希腊人宣扬凡事应有节制的理由正是因为他们易于放纵。

历史学家和哲学家指出，亚里士多德的思想基于他的一个假设，这个假设认为：现存的社会秩序是自然的，因此也是公正的。这个时期（其他大部分时期也是）的哲学家的贵族倾向已经突出出来了。亚里士多德关于劳动和休闲、奴隶和公民关系的观点只是一个精心制作的理性制品吗？

现在，我们比希腊哲学家有更多的平均主义思想，如果说休闲指的是由奴隶来养活的贵族阶层的事情，那么，我们应该拒绝它，并且对这种“自足”的哲学观产生适当的怀疑。然而，亚里士多德的《伦理学》和《政治学》已有 2 000 年左右的指导作用了。此外，尽管休闲理想似乎超出了我们所掌握的范围，我们还是应该全力以赴地去研究它。物质享受已经变成一种（目的性的）理想，而不是作为实现休闲理想的一种手段。但是，它并不能使我们幸福。一种自足的哲学或许是非常可靠的。亚里士多德的哲学已经经受了包括我们这个时代在内的时间和经验的考验。

（资料来源：托马斯·古德尔、杰弗瑞·戈比. 人类思想史中的休闲[M]成素梅，等译. 昆明：云南人民出版社，2000 年.）

点评

亚里士多德之所以被称为“休闲之父”，不仅因为他最早探讨了人类的闲暇问题，更因为他告诉人们，休闲使美德成为可能，也使幸福成为可能；休闲最大的价值在于帮助人们找到生命的真谛，导人向善，帮助人们获得幸福。正确的行为意味着有所节制，合适的量是美德，太多或太少都是恶，因此，休闲也有伦理向度，也需要有所节制，只有合乎道德地度过闲暇才能体现休闲对于个体和人类社会发展的巨大促进意义。那么，休闲的价值究竟是什么？怎样对待闲暇、怎样合乎道德地休闲才能实现这些价值？这正是本章所要探讨的话题。

休闲有何价值？休闲对于个体和社会有着怎样的功能？休闲是否应有所节制？怎样的休闲才是合理的？这些问题都是关于休闲的哲学思考，自古以来对休闲的探讨从未间断；而当休闲对于人的意义上升到精神层面时，对休闲的探讨就离不开悠远深邃的宗教思想。本章将进一步深入思考休闲的价值、休闲伦理以及宗教与休闲境界等问题。

8.1 休闲价值

马克思从主客体关系的角度，科学地揭示了价值的本质，“价值”这个普遍的概念是从人们对待满足他们需要的外界物的关系中产生的，表明价值并不是反映某种独立存在的实体范畴，而是一个关系范畴，即是客体属性对主体需要的满足关系，主体包括社会和人。因此，休闲的价值应指休闲作为客体的属性在满足主体需要的过程中所体现出来的功能和作用，也就是说休闲能够满足个体享受与发展以及社会发展的需要。休闲价值可从个体价值和社会价值两个方面来把握。

8.1.1 休闲的个体价值

闲暇和由闲暇产生的闲暇教育首先应有益于每一个人，其次才能造福社会（J·曼蒂，1989）。休闲对人类个体价值的追求，在当代社会获得了迅猛发展的必要和充分条件，已经成为人的现实生活的一个不可或缺的组成部分。它不仅满足了人生存需求的多样性，更重要的是满足了人精神需求的多元选择，从而为人的个性化兴趣的产生、强化和提升培育了土壤，最终使休闲成为人自身合目的性与合规律性相统一的存在方式。休闲的个体价值主要体现如下 3 个等级（参见 3.2.3）。

1. 休养价值

休闲有利于人的身心的休息、放松、恢复、矫正、补偿及协调与平衡。首先是身体方面。放松乃休闲之始，人在劳动结束以后，人体的各种功能必须经过一段时间才能逐渐恢复到劳动前的状态。人们对休闲功能最原始的理解是体力上的休息放松与恢复，换言之，休闲就是劳动疲劳之后进行的一种休息放松的恢复性活动。因此，劳动者的休闲被看作是为工作服务的，其目的是让劳动者在工作之余能有所放松，消除疲劳，恢复体能，以便下一步能以比较旺盛的精力投入工作，从而实现比较高的工作效率。其次是心理方面。休闲使紧张忙碌的心灵得以休息、放松。人们从事休闲活动的最初动机正是想让自己从繁重的工作或其他强制性活动中缓解过来，从日复一日的工作中摆脱出来，获得喘气的机会，舒缓一下心情，避免连续的工作给人们的身心带来伤害。一张一弛乃文武之道，休闲既是人们体力恢复的“疗养院”，又是心理放松的“避风港”；休闲使劳作中被扭曲的身心关系得以矫正，使在劳作中损耗的生命能量得以补偿，使畸形、失衡的身心关系得以协调和平衡。所以，休养价值是休闲的最基本价值，其核心是身心的和谐与健康，这也是个体自我发展的基础。

随着社会进步，人们开始意识到休闲的根本目的不在于工作，而在于身体本身；休闲即是让人体回归自然状态，保持健康的体魄和良好的精神，让生命更好地延续。现代社会竞争激烈，生活节奏加快，社会矛盾增多，人们工作、生活压力也越来越大。特别是年轻一代，房子、车子、票子、位子等压得喘不过气来，身心劳累，又没有闲暇时间尽情释放自己的情感，常处于紧张、忧虑的情绪中，即使“身闲”却无法“心闲”，导致亚健康的比例越来越高，结果出现“年轻时用命换钱，年老时却用钱换命”的可悲现象。从人性的意义上看，休养价值是休闲的永恒的基本价值。

阅读材料 8-1

休闲之休养价值的现实必要性

《说文解字》说：“休，息也，从人依木。”《五经文字》也说：“休，像人息木下。”明显强调了“休”的休息功能。苏联教育家苏霍姆林斯基（Cyxmjnhcknn）说：“作为紧张劳动（脑力劳动和体力劳动）之后的松弛是必要的……对于会休息的人来说，甚至消极地观

看自然界和艺术品也是创造。只有当表面上好像闲着而实际上在进行积极的精神和体力活动时，才是休息。”西方哲人对休闲的认识也是与劳动联系起来的，认为它是对劳动的一种补偿与恩赐。美国现代休闲专家杰弗瑞•戈比也说：“休闲生活可以成为紧张生活和疾病之间的缓冲。”据有关报道，在现有的干部和公务员中，有 30%的人处于亚健康状态，尤以 30~50 岁的中青年人居多；中国知识分子平均寿命仅为 58 岁，低于全国平均寿命 10 岁左右；中关村知识分子平均寿命只有 53.34 岁，比 10 年前缩短了 5.18 岁。而且，工作伦理还会受到一部分人的推崇，成为社会美德，辛勤工作、废寝忘食者依然被表扬和肯定，积劳成疾、英年早逝者总是被树为榜样。因此，现代意义上的休闲，要回归身体的本身，真正关注身体的健康，克服浮躁心理，消除矛盾情绪，保持恬静心态。在信息时代智力劳动方式快速升级而体力劳动大幅减少的背景下，人类整体上出现史无前例的“肌肉运动缺乏症”，使人们不得不在生活的闲暇时间里迅速增加身体活动量。因此有人说“请我吃饭不如请我出汗”、“休闲出健康”、“储蓄金钱不如储蓄健康”。最近几年，我国一些地方政府在公务员队伍中推行“强制带薪休假”的政策正充分地说明了这一点，真正体现了“人本关怀”。“强制休假”是人的自然属性发展的需要，正是对人身体自身的关注，防止为了工作而透支身体，让人们得到适当的休息，保持身体健康。西方许多国家对从业人员实行“年带薪休假制度”就是一个最好的例子，如欧洲联盟国家通常为 4 周，法国为 9 周，美国是 2～4 周，日本为 15 周。专家预测，在未来的几十年中，休闲最重要的功能大概将是减轻压力。这意味着人们将有机会放慢生活节奏，享受独处的乐趣，尽可能地接近自然并拥有一份安静。

2. 娱乐价值

休闲的娱乐价值（有时又称为休闲娱乐）可以有两种不同范围的理解。狭义的是指单纯的娱乐功能，具有乐趣、轻松与消遣的特征，通过优雅舒适的物质生活、轻松愉快的精神生活，使人们在紧张劳作之余，得到生理和精神上的享受。这是一个重要的情感放纵和补偿方式，人们在娱乐中感官得到刺激而愉悦，可以暂时摆脱现实中的情感空虚和苦恼，从而达到一种感情的解脱。日常游憩、游戏及玩耍等是为了摆脱由社会规范强加给人们的习惯性和强制性的活动而寻求的一种神经性的放松活动，都有娱乐的价值。广义的则具有“寓教于乐”的价值，通过娱乐休闲实现一定的教育功能，其目的是通过娱乐使人的感性把握能力与理性思考能力得到滋养与陶冶，使人形成对于生活正确的审美态度，从中感受到生活的意义、丰富人生的内容并得到了精神上的极大满足。其目标就是培养生活的审美态度，或者说是使人的需求由仅仅满足于自发的、本能的层次上升到文化的、审美的层次；使更多的人意识到感性需求不应仅仅停留于肉体的、生理的、个人的层面上，而应该逐渐自觉地将其纳入理智的、心理的、社会的层面；使更多的人懂得感性的满足不应当单单是为了一时的快乐、发泄与自我释放，而应该通过这种满足使自己的感性世界更加丰富多彩，以更多的感情和爱去对待生活。

休闲的娱乐价值是有条件、受制约的。有组织的休闲娱乐引导人们参与利于身体健康、有益社会团结和增进政治统一的活动。否则，其繁荣的背后可能隐藏着消极与腐朽——黄、赌、毒等违法犯罪行为，人们在这种娱乐中会丧失精神家园。休闲娱乐必须走出仅仅沉沦感性的“误区”，超越单纯的追求感性快感享乐，向感性与理性的协调发展进步。

知识链接 8-1

关于休闲之娱乐价值的必要约束

美国教育家杜威（Dewey）认为，“富于娱乐性的闲暇不仅在当时有益于身体健康，更重要的是他对性情的陶冶可能有长期的作用。为此，教育的任务就是帮助人们为享受娱乐性的闲暇而做好充分的准备。这是最为严肃的教育任务。”如果休闲教育引导不力，休闲的娱乐价值会恶性膨胀，从而侵蚀休闲的其他一切积极的价值。凯利认为：“如果被正确地引导，有组织的娱乐活动可以防止社会动荡与个人堕落的发生。娱乐活动提供了公平竞争、尊重法律与秩序以及培养合作精神的机会。”孔子提出“乐而不淫，哀而不伤”，“恶紫之夺朱也，恶郑声之乱雅乐也，恶利口之覆邦家者”，要求以礼来束缚人的感性欲望的无度；老子因为“五色令人目盲，五音令人耳聋，五味令人口爽；驰骋畋猎，令人心发狂；难得之货，令人行妨”而索性让老百姓“见素抱朴，少私寡欲”；庄子进一步阐述了他的高见“擢乱六律，铄绝竽瑟，塞瞽旷之耳，而天下始人含其聪矣；灭文章，散五采，胶离朱之目，而天下始人含其明矣。”可以看出古今中外的思想家就已经为人们过多地沉醉于感性快乐中而担忧，强调休闲娱乐的积极功能。

3. 发展价值

人在解决了基本生存需要之后，是把闲暇的生命时间用于积极地自身创造，开发自身智力、提升人格品位、促进个体发展，还是在颓废、堕落、不思进取、百无聊赖中打发时间，体现了不同的生命质量和生活意义。因此，自由时间的利用程度和利用方式是衡量人的生活质量的新的尺度，作为自由时间的休闲是衡量自我发展的尺度，它为人的自我发展提供了客观条件。闲暇时间不仅仅是用来休息、娱乐或享受的，而是要寻求自我完善。休闲是人的自我支配的行为，通过休闲促使人对生活(生命)进行思索，有助于人的全面发展和个性的成熟，使人真正地走向自由。

休闲能为个体发展提供广阔空间，使个体在生活选择和自我创造中获得充分的自主权，在休闲生活中个体可以依据其爱好和兴趣决定其学习、工作和生活，这对于发展个性、实现人的本质具有充分而现实的意义。在休闲生活中人们所关注和追求的全部价值在于人自身本质的实现，并且在追求自身本质实现的过程中获得了生存的自由和幸福，从而追求自身本质的实现成了个体的人生信仰。而这种人生信仰决定了人时刻保持着对物质条件中介的超越意识，保持着对当下生活状况的超越意识，从而使人不至于沉沦在物质中介之中，在生命的每一时刻始终保持创造的张力和超越的意识，使人的自我发展走向辩证的无限。可见，休闲有助于个体的发展。

总之，休闲的这一价值，正是人类所追求的，是人自由而充分发展的实现。人的休闲生活即人的本质的全面展开，意味着人作为主体的自觉、自愿、自主的发展，体现着人对生命价值的终极思考和至上追求，是千百年来人类追求的生命的终极价值与意义的现实表象。

知识链接 8-2

促进个体发展是休闲的高层次价值

早在《礼记·学记篇》中，就有载：“君子之于学也，藏焉，修焉，息焉，游焉。”郑玄对此的解释是：“藏，谓之怀抱之；修，习也；息，谓作劳休止为息；游，谓闲暇无事之为游。”这就是说，“游”这样的休闲因素，也是文化学习、研究、创造过程的一个组成部分。春秋战国时代“甚富而实”的齐国都城临淄，曾把各国上千名学者吸引到稷下学宫，以好住房、好车马相待，让他们有充分的闲暇时间“不治而议论”，潜心学术争鸣、自由讲学和著述。亚里士多德重视并明确表达了休闲在个体发展方面的价值，他说，人唯独在休闲时才有幸福可言，恰当地利用休闲是一生做一个自由人的基础。在杜马哲迪尔（Dumaezdier）的休闲定义中，个性发展要素最为重要，因为它能使人们摆脱功利或实用主义的羁绊，通过阅读、旅行、接受教育培训、交谈或仅仅是独处反思而获得信息、形成观点、深化并扩展情感、借此发现真我或是认识理想与现实的差距，并为缩短这一差距而努力。杜马哲迪尔认为休闲能使人通过摆脱日常生活的单调和乏味，在超越现实的世界里自由地发挥个人的创造力，有助于健全人格的发展。罗素也肯定了休闲对个人成长的意义，没有相当大量的闲暇，一个人就和许多最美好的事物绝缘（罗素，1993）。约翰·凯利认为，当公共角色（政治或经济）无法为个人发展或有效行为提供机会时，工作之余的空间就可能成为生活的焦点。正是在家庭、俱乐部、教堂、兴趣爱好、艺术和体育运动等领域中，人们可以把范围更广的社会的‘无动于衷’置于脑后，个人可能感觉到自己是真正在做什么事。《休闲宪章》也指出：“休闲为弥补当代生活方式中人们的许多要求创造了条件，更为重要的是，它通过身体放松、欣赏艺术、科学和大自然，为丰富生活提供了可能性……它为人们提供了激发基本才能的变化：意志、知识、责任感和创造能力的自由发展。”

然而，人们又经常陷入一种休闲的悖论之中。例如，一些废寝忘食的科研工作者、狂热的工作痴迷者，他们的休闲与工作一样，过度地追求个人的爱好和个性的发展，以致“无暇”休息、放松和娱乐，生理机能得不到适当的调整与恢复，身心健康出现危机，最后反而妨碍了发展。因此，休闲的个体价值——休养、娱乐和个人发展 3 个等级是辩证统一的，不是孤立分裂的；要在休闲中实现它们的协调发展，欠缺任何一方面都不能真正体现休闲的个体价值。

阅读材料 8-2

纯净的家园

呼吸久了大都市里混浊的空气，心头就像蒙上了一层尘埃，压抑得透不过气来。于是就想逃离，去远方寻求一片安宁，一片纯净，一片能洗却心灵尘埃的清泉。在远行的途中，常会遇见意想不到的惊喜，那是在我发现了一方未曾被人类的废弃物污染的纯净山水时。那时的我，就像婴儿般沐浴着圣水的洗礼，一切人世间的烦恼与污浊都顷刻间被荡涤干净，一种“回家”的喜悦感觉便温馨地抚遍全身。

永不忘怀的是在泸沽湖畔，当公共汽车颠簸着驶过重重叠叠灰白色的荒山秃岭，蓦然间眼前闪现出一片被绿树环抱的清纯湖水，如同一块秀丽的碧玉镶嵌在无边的荒野之中，这恍若仙境之感，令沉闷了多时的一车人都禁不住欢呼起来。早晨，推开藏式小楼的木窗，窗外的泸沽湖水在晨光里闪动着妩媚的金红。尤其令人惊喜的是，那倒映在湖中的蓝天、白云，似乎比天空中真实的蓝天白云更加清晰、明净、动人。泸沽湖向人们展示了她不可思议的纯净，她使我蒙尘的心灵净化，使我久久地沉浸在飘然脱俗的怡悦之中。旅途中我渐渐明白，这纯净的又何止是水。尚未到泸沽湖时，听人说起这里的走婚习俗，竟想当然地以为那“婚”是可以随便走的，因而便多少生出几分不屑来。直到踏上那块净土，淳朴豪爽的摩梭人告诉我们，他们的婚姻同样是以爱情为基础的，走婚的对象在相当长的时间里是固定的，只要感情不破裂，就不会随便更换。不管是男性还是女性，摩梭人在向人们谈起他们的婚姻形式时，充满着幸福与自豪感。在他们的脸上，我看到了如同泸沽湖水一样迷人的纯净。

同样，在九寨沟的海子旁，当美丽纯真的藏族女郎热情地为你歌唱，当淳朴的藏族少年用便宜的价格向你出售优质的牦牛肉干和藏银首饰时，你会由衷地感到，他们开放的心灵，也像那里的湖水一样纯净透明。也许正是应了“天人合一”这句老话，那水的纯净和人们心灵的纯净是融为一体的，他们共同筑成了我们休憩心灵的家园。这纯净的家园对长久生活在纷乱与污浊中的都市人，是无法割弃的永远的诱惑。

（资料来源：http://www.qingdaonews.com/content/2001-02/20/content_85627.htm.）

8.1.2 休闲的社会价值

从本质来说，休闲不仅仅是个人的事情，它同时是社会行为，休闲活动必须纳入社会秩序和社会导向的轨道，其个体性后面隐藏着社会性。休闲将个人意义与社会意义在活动中结合起来（约翰·凯利，2000）。因此，休闲作为一种社会现象，它的价值不仅体现个体的生活目标，更体现社会公众的群体价值追求。休闲的社会价值集中反映在政治、文化、经济等各个领域，在某种意义上，也充分体现出和谐社会的一种价值诉求。

1. 政治价值

休闲是人类的社会理想，是社会发展的价值指向。休闲的政治价值就集中体现在休闲权上，可以说休闲尤其是普遍休闲既是民主政治的产物，也是政治文明高度发展的表现。

随着历史的进步，经济发展和政治文明使得休闲走向现实，休闲也由少数人的“专利”逐渐转为广大民众普遍拥有的权利。因此，要取得休闲的根本自由，就必须对社会条件实行变革。为了实现自我，社会就必须支持真正的自由，没有这样的社会条件，休闲就只能是在压抑人性的大环境中去争取一个小空间的斗争。将现代生活从统治阶级的生产方式和控制中解放出来是发展真正休闲的根本所在。只有全体社会成员普遍拥有休闲权，才有可能自觉地、主动地、积极地从事社会公共事物，参与社会管理，提高公民的政治素质以及参与政治、管理公共事务的热情和能力，从而真正推进民主化的政治文明。

知识链接8-3

休闲政治价值的理论和历史

柏拉图认为，不受现实生活烦扰的统治阶级，应该把所有闲暇时间用于沉思真、善、美等问题，使他们本身更加完美，从而巩固和加强其统治地位。柏拉图的这种政治性休闲思想，强调休闲是为巩固政治制度和统治阶级服务的，而不是为个体服务。按照约翰·凯利的观点，在任何一种情况下，休闲都是政治的，是社会制度中要求人们自愿遵守建制功能的一个因素。休闲取向及价值观通常与整个制度化的社会化过程相一致。这意味着休闲是政治性的，是服务于社会制度的。

在生产力不发达的条件下，休闲距离普通人很遥远，古希腊以及早期的休闲思想只是一种乌托邦。对于古希腊人来说，休闲只是少数摆脱了劳动的自由公民的特权，而奴隶则是“会说话的工具”，被剥夺了享受休闲的权利。从公元前的雅典时代开始，休闲就常常是社会精英的特权，而且这种特权是与生俱来的。当休闲成为一种特权之后，休闲的伦理天平就发生了严重的倾斜。马克思也指出，在资本主义社会中，特权阶级的自由时间是通过将广大劳动人民的生活时间变为劳动时间而获得的，工业资本主义起源于极端的压迫，它把工作要求强加给那些没有经济手段的人。凡勃伦认为，富人已经形成了一个“有闲阶级”，对于他们来说，休闲并不是一个自我完善的机会，而仅仅是一个炫耀个人财富和拉大同普通百姓之间距离的一座桥梁；天性好掠夺的有闲阶级靠着不断欺压那些无权无势的人来保持自己的生活风格。显然，休闲是由于财富、阶层和权力而发生了变化，休闲成了精英阶层的特权。恩格斯在《反杜林论》中提出：“只有通过大工业所达到的生产力的大大提高，才有可能把劳动无一例外地分配于一切社会成员，从而把每个人的劳动时间大大缩短，使一切人都有足够的时间来参加社会的理论的和实际的公共事务。”这表明，普遍劳动必然带来普遍休闲，从而使每个社会成员都有条件关心公共事务。另外，还必须强调女性的休闲权。在历史上，无论西方还是东方，女性相对于男性而言，休闲的权利受到更多的限制。当女性的地位得到进一步的解放，休闲必然成为女性的真正权利。就现实而言，女性的休闲已经有了极大的改善，但相对于男性还有相当的距离。

2. 文化价值

文化是一个民族的整体生活方式及其价值系统，它是培养和教育的产物。大部分的休闲需要是个体在社会化过程中获得的，是社会、文化熏陶和培养的结果。因此，休闲文化关系着人们的生存状态和生活质量，关系着时代的精神风尚和社会风貌。休闲作为社会文化现象，至少在 3 个层面展示出来。首先是器物层面，即可闻可见的自然或人化的物态，如蓝天流云、幽谷清溪、休闲服饰、休闲食品、休闲沙发。其次是制度层面，即以体制法规为核心的社会状态，如双休日、带薪休假周、员工轮流易地休闲疗养等。最后是思想行为层次，即与社会个体密切相关的最为深刻的“蕴于内而行诸于外”的人生意识和生活方式，如当代人对缓冲、解脱和放松的普遍渴求，暂时性地挣脱都市钢筋混凝土的禁锢、回归大自然的旅游（陈麟辉，1995）。显然，休闲的文化功能已经渗透在各个方面。休闲既是文化产生的条件和基础，也是文化的表现和结果。无论是社会制度中的整合还是解放因素，休闲都在文化内提供它的意义（并且利用文化内的物质）。因此，休闲是个人后天习得的，而且，它被文化的“东西”赋予形式和内容，文化包括它的符号系统、社会角色集合、社会化过程以及正式与非正式的组织层次。

3. 经济价值

19世纪，大部分经济学家对休闲的经济功能持否定态度，休闲被认为是一种懒散、小富即安、不思进取的消极行为，容易消磨人的斗志和创造力，如果形成一种风气将会有害于生产力的发展。甚至认为，休闲刺激消费，是放纵和浪费的根源，与必要的节约和资本积累相对立，阻碍资本规模的扩大，它的功能是反经济的。如今，休闲刺激消费，拉动经济增长，优化产业结构，推动生产力发展，促进分配公平的经济功能得到了广泛的认同。例如，如果没有夜生活和周末，娱乐业就会崩溃；如果没有带薪休假，旅游业就会衰落。实际上，是休闲，而不是劳动使得工业资本主义走向成熟（托马斯·古德尔、杰弗瑞·戈比，2000）。因此，随着休闲时间的不断增加，休闲也必将成为日常生活和经济发展的一个起决定作用的因素。

休闲无疑是经济发展的重要因素，休闲消费将成为生产的主要动力之一（参见6.2.2）。而且随着社会的进步，非生产性消费将占国民经济的比重越来越大。透过休闲和休闲消费可以看到这一活动背后人的存在状态，促进人们重新认识生命存在的本质和意义，重新审视人的道德伦理，重新对待人与物之间的世界，重新树立人类的社会理想。

阅读材料 8–3

休闲与社会经济的发展

休闲与社会发展，特别是与社会的经济发展水平息息相关，社会经济发展水平越高，人们的收入和自由支配的时间就越富裕，闲暇的总量就越多。反过来，休闲的普及又会变成推动经济发展的重要力量。休闲对经济效率的贡献成为发展区域经济的增长点，它在经济领域已经形成了休闲产业。休闲产业是工业化社会高度发达的产物，它发端于欧美，19世纪中叶初露端倪，20世纪80年代进入快速发展的时期，休闲消费成为整个市场结构的一部分。历史表明：当一个国家或地区人均GDP达到2 500美元时，社会就会进入休闲消费的急剧扩张期，人们将拥有相当的经济实力、闲暇时间投入消费。人均GDP超过5 000美元后，居民消费将开始追求生活质量和生活品质，休闲生活将成为居民消费重点。目前，休闲产业已经成为发达国家经济体系中的支柱产业或主导产业，休闲经济作为发达国家新的经济增长点正在发挥着不可替代的作用，并且仍将作为其经济增长的发动机，为经济的稳定、迅速发展提供动力。以英国为例，20世纪90年代以来，平均每户家庭的休闲开支占家庭总支出的20%左右，休闲产值大于1 360亿英镑，超过汽车业和食品业，并将继续以30%的速度增长，休闲产业所创造的工作岗位占全国工作岗位的1/5。华盛顿地区公共策略预测部主席莫利特（Mollet）认为，休闲、娱乐活动及旅游业将成为下一个经济大潮，并席卷世界各地。专门提供休闲的第三产业在2015年左右将会主导劳务市场，在美国GDP

中占有一半份额。在2015年的这段时间，新技术和其他一些趋势可以让人们把生命中50%的时间用于休闲。

休闲经济的发展给消费结构带来很大变化。在许多发达国家，休闲消费占据了家庭消费总额的相当部分。1995年美国人消费中增长最快的是休闲娱乐，占67%。欧洲联盟的统计资料显示，爱尔兰人和日本人拿出总支出的10.5%和10.2%用于休闲活动消费，而卢森堡和希腊则为4%和5.6%。英国休闲咨询机构公布的数字表明，1993年英国国民休闲消费总额高达1 029亿英镑，占据消费市场的1/4。其中，最大的休闲消费是餐饮活动，占42.5%；其次分别为家庭内休闲（28.2%）、度假和旅游（19.3%，）、以及户外休闲（9.9%）。1981—1991年的10年中，英国人平均每周休闲活动支出由16.82英镑上升到41.14英镑，休闲项目也增加了250%。20世纪末，我国城市居民消费结构明显升级，用于娱乐、教育、健身和旅游等满足精神生活方面要求的支出迅速增加。从1999年以来的几个假日黄金周的实践来看，假日休闲消费带动了旅游、交通、娱乐、餐饮、健身、零售、文化、咨询、金融保险业和社区服务等多行业的发展，显示出巨大的市场潜力。据我国国家旅游局预测：2020年全国旅游业总收入将达到33 000亿元，相当于国内生产总值的8%，休闲产业将真正成为我国国民经济的支柱产业。可以预见，休闲经济必将成为21世纪我国经济发展的助推器。

休闲产业及其带动的相关产业已经为发达国家提供了相当大比例的就业机会，并且随着休闲产业在整个经济产业结构中比重的不断加大，休闲产业创造的就业机会将呈上升趋势。因此，发展休闲经济和休闲产业，将成为许多发达国家解决过高失业率的宏观产业调控政策中的重要组成部分。在我国人口多，就业压力较大的情况下，发展休闲产业无疑是增加就业岗位的有效途径，事实上，欧美发达国家休闲产业为本国提供了1/4或1/5的就业岗位。休闲产业在发达国家已经呈现出多元化趋势。它不仅包含了旅游业、娱乐业、服务业，也包括了文化休闲产业、环保休闲产业等许多新兴的休闲产业。形成了以旅游业、娱乐业、服务业和文化产业为龙头的休闲产业系统，其涉及面很宽泛，包括国家公园、博物馆、体育、影视、交通、旅游及旅游产品、餐饮业、社区服务以及由此连带的产业群。在未来的社会信息化过程中，休闲经济在整个国民经济中的地位将发生根本性变化，即休闲经济产值在（Gross National Product,国民生产总值）中将占50%以上，并将提供最大规模的就业市场，从而进入"休闲经济时代"。各种迹象表明，为休闲而进行的各类生产活动和服务活动正在成为社会经济繁荣的重要衡量标准。特别是在大中城市中，各类休闲活动已成为经济活动得以运行的基本条件。

（资料来源：刘海春．生命与休闲教育[M]．北京：人民出版社，2008.）

4．社会和谐与生态文明价值

休闲能够促进社会和谐，这是由其和谐性的本质属性所决定的。休闲因而是和谐社会的润滑剂和催化剂（吴文新，2005）。经济增长和社会发展，会使得社会利益关系不断调整，新旧利益矛盾的交错有时会激化社会矛盾；而社会矛盾的和谐解决和发展则符合大多数人的利益，因而必须协调和平衡各方利益。发展休闲就是重要措施之一。家庭休闲增进家庭和睦，社区休闲助益社区和谐，劳动组织重视员工休闲，有利于组织和谐；整个社会重视休闲，财富分配公平，闲暇公平度提高，人们的幸福指数随之提高，社会和谐便是其必然结果。

休闲的生态文明价值，源于其生态性特征，源于它对消费享乐主义的拒斥（参见6.2.3）。休闲本质上倾向于绿色、自然、俭朴、节约，因而符合自然主义原则，低碳、环保、简单、质朴的休闲生活有利于人与自然的和谐，能够推动经济社会的可持续发展。

8.2 闲暇道德与休闲伦理

闲暇道德和休闲伦理是休闲价值观念系统的重要内容，是休闲价值的核心，是休闲文化的灵魂，对休闲文化的性质和休闲活动的效果起到决定性的作用。闲暇道德具有个体性，是个体对待闲暇的价值态度和道德选择；休闲伦理是闲暇活动中的行为价值取向和道德规范，具有显著的社会性。近代以来，人类经历了从“为工作而生活”到“为生活而工作”的变迁和转型，休闲伦理正在取代工作伦理成为人类社会新的价值观；从某种意义上说，这是对古典休闲思想的“回归”，但不是简单的重复或恢复，而是否定之否定的超越。在现代生活中，人们对休闲的期望越来越高，休闲在人们生活中的作用越来越明显。休闲生活体现一个人的文明素质及个人兴趣爱好和最高的人生价值取向，因此，关注闲暇中的道德选择，关注休闲中的伦理关系，也就是关注人们的文明素质、健康幸福、道德人格和自由发展。

知识链接 8-4

“伦理”与“道德”的语义辨析

尧新瑜在《伦理学研究》2006年第4期撰文指出，“伦理”与“道德”是伦理学或道德哲学中的两个核心概念，通过词源学为基础的三重比较：汉语言文化中的比较、英语文化中的比较、中西文化中的比较，可以看出：当代“伦理”概念蕴含着西方文化的理性、科学、公共意志等属性，“道德”概念蕴含着更多的东方文化的情性、人文、个人修养等色彩。“西学东渐”以来，中西“伦理”与“道德”概念经过碰撞、竞争和融合，目前二者划界与范畴日益清晰，即“伦理”是伦理学中的一级概念，而“道德”是“伦理”概念下的二级概念。二者不能相互替代，它们有着各自的概念范畴和使用区域。但在中国文化中，伦理是复合词，伦就是人与人之间的辈分、次序、等级、类别等关系，理就是玉石的纹路，也有秩序的意思，合起来就是人与人的关系秩序或规范；儒家思想侧重于伦理。道德也是复合词，在道家思想中，道是宇宙万物最根本的体性和规律，德是这种体性和规律的外在表现；道是形而上的，德是形而下的；道德是本末、体用和内外的关系，表征宇宙万物的根本规律及其各种表现；伦理不过是道德在人间的实现形式，故称伦理道德。由此可见，中国传统文化中，道德范畴高于伦理范畴。而通过中西文化的交流碰撞，现在一般认为，道德作为一种社会意识形态主要是指调节人与人、人与社会等关系的行为规范的总和；而伦理从本质上讲是关于人性、人伦关系和结构等问题的基

本原则的概括。道德侧重道德活动或道德行为主体自身行动的正当性，是自律的、主观的；而伦理反映和维持人伦关系所必须遵循的原则，是客观的、他律的。道德具有个体性、内在性；伦理具有社会性、外在性。

8.2.1 闲暇道德

闲暇道德主要研究个体在闲暇时间里如何活动才能过得更有意义和价值，包括了人们在闲暇中处理自己和外部的关系使自己的休闲生活有意义的道德理念和行为规范。闲暇只是个体在生存劳碌以外的相对自由的时间，虽然免除了劳动和工作的伦理，以及与之相关的社会责任和义务的约束，却并非道德真空地带。中国古圣先哲反复强调的“慎独”，以及康德念念不忘的“心中的道德律令”，也都在告诉人们，闲暇独处或身处陌生环境时应具有的道德自觉。闲暇道德既要求人们道德地去对待自己的闲暇时间，又要求人们在闲暇中道德地对待与自己发生联系的人和事物。闲暇道德是在一般社会公共道德规范以外对人类休闲价值观的深层约束。也可以说闲暇道德是对待闲暇的智慧：如何处理闲钱、闲时？如何对待身闲和心闲？从事怎样的活动来“休”这些“闲”以便使之更具价值和意义？

从价值观角度看，休闲最根本的意义在于促进人的自由发展，因而并非所有的闲暇活动都是休闲，只有那些能够“成为人”的闲暇活动才是休闲。例如，认为闲暇属于自己便可任意处置；认为闲暇中生命属于自己便纵情对待；认为闲暇中知识技能属于自己便可随意使用；认为闲暇中各种欲望属于自己可以任何方式满足；甚至认为自己手中的财富、权力等都属于自己亦可恣意支配等。而这些“任意”、“随意”、“纵情”的方式，其实已经违背了道德原则，已经超出了社会性的道德约束和法律规范。因此，社会需要倡导闲暇道德，教导人们修养心性，懂得掌控自己的欲望，合理使用自己所占有的资源，真正做到“从心所欲不逾矩”，道德地对待闲暇，三思而后休闲，拒绝“黄赌毒”，防止这些腐朽的东西将人类抛入身心、社会和自然灾难的深渊。

阅读材料 8—4

休闲生活的道德失范现象

如今的社会，生产力的高度发展使休闲成为大众生活的一部分，休闲生活的道德问题也随之突显，人们把休闲生活中的道德失范现象归纳为赌博、酗酒和暴力，富足生活中的纵欲和堕落，滥用休闲时间和休闲上瘾行为，浪费自然资源和破坏生态环境4个方面。

赌博、酗酒和暴力。赌博、酗酒和暴力往往与人们的休闲娱乐活动密切相关。总体而言，酗酒和暴力在我国尚是个别现象，对我国社会影响最大的是赌博问题。欺骗是赌博的重要组成部分，这种失范行为常引起一些家庭妻离子散、家破人亡，也常引起违法乱纪的行为，破坏社会经济秩序和社会安定团结。目前逐渐向内地侵蚀扩散的地下六合彩严重地影响了我国社会的稳定。另外，官赌问题已成为中国反腐败的新战场，而网络赌博是我国发展最为迅速的新型赌博形式。人们在劳作之余，如何文明、科学地度过闲暇时间，如何丰富人们的精神生活，提高人们的休闲生活的质量，不仅是社会先进文化发展必须要考虑的问题，同时也涉及了我国的政治文明建设和发展的问题。

富足生活中的纵欲和堕落。经济基础是休闲产生和发展的前提，过上富足生活的人群在休闲生活中如果缺乏道德的规范，就很容易引发纵欲和堕落的现象。从休闲的发展历史来看，西方社会经过启蒙运动的洗礼，由基督教的禁欲转向对享乐和物欲的追求和崇拜，以充分满足物欲的人性反对神性，这种人性是物欲的化身，对物欲的放任一度使西方物质文明得到发展，另一方面也使人们的休闲生活中出现物欲横流的可怕局面。现代西方文明已不是一种文化的文明，而仅仅是一种生活方式。反观我国社会，众多休闲生活也还是缺乏精神的志趣，人们在假日休闲中的主题大多就是吃喝玩乐。一些人的休闲生活已经走样：天上飞的除了飞机不吃，地上有腿的除了板凳不吃，国家珍稀保护动物、飞禽走兽、山珍海味都敢吃，甚至还吃起了白粉，吃起了“黄金宴”、“人乳宴”、“人体宴”；玩的专找违背人理常情，甚至违法乱纪的冒险，还得意地称之为跟着感觉走，玩的就是“心跳”。当物欲的满足跟不上物欲的膨胀速度时，休闲就会突破人伦道德甚至法律的约束，纵欲与堕落就会发展到极致。道德可以强国，亦可毁国，面对日益富有的社会，如何对人们的休闲生活进行道德的约束和引导不仅关系到人们的生活质量，而且关系到国家长治久安的大问题。

滥用休闲时间和休闲上瘾行为。滥用休闲时间是指在某项无意义或意义不大的休闲活动中占用了过多的时间，也可以理解为自由时间的投入与产出无效率。如果一个人片面地追求解脱、自由和趣味，滥用休闲时间，很容易使其休闲生活走向平庸甚至堕落，导致道德的滑坡甚至走上犯罪的道路。休闲上瘾行为指的是“个人生活中占据统治地位的持久、频繁、反复发生的休闲行为，是对社会、职业、财产及家庭价值观念与义务造成损害的一种心理疾病。”上“瘾”是不可遏制地对成瘾物产生强烈的依赖。人们一旦沉迷于某种休闲行为，产生强烈的需要和冲动，丧失自控力，花大量的时间和精力、财力于休闲行为当中，达到了“丧志”的地步，无法从事其他活动，无法进行正常的学习和生活，就会形成休闲上瘾。目前的休闲上瘾主要有酗酒、赌博、吸毒、吃喝、网络游戏等，其中网络成瘾对青少年的影响日益严重，值得特别关注。

浪费自然资源，破坏生态环境。目前的现代化发展是建立在大量地消耗自然资源的基础上，有限的自然资源被大肆挥霍，生态环境渐渐恶化。1999 年 12 月的英国《经济学家》杂志发表了著名未来学家格雷厄姆·莫利托（Graham Molitor）《全球经济将出现五大浪潮》一文。作者认为，到 2015 年人类将走过信息时代而进入休闲时代，在美国，休闲经济产值将占国民生产总值的 50%以上。但是，如果人们无视生态道德和环境道德的约束，休闲产业的发展将会以消耗大量的自然资源，破坏生态环境为代价。休闲活动中产生的废物、废水、废气以及噪音等，造成了土地、空气、水以及其他环境的污染，森林面积在缩小，珍稀物种在消失，耕地减少，水质下降，传染病在变异，自然灾害增多。在发展休闲的同时，人们举的是唯人独尊的“人类中心主义”价值观，满足了一部分人的需要却损害了另一部分人的利益，当代人的发展以牺牲后代人的发展条件、机会为代价。

虽然，在生活中，休闲还远未达到“中心”的地位，但是，休闲生活道德失范逐渐引起人们的关注，休闲不道德行为经常是人们“严肃的闲话”。之所以严肃，是因为它触及道德生活的深层次问题；之所以是闲话，是因为休闲生活的道德规范尚未引起足够的重视，对休闲生活的道德建设还缺乏深入的研究。实施双休日、黄金周后，我国一年已有 1/3 的

时间是在闲暇中度过，休闲作为一种社会现象向大众扑面而来，一个“普遍有闲的社会”正向人们走来。总之，透过休闲这一社会现象考察和探讨社会休闲生活领域中理论问题，构建符合中国民族特性、文化传统和具有时代感的休闲理论体系，引导人们文明、健康、科学地休闲任重道远。

（资料来源：罗春潮. 休闲生活的道德失范现象初探[J]. 陕西教育，2008，3. ）

8.2.2 休闲伦理

1. 休闲伦理的概念

如果说“闲暇道德”着重于一种人在“无为”状态的道德选择，那么“休闲伦理”就是一种“有为”状态的道德实践了。休闲伦理可以简单理解为人们在从事休闲活动或其过程中所应遵守的言行规范；这样，休闲就不可能是摆脱了任何责任和义务的非社会、非法律和非道德的活动领域。在休闲伦理体系中，不仅一般的社会伦理规范体系有条件地适应，而且除了职业伦理或其道德规范之外，其他的一切公德和私德也都是适用的。如果说闲暇道德更强调主体在摆脱谋生性劳动之后的价值选择，而休闲伦理则着眼于人们在实际的休闲活动中如何在不危害甚至有益于各种休闲对象、条件和环境因素的同时，实现主体自身的身心修养、心灵净化、道德提升和自我完善。

2. 休闲异化：休闲伦理的必要性

阅读材料 8-4 表明，当前我国休闲行为失范现象已经相当严重，这凸显了休闲伦理的必要性。休闲行为失范意味着休闲的异化，这种异化现象主要表现在：①放纵性休闲。例如，一有闲暇便忙于“请吃”和“吃请”，累得团团转，喝得醉醺醺；或忙于“方城之战”，或沉醉于庸俗的歌舞影视，可谓“三两四两不醉，三步四步不累，三点四点不睡”。②奢侈性休闲。例如，认为休闲是权力与金钱的象征，美好的休闲生活就是无限制地拥有私人空间、休闲物品、漂亮的跑车、飞机旅行、昂贵的服饰、碧绿的高尔夫球场以及永远保持对异性的吸引力；于是，部分先富人群出现了大量畸形的奢侈性、炫耀性或浪费性“休闲”，暴殄天物，对自然、社会和文化贻害无穷。③公款休闲，即大量公款被用来进行私人休闲。这些年来，急剧膨胀的歌舞厅和夜总会成为公款休闲的大项之一；旅游亦是公款休闲的重要市场，特别是出境出国旅游；借招商引资、学术研讨、出国考察之名的公款旅游便应时而生；这都极大地损害了政府的形象和公信力，造成极其恶劣的政治影响。因此，倡导休闲伦理，就是引导人们在休闲时遵守道德规范，承担一定的责任和义务，让主体在休闲过程中得到的是自身的道德提升和自我完善而不是道德堕落和自我毁灭。

3. 休闲伦理的底线原则

休闲伦理要求人们必须恪守以下 3 项基本原则，可谓休闲伦理之底线原则：

（1）身心健康原则。休闲的身心健康原则，要求参与休闲的个体要保证其休闲行为和行为后果有益于或至少无损于自己和他人的健康。按依此原则，必然要否定休闲即享乐的错误认识；对于休闲的合理节制，则是身心健康原则的必然要求；节制是否合理，取决于是否影响健康。

（2）不损害他人利益原则。首先是不损害他人的安宁。安宁是休闲的氛围特征。幽静而自闲，闲得自由，闲得轻松，方可缓解疲劳，以利于补偿工作和学习中所消耗的体力和精力，从而更好地继续工作和学习；休闲中每个人都有选择和安排的空间，就是安宁。所以，如何选择安宁是以不妨碍别人对安宁的选择为度的，以唱和跳为乐的休闲，必须以别人借安和静为乐的休闲作为自取方式为前提，这就是没有损害他人利益的表现。其次是不损害他人和公共的财物。休闲的物质条件具有共享性，因此爱护他人财物和公共财物也是对休闲的社会肯定。剥夺了休闲的社会性，也等于剥夺了自己的休闲，因为自己也可以成为某个人的“他人”，也是公共财物的受益者。最后是不损害社会风气。对于大多数人来说，休闲并非严格意义上的理性选择，而是受情感、习俗、经验、常识、传统、习惯等非理性因素支配和影响的行为，因而休闲主体的休闲选择会受到社会风气的影响和支配。一个国家、一个民族，如果它的社会风气是好的，那么它的休闲就是高雅健康、昂扬向上的；如果它的社会风气是不好的，那么它的休闲就必然会表现出粗俗、扭曲甚至病态的特征。这已经为中外历史所证明。因此，共同改善、优化社会风气，让休闲拥有文明的社会环境是每个社会成员的神圣责任。

（3）可持续性原则。这要求人们，在满足休闲需要的同时不能以破坏生态平衡为代价；休闲过程是否合理，应以资源的适度使用作为检验的标准；以人与经济、社会的持久、全面发展作为休闲价值的最终体现。这一原则凸显了休闲的时代精神，标示出当代休闲应有的道德品格，为规范和调节人们的休闲行为提供了又一价值标准，是人类休闲文明的重大进步。

阅读材料 8–5

多样化休闲方式的道德影响

多元化的现代休闲方式已是当下社会生活的一种常态。这种多元化的现代休闲方式，从其所产生的社会效果来看，有正面的影响也有负面的影响，主要体现为“雅闲”、“俗闲”和“恶闲”。

一是“雅闲”，指文化精神层面的休闲生活方式，是一种高雅、有品位的休闲，其特点是超越性和发展性，最终指向精神的愉悦和自我的提升。“雅闲”这种生活方式已经超越了对物质的单纯追逐和依赖，追求一种自由的精神生活或精神消费，不断地完善自我、实现自我。可以说，“雅闲”就是一种生活品位、一种社会地位的体现。美国宾夕法尼亚大学文学教授、文化批评家保罗•福塞尔（Paul Fussell）认为“雅闲”决定了人们所属的社会阶层:“在今天的社会中，社会等级已经以更多的文化标准来确定，而不是简单的以有产和无产、剥削与被剥削、压迫与被压迫等标准来划分。人们可以经由提高自己的生活品位来改变社会地位。另一方面，仅仅有钱并不能代表一个人的社会地位，还必须提高文化品味与生活格调。”法国后现代大师罗兰 • 巴特（Roland Barthes）谈他所希望的理想生活时说过：“有点钱，不要太多；有点权力，也不要太多；但要有大量的闲暇……从而可以用来读书、写作，和朋友交往，喝酒（当然是葡萄酒），听音乐，旅行等。”以上描述的就是一种“雅闲”

的生活。马克思也说:“如果音乐好听,听者也懂音乐,那么消费音乐比消费香槟酒高尚。”“雅闲”又是一种精神消费,具有创造性,有利于发挥人的本质力量,成为生产力水平提高和物质财富丰富后的人们日常生活的必然需求。

“雅闲”蕴含着丰富的文化内涵。于光远先生提出“要玩得有文化”,就是要求摆脱低级趣味的休闲,注重休闲的文化内涵及其高雅品位。随着社会的文明进步,人们文化素质日益提高,追求“雅闲”的人也逐步增多。“雅闲”作为当下一类以人为本的和谐的生活方式,正朝着大众化的要求发展,逐渐成为一种普遍的文明行为。

二是“俗闲”,指一种大众化的休闲生活方式,能满足大众休闲心理的需要,是社会的主流休闲方式,其主要特点是娱乐性和闲适性。“俗闲”恰恰能反映出一个国家发展的文明状况。当休闲逐步成为人们的一种生活方式,公众休闲的内容也会发生变化。尽管看电视仍然是目前大众最主要的休闲方式,其次“三闲”(闲呆、闲聊、闲逛)的时间也较多,但是可以预见,随着人们生活水平的日益提高,作为社会主流的休闲生活方式其内容将会越来越丰富,外出旅游、体育健身、享受美食、大众娱乐等已成为深受人们欢迎的休闲方式。出行旅游可以暂时摆脱原来的关系与社会角色,变换生活环境,接受新的感觉和知识。体育健身不仅可以强身壮体,更重要的是让人感受到的是一种时尚清新、对高质量生活的向往和追求,“请人吃饭,不如请人流汗”已被称为21世纪的经典。连吃也似乎越来越成了一种休闲享受了,现在许多人讲究美味和保健,精心挑选“时尚”食品和悠闲的就餐环境,把“吃”当作休闲体验的一部分,当作休闲享受、交际的一种方式。“吃”已慢慢形成各种不同类型的餐饮文化,刺激各地餐饮业蓬勃发展,各个城市的“美食街”、“美食城”成为周末、节假日人们休闲的好去处,各种“美食节”也是风靡一时,成为休闲经济的新亮点。大众娱乐,更是成为人们生活世界不可或缺的一部分。

今天,“吧”式休闲作为一种新潮的生活方式也越来越走进人们生活的中心。其内容越来越丰富,除了酒吧、咖啡馆和茶馆,还有各种新奇有趣的“玩吧”,如陶吧、玩具吧、迪吧等,也有美容健身的水吧、氧吧、击剑吧等。在中国过去曾经是少数自诩现代性的中国文化人的风花雪月之地,今天也日渐成为普通大众的休闲时尚场所。

三是“恶闲”,指对社会、自然和自己产生不和谐的休闲生活方式,是一种极不健康、文明、科学的生活方式,同时是反道德、反文明、反科学的,具有破坏性和自毁性等特点。如果没有进行正确引导和必要的遏制,对社会的发展和个人的幸福将造成危害。当人们生活富足、不再为填饱肚子而发愁,甚至连飞禽走兽、山珍海味都吃腻了的时候,有的人在休闲中便去寻欢作乐、纵情声色。表面看,全社会的休闲生活似乎是空前地丰富多彩了,但内在却包藏着不少毒化社会风气的“鸩酒”。从最初的歌舞厅、咖啡屋、美容美发厅提供色情服务,到后来遍布城市乃至播及乡镇的桑拿浴、发廊、洗头房、沐足屋、按摩间之类,或多或少是打着“休闲”、“健身”、“娱乐”的招牌,暗地里却做着一些见不得人的勾当。一些休闲娱乐场所成为酗酒、吸毒、赌博、斗殴、犯罪的案源地。还有某些旧社会的陋习死灰复燃,侵入休闲生活领地,占卜算卦、测字相面、巫医大神、信神弄鬼、风水先生等封建迷信招摇过市,吸毒、贩毒、赌博等负面休闲禁而不止,并且在一些落后地区大有市场。另外,旅游者破坏生态环境的行为也是令人深恶痛绝。

(资料来源:刘海春. 生命与休闲教育[M]. 北京:人民出版社,2008.)

8.3 宗教与休闲及休闲境界

8.3.1 宗教与休闲

宗教的根源是人对自身生命有限性的意识及实现超越这种有限到达无限的欲望和冲动。它作为观念上层建筑，主要是对人们精神境界的关注，构建人们的精神家园，为人们在物质生活世界中提供信仰和精神避难的场所。宗教思想表现为人们对自我灵魂的反思、对神的敬仰和对生活的感悟。人们信仰宗教是通过宗教的某种终极的本体性存在，获得一种价值支撑，进而获得自身的自由，而休闲的基本内涵就是个体对自由的体验。因此宗教思想中蕴含着丰富的休闲意识。以下仅以基督教、佛教和道教为例简要说明。

知识链接 8–5

从宗教经典看休闲

《圣经》作为基督教经典，以上帝创世的神话确定每周都有一个安息日的制度，并明确规定安息日劳动要受到宗教律法的惩罚。《旧约·创世纪》指出："到了第七日，神造物的工作已经完毕，就在第七日歇了他一切的工，安息了。"《旧约·出埃及记》中记载的耶和华十戒中的第4条："当纪念安息日，守为圣日。六日要劳碌做你一切的工，但第七日是向耶和华——你神当守的安息日。这一日你和你的儿女、奴婢、牲畜，并你城里寄居的客旅，无论何工都不可做，因为六日之内，耶和华造天、地、海和其中的万物，第七日便安息。所以耶和华赐福于安息日，定为圣日。"佛教经典《金刚经》强调"无所住而生其心"，禅宗《坛经》所说"常离诸境，不于境上生心"，保唐无住禅师所说"见境心不起，名不生。不生即不灭，即不被前尘所缚，当处解脱"，都透出一种超越性的心态。佛教与音乐联系紧密，佛经中有很多关于用奏乐和唱诵赞美佛法僧三宝的记录。例如，《百缘经》就记载有佛世时舍卫国有"豪贵长者"作乐供养佛僧，得佛授记将成辟支佛果之事。大乘佛教的菩萨初地称为"欢喜地"；中国人喜闻乐见的弥勒菩萨往往被塑造成满脸堆笑的模样，其他佛像和菩萨佛像也多是面带微笑眼含慈悲，表示佛教带给众生的是欢乐和祥和（吴树波、吴树堂，2011）。这实际也都是休闲畅爽体验的表征。道教经典《道德经》中"道大、天大、地大、人亦大"的观点，表明人与天、地、道的地位是同等重要的；《太平经》认为"人居天地间，人人得一生，不得重生也"，"人最善者，莫若常欲乐生"，均是主张人的生命是宝贵的，人们必须在有限的时间里提高生活的质量，与休闲的目的具有共通点。而老子的"小国寡民"思想、庄子的"至德之世"等，都是一种充满诗情画意的皈依自然的境界。又如《女金丹》中指出的"心之所发为念，念头正则所行无不正。念头差则所行无不差。盖心为天君，念为役使。天君泰然，百体从令也"，《周易参同契》也主张通过行气服气，胎息闭气等达到宁心和休息的作用，从而实现协调身心、感悟造化的休闲状态；同时又主张通过顺应自然，模拟灵物的长生久视之性、变寻找灵物为修炼金丹，而实现形体坚固、生命永恒、飘逸自主的逍遥境界。

作为西方主要宗教之一的基督教，其思想对休闲的深层意义也有比较准确的把握，在促进休闲体制化方面曾有一定的贡献。《圣经》通过宗教教义和律令的形式规定了节日与休闲的意义。其安息日的思想虽然是为了使人向心中的神靠近，体认神，却指明了人们平日生产劳动的忙碌与辛苦，必须有一个时间过人们所需的精神生活，满足精神上的休闲；这是一种建立在宗教体验基础上的休闲意识。同时，基督教的禁欲主义思想也在一定程度上体现了休闲的意义。它认为身体无节制的闲散状态是有罪的，必须克制，而这与休闲中的自由是相对自由的观念是一致的；禁欲主义在中世纪的制度化体现是隐修制度，认为一个人如果让情欲操纵自己的生命，心灵就会失去和谐，从而无法获得有质量的生命。因此必须节制感官的享受，所以休闲就必须是一种更深层次的心灵的享受。当然，其显著地将休闲视为原罪之一，禁欲主义禁锢人的享受，人要无休止地劳作以便赎罪的思想和实践则根本上违背了休闲的本意。

佛教的基本教义中也蕴涵着独特的休闲思想。首先，佛教追求自由的超越态度与休闲有共通之处。休闲的目的是要引导人们从各种束缚中解脱出来，获得自由，而佛教强调的正是一种心不为世俗欲望所累的洒脱的超然态度。大乘佛教主张人在日常生活中随缘处世，不执著于现世忙碌而保持心灵闲适舒泰的休闲境界。其次，佛教反对沉迷于世间享乐，但是主张从事一切有益身心的娱乐消遣活动；而最高尚的休闲活动是修习佛法，以此增进道力，引导心灵对世俗的超脱，进入无爱憎、悲欢等对立观念的禅悦之中。再次，佛教主张通过修行获得一种自由体验的自我状态。佛教修行的目的是离苦得乐，这种欢乐是通过修行戒除心中的妄念，摆脱感性欲望的束缚，最后获得解脱的愉悦，从而能够以平常心看待日常生活中的得失，达到一种自由体验的自我实现状态。

道教主张人们从礼教制约中解脱出来，解除身心的束缚，获得心灵的安宁与平静，获得一种精神的超越。首先，其基本教义是乐生、贵生、重生。“道”即宇宙的本源，人要无欲无为，顺应自然，这是道教的核心观念；而休闲所必需的正是一种豁达的人生观，一种清静、恬淡的境界，能够从纷繁的事务中摆脱出来，提高生命的价值和质量。道教所认为的休闲就是要回到生命最初的最本真的状态，从而追求个体生命的内在与外在的完全自由的境界。其次，道教的休闲实践是从身体上着手，进行丹道修炼，追求长生不老。因此道教的休闲观念就在于身体质量的提升及心、气、性、神的全面和谐。

总之，宗教思想偏重内心精神境界的休闲，导引人们追求一种安宁和谐的生活，指导人们珍惜有限的生命，激发人们对生命的意志与热情，从而摆脱物的奴役，获得自由愉悦的生命体验。从某种意义上说，宗教修炼中的身心状态是古典休闲的本真状态，也是最典型的休闲状态；休闲的最高境界也可能与宗教修行的最高境界相一致。

阅读材料 8-6

明代的宗教旅游

一、佛教与旅游

佛教与旅游发生联系，主要表现在以下两个方面：一是佛教寺院既是名胜之处，又成为旅游的人文景观；二是僧人外出游方，导致游方僧人充斥道路。

（1）佛教寺院与旅游胜景。首先，寺院优越的地理位置以及其独特的自然景观使其成为旅游胜景，如伏牛山，南京灵谷寺、天界寺、报恩寺、弘济寺；北京的香山寺等。其次，寺院深厚的文化积累，使其具有众多的人文景观。明代南京的寺院，既有奇绝的建筑，又有独特的景象以及一些奇异之物，吸引着众多的游客前来游赏。再次，文人雅士、僧人对景观的题咏，成就了很多佛教景观，为寺院增加了很多声望，进而吸引了游客的到来。正是因为佛教寺院既是名胜之处，其中的僧舍又多洁净幽雅，所以明代的文人在游历生活中大多与寺院结下了不解之缘。

（2）僧人与士人交游。明代晚期的风气，就是士人以与释、道相交为雅。早在明代初期，就有一些僧人善于词翰，与士人交往密切。例如，福严寺僧至纳、无言，“善词翰，所交皆一代名人，赵松雪、冯海粟、柯丹丘、郑尚左、陈众仲，最后亦钱惟善辈。有诗文真迹在孙叔英家，无言卷尚留寺中”。中期以后，以至明季，由于儒、佛、道三教合流渐成气候，士人与僧人相交更是不争的事实。苏州竹堂寺僧人福懋，文墨标雅，诗画兼工，“吴之名公巨卿，皆折节与交，而郡使一方之尊，亦礼遇之，缁衣莫不啧啧称美”。僧人交游生活，于此可见一斑。

（3）游方僧人。在明初，对佛、道的控制相当严密。明朝廷所建立的僧籍与道籍制度，以及《周知册》的颁发，其主要的目的就是通过登记核对僧、道之籍，以防冒名顶替。洪武五年(1372)，明太祖命僧录司、道录司造《周知册》，颁发到天下所有的寺、观。凡是有僧、道游方到外，就需要核对《周知册》，以观其父母之籍、告度日月，如与册籍不同，就是伪僧、道。二十五年，太祖又令造僧人《周知册》，颁发到天下各座寺庙，如果遇到“游方行脚”僧人，就以此册进行核验。时日一久，洪武年间所定《周知册》已很难反映僧、道人数增长的实况。尤其是私度的广泛存在，以及原有《周知册》的周转买卖，更是“奸弊百端，真伪莫辨”。为此，正统元年(1436)，明朝廷重造《周知册》，颁行天下寺、观。

二、道教与旅游

（1）道教宫观与旅游胜景。相对而言，道教宫观的名胜稍为逊色于佛教寺院。但道教名山，也确多有胜景，并吸引四方游人。例如，武当山在明代也是一处旅游胜景。道教宫观所在之处，有些也属于名胜，吸引了大批的游客蜂拥而至。尤其是一些官员士大夫的到来，更是给那些方外之人带来无穷的烦恼，妨碍了他们的清修。无奈之下，一些道士只好将这些胜迹掩盖起来，以求得安静。杭州玄妙观中的空平洞就是一例。据说，此洞规模夷爽而秀，可坐十余人，多为过客游赏。观主苦于迎送，就在上面建房掩盖。明人郎瑛有感于此，专作一诗，云：“黄冠不识趣，掩古徇时情。芳洞迷荒径，空辜旧日名。”

（2）道士与士人交游。僧人与士人相交成风，道士也不甘落后。例如，南京牛首山清源观道士唐景虞，住雨花台傍，“与高座释道寂庵交往。山房中种竹艺花，以待游人。一时清雅之士，多与之游”。道士一旦流变为方士，其世俗化的特征就更为明显。明代方士大多游于公卿之门，有些甚至受到皇帝的宠信，如成化年间的李孜省，嘉靖年间的陶仲文。而其下者，则流为巫公、师婆，从事民间的宗教信仰活动。火居道士，主要是指道士中有妻室者。而道士之妻，则称“道嫂”。明代的游方道士也相当之多。如有一雷道士，曾入武当

山学道，懂得吐纳导引之术，不冠不履，以“卖药遨游山水间”。

三、西方传教士的传教之旅

耶稣会士在中国的传教事业，方法灵活多样，成绩卓著，这是有目共睹的事实。耶稣会士的传教史，跨越明清两代，经历了明清之际“天崩地坼”的一幕，历经万历、泰昌、天启、崇祯、顺治、康熙、雍正七朝。其目的当然是为了传播“主”的福音，但他们在大江南北的传教活动同样可以被视为一种特殊的旅行活动。

（1）教士的传教旅行。利玛窦是随罗明坚一同进入中国内地传教的著名耶稣会士，曾经分别到过澳门、广州、肇庆、韶州。1595年5月，利玛窦前往南京。在去南京途中，沿途经过南安、赣州、南昌等地。利玛窦的目的，是要在一些朋友的帮助下，在城里开辟一个传教中心。但是事情发展得并不顺利，无奈之下又只好回到南昌。历经艰难曲折，他们于1598年再次乘船离开南昌，前往南京。1600年5月18日，利玛窦一行人从南京启程，前往北京。他们一路辛苦，终于在1601年1月24日到达北京城。利玛窦进入北京之后，信徒就发展到200余人，朝臣中如徐光启、李之藻、杨廷筠等人，都服习他的学说，并折节与他交游。

（2）教士对各地旅游景观与风俗的记录。西方传教士在中国内地的传教之旅，沿途所经，既有山水一类的自然风光，也有人文古迹乃至当时人们生活的记录。例如，利玛窦到达肇庆时，正赶上当地在修建崇禧塔，后来又俗称“花塔”，他就做了详细生动的记录。利玛窦曾经旅行到了苏州。苏州的闻名，使一个外国的传教士也知晓“上有天堂，下有苏杭”的说法。他被苏州的胜景所吸引，并对其做了真实的记录。以利玛窦为代表的外国传教士，也将当时明朝人的生活习俗进行了详细的记录，其中包括衣、食、住、行和礼仪等。这些传教士在中国内陆的传教旅行中，对明朝人礼节的观察也是细致入微。他们已经敏锐地感觉到了中国人在礼节上与西方的差异，这就是中国人不用脱帽表示尊敬，也不用脚的动作或拥抱或吻手或任何其他的这类动作表示。

（3）作为新人文景观的教堂。肇庆天宁寺是传教士的居住地，在西方著作中，一般把这座寺院称为耶稣会士在中国内地建立的第一座教堂。1583年，利玛窦到了肇庆，在东滨河之地建立了教堂，这是耶稣会士在中国内地建立的第二座教堂。1637—1638年，福建省境内的八府(福州、泉州、建宁、延平、汀州、兴化、邵武、漳州)的府城都建立了一座教堂。此外，在韶州、南昌、南京、北京、上海、杭州等地，也陆续建立起天主教的教堂。随着一座座教堂的建立，随之也就与佛教寺院、道教宫观一样，成为当时人们经常游览的人文景观。利玛窦来到北京以后，明神宗亲自赐予邸舍，其地在北京宣武门内东城隅。在邸舍之左，建有一所天主教堂，被刘侗列为“帝京景物”之一。毫无疑问，教堂的兴建，教堂所具有的许多新鲜事物，使其成为当时各地民众心目中的一处人文景观。除了教堂之外，传教士的墓地也成了新的人文景观，为人们所凭吊。例如，利玛窦墓，在北京阜成门外二里嘉兴观之右，被刘侗、于奕正列入“帝京景物”之中。

宗教旅游的最大特点，主要表现在下面两点:一是诸如佛寺、道观、教堂一类的宗教场所，已经成为天下人文景观的主要组成部分。二是无论是佛僧、道士，还是西方的传教士，他们在外出“游方”或者传播宗教教义的过程中，自身也成为明代旅游队伍中的一员，他们开始与士大夫交往，甚至不乏共同赋诗相乐的场景。这当然是宗教世俗化的具体反映。

但在其背后，则无疑说明明代的休闲文化已经开始与宗教的虔诚融合在一起。

（资料来源：陈宝良. 明代的宗教旅游[J]. 中州学刊，2006，5.）

8.3.2 休闲境界与精神生活质量

人的幸福感主要来源于精神需要的满足。而精神生活质量一定程度上意味着现代人生活质量的高低。精神生活具有以下特点：其一，它是对人的价值、人的尊严、人的本性的一种肯定，它关涉人的发展；因此，注重人的心灵的净化、道德品行的锤炼、理想人格的完善是精神生活的应有之义。其二，精神生活高于物质生活，表征着人的本质，使人区别于禽兽。其三，精神生活与人的精神需要紧密相关，精神需要的产生与满足是人的精神生活发展的原动力（廖小琴，2005）。由此可知，精神生活是指社会现实中的人在一定物质生活基础之上选择、运用、创造精神资源以获得精神满足并进一步超越自身，实现自我发展的精神活动及其状态，是现实个人的本质存在方式。

精神生活要得到发展，首先就必须是自由自觉的。精神生活使人摆脱本能自我的狭隘限制而又不因此使他消失在无限之中。通过分享精神世界，分享现实的自我直接性，他开始占有一个无限的自我，他的生命活动则呈现出一种越来越积极的方向（鲁道夫·奥伊肯，1997）。现代社会人被各种物质、欲望所“异化”，人的精神被禁锢了，或是迷失自我、或是走向堕落，因此，提高人的精神生活质量，对促进人的精神自由发展，使人重新确认自己的本质，拥有真实的幸福感从而提升生命质量具有非常重要的意义。总的来说，现代人重视精神生活质量实质是为了提升生命质量，实现人的自由而全面的发展。

获得精神上的满足需要一个前提就是闲暇时间的保证，并通过一定的休闲方式方能获得精神享受。休闲是人的一种思想和精神的态度，它既不是外部因素作用的结果，也不是空闲时间的必然，更不是游手好闲的产物，而是人们的一种精神的态度，即人们保持的平和宁静的态度，也是人为了使自己沉浸在平和心态中，感受生命的快乐和幸福（皮珀，2005）。可见休闲与精神生活是分不开的，休闲的最高追求是精神上的满足，其最高境界是能够在精神层面上获得感悟。

8.3.3 学会休闲

休闲境界与个体精神生活的质量基本上呈正相关的关系，因此现代人要享受精神生活、提升生命质量就要先学会休闲。而学会正确休闲，就是要对人们休闲生活方式的理念、方法和行为进行科学合理的引导，使人“成为人”。“成为人”意味着，摆脱“必需”后的自由；探索和谐与美的原则；承认生活理性和感性，物质与精神层面的统一；与他人一起行动，使生活内容充满朝气并促进自由与自我创造，并以此升华精神，构建美丽的精神家园并实现自由全面发展。

1. 端正精神生活导向

学会休闲可使人从注重物质消费转换到注重物质与精神平衡消费。恩格斯把人的需要分为生存需要、享受需要、发展需要，精神消费是满足人的享受和发展需要的最佳方式。休闲教育让人们意识到这种需要，并在更大程度上选择恰当的方式来满足它。历史

的趋势表明，人们正在做出极大的努力，寻求一种能使物质和精神更加和谐、平衡的生活方式，这来自人们对20世纪过分重视物质主义生活方式的反思。学会休闲就是通过消费理念的转换让人们更加理智地面对商品，面对物的诱惑，最终实现合理的、更高层次的消费；同时也能让人们在现实的生活世界中把握未来消费的方向，引领未来消费时尚的潮流。

学会休闲要发挥高雅文化的导向作用，倡导“雅闲”式的生活方式。雅闲超越人们对物质财产的占有欲，其最大特征在于它是以高雅文化为基本内核，不追求功利性、实用性、商业性，而追求超越性，力求提升人的精神境界，追求神圣和崇高，能开发人的潜能。倡导一种高雅的休闲情趣，提高人们对“雅闲”式生活方式的认同，使人们树立健康、优雅的生活理念，形成高品位的生活方式。

2. 丰富精神生活内容

休闲具有追求快乐和价值的性质：在现代社会，通过休闲获得的满足和快乐能使人们从某些外在责任的压迫中解放出来，满足人们对内在价值的追求和情感的需要。但是，每个个体是不同的，个人的兴趣爱好、发展层次也不相同，因此每个人需要的精神生活内容是不同的。学会休闲就要学会合理地安排自己的闲暇时间，根据自己的兴趣爱好采用适合的休闲方式去放松，去享受；同时也要根据自己身心发展的不同阶段和不同需求有层次地发展更高雅的休闲，从而促进个体的全面发展。人们根据自己的兴趣选择不同的休闲方式，在参与休闲活动中实现自己的内在追求时会感到满足和快乐，因为，休闲活动可以令人感受到生活的意义，丰富了人生的内容并得到精神上的极大满足。前面已经分类列举了各种各样的休闲活动，宜静宜动、宜群宜己、宜易宜难、宜俗宜雅，人们都可以根据自己的兴趣爱好和需要选择不同的休闲方式，学会运动、学会旅游、学会阅读、学会饮茶、学会赏乐、学会交流等，使自己的精神生活内容不断丰富，体验不同的休闲方式带来的不同感受，这样人们的精神家园才能像万花筒，绽放多姿多彩的礼花。

3. 提高精神生活质量

休闲的目的就是为了提升人的生活和生命质量。而生活和生命质量状况如何，更本质地体现在精神生活的质量状况上。休闲为补偿当代生活方式中的许多需要创造了条件，它通过身体竞技、科学活动和接触大自然，一方面丰富了生活、锻炼了体魄，提供了激发创造性思维的条件；另一方面培养了人的感情世界，铸造了人的坚韧、豁达、开朗、坦荡的性格，促进了人类理想的进步（马惠娣，2004）。这很好地阐释了休闲何以可能提高现代人精神生活的质量。正是在休闲活动中，人们的精神需要得到满足，精神世界得以丰富，并且养成了健康积极的精神品质。被认为来自休闲活动的心理效益不胜枚举，如培养自由独立感、提高自我能力、塑造自信心、使心胸更加宽容、幽默感更强、与人交往能力更好等。一旦人的这些健康的精神状态得以确立，就能获得一种无所畏惧的精神力量，以更乐观的态度面对生活，减轻个人的社会异化感，使人成为人。所以，要提高人的各方面休闲能力，使个体能够从事多种休闲活动，满足各种休闲需要，不断丰富业余生活，提高生命质量。

案例分析

公众人物的闲暇道德和休闲伦理

在娱乐界，明星丑闻不断，“八卦”花边遍布媒体，吸毒、酒驾、赌博甚至打架斗殴等事件，无论在娱乐界还是在其他领域都引起了不小的关注，而对无数的青少年“粉丝”的道德影响更是巨大：曾经的偶像竟然是这样的！一些党政官员，生活腐化、情趣低俗、贪污受贿、举止怪异，甚至在公共场合口出狂言，无视社会良知和道德底线等。公众人物的这种低俗道德状况和庸劣人格，都在强烈地腐蚀着社会的道德氛围。从所周知，由媒体引导和提供的娱乐占据着社会大众绝大多数的闲暇时间，浏览各种媒体，观看、欣赏影视中明星的竞赛和歌舞等是人们休闲生活的重要内容，因此，各路“星”们台下、场外的闲暇生活必会成为人们关注的焦点。党政官员的活动信息也时时充斥着媒体空间，对人们的基本道德观念和道德追求都有着极为显著的示范和辐射效应。

一些特殊人群如官员、富人及明星等，由于他们地位特殊、声名显赫并握有绝对的优势资源，他们的闲暇活动通过大众传媒会令万人瞩目，其闲暇道德自然会成为人们关注的焦点、效法的榜样，从而对人们的一般道德取向和社会舆论形成巨大的示范和引导效应。官员、明星以自己的社会地位和专业成就奠定了他们公众人物的社会声誉，因而有着许多的学习者、监督者乃至崇拜者和追随者即所谓的“粉丝”。在明星的“粉丝”群体中，绝大多数是心理和道德都尚不成熟的青少年，他们把自己崇拜的明星理想化、偶像化乃至神圣化，并几乎毫无分辨地去模仿或效法，这就是公众人物的光晕效应，也就是道德示范或潜移默化的“身教”效应。加之当今无孔不入的娱乐媒体，他们台前场后的一言一行、一举一动，都会被肆意炒作、级联放大，并为其无数的青少年粉丝所追捧，其影响力可谓巨大。显然，明星的闲暇生活琐事及其休闲道德和审美取向都会对青少年产生极大的辐射示范效应。腐败淫奢官员的行为及其造成的严重的社会后果，极大地削饰着对青少年学生和社会大众进行的思想政治和道德教育的效果，把中国共产党的思想政治和道德教育队伍和人员置于非常尴尬的境地，致使先进的思想文化的传播失去其公信力和应有的社会功能。或许在这个意义上说，社会上的党政官员和各路明星其实都是青少年乃至整个社会道德建设的最具优势而又成本低廉的“人力资源”、文化资源，特别是在如今网络媒体无孔不入的时代，他们甚至是比学校老师更为有效的思想道德教育者和人格塑造者，他们是整个社会闲暇道德和休闲伦理的重要建设者。其关键仅仅在于他们给社会树立什么样的榜样，给青少年树立什么样的道德标杆！

从生活时间结构看，闲暇时间是大多数腐化堕落行为得以发生的社会空间，各种腐朽和糜烂行为（如千奇百怪的“黄赌毒”等）也大多在闲暇时空中滋生蔓延乃至泛滥成灾，大多数明星在闲暇生活中的各种花边新闻等也都会在社会道德领域形成巨大的冲击波，对其青少年粉丝的影响更具有致命性。明星不断爆出的吸毒、绯闻等丑恶的事情告诉人们，明星只是专业方面的成功，并不是他整个做人的成功，他们的道德是不完善的，他们的人格有时甚至是非常丑陋的，而这些丑陋的方面在极端的情况下甚至会使他们处于身败名裂、

前功尽弃、自毁长城、自败家业的人生困境之中。这表明，明星也是人，更要首先学会做人，道德的完善、人格的魅力会使他们真正成就伟大的事业，从而赢得真正坚固的社会地位和声誉，赢得社会大众持久的尊重和爱戴，成为社会道德风气的不朽的楷模和榜样。

因此，官员和明星应该充分认识到自己作为公众人物的特殊身份，认识到自己的闲暇道德选择和休闲伦理可能造成的巨大社会影响，洁身自好、努力修养道德，在业务上精益求精的同时，通过高尚的生活情趣来提升自己的休闲人格，从而为众多的青少年“粉丝”树立良好的公共道德形象和个人人格形象。

结合本章所学内容，请思考以下问题：

（1）为什么官员和各路明星的闲暇生活会出现如此不堪的情形？

（2）为什么说闲暇道德和休闲伦理对官员和明星更有决定性意义？

（3）为了自己的健康成长和全面发展，应该怎样对待官员和明星的休闲现状？

简要点评：①没有接受过系统的休闲教育，缺乏基本而自觉的闲暇道德和休闲伦理素养，因而不能够在自己的专业成就基础上更好地利用闲暇时间来进一步提升和完善自己的人格，这是部分官员和明星闲暇生活糜烂畸形的深层次原因。宽泛地说，这也是近年来人生观和理想信念、思想道德教育被忽略的必然结果。②官员和明星是社会公众人物的主体，他们的言行在现代媒体的镁光灯下不断被放大，因而对社会的道德风气、精神文化氛围起到巨大的导向作用。他们的职业成就会成为人们仰慕的对象，而爱屋及乌的原理又促使人们特别是青少年学生去盲目效仿其各种言行，因而对塑造青少年的人格有着显著的作用。因而必须予以高度重视。③实事求是地说，官员和明星也是普通的人，他们的职业成就并不代表其道德修养和人格境界，要辩证地对待；要学习那些德才兼备、德艺双馨的人民公仆和文化艺术家的人格精神，而坚决抵制那些有才无德的公众人物的卑劣人格的消极影响。要充分认识到，休闲文化的灵魂天然地蕴含着特定的道德和伦理倾向性，休闲文化的育人教化功能是客观存在的，不仅如此，它在这方面的功能是其他一切文化所无可比拟的；休闲价值有助于培养人的情感态度和价值观，只有充满情感的休闲体验才能让人的生命更加完善。这应该引起所有关心休闲文化发展的人们的高度关注。

本章小结

本章主要介绍了休闲价值、休闲伦理和休闲境界的有关知识。休闲具有个人价值和社会价值，休闲的个体价值主要是休养、娱乐以及个性发展，其社会价值主要是促进政治民主、推动文化发展、提升经济质量，以及促进社会和谐和生态文明。闲暇道德和休闲伦理是与休闲价值紧密相关的范畴，其含义有微妙的差别，如何处置闲钱、闲时，怎样对待身闲、心闲，这是休闲的大智慧；倡导人们恪守闲暇道德，慎独以修身；遵守休闲伦理，保持身心健康，不损害他人利益、实现可持续发展。宗教思想中有着深刻的休闲意识，各大宗教的教义中有关修行或修炼途径和状态的论断，都与休闲境界深刻相通；在世俗的意义上，休闲境界与个人精神生活质量呈正相关的关系，休闲的最高境界是能够在精神层面上获得感悟。休闲的最高追求是精神上的满足，而在现代社会，人们开始步入普遍有闲的生活状态，闲暇时间的增多和休闲方式的丰富，给精神发展提供更多原动力，也可以给精神生活带来更大的满足。因此，要学会提高休闲境界，构建美丽的精神家园。

思考与练习

一、名词解释

1．休闲价值　　2．闲暇道德　　3．休闲伦理　　4．休闲境界

二、单项选择题

1．休闲对于主体个人的休养价值，核心是（　　）。

A．身体的放松与恢复　　B．心理的调试与平衡

C．精神的快乐与享受　　D．身心的和谐与健康

2．休闲对于个体的娱乐价值，最根本的是（　　）。

A．消遣、愉快、轻松

B．通过优雅舒适的物质生活、轻松愉快的精神生活，使人得到生理和精神上的享受

C．有组织的娱乐活动

D．闲暇时间里所从事的一切娱乐活动

3．宗教与休闲的共通之处在于（　　）。

A．宗教是一种休闲活动

B．休闲源于宗教

C．在某种意义上，二者都是人对自己与自然、社会和自身关系的超越性体验

D．休闲的最高境界就是宗教境界

4．在基督教、佛教和道教中，最具有休闲意蕴的是（　　）。

A．基督教的禁欲主义

B．佛教旨在离苦得乐、普度众生的修行

C．道教旨在追求长生不老的丹道修炼

D．各种宗教旅游活动

三、多项选择题

1．休闲的个体价值有3个等级，分别是（　　）。

A．休养价值　B．娱乐价值　C．实用价值

D．社会价值　E．发展价值

2．休闲的发展价值（　　）。

A．在休闲的个体价值中居于最高层次

B．就是推动人的自由全面发展的功能和作用

C．体现着人对生命价值的终极思考和至上追求

D．通过人在休闲中的个性自由发展来实现

E．是人的休闲活动对社会发展的积极作用的重要表现

3．休闲的社会价值主要包括（　　）。

A．提升政治文明　　B．促进文化繁荣

C．助推经济协调发展　　D．增进人与自然的和谐，有助于可持续发展

E．缓和社会矛盾，增益社会和谐

4．闲暇道德与休闲伦理的区别是（　　）。

A．闲暇道德具有鲜明的个体性，休闲伦理具有显著的社会性

B．闲暇道德是个体对待闲暇的价值态度和道德选择，休闲伦理是闲暇活动中的行为价值取向和道德规范

C．闲暇道德是个体在“无为”时的价值态度和道德选择，休闲伦理是个体在“有为”中的道德行为

D．闲暇道德属于私德，休闲伦理属于公德

E．闲暇道德强调内在自觉的“慎独”，休闲伦理强调社会道德和法制的他律

5．以下活动不符合休闲伦理之底线原则的有（　　）。

A．喝酒一斤二斤不醉，跳舞一夜一夜不累，麻将百输不赢不悔

B．一著名歌星在自己家里组织夜宴歌舞派对，声音震天，令邻居不得安宁

C．有人在公园里游憩、娱乐，随手丢弃垃圾、踩踏草坪

D．游人在景区里随手捡拾垃圾并放进垃圾桶里

E．一对男女在游人如织的自然景区里旁若无人地搂抱亲吻

6．休闲境界与精神生活的关系是（　　）。

A．精神生活的质量越高，休闲境界也越高

B．休闲追求的境界越高，精神生活质量也越高

C．休闲境界本质上就是人的精神境界，是人的精神生活质量的层次

D．注重自己精神生活的人，更容易达到较高的休闲境界

E．只有达到一定的休闲境界，才能享有健康丰富的精神生活

四、辨析题

1．闲暇道德也可称为休闲伦理。

2．宗教活动是一种休闲活动。

3．有宗教信仰的人一定是有较高精神生活质量的人。

五、思考讨论题

1．休闲的价值体现在哪两个方面？具体是怎样的？

2．闲暇道德的含义是什么？对你的休闲选择有什么启示？

3．休闲伦理的含义是什么？结合当前中国休闲的实际，分析休闲伦理的必要性以及必须遵守的原则。

4．试分析宗教与休闲的历史关系以及它们在思想上的关系。

5．休闲境界与精神生活质量的关系是怎样的？

6．你认为该如何提高休闲境界从而构建美丽的精神家园？

六、案例分析题

就本章“案例分析”所提供的线索，以某位影视明星或党政官员作为典型（正面的或反面的），谈谈你对公众人物如何修养自己的闲暇道德和休闲伦理的看法。

第9章 休闲教育的历史和理论

教学目标与要求

了解休闲教育在国内外的发展历史；知道休闲教育有哪些制度支持；把握休闲教育的概念内涵；理解休闲教育的意义；准确把握我国休闲教育的现状并了解休闲专业教育和休闲普及教育的实施途径。

章节知识框架

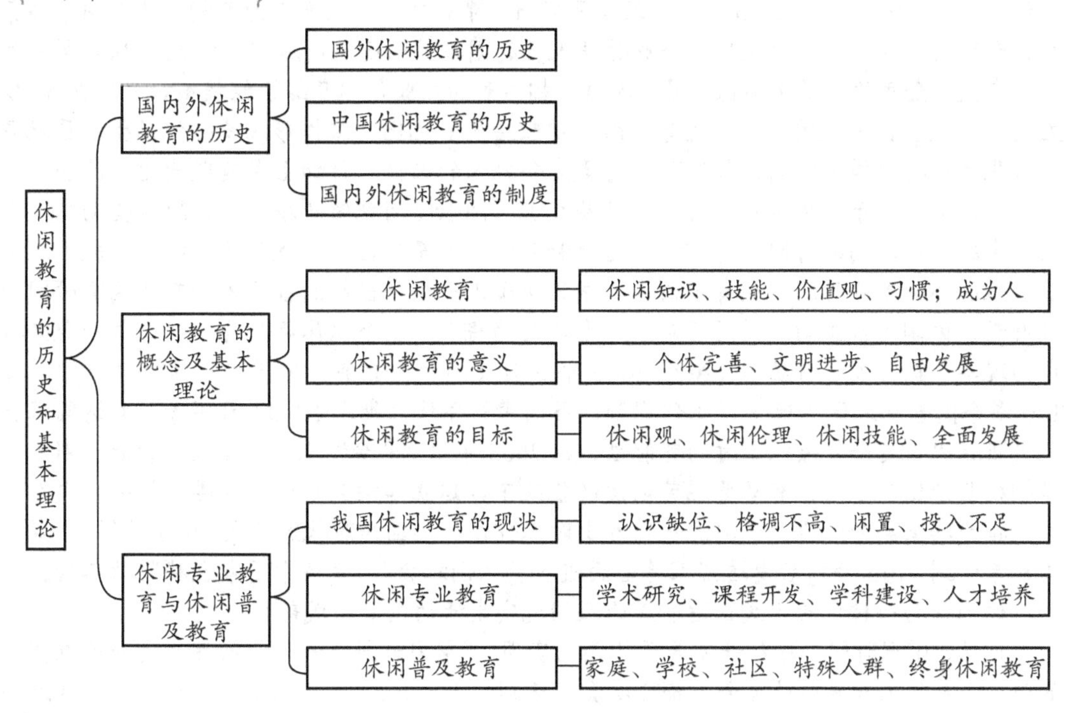

关键术语

休闲教育，休闲专业教育，休闲普及教育

导入案例

时代发展呼唤休闲教育

闲暇时间是休闲教育的载体，闲暇时间的增加无疑又为休闲教育提供了更加充分的条件。19世纪50年代末，斯宾塞（Spencer）曾预言："到了自然的力量完全被人征服、供人使用，到了生产的方式已经圆满的地步，到了劳动已经节约到最高程度，到了教育已经安排得当，能比较迅速地为较为重要的生活做好准备，到了因此而有大量增加的闲暇时间，那时闲暇教育将占有很重要的地位。"我国自1995年5月起开始实行每周5天工作制，城市居民人均每天的闲暇时间已达4小时以上。据王雅林等人1998年在上海、天津、哈尔滨三地进行的"城市居民生活时间分配调查"显示，城市居民的休闲时间已经超过工作时间；三城市居民平均每周的一天的工作时间为261.43分钟，占一天时间的18.15%，而休闲时间为336.99分钟，占23.39%。1999年我国又实施"五一"、"十一"、春节3个长假日，现在一年的闲暇时间是114天，这意味着人们的一生中有1/3的时间在闲暇中度过。目前国务院对休假制度已经做出调整，从2008年开始改革"黄金周"，把清明、端午、中秋、重阳等传统节日列为国家法定节日，法定的节假日总天数又增加了1天，同时还推行带薪休假的制度。其中一些群体的闲暇时间拥有量更多。例如，教师、学生包括寒暑假在内一年可以达到140～160天；未来5年，如果全面实行"带薪休假"制度成为可能，那么国家公务员、科研与事业单位，以及外资企业管理人员的闲暇时间还将增加到124天；从事第一产业的农民，全年约有半年闲暇；退休人员（相当多的企业退休年龄已经提前，一般在50岁左右）绝大多数是赋闲在家。还有，由于就业结构多元化、工作形式多样化、生活需求多模式化也使得"弹性时间工作制"成为更多年轻人的选择。再加上家庭现代化设施的不断完善，使人们用于家务劳动的时间也日趋减少，闲暇时间也因此增多。再随着全面建设小康社会的推进，闲暇时间还有增加的趋势和可能。总而言之，自改革开放以来，我国人民在短短的30多年时间就拥有了西方国家经历了近一个半世纪的奋斗才拥有的闲暇时间的拥有量。休闲时代正向人们慢慢走来，在不久的将来，一个以休闲为基础的工作社会必将成为现实。据有关资料显示，截至2006年5月1日，全世界170多个国家和地区中，有140多个国家和地区实行5天工作周制，各国带薪年休假期在5～32天不等，发达国家和地区正在探讨进一步缩短工时的可能性。在2008年的"两会"上，全国人大代表、浙江大学副校长姒健敏建议，有必要在劳动法的框架下，建立起按劳动种类分类、按劳动内容分层、按劳动需要分时段、全国统一的6小时工作制。美国《时代》杂志1999年第12期载文预言：到2015年前后发达国家将全面进入"休闲社会"，发展中国家也将紧随其后。可见，休闲作为一种生活方式正逐渐成为人们现实生活的重要组成部分。

诚然，闲暇时间的增加并不等于休闲的实现，"空闲时间是一种人人拥有的并可以实现的观念，而休闲却并非是每个人都可以真正达到的人生状态"。那么如何科学地、合理地安排闲暇时间，这是关系到生活方式的问题。生活方式是指在一定社会历史条件下，为人们价值观所指导的，满足其自身生存和发展需要的整个生活活动的稳定形式和典型特征。从唯物史观来看，生产力的发展是生产方式的变革的动力，生产方式的变革又会改变人们的生活方式。而生活方式的变化又会受到一定的价值观的支配。要科学、合理地安排闲暇时间，就必须引导人们的生活方式。闲暇时间是一种资源、一种财富；闲暇时间愈多，愈需要理智，愈需要教育。罗素早就说过："必须承认，明智地利用闲暇，是文明和教育的产物。"今天，在大部分国家，劳动时间的缩短使闲暇时间增加了，这使得自由和幸福的家庭生活至少有了时间的保障。然而，自由的增加却导致了"如何安排闲暇时间"的问题。闲暇时间安排并不是将时间用于消遣和不必要的活动之上，非生产性活动将会诱发新的甚至严重

的社会问题，这是大部分的国家都非常担心的。如果不能有价值地和正确地利用闲暇时间，那么健康的社会将变得死气沉沉、浪费现象严重、文明退化、懒惰心理泛滥，缺乏前进的动力，其结果是导致病态的社会现象，这是一个不能忽视的问题。在美国，闲暇导致了孤独、无聊、自杀和犯罪；在一些视工作为“天职”的国家里，如日本，闲暇则使染上“工作癖”的“工作狂”群体有一种失落感、愧疚感，进而导致心理失衡；在英国著名的高等学府牛津大学，学生通过交互网观看黄色录像的时间超过了学术交流的时间。可见，休闲作为一种生活方式是需要教育的。在发达国家，政府为了解决这一当代问题和现代社会的政治课题，制定了许多政策措施，政府和民间团体开展了健康的休闲生活主题活动，进行休闲启蒙教育以图解决问题。其实，休闲教育也是一种生活方式的教育，它包含了道德教育的内容。近些年来，教育界呼吁道德教育要回归生活世界，从这个意义上来讲，休闲教育就是不仅要反映人们的生活世界，而且还要引导他们的生活方式。

（资料来源：刘海春. 生命与休闲教育[M]. 北京：人民出版社，2008.）

点评

随着人们生活水平的提高和闲暇时间的增多，休闲显得越来越重要，休闲教育也就应运而生。休闲教育主要教导人们学会科学合理地休闲，让休闲来提升自我，获得更高层次的精神享受，实现自我的全面发展；缺乏必要的休闲教育，人们的休闲观就可能被不良风气和低俗文化所扭曲；而不正确的休闲则会导致时间和物资的浪费，甚至导致犯罪。因此，在现时代开展休闲教育显得尤为必要。

休闲教育在国内外有着一定时期的发展历史，了解国内外休闲教育的历史，结合当前休闲教育的发展态势，能够帮助进一步深刻地认识休闲教育的内涵。本章将梳理概括目前学界有关休闲教育理论研究的成果，并分析我国休闲教育的发展定位，分别探讨休闲专业教育和休闲普及教育的不同实施途径。

9.1 国内外休闲教育的历史

9.1.1 国外休闲教育的历史及特点

古希腊人早已认识到，若想使自由人的生活免于沦为灾难，就一定要进行休闲人生的教育。因此，休闲教育与人的发展息息相关。由于休闲教育对于“成为人”有着重要的意义，因此，在西方发达国家工业化早期阶段就将休闲教育纳入政府管理的视野。国外的“休闲教育”是全体国民的一门人生必修课。通过学习获得休闲的“资格”，每个人都能自觉地去培养个人和社会的兴趣，发展多方面的才能，不断地完善自己。以美国为例，早在1918年，美国联邦教育局就将休闲教育列为青少年教育的一条“中心原则”，作为正确树立人生价值观的途径。概言之，西方休闲教育有以下五个特点。

第一，休闲教育从小抓起，且内容丰富，目标明确。少儿休闲教育的目标包括：①培养休闲行为价值判断的能力；②选择和评估休闲活动的能力；③决定个体目标和休闲行为标准的能力；④合理运用闲暇时间的能力。休闲教育的内容很广泛：①智力的、肢体的、审美的、心理的、社会经验的；②创造性地表达观念、方法、形状、色彩、声音和活动；③主动参加各种公益活动的经验；④社会参与和表达友谊、归属和协作；⑤野外生活经验；⑥促进健康生活的身体娱乐；⑦培养一种达到小憩、休息和松弛的平衡方法的经验和过程。为实现这些目标而采取丰富的形式，如阅读，听音乐，做游戏，参加文体活动、社交俱乐部活动，野外远足，登山或其他娱乐活动。

休闲教育强调以休闲活动的参与为基础，从最本质和最贴切的意义上将休闲理解为一种思考和学习的过程；这意味着尽早地让人参与家庭、学校和社区的休闲活动，帮助他们培养休闲技巧和休闲鉴赏力，以使人们对越来越多的自由时间进行充分的利用。休闲教育是：

① 一场使人能够通过休闲来改善自己生活质量的全面运动。

② 一个使人明确自己休闲价值观和休闲目的的过程。

③ 一种使人们能够在休闲中提高自己生活质量的方法。

④ 为了帮助人们自主地确定休闲在生活中的位置。

⑤ 为了从休闲的角度认识自己。

⑥ 一种贯穿于从入幼儿园以前到退休以后的终身教育。

⑦ 与人们休闲需求、休闲价值趋向和休闲能力有关的活动。

⑧ 一种通过扩大人们的选择范围，使他们获得令人满意的、高质量的休闲体验的活动。

⑨ 一个借此机会决定休闲行为的过程。

⑩ 一场需要多种管理机制和服务体系共同发挥作用承担责任的运动。

第二，注重家庭休闲教育。家庭是社会的细胞，是构成人的血肉之躯的重要基础，是塑造个体人格、精神、气质、道德伦理的最直接、最基本的成长环境，是一个国家、民族赖以发展的最基本的土壤，是社会的支柱和最基本单位，是价值和理想的源泉，是保障个人安全、减少对个体压力的港湾；家庭在生养、培育下一代和促进社会进步中具有越来越重要的作用和责任。在以家庭为核心的休闲活动中对教育和传播价值观、信仰及文化传统方面有不可替代的作用。家庭休闲是构筑文化资本的“首善之区”。西方思想家说，家庭是对文明最有影响的学校，因为文明本身归根到底要转化成个人的训练问题。而社会的每一个成员在青少年时期受到良好的或不良的教育，决定了社会整体文明程度的高低。

第三，注重大学休闲教育与休闲人才培养。进入大学的休闲教育，主要体现在人们对休闲价值的深刻理解，并有能力将它运用到生活实践、社会实践、工作实践、创造实践、社交实践中去，对个性的成长，兴趣的培养，自由与独立意识的确立，社会责任的承担等都奠定良好的基础。

休闲作为一种文化思想和精神传统常常体现在与人文学科教学相关的课程中。同时设有休闲专业课程，如休闲哲学、休闲社会学、休闲经济学、休闲心理学、休闲行为学、休闲与健康教育、休闲与环境保护、休闲与文学创作、休闲与体育娱乐、休闲与科技发明、休闲与艺术创造、休闲与宗教、休闲与政治、休闲与社会发展等。还有独立的休闲研究系、学院、研究生院。从学科方面培养人才，以不断地发展这方面的理论和专业知识。休闲教育的目光同时也投向休闲经济与休闲服务。通过大量的研究，建立一些对休闲服务业及政府的休闲政策颇有实用价值的分析、预测、规划和管理的方法，并广泛应用于休闲项目的

规划与管理上，如休闲设计、休闲策划、休闲政策等。

第四，广泛利用社区开展各种形式的休闲教育。社区学校有计划、有组织、有目标地对人的休闲技能培训做出安排。一般的社区学校开设的课程可多达几百种，有会计、金融、自动化、艺术、汽车、生物、商务、化学、计算机、制图、经济、电子、急救、英语、消防、外语（法、德、俄、西班牙等语种）、保健、地理、空调、历史、人类学、机械工具、教学、保险、机械、化工、汽修、医护、法律、美容、雕塑、裁剪、摄影、音乐、护士、办公室自动化、哲学、物理、塑料、社会科学、体育、未来学等课程，几乎无所不包。主要是社区成员休闲技能的学习。

人们不断体验的过程，是通过选修表演、文学创作、音乐欣赏、体育比赛、各种方式的制作活动（如编织、烹饪、搭大型积木等）甚至是玩耍（滑板、特技自行车、溜溜球、模仿秀等）来参与家庭、学校、教堂和社区的休闲活动实现的。从这个意义上讲，社区的休闲教育完全是寓教于乐的活动。在美国，社区活动大多是社区居民自我组织、共同参与，周末、节假日，甚至每天的晚上都有休闲活动安排。社区还鼓励人们进行创造性的休闲娱乐项目设计，完全不拘一格，可以异想天开。事实上这是美国人培养创新能力的真正来源。

第五，拓展公共文化空间，引导人们参与多样化的休闲体验。休闲教育的重要平台包括各种类型的公共文化空间，如公共绿地、运动场所、游憩空间、文化娱乐设施等，不仅可以丰富人民大众的闲暇生活、培养人的休闲情趣，而且可以给人的休闲生活以多种选择，塑造人的个性与心灵。因此，大力发展公共文化空间便也成为国富民强的重要手段。

阅读材料 9-1

西方国家的休闲教育平台

日本，在面积仅为37.8万平方千米的国土上建有公民馆17 525个、公共图书馆2 172座、博物馆861座、少年自然之家294所、文化中心72所、青年之家410所、妇女教育设施221所。通过这些场所接受休闲教育，从休闲活动中提升国民素养。

在英国，共有5 000多家公共图书馆，还有8 500多个仅向学生、研究人员和官员开放的资料档案馆。60%的居民经常去所在地区的图书馆。公共图书馆共有藏书1.28亿册，每年借出书籍约4.8亿册次。

在法国，用于省市图书馆维护和购置新书的费用每年为1.9亿欧元，不包括国家图书馆。国家图书馆的预算每年为2.1亿欧元，提供3 700个读者座位，雇用1 900人，共有藏书1 100万册。法国共有市立图书馆2 795家，雇用22 748人，藏书近9 700万册，其中33%是儿童读物。市立图书馆注册读者为650万人，其中38%为低龄者。另外还有覆盖农村地区的90家省立图书馆。

在美国，约有9 000个公共图书馆，由市或地方政府提供资金。几乎所有图书馆都有自己的网页，而且运营良好。美国《图书馆杂志》最新进行的民意调查表明，丹佛（科罗拉多州）、哥伦布（俄亥俄州）和波特兰（俄勒冈州）拥有美国最好的3家图书馆。仅仅在曼哈顿就有47家公共图书馆和100多家私立图书馆。

在瑞典，2000年初共有近1 500家公共图书馆。在斯德哥尔摩、哥德堡和马尔默有300家，还有1 200家分馆和100部流动图书车，每周在预定的地点和时间向公众提供类似普通图书馆的服务。

在德国，2000年注册的普通公共图书馆为11 322家，科学图书馆为1 268家。公共和科学图书馆2001年共支出14亿欧元。

不惜重金修建艺术馆、音乐厅也是西方国家的一大文化特色，此举，一为文化传统所致，二为提供休闲消费场所，三为提升人的休闲生活质量，四为从根本上提高劳动者的素质。

美国只有近300年的历史，而大学、图书馆、博物馆、艺术馆、运动场数量之多、规模之大，乃世界之最。

在英国，耗巨资修建的大不列颠博物馆，作为一座无可争议的宏伟建筑——完全可以称得上是一个国家。在这里可以让人一次就领略到世界上最了不起的景观和成就——从希腊、罗马到中国、印度，从北美和中世纪欧洲到埃及、西亚——该博物馆成了无与伦比的全球古代和现代文化的大看台。每年吸引参观者多达550多万人，这是一个何等美妙的休闲教育途径！

9.1.2 中国休闲教育的历史

中华民族是一个拥有5 000年文明史的国家，我们的祖先创造了“休”与“闲”二字，并赋予它们以十分美妙的文化意境；对此二字的学习、领悟就是在接受休闲教育。“休”有“吉庆、欢乐、美善、福禄”之意，“闲”有道德、法度、娴静及思想纯洁与安宁之义；休闲不是余暇的单纯时间概念，而是一种喜乐省悟的心态、心境。

不仅如此，祖先还创造了“家训”与“女红”等多种多样的休闲方式，它们不仅成为中国人道德实践和生活实践的依据，而且也是传承民族思想文化的载体，进行休闲教育的途径之一。中华传统历来注重“兴于诗，立于礼，成于乐”，认为“游憩”很重要，并体现在“礼、乐、射、御、书、数”六艺之中。“六艺”是高品位的文化欣赏过程，且雅俗共赏。古代中国不仅形成了不同阶层的休闲生活形态，还留下了文人雅士的《楚辞》、《汉赋》、《唐诗》、《宋词》、《元曲》到明、清时代的闲适小品等经典作品，以及《诗经》、《家训》、女红等民间高超的休闲智慧。需要说明的是在封建社会中，由于劳动人民没有接受教育的机会，绝大多数目不识丁，这些“高雅”的文化不得不以世俗化的面貌和形式去扩展自己的影响，争取更大的受众面。这也是中国为什么拥有大量的非物质及口头文化遗产的重要原因。古代中国人创造了至今仍熠熠生辉的休闲生活，并以这种亚文化形态的存在方式滋养与哺育人的心性，也培育了“尊师重道”、“礼仪之邦”的民族文化土壤；休闲教育曾以各种人生格言特别是家训的形式得以延续。《礼记学记》、《大学》、《孟子》、《孔子家语》、《颜氏家训》、《朱子家训》、《三字经》、《弟子规》、《菜根谭》、《闲情偶寄》等经典著述中都蕴藏着极为丰富的休闲教育思想。

遗憾的是，近代以来，由于中国文化传统的流失与断裂，中国人对休闲价值的理解太狭隘、太浅薄、太粗鄙，整个社会把休闲简单地等同于吃、喝、玩、乐，伴随着贪欲、浮

躁、喧嚣、奔忙、自私等。中华传统的休闲智慧与其固有的精神价值正在消失；中华特色的休闲教育传统未能很好地承传和弘扬。

阅读材料 9–2

中国传统休闲价值的回归

中国在历经了30多年的社会转型后，整个社会，尤其在政府和知识精英群体中“文化自觉”与“文化自省”的意识正在萌发。

政府从民生的角度开始关注休闲。从假日制度层面，1995年实行每周5天工作制，1999年实行3个长假日，全年休假日多达114天。2007年重新调整了原有的“5个黄金周”，使节假日的安排更合理，更能凸显假日休闲的文化特点。休闲的内容与形式，突出了多元化、多样化、大众化等特点。

从文化政策层面，鼓励文化事业和文化基础设施的建设，如投入巨大资金修建图书馆、博物馆、艺术馆、体育馆、剧院、公园绿地、游憩空间等各种公共文化服务设施。文化遗存和非物质文化遗产的保护被列入国家文化发展的长远规划中。从教育导向层面，开始鼓励孩童接受“训诂”启蒙，接受吟诵孔孟老子经典之学，接受传统《家训》教育，基础教育阶段的孩子还可以在课堂研习浅显的“女红”技艺，大学中加强了“国学研究”，有数十所中国大学开办了“国学研究所”，在世界100多个国家设立了“孔子学院”，礼仪教育重新成为学堂的必修课。

政府的治国战略也充分吸收了历史文化中的优秀传统，中国政府积极参与联合国可持续发展公约和其他的环境保护国际组织等。在国内树立科学发展观和环境友好及节约型社会的目标，从多方面抑制社会浮躁和经济过热。政府也加强了对学界休闲理论研究的资助力度，从2000年起，来自不同政府部门的科研基金已资助了数十项相关研究，为社会重新认识休闲价值，为政府制定文化政策，为老百姓享度有质量、有品位的休闲生活提供了有价值的科研成果。

学界也在十年前开始译介发达国家学者的休闲研究成果，加强了与相关国际组织和学术机构的交流与合作，为中国传统休闲理念注入了时代气息，传统休闲理念获得了更好的传播，也被不同的文化价值观所认知、所接受。一些大学开始设置休闲专业，并将在近几年内培养出休闲学的专门人才。

不言而喻，中国社会的转型凸显了休闲问题，并对个体、社会、政府、经济产生了积极的影响：①对个体而言，休闲更带有人文关怀的意蕴，休闲更关注人的生命状态、精神态度，“成为人”的过程。休闲也能培养人在精神的自由中历经审美的、道德的、创造的、超越的生活方式，并在其中丰富个人的文化修养和精神气质。②对社会而言，休闲已成为社会公共政策、经济政策、文化政策需要考虑的维度，成为构建和谐社会的基础，成为促进人自身的和谐（身心、脑体、忙闲、张弛）、人与自然的和谐、人与人的和谐、人与社会的和谐的重要表达方式，还对社会发展的进程产生校正、平衡、弥补等作用。③对各级政府的管理而言，标志着国家的治理与调控从经济手段、行政手段、科技手段、法制手段，向用文化引导和人文关怀的力量来推动社会的进步。休闲仍作为一种亚文化形态——传承主流文化，创造文化多样性。④对社会生产力而言，关注休闲的实质是对人的文化素养的投资和积累，是对人的多方面能力、多方面兴趣的培养，从而促进个体生命获得更强的创造力。

（资料来源：马惠娣. 休闲与国计民生：2008年中国休闲与社会进步学术年会文集[M]. 重庆：重庆大学出版社，2009.）

9.1.3　国内外休闲教育制度

西方思想家认为，开发休闲教育，实际上就是积累一个人、一个民族、一个国家的文化资本，就是对人的教育和教养的投资，而且这种资本的投资越早，回报率就越高。这给我国很大的启示。虽然我国距离“普遍休闲时代”的来临还有一段时间，但是休闲教育已经引起了政府有关部门的重视。休闲教育作为人的发展的重要手段和途径，它和社会的发展紧密联系在一起，而且两者可以相辅相成、相互促进。休闲教育的主体一般包括公共部门、公共团体、民间组织等。公共部门主要指政府机关，执行休闲政策的研究、制定、普及、指导，并对民间团体提供援助和展开合作。

1. 国外的休闲教育制度

休闲教育在国外的发展可以追溯到古希腊，雅典人的教育目标就是培养身心和谐发展的自由臣民，而休闲教育是生活教育的一个重要组成部分，休闲则是自由臣民生活的中心。当年的雅典人午前办理公务，午后便跻身浴室、角力场、剧场中尽情地饱尝休闲之乐。然而漫长的中世纪打断了这一传统，直至20世纪真正意义上的休闲教育才被重新提上议事日程。

西方发达国家在工业化早期就将休闲教育纳入政府管理的视野。国外的“休闲教育”是全体国民的一门人生必修课。例如，1918年美国联邦教育局就提出了青少年休闲教育的“中心原则”：提升个人生活质量的整体活动，对提升休闲的价值、态度和目的的过程的认识；休闲教育增进个人在休闲过程中自觉、自促的能力，帮助个人决定在个体生活中的地位，增进个人对自我的认识；建立个人需要、价值、技能与休闲的关系并体会休闲经验，协助个人评价休闲行为和个人生活与目标关系的过程；休闲教育还是激发个人潜能以提高生活质量的最佳途径。总之，休闲教育以人为中心，旨在促进人的自由全面发展。

19世纪就有人预言：“到了自然的力量已经完全被人征服、供人使用，到了生产的方式已经达到圆满的地步，到了劳动力已经节约到最高程度，到了教育已经安排恰当，能比较迅速地为较重要的活动做好准备，到了因此而有大量增加的闲暇时间，那时闲暇教育将在人们生活中占重要地位”（斯宾塞，1997）。受此影响，继1918年提出休闲教育“中心原则”之后，美国政府又于1924年把休闲教育的地位提高到职业训练和公民训练之上。只是由于大萧条和第二次世界大战，这一原则没能如期贯彻，直至20世纪40年代末，人们才又重新关注休闲教育。

1993年8月，在耶路撒冷地区召开了一次专门针对休闲教育的会议，通过了《世界休闲教育国际宪章》，其目的就是使政府、非政府组织和教育机构充分认识到休闲和休闲教育的重要性，并为教育机构如学校社区和人事培训机构提供指导，希望能以此宪章为基础来

制定休闲教育的政策和策略。1996 年，国际世纪教育委员会向联合国教科文组织提交的一份报告也强调，完整的教育应当是包括工作教育和休闲教育在内、不可偏废的、塑造人的品性的一种方式，从而把休闲教育与工作教育摆在同等重要的位置上。现在，英、美等一些国家的大学中几乎都有与休闲相关的专业设置，这也都有自己完备的课程体系。

国外的休闲教育的确在人们的休闲活动中起了很大作用，但也存在着一些问题。其一，在学校教育这一领域，由于休闲课程被作为正规教育项目，就出现了校、系、活动负责人之间的争斗，教师争相使自己负责的活动受到学生更多的欢迎，这样某些休闲活动就得到了过分的强调，而另一些活动却遭到了忽视；其二，在大众传媒教育这一领域，它们包装出来的一些极具吸引力的活动，并不是为了使人们能够更健康、更快乐而设计出来的，而是为了让另一些人能够赚钱，如果听之任之，它们将吸去人们生命的精华；其三，休闲的形式化鼓励学生只参加统一的、校方所认可的有组织的活动，而不是鼓励他们探索多样化的休闲选择和休闲理念，这样就会使他们在日后的生活里难以享受独自休闲。这都显示了国外关于休闲教育的制度仍存在空白和不足，需要进一步完善。

2. 中国的休闲教育制度

相比起国外对休闲教育制度的制定和发展程度，我国相对是比较落后的，至今没有关于休闲教育的专门制度。但蕴涵休闲教育的相关制度还是有所发展，主要有三类：

一是关于发展健康的生活方式的制度。1984 年 10 月，中共中央十二届三中全会《关于经济体制改革的决定》提出了“要努力在全社会形成适应现代生产力和社会进步要求的文明、健康、科学的生活方式”；1996 年国家发布了《中华人民共和国国民经济和社会发展“九五”计划和 2010 年远景目标纲要》，再次强调要“破除陈规和封建迷信，移风易俗，提倡科学、文明、健康的生活方式。”科学、文明、健康的生活方式已成为一种倡导和追求的目标。值得注意的是，自 2009 年广东启动“国民旅游休闲计划”，2011 年 8 月《山东省国民休闲发展纲要》在济南发布。这是从国家和地方政策层面对休闲教育的一种支持。

二是关于从终身教育角度促进休闲教育的制度。我国的教育法和国家教育发展战略都对“终身教育”有所提及，这为休闲教育的发展提供了长远发展的依据。1995 年颁布的《中华人民共和国教育法》明确了终身教育在教育法律中的地位，“国家适应社会主义市场经济发展和社会进步的需要，推进教育改革，促进各级各类教育协调发展，建立和完善终身教育体系。”1999 年教育部《面向 21 世纪教育振兴行动计划》强调，“终身教育将是教育发展和社会进步的共同要求”，并提出了“2010 年我国要基本建立起终身学习体系”的改革目标。2001 年第九届全国人大四次会议通过的国民经济和社会发展“十五”计划纲要，确定了在今后 5 年及更长一段时期内“逐步形成大众化、社会化的终身教育体系”。这表明，党和国家已经把构建终身教育体系作为新世纪国家发展计划的重要组成部分。

三是有关学生休闲教育的制度。一方面，设立休闲教育学位。现在我国在中小学和大学课程都开始引入休闲教育课程，同时在部分高校设立休闲专业研究学科和学位点。近年来，我国相继成立了休闲和休闲教育的研究机构，使休闲理论的研究走向规范化、制度化。另一方面，开发休闲教育资源。2004 年 4 月文化部和国家文物局发出通知，要求博物馆、纪念馆、美术馆等各类公共文化设施向未成年人免费开放；并要求这些公共文化设施加强陈列设计的学术性、专业性、趣味性、观赏性，以增强吸引力和感染力，充分发挥文化艺术的教育、引导功能。有关主管部门还应出台相关政策和管理措施，扶持、鼓励各级各类文化艺术产业单位积极开发、提高文化艺术产品的品种、质量，以丰富多样、高水平的文化产品满足青少年的精神文化需求。

9.2　休闲教育的概念、意义和目标

休闲有助于实现了解世界、保持身心健康、欣赏并表现美的教育目的。从这个意义上讲，休闲并不是对学习之艰辛的一种逃避，而是教育过程中富有活力的组成部分；作为现代生活方式，它也不是自然而然的状态，而是需要教育培养的。康德说，教育以人类个体的未完成状态为起点，以人的向善倾向和人类已有的发展状态为依托，以人性的完善为终点；教育是一个引导人自我完善、人性丰满的过程。而“休闲”英文词汇“leisure”，希腊语源“schole”即休闲和教育之意，显示休闲和教育之间存在着某种内在的联系，即休闲可以达到教育的目的。因此，休闲教育便是休闲学的固有之义。

知识链接 9-1

教育的概念

教育有狭义和广义之分，狭义的教育一般指学校教育，广义的教育即泛教育。项贤明在《泛教育论》一书中给教育下的定义：“教育是作为主体的人在共同的社会生活过程中开发、占有和消化人的发展资源，从而生成特定的、完整的、社会的个人之过程。”邦迪（Bondy）认为，教育应当面向未来，做长远的规划。应当帮助人们去发现生活中真正能够展示自我价值的工作，并逐步形成个性化的生活品位和办事风格。我们也认为教育的基本职能是为受教育者现实与未来的生活做准备，因而，教育从一开始就既包含着生产生活方面的内容，也包括休闲活动方面的内容。因此，教育就是社会生活的反映，人的教育与人的社会生活是直接同一的。

9.2.1　休闲教育的概念

休闲教育，在理念上应是生活方式的教育，是教导人们实现圆满生活和完美人生的教育。在泛教育意义上，休闲教育是指对人们休闲生活方式的理念、方法和行为进行科学引导，传授休闲知识、培训休闲技能、端正休闲意识、养成休闲习惯，促进人“成为人”的过程。“成为人”意味着，摆脱“必需后”的自由；探索和谐与美的原则；承认生活理性和感性，物质与精神层面的统一；与他人一起行动，使生活内容充满朝气并促进自由与自我创造。休闲是以存在与“成为”目标的自由——为了自我，也为了社会。“成为人”，首先是要“成人”，通过休闲教育，使主体能够通过自己的努力来维持自己的生命过程，并对社会有所贡献；其次才是“成为人”，主体通过接受休闲教育，获得应有的知识和必要的引导，不断认识自我和完善自我从而发现生命的意义，并使自己通过对意义的理解和感悟，

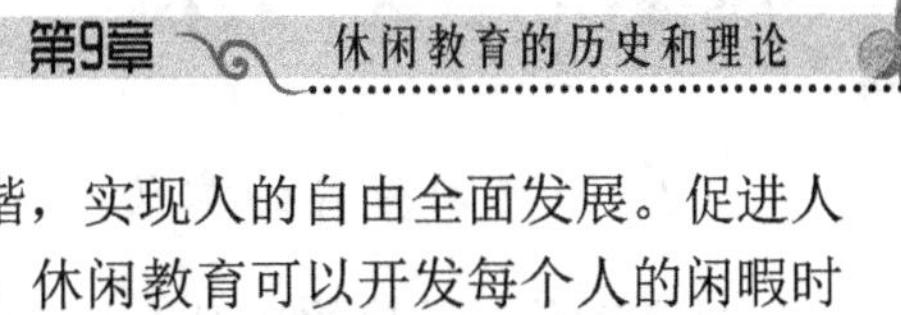

达到自己身心的和谐、与他人的和谐以及与自然的和谐，实现人的自由全面发展。促进人“成为人”是休闲教育的核心理念。西方思想家也认为，休闲教育可以开发每个人的闲暇时间，其实际上就是积累一个人、一个民族和一个国家的文化资本，就是对人的教育与教养的投资。而且这种投资越早越好，回报率越高。

知识链接 9—2

有效的休闲教育要素

有效的休闲教育包括以下要素：

（1）对特种游戏、工艺技能的认识。这可能是休闲教育最显而易见的方面，它促进个人参与休闲活动，是参与休闲活动的基本条件，如介绍保龄球技能的运用以及绘画时基本色彩的混合方法。

（2）对休闲机会的认识。休闲活动本质上与教育是联系在一起的。对休闲机会的认识是参与活动的重要影响因素。举一个最简单的例子，如果你完全不知道某种休闲活动的存在，你可能永远不会参与到这一活动中来。

（3）对休闲限制的认识。要认识到个人休闲方式可能对社区产生的影响，因此要让个人选择社区容易接受的休闲方式。这并不意味着个人愿意自动接受社区对他的休闲活动方式进行的限制，但意味着他们明白自己所选择的休闲方式会产生什么样的后果。就像个人也许仍然会选择使用违禁药品，但他明白这样做的后果将是面临法院的起诉。

（4）对休闲文化的认识。休闲教育不仅让人们认识到休闲机会，同时认识到作为一个整体的休闲活动这一亚文化群的存在。很显然，教育使个人认识到休闲群体及其行为标准，使他们有能力识别并接受群体的亚文化，从而更容易参与到休闲活动中来。例如，参与马球、高尔夫球、投掷和足球运动的不同群体，他们的文化标准是不同的。

认识休闲文化的重要性不仅表现在体育方面。缺少适当教育也会对参与其他活动（如艺术）造成影响。笔者最近与一位从教师岗位退休的好友进行交谈，重点谈到亚文化对休闲参与程度的影响问题。这位朋友讲到某中学开展的一项教育活动——要求学生进行一次剧院之旅活动，结果这一活动遭到学生的极力反对。教师对这一突如其来的反应感到很惊讶，并就这一情况进行了解。

当学生被问到为什么反对时，他们的回答都是不喜欢，更何况他们不知道要如何才能从活动中找到快乐。在进一步的调查后发现，表示反对的同学往往从来没有参与过这项活动。和他们进行交谈后得知，他们的这种情绪来自于对戏剧知识的缺乏，害怕由于不知道到剧院应该如何穿着和表现而被同学耻笑。根据这一调查结果，并经过一番相关知识的教育后，大部分同学都参与了进来。结果是第一次活动就获得了极大的成功，以致最后成了每学期固定的传统活动。值得注意的是教育在其中所起的作用。

全面的休闲教育应该包括上面提到的所有要素，这样才能使参与者获得最大满足。休闲教育必须包括基本技能教育，这些技能是各种休闲生活方式所要求的，它让人们认识到休闲生活方式的潜在好处，让人们更清楚地认识自己所向往并追求的生活。

（资料来源：[英]克里斯·布尔，等. 休闲研究引论[M]. 田里，等译. 昆明：云南大学出版社，2006.）

9.2.2 休闲教育的意义

随着对休闲价值的认识，人们也逐渐认识到了休闲教育的意义。休闲教育之目的绝不仅仅为消磨闲暇时间、获得闲暇娱乐、排解闲暇中的孤独与失落感，休闲教育的内容也绝不仅限于传授闲暇活动中的各种知识和技能，更主要的目的在于满足个体生命与生活世界的需求，加速社会文明进步发展的进程，促进人的自由全面发展。

1. 休闲教育有助于个体生命的完善与生活世界的人性化

教育就是使人在既实现自己的个体生命又超越其个体生命的过程中不断地走向成长、走向发展、走向完善的。同时，教育还要面对生活世界，个体生命的成长离不开生活世界。生活世界是人的生命存在的背景，指现成在先的社会环境、人文背景或历史条件，它是一个实体的、整体的、关系的世界，是人在其中的世界，体现人的生存和人的价值。那么休闲教育就是使人的个体生命在生活世界里日趋成熟，从而实现人的生存价值。

休闲教育是社会发展的需要，也是教育自身发展的内在要求。休闲教育既有始于古希腊时代的悠久的思想渊源，更有来自今天人们对现实教育的反思，对现代教育功能的再认识。在传统观念中，教育一直是人们“谋生”的手段而不是“生活”的目的本身。但随着社会的发展，人们的生活条件逐步提高，“当谋生”不再是人类的主要问题时，教育更重要的就是要面对生活世界、提升个体生命的质量，为人们的“乐生”提供服务。现代社会人们有了更多的闲暇时间，希望在休闲时身心健康充实，生命充满意义，生活更加幸福，但却不知道如何去安排“生活”。于是休闲教育便成为一种迫切需要。休闲教育要使每个社会成员认识到休闲中的自我，感知休闲价值中的个体生命意识，使生活世界充满休闲的情趣；教会更多的社会成员明智地、个性化地安排休闲生活，充分认识和开发自我的休闲价值，提高对休闲生活的自我规划、自我决断、自我评价能力，不断提高个体的休闲生活质量和生命质量。

休闲教育要教导人们职业工作并不是生活的全部，世俗成就也不是生活意义的唯一来源，休闲才是生活的最终目的。休闲贯穿人的一生，人的不同时期的成长状况和生活中的重要事件都是和特定的年龄相联系的，休闲教育就是适应不同年龄阶段的成长需要，提供的一种终身的教育。可见，休闲教育是终身教育的重要组成部分，是个体生命发展完善及其生活世界人性化和谐交融的必由之路。

2. 休闲教育能够推动社会文明的进步

人们的生活方式是社会文明进步的一面镜子，能够反映社会的文明状况。同样，休闲教育也成为社会文明进步的客观要求。

一个社会对教育的需求程度能够反映社会的人文环境和物质条件。实行奴隶制的古希腊人认为，若想使自由人的生活免于沦为灾难，就一定要进行休闲人生的教育。当社会文明进步的进程不断加快，休闲越来越成为人们社会活动的中心时，休闲教育也随之走上社会生活的舞台，成为社会文明进步的客观需要。社会的进步无疑使人们拥有更多的闲暇时间，但是如果人们滥用闲暇时间将损害健康、扰乱家庭、降低工作效率，甚至破坏社会秩

序、荼毒生灵。因此，休闲教育是伴随着休闲的产生而出现，并随着文明的进步而不断凸显其价值。

3. 休闲教育有力促进人的自由全面发展

对人的发展问题的探讨可追溯到远古时期。在人类早期活动中，人们就朦胧地意识到自身潜力的存在，萌发了对人的完美和谐发展的追求。我国古代很早就有了“六艺”的要求，即礼、乐、射、御、书、数。古希腊理想的人是在理性支配下，身心都得到健康发展。柏拉图在《理想国》中提出了体育、智育、德育的思想，认为人在理性指导下，身心应得到全面发展，达到美、智、仁、勇。亚里士多德认为，社会是自我完善的唯一途径，人应该德、智、体全面发展。马克思在一百多年前也提出了人的自由全面发展的最基本的思路及其方法论原则，每个人自由发展是一切人的自由发展的条件；而且，衡量财富的价值尺度将由劳动时间转变为自由时间。因为增加自由时间，即增加使个人得到充分发展的时间，可以支配的时间就是财富本身。可见，充裕的闲暇时间是实现人的自由全面发展的重要条件。而休闲教育，恰是引导人们合理科学地利用闲暇时间使人“成为人”的有力保证。

休闲是一种自我超越的状态，因为，正是在休闲中，人性在潜在的转变中体现出对人的自我完善的引导作用。休闲教育就是要使人不断超越必然的限制，按照应然的尺度去改变世界，去不断地追求人自身的解放、回归生命本体这一最高目标。无疑，休闲教育将走向社会的中心；未来，不仅属于受过教育的人，更属于那些学过怎样聪明地利用休闲的人。

阅读材料 9—3

休闲教育的理论和现实必要性

早在2000多年前，《礼记·学记》就对休闲教育有过精辟的论述：“时教必有正业，退息必有居学。”爱因斯坦通过对人生的感悟，惊人地发现“人的差异在于业余时间”。前苏联教育家苏霍姆林斯基说的更直接：“只有当孩子每天按照自己的愿望随意使用5~7小时的空余时间，才有可能培养出聪明、全面的人。”我国学者郭元祥认为，我们把教育理解为一种唤醒人的生命意识，启迪人的精神世界，建构人的生活方式，以实现人的价值生命的活动。项贤明指出，社会生活的迅速变迁使得人们开发、占有和消化人的发展资源的行动在社会生活的各领域中不断从自发走向自觉，教育成为一个在社会生活中终身不断地学习的过程。总之，教育的功能、价值必须也完全能够拓展和提升，终身教育成为一种显著区别于传统教育的崭新的教育，保罗·朗格让（Paul Lengrand）认为，从生存的重要意义出发，终身教育包括大量新型的适应个体存在所必需的新的方式，因此，它需要冲破学校体制的束缚，以占有既和工作有关又和闲暇有关的人类活动的全部。

“为生活而工作，还是为工作而生活”这个问题关系到对于社会文明进步的标准和人类自身生存的真正目标的思考。长期以来，人们都把物质文明作为衡量人类进步的客观尺度，但进步的手段不能等于进步的最终目的。人们逐步重视休闲，把它作为人类最高层次的精神需求。美国20世纪最杰出的教育家、哲学家莫德默·阿德勒（Mortimer Adler）批评人们忘记了亚里士多德早在公元前4世纪就曾给予我们的教导：“休闲可以使我们获得更多的幸福感，可以保持内心的安宁”，“我们需要崇高的美德去工作，同样需要崇高的美德去休闲”。

在现代社会生活中，人们对休闲的期望越来越高，休闲在人们生活中所起的作用也越来越明显，正逐渐代替工作而成为人们社会活动的中心。这也是休闲教育不断深入的结果。美国1990年发表的一项国家抽样调查表明，41%的被调查者认为，休闲比工作重要，36%的人认为工作比休闲重要，23%的人则认为工作和休闲同样重要。而1975—1985年，更多的公众认为工作较为重要。根据1975年日本总理府的有关统计，在当时把生活重心放在住和食方面的日本人分别为27%和22%，相比之下把生活重心放在休闲以及业余活动方面的人则少得多，仅占16%。但后者在近年却猛增到26%，从而由排行第三的位置，一跃而成为第一位。我国当然也不例外。1996年《中华人民共和国国民经济和社会发展“九五”计划和2010年远景目标纲要》强调，科学、文明、健康的生活方式是社会文明进步的标志。我国在20世纪70年代之前，人们以生存特别是衣食的充实为基本需求，大多数人没有充分的闲暇。当时有代表性的休闲活动是家庭内听广播，家庭外上酒吧、舞厅、电影院，人们把休闲仅仅看成是辛苦劳作的逃避与补偿。改革开放后，国民收入和闲暇时间大幅度增长，生活的休闲化趋势日渐明朗。逛街、旅游、度假、运动、上网等成为人们新的生活方式。生产力的发展改变了生活方式，人们的价值观念也得到更新。

9.2.3 休闲教育的目标

1. 教育的目标规定着休闲教育的目标

教育这一社会现象与其他社会现象的质的区别，就在于它是培养人的活动。它所包含和所要解决的特殊矛盾，就是普遍个体的素质与代表社会发展要求的教育要求之间的矛盾；因此，教育的目的就是把人类积累的文化转化为受教育者个体的智慧、才能和品德，使之身心得到发展，素质得到提高，成为社会发展有用之才。其核心是，教育的最高目的是把人培养成社会历史活动的主体；教育只有培养出具有主体意识的人，才能使人认识到自身在与外部世界关系中的地位，认识到自身存在的价值。这样，教育才能更有效地解决人的发展与社会发展的矛盾，加速人的发展与社会发展的相互促进和相互转化（扈中平，1997）。休闲教育并不违背这一目的，它也是要把社会要求转化为普通个体的素质，或者说，把普通个体的素质提升到社会要求的规范和水平上。

教育是社会发展的产物，有怎样的社会状况就有怎样的教育与之相适应。同样，休闲教育也是适应社会发展需要，并随之而变化。例如，古希腊雅典的教育目标就是培养身心和谐发展的自由人，教育内容包括体育、德育和智育，休闲是当时自由民生活的主要内容。亚里士多德认为，唯休闲时才有幸福可言，恰当地利用休闲，是一生做自由人的基础。可见，休闲教育是当时雅典人生活教育的一个重要的组成部分，通过教育获得休闲是雅典人生活的目的。休闲教育，属于泛教育范畴，它覆盖人类社会的整个生活过程，侧重的是对全体社会成员的观念引导和素质的提高，而不仅仅是学校里的教育。可以说，休闲教育是涉及全社会的系统工程，需要全社会的参与。任何一个组织或行业都不可能独立地完成这一艰巨的教育任务，必须通过多种途径，依靠各类机构和组织来满足各种不同年龄的人对休闲教育的需要。

知识链接 9—3

休闲教育的目标及根据

美国休闲教育家琼·曼蒂（Jean Mundy）认为："休闲教育的目标：①对休闲行为价值判断的能力发展；②选择和评估休闲活动的能力发展；③决定个体目标和休闲行为标准的能力发展；④对合理运用闲暇时间重要性的意识和理解的发展。"他把教育目标划分为不同的能力发展。纳什的休闲分层理论实际上也为休闲教育的目标确定了基本内容，如图 9.1 所示。

图 9.1 休闲时间的利用

（资料来源：J B Nash. *Philosophy of Recreation and Leisure*[M]. Dubuque，Iowa: William C.Brown Company，1953.）

2. 休闲教育的特殊目标

1）培养科学的休闲观

观念是行为的先导，人们的休闲观决定其休闲行为。休闲教育的首要目标就是帮助人们树立科学的积极向上的休闲观。首先，告诉人们休闲及其本质对人究竟意味着什么，休闲不是劳动的附庸而是劳动的最终目的等，促使人们明智、有价值地选择休闲行为，合理利用时间，提高休闲生活的质量。其次，纠正人们对休闲的错误认识，不能把休闲仅仅当作休息、游手好闲，等同于玩、娱乐甚至玩物丧志，当成纯金钱的消费，理解为浪费时间等。休闲具有多元化的潜在价值，如恢复体力、发展个性、提高审美能力、陶冶情操等，这些潜在价值只有与主体正确的选择和积极的活动相结合，才能转化成现实的价值。再次，明确休闲具有层次性，放松、娱乐等促进身心恢复的消遣性活动属于低层次的休闲，学习、研究兴趣发展等追求生命的本真、促进人的自由全面发展是最高层次的休闲。

休闲观也受到一定的历史传统、客观条件和人的世界观、人生经历、知识水平等因素的限制，不同时代、不同区域、不同个体的休闲观也会不同。缺乏科学的休闲观的指导，休闲生活容易失之零碎、散乱、肤浅甚至庸俗化。因此，休闲教育必须因时因地制宜进行。

2）建立正确的休闲伦理

休闲作为一种生活方式，包含着价值取向。自由时间是自由的、随意的时间，也是检验道德和伦理判断的基础。人们需要崇高的美德去工作，同样需要崇高的美德去休闲；休闲的本质是自由的，但自由并不意味着放纵、无约束或无视一个人在闲暇中对自己、对他人和对社会所负的责任（J·曼蒂、L·奥杜姆，1989）。也就是说，人们的休闲方式必须符合社会价值规范，人们的休闲行为选择必须负责任、符合社会道德伦理，做到“休而有节”、“休而有礼”，“闲而有为”、“闲而善为”，这样才能促进社会的发展，才能确保其个人发展的方向。一般说来，一个有良好的知识修养和发自内心的美德情感的人，能更容易进入休闲的精神状从而体验并享受高品质的休闲生活。

正确的休闲伦理教育对人们休闲生活、休闲行为有一个科学、全面、规范的教育与引导，不但可以提高人们的休闲质量，还可以教育人们通过创造性的休闲方式来表达自己的追求与理念，把自我发展和承担社会责任联系在一起，营造充满温馨的、友善的、互助的社会氛围，增强社会凝聚力，促成人与社会的和谐发展；人与自然的和谐也是人类自身发展的必然选择，休闲伦理教育推动人们追求生态休闲。

3）培养娴熟的休闲技能

一个人的休闲质量不仅取决于他对闲暇问题的认识，还取决于他是否有足够的知识和能力去有效地利用闲暇。休闲质量与休闲技能有密切的关系。休闲教育能够尽早地让人参与家庭、学校和社区中的休闲活动，帮助他们培养休闲技巧和休闲鉴赏力，以使人们越来越多的自由时间得到充分利用。缺乏休闲技能，人们就不可能实现高层次的休闲，只能把时间耗费在休息、聊天、逛街和看电视等活动上，甚至走上赌博、吸毒、抢劫的犯罪道路。因此，只有培养人们良好的休闲技能，人们才能够自由地安排自己的休闲活动、丰富自己的休闲生活，更加主动参与社会生活，增强自己的精神体验。人们在业余（闲暇）活动中必定受到各种文化的熏陶，从而养成一种文化习惯，积累到人的个性中便成了一种素质。

显而易见，健康有益的闲暇活动可培养人形成良好的素质，引导人向文明高尚发展；反之，则使人沾染邪气恶习，引导人走向颓废沉沦。由于闲暇活动选择的不同，积累的素质也不同，势必会影响到一个人的生活质量。总之，休闲教育就是要引导人们在闲暇时间从事某种有助于提高生活质量的“行动”。

知识链接 9-4

休闲技能教育的重要性

于光远说：“为了促进玩得有文化和玩的学术发展，人的实践活动很重要，所以要掌握玩的技术。”“玩的本质特征是使人感到自由和愉悦，这是玩的最高境界，因此要‘发展玩的艺术’。‘玩的艺术’是指玩的‘技术’达到高超的程度。”马克思说过，“因为要多方面享受，他就必须有享受能力，因此他必须是具有高度文明的人。”“对于没有音乐感的耳朵来说，最美的音乐也毫无意义。”很多休闲活动没有一定的技巧就不能享受其中的乐趣，而这些技巧是要通过正规学习才能掌握的。如诗歌、歌剧和芭蕾等“高层次文化”，不是每个人都能欣赏的，首先要求欣赏者要有较高的艺术修养和一定的鉴赏能力，而且要反复接触才能领略其中的奥妙。同时，掌握技巧又能提高休闲层次与休闲品位，任何一种令人满意的活动都和知识技能的增长分不开。不管是烹调、划船、打高尔夫球、写诗、收藏古玩、做木工活还是打桥牌，所有这些活动都是通过知识和技能的逐步增长而不断得到丰富的。因此，休闲需要有计划，需要获得某种技巧，而这样的过程是一个教育的过程。理想的休闲必须具有发展性，必须是一个能使人投入其中，不断学习，并使自己有所改变的连续的过程。戈比等认为，“教育应该使得人们能够从其休闲中确保身心的充分休整，并丰富和完善人的个性。这样的一种目标要求人们能够利用通常的娱乐手段，如音乐、艺术、文学、戏剧和社会交往等，以及让每一个人都培养出一种或多种业余爱好来。”多种的业余爱好和休闲技能是充分利用和享受休闲的必要条件，同时也是自我发展的需要。例如，有的人选择诗书绘画、吹拉弹唱、体育锻炼、游山玩水、花草虫鸟、摄影收藏、学技进修、钻研制作等作为业余活动；有的人却沉湎酒色、吃喝嫖赌、热衷作恶、偷鸡摸狗、打架斗殴。

4）促进人的自由发展

这既是休闲教育的价值，当然也是休闲教育的重要目标。人的自由全面发展既是个体发展的主动追求，也是社会发展对个体的根本要求，休闲教育的理想就是实现个体与社会的协调发展、共同发展。真正的休闲以自由为本质，因此，休闲教育的本质应以个性自由为前提，针对主体个性发展的需要实施不同的休闲教育。如果说劳动或工作教育在谋生技能和规范层面可以千篇一律，那么休闲教育就应该真正做到以人为本、因材施教，只有个性化的休闲教育才能真正推动人的自由全面发展，真正体现休闲的理想。

9.3 休闲专业教育与休闲普及教育

严格说来，休闲专业教育是通过学校教育向休闲专业学生进行的职业性或通识性教育，而休闲普及教育则是通过学校特别是各种文化教育机构开展的面向社会大众的休闲知识技能和伦理道德的教育；但在现实中又互有交叉。开展休闲教育必须立足于我国社会的休闲及其教育的现状。

9.3.1 我国休闲教育的现状

国内一些学者对我国城市居民的休闲状况做了一系列的调查研究。20 世纪 80 年代以来，王雅林等在我国上海、天津、哈尔滨等城市闲暇生活的系列调查，王琪延等对我国 40 多个城市居民休闲生活状况的调查，2002 年马惠娣等关于“中国公众休闲状况”的调查研究，齐心等对北方农民闲暇生活的调查等，充分反映了当前我国城乡居民的休闲状况，也揭示了我国休闲教育的不足。

第一，对休闲本质认识不够，休闲对人自身发展作用不明显。调查结果显示，人们休闲观念庸俗化，以为休闲只是看电视、串亲访友、吃喝玩乐、购物，很难将休闲同人的生活质量和生存方式联系起来，更看不到高雅的休闲可以促进精神文明建设和人的素养的提高。从根本上说，人们的闲暇时间还处于一个“放任自流”的时期，对闲暇时间的利用与分配缺乏科学性、合理性，不能把它作为有效的文化资源而加以利用，不能很好地去培养个人的兴趣爱好，不能合理地扩大自身的创造力量，因而未能进一步丰富业余生活，更好地履行社会职责，甚至损害健康、扰乱家庭、降低工作效率，并败坏社会道德风尚。尤其是农民对休闲的认识更是有限，更多停留在“闲呆、闲聊、闲睡、闲逛”的层面上。

第二，休闲缺乏文化内涵，内容单调，趣味不高。城市居民闲暇时间分配，从总体上看，被调查的城市居民的闲暇时间虽有明显增加，但闲暇时间数量和闲暇活动质量相比，后者更是薄弱环节，休闲缺乏文化内涵、内容单调、种类不丰富、趣味不高雅，仍是当前存在的主要倾向。从目前情况看，我国城市居民的休闲生活大多停留在传统养生型和消遣娱乐型的混合方式，从养花养草、品茗谈天、电话约见到打麻将、看电视、唱卡拉 OK、跳交谊舞、练气功和太极拳等，纷然杂陈，难分伯仲。总体来说，受种种主客观条件限制，居民的休闲生活方式基本上属于“被动受传型”。据调查，闲暇时间多、精神空虚者往往是参加非法传销活动、欲求一日暴富者。整个社会尤其要关注弱势群体，在他们感到势单力薄、困惑无助的时候，最容易被邪教或不正当的事物所迷惑，并上当受骗。与市民相比，农村百姓的休闲生活同样单调、低俗，主要是看电视、串门聊天、玩麻将和睡觉。

第三，闲置的时间多，缺乏休闲技能，不会休闲。出现时间闲置的现象有两方面的原因：一是缺乏休闲技巧，不懂得休闲，闲暇时间利用水平低；二是失业、下岗或者农闲，属于一种被迫式的“休闲”。前者由于缺乏休闲技巧与能力，休闲的层次就比较低，导致生活质量不高。低收入、文化水平低的群体，往往停留于简单的休息和消遣娱乐，属于一种“俗闲”，如城市的底层和大部分农民；高收入、文化水平不高的群体，往往注重物质性消费，而很少把钱花在精神方面，生活品位不高，如一些暴发户一掷千金吃喝玩乐等行为。后者，非在业者的闲暇时间分配往往是以闲置即无所作为的形态出现。农民闲暇时间的长短与当地经济发展的水平呈相反关系，愈是贫困落后地区，农民的闲暇时间愈长，愈是经济发达地区，农民闲暇时间愈少；而两者休闲生活质量都很低。

第四，社区建设滞后，政府投入不足，休闲教育的物质条件较差。调查表明，社区建设对休闲教育影响较大，目前主要存在以下问题：一是社区公共休闲设施的投入不足，绿地面积偏小，公共休闲场所少，休闲设施配套简陋、功能单一，直接影响了社区居民休闲活动的开展。二是社区休闲文化活动的覆盖面不宽，居民群众的参与度不高，活动内容简单。三是管理人员配备偏少，整体素质偏低，导致社区服务停滞不前。四是社区文化活动资源未能得到有效整合，社区之间缺乏共建共享的意识，不但现有的文化资源得不到充分利用，甚至重复建设、相互“争食”，造成社区文化资源的极大浪费。五是社区的志愿者教育队伍和专业教育队伍匮乏，调查中确实发现不少志愿者，但他们缺乏严密的组织和管理。此外，直接从事社区服务的非营利性中介组织少，有限的资源和中介组织的匮乏成为制约社区服务发展的瓶颈。而农村的社区文化建设更是落后。这都极大影响着社区休闲教育的开展。

无疑，休闲教育在我国刚刚起步，但势在必行。在此呼吁政府在全社会范围内充分开发“以闲暇时间形态存在的社会资源”，加强国民的休闲教育，引导人们充分认识闲暇的价值，学会聪明地用“闲”，建造美丽的精神家园和幸福美好的生活。

阅读材料 9—4

我国休闲教育现状的调查

“闲暇问题的由来不纯粹是因为收入无限制地增长、工作周时减少、退休生活有养老金保障和人均寿命延长，就如同对工作的疏远感并不一定是工作本身的性质造成的一样。这两个问题的产生是因为人们的价值观明显地不赞同这两种由社会体制造成的典型现象。只要社会的要求与人们价值观的要求不一致，就会造成社会问题，其中尤为突出的是对工作的疏远感和闲暇的问题——这是同一问题两个相反的方面。”（J.曼蒂、L.奥杜姆，1989）我国居民休闲及其教育状况也充分证明了这一观点。

1. 休闲认识错位

2002 年王雅林组织了“上海、天津、哈尔滨市三城市居民非在业者闲暇时间利用的调查”结果表明，三城市非在业者学习提高型活动与消遣娱乐型活动的时间结构比较不协调，这一群体一周平均一天用于学习与自修的时间仅占闲暇时间的 2.31%，而消遣娱乐型活动所占的时间却是前者的 3.83 倍。而在业者这个比例也达到 2.87 倍。这反映了我国城市居民总体上闲暇时间用于学习与提高型活动的比例都还偏低。从总体上看，文化程度越高者用于学习创造等发展型活动时间越多，而文化程度低者在这方面的时间支出却越少。可见，文化素质越高，闲暇时间的利用水平就越合理。而在一天的闲暇时间分配中，三城市居民把看电视看作最主要的休闲活动，平均每周的一天时间花费在看电视方面的时间为 111.70 分钟，占一天全部闲暇时间的 33.15%；阅读报刊、书籍的时间为 35.37 分钟，仅占一天全部闲暇时间的 10.50%。当然，在西方国家也存在公众把越来越多的闲暇时间用来看电视的趋势，但是喜欢阅读还是西方人的习惯。德国人喜欢读书，德国妇女平均每天至少阅读 1 小时书报，公共图书馆也很受人们欢迎。在坐地铁上下班的途中，往往可以看到他们在贪婪地看书，陶醉在知识的海洋之中。德国博物馆与各种专业展览馆之多是令人难以想象的，多达几千个，如故乡博物馆、私人博物馆、珍宝馆、教会博物馆、城堡馆、宫殿和露天博物馆等，分散在各个大小城市和乡镇。人民文化生活中不可缺少的组成部分就是参观博物馆。调查又表明，对青少年群体而言，他们自感学习压力大、自由发展空间狭小；对闲暇时间的利用与分配表现单调、畸形；自然天性受到压抑，思想创造性明显不足。而热爱读书的孩子，其数量是越来越少。受电视、网络等电子媒体的影响，学生每人每年借阅图书量大大减少。据了解，目前北京市只有 1%的学生有经常到图书馆借阅图书的经历，绝大多数学生根本不知道图书馆在哪里。

近些年来，一些低俗、庸俗的文化传入农村地区，使农民的休闲生活受到较大的冲击。据报道，脱衣舞、人妖表演在不少省份的农村集镇及城乡结合部的集市性场所愈演愈烈，吸引了大批农民，几乎场场爆棚。仅仅是愚昧和贫穷造成了大批农民群众对脱衣舞等色情表演的追捧吗？不完全如此。其实，当一个人的社会性休闲需求得不到满足时就只能诉诸本能和感官的刺激享受；相反，这种刺激本能性的色情表演的流行正暴露出社会性休闲需求的匮乏，脱衣舞、人妖表演正是这种休闲娱乐真空的“填充剂”。政府公共部门不能够提供健康文明的休闲引导和丰富的娱乐设施导致农民精神生活的单调，农民休闲娱乐的贫乏也许在某种程度上为色情市场的滋生提供了土壤。

有调查显示，人们对自己的休闲文化娱乐活动自我评价不高，满意度得分仅为 44.27 分；而在零点公司的总体生活满意度 19 项指标评价中，个人业余生活满意度仅排名第 15 位，这反映出人们对休闲生活方式单调的不满（黄巧灵，2005）。总而言之，从人们对文化精神生活的需求看，人在闲暇时间中对自我多方面发展的欲求越来越强烈，要求的层次也越来越高；人们的休闲需求（心理的、情感的、成就感的、智力的、肢体表达等方面）呈多元化的发展趋势。

2. 休闲内容贫乏

王雅林的调查表明，三城市居民休闲活动的内容仍不太丰富，主要表现为到付费的商业性活动场所的能力弱和同个性发展相关的创造性强的业余爱好活动少。像北京这样的大都市，知识型、提高型以及社会公益活动所花费的时间很有限，甚至在阅读、学习方面所投入的时间还在减少，而看电视时间却在增加；特别是北京中老年女性（40～50 岁）的文化精神生活十分匮乏，她们作为潜在的老年人群，大部分闲暇时间花在看电视上，而不是有意识地为退休后的闲暇生活做必要的精神和技能方面的准备。一般来说，老年人群对闲暇时间的利用并不尽如人意，看电视的时间所占比例最高，它带来的一个直接的副作用是缺少精神运动；休闲内容平庸化、休闲行为被动化；报刊、文学作品、影视、舞蹈、戏曲等文化艺术形式远离老年人群，使得老年人群的精神食粮匮乏。电视作为重要的传媒手段，承担着向人民大众提供精神食粮的责任，但是精品少、媚俗多，文化少、商味多，引导少、诱惑多，把大量的闲暇时间花在看电视上并不是一件好事。又据四川省乐山市 800 份问卷调查表明，有 96%的人会打麻将，有 50%的人常打麻将，有 8%的人几乎每天打麻将。工作日机关干部打麻将的占 10%左右。这不是乐山市独有的现象，在全国其他城市同样存在。非在业群体从事的提高性活动也偏少；经济收入低的家庭，生活的重心仍在为生计谋和家务谋，文化精神生活和非物质消费仍不高。可见，城市居民闲暇时间分配的合理性与协调性存在偏差，整体休闲方式的格调和品位不高。

农民喜欢看的电视节目，也是以娱乐型为主，戏曲类、综合文艺类、体育类尤其受欢迎，较少关注文化教育、科技前沿等文化含量高的节目；更愿意租借武打类和戏曲类的 DVD

来看。当然这与农民整体文化素质较低有很大的关系。拜访聊天，既是农民休闲生活的主要内容，也是农民人情往来、社交活动的主要方式。据调查，农民聊天以“闲谈，没有具体内容”为主，其次是“邻里的新鲜事”、“各家的生活琐事”。近些年，南方一些省份的落后农村地区出现“私彩”（也叫“六合彩”）赌博的现象，不少农民把生产资金用来打“私彩”，平时聊天的内容最集中的话题就是“彩票”了。

3. 休闲技能欠缺，闲暇时间空置

调查表明，城市下岗失业者平均每天用于学习和自修的时间为3.97分钟，仅占其闲暇时间的1.03%，可以说是微乎其微。近2/3的闲暇时间是在家中度过的，在户外度过的时间约占1/3，且户外活动中约40%的时间是用于逛商场、超市、夜市，这表明户外休闲活动的质量是不高的。而非在业群体的消费娱乐活动主要是无需花费钱财和对休闲技能要求不高的活动种类，如下棋、打牌和养花鸟鱼虫、宠物等，而需要花费钱财和要求有休闲技能的活动（如去影剧院和歌舞厅及从事书法、绘画、摄影、收藏、写作等）一般都没有明显增加，有的甚至有所减少。失业者生活时间闲置化倾向，是社会时间资源的巨大浪费和劳动者个人生活质量的降低，同时也使下岗失业者个人感到失去了自尊心和自信心，同时也会损害他们的心理和生理健康。因此，关注非在业者群体，积极发掘和利用他们潜在的“以闲置的形态出现的闲暇时间”，把这一“社会时间资源”转化为社会创造财富，转化为劳动者素质和技能的提高。

在我国广大的农村地区，时间闲置的现象更加突出。中国农业大学的一项调查表明：在农闲期间，农民平均闲暇时间为7小时，其中不同地区农民的时间分配存在很大差异。沿海发达地区，如江苏省的一些乡镇，农民在春节期间的闲暇时间平均只有2小时，职业劳动时间为9小时；而内地和欠发达地区如甘肃岷县和齐齐哈尔龙江县一些农村的农民，闲暇时间长达11小时，职业劳动时间为0，在漫长的冬季基本无事可干。调查表明，农民的闲暇时间在不同的区域都基本存在三种“闲态”：一是闲置。从时间的客观形态看，农村人多地少，劳动力富余，又没有其他事可干，形成（剩余劳动）时间空置。这是农村社会时间合理配置的结果，不属于农民个人可以自由支配的闲暇时间；二是闲呆。从主体行为看，农民在农闲或空闲时间里，不从事任何有意义、有价值的活动，闲着什么也不干；三是闲玩。也就是自娱自乐。北方农民参加扭秧歌、“二人转”等，南方喜欢打麻将、扑克；当然也存在不健康的娱乐，如玩“六合彩”、赌博、看色情表演等。总而言之，农民的闲暇时间常常在闲呆闲耗或被动性消遣中流逝，其富足的闲暇时间并没有对其生活质量和休闲生活方式产生积极的影响（田翠琴、齐心，2005）。农民时间闲置多也说明其休闲内容单调、技能单一。其休闲活动主要集中在一般性的消遣娱乐上，而需要一定文化素养和知识技巧的休闲活动技能，农民掌握的人数则很少。农民普遍缺乏知识性的休闲技能，直接影响了农民参与休闲活动的深度和广度。

9.3.2 休闲专业教育的实施

将休闲作为一门专业，依托政府、学术科研机构，特别是在各级学校建立休闲专业院系、设立休闲专业课程开展教育，以此推动休闲终身教育。

1．加强休闲理论研究

休闲研究在西方已有100多年的历史，有丰硕的研究成果，而我国却刚刚起步。休闲研究要与我国实际相结合，否则，休闲研究就无异于“空中楼阁”。现阶段，政府加强休闲理论的研究，要从学术和政策研究的角度考察休闲文化、休闲经济、休闲产业的概念、它们之间的变量关系，以及它们与社会的关系。对基础性的问题进行系统、科学、规范的论证，如我国休闲产业、休闲经济的划界和统计模型；休闲产业与经济结构、与消费政策、产业政策、宏观经济规划、劳动就业、劳动时间的关系及其对策的问题；转型期我国城乡居民闲暇时间的利用、特点和休闲教育的问题；我国社会经济发展和个体主观因素的变量关系的问题；休闲产业的相关社会条件支持系统在我国的现状、特点及趋势的问题；休闲产业在我国社会经济发展中所处的位置、比重的问题；休闲经济在整个宏观经济中的比重问题；休闲旅游的文化价值和对人文关怀的意义问题；休闲文化对我国社会主义精神文明建设的意义的问题等，都亟待调查、分析、研究并提出对策和建议以及有关学理性的研究。

2．加强休闲专业建设和课程研发

政府要依托大学或社会科学院等有关科学研究机构，建立休闲研究与开发组织，并给予必要的资助。为了使青少年在学校教育中认识到休闲的价值、社会作用和重要性等，教育行政部门应当在小学、中学甚至大学课程里引进休闲教育课程。20世纪60年代，发达国家的大学开始把休闲课程纳入教育课程中，有的大学把它纳入体育课程里，有的大学把体育课程单独列出来，并开始授予了学位（学士、硕士、博士）。另外，体育高中和体育专门学校则把休闲课程列为正规的课程。我国大学现在也开始开设这样的课程，进行休闲学科建设，取得了初步的成效。

阅读材料9—5

我国学校休闲专业及学科建设情况

进入21世纪以来，我国中小学也开始重视休闲教育，一些地方教育行政机构开始规划设计有关少儿休闲项目；一些中小学开始开设相关课程，培养孩子休闲技能，设置了一些拓展性的娱乐游戏项目，提高学生身心素质；社会上的一些民间办学机构和公共文化机构如各种素质培训班、文化宫、少年宫、科技馆等也提供了一些少儿休闲教育和游乐项目。应该说收到了一定的成效；但由于应试教育的总体格局尚未打破，休闲相关课程尚未在基础教育阶段得到法规认可，各地的探索也参差不齐、优劣各异。孙敏明2010年在对宁波高校发放450份对于高校休闲教育现状调查的问卷中显示，“仅有6%的学生了解学校开设休闲教育”，“从访谈中了解到一般学校都没有设置休闲教育的相关课程，也没有专任教师。个别学校把休闲教育作为点缀融入素质教育中，或在体育课程中给休闲教育保留一席之地。”但在高校则是另一番局面。从2002年华南师范大学体育学院首先创办休闲与运动系到2008年1月国内第一个休闲农业学科博士点在福建农林大学设立，20余所高校休闲专业院系的相继建立，以及依托一些专业院系成立的休闲相关研究机构，也有力地促进了高

校休闲学科的建设，对休闲专业课程的开发起到了积极的作用。总体而言，国内高校休闲及相关专业教育还处于起步阶段，不仅课程体系不完备、不成熟，也缺乏专业共识，而且相关教育也偏重于专业技术教育，而忽略休闲的整体教育，特别是休闲理念和价值观的教育，以及面向社会的具有公益性的休闲普及教育。

（资料来源：孙敏明. 高等休闲教育现状与对策解析：以宁波市高校为例[J]. 黑龙江高教研究，2011，5.）

近年来，我国相继成立了休闲和休闲教育的研究机构，使休闲理论的研究走向规范化、制度化。中国艺术学院休闲文化研究中心、中国人民大学成立中国休闲经济研究中心、浙江大学亚太休闲教育研究中心、世界休闲组织中国分会、中国自然辩证法研究会休闲哲学专业委员会相继成立，以及国家文化部、中国旅游研究院、中国软科学研究会等对休闲的关注，都极大地促进了我国休闲理论的研究，为政府的战略规划和重大决策提供科学的依据。但是大多数研究机构处于民间，且数量有限，休闲理论研究远远满足不了社会发展的现实需要。因此，要借鉴西方国家经验，在适当时候成立专事国家休闲规划及管理协调部门和国家休闲研究院，作为休闲教育的组织保障。目前，虽然我国已经成立“全国假日协调办公室”，但它只是对“节假日”的活动做出安排、管理，制定相应法规办法，无法替代国家休闲规划指导部门。毕竟旅游并非百姓日常休闲，更多地需要对大众日常休闲进行文化指导。20 世纪 80 年代初的资料显示，当时世界上大约有近百个国家均有与休闲相关的主管部门和直属的研究院所，而现在更是有增无减，说明此部门对于国家发展所具有的特殊意义。我国应该加紧探讨研究，及时做出规划和部署。

3. 加强休闲及其教育专业人才培养

休闲专业教育的关键在人才（师资），目标在于培养专业人才，包括休闲技术专业人才和休闲教育专业人才。前者如各种休闲项目的设计规划、经营管理、生产、服务等人才，这属于休闲专业的职业技术教育；特别是闲暇时间规划师和休闲规划师，对需要引导才能合理使用闲暇时间的人，或选择休闲内容和形式感到茫然者，给予专业指导。后者即休闲教育工作者，要在传授基本知识、训练基本技能的过程中着力培养休闲教育工作者的职业能力和责任心。应借鉴西方发达国家的经验，把休闲专业人才培养成为“亲善大使”——他们既运用智慧，又付出爱心，以一种特殊的品质和技巧传递爱的精神，帮助人们找到真正值得参与的休闲活动。

9.3.3 休闲普及教育的实施

从教育的规律来看，休闲普及教育是一个长期的系统的工程，需要政府、非政府组织、志愿者团体、企业、教育机构和媒介等的共同协调合作。无论是学校教育、家庭教育或是社会教育，都有提供休闲教育的任务，因此应当统筹协调家庭休闲教育、学校休闲教育、社区休闲教育、社会服务性机构的休闲教育等，共同推动休闲普及教育及其终身化。

1. 重视家庭休闲教育，培养孩子的个性才能和健全人格

终生的休闲教育通常始于家庭。由于个人处于家庭成员及其社会网络之中，家庭成员的休闲方式对其有直接作用：家庭对孩子的生活态度，价值准则，行为的学习、形成和发展影响巨大；家庭成员的休闲参与程度、参与时间及相关资源构成了休闲教育的基础。家

庭休闲教育是指家长通过自身示范或引导子女科学地利用闲暇时间，提高闲暇生活质量的一种家庭教育。一个人最初在家庭中开始社会化，并逐步形成自己的休闲价值观和行为方式；家庭教育先入为主且有很强的情感性，因此，不可忽视家庭在休闲教育中的积极作用。

相比美国，中国孩子缺乏真正意义的休闲生活。受应试教育的影响，孩子从小背负着过于沉重的学业负担和心理压力；家庭教育也以望子成龙、望女成凤的心态剥夺了孩子的自由休闲权，休闲活动被严格限制，休闲方式及其选择被家长严格控制，致使孩子的童真被销匿，天性被扭曲，富有好奇心和想象力的童趣已难见踪影。或许“减负”能扭转这种局面，“减负”后出现的闲暇时间，家长和学校一定要善加利用，开展针对儿童特点的休闲教育，发展他们的休闲技能、个性才能、全面素质和健全人格。

家长要把休闲教育看作是孩子发展成才的重要途径。第一，为孩子选择和提供适宜的休闲资源。例如，公园、体育馆、图书馆、风景区、游乐场是孩子常常选择的休闲活动场所，家长可依据自己孩子的具体情况取舍，好的选择方法可以体现家长的创意，但也应尊重孩子的意愿和选择权。第二，培养孩子休闲的技能。家长不能认为将孩子放进休闲场所就可以了，要培养孩子学会休闲的方法，根据其智能性向培养个性化的休闲技能。第三，培养孩子良好的休闲习惯。例如，玩耍与游戏要适度控制，时间要适当，切忌上瘾，要身心活动兼备，动静搭配得当，室内室外合理交叉，电脑和手机等要严加监控等，从而使孩子玩得有乐趣、有收获、有节制、有理性。第四，休闲中发展亲子关系。休闲活动中家长不只是在行使“监护权”，而应该通过活动密切亲子关系，促进孩子情感与社会性发展，当家长不厌其烦地聆听孩子讲他们喜欢的小动物名字，或者听孩子发表对一本好书的看法时，家长也正默默地扮演着孩子休闲教育中最好的老师。因此，家长有责任积极地和孩子一起参加各项休闲教育计划。家长参与孩子的休闲教育过程，不仅可以使孩子在和父母的共同家庭生活中获得更多的学习和发展的机会，而且还扩大了整个休闲教育计划的影响和效果。

2．加强学校休闲教育，增强学生综合素质

休闲教育是校园文化建设的需要，是提高教育整体效益的需要，也是培养国家合格公民的需要；作为实施素质教育的新领域，学校必须把它列为教育改革的重要内容，以加强学生休闲素质的培养。要有针对性地向学生传授各种适宜的休闲知识和技能，让学生树立积极向上的休闲价值观，使学生学会明智地、自主地进行休闲选择，从而提高其休闲生活质量。具体来说，包括休闲观念或休闲态度、休闲价值观与休闲行为的选择、休闲知识与技能等方面的教育。首先，学校要提供给学生展示空间，让学生的创造性得到充分展现。学校经常组织具有自身特色的文化节、运动节、科技节、艺术节等，给学生提供展示创造力和激发潜能的机会。其次，要提供给学生丰富的休闲体验，通过有组织有目的的社团活动创造休闲教育的机会，使学生拥有健康的休闲教育体验。例如，组织攀登协会、露营协会、骑游协会、社会公益活动等，使学生能够在实践中积累更多的知识、技能和形成比较系统的价值判断标准，自觉地把承担社会责任和个体发展联系起来，将来更能自如地掌握自己的人生。第三，要提供给学生宽松的环境，使学生更好发挥创新的才能。学生在闲暇、宽松的环境中容易找到广阔的动手动脑的实践天地，更能激发他们创造的灵感，并不断挖掘休闲生活中取之不尽的创造源泉，从而形成永无止境的探究精神。但必须指出的是教师在这其中应是一位发现者、引路者，激发学生的创新意识，把握创新机会，引导他们形成驾驭休闲的能力，而不能任其自流、盲目发展。最后，学校还要争取各方面的支持，筹集资金，创设有文化气息的健康休闲场所，如创建游乐场所、运动场、球场、游泳池、图书馆、校内影院及舞厅等。这样既可为学生舒解身心，又可使学生远离社区不良场所。

3. 推行社区休闲教育，引导居民健康休闲

社区休闲教育是一种满足全体社区成员休闲需要、服务于全社区休闲发展的休闲教育。它通过地方学校或相关机构，促使社区休闲资源为居民休闲利益服务，增强其休闲意识，提高其休闲技巧，改善其休闲质量，最终达到居民自我实现的目的。首先，政府要把社区建设作为城市规划和建设的重要内容，注重开拓休闲空间，在现有的基础上继续增加公共社区活动场地与必要的公共文化设施，调动社区全体居民公共参与。其次，要提高社区管理者的素质，改善社区管理者的社会认同感，提高他们的待遇，加强全社会对社区休闲的关注和参与，当前尤为必要与紧迫。第三，可借鉴发达国家社区管理的经验，从本社区实际出发，制订社区教育计划，有计划地组织健康文明的社区闲暇活动，促进社区优良风气的形成和发扬，促进社区全体成员树立积极向上和求真、向善、趋美的闲暇生活价值观，建立科学、文明的生活方式，促进身心健康和全面发展；从而不断增强社区居民的社区归属感，包括社区意识、社区认同、社区参与。第四，社区休闲教育要寓教于乐，在“互爱”和“自律”的原则下，依据居民的兴趣和爱好开展经常性的、自编自演的各类文体、娱乐休闲活动，如健身、厨艺、花卉、美容、舞蹈和戏剧欣赏等活动，举办绘画、书法、音乐等相关的知识讲座和学习班，充实居民的休闲生活，使居民走进教室、运动场、音乐厅、博物馆、图书馆、公园、大自然中，不用依赖电视打发晚上和周末，更不用去声色场所寻求刺激。第五，社区要以开辟多方面的社会服务工作为平台，有计划、有组织、有目标地对居民开展多种形式的休闲技能培训，如规范家政服务、社区园林绿化管理、普通护理知识、环境保护知识、礼仪修养知识、一般社交知识等方面的培训。例如，美国密执根州克拉玛祖社区，人口为20余万，其社区在1997—1999学年度内开设的课程达到680多种，如会计、金融、自动化、艺术、汽车、生物、商务、化学、计算机、制图、经济、电子、急救、英语、消防等，几乎无所不包。第六，还要逐步改变社区管理和服务人员的知识结构，配备具有一定专业知识水平的人员从业、任职；政府还可以帮助社区举办各种能够增加社交资源的休闲活动：一方面增加社区成员参与公共事务的积极性，同时创造机会使不同的团体走到一起，在共享中培养集体意识；这样，社区文化会更加活跃。第七，还应把社区建设和物业公司的服务重心转移到文化休闲设施的建设和服务水平的提高上来；社区服务要处理好基本生活服务和休闲生活服务之间的关系，尽可能为居民提供一种轻松愉悦、和谐欢畅、健康向上的文化休闲环境。

4. 特别关注特殊群体的休闲教育

特殊群体由于存在一定的身体或智力障碍，一般处于社会边缘，属于弱势群体，他们参加休闲活动面临更多困难，因此应予特别关注。例如，对身体残障人士，应授之以适当的身体机能康复锻炼方法，使之能够最大限度地克服身体障碍，同时增益其他技能的成长；对智能残障人士，应该帮助和引导他们通过学习、训练而不断提高智能水平，特别是正常

的生活能力；对妇女应通过休闲教育提高其家政劳动和管理能力，特别是儿童教育方面的知识和技能，加强家庭卫生、营养和健康、锻炼等常识与技能教育，强化助益家庭和谐的文化、道德和情感教育，提高其休闲质量；对无业人员应利用其困顿无奈的闲暇着力培养其职业技能，帮助其尽早就业，并学会利用业余时间不断提高其整体素质，以免再遭失业之虞；对病患者，其痛苦难耐的闲暇也要加以充实，通过休闲教育，使适当的休闲方式成为其治疗康复的重要辅助手段；对知识分子，应特别强调其身体锻炼，增强运动意识，实现身心平衡；对完全无需从业的老人，应该举办各类老人学校和公益社团，一方面使他们学到新的休闲技能，开拓新的生活领域，丰富晚年生活，同时引导他们发挥余热，志愿服务社会，特别要引导他们适度加强身体锻炼，进行心理疏导和情感慰藉等，提高其晚年生活质量。对这些特殊群体而言，休闲教育的综合功能十分突出，应予特别重视。

5．构建终身休闲教育体系，使大众享受休闲人生

休闲教育是终身教育的重要组成部分。21世纪是以人力资源，特别是人才资源开发和竞争作为发展动力的崭新世纪，其中人才素质是核心竞争力；而人的素质的提高在很大程度上取决于生产时间以外的闲暇时间的利用数量和质量。为此，建立终身休闲教育体系，建设学习型社会，已越来越被国际社会高度重视。休闲贯穿人的一生，休闲教育也是一个个体终身追求“完美”的过程，必须将其纳入终身教育的范畴和体系。终身教育所追求的是个人的全面和谐的发展，强调教育是连续不断的自我完善和自我发展的过程；所期望的是个人在一生成长的各个阶段，都能充分实现自己的潜能，健康地休闲与生活，全面提高社会文明程度和人们的生活质量。从本质来说，休闲教育和终身教育根本目的都是使人“成为人”，促进人的自由全面发展。忽视休闲教育的终身教育将是不完美的终身教育，因而应把休闲教育的意义视为满足完整人性的另一半需要。休闲是生命的重要组成部分，是人的本性的充分展现，休闲教育正是为了更好地利用和享受闲暇，充分地张扬和展现人的另一半生命。人不仅要谋生，而且要乐生，休闲教育要为人们的“乐生”提供服务。而终身教育无疑为人性另一半的“圆满”画上完美的句号。

因此，应当把休闲教育的价值理念渗透到终身教育之中，把休闲教育的内容方法贯穿于终身教育始终。一方面通过社会组织，建立各种教育机构，提供各种教育的场所和机会，建立和架构一个使学习者能够终身受到教育的体系，最大限度地创造学习的条件，使人们在不同阶段和不同层次的各种学习需求得以满足；另一方面是促进个人的终身学习，使每一个社会成员在一生中能持续地学习，健全个性、自由发展，享受休闲人生。

案例分析

台湾某大学休闲教育概况一瞥

1．休闲事业经营系立系缘由

随着经济的成长，公民所得的增加，生活品质也随财富的增长而趋优，台湾民众越来越重视尤其在高度的工商竞争社会下，如何规划休闲以调适紧张生活，丰富生活内涵的问题。这已不只是个人或家庭生活的须知，亦是政府必须正视的社会经济课题。在欧美先进国家，休闲已被视为个人的权利及社会的产品，亦是一门重要的行业（business），休闲服务的组织完善，管理良好，市场雄厚，提供多元化、全方位消费机会，对生活品质的提升有相当的贡献。

从1998年起，台湾各级机关、学校开始实施"隔周休二日"制，以逐步落实周休二日制的精神，随着假日的增加，市场中休闲、游憩、观光的需求亦随之快速成长，但如何引导人们从忙碌文化的生活压迫中逐渐走出，除了必须建立正确的休闲理念，解决目前混乱且质与量均严重不足的休闲空间，培养休闲产业的经营人才，亦为刻不容缓的问题。

鉴于台湾休闲教育的不足，而且休闲相关学系都集中于中、北部，课程的设计大都偏向于观光、餐饮等部分，对于因休闲而衍生的户外空间需求、休闲区位选择、土地开发的课程及休闲行为等课题的探讨大都阙如，因此，为配合岛内休闲事业的快速发展及地方政府推动休闲观光产业人才的迫切需要，进而规划二年制休闲事业经营系，以期能够提供休闲产业正确的经营技术与概念，使休闲行为结合地方自治、人文的资源，在永续发展的原则下扎根，特成立休闲事业经营系。其主旨，可归纳如下：

（1）配合地方政府休闲产业发展政策。

（2）适应休闲市场经营管理人才的需求。

（3）解决现今休闲事业教育资源上的不足与偏颇。

（4）配合地方政府观光休闲事业发展需求。

（5）提升休闲事业经营的技术。

2．妇女与休闲课程纲要列举

（1）开课系所：休闲运动与管理学系。

（2）开课年级：二年级。

（3）修别：选修。

（4）科目名称：妇女与休闲（Woman and Leisure）。

（5）教学目的：本课程是一个讨论妇女与休闲关系的课程，主要探讨的主题包括女性主义、社会结构、父权社会与权力关系、妇女休闲束缚与阻碍、肢体形象、性别角色认同、休闲赋权等课程并介绍美国妇女与休闲的研究历史、主要的理论架构、主要研究题材与方向等。

（6）教学内容：

① 休闲的社会心理学；

② 女性主义；

③ 社会结构；

④ 父权社会与权力关系；

⑤ 休闲赋权；

⑥ 性别角色认同；

⑦ 妇女休闲的健康心理；

⑧ 妇女之休闲教育与休闲活动之选择；

⑨ 妇女休闲束缚与阻碍世界各国妇女参与休闲之状况；

⑩ 21世纪妇女休闲之趋势。

3．参考阅读书目

1）中文

[1] P A Stokowski.休闲社会学[M]。吴英伟，陈慧玲，译.台北：五南图书，1996.

[2] 李贵花.从成年初期、中期探讨台北地区双生涯妇女之心理压力与工作、婚姻及休闲间的适应[D].台北:中国文化大学家政研究所，1990.

[3] 涂淑芳.从媒体报道看妇女的休闲阻碍原因[J]，妇女休闲研讨会,1995.

[4] 修慧兰.台北市就业者的休闲状况与休闲伦理观[D].台北:台湾政治大学心理研究所，1985.

[5] 许瑛玲.女性公务人员休闲生活之研究:从某一事业单位女性职员为例[D].台北:东吴大学社会工作研究所,1994.

[6] 许雅琛.服务业职业妇女休闲活动之研究[D].台北：台湾政治大学企业管理研究所,1992.

[7] 陈彰仪.台北市已婚职业妇女之休闲兴趣与参与情形与生活形态[D].台北:台湾政治大学教育与心理研究所，1985.

[8] 陈彰仪.不同生活形态的职业妇女之压力与休闲形态、婚姻满足及工作满足三者关系之差异[D].台北：台湾北政治大学教育与心理研究所，1986.

[9] 陈彰仪.休闲的社会心理学[J].户外游憩研究，1990,3.

[10] 张慧美.制造业未婚女性职工休闲研究:以中部地区两厂为例[D].台北：东吴大学社会工作研究所,1986.

[11] 刘毓秀.台湾妇女处境白皮书[M].台北：时报文化出版社，1995.

[12] 郑瀛川，陈彰仪.职业妇女之工作、休闲关系与生活形态[J]，台北：台湾政治大学学报，1986.

[13] 郑玉波.民法概要[M].台北：东大图书公司，1994.

[14] 应敏贞.夫妻休闲活动的安排与婚姻满意关系之研究[D].台北：台湾师范大学家政教育研究所，1990.

[15] 戴智慧.已婚职业妇女的生活压力与休闲形态、婚姻满意、生理健康及工作满意五者的关系[D].台北：台湾政治大学心理研究所，1985.

[16] 卢慧怡.女性劳工休闲活动参与之研究[D].台北：东吴大学社会工作研究所，1990.

2）外文

[1] C C Bramham，A Tomlinson. *Sociology of leisure–areader*[M]. London:E&FN Spon，1985.

[2] *G Cross A socialhistory of leisuresince1600*[M]. StateCollage，PA:VenturePublishing，Inc,1990.

[3] J T Haworth，M A Smith. *Work and leisure*[M]. Princeton，NJ:Princeton Book Company，1975.

[4] Henderson，A Karla. *A leisureofone'sown:A feminist perspectiveon women'sleisure*[M]. StateCollage，PA VenturePublishing，Inc,1989.

[5] Hende，A Karla. *Both gains and gaps:Feminist perspectiveson women'sleisure*[M].

State College，PA:VenturePublishing，Inc，1996.

[6] H Ibrahi. *Leisure and society:acomparative approach*[M].Dubuque，IA:Wm. C. Brown Publishers,1991.

[7] J R Kelly，G Godbey. *The sociology of leisure*[M].StateCollege，PA:VenturePublishing，Inc，1992.

[8] J Seabrook. *The leisure society*[M].NewYork BasilBlackwell，Inc，1989.

请结合本章有关内容，思考以下问题：

（1）你怎样理解休闲专业教育，它在休闲教育中居于怎样的位置？

（2）台湾这所大学的休闲教育对大陆设置休闲专业教育课程有何启发？

（3）结合我国目前休闲教育的现状，如何进一步推进休闲教育？

简要点评：①休闲专业教育就是通过学校休闲专业学科建设和课程设置开展的休闲教育，目的是培养休闲专业人才；它在休闲教育中居于核心地位，起到引领作用；面向社会大众的休闲普及教育有赖于学校系统内休闲专业教育水平的不断提高以及向外拓展。②台湾大学的休闲教育开放度较高，充分吸收了国外的先进经验，具有国际水准；在大陆开展相应的专业教育既有条件也有必要，可以参照台湾地区休闲专业教育的设置更好地建设大陆地区的休闲专业，提高对休闲的学术研究水平，在更深入的领域内挖掘更深层的休闲思考。③应将大学的休闲专业教育在适当选择和改造之后向中小学和全社会辐射推广，推进休闲普及教育，使之纳入国民终身教育体系。

本章小结

本章主要介绍了国外和国内休闲教育的发展历史，同时介绍了各国对休闲的制度保障。在理念上应是生活方式的教育，是教导人们实现圆满生活和完美人生的教育。对人们休闲生活方式的理念、方法和行为进行科学合理的引导，使人“成为人”的过程。休闲教育可以开发每个人的闲暇时间，其实际上就是积累一个人、一个民族和一个国家的文化资本，就是对人的教育与教养的投资。休闲教育是个体生命与生活世界的需求，是社会文明进步的客观要求，是人的自由全面发展的需要。休闲教育的目标是培养人们科学的休闲观，强化人们正确的休闲伦理，培养人们良好的休闲技能、技巧，促进人的自由全面发展。我国目前休闲教育存在对休闲本质认识不够，休闲对人自身发展作用不明显；休闲缺乏文化内涵，内容单调，趣味不高；闲置的时间多，缺乏休闲技能，不会休闲；社区建设滞后，政府投入不足，不能满足人们的精神需要等问题。我国需要进一步加强休闲专业教育和休闲普及教育的建设和实施。

思考与练习

一、名词解释

1．休闲教育　　2．休闲专业教育　　3．休闲普及教育

二、单项选择题

1．在国外，直接针对休闲教育的国际性文件是（　　）。

A．1918年美国关于青少年休闲教育的“中心原则”

B．1924年美国关于把休闲教育贯彻到公民职业训练和公民训练中的政策

C．1993年在耶路撒冷通过的《世界休闲教育国际宪章》

D．1996年国际世纪教育委员会向联合国教科文组织提交的一份报告

2．休闲教育的核心理念是（　　）。

A．人的自由全面发展　　B．促进人“成为人”

C．使人活得自在快乐　　D．使人具备高超的休闲技巧

3．教育与休闲教育的区别在于（　　）。

A．教育目标规定着休闲教育的目标

B．二者的最终目标是一致的

C．前者内涵更加丰富，外延更广，后者内容单调，范围很小

D．前者没有特殊针对性，后者是针对人们闲暇时间利用和休闲生活的教育

4．休闲伦理教育最重要的就是要让人们懂得（　　）。

A．休闲生活与其他生活一样要遵循社会伦理道德规范

B．人应该过符合道德的、高品位的休闲生活

C．人与自然应该和谐相处

D．人与人之间要团结友爱、相互帮助

5．休闲专业教育的关键在于（　　）。

A．休闲专业课程的设置与开发　　B．休闲院所等教育研究机构的建设

C．加强休闲教育政策的制定　　D．培养休闲教育专业和休闲技术人才

6．在普及性休闲教育中，学校休闲教育应该（　　）。

A．全面传授并训练有关休闲的知识技能、价值意义、伦理道德、文化素养等

B．重点培养学生的想象力和创造力

C．着重培养并不断提高孩子的“玩商”

D．为孩子提供最为广阔的休闲空间

7．推进特殊群体的休闲教育，最为关键的是（　　）。

A．为他们提供全面的休闲教育和相关服务

B．针对特殊人群的不同情况开展具体的休闲教育

C．特别注重心理素质和健全人格的培养

D．树立他们的自尊，挖掘其生命潜能

三、多项选择题

1．西方休闲教育的特点是（　　）。

A．从少年儿童抓起，内容丰富、目标明确

B．注重家庭休闲教育

C．注重大学休闲教育与休闲人才培养
D．广泛开展丰富多样的社区休闲教育
E．注重公共休闲教育空间的拓展

2．中国传统的休闲教育有自己的特点，其中包括（　　）。
A．体验和领悟“休”“闲”二字高妙的文化意境，即是接受休闲教育
B．“家训”、“女红”等不仅是休闲方式，也是休闲教育的具体途径
C．中华传统“六艺”既是高品位的文化欣赏过程，又是休闲教育过程
D．现在依然存在的极为丰富的非物质或口头文化遗产便是借助世代持续不断的休闲教育得以传承的
E．休闲教育还以各种格言和文化经典的形式延续下来

3．中国目前蕴含休闲教育的相关制度主要有（　　）。
A．关于发展健康的生活方式的制度
B．关于从终身教育角度促进休闲教育的制度
C．关于加强全民健身运动的制度
D．关于加强公民思想道德教育的制度
E．有关学生休闲教育的制度

4．可以这样理解休闲教育的概念（　　）。
A．对人们休闲生活方式的理念、方法和行为进行科学引导
B．传授休闲知识、培训休闲技能、端正休闲意识、养成休闲习惯
C．教人学会开发自己的闲暇资源，积累文化资本
D．引导人们学会在生活中认识自我和完善自我
E．培养人的集体主义精神和共产主义的道德理想

5．休闲教育对人的个体发展的意义主要在于（　　）。
A．促进个体生命的完善，使人生更有价值
B．促进人类生活世界的人性化
C．推动人类物质文明的进步
D．使人学会摆脱必然，获得自由
E．使人学会利用闲暇时间求得自由发展

6．培养人们科学的休闲观，主要是（　　）。
A．使人们正确理解休闲的本质和意义
B．培养人们训练出极高的“闲商”
C．纠正人们错误的休闲认识，理解休闲多元化的潜在价值
D．明确休闲的层次性，并自觉提升自己的休闲层次
E．告诉人们娴熟的休闲技能是人生的必备素养

7．家庭休闲教育的主要内容是（　　）。
A．引导、监督孩子充分利用闲暇时间，学好各门课程取得优异成绩
B．根据孩子的智能性向培养其休闲技能
C．引导监督孩子形成良好的休闲习惯

D．在家庭共享的休闲活动中发展亲子关系

E．为孩子选择和提供适宜的休闲资源

8．休闲教育和终身教育的关系是（　　）。

A．休闲教育是终身教育的重要组成部分

B．休闲教育是个体终身追求“完美”的过程，渗透在终身教育的过程之中

C．他们的根本目的都是使人“成为人”，促进人的全面发展

D．终身教育的实质就是休闲教育

E．二者截然不同，前者是关于休闲的教育，后者是关于人生历程的教育

四、辨析题

1．国外休闲教育就是促进人的自由全面发展的教育。

2．应试教育与休闲教育是根本对立的。

3．休闲教育没有不同于一般教育的特殊目标。

五、思考讨论题

1．国内外休闲教育的历史是怎样的？有何不同？

2．国外休闲教育有哪些制度？你对中国的休闲教育制度有什么看法？

3．休闲教育的本质和具体含义是怎样的？

4．休闲教育有什么意义？它要实现哪些目标？

5．我国目前的休闲教育现状是怎样的？

6．你认为该怎样开展休闲专业教育？推进休闲普及教育要通过哪些途径来实施？

六、实践练习题

如果你是休闲规划师，面对一个3～6岁的幼儿，你会向他的家长对其休闲教育提出哪些建议？或者面对一位退休老人，你将为他设计一个怎样的休闲生活方案？

七、案例分析题

研读本章“阅读材料9-4：我国休闲教育现状的调查”所通过的材料，请回答以下问题：

（1）尝试用自己的语言概括我国休闲教育目前存在的主要问题。

（2）我国城市的休闲教育和乡村的休闲教育存在着怎样的差别？

（3）针对你所在的家乡的休闲教育状况提出针对性的改善建议。

第4篇

休闲社会与政治

广义而言，本篇属于休闲社会论，探讨休闲社会的相关内容，主要是现代休闲发展的社会形式——休闲产业和休闲组织，以及作为休闲发展之社会保障的休闲政策和制度。休闲与社会的关系涉及方方面面，除个人休闲外，家庭休闲和社区休闲最为重要；休闲产业是休闲在现代商品社会所必然采取的发展形式，是休闲经济的产业体系，包括休闲三次产业，核心是休闲服务业；休闲组织主要是社会休闲供给体系的实体形式，有私人企业、公共部门和志愿性组织等不同类别。休闲政策是国家或地区为解决公民休闲问题而采取的公共性措施或方案；相对来说，发达国家的休闲政策更加完备，值得国内发展借鉴；我国休闲政策近年来也在快速完善之中，在促进国民旅游休闲、推动全民健身和休闲服务业发展等方面有较大动作，但尚需进一步完善。休闲制度是国家强制性地保障公民休闲权利的法律规章，在保障公民权利、促进社会健康发展等方面发挥重要作用；相对来说，发达国家在休闲权利、时间、物质条件等方面保障体系完善，值得国内借鉴；中国休闲制度在建国后特别是改革开放以来有了较大的改善，在相关法制健全、保障公民休闲权利以及休闲时间和物质条件等方面取得了重要进展；特别强调带薪休假制度的严格落实，以趋近发达国家水准。

第10章　休闲社会、休闲产业与组织

教学目标与要求

通过本章学习，了解休闲社会、休闲产业与休闲组织的概念、功能与分类。掌握家庭休闲的分类及其对个人的影响；掌握休闲产业的行业范围；了解休闲组织的3种形式及各自的特点。

章节知识框架

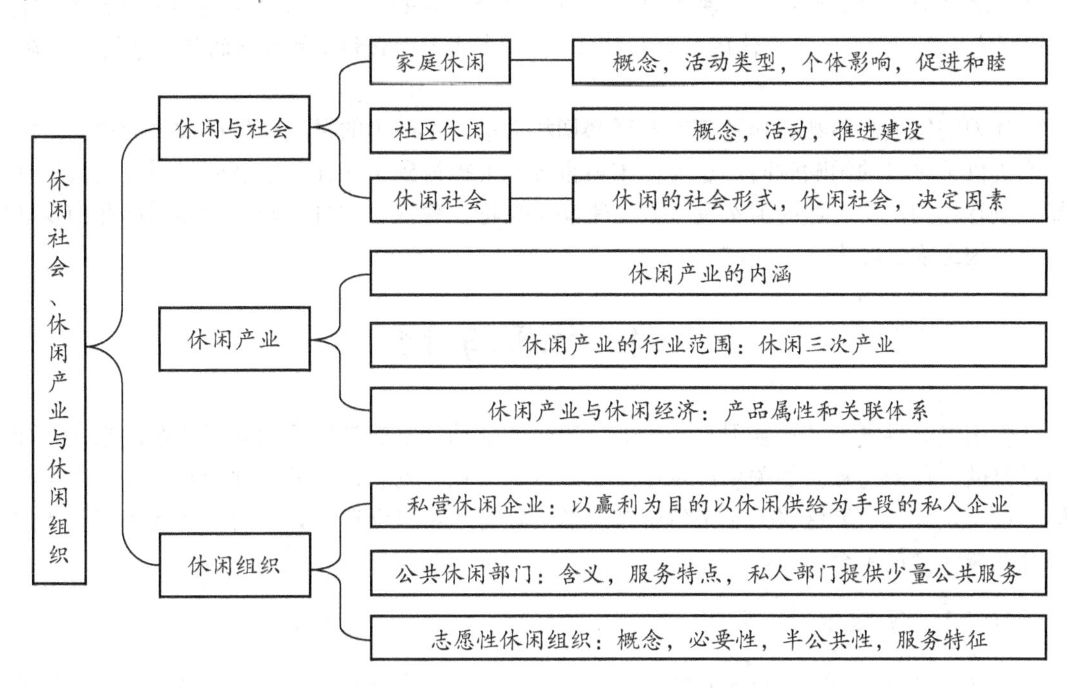

关键术语

休闲社会，休闲产业，休闲经济，休闲组织

导入案例

2015年发达国家将进入“休闲时代”

知识经济时代的来临，将使未来的社会以史无前例的速度变化着。美国《时代》杂志（1999年第12期）载文预言：2015年，发达国家将进入“休闲时代”，发展中国家将紧随其后。休闲将成为人类生活的重要组成部分。美国学者预言，进入21世纪人们的生活方式特别是休闲生活将有重大改变。华盛顿地区公共策略预测部主席莫利特说，休闲、娱乐活动及旅游业将成为下一个经济大潮，并席卷世界各地。专门提供休闲的第三产业在2015年左右将会主导劳务市场，在美国GDP中占有一半的份额。在2015年这段时间，新技术和其他一些趋势可以让人们把生命中50%的时间用于休闲。

点评

20世纪以来，人类历史的发展进入了快车道，科学技术日新月异，物质财富加速积累，劳作和生产方式发生了深刻变化；经济增长及其质量提高和效益改善，越来越依赖于人们知识和智能的增长，知识经济时代与闲暇时间的增多同时到来。那么，知识经济时代的来临，将会把人类带入怎样的社会？休闲在未来社会中的特征和地位会怎样？在社会的经济结构中休闲会呈现怎样的状态？占据怎样的份额？社会管理如何适应社会休闲的发展？本章将对休闲与社会的关系，未来休闲社会的特征、社会中休闲产业和休闲组织的状况等展开讨论。

休闲的发展是与社会和经济的发展密切相关的。生产力的发展和生产效率的提高，为人们提供了更多的闲暇时间，这使休闲最重要的前提得到了保证。经济的发展也使人们有能力进行休闲消费，休闲消费反过来也带动了住宿、餐饮、体育和娱乐等休闲产业的发展以及休闲组织的壮大。

10.1 休闲与社会

休闲是一种复杂的社会现象，人们从事休闲活动，多数是以不同的群体在适当的区域内展开的。休闲与社会的关系涉及家庭、社区、职业、阶层、年龄、性别及特殊群体等不同方面，具体地研究这些关系是休闲社会学的任务。本节仅对家庭休闲、社区休闲和休闲社会的概念做简单介绍。

10.1.1 家庭休闲

社会学创始人奥古斯特·孔德（August Comte）将家庭视为社会的基本单位，因为家庭是一个具体而微的社会体，通过对家庭性质的研究，可以了解整个社会的性质；了解休闲的社会性质，也必须从认知家庭休闲入手。

1. 家庭休闲的内涵

人的很多休闲行为都是以家庭为单位发生并进行的，这里把以家庭为单位进行的休闲，称为家庭休闲。家庭休闲有以下三层含义：

首先，家庭是休闲的基本消费和预算单位。家人的休闲消费及预算经常是在家庭之内统一分配决定的。家庭是一个相对独立的消费单位，家人常一起休闲，或由家庭总消费与总预算中分配给家庭成员个人进行休闲。常见的以家庭为单位但以个人出面的休闲形式有

礼仪式的休闲，如参加婚礼庆典、生日庆典、生子庆典等，或节日庆典活动中的休闲。

家庭休闲的第二层含义是全家式的休闲计划与活动。这里休闲主体是全家人，形式可分为居家休闲与外出旅行两种。全家人一起休闲，除了上述的参加婚生各类庆典活动外，还有共同看电视、聊天或亲子间的娱乐活动，这些休闲多半在假日或下班时间进行。至于外出旅行是偶尔为之的活动，旅行路途的远近和时间的长短都要根据家庭情况而定。

家庭休闲的另一重要内涵是家庭分子或成员的休闲不是孤立进行的，需要考虑与所有家人相配合的休闲行为。即使一个人休闲也要考虑家庭其他成员的时间、空间、工作、职责、互动等因素。例如，父母在子女准备升学考试期间减少外出休闲，停留在家陪伴子女；在家看电视也要尽量放小音量，甚至少看或不看，以免影响子女学习。此种为家人考虑的休闲，反映出休闲是受家庭影响或决定的。

2. 家庭休闲活动类型

家庭在休闲时间里进行夫妻与子女之间以及所有成员之间的交流和沟通，可以巩固家庭的纽带作用和凝聚力，维持和加强家庭传统的生活方式和行为方式。反之，如果只选择男人之间或女人之间度过休闲时间，或者家庭每个成员单独度过休闲时间，就会降低家庭凝聚力。以家庭凝聚力为标准，可把家庭休闲活动划分为以下五种类型。

第一，纠纷型家庭休闲。个人休闲活动使家庭成员之间产生某种纷争。例如，家长过分热衷于休闲而不顾家庭，或者家庭某个成员因休闲而给整个家庭带来损失，或者妨碍、影响、破坏家庭的良好氛围等情形。

第二，服务型家庭休闲。夫妻或家长为了整个家庭而减少甚至牺牲自我的个人活动。例如，带领子女逛动物园、参加运动会，让孩子尽情玩耍和充实其休闲时间等情形。

第三，协作型家庭休闲。家庭成员为了满足其他成员的休闲需求而适当抑制自己的休闲需求，例如，看电视时抑制自己的愿望，不去争抢电视频道等情形。

第四，贡献型家庭休闲。大家一起做家庭内琐事，如修理东西、打扫卫生、做木工或者趣味活动，以及一起看电视、玩游戏、旅游、购物、外出用餐等健康的活动或者沟通等情形。

第五，一致型家庭休闲。夫妻之间或者子女之间具有相同的爱好和休闲需要而形成协调一致等情形。例如，所有家庭成员都喜欢同样类型的电影或者喜欢旅游，因此，一起共同享受。

家庭休闲活动的这几种类型，各有不同的特点，见表10-1。

表10-1 家庭休闲类型

休闲类型	行为	满足休闲需求	家庭休闲贡献与否	例子
一致型家庭休闲	集合型	集合型	有	所有家庭成员都喜欢同样类型的电影 ，一同看电影
贡献型家庭休闲	个别型	个别	有	比如修理东西、打扫卫生、做木工或者趣味活动
协作型家庭休闲	集合型	集合型	有	例如看电视 s 的时候抑制自己的愿望，不去争抢电视频道等
服务型家庭休闲	集合型	个别	有	带领孩子狂动物园、参加运动会
纠纷型家庭休闲	个别型	个别	无	钓鱼，高尔夫

（资料来源：[韩]孙海植，等. 休闲学[M]. 朴松爱，李仲广，译. 辽宁：东北财经大学出版社，2005.）

3．家庭对个人休闲的影响

在一定意义上讲，个人闲暇以及个人的收入并不是个人休闲活动的最终决定者，家庭往往具有最终的决定性意义。家庭成员间的休闲会相互影响，个人的休闲数量与品质常常跟家庭有很大的关系。

家庭是个人成长中最早与他人互动的基本单位，在家庭中主要互动的对象包括父母、兄弟姐妹等，这些人不仅承传个人社会化的因素，相对重要的是家庭本身就是一种最主要的休闲环境，它提供个人生长与休闲的空间，对于个人日后的休闲参与有很大的影响（罗伯茨，1981）。由于受到家庭内外环境的制约，家庭休闲活动本身固有的功能会对家庭产生积极和消极的影响。幸福家庭的意义应该包括休闲的休息及心情转换功能，以及促进夫妻之间的关系。

4．休闲促进家庭和睦

休闲与家庭的和睦、夫妻感情以及家庭成员关系等，都有密切联系。有研究表明：夫妻共度休闲时间既能增进夫妻感情，也能保证家庭稳定。

休闲作为家庭的纽带，对于家庭具有多方面的功能。休闲是家庭的共同兴趣，是互动与沟通的中心。休闲是双亲教导、培育儿女、使之社会化的社会空间；儿女的德性培养、德行养成依赖于家庭共享休闲。休闲亦可能是一种自治与独立的机会，有助于家庭与社会关系的相对独立与和谐相处。

休闲有利于家庭和睦。例如，拥有共同休闲时间的夫妇比没有共同休闲时间的夫妇对婚姻生活更满意；夫妻共同参加休闲活动能显著促进幸福与和睦的夫妻关系；休闲有利于改善家庭成员之间的关系。例如，共享的家庭休闲活动与夫妻沟通之间存在很强的正比关系，反之亦然；休闲有利于维持家庭稳定。例如，夫妻是否参加共同的娱乐活动是影响夫妻稳定性的最大因素。

知识链接 10-1

休闲有利于亲密关系的建立和表达

约翰·凯利认为：

（1）休闲是表达与发展婚姻和友谊中亲密关系的中心场所。

（2）就发展而言，休闲活动不仅对自己，而且对别人都是有利的。例如，对度假旅行这样的休闲活动的选择常常会考虑到孩子的教育与成长。

（3）当生活被分割成块，家人团聚的机会非常有限时，休闲活动就可以使人们以一种特别的方式来展现和象征家庭的凝聚与共同合作。

（4）休闲也可以作为抵御外界干扰的手段，为家庭成员提供进行长时间交流的机会。

从这个角度看，休闲与其说是各种各样的活动，不如说是一个交往的环境。这一环境中的某些活动显然是工具性的——目的在于发展亲密关系。

（资料来源：约翰·凯利. 走向自由：休闲社会学新论[M]. 赵冉，译. 昆明：云南人民出版社，2000.）

10.1.2 社区休闲及其发展

1. 社区休闲的概念

社区休闲是指社区居民在闲暇时间，借助社区的景观及环境设施，用自己喜欢的方式放松身心、追求精神上的愉悦与充实，从事具有娱乐性、健康性、自发性而不是竞技性、营利性的休闲活动。

社区休闲的发展是指社区内休闲设施与活动的促进，社区休闲环境与条件的改善，社区居民参与休闲的增进。社区休闲资源是决定社区休闲发展的重要因素，重要的资源包括天然资源及人造资源，前者包括天然景观与天然产物，后者包括人造的休闲场所和休闲设施等，如图书馆、书店、展览馆、科技馆、音乐厅、影院、歌舞厅、健身健美俱乐部、体育场（馆）、美容美发场所、酒吧、茶庄、咖啡屋、小吃店、健身设施、公园等。

2. 社区休闲活动

社区休闲活动是指社区居民在社区中进行的各种休闲活动，重要的活动有唱歌、跳舞、饮茶、喝酒、聊天、玩各种球类、打麻将、下棋、打牌、打拳习武、到社区学校接受教育，以及各种集体性的文化娱乐活动等。这些活动也是社区居民的重要休闲内容。

3. 社区休闲的社会功能

社区休闲具有多方面的社会功能，这些功能有的是惠及社区中某些人，有的关系社区整体，大致有以下几方面：

第一，提升生活品质。休闲是生活的一部分，是工作之外的生活，社区休闲的丰富可以让人的休闲生活丰富多彩。生活品质是指人们享受物质和文化发展的水平和对于这种享受的主观感受与满意程度，社区中良好的休闲设施和休闲场所为社区居民提供了休闲条件，社区内组织的各种休闲活动让社区居民乐在其中，居民的生活满意程度或幸福指数会增加。

第二，强化社区的吸引力。有丰富休闲资源与活动的社区，必能激起社区居民参与及享有的欲望，形成社区的吸引力和凝聚力。好的社区休闲资源也会吸引外界人士前来观赏或定居，可使社区兴旺与发展。

第三，增进邻里关系。社区中的邻里关系可因共同进行休闲活动，或共同利用及维护社区休闲设施，而得到维系与增进。个人之间或亲子等世代之间的关系，也因共同使用社区设施，共同进行休闲活动，得到密切与改善。

第四，满足特殊人群的需求。社区休闲设施与活动的种类很多，不同种类的休闲设施与活动可分别满足不同人群的需求，公园中的儿童游玩设施特别受到儿童的欢迎与喜爱，健康步道特别受到老年人的青睐，运动场可能是好动的青少年的最爱，儿童游泳池则是父母最喜欢携带未成年子女戏水的地方，休闲广场是中老年妇女健身的最爱，活动中心以及休闲场所通常最受悠闲人士的光顾。总之，不同年龄或性别的居民有不同的休闲偏好，适应性好的设施通常也能为其最喜欢或最适合的休闲活动提供条件。

4．推动休闲社区建设

休闲社区即适宜居民健康休闲的社区，本质上是宜居社区、和谐社区，应从以下几方面推动建设（克里斯多夫·爱丁顿等，2009）。

第一，秉承“社区绿化”的准则，合理规划绿地、花园及其他植被等，一定程度上保留一些城中乡村的自然风光，既有利于保证环境的清洁优雅，又能够促进居民的心情舒畅和身体健康。

第二，通过休闲理念的渗透和展现提升社区的吸引力。社区的魅力在于以人为本的布局和规划，社区内各种环境要素的和谐统一以及人与自然的和谐统一，特别是房屋建筑、街道与商业和政府机构要有艺术性、文化性及体现社区个性的特色规划设计。

第三，通过社区休闲文化品牌创造社会、文化和休闲参与的机会。社区政府和有关组织应该在安排活动项目、提供场所和设施、提供各类信息服务以及进行组织引导等方面要主动地有所作为，充分调动社区内的各种休闲文化资源，吸引人们积极参与。

第四，引导居民积极参加休闲活动，切实推进公民参与。不仅要让社区居民参与有所看、有所听等被动型的休闲活动，更重要的是，要让他们以国家公民的身份真正自己组织、自己主导、自己参加，使自己在活动过程中深度享受，这样才能使他们获得切身的休闲文化效益，同时也尽一份公民的责任和义务。

第五，做好历史文化遗产保护工作。有些社区历史悠久，有着丰富的历史文化遗产；作为社区的管理者及其他社会工作者，应该有较高的历史和文化眼光，做好历史文化遗产的保护工作，既尊重先祖留下的宝贵财富，又对后代担负传承优秀文化的责任。

第六，更多地使用可替代性的、可再生的资源，致力于构建资源节约型和环境友好型社区，这也是和谐宜居社区的应有之义。

第七，积极推动以休闲发展为重点的经济发展。应该高度重视休闲产业和文化事业的发展及相关基础设施、政策体制的建设；社区要制定政策激发人们投资休闲领域的积极性，使休闲经济成为经济新的增长点，并带动企业和其他商业机构来社区落户，开发具有地方特色的休闲旅游、娱乐或度假项目。

10.1.3 休闲社会及其前瞻

1．休闲行业和组织是现代休闲发展的社会形式

随着社会的发展，休闲在社会生活中所占的分量和所处的地位会越来越高，让全体社会成员享受更充分的和更好的产品是现代社会的重要功能。现代社会的休闲发展，大多采用了休闲行业和休闲组织的形式，这是社会成员能够享有好的休闲产品和服务的社会保障。

休闲行业又称休闲实业，通常简称休闲业，包含休闲产业和休闲事业两种基本形式，前者可纳入经济学范畴，具有商业性和营利性，是休闲经济以及整个国民经济的产业子系统；后者则属于公共事业的范畴，具有公共性和公益性，一般由公共部门和志愿性组织来经营。休闲组织是休闲业的基本经营单位，是休闲行业系统的构成要素，属于社会性的实体组织，如企业、事业单位、协会、社团等。

休闲产业作为一种新兴产业，它是工业化社会高度发达的产物。19世纪中叶初露端倪，

20世纪60年代后，随着一些发达国家进入后工业社会，生产力发展所带来的消费结构升级使得这些国家的居民对休闲的需求迅速扩张，休闲产业也出现了引人注目的增长，以致当时的许多报纸和杂志文章都以“忙碌的休闲世界”为标题。20世纪80年代后，伴随着各国经济的快速增长和世界休闲热的兴起，休闲产业也进入快速发展时期。在西方发达国家，休闲产业是国民经济收入的重要来源，是政府部门制定相关政策必须考虑的因素。

阅读材料 10-1

休闲产业将成为推动经济增长的五大引擎之一

早在 20 世纪 70 年代，经济学家贝尔（Bale）就指出，经济结构的变化将使美国进入到后工业社会，在后工业社会，经济结构中最重要的变化就是经济由实物经济向服务经济转变，制造业在经济中的地位将出现下降，休闲产业的增长将成为后工业社会中最重要的部分。例如，旅馆、酒店、旅游、娱乐、休闲、运动等休闲服务业将是后工业社会服务业发展的重点。

鉴于休闲产业所表现出的巨大增长潜力，世界未来学协会副会长格雷厄姆·莫利托在 1999 年曾预计：休闲产业将很快形成巨大的经济浪潮，成为下一个千年推动经济增长的五大引擎之一。美国甚至有学者认为，在今后若干年中，世界级高年级体系所等待的疯狂大事将是休闲经济。于光远先生也曾指出：休闲产业的诞生符合当今时代的发展规律。

（资料来源：卿前龙. 休闲服务与休闲服务业发展[M]. 北京：经济科学出版社，2007.）

伴随休闲产业的大发展以及社会休闲需求急剧增加，各种休闲组织应运而生。这些休闲组织有的侧重休闲学术研究，有的侧重休闲教育与管理，有的帮助居民提高休闲技能，而大多数则直接提供休闲服务。休闲组织从性质上可分为营利性和非营利性两种。营利性休闲组织的典型形式是休闲企业，为人们提供有偿的休闲产品和服务，并以此为赢利的手段；非营利性组织有两种，一种是各级政府举办的公共部门，如免费的文化馆、博物馆、科技馆、纪念馆等，另一种是民间志愿性公益休闲服务组织，如各种休闲爱好者协会、休闲学术组织、民间公益文化机构等，他们不以赢利为目的，资金来源于财政拨款或者社会捐助、基金等。各类休闲组织在服务居民休闲、推动休闲发展方面都发挥了积极的作用。

阅读材料 10-2

北美休闲组织发展迅速

为了满足城市社会对休闲生活的需求，地方和联邦政府开始行动起来。1902 年，将近 800 个美国城市组织了自己的公园管理系统；1916 年，美国国家公园管理机构“国家公园服务部”正式建立，负责管理全国的国家公园和纪念馆；1927 年，有将近 1 700 座城市建立了自己的公园管理系统，下辖的公园总面积达到了 250 000 英亩（1 英亩≈4 046.86

平方米）。

二战以后，北美公园和娱乐发展进入快速推进时期。各种政府和非政府组织、期刊大量涌现，休闲教育也获得长足进步，为休闲研究奠定了良好的基础。1955 年，拉斯维加斯迪斯尼乐园开园，标志着美国第一个主题公园的诞生；1958 年，美国联邦政府成立了“户外娱乐资源审察委员会（ORRRC）”；1962 年，美国联邦政府又设立“户外娱乐部”，以对国民娱乐提供持续的协调、资助、管理与服务；1978 年，联邦政府又以“国家公园与娱乐行动”的名义斥资 12 亿美元用于城市和国家公园建设。到 20 世纪 90 年代，“全美 50 个州和加拿大各省都进行过不少与休闲直接相关的活动。每个州都设有以户外娱乐为首要责任的专门机构。另外，处理青年、老年、教育、资源保护区、规划和其他事务的州政府机构也常常向其用户提供娱乐服务”。因此，时至今日，无论在寸土寸金的纽约曼哈顿区，还是在休闲小镇宾夕法尼亚州的斯泰德考利奇，都随处可见面积和数量不等的城市社区公园。与此同时，许多非政府组织的休闲学会也逐步出现。1965 年，在国家娱乐协会的基础上，美国娱乐与公园协会正式诞生；1980 年，美国公园与娱乐管理学会和休闲科学研究院成立；1984 年，美国疗养性娱乐协会成立。在加拿大，1981 年也成立了国家休闲研究协会。至此，健全的休闲与娱乐学会（协会）组织机构网络正式形成。目前，美国国家娱乐与公园协会已成为北美最大、最重要的非政府休闲组织。

（资料来源：程遂营．北美休闲研究：回顾与展望[J]．旅游学刊，2009，10.）

2．休闲社会的含义

从社会发展的趋势来看，人类必将步入休闲社会，只是不同国家不同地区时间早晚会有不同。于光远在 1996 年就指出“争取有闲是生产的根本目的之一”。闲暇时间的长短与人类文明的发展是同步的。生产力发展和科技进步，导致人类用于劳动的时间会越来越少，当休闲时间达到生活时间的一半以上，就可以认为这时休闲已经成为一种社会形态，即休闲社会已经到来。之所以叫做休闲社会，是因为那时人一生花的时间最多的是休闲，第二是学习，第三才是劳动；今后可能实行每周 3 个或 4 个工作日，每日 6 小时或 4 小时工作制度，所以未来社会人的休闲时间是最长的（吴必虎，2006）。休闲社会是这样一个时代：休闲，而不是工作是这个时代的中心。从社会发展历史进程来看，社会每前进一个时代，生产力就会发生一次巨大飞跃，人类闲暇时间就有一次较大增加，这是人类闲暇时间变动的长期趋势，也是最基本的趋势（里士满，1974）。

休闲社会至少有四个特征。社会成员的平均休闲时间应该占到社会全部生活时间的 50%以上（即“社会闲暇率”≥0.5）；生活支出中应有 50%以上用于休闲（即社会“休闲指数”≥0.5）；与此相联系，休闲产业的经济活动总量在社会产业结构中占比超过 50%：这是三个主要特征。休闲社会的第四个特征，即人们的生活中心由工作转变成为休闲，价值导向由工作伦理转型为休闲伦理。这种特征在欧洲个别发达国家已经表现突出，他们工作 4 天，休息 3 天，由此可以认为一些发达国家已经步入休闲社会。

但就我国的情况看，只有少数发达城市有了休闲社会的迹象，大多数城市距离休闲社会尚远，农村就更远了。

知识链接 10-2

休闲时代与休闲社会

休闲时代与休闲社会是分别从时间和空间的角度界定人类社会休闲发展程度的概念，可以说当一个社会的发展进入了休闲时代，那么这个社会就转变成休闲社会了。马惠娣认为，休闲时代的主要特征：第一，从一切为了工作转为既考虑工作，同时也要休闲、学习一体化，从休养生息转为全面发展，从精英阶层走向普通民众，从以满足生存需要为主转为以实现人生价值、享受精神需要为主；第二，经济休闲化、文化休闲化、消费脱物化（指非物质方面的享受）、生活娱乐化、活动虚拟化、运动极限化。显然，这与休闲社会的特征是一致的。国际学术界普遍认为，21 世纪人类将在发达国家率先进入休闲时代之后，各主要国家也将逐步进入休闲时代，届时，休闲服务、休闲消费及相关产业对 GDP 的贡献率将达到 60%以上；典型的休闲社会将可能是休闲贡献率达到 75%以上，社会成员共享休闲将成为整个社会产业和经济体系真正为之环绕的中心。

3．未来休闲发展的决定因素

影响休闲发展的因素很复杂，具有不确定性，但最主要的、起决定作用的因素有 3 个：经济因素、政治因素和社会因素。

1）经济因素

很多休闲活动与行为是需要花钱的，因此探讨决定未来休闲发展的因素，首要的就是经济因素。经济因素可以分为个人的经济条件和国家及全球的经济景气与动向两个方面。在大经济环境之下，不同个人的经济条件会有不同。一般的情形下，富有的人会有较好的休闲机会与能力，贫穷的人难得有休闲的机会和能力。个人的休闲经济条件和地位，不仅会影响其休闲的活动与消费，也会影响其对休闲业的投资。

从整体来看，决定未来休闲发展的因素主要是国家与全球的经济景气与动向。未来国家与全球的经济景气良好，休闲发展也会有好的空间。社会上休闲消费的能力增强，休闲产业和事业的投资增多，整个休闲行业就会有大发展。反之，如果未来国家和世界的经济景气走向衰退，休闲行业特别是休闲产业也必然不乐观。

2）政治因素

未来国家的政治状况，影响休闲发展的前景。政治因素可以从多方面进行考量，这里主要进行政治制度、政治风气与文化以及国际政治环境的考量。

政治制度对经济的发展起到一定的制约作用，一般自由民主的政治制度对休闲发展比较有益。政治制度越民主，政府对休闲业的发展就越讲规则和效率，人民可享有更多的休闲，休闲业的投资者也较多。

政治风气与文化对休闲业的发展有显著影响。政治风气清廉，百业待兴，有更多的人投身于休闲行业；社会的文化繁荣，休闲氛围浓厚，整个社会的休闲业必将会有大发展。

国际政治环境对休闲发展也产生一定的影响。国际间政治关系良好，人民才能自由旅游于各国之间，也才能促使各国旅游和休闲事业的发展。国际政治充满纷争与冲突，必然对国际旅游业造成最直接的冲击，并导致其他休闲产业的萎缩。

3）社会因素

最重要的影响因素是社会治安。社会治安良好、社会秩序井然，都是吸引休闲者及旅游者的重要社会条件与因素。因为休闲者除了期望欣赏美丽的风光，身心放松也是一个重要目的；一个社会治安不良、秩序纷乱的环境，只能让游客内心不安、烦躁甚至恐慌，面对这样的环境，很多休闲者与旅游观光客会选择放弃。

4．21世纪休闲发展的基本趋势

第一，休闲从少数人走向大众化，社会将迎来大众休闲时代。过去，休闲往往同有闲阶级联系在一起，但现在随着收入提高和闲暇增加，加之消费观念的转变，人们也越来越重视生活质量的提高，旅游、运动、娱乐、游憩等休闲生活已经成为我国居民特别是城市居民日常生活中的重要内容，由此人们开始进入一个大众休闲时代。而当21世纪中叶第三步战略目标实现后，普通民众的收入水平和休闲消费力都将更大幅度地提高，因而会有更短的劳作时间，更多的假期和闲暇。到那时，我国将正式进入大众休闲时代。届时，休闲将不再是有闲阶级的炫耀性消费，相反，普通大众将成为社会休闲的主体；整个社会的消费结构将出现休闲化的趋势，休闲消费在普通大众消费支出中所占的比重将不断提高，并最终成为消费中最为重要的部分；休闲权将作为一种基本权利得到尊重和保护，包括残疾人、青少年、老年人、低收入者等在内的普通民众将有机会享受更多和更好的公共休闲服务；城乡居民的休闲差距将在很大程度上消除，在大量城市居民前往乡村休闲游憩的同时，也有大量农村居民前往城市观光娱乐，乡村旅游和城市旅游都将获得极大发展。

第二，科技在休闲中的应用越来越广泛，休闲将进入“泛科技”时代。无论从历史还是从现实来看，技术变革对人们休闲生活的影响是深刻的、显而易见的。新技术在生产和生活等各个方面的普遍应用不但提高了人们的工作、生活和学习的效率，从而可以把更多的时间用于休闲，而且使人们休闲的深度和广度都得到了前所未有的拓展。例如，新的交通工具、先进的通信技术、电子技术、网络游戏、有线电视、三维成像技术等在休闲领域的应用，或创生新的休闲方式，或改造传统的休闲方式，会给人们带来前所未有的休闲体验。科技进步还提高了人们利用闲暇时间的深度，使得人们一边工作一边休闲或在同一时间里进行几项休闲活动成为可能。“泛科技”将成为本世纪休闲发展的一个重要标志。

第三，工作不断向休闲渗透，两者的界限将变得日益模糊。工业革命曾经加剧了工作和休闲的对立，使得工作在后来变得越来越自动化和按部就班，工作日益成为了一种奴役的方式，休闲和工作截然分开，各有不同的时间段和场所，原来工作中所体现出来的创造性、想象力、技巧性等在后来的工作中大多已消失。现在，技术进步已开始改变这一模式，它不但使得今天人们的工作时间和工作场所具有了更大的灵活性，而且对工作的感受也发生了变化。尤其是电脑联网技术的发展，使得今天的人们不但可以将工作带回家甚至是野外完成，工作空间和休闲空间重合了，人们可以一边休闲一边工作，休闲和工作的界线开始变得模糊不清；同时，过去严格的作息时间也将不再是一项强制性的制度安排，人们可以凭自己爱好自主选择从任一自己喜欢的时间开始或结束工作；劳动的内容也将发生变化，昔日属于休闲的一些活动，如阅读报刊、上网浏览信息，到那时将可能成为劳动的内容；劳动环境也将设

计得舒适宜人，劳动过程也将以人为本，富有人性化色彩；劳动本身也会成为一种有益的享受，今天的劳动将会被未来的休闲劳动所替代，劳动也会成为休闲的一种方式。

第四，劳动社会将向休闲社会转变。在未来，科学技术的发展将使机器代替所有繁重的劳动，社会劳动生产率将大大提高，人的劳动强度将大大减轻，闲暇时间将超过工作时间，工作的地位将下降，而休闲的地位将上升，劳动社会将向休闲社会转变。

第五，休闲将成为一种日益重要的社会治理工具。在凡勃伦（1899）时代，休闲还只是有闲阶级的一种“炫耀性的显摆”，是上流社会矫揉造作的一种病态的生活方式。即使在休闲受到鼓励的后工业社会，它也只被看作是个人在闲暇时间里所从事的各种非工作性的活动，是人们对时间的一种非生产性利用。但是现在，随着休闲向社会、经济、文化等各个方面的全面快速渗入，休闲也正在演变为一种重要的社会治理工具。将休闲作为社会治理的工具，主要是对人的根本性需求及其内心动机的主动性适应，易于被人所接受和理解，从而能获得更好的治理效果。例如，国家通过倡导健康的休闲理念和休闲方式、提高公共休闲服务供给的水平、合理调整假期制度、完善国民休闲教育体系、建立青少年休闲系统、对不健康休闲进行正当干预等，都会产生很好的社会治理的效果。而随着休闲向社会的全面渗透，它还将被应用于经济增长、扩大就业、公平分配、国民健康、旅游振兴、消费促进、犯罪预防、心理干预、素质教育、社会沟通、社区治理、特殊人群关怀、文化建设、降低社会医疗支出、化解家庭和社会矛盾等众多领域，并产生广泛而深远的影响。

第六，休闲消费迅速扩张，休闲产业将成我国经济新的增长点。休闲产业于近代工业革命后出现于欧洲国家，第二次世界大战后开始形成产业规模。20 世纪 60 年代后，一些发达国家居民的可自由支配收入和闲暇时间都显着增加了随之而来就是对休闲需求的迅速扩张，休闲开始成为一种普遍的社会经济现象，休闲产业也出现了引人注目的增长，以至当时的许多报纸和杂志文章都以“忙碌的休闲世界”为标题。20 世纪 80 年代后，伴随各国经济的快速增长和世界休闲热的兴起，休闲产业也进入了快速发展期，并成长为世界许多发达国家甚至部分发展中国家的支柱产业和新的经济增长点。于光远（2004）曾指出：休闲产业的诞生符合当今时代的发展规律。根据休闲经济的活动规律，一个国家或地区人均 GDP 在 500～800 美元阶段是休闲消费的迸发期，当达到 2 500 美元时社会就会进入休闲消费的急剧扩张期。现在，我国人均 GDP 已超过 4000 美元，城镇居民家庭中小康型以上家庭的比例已超过了 60%，新的假日制度的实施又使人们拥有了比过去多得多的闲暇时间，因此大众休闲开始在我国兴起，在一些经济较发达城市和地区则已经相当普及。这意味着在我国居民的未来消费中蕴藏着巨大的休闲消费潜力。随着这一消费潜力不断地转化为现实的消费需求，我国的休闲产业必将迎来一个很大的发展，其对经济增长的作用也会越来越大，并最终会成长为国民经济新的经济增长点，成长为国民经济中的支柱产业。

10.2 休闲产业

10.2.1 休闲产业的内涵界定

休闲产业也称为闲暇产业。休闲产业这一概念自提出以来，就引起了学者越来越大的兴趣，但始终不能达成一致，形成一个普遍公认的定义。

知识链接 10-3

为什么学术界对休闲产业的理解存在分歧

什么是休闲产业？学术界发表了对休闲产业许多不同的理解，但至今仍未达成一致。例如，布朗（Brown）和威尔（Veal）认为，休闲产业主要是指那些为满足人们在闲暇时间里的消费而向他们提供物品、服务和设施的组织和个人的集合。美国学者穆森（Mu son）则尝试用列举法界定休闲产业的范围，他认为休闲产业主要包括了以下的产业序列：宾馆、汽车旅馆，饭店；田径运动场；高尔夫球场；网球俱乐部；健身俱乐部；剧院；主题公园；游泳池；私人经营的可供游泳的湖泊；划船俱乐部和码头；马术场；收费的垂钓园；钓鱼船只出租；天然小径探险；岩洞探险；风景游览；狩猎向导；射击场；台球厅；保龄球馆；滑雪场；溜冰场；假日农场和度假牧场；度假宿营地；野营中心；探险旅行和野炊场所等。除此以外，那些为以上活动提供咨询、订票服务，进行经营管理，以及提供“菜单”服务的行业，还有那些专门制造、发送、销售如体育器材等娱乐装备的行业，也都应当包括在休闲产业的范围之内。这种列举方法虽然列出了休闲产业的具体行业，但其缺点却是难以穷尽所有的休闲行业。之所以出现这一窘境，原因有四：

第一，人们对休闲这一概念本身就是模糊的。什么是休闲？人们至今仍是莫衷一是。从某种程度上说，休闲是按照人们的消费动机对人们所从事的各种活动所进行的分类。但休闲本身又具有很强的主观感受性，不同的人对休闲有不同的理解，有些人可能认为工作比旅游更让人感受到快乐，有些人则认为做家务是最好的休闲活动。而休闲产业这一概念又是建立在休闲这一概念的基础上的，哪些活动属于休闲都不能明确，又如何对休闲产业进行明确界定？

第二，即使按照人们的消费动机所定义的休闲来确定休闲产业的范围，则休闲产业所包括的范围也确实太广。正如美国学者所认为的，很难对休闲产业的范围有一个全面的统计，因为几乎所有的产业，包括国防，都有一些与休闲相关的工作。加拿大休闲学会在其发布的休闲白皮书中也指出，休闲活动渗透在包括军队在内的几乎所有部门之中，很难确定其产业边界。因此，如果按照传统的产业划分方式和统计方法，很难准确划定休闲产业的界限。

第三，大多数学者还没有将休闲产业与休闲服务业区分开来，而将休闲产业等同于休闲服务业。这些学者在对休闲产业的范围进行界定时，只列出了那些为人们的休闲消费提供休闲无形产品即休闲服务的行业或部门，其中主要是旅游业、体育业、文化娱乐业等，而没有将那些为人们的休闲消费提供有形产品如休闲食品、休闲用品和休闲器械的行业或部门包括其中，从而把一些本应包括在休闲产业范围内的一些重要的产业部门漏掉了。事实上，对于经济学来说，休闲首先是作为一种消费活动而存在的，那么休闲产业就应该包括了那些所有为满足社会的休闲消费需求而组织起来的产业。而消费者的休闲消费需求既包括了对休闲服务产品的需求，也包括了对休闲物质产品（如休闲食品、休闲服装、休闲用品等）的需求。那么，休闲产业就不应该只限于服务业，还包括那些为消费者的休闲消

费需求提供物质产品的行业。

第四，部分学者对服务业和休闲服务业本身的范围也把握不准。有些学者虽然将休闲产业等同于休闲服务业，将休闲产业限定在服务业这个比较狭窄的范围内进行界定，但对服务业的行业范围他们并不清楚，对服务业中哪些行业应该归入休闲服务业，他们也不能很好地把握。典型的如旅游交通服务，是属于交通服务还休闲服务？还有如休闲用品零售服务，是零售服务还是休闲服务？这些棘手的问题，都有可能使人们陷入模糊。

由于对休闲产业的定义存在困难，导致对休闲产业的外延也难以界定，有些学者对休闲产业划界范围过大，有的又过小，为不失偏颇，有必要确定几条界定休闲产业的原则：因为是休闲产业，具有经济学意义上的营利性，故应恪守以休闲的经济学概念为出发点的原则；因为休闲产业的服务对象是休闲消费者，其终端环节也是休闲消费，故应遵循与消费者的休闲活动直接相关的原则；因为休闲产业存在于广阔的市场之中，受到市场经济基本规律的制约，因而应把握和市场相关联的原则。以此可获得一个切中休闲产业之本质的内涵定义。

阅读材料 10-3

界定休闲产业的3个原则

第一，从休闲的经济学概念出发的原则。

从目前的情况来看，学术界之所以在休闲产业的范围界定上还没有取得一致意见，主要是由于对休闲产业定义的多样化，而休闲产业定义的多样化又主要是缘于对“休闲”这一概念理解的多样化。目前学术界对休闲的定义可谓是五花八门，既有来自哲学和社会学的定义，又有来自心理学和经济学的定义，而且即使是来自同一学科领域的学者，他们所定义的休闲也大多是互不相同的。而同一概念，如果给定的内涵不同，外延也将不同。

那么，在定义休闲产业时应该从哪一类休闲的定义出发？本书认为，休闲产业作为一个经济学的研究范畴，首先应该遵循经济学的定义方法，从休闲的经济学概念出发来对休闲产业进行定义。而在经济学那里，休闲被定义为“消费者在闲暇时间里的活动”，它首先是一种消费活动，隐藏在这一活动背后的是消费者对休闲物品和休闲服务的消费需求。因此，从这一意义上来说，休闲产业不只存在于第三产业（服务业）中，它还包括了第一、二产业中那些为消费者提供休闲物品的部门。

第二，与消费者的休闲活动直接相关的原则。

既然休闲产业是指所有生产休闲物品和休闲服务的部门，那么接下来的问题就是哪些产品属于休闲物品或休闲服务？在这里我们遇到了一个定义的难题，那就是如果以消费者的直接休闲需要定义休闲物品和休闲服务，则那些为大型游乐场所提供游乐设备的行业将被排除在休闲产业的范围之外，导致休闲产业的范围过窄。因为这些游乐设施并不是消费者的直接休闲需要，它们只是游乐服务企业生产休闲游乐服务的中间投入，游乐服务企业生产的休闲游乐服务才是消费者的直接休闲需要。相反，如果以消费者的间接休闲需要定义休闲物品和休闲服务，则因消费者的休闲引致需求而引发的所有产业活动也都将被纳入到休闲产业的范围。例如，那些为游乐设备生产企业提供中间产品的行业如钢铁行业、塑料行业、电力行业等，都将属于休闲产业，这样无疑会导致休闲产业的范围宽泛无边。

因此，既不能以消费者的直接休闲需要也不能以消费者的间接休闲需要定义休闲物品和休闲服务，而应该遵从“与消费者的休闲活动直接相关”的原则，即如果某产品是供消费者在休闲时直接使用或消费的，则这样的产品就是休闲物品或休闲服务，生产这类产品的行业就属于休闲产业。例如，游乐场向游人提供的游乐服务是游客的直接休闲需要，而游乐场的游乐设施是游客的间接休闲需要，这些游乐设施虽然只是游乐场生产游乐服务的中间投入，但由于许多服务尤其是休闲类服务的生产具有生产的特殊性，即要求消费者利用服务企业提供的服务设施进行自我服务，因此这类游乐设施仍是与游客的休闲活动“直接相关”的，故生产这类游乐设施的企业仍应被归入休闲产业，而其他那些为生产休闲物品（用品）和休闲服务的企业提供中间产品的企业，由于它们所提供的中间产品只是与消费者的休闲活动间接相关，因此不能被纳入到休闲产业的范围。因此根据这一原则，凡是为满足消费者的休闲需要而提供休闲物品（包括休闲设施、设备、用品、食品等）和休闲服务的部门，都应归入休闲产业的范畴。

第三，和市场相关的原则。

人们的休闲活动多种多样，有些要通过市场，有些不要通过市场，那些不通过市场的休闲活动属于自我供给的休闲消费，消费者在进行这类休闲消费时没有相应的产业活动发生，因此虽然这类休闲活动在人们的生活中广泛存在，但不能计入休闲产业的范围。

根据以上原则，将休闲产业定义为与消费者的休闲活动直接相关的所有市场活动的总和，是国民经济中所有为消费者提供休闲物品（包括休闲设施、设备、用品、食品等）和休闲服务的行业集合。它广泛存在于三次产业之中，以休闲服务业为主体。

知识链接 10—4

三次产业

三次产业的划分最初源于西方经济理论，西方经济学家根据劳动对象进行加工的顺序将国民经济部门划分为三次产业：根据社会生产活动历史发展的顺序对产业结构的划分，产品直接取自自然界的部门称为第一产业，初级产品进行再加工的部门称为第二产业，为生产和消费提供各种服务的部门称为第三产业。它是世界上通用的产业结构分类，但各国的划分不尽一致。

我国的三次产业划分：第一产业包括农业（包括种植业、林业、牧业、副业和渔业）；第二产业包括工业（包括采掘工业、制造业、自来水、电力、蒸汽、热水、煤气）和建筑业；第三产业包括除第一、第二产业以外的其他各业。根据我国的实际情况，第三产业包括交通运输、仓储和邮政业，信息传输、计算机服务和软件业，批发和零售业，住宿和餐饮业，金融业，房地产业，租赁和商务服务业，科学研究、技术服务和地质勘查业，水利、环境和公共设施管理业，居民服务和其他服务业，教育、卫生、社会保障和社会福利业，文化、体育和娱乐业，公共管理和社会组织，国际组织。

（资料来源：http://baike.baidu.com/view/109885.htm.）

10.2.2 休闲产业的行业范围

结合国民经济三次产业划分法和我国的国民经济行业分类法，尝试对休闲产业所包括的行业范围进行分类。

1. 休闲第一产业

休闲第一产业，又称休闲农业包括了第一产业（农业）中那些提供休闲农产品的行业或部门，如农业中的花卉和园艺作物种植业、林业中的观光林营造业、畜牧业中的宠物养殖业、渔业中的观赏鱼养殖业等，分别被称为休闲种植业、休闲林业、休闲畜牧业和休闲渔业。

2. 休闲第二产业

休闲第二产业，又称休闲工业和休闲建筑业包括了第二产业（工业和建筑业）中那些提供休闲物品的行业或部门，如休闲食品（饮料）加工制造业、休闲用品（设施、设备、用具等）制造业、各类公园、游乐园、体育场馆、博物馆、休闲广场等休闲设施和休闲空间建筑业等。

3. 休闲第三产业

休闲第三产业，又称休闲服务业包括了第三产业（服务业）中那些为人们的休闲消费需要提供休闲服务的行业或部门，大致可以根据这类休闲服务的属性将其划分为旅游休闲业、体育休闲业、文化休闲业、娱乐休闲业、餐饮休闲业。

休闲第一产业和休闲第二产业是生产休闲物品的行业，可以合称为休闲物品业，休闲第三产业是提供休闲服务的行业，称为休闲服务业。为清晰起见，休闲产业的行业体系如下图所示。

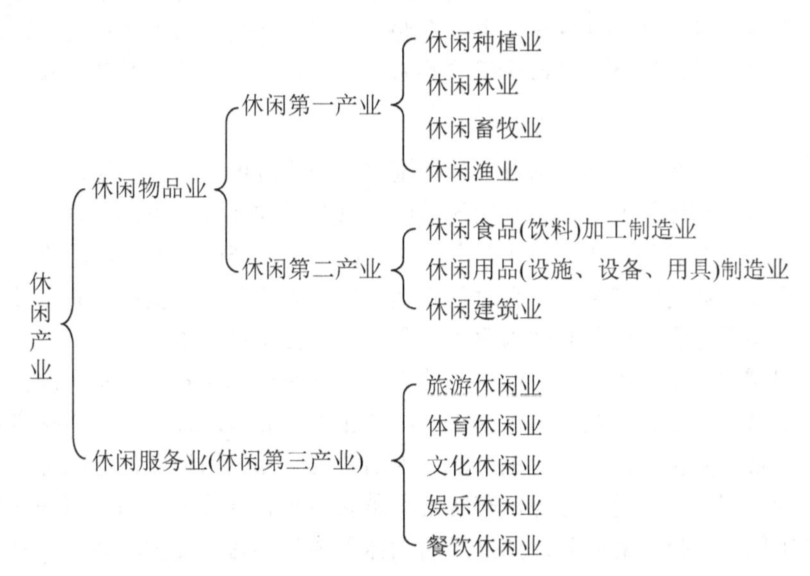

休闲产业的行业体系

（资料来源：卿前龙．休闲服务与休闲服务业发展[M]．北京：经济科学出版社，2007.）

10.2.3 休闲产业与休闲经济的关系

由于对休闲产业的混乱理解，目前国内学术界对休闲经济的概念也相当模糊，在很多情况下不加区分，即认为休闲经济和休闲产业是一回事，从而出现了对休闲产业的理解过于宽泛，而对休闲经济的理解又过于狭窄的问题。无疑，休闲经济和休闲产业都是由消费者的休闲消费需求所引发的产业活动，但只有那些生产休闲物品、提供休闲服务的行业才能被归入休闲产业的范畴，而有些行业虽然是因消费者的休闲消费需求而引发的，如休闲用品运输、仓储、邮递业，休闲用品批发、零售业，休闲教育业等，但它们既不生产休闲物品，也不提供休闲服务，对于这类行业，可以将其归入“休闲经济”的范畴。

知识链接 10-5

“产业”和“经济”的区别

产业的概念更多地是从产品属性方面来定义的，往往指的是生产某一类具有共同特性产品的行业的总称。例如，农业、工业和服务业分别是指生产农产品、工业产品和服务品的行业的总称，因此，休闲产业也应该是对那些生产“休闲产品的行业的总称，而“休闲产品”显然是指那些产品本身能给消费者带来休闲满足这一共同使用价值的物品和服务，即休闲物品和休闲服务，而那些不具有这一共同使用价值的产品就不能被纳入“休闲产品”的范畴，因而生产这类产品的行业也不能被纳入休闲产业的范畴。

而与“产业”的概念不同，“经济”的概念更多地强调了不同产业间的联系，而不强调所生产的产品是否具有某一共同的产品属性，只要生产不同产品的行业间存在着密切的前向连锁和后向连锁关系，就可以将它们纳入到某一共同的“经济”体系，如“休闲经济”就是如此。在休闲经济这一“系统”中，有些行业所生产的产品并不是用于满足消费者休闲需要的，但它们却是因消费者的休闲需要而引发的，它们和休闲物品以及休闲服务的生产存在着密切的联系。

据此，把休闲经济定义为因消费者的休闲需求而引发的一切经济活动的总和，既包括休闲产业，又包括和休闲产业具有密切的前向连锁和后向连锁关系的那些产业部门。也就是将“休闲经济”看成是“休闲产业”上位的、比“休闲产业”更为宽泛的概念。

将休闲产业和休闲经济区分开来对正确地界定休闲服务业的范围具有重要的意义。因消费者的休闲消费需求主要是对休闲服务的需求，而在服务业中，很多产业活动是因消费者的休闲消费需求而引发的，但它们生产的其实并不是休闲服务，有些是向消费者直接提供的服务如零售商向消费者提供的休闲用品零售服务，教育培训机构为消费者提供的休闲教育服务，金融保险机构向消费者提供的休闲消费信贷和休闲消费保险服务，邮政部门为消费者提供的休闲用品邮递服务等，有些则不是向消费者直接提供的，而是向那些与休闲消费有关的中间部门提供的服务，如批发商为休闲用品零售商提供的休闲用品批发服务，交通运输部门为游乐园保管和运送休闲器械的仓储、运输服务，安装公司为体育馆安装体育运动设备的安装服务等，其他的还有如国家休闲服务行政管理部门（如各级旅游局）所

提供的管理服务等，但所有的这些服务，无论是否向消费者直接提供，虽然它们都与消费者的休闲消费存在直接或是间接的关系，但它们属于非休闲性的服务，而不是休闲服务，因而不能归于休闲产业，但可以归于休闲经济。

阅读材料 10-4

21世纪的休闲产业

笼统地讲，休闲产业是指与人的休闲生活、休闲行为、休闲需求（物质的、精神的）密切相关的领域。特别是以旅游业、娱乐业、服务业和文化产业为龙头形成的经济形态和产业系统，一般包括国家公园、博物馆、体育（运动场馆，运动项目，设备、设施维修）、影视、交通、旅行社、餐饮业、社区服务以及由此连带的产业群。在西方发达国家，休闲产业是国民经济收入的重要来源，是政府部门制定相关政策必须考虑的因素。休闲产业的发展促进了产业格局的变化，在休闲业就业的人数占整个就业人数的比重相当大。不仅解决了失业和就业问题，而且促进和改善服务，增强了人的休闲欲望，促进社会经济的良性循环。作为消费，休闲是整个市场结构的一部分。随着收入水平的增高，休闲产业的市场对经济增长的重要性也日益增强。……几乎所有的产业、经济，包括国防，都有与休闲相关的工作。据统计，美国的旅行和旅游业雇用的职员有 900 万之多。在全联邦、各州、各县和当地的娱乐场所、公园以及其他休闲机构，大约有 250 000 个公共服务类的工作职位。还有近 200 万作家、艺术家、演艺界人士和职业运动员。没有谁能够把所有与休闲有关的工作挑选出来，换算成对应的全职工作时间。对全部休闲工作的最简单的估计办法，是将用于休闲方面的消费折合成工作职位进行统计。如果每 40 000 美元的消费开支能创造一个工作职位的话（相当于全职工作职位），10 000 亿美元的休闲消费就相当于 250 万个工作职位——差不多是 1990 年全部就业岗位的 1/4。

社会发展的现实表明，为休闲而进行的各类生产和服务活动正在日益成为经济繁荣的重要因素，特别是在大中城市中，各类休闲活动已成为经济活动得以运行的基本条件。尽管从历史的角度看，城市的产生和发展主要依赖于制造加工业的繁荣，然而，如今城市的经济模式已经开始转向依赖于休闲活动的兴旺发达了。因而，城市经济的良性循环在很大程度上也越来越依赖于休闲要求的实现，这种休闲产业的发展随处可见。例如，在都市中河、湖、港口附近区域的商业开发、娱乐设施、餐饮服务、体育竞技，还有旅游观光、名胜古迹的开发利用，以及节假日和各类庆典场合的商业倾销，各类非职业技能培训式的成人教育，众多高雅艺术的蓬勃发展，所有这一切无不反映出经济模式在向以休闲为依托的经济转变，甚至标志生活质量的各项指标，其大部分内容同人们的休闲有关（如公园绿地、艺术场馆、社区宁静程度、自然环境状况等）。一个地区如果拥有并建设这些条件，那么，对于日后的经济繁荣起着关键性的作用。基于这样的认识，许多地方都把他们的娱乐设施、商业网点、鲜花草坪和休闲服务看作是经济投资的一部分。

（资料来源：马惠娣. 21世纪与休闲经济、休闲产业、休闲文化[J]. 自然辩证法研究，2001，1.）

10.3 休闲组织

休闲组织，是指向人们提供休闲物品或休闲服务的机构。休闲组织在供给休闲物品或服务时，可以通过市场，也可以不通过市场。一般而言，休闲组织可以分为私营休闲企业、公共休闲部门和志愿性休闲组织 3 类。

10.3.1 私营休闲企业

私营休闲企业是指非政府所有的休闲企业。私营企业属于营利性组织，这类组织都是以利润最大化为目标，提供休闲物品和服务只是获取利润的手段，因此只要愿意支付相应价格的人都能获得这类组织提供的产品。私人组织的收入全部来自市场，由于受到利润驱使，私人部门一般都是主动发掘市场需求，主动为消费者提供服务，大多经营方式灵活，能有效地根据市场需求变化提供休闲服务，因而对市场需求变化具有高度敏感性，供给的一般都是那些供给弹性高的产品，提供的休闲产品特别是休闲服务也是最具个性化的。

私营企业提供的一般是私人产品，但也可能是半公共产品。当然它也可以提供公共产品，但由于这和其利润最大化的目标不一致，因此即使提供也是由政府财政买单，为社会大众免费或低价消费。现在，私营企业已成为现代社会市场化休闲的主要供给者，即市场休闲供给的主体，表现在以下两方面：

第一，在所有提供休闲物品或服务的组织中，私营企业的数目最为庞大。从全球来看，在各类有关提供休闲品的组织中，私营企业的数目是最多的，商业化休闲资源的开发在国外达到了特别高的程度。这些年我国商业性休闲机构也是雨后春笋般的增多，这类企业现已遍布我国的个体所有制企业（如家庭旅馆、休闲吧等）、国有企业（如中国国际旅行社、风景名胜区等）、上市公司（如华侨城集团、新锦江集团等）、股份制企业（如各类度假村、主题公园）、大型跨国集团公司（如迪斯尼乐园）等。在某种程度上，现代私营企业所提供的休闲，已占据了人们很大一部分闲暇时间。

第二，私营企业提供的休闲品占了市场化休闲品的最大比例。目前，在除个人供给以外的所有休闲品中，私营企业的贡献比例最大。例如，在美国，休闲服务项目的 95%都是由私人组织提供的，在美国一年 3 500 亿美元的休闲消费中，大约 60～70 亿美元是由政府提供的，150 亿美元是由非营利性组织提供的，其余的部分则是由营利性组织提供的。在加拿大，家庭休闲消费支出中的绝大部分也是用于购买私营企业提供的休闲物品和服务。

10.3.2 公共休闲部门

1. 公共休闲部门的含义和特点

公共休闲部门在社会生活中相对于私营企业而存在，旨在提供公共休闲产品和服务，以谋求公共利益和普遍福祉的一套休闲组织体系，包括了博物馆、美术馆、科技馆、公园、图书馆、公共活动中心等。公共部门一般属于非营利性组织，这类组织一般由政府直接领导，从政府获得拨款或资助，并享有一定的经营自主权，它们向公众提供服务时只收取成本价格甚至免费，它们提供休闲服务的目的是消费最大化，是为了尽可能多地让人们享受

到基本的休闲服务，而不是获取利润，因而它们一般只提供一些特定的休闲服务。不过也有一些公共组织是需要全部自行经营的，如一些国有性质的休闲企业。在这类组织所提供的休闲服务中，有些甚至是专门针对某些特殊弱势群体的，如一些专门为青少年和老年人提供休闲服务的组织就属于此类。

公共部门供给的休闲服务一般都是纯公共产品的休闲服务或半公共产品的休闲服务，这类产品一般都有较大的正“外部性”，如果由私人提供则会由于“搭便车”问题而使得私人供给无效率，因而私人不愿意供给。但从整个社会来看，这种供给却是有效率的，因而适合于由政府供给。提供休闲服务的公共部门有三个特点，一是资金主要来自政府财政，二是供给价格低于成本或免费，三是面向公众。其目的在于满足公民基本休闲需求。

2. 公共休闲服务的特点

纯公共休闲服务具有消费非竞争性和非排他性。这类休闲服务一般是那些以公共自然资源为基础的休闲服务，如公共河流、森林、山脉、湖泊、海岸等，还有一些如社区休闲中心，城市公共广场等，政府一般以财政投入的方式对这类资源予以保护和开发，并免费向公众开放。供给纯公共产品的公共部门一般由政府直接拨款组建，由政府直接领导，采取的是公有公营的形式，如国家电台、电视台、公共图书馆等，还包括那些履行某些政府职能的组织或协会，如各类文化协会、体育协会、足球协会等，这类组织一般都是直接向公众免费提供休闲服务。但是，休闲服务具有公共产品性质并不是政府免费供给的全部理由，只有当政府免费提供这类产品的社会收益高于社会成本时，政府才会免费供给。不过，有些由政府供给的休闲服务也并非完全出于政府的自愿，而是被迫的或是某些项目的“副产品”。例如，在美国，当政府无法阻止公众在联邦所属的森林地区宿营，而这类宿营又容易引起森林大火时，美国森林服务机构不得不对这类森林休闲活动进行管理。同样，那些本来是为防洪和发电所修建的大坝，却为公众提供了划船和钓鱼的休闲区。

3. 公共休闲服务亦可由私营企业提供

半公共的休闲服务一般是非竞争性的，但不是非排他性的。由于这类休闲服务具有排他性，因此可以由私营企业提供。但是，当这类休闲服务具有较大的正“外部性”时，如果由私营企业提供这类服务，那么供给将是低效率甚至是无效率的，从而会出现供给偏少，产生市场失灵，造成很高的社会福利损失，这无疑偏离了政府的效率目标。解决的办法有二：一是由政府免费或以低于成本的价格向公众直接提供这类服务，如城市公园和公共休闲广场等；二是由私营企业提供这类服务，但政府对它进行补贴，补贴的目的在于使私营企业降低休闲服务的价格，从而使更多的人参与休闲。提供这类服务的私营企业拥有较大的经营自主权，政府对其经营不直接干预，但可以提供指导和技术支持，如一些地方影剧院、歌剧院等。现在，政府在休闲服务的公共供给中越来越多地采用补贴的方式。例如，在英国，很多体育活动都是由“运动协会”组织和开展的，政府每年都要对该协会进行财政补贴。现在，公共部门在休闲服务供给中的作用正在变得越来越重要，政府为此而发生的财政支出也呈现出不断增加的趋势，说明政府对公共休闲服务供给越来越重视。

根据以上分析，将公共部门提供休闲服务的理由归结为 3 点：一是某些休闲服务具有公共产品的性质，二是某些休闲服务具有较强的正“外部性”，三是政府为了保证一般民众享有基本的休闲权利从而促进休闲机会的平等。因此，某些休闲产品和服务的公共性并不是政府供给公共休闲服务的唯一理由。

知识链接 10-6

公共部门

事实上，公共部门并不是指专门提供公共产品的部门，而是指代表政府以非营利的方式（一般是免费或低于成本的方式）供给产品的部门，它供给的产品可能是公共产品、半公共产品甚至私人产品，至于到底供给哪种产品，取决于其社会收益是否高于社会成本，其支出一般来自财政。本书所指公共休闲部门排除了政府以非营利方式提供私人产品这种情况。

10.3.3　志愿性休闲组织

1. 志愿性休闲组织的概念

志愿性休闲组织也被称为公益性休闲组织或私人非营利性休闲组织，这类组织一般由慈善组织、联合协会或俱乐部等机构组成，如业余戏剧协会、业余运动俱乐部、桥牌协会、鸟类观察协会等。这类组织的资金主要来源于社会各种捐助，目的既不是利润最大化也不是消费最大化，它们关注的主要是人类自身基本的休闲需要，它们经常利用大量的志愿者和受过培训的专业人员开展广泛的活动，一般只向符合条件的人（如有同类兴趣爱好的会员）免费提供某些特定的休闲服务。

志愿性组织供给的休闲服务既可能是纯公共产品和半公共产品，也可能是私人产品，因此，所供给的休闲服务的产品属性并不能作为判断一个组织是否为私营企业、公共部门或志愿性部门的依据，只要是以非营利方式供给休闲服务的非政府组织，就属于志愿性休闲组织。

2. 志愿性休闲组织的必要性

过去，人们一般认为产品或服务要么由公共部门提供，要么由私营企业提供。但韦斯伯德（Weisbrod，1978）认为，这种将产品或服务的供给者简单地分为公共部门和私人部门是不正确的，因为政府不是万能的，它不能解决所有的市场失灵问题，这是因为：政府不可能获得市场需求的所有信息；政府也可能因为对自身利益的追求而使其行为偏离公众目标，使资源配置出现无效率或是低效率；政府本身的财力也是有限的；可能有些公共产品的供给在政府看来也是不必要的。也就是说，在物品或服务的供给方面不但存在市场失灵问题，而且也存在政府失灵问题，从而会导致有些公共产品既没有私人部门供给又没有政府部门供给，而志愿性组织提供的恰好是这样一些公共产品。可见，志愿性组织是在政府失灵和市场失灵同时存在时的产物。

3．志愿性休闲组织主要提供半公共休闲产品和服务

虽然也有一些志愿性组织供给纯公共产品（如义务解说员所提供的解说服务等）和私人产品（如一些健身休闲俱乐部以非营利方式向会员提供的健身服务），但大多数志愿性组织供给的都是半公共产品，它们只向自己的会员免费或以低于成本的价格提供这类休闲服务，而不向社会公众提供，这主要存在于各种协会或俱乐部中，如各种棋类俱乐部、大学里的各种协会、民间的各种兴趣小组如戏曲爱好者协会、京剧爱好者协会、天文爱好者协会等。这类组织一般采取排他性的组织形式，它们只允许有共同爱好者加入该组织，组织只为其成员提供休闲服务，这样的休闲服务对于组织内部成员来说是公共产品，而对于组织外部来说则是私人产品。

4．志愿性休闲组织的服务特征

与公共部门相比，志愿性组织在供给公共休闲服务方面存在两大重要特征，第一是资金来自组织筹集。它虽然也是非营利性组织，但在提供休闲服务时不是以政府的名义，其支出也不是来自政府财政，而是来自组织筹资。其资金来源主要有：社会（个人或其他组织）捐赠，政府资助，基金资助，会员会费等，其中社会捐赠在志愿性组织的资金来源中占有重要地位。

第二个重要特征是，以志愿者无偿劳动为基础。志愿性休闲组织所提供的很多休闲服务都是建立在志愿者无偿劳动的基础上。据统计，志愿者在休闲、娱乐和运动组织中从事的主要服务活动分别为组织、监督、协调；募集资金；担任教练和裁判；向他人提供信息；招募志愿者。由于志愿性组织供给的休闲服务一般不通过市场交换，因此对这类组织供给的休闲服务缺乏相应的统计资料。但可以肯定的是，志愿性组织在休闲服务的供给方面起着非常重要的作用。相信随着社会的进步，志愿性组织在休闲服务供给中的地位还会进一步提高。

阅读材料 10-5

美国主要私人和非营利性休闲组织

美国主要私人和非营利性组织见表 10-2。

表 10-2　美国主要私人和非营利性休闲组织

类别	中文名称	英文名称
娱乐方面	美国露营篝火公司童子军	Boy Scouts of America Camp Fire Inc.
	美国女童子军	Girl Scouts of America
	青年基督联合会	YMCA
	青年妇女基督联合会	YWCA
	校际郊游俱乐部联合会	Intercollegiate Outing Club Association

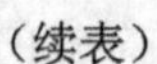

（续表）

类别	中文名称	英文名称
自然资源方面	Izaak Walton 团体	Izaak Walton League
	自然保护组织	The Nature Conservancy
	美国森林协会	American Forestry Association
	阿巴拉契亚山俱乐部	Aplalachian Mountain Club
	环境保护基金会	Environmental Defense Fund
	地球之友	Friends of the Earth
	国家公园和保护协会	National Park & Conservation Association
	国家野生动物联合会	National Wildlife Federation
	丘陵俱乐部	Sierra Club
	自然保护团体	Wilderness Society
	世界野生动物基金会	World Wildlife Fund
运动团体	美国登山协会	American Hiking Association
	美国摩托车协会	American Motorcycle Association
	阿巴拉契亚山狩猎协会	Apalachian Trail Conference
	美国气球联合会	Balloon Federation of America
	自行车青年会	Bikecentennial
	美国船主协会	Boat Owners Association of U.S.
	西部郊游俱乐部联合会	Federation of Western Outdoor Clubs
	美国驾驶员团体	Leagues of America Wheelman
	国家园艺协会	National Gardening Association
	公路长跑俱乐部	Road Runners Club
	美国赛车俱乐部	Sports Car Club of America
	捕鱼协会	Trout Unlimited
	美国滑雪协会	U.S. Ski Association
	美国快艇联合会	U.S. Yacht Racing Union
	潜水组织	Ducks Unlimited
	国家奥德朋组织	National Audubon Society
	国家野营和登山协会	National Campers & Hikers Associtaion
	国际步枪协会	National Rifle Association

（资料来源：程遂营.北美休闲研究：学术思想的视角[M].北京：社会科学文献出版社，2009.）

10.3.4 自我供给依然是重要渠道

以上讨论的只是由组织供给休闲的情形，但这并不意味着所有的休闲都是由上述 3 类组织供给的，事实上，休闲的自我供给一直是休闲供给中最为重要的渠道，只不过它不属于组织供给的情形而已。人们大多数日常休闲需求的满足，都是通过休闲者主体自我供给

完成的。即使在当今分工水平和市场化程度已经相当高、人们的消费活动越来越依赖于市场和社会的情况下，自我供给还是休闲供给的重要渠道，这是因为：

第一，休闲需求的高度个性化使得任何市场都无法完全满足。休闲是一种最为个性化的、自主的活动，它没有一种统一的口味或模式，主体从休闲中获得的满足主要来自个性化的自我感受，这种感受无法完全通过市场获得。其实，即使是那些通过市场交换获得的休闲服务，供给者也必须充分尊重消费者的个性意愿，要让消费者有充分的自我发挥的空间，否则消费者的需求就无法达到最低限度的市场规模。

第二，日常零碎休闲的市场化将提高休闲成本。人们的日常休闲活动是复杂而零碎的，将所有的休闲活动都纳入市场交换将有太高的交易成本。休闲活动具有很高的随机性，市场交易难以对随机性活动进行准确捕捉，加之人们日常闲暇时间也是零散的，要将人们大部分的闲暇时间都纳入市场交易是困难的，它会导致很高的交易成本和很低的休闲效率。例如，看电视，各人都有不同的爱好，要让两个人同时喜欢同一个频道中的同一个节目都难以做到，更不用说让一群人共同欣赏某一个节目了，因此如果要让看电视成为一种市场交换行为，除了要为每个人配备一台电视外（各人对电视的款式、颜色都有不同的要求暂且不论），还需要其他一系列的服务，这样消费者花费的成本将太高。同样难以市场化的还有朋友间的聊天。

第三，分工无法渗透到个人休闲生活的所有领域。大部分休闲生活是一种纯粹的私人生活空间，无法通过分工将这样的私人空间变为市场空间。例如，“冥想”根本无法进行分工，现代图书馆也难以吸引那些喜欢躺在床上看书的人。可以推断，家庭休闲活动如果通过分工来进行都必然会失败。

案例分析

休闲产业的发展前景

新的消费热点的出现，往往会导致新的经济增长点的出现。从发达国家的经历来看，当一国经济发展水平进入小康阶段后，休闲消费将逐渐成为拉动一国消费需求的主要动力之一。例如，在美国和英国这些发达国家，人们正在把家庭收入中越来越多的部分用于休闲消费；德国是一个非常讲究节约的民族，但他们的人民在旅游花费上却毫不吝啬；在法国，私人汽车60%的情况下用作休闲目的，以便在周末或假期中离开周围环境；20世纪90年代后，我国台湾省居民衣食住行花费占总消费的比例都在下降，唯独休闲娱乐消遣、教育和文化活动等支出的比例出现了上升。

人们休闲消费能力的不断增强，最终将导致一国产业结构发生重要的变化。早在20世纪70年代，经济学家丹尼尔·贝尔（Daniel Bell，1973）就曾经将服务业的发展分为3个阶段，在农业社会主要以个人服务和家庭服务为主，在工业社会则以与商品生产有关的服务业即生产性服务业为主，而在“后工业社会”，他很有预见性的指出：随着国民收入的提高，就如恩格尔定理所显示的，人们发现用于实物的钱将减少，其边际的增加首先用于耐用品（衣服、住房、汽车），然后用于奢侈品。因此，随着人们寿命的延长和需求、口味的变化，第三部门，即个人服务开始增长，它包括旅馆、酒店、旅游、娱乐、休闲、运动。

请结合本章有关内容，思考以下问题：

（1）休闲消费的增长最终将导致一国产业结构发生什么样的变化？

（2）根据丹尼尔·贝尔的预测，“后工业社会”中服务业发展将出现什么新特点？

（3）随着我国经济、社会的持续发展，我国休闲产业的发展前景如何？

简要点评：第一，随着休闲消费的增长，国民经济中提供休闲物品与休闲服务的部门将迎来更大的发展机会，将会优化和软化一国的产业结构，休闲产业在国民经济中的比重将上升。第二，休闲消费的增长主要体现为对休闲服务消费需求的快速增加，因此后工业社会中休闲服务业将成为服务业中增长最快的部门。第三，随着我国经济、社会的持续发展，我国居民的休闲消费将出现迅速提升，休闲产业将成为我国经济新的增长点。

本章小结

家庭休闲是指以家庭为休闲单位进行的休闲，其有三层含义，即家庭为休闲的消费和预算单位，全家式的休闲计划与活动，家庭分子的休闲是考虑与所有家人相配合的休闲行为。家庭休闲活动分为纠纷型家庭休闲、服务型家庭休闲、协作型家庭休闲、贡献型家庭休闲以及一致型家庭休闲。社区休闲是指社区居民在闲暇时间内，运用社区的景观及环境设施，用自己喜欢的方式去放松身心、追求精神上的愉悦与充实，从事具有娱乐性、健康性、自发性而不是竞技性、营利性目的的社区活动总称。

休闲产业是与消费者的休闲活动直接相关的所有市场活动的总称，是国民经济中所有为消费者提供休闲物品（包括休闲设施、设备、用品、食品等）和休闲服务的行业集合，可以分为休闲农业、休闲工业和建筑业、休闲服务业，其中休闲服务业是休闲产业的主体，它主要由旅游休闲业、文化休闲业、娱乐休闲业、体育休闲业、餐饮休闲业构成。

休闲组织是指向人们提供休闲物品或休闲服务的机构。休闲组织可以分为私营休闲企业、公共休闲部门和志愿性休闲组织三类。私营企业属营利性组织，提供的一般是私人休闲品，公共部门和志愿性组织大多是非营利性组织，一般提供公共或半公共产品。此外，自我供给依然是休闲供给的最重要渠道。

思考与练习

一、名词解释

1．家庭休闲　　2．社区休闲　　3．休闲社会　　4．休闲产业
5．休闲组织　　6．休闲经济

二、单项选择题

1．家庭休闲的含义是（　　）。

A．在自己家里的休闲活动

B．仅与自己家人一起从事的休闲活动
C．以家庭为基本单位、整体的和以家庭其他成员相协调的休闲活动
D．为了家庭和谐幸福的休闲活动

2．休闲社会是（　　）。
A．社会成员只休闲而不用劳动或工作的社会
B．休闲产业居于支配地位并对社会发展起主导作用的社会
C．休闲组织在各种社会组织中居于领导地位的社会
D．社会闲暇率、休闲指数和休闲产值都在0.5以上，且以休闲为生活中心的社会

3．休闲产业概念的核心含义是（　　）。
A．与休闲消费相关的一切活动
B．与消费者的休闲活动直接相关的所有市场活动的总和
C．能够满足消费者休闲需要的社会经济部门
D．是第三产业中为休闲提供产品和服务的行业领域

4．私营休闲企业的特殊之处在于（　　）。
A．以利润最大化为目标，以提供休闲物品和服务为手段
B．它所提供的产品和服务具有公共性
C．其经营资金大部分来自于政府财政支持
D．在目前我国的休闲产业中，私营休闲企业占据主导地位，起支配作用

5．公共休闲服务（　　）。
A．只能由公共休闲部门来提供
B．只能由私营休闲企业来提供
C．可以由各种志愿性休闲组织来提供
D．主要由公共休闲部门来提供，也可以由私营休闲企业和志愿性休闲组织来提供

三、多项选择题

1．以下对家庭休闲理解正确的是（　　）。
A．最有利的家庭休闲活动类型是纠纷型家庭休闲
B．最不好的家庭休闲活动类型是服务型家庭休闲
C．家庭是最早也是最持久的为个人提供休闲条件和机会的社会文化空间
D．夫妻与孩子共享休闲能够增进家庭和谐，促进孩子健康成长
E．健康文明的家庭休闲有利于家庭成员的身心健康及夫妻感情的融洽

2．以下可以纳入社区休闲范畴的活动有（　　）。
A．在社区学校里接受职业技术培训或形势政策及法制、道德教育
B．在社区医院接受医生治疗或保健咨询
C．在社区运动或文化场馆从事健身锻炼或棋牌、歌舞、阅读和游艺活动等
D．在社区文化大院从事剪纸、编织、绘塑等传统手工艺制作
E．过年过节时社区政府组织的由社区成员自编自导自演的文体娱乐活动

3．社区休闲的功能主要包括（　　）。

A．提升社区成员生活品质

B．形成并强化社区的吸引力和凝聚力

C．有助于增进社区成员及家庭之间的和睦关系

D．满足社区中的老人、儿童、残疾人等特殊人群的休闲需要

E．决定着社区内人与自然关系的和谐及社会经济的可持续发展

4．以下对于休闲社会的理解正确的有（　　）。

A．休闲行业和休闲组织是休闲社会中最为活跃的行业和组织

B．休闲行业对 GDP 的贡献应该占到至少50%以上

C．休闲社会就是彻底实现了劳作休闲化、经济休闲化及政治和文化休闲化的社会

D．当一个国家的社会发展进入了休闲时代，也就进入了休闲社会的发展阶段

E．休闲社会中人们更加重视在休闲中共享人类文明成果，追求个性自由发展

5．理解休闲产业的概念，必须把握的原则是（　　）。

A．以休闲的经济学概念为出发点的原则

B．与消费者的休闲活动直接相关的原则

C．以休闲的文化学概念为出发点的原则

D．和市场相关联的原则

E．将休闲产业纳入第三产业范畴的原则

6．休闲产业与休闲经济的关系是（　　）。

A．二者都是由消费者的休闲消费需求所引发的产业活动

B．只有那些生产休闲物品、提供休闲服务的行业才能归入休闲产业的范畴

C．有些行业虽因休闲消费需求而引发，但既不生产休闲物品，也不提供休闲服务，就不属于休闲产业，可将其归入休闲经济

D．休闲产业是比休闲经济范围更大的范畴，前者是后者的核心或主体部分

E．休闲经济除了休闲产业外，还包括和休闲产业具有密切的前向连锁和后向连锁关系的那些产业部门

7．以下对公共休闲部门理解正确的是（　　）。

A．它旨在提供公共休闲产品和服务，以谋求公共利益和普遍福祉

B．一般属于非营利性组织，由政府直接领导、拨款或资助

C．向全体国民提供完全免费的休闲产品和服务

D．它所提供的产品和服务具有完全的公共性

E．它所提供的公共休闲服务具有消费非竞争性和非排他性的特点

8．对志愿性休闲组织，可作如下理解（　　）。

A．一般属于私人经营的非营利性的公益性休闲组织

B．其根本特点是资金来源于组织筹集，组织成员的劳动属于无偿劳动

C．它主要为社会公众提供纯公共休闲产品和服务

D．它是政府失灵和市场失灵同时存在时的产物

E．它是在私人休闲企业和公共休闲部门的竞争中生存和发展的

9．休闲主体的自我供给依然是休闲供给的重要渠道，这是因为（　　）。

A．休闲需求的高度个性化使得任何市场都无法完全满足

B．各种休闲组织的发展根本无法满足主体的休闲需要

C．日常零碎休闲的市场化将提高休闲成本

D．休闲活动个体性极强，而休闲组织的服务则千篇一律、毫无趣味

E．分工无法渗透到个人休闲生活的所有领域

四、辨析题

1．休闲社会就是全体社会成员只休闲不劳作的社会。

2．私营休闲组织与志愿性休闲组织的根本区别在于是否具有营利性。

3．休闲组织是休闲产业的组织形式。

五、思考讨论题

1．你怎样理解休闲社会？谈谈你对我国21世纪走向休闲社会的看法及建议。

2．你怎样理解休闲产业的内涵和外延？它与休闲经济是什么关系？

3．休闲产业就是指休闲服务业吗？为什么？

4．休闲组织主要有哪几类？各有什么特点？

六、实践练习题

1．请设计一份调查问卷或访谈提纲，到你所在的社区或家乡，就其家庭休闲或社区休闲状况开展一次调查研究，撰写一份具有科学性和实用性的调查报告。

2．跟踪观察一些你身边的休闲组织，就它们如何提供休闲服务撰写一份纪实报告。

七、案例分析题

试就本章“案例分析”所提供的事实和问题展开详细分析和论证。

第11章 休闲政策

教学目标与要求

了解休闲政策的内涵、作用及必要性，初步了解中西方休闲政策发展的历史；了解并掌握当前我国具体休闲政策的规定；了解我国休闲政策完善发展的方向，提高对我国休闲政策的理解和把握能力。

章节知识框架

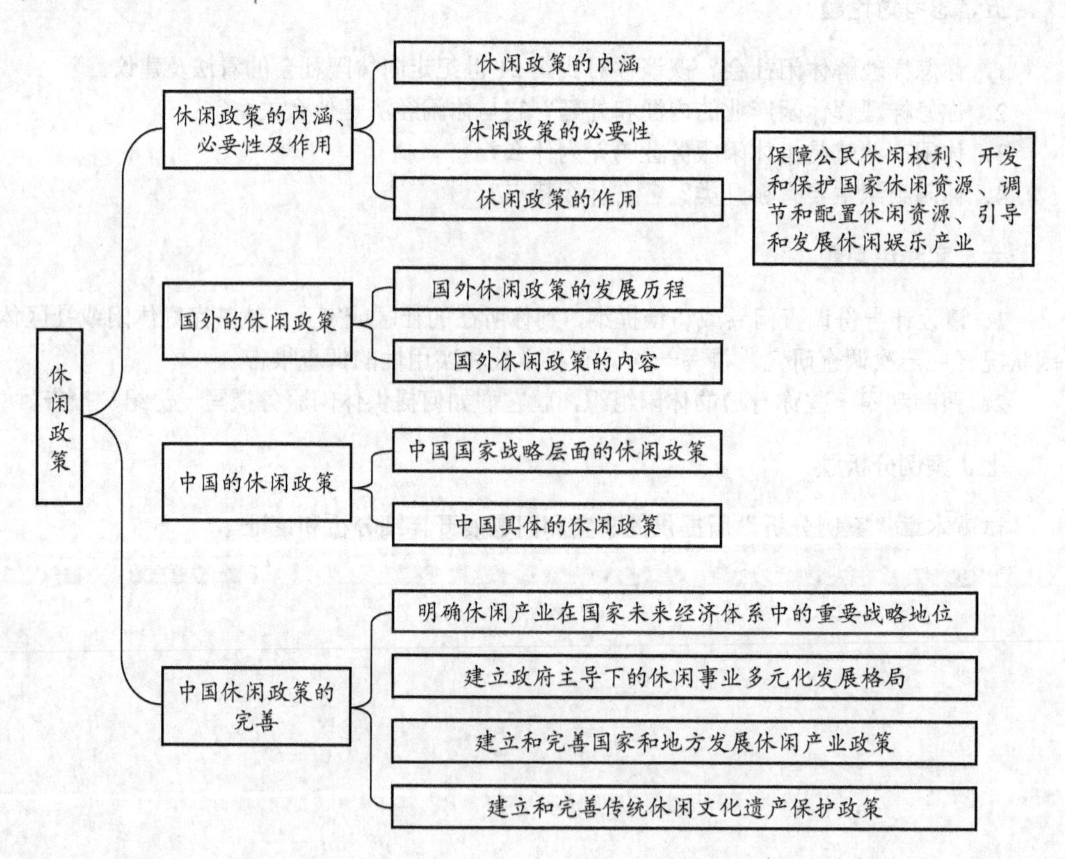

关键术语

休闲政策，国民休闲政策，旅游业，休闲服务业

导入案例

用政策支持中国休闲经济和休闲产业

国家发展和改革委员会投资所休闲经济研究中心主任马志福对话《世界旅游》编辑梁子，其中有这样一段对话。

梁子：我们注意到，进入新世纪以来，服务业发展越来越受到中央和地方各级政府及相关部门的重视，这无疑为中国的休闲产业发展提供了保证。我国在休闲产业的发展方面将有什么样的政策？

马志福：休闲产业的政策法规体系庞杂，除了我国批准的一些遗产保护、环境保护的国际公约，以及重要的经济法律之外，主体是政府政策和国务院行政法规、部门规章以及地方法规。近年来，国内外经济社会形势发展迅速，政府政策日趋灵活，也给休闲产业政策研究带来相当大的困难。

不过，随着休闲类项目、机构等的发展，国家在此方面的政策也一定会更加完善。中国的休闲经济和休闲产业发展必须有政策支持！

（资料来源：http://www.wtr.cn/article_122.html.）

点评

从马志福教授的回答中可以看到：他认为休闲产业政策研究是比较困难的事情，国外虽有一些经验，但由于涉及国家管理层，借鉴起来有一定难度；他明确指出：我国休闲产业的发展必须要有政策的支持，离开了政策支持，是不可能可持续健康发展的；他认为中国政府已经意识到政策对于休闲发展的重要性，他相信伴随休闲的深入发展，国家对休闲的支持政策会日益完善。

休闲是人摆脱外界束缚而处于一种自由状态下追求幸福满足、身心愉悦和自我发展的内心体验与行为方式的总和。它不止是为了身心放松和恢复，还为了完善自我，提升生命质量；不止是满足物质需要，更要满足文化和心理等方面的需要。因此，休闲的发展不能单纯依靠社会经济的发展，还需要国家制定相应的政策给予有力的支持和正确的引导，制定科学合理的休闲政策与法规，促进休闲的可持续发展。

11.1 休闲政策的内涵、必要性及作用

11.1.1 休闲政策的内涵

广义的政策是指人们为实现某一目标而采取的行动方案。狭义的政策，其主体被限定为国家、政府、公共权力机关，即公共政策。公共政策的含义是国家、政府、公共权力机关经由政治过程所选择和制定的为解决公共问题、达成公共目标、以实现公共利益的方案。

公共政策在横向结构上由立法决策、行政决策和司法决策3种形式构成；在纵向结构上由中央政策（国家政策）、地方政策、基层政策构成。

休闲政策属于公共政策的一种，它是国家、政府、公共权力机关为解决休闲问题、达成一定的休闲目标而制定的行动方案。休闲政策的实施，须以国家财政、劳动福利政策以及社会保障政策为保障，以劳动时间的缩短和国民生活水平的提高为前提，以建立全方位的调控机制为手段，以促进休闲文化生活健康发展为目标。

11.1.2 休闲政策的必要性

政府的角色决定了休闲发展的规模和导向。伴随着普遍休闲和大众休闲时代的到来，以及政府社会服务职能的加强和服务内涵的扩展，休闲政策将成为国家引导和调控国民休闲生活的基本手段，完善和健全休闲政策十分必要。

第一，应对休闲文化全球化挑战需要休闲政策支持。伴随着经济全球化和文化全球化，休闲也进入了全球化的快车道；在此过程中，一般是强势文化压倒弱势文化。现在的强势文化依然是欧美文化，它已经成为了世界休闲文化的主流；它迅速向发展中国家潮涌而来，中国也难免其影响。但是以欧美文化为主导的现代休闲文化，既有反映时代进步和大众需求的先进主流文化，也有消费主义和享乐主义等加剧休闲异化的“伪休闲”文化。国家和政府应该加强政策的制定和引导，促使欧美主导的休闲文化中的先进文化能够与优秀的中国休闲文化相结合，培育出中国特色的社会主义休闲文化，这将成为中国休闲发展的重要文化支撑。

第二，休闲基础设施分配不均需要休闲政策给予矫正。休闲生活具体要素由于政治经济文化发展水平的制约表现出不均衡性。城市是居住、工作、交往和交通四大活动的载体，是特定区域内经济社会生活的中心，因此在休闲发展方面走在前列，而乡村则由于经济文化发展缓慢，休闲发展水平受到制约。休闲生活的具体要素在城乡分配上差距明显。在城市特别是经济发达的城市可供人们休闲的社区公园、科技馆、图书馆、博物馆、体育馆、健身馆、电影院等以现代科技装备的休闲基础设施比较健全，而欠发达或落后的城市、农村则相对欠缺，这种状况在中国尤为突出。生活在农村或休闲设施缺乏的城市，人们的闲暇活动只能是看电视、聊天、玩麻将、赶集等，而不能进行一些发展型休闲活动，制约了休闲生活水平的提高。休闲生活具体要素分配上的不均衡性需要一定的休闲政策予以矫正和平衡。

阅读材料 11-1

从图书馆方面看休闲基础设施分配不均

据文化部原副部长、国家图书馆馆长周和平在一次全国文化厅局长会议上的讲话中反映：“2004年全国共有720个县级图书馆无购书经费，占公共图书馆总数的26.4%，……2004年全国县级图书馆人均藏书量仅为0.12册，低于全国图书馆人均藏书量0.3册，更远远低于国际图联人均1.5～2册的标准。而另一方面，国家的文化投入在文化管理部门内层层剥夺，越到基层，状况越差。”

（资料来源：http://news.xinhuanet.com/politics/2006-01/10/content_4033184.htm.）

第三，缩小城乡休闲发展差距需要休闲政策支持。与城市居民的休闲生活相比较，农村居民的休闲生活仍带有很浓的传统乡土气息，并且还存在诸多的问题，休闲生活现代化对于农民还很遥远，城乡之间休闲生活的差距明显。这种差异的扩大，使农民的文化素质不但未能在休闲时间里得到提高，反而一些具有浓郁地域特色的文化休闲在渐渐消失，一些反休闲的不良风气如婚丧嫁娶大操大办、赌博、迷信、邪教、色情却开始在农村蔓延。造成城乡休闲生活差距扩大的重要原因是国家政策的导向问题，特别是城乡二元结构的存在。这就要求国家在休闲发展政策上予以防范和调控，统筹城乡休闲的发展。

11.1.3 休闲政策的作用

良好的休闲生活离不开休闲发展政策的引导，休闲发展政策可在以下几个方面发挥支持作用：

第一，保障公民休闲权利。在经济全球化和世界一体化背景下，世界各国政府均在着力促进经济发展和解决民生问题。人类社会经过数千年的演进，也在向着更高层次地提高生活质量、坚持以人为本、促进和谐发展的方向迈进。其中，休闲已经成为一种重要的生活方式和基本的生活权利，丰富多彩的休闲产品和高质量的休闲服务成为社会发展和进步的重要内容。政府通过制定宏观和具体的休闲政策以保证人们得到基本的休闲娱乐机会，人人有享受休息和闲暇的权利，包括要求工作时间有合理限制和定期带薪休假的权利。休闲政策还可以引导国家确立基本的休闲理念，如推进带薪休假权利的落实等，保障居民的休闲权利。

第二，开发和保护国家休闲资源。休闲生活是以一定的休闲资源为基础的。随着休闲活动和参与人员的增加，必然导致休闲文化资源的过度开发，很多自然和人文景区不能得到应有的保护。国家通过制定相应的政策，如制定遗产景区的分级保护政策，制定休闲产业发展和规划政策等，引导休闲活动和休闲业的开发投资，保护世界遗产的原真性价值，满足高质量的休闲生活需求。

第三，调节和配置休闲资源。休闲是一个涉及经济、文化和教育等社会各方面的现象，一个国家发展休闲，必须要制定相应的政策来加以规划。政府通过制定推动休闲发展的政策，调节和配置休闲资源，使休闲的发展更加均衡、可持续；规范人们的休闲的内容，对人们的休闲生活加以限定和导引，避免各种“伪休闲”泛滥；创建健康良好的休闲环境和休闲氛围，达到自然环境的美化、各项公共设施的健全、文化环境和社会环境的和谐，促进家庭环境、工作环境和社区环境都朝着休闲化方向发展。

第四，引导和发展休闲行业。政府支持和培育休闲行业的健康发展，而休闲业的健康发展离不开政府的指导、培育和监督，凡是休闲业获得大发展的国家，都有较高的舆论、政策等各方面的支持。政府通过制定休闲业政策和国家休闲发展战略规划，从国家战略高度积极推动、引导休闲业的发展。例如，通过设立公共休闲设施发展基金，加大扶持公共性的文化娱乐休闲设施的建设；放宽准入条件，鼓励企业、民间资本以及外资介入休闲产业发展，吸引各种资金，特别是民间资本，投资开发不同档次的休闲设施和项目，满足本国居民和国外游客的需要。通过制定相应的政策，强化国家旅游、文化娱乐、体育、保健等相关的产业部门的沟通与协作，建立产业部门间联动合作，促进休闲文化生活健康发展。

11.2 国外的休闲政策

对于休闲政策的研究，必须把它放在一定的政治、经济和社会背景中分析。不同经济体制、社会制度的国家所采取的休闲政策不同，同一个国家在不同历史时期也会对其休闲政策进行调整。

11.2.1 国外休闲政策的发展历程

休闲在西方发达国家有着较为长远的发展历史，研究西方国家休闲政策的发展过程，对于理解西方当代的休闲政策和改善中国的休闲政策有一定借鉴作用。以下以英、美等国家为例，考察国外休闲发展政策的情况。

1. 英国休闲政策的演变

英国从1780年的压制大众娱乐时代，到今天更加趋向市场化的休闲时代，经历了一个从压制到积极发展，从国家主导到市场化发展的过程。当前的英国主要沿用约翰时代的许多休闲政策。例如，英国体育学院的在各级各类学校推广艺术和运动教育，以及彩票基金的引入使用等。其中，休闲政策联盟对休闲政策的制定起到了很重要的作用。休闲政策联盟是由在休闲政策领域具有共同利益的组织、团体、协会和个人组成，包括政府部门和机构、志愿者俱乐部和协会、商业公司、慈善团体，以及其他一些对休闲政策感兴趣的团体和个人。它会定期地对体育、旅游和艺术等各个领域政策的制定施加影响。

阅读材料 11-2

英国休闲政策演变的5个阶段

第一阶段（1780—1840 年）：压制大众娱乐。当时的政府一方面出于对社会不稳定的担心而对城市大众的娱乐和游憩行为进行约束，如民间足球、赛马、拳击、公共游行等大型集会活动都被认为会对公共秩序造成破坏，因此应当禁止；另一方面，也在灌输大机器生产所需要的工作纪律，使过去的农民适应现代化的工业生产。

第二阶段（1840—1900 年）：引导合理的娱乐。19世纪中期，国家支持、促进各种“提高型”休闲活动。政府的立法开始推广“理性游憩”的观念。在此期间，政府的角色不是直接提供休闲设施和服务，而是通过志愿者机构来实现。如1849年的《博物馆法案》、1850年的《公共图书馆法案》、1852 年的《游憩场地法案》、《公共健康法案》等都推动了城市中游憩场所的建设。

第三阶段（1900—1939 年）：为福利国家打基础。1905 年自由党当政后开始了社会改革，认识到休闲是政府应该考虑的问题，也加大了对休闲的支持。1909 年的《城镇规划法案》把游憩公共用地作为用地的一种主要类别；1917 年设立了林业委员会，成为第一个专门负责游憩的政府机构；1939 年的《山地进入法案》规定，居民可以自由进入私人所有的

土地从事娱乐和游憩活动；在1937年的《体育培训和游憩法案》中，政府通过许可法来提供体育娱乐，而且投资200英镑巨资予以推动。

第四阶段（1945—1979年）：福利国家的成熟化。战后，工党的改革使得英国成为一个真正的福利国家。休闲被看作是福利服务的组成部分，是社会成员每日生活的必需之一。在此过程中，除教育外，政府还采取了很多措施来促进休闲的发展，如1948年的《国家健康服务法案》、1945年的《家庭补贴法案》、1945年的《产业分布法案》、1946年的《国家保险法案》以及1947年制定的《城乡规划法案》等。

第五阶段（1980年至今）：更加市场化的休闲。20世纪80年代，新右派成为撒切尔夫人社会经济改革的思想基础，也对其他西方国家产生了重大影响。政府认识到服务供给的市场化，休闲和旅游是一种经济生产活动，休闲的居住地供给应成为城市主要的社会政策。由此政府对休闲的直接供给减少，更加强调休闲的市场化以及非政府部门的作用。

（资料来源：宋瑞．英国休闲发展的公共管理及其启示[J]．杭州师范学院学报（社会科学版），2006，5.）

2．美国休闲政策的演变

美国休闲政策一个比较突出的特点是，美国有众多的休闲协会，各休闲协会较多地介入到国家休闲发展政策的制定和推动过程中。美国的休闲发展政策对国家休闲资源的开发和保护、休闲娱乐产业的发展和引导、公民休闲机会和权利的保障等方面做出了具体的规范，在一定程度上为美国公民创设了良好的休闲大环境，保障了他们的休闲权利。

阅读材料11—3

美国休闲协会参与休闲政策制定和推动

2005年，美国休闲联盟（ARC）和其他休闲产业组织共同起草了《2005美国户外休闲政策法案》，首次为休闲政策的发展建立起一个全国性的约束机制。这一法案的起草基础是20世纪60年代户外休闲资源评估委员的条款和20世纪80年代总统委员会关于美国户外活动的条款。同年2月9日，美国休闲社团组织把法案递交给总统和主要议员，该法案本身并没有对美国休闲政策和计划做太大变化，但它会加强对联邦国土休闲活动的重视程度。2008年，美国户外产业协会（OIA）理事会批准了当年的产业政策议程。此项议程主要针对2008年的协会立法和政策制定的有关事宜。该政策的一个重要方面就是有关休闲娱乐的。OIA的休闲娱乐政策加大了对居住地附近的公园、步道和休闲娱乐基础设施的投资。此外，OIA将资助美国国家公园局2016年的百年纪念活动，这有利于户外休闲娱乐产业的发展。在未来的10年，OIA将在国家公园投资10亿美元，对公园的维护和休闲娱乐的扩展产生积极的影响。OIA将扩大2008年的工作，包括与森林局和土地管理局的合作，并要完成各自管理的森林和沙漠风景的计划。同时，OIA寻找机会帮助儿童回归自然及鼓励青少年积极参与户外休闲活动的有关立法。

（资料来源：http://www.doyouhike.net/AOTF/294273.html.）

3．荷兰休闲政策的演变

第二次世界大战后，荷兰采取了国家干预休闲的政策，提高国家在休闲和文化设施方面的投资，文化投资的目的是进行工人教育，体育投资的重点在于对青年的教育。与此同时，政府还大力资助天主教、新教及非宗教体育和艺术等民间休闲组织的发展。20世纪60年代中期，荷兰文化、休闲和社会工作部成立意味着文化和休闲成为社会服务的一部分。荷兰在80年代的经济萧条中遭受到了巨大的冲击，失业率达20%，迫于压力政府不得不进行福利改革，1982年，文化和休闲从政府主管的社会工作部门中分离出来，室外休闲被纳入农业和渔业部，而文化和体育被纳入一个新的部门——文化健康部。与此同步的是，国家休闲政策的改革重点也开始倾向于发展边缘产业，如旅游、体育等，并提出将逐渐减少政府补贴，而转变为通过自由市场和针对国家及地方经济重建而制定的休闲政策来促进消费者主权。

4．法国休闲政策的演变

第二次世界大战后，法国政府为避免经济对社会政策的驱动作用，致力于增加萧条时期的社会民主福利开支。经济重建时期存在着一个与战后相类似的模式，即通过地方志愿者团体和企业委员会实现对民众的关心。但是，戴高乐中央强权时期，保守党政府阻挠社会福利型休闲政策的发展，强调精英文化，限制民间休闲的发展。一直到1981年社会党掌权后，才又建立了一个新的休闲部门，并实行地方分权政策，尤其是在休闲政策方面，致力于通过增加公共开支，特别是社会项目上的开支，以刺激休闲经济的增长。

11.2.2　国外休闲政策的内容

1．户外休闲政策

美国户外休闲政策，其目的是继续提高全国的休闲产业机会，关注的焦点是公共土地和水资源，重点强调休闲活动对个人和民族健康的意义，身体和精神健康与经济和环境健康同样重要。《2005美国户外休闲政策法案》有三个目标：第一，宣布联邦政府管辖的土地和水资源管理及使用的国家政策，为美国公众提供高质量丰富多彩的休闲机会，提高公众的健康和福利，让公众能欣赏更多的自然资源环境，为乡村和其他社区的户外休闲的经济效益打开门户。第二，指导内政部秘书处在12个月内成立一个协调机构，明确了全国休闲战略的法定地位，提高和促进国有土地和水资源休闲机会的多样化，提出了提高公众参与休闲机会的数量和质量的合理方法。第三，建立联邦休闲中介协调委员会，协调各州等地方官员和其他休闲产业人士的建议，协调好国家休闲战略的政策和计划制定以及实施。

阅读材料 11-4

2005年美国户外休闲政策法案

美国休闲联盟（ARC）和其他休闲产业组织共同起草了《2005美国户外休闲政策法案》，这将首次为休闲政策的发展建立起一个全国性的约束机制。新法案的起草基础是20世纪

60年代户外休闲资源评估委员的条款和20世纪80年代总统委员会关于美国户外活动的条款，它描绘出了迎合国家需求和增加产业机会的宏伟蓝图。2005年2月9日，美国休闲社团组织把法案递交给总统和主要议员，其目的是继续提高全国的休闲产业机会，关注的焦点是公共土地和水资源，重点强调休闲活动对个人和民族健康的意义，身体和精神健康与经济和环境健康同样重要。该法案本身并没有对美国休闲政策和计划做太大变化，但它会加强对联邦国土休闲活动的重视程度。

美国休闲联盟主席德里克·克兰多尔（Derek Crandall）代表联合会给当时的布什总统写了一封信，指出该法案看到了最近在保护休闲产业机会上所取得的重大进步，包括改变了原定的延期维修国家公园，逐步提高公共土地志愿活动——“为美国自豪”，并建议14个公共行政区重新评价和讨论新的一年户外休闲战略发展计划。克兰多尔说，法案突出了联邦休闲政策普遍深入的地位，并指出联邦常会忽略休闲活动的好处。“国家的医疗费用正在急剧上升，而身体活动却不断减少，我们和美国医疗机构都知道，休闲活动正是最佳解决方式之一。徒步、划水、爬山、骑车等所有的休闲活动都起重要作用，这与美国外科医学期刊建议身体活动是相符的。越来越多的人认识到，休闲活动可以改变从酒精和药物滥用到年轻人暴力等一些高层社会的挑战，同时有利于家庭亲和力教育。休闲产业的经济效益也是有目共睹的，美国人每年花在休闲活动和产品上的费用超过2 500亿美元。”该法案是休闲产业利益相关者起草的，他们的目的是为总统新任期和新一届国会提出建议，美国休闲联盟（ARC）负责协调事务，其成员包括100多个休闲产业组织，ARC董事会已经通过该草案，现在已有35个协会和公司签署。克兰多尔主席指出，公共土地和水资源是该草案关注的焦点，联邦所属土地占1/3，每年有近20亿人次进行休闲活动，美国人热爱这些土地，草案重视公共土地和水资源对休闲的价值，号召国家休闲新战略允许美国人到这些地方创造健康的乐趣和美好回忆。环保组织反对该法案只重视休闲，并且国土资源部并没有把休闲列为主要任务。虽然有人担心该法案会促成其他休闲模式的竞争，但仍有35个休闲协会签署了该法案表示支持。多数环保组织没有签署该法案，内政部表示不需要全国立法，他们能通过管理措施解决现存的问题。

（资料来源：http://www.cnki.com.cn/Article/CJFDTOTAL-TYKA200602013.htm.）

2. 野生生物资源保护政策

非洲一些国家、印度等针对户外休闲对野生生物资源的破坏，制定了野生生物保护政策。南部非洲野生生物保护政策规定：如果环境容量被爆炸性增长的野生生物数量超过，就允许在国家公园内打猎。例如，津巴布韦共和国的大象的环境容量是45 000头，目前已经达到这个容量，剩余额可由游客猎杀。但北部的一些国家采取了极为严厉的保护政策。例如，1977年，肯尼亚共和国政府就禁止“狩猎旅游”这一极具国际市场吸引力的项目。1978年宣布野生动物战利品销售为非法行为。印度共和国政府针对虎被捕杀的问题，出台了虎保护政策，建立保护区专门保护濒危动物。

3. 海岸休闲政策

美国等国针对海岸线的休闲功能制定了海岸休闲政策。1976年通过了加利福尼亚州海岸法令，形成了州委员会和审批过程。该法案为进行新的开发提供了指南。第 30221 条款规定：海前方“适用于游憩用途”的土地，应该被保护起来做该用途使用。同时法案法令的第 30222 条款还强调了适于访问者参观和游憩使用的海岸土地在海岸游憩使用方面对私人居住、一般产业和商业开发使用有优先权。该法案的突破在于首次强调了“海岸游憩必须和运输业、捕鱼业、商业和工业活动结合起来考虑”（吴承忠，2008）。

4．乡村休闲政策

英国颁布《国家公园和乡村进入法案》，目的是为了保护乡村产业，推动乡村休闲业的发展。该法案指定了 9 个国家公园作为管辖对象，并使得这 9 个国家公园发展很好。英国拥有众多的国家级官方乡村文化保护机构，它们不但独立工作，而且之间展开广泛的合作，协作进行调查研究，取得自然与文化遗产整体性保护的共识，并在此基础上撇开机构本位色彩，强化机构之间的沟通、协调与合作，重新熟悉乡土文化，并制定系列保护措施。这些文化保护机构有：英国自然署，主管英格兰境内自然遗产的机构；英国乡村委员会，主管英格兰境内乡村地区文化遗产、景观保护、自然遗产、规划设计国家公园等业务的机构。乡村委员会的目标在于确保英国境内景观得到完善的保护，基本任务是保护与强化英国境内乡村的自然美，设法帮助更多人享受漂亮的乡村自然风景和文化生活。乡村委员会的几项日常工作包括：向政府与国会提供有关乡村事务方面的咨询或建议；负责指定国家公园、自然美保护地区；划定遗产海岸；负责确定和规划全国性步行及自行车专用道；指导英国境内乡村托管工作，委托乡村居民就近保护景观，并给予先进者一定的荣誉和奖励；奖励乡村居民保存绿篱围墙景观；指导他们维护多功能森林；维护乡村景观休憩空间系统；指导乡村衰落振兴行动。并从文化和历史的角度，强化乡村居民的地方感，培养他们对故乡的向心力。这些做法不仅保证了乡村居民的休闲生活质量，也为外来者留下了完美的乡村风光。

知识链接 11-1

国外休闲产业政策和法规的特点

（1）政府重视休闲经济的作用，支持、培育和引导休闲产业健康发展。休闲产业的健康发展离不开政府的支持、培育与引导。凡是休闲产业发达的国家，其政府必然对休闲产业有较高的重视，从舆论、组织、政策等各个方面给予支持。与此同时，一些国家也积极着手制定休闲产业政策，促进休闲设施、休闲服务的完善，引导休闲产业与相关产业的配合、渗透，并从经济收入、福利、闲暇时间等各个方面努力推动休闲市场的成熟。

（2）主管部门强化服务、专管机构进行市场监督管理。政府在休闲政策和法规的制定中，理清主管部门与专管机构的职能区分。主管部门严格执行法律法规，加强公共服务，而专管机构履行市场监管的职责。

（3）加强法制建设和部门之间的合作，促进行业规范化管理。欧美许多国家在法规制定中，强调了旅游、文化娱乐、体育、餐饮、会议展览、保健等相关休闲产业部门的沟通和协作，建立产业间、部门间的联动机制，提升产业质量，推动行业规范化发展，树立良好的行业形象，共同创造良好的经济和社会效益，营造良好的发展环境和氛围。

（4）重视非政府组织的作用。联合国教育、科学及文化组织（简称联全国教科文组织）、世界休闲组织、国际休闲经济协会等有关休闲的国际非政府组织，加强了各国之间的休闲学术交流，制定了一系列国际标准，指导和促进各国特别是对发展中国家休闲资源保护和开发。在各国内部，众多有关休闲的非政府组织以旅游协会、休闲会所、休闲俱乐部等形式提供了官方、产业界和学术界交流的平台，对保障行业团体利益、促进行业自律、规范市场有序竞争都有不可忽视的重要作用。在欧美等发达国家休闲协会作为政府的补充和替代，管理并资助旅游、体育、艺术机构，弥补政府休闲提供的不足。

（5）加强休闲科学研究和休闲教育。休闲的发展必须建立在科学的研究基础上，如对休闲产业的规模、经济贡献率、组成部分、影响因素等进行专门研究，从而明确休闲在经济发展和社会进步方面的作用，再如加强与休闲产业相关的产业政策、社会福利政策、消费政策等方面的研究，促进休闲消费的健康发展。在休闲教育方面尤其给予了足够的重视。

（6）重视休闲产业的可持续发展和社区参与。一方面要将生态、环境保护和可持续发展的理念深入到休闲产业之中。休闲产业政策法规制定要充分考虑和吸纳环境保护的建议。另一方面，休闲产业与居民生活息息相关，相比第一、二产业影响到更多的民众。国外休闲产业政策法规制定中广泛运用民意调查和听证制度等多种民主方式，保证政策制定前期阶段的信息公开，充分尊重利益相关者的权利。

（资料来源：http://www.zgcydc.com/news/2011/07/6553.html.）

11.3 中国的休闲政策

休闲政策与社会生产力水平是相关的，社会经济不发达，休闲政策也必然会落后。我国对休闲问题的研究和重视起步较晚，相对应的政策也发展较慢，至今尚未制定有关休闲的专项政策法规。但人们也可喜地看到，随着改革开放和现代化建设进程的不断发展，休闲已成为当下我国居民生活的重要内容，休闲及相关政策也已相继出台，休闲政策正处在一个逐渐建立并不断完善的过程中。

11.3.1 中国国家战略层面的休闲政策

2001 年 3 月 15 日，《中华人民共和国国民经济和社会发展第十个五年计划纲要》被批准，第一次把居民的闲暇问题写进了纲要，在第 19 章第 2 节里明确提出要“推行职工带薪休假制度，合理调整居民工作和闲暇时间，扩大服务供给，鼓励居民服务性消费。”2006 年吴仪副总理在“世界休闲博览会”和“世界休闲高层论坛”的主旨演讲，提出了“如何满足人们的休闲需求，发展与休闲相关的产业，不断提高生活质量”的问题，强调政府及社会各界都要“倡导积极向上、文明、健康的生活方式”。从此休闲便一直受到国家的重视和推动。

1. 国家推进国民休闲的重要步骤

首要的是，把休闲作为消费热点培育。2007 年 3 月，温家宝总理在《政府工作报告》

中明确提出，要积极培育“休闲”等消费热点。这是休闲首次进入我国国民经济和社会发展的年度工作部署中。此后，这一政策导向多次得到重申。2008 年温家宝总理在《政府工作报告》，强调要落实职工带薪年休假制度。2009 年 3 月，温家宝在《政府工作报告》中再次强调，“加快发展旅游休闲消费”；4 月 18 日，温家宝视察海南工作并对建设海南国际旅游岛做出重要指示。2009 年 12 月，胡锦涛总书记在中央经济工作会议上强调，“要适应群众生活的多样性、个性化需要，增加文化娱乐、体育健身、休闲旅游、教育培训、家政服务等消费，引导消费结构升级”。近几年的政府工作报告以及十二五规划都把休闲消费作为重要的经济增长点加以强调。

其次，明确引导休闲发展的职能部门。2008 年下半年，国务院办公厅印发了国务院批准的机构改革“三定”方案，赋予国家旅游局“引导休闲度假”的职能。这是国家首次明确“休闲”工作职能的归属。

再次，决定统筹规划国民休闲。2009 年 12 月 1 日，国务院发布了《国务院关于加快发展旅游业的意见》（国发〔2009〕41 号），明确提出“制定国民旅游休闲纲要”。这表明，面对国民休闲快速发展的现实，国家已决定对其进行统一规划和部署。国家旅游研究院会同各部门、相关专家，在国家旅游局和发展和改革委员会等部门领导和协调下，正在抓紧制定国民旅游休闲纲要，并将于近期发布实施。

最后，决策建设“世界一流”的休闲度假目的地。2009 年 12 月 31 日，国务院办公厅发布了《国务院关于推进海南国际旅游岛建设发展的若干意见》（国发〔2009〕44 号），对建设海南国际旅游岛进行全面部署，强调“建设海南国际旅游岛，是国家的重大战略部署”，目标是建设“世界一流”的海岛休闲度假旅游目的地。这表明，发展休闲已上升为国家战略，显示了国家推动休闲发展的坚定决心。

2. 国家发展国民休闲的战略思路

2009 年 12 月，国务院相继出台的国发〔2009〕41 号和国发〔2009〕44 号文件，是迄今指导休闲业和国民休闲发展的最为具体和充分的文件，覆盖领域之广、政策含量之高、科学指导性之强，都是空前的。国发〔2009〕44 号文件针对的虽只是海南省，但占较大比重的是休闲度假产业规划和政策导向，对全国各地具有很强的指导和借鉴意义。

第一，统筹规划国民旅游休闲。国发〔2009〕41 号文件关于“制定国民旅游休闲纲要”的决策，既传达了推动国民休闲发展的重要导向，也是促进休闲业发展的战略性举措。它表明，休闲已走出学术界和企业界努力的范畴，突破了少数地方和部门积极推动的工作格局，上升到了关乎国计民生的国家战略，并可能被纳入国民经济和社会发展的五年规划。

第二，积极谋划休闲业发展前景。由于休闲业态和管理归属比较分散，至今未有明确的全国性发展目标，综合近几年国家对休闲的定位和国发文件，可以基本勾勒发展前景的轮廓。一是 2020 年我国将基本建成世界旅游强国。旅游产业将在规模、质量、效益上基本达到世界旅游强国水平。旅游作为与休闲最近的主体性支柱产业，旅游强国目标将为休闲业展现光明前景。二是 2020 年海南将初步建成世界一流的海岛休闲度假旅游胜地。届时，旅游服务设施、经营管理和服务水平将与国际通行的旅游服务标准全面接轨。国务院为海南省确定的 10 年奋斗目标，对全国休闲业发展具有积极的指导意义。三是国务院“制定国

民旅游休闲纲要”的决策，也将对国民旅游休闲及与之相关的休闲业予以规划部署。

第三，确定休闲产品发展导向。国务院出台的文件对休闲及相关产业和产品的阐述，为统一有关认识和理解提供了有益指导。国发〔2009〕41号文件明确了休闲产品发展导向，例如，支持有条件的地区发展生态旅游、森林旅游、商务旅游、体育旅游、工业旅游、医疗健康旅游、邮轮游艇旅游；积极发展休闲度假旅游，引导城市周边休闲度假带建设；规范发展农家乐、休闲农庄等旅游产品；有序推进国家旅游度假区发展；大力培育发展具有自主知识产权的休闲、登山、滑雪、潜水、露营、探险、高尔夫等各类户外活动用品及宾馆饭店专用产品；把旅游房车、邮轮游艇、景区索道、游乐设施和数字导览设施等旅游装备制造业纳入国家鼓励类产业目录。国发〔2009〕44号文件，更是指明了海岛休闲度假旅游目的地的产品开发方向。例如，大力发展热带海岛冬季阳光旅游、海上运动、潜水等旅游项目；有序发展无居民岛屿旅游；积极发展邮轮产业，建设邮轮母港；加快发展森林生态旅游，康体保健服务，自驾车观光游、特色房车游和体育休闲项目，规范发展高尔夫旅游；大力发展文化创意、影视制作、演艺娱乐、文化会展和动漫游戏等各类文化产业，积极培育特色文化产业群。

第四，出台促进休闲发展政策。国务院2009年出台的两个文件，提出了若干促进休闲产业发展的政策措施。例如，国发〔2009〕41号文件要求，大力推进旅游与文化、体育、农业、工业、林业、商业、水利、地质、海洋、环保、气象等相关产业和行业的融合发展；全面落实旅游景区对老年人和学生等特殊人群门票优惠政策；城市公交服务网络要逐步延伸到周边主要景区和乡村旅游点，公路服务区要拓展旅游服务功能；进一步完善自驾车旅游服务体系；博物馆、金融服务网点、邮政服务网点等在旅游旺季应适当延长开放和服务时间；发挥文化资源优势，开发具有地方特色和民族特色的演艺、节庆等文化旅游产品。国发〔2009〕44号文件明确提出，海南省要加强旅游公共服务体系建设，在交通枢纽、景区、城市广场等游客较为集中的场所设立游客服务中心；建设具有宣传促销、咨询、预订、投诉等功能的综合性旅游服务平台，健全旅游公共服务网络；完善旅游标志系统等。这些方面的政策规定，对推动休闲业发展无疑具有重要意义。

第五，赋予海南试点创新的优惠政策。国发〔2009〕44号文件较显著的一个特点，就是把海南作为“我国旅游业改革创新的试验区”，赋予了一系列可“先行试验”的优惠政策，鼓励扩大开放、鼓励创新、推动探索。虽然这些规定是针对海南省的，现阶段也只能在海南省试点探索，但由于建设海南国际旅游岛是国家的重大战略部署，是一项长期而又艰巨的任务，既“对全国调整优化经济结构和转变发展方式具有重要示范作用”，而且在有关开放创新的发展政策试验之中和成功以后，也必将对全国休闲业和国民休闲发展具有重要的借鉴和启示意义。

阅读材料11-5

海南“先行试验”的一些优惠政策

国家赋予了海南一系列优惠政策。例如，允许“试办一些国际通行的旅游体育娱乐项目，探索发展竞猜型体育彩票和大型国际赛事即开彩票”；建设和经营好免税店，研究在海南试行境外旅客购物离境退税的具体办法和离岛旅客免税购物政策的可行性；允许在条件成熟时，在海南开展房地产投资信托基金试点，鼓励保险机构创新旅游保险产品，探索开展离岸金融业务试点，支持符合条件的旅游企业发行企业债券，设立旅游产业投资基金；在不突破国家下达的耕地保有量、基本农田保护面积和建设用地总规模的前提下，试行对土地利用总体规划实施定期评估和调整机制。（参见国发〔2009〕44号文件）

11.3.2 中国具体的休闲政策

1. 国民休闲政策

国家旅游局宣布于2009年开始推行“国民休闲计划”并逐步过渡到成熟的《国民休闲纲要》，不仅在旅游，还在阅读、培训、就业等更多方面对休闲做出相关界定。这无疑是我国休闲发展政策的一大进步。从政策制定层面来看，“国民休闲计划”是关于提升生活质量、拉动内需、发展休闲产业和抗御金融危机的计划。首先，是国民经济和社会发展计划的重要内容，让老百姓充分享受改革开放发展的成果。因此，为休闲“正名”、发展休闲产业、倡导国民休闲，这是贯彻“以人为本”理念的具体体现，也是一项惠民利民的“民心工程”。其次，休闲是新兴业态，旅游、文化、体育、娱乐、餐饮等服务业与之紧密相关，拉动内需效应显著。再次，以黄金周旅游消费为标志，中国的大众休闲、大众旅游时代已经来到。实施国民休闲计划，不仅能顺应群众休闲消费市场的需求，也是促进国内休闲产业发展的大好举措。最后，在金融危机形势下，实施“国民休闲计划”有利于刺激消费和扩大内需，正是应对严峻市场挑战的“救市”之举。

阅读材料11-6

国民休闲计划在广东、江苏、浙江和山东等地先行试点

广东省在2009年2月23日率先试点“国民旅游休闲计划”，同时广东省人民政府向全省地级以上人民政府，各县（市、区）人民政府，省政府各部门、各直属机构正式下发了《关于试行广东省国民旅游休闲计划的若干意见》，提出了18项具体的政策措施，内容涵盖休假制度、旅游线路、景点开发、各类人群的旅游、资金扶持和项目开发等方面，这便推动了我国的休闲具体政策的发展，为居民的休闲生活提供了政策导向，同时通过发展休闲产业也推动了国民经济的发展。广东的先行探索是对中国休闲发展的一个榜样，国内其他地区可以结合自身的实际切实制定符合地区发展情况的休闲发展政策，从而更好地推动休闲在中国的发展。长三角地区的杭州、宁波、南京、苏州、无锡、常州、镇江等地发放总价值超过10亿元的旅游券，成为各地施行国民休闲计划的前奏曲。天津市和广东、四川、湖南、湖北、山东等一些城市也发放了旅游券，总价值已超过5 000万元。例如，广东的一家旅行社与酒店、航空公司、景区等联合派发总额2 000万元的旅游券；江苏省南京市向20万户家庭发放总额2 000万元的“南京乡村旅游消费券”；浙江省杭州市从2009年3月1日起，先在上海发放总额1.5亿元的“杭州旅游消费券”；宁波市民领取了总价值3 000万元的“航空旅游券”；山东省自2009年春节起推出了“山东人游山东”、“省内旅游一卡

通”等计划，并提供免费住酒店、免费门票等优惠；未来京津两地游客乘坐高速铁路可能会有折扣，京津之间自驾游的游客在高速公路过路费方面也可能获得一定优惠。

值得特别关注的是，山东省2011年高调推出《山东省国民休闲发展纲要》，并采取强有力措施在全省范围内推行“国民休闲汇”活动，在“大休闲”或文化战略层面实施国民休闲计划。这个纲要明确了今后5年山东省国民休闲发展的战略定位、总体要求、重点任务、政策措施，是指导全省国民休闲发展的纲领性文件。其总体要求是，推进国民休闲必须坚持以科学发展观为指导，紧紧围绕全面建设小康社会的战略目标，以满足全体人民休闲需求为出发点和落脚点，着力创新体制机制，着力培育国民休闲意识，着力丰富完善休闲产品，着力壮大休闲产业规模。在重点任务中，明确把城乡公共休闲设施作为基础工程，把旅游产业和文化产业作为两大支柱，打造体现“好客山东”的精品；特别强调以广场文化、社区文化、村镇文化、企业文化、校园文化为载体，依托重大节庆活动和民间民俗文化资源，广泛开展各类群众性休闲活动，重点打造“好客山东贺年会”和“国民休闲汇”等品牌活动。最有特色的是2011年夏秋两季，围绕“好客山东”而开展的内容丰富、形式多样的“国民休闲汇”系列活动，赢得了全省人民的大力支持，吸引了省内外居民和游客的热情参与，取得了显著的效果。2011年8月国家旅游规划研究院在烟台举办的《国民休闲纲要》专家论证会上，山东省的这个纲要得到了与会专家的一致肯定和高度评价，均认为它为国家层面的《国民休闲纲要》提供了一个值得借鉴的范本。

2. 体育休闲政策

新中国建立后，体育健身一直得到国家的高度重视。1984年，党中央在总结新中国体育工作基本经验的基础上，发出《中共中央关于进一步发展体育运动的通知》，全面阐明了体育在现代化建设中的地位、任务和作用，对新中国成立以来体育事业取得的显著成绩给予肯定，并就进一步加快我国体育事业发展、提高运动技术水平提出了指导意见；同时要求各级党委加强对体育工作的领导、加强体育队伍建设。

1993年国家体育运动委员会（1998年已改组为国家体育总局）制定了《关于深化体育改革的意见》，确定了新时期我国体育改革的总目标与总任务，政府对体育工作的角色更加明确。强调要改变原来计划经济体制下，单纯依赖国家和主要依靠行政手段办体育的高度集中的体育体制，建立与社会主义市场经济体制相适应，符合现代体育运动规律，国家调控、依托社会、有自我发展、充满生机和活力的体育体制和良性循环的运行机制，形成国家办体育与社会办体育相结合的、集中与分散相结合的格局，力争在20世纪末初步建立具有中国特色的社会主义体育新体制。

1995年6月 20日，国务院批准《全民健身计划纲要》正式发布。纲要规定了中国从1995—2010年实施全民健身计划的任务、对象、措施、工作原则和步骤。分析了推行全民健身计划的必要性。提出把努力实现体育与国民经济和社会事业的协调发展，全面提高中华民族的体质与健康水平，基本建成具有中国特色的全民健身体系，作为到2010年的奋斗目标和任务。全民健身计划以全国人民为实施对象，以青少年和儿童为重点。同时，对企事业单位、社区、 农村、军队、少数民族地区以及妇女、老年人、残疾人和知识分子等不同对象的健身要求做了规定。强调要以普遍增强人民体质为重点，加强领导，统筹规划，切实抓出实效。分两期工程（即 1995—2000 年、2000—2010 年）全面实施全民健身计划，把全民健身工作提高到一个新的水平，基本建成具有中国特色的全民健身体系。纲要的颁布实施，不仅掀起了全民健身的热潮，而且对中国的竞技体育和奥林匹克运动的进一步发展打下良好的基础。同年，党中央和国务院提出要同时实施“两个战略”，即“全民健身战略”和“奥运争光战略”相结合，这标志着我国体育运动走向科学化、社会化。

1995 年 8 月 29 日，经过 8 年反复酝酿、艰苦起草的《中华人民共和国体育法》（以下简称《体育法》）终于在第八届人大第十五次常委会上获得全票通过，自 1995 年 10 月 1 日起施行。这部法律不仅填补了国家立法的一项空白，而且标志着中国体育工作开始进入依法行政、以法治体的新阶段，这是新中国体育事业发展的一座里程碑。

2007 年 4 月 23 日，胡锦涛主持中共中央政治局会议，专门研究青少年体育工作。会议强调，广大青少年身心健康、体魄强健、意志坚强、充满活力，是一个民族旺盛生命力的体现，是社会文明进步的标志。体育对青少年的思想品德、智力发育、审美素养的形成都有不可替代的重要作用。要全面贯彻党的教育方针，高度重视青少年体育工作；要加强领导，齐抓共管，形成全社会支持青少年体育工作的合力。各级党委和政府要把加强青少年体育工作摆上重要议事日程，进一步完善加强青少年体育的政策保障措施，加强对学校体育工作的督促检查，为实施素质教育、促进学生全面发展创造良好条件。

2007 年 4 月 29 日，我国制定并启动了“全国亿万青少年学生阳光体育运动”政策。这一政策是由国家教育部、国家体育总局、共青团中央为贯彻中央政治局会议精神而启动的全国亿万学生集体锻炼一小时的大型活动。实施“阳光体育”运动政策是帮助学生群体减少受应试教育和一些不健康生活方式的影响，促进各级各类学校形成浓郁的校园体育锻炼氛围和全员参与的群众性体育锻炼风气；吸引广大青少年学生走向操场、走进大自然、走到阳光下，积极主动参与体育锻炼，培养体育锻炼的兴趣和习惯；有效提高学生体质健康水平，改变我国青少年在身高、体重等形态指标达到标准，同时使青少年的肺活量、速度、力量等体能素质恢复正常水平以及减少近视率的一项重大战略举措。

2010 年 1 月 26 日，国家体育总局局长刘鹏在 2010 年全国体育局长会议上讲话表示，国家体育总局 2010 年将推动《体育法》的修订工作。他指出：《体育法》自 1995 年颁布实施以来，为指导和推动体育事业发展提供了法律保障。但是，面对体育改革发展中出现的新形势、新问题，社会各界特别是全国体育界对修订《体育法》的呼声很高，也引起了体育界和法律界人士的热烈讨论。

阅读材料 11-7

新《体育法》修订加速

据《国际金融报》2011 年 11 月 02 日报道：新《体育法》修改草案已经初步完成。修订草案显示，政府将加强对于体育产业的规划与发展，并且首次对体育产业的概念进行了明确，体育用品被列为体育产业的核心产业。业内人士表示，新《体育法》将体育用品行业提升到新的高度，将为我国体育用品行业创造更加广阔的发展前景，同时也意味着安踏体育用品有

限公司（以下简称安踏）等国内领先的体育用品企业将担负起更多的社会责任……

统计数据显示，2008 年我国人均运动鞋拥有量仅为 0.6 双，距美国人均 4.5 双、欧洲 3.7 双、日本 4.4 双相差甚远。随着 2008 年奥运会的成功举办，政府及社会大众对体育用品的关注程度逐步升温，中国进入了“全民健身”新时期，体育用品的需求量也日益增高。

新《体育法》出台在即，对中国的体育产业来说无疑是很大的利好消息。而在政策的支持下，以安踏为代表的中国体育用品企业，也将肩负着更多的期望与使命，进入全面提速的新时期。

3. 旅游业发展政策

在我国政府的文件中，改革开放之前旅游业一直作为“扩大对外政治影响”的“事业”对待。1991 年在《关于国民经济和社会发展十年规划和第八个五年计划纲要》中首次把旅游业列为“产业”。1992 年国务院《关于加快发展第三产业的决定》将旅游业定位在“第三产业”。此后，在历届政府工作报告和有关文件中，旅游业一直被作为“拓宽服务性消费领域”的一部分。1998 年应对亚洲金融风暴时提出扩大内需战略之后，旅游业与电子信息、汽车一起被列为“国民经济新的增长点”。2005 年全国《国民经济和社会发展第十一个五年规划纲要》，把旅游业列入“生活性服务业”。2007 年 3 月《政府工作报告》提出，“要从改革体制、加大投入、完善政策等方面，鼓励和支持服务业加快发展，尤其要发展物流、金融、信息、咨询、旅游、社区服务等现代服务业”，首次把旅游业列为“尤其要发展”的“现代服务业”之列。

阅读材料 11—8

专家呼吁中国发展国民旅游休闲提升为国家战略

2009 年 11 月 16 日，中国旅游研究院副院长戴斌博士在出席第三届联合国世界旅游组织/亚太旅游协会旅游趋势与展望国际论坛时呼吁：中国在构建国家旅游经济长期可持续发展体系中，必须坚定不移地把发展国民旅游休闲提升为国家旅游发展战略。他还指出：普及与提高国民休闲旅游，把发展经济与改善民生合为一体，不仅对应对当前国际经济危机，而且对国家的长远、稳定发展具有重大战略性作用。美国次贷危机引发的全球性金融危机，迅速打压了全球旅游业快速发展的步伐。面对全球旅游业不利局面，中国旅游业率先取得阶段性成果。旅游业巨大的发展潜力和强大的关联带动作用受到前所未有的重视，发展旅游业成为应对国际金融危机的重要支撑点。促进旅游消费，把旅游业发展成为国民经济新的增长点已经成为中央政府的战略意图。为此，戴斌呼吁，构建国家旅游经济中长期可持续发展体系，以国内旅游为重心，创新旅游业发展思路。必须坚定不移地培育旅游市场、创新旅游产品。

（资料来源：http://www.ce.cn/cysc/jtys/200911/17/t20091117_19916926.shtml.）

2009 年 11 月 25 日，国务院常务会议讨论并原则通过《关于加快发展旅游业的意见》，首次确定，“把旅游业培育成国民经济的战略性支柱产业和人民群众更加满意的现代服务业”，进一步确定了现代旅游业作为“国民经济的战略性支柱产业”的发展定位。这是对旅游业产业地位的再认识过程中的又一次飞跃，这是改革开放以来、也是中华人民共和国成立以来的第一次，表明发展旅游业已经从行业的、部门的、经济的层面提升到国家发展的战略层面。

4．休闲服务业发展政策

进入新世纪以来，关于发展休闲服务业的政策不断出台。休闲服务业发展迅猛，越来越受到中央和地方各级政府及相关部门的重视。在服务贸易方面，除了扩大服务业对外开放，改善政策法制、机制环境之外，重点是发展现代服务业，进一步发展旅游、文化娱乐、体育休闲等休闲产业。2007 年 3 月国务院下发了《关于加快发展服务业的若干意见》，对列入国家鼓励类的服务业要求逐步实现与工业用电、用水、用气、用热基本同价，并在土地供给安排上给予了倾斜。2007 年 4 月国家发展和改革委员会下发了《关于认真贯彻落实国务院关于加快发展服务业的若干意见的通知》进一步研究制定促进服务业加快发展的政策措施。2008 年又下发了《关于加快发展服务业若干政策措施的实施意见》要求有关部门抓紧制定和修订物流、电信、邮政、快递、运输、旅游、体育、商贸、餐饮、社区服务等标准，完善服务业价格、收费等政策。2007 年 12 月国家财政部也印发了关于《中央财政促进服务业发展专项资金管理暂行办法》的通知，为促进服务业加快发展，推进经济结构调整，转变经济增长方式，增加经济发展活力，繁荣地方经济，中央财政设立促进服务业发展专项资金，重点扶持服务业发展的关键领域和薄弱环节。2009 年 5 月财政部又印发了《中央财政促进服务业发展专项资金管理办法》，又对具体的支付方式和拨付办法进行了规定，确保重点扶持的服务业发展顺利进行。

5．休闲场所管理政策

2004 年 3 月，文化部和国家文物局发出通知，要求各地文化、文物部门以及直属单位，其公共文化设施要加大开放力度，向未成年人等社会群体免费开放。通知还要求，对持有相关证件的现役军人、老年人、残疾人等特殊社会群体，也要实行门票减免或优惠。被确定为爱国主义教育基地的各级各类公共文化设施要积极创造条件对全社会开放。文化部、国家文物局要求公共文化设施坚持把社会效益放在首位，积极开展未成年人喜闻乐见的文艺活动。博物馆、纪念馆、美术馆要加强陈列设计，根据未成年人的心理特点和教育需求，举办学术性、专业性和知识性、趣味性、观赏性紧密结合的陈列和展览。公共图书馆要通过开设少儿阅览室、举办面向未成年人的讲座与培训，设立少儿集体参观接待日等，有针对性地向未成年人提供服务。文化馆、文化站要加强少儿文化活动的辅导和培训工作，组织开展丰富多彩的少儿文化活动。针对公共文化设施免费开放可能造成的文物安全的问题，通知要求，古遗址、古建筑文物单位，特别是全国文物保护单位和列入世界文化遗产名录的文物保护单位，要妥善处理好扩大开放和有效保护文物安全的关系，根据具体情况，落实免费开放措施，合理调控流量。

2004 年 7 月，中共中央宣传部、文化部、国家文物局向各省、自治区、直辖市党委宣传部、文化厅（局）、文物局（文管会）印发《关于进一步加强博物馆宣传展示和社会服务

工作的通知》。要求博物馆作为保护、展示历史文化遗产和人类环境物证的文化教育机构，贴近实际、贴近生活、贴近群众的要求；陈列展览要反映时代精神，强化精品意识，提高陈列展览的水平；要加强规划和管理，为博物馆顺利开展工作提供保证。注意从自身资源优势和社会发展需求出发，因地制宜，对本地区的博物馆发展进行合理规划，重点发展各具特色的专题博物馆，改善博物馆的品类布局；坚持以人为本，强化服务意识，把社会和观众的需求作为博物馆工作的出发点和落脚点；要注意与人们日益增长的旅游休闲需求相结合，注重营造高雅的人文环境与舒适的参观环境，以优美环境、优质展览和优良服务奉献观众；善于借鉴国内外博物馆依靠社会力量，特别是借助博物馆之友、会员和志愿者促进博物馆发展的成功做法；要积极探索符合形势发展，充满生机活力的博物馆新型管理体制、运行机制和运作模式，努力开创博物馆建设的新局面；教育部门要结合教学活动，组织学生到博物馆参观实习。工会组织、共产主义青年团、妇女联合会等人民团体要根据各自特点，积极支持博物馆工作，利用博物馆开展活动。

2008 年 1 月中共中央宣传部、财政部、文化部、国家文物局联合下发《关于全国博物馆、纪念馆免费开放的通知》。根据通知，全国各级文化文物部门归口管理的公共博物馆、纪念馆，全国爱国主义教育示范基地将全部实行免费开放。具体实施步骤上，2008 年起，中央级文化文物部门归口管理的博物馆全部向社会免费开放；各省级综合博物馆全部向社会免费开放；各级宣传和文化文物部门归口管理的列入全国爱国主义教育基地的博物馆、纪念馆全部向社会免费开放；浙江、福建、湖北、江西、安徽、甘肃和新疆等 7 省（区）文化文物系统归口管理的省、市、县级博物馆全部向社会免费开放。鼓励有条件的省（区、市）探索全面实行免费开放。通知说，2009 年，除文物建筑及遗址博物馆外，全国各级文化文物部门归口管理的公共博物馆、纪念馆，全国爱国主义教育基地全部向社会免费开放。通知指出，文物建筑及遗址类博物馆暂不实行全部免费开放，继续对未成年人、老年人、现役军人、残疾人和低收入人群等特殊群体实行减免门票等优惠政策。博物馆、纪念馆按照市场化运作举办的特别（临时）展览，可根据实际情况确定门票价格。要求暂不能完全免费开放的博物馆、纪念馆实行低票价政策，继续对上述社会群体实行免费或优惠参观，并向社会承诺定期免费日，制定家庭套票、特定时段票等灵活多样的门票制度，吸引公众走进博物馆和纪念馆。

这些管理政策的出台，让更多的人走进了博物馆、纪念馆、爱国主义教育基地、文化遗址等文化休闲场所，陶冶了情操，加深了对历史文化的了解，提升了他们的文化素质。

11.4　中国休闲政策的完善

借鉴发达国家的先进和成熟经验，不断丰富完善我国的休闲政策，是提高国民休闲文化生活的重要前提条件。

11.4.1　明确休闲行业的经济战略地位

休闲业和休闲经济已经成为推动经济和社会发展的重要力量和影响因素，它们在国家经济和社会生活中的地位更加重要。中央政府要科学认识休闲文化活动的功能，认识发展休闲产业在国民经济体系中的重要地位，积极主动地担当政策制定者和决策者的重要角色，在国民经济发展规划中将休闲产业和休闲事业发展列入中央和各级政府的重要工作目标，积极制定国家和地方层面中长期的休闲发展专门规划，对未来若干年内休闲法律、法规和政策的制定提供方向性、目标性、控制性、程序性、原则性指导，从休闲人权的高度来保障公民的休闲利益，协调休闲事业和休闲产业发展中企业、非政府组织、休闲者、政府组织之间的关系，促进休闲产业和休闲事业全面健康发展，不断满足国民日益增长的休闲文化生活需要。

11.4.2 建立政府主导下的休闲业多元化发展格局

政府在休闲经济和休闲业发展中承担着重要的角色，发挥着非常重要的作用。政府一方面要通过政策大力扶持和发展休闲产业和休闲经济，另一方面，也要重视和发挥非政府组织在发展休闲产业和休闲经济中的重要作用。要借鉴国外有关经验，大力扶持民间资本和非公有制企业投入休闲产业，努力为多种形式的休闲经济发展创造良好的政策环境，建立政府主导下的休闲业发展多元投入和参与机制，形成政府主导下的休闲业多元化发展格局。大力推进公益性休闲俱乐部、休闲基金会、休闲志愿者协会和休闲研究组织等非政府组织的发展，为他们的发展提供政策指导和服务，引导和支持他们朝规范化、国际化的方向发展，在政府主导下共同促进休闲业和休闲经济的发展，为维护公众的休闲权益贡献力量。

11.4.3 建立和完善各级政府发展休闲行业政策

目前，国家对建立和完善发展休闲产业政策已经有了初步的措施。国务院 2009 年出台的两个文件，提出了若干促进休闲产业发展的政策措施。例如，国发〔2009〕41 号文件要求，大力推进旅游与文化、体育等相关产业和行业的融合发展；全面落实旅游景区对特殊人群门票优惠政策；城市公交服务网络要逐步延伸到周边主要景区和乡村旅游点，公路服务区要拓展旅游服务功能；博物馆、金融服务网点、邮政服务网点等在旅游旺季应适当延长开放和服务时间；开发具有地方特色和民族特色的演艺、节庆等文化旅游产品。国发〔2009〕44 号文件明确提出，海南省要加强旅游公共服务体系建设，设立游客服务中心，建设综合性旅游服务平台，健全旅游公共服务网络，完善旅游标识系统等。这些方面的政策规定，对推动休闲业发展无疑具有重要意义。但是，与休闲产业发达的国家相比，我国尚未形成国家总体性的休闲产业政策和相关行业的具体发展政策，致使休闲产业和休闲公共事业发展缺乏有效的政策引导，无序竞争和混乱现象较为普遍。因此，国家和地方要加快制定总体性休闲政策，不断完善针对性的相关产业政策，如休闲旅游业、文化休闲产业、体育休闲产业、休闲娱乐产业等政策，全面推动休闲产业和休闲事业的健康发展，为国民休闲生活改善提供坚实的产业基础。

11.4.4 建立和完善传统休闲文化遗产保护政策

目前，国内休闲产业的发展主要以产业化经营为导向，更多是体现了休闲的营利性和工具性。但是，西方国家的经验表明，政府不能只把人们的休闲需要当作发展经济的工具

性手段，一味强调休闲业的产业化经营。放任自由、不负责任的商品化制度过度放大了娱乐享受价值，造成了资源的浪费，甚至是传统休闲文化遗产的破坏。因此，休闲产业政策不只是发展休闲的政策，也包括加强休闲文化遗产的保护和利用政策。休闲文化遗产包括物质遗产和非物质文化遗产，是我国文化遗产的重要组成部分。我国文化遗产蕴含着中华民族特有的精神价值、思维方式、想象力，体现着中华民族的生命力和创造力，是各民族智慧的结晶，也是人类文明的瑰宝。在制定和完善休闲发展政策的过程中，必须坚持立足我国传统优秀休闲文化的弘扬，加强休闲文化遗产的保护，在吸收和借鉴国内外优秀休闲文化的基础上，不断丰富和发展我国的休闲文化体系，为国民休闲生活的丰富多彩提供坚实的文化基础。

案例分析

成都博物馆18日共吸引游客5万余人

2010年05月19日四川在线《华西都市报》报道：昨日是第34个“国际博物馆日”，成都各大博物馆敞开大门，让公众入馆免费参观。考虑到珍贵文物承受能力及安全，尽管有博物馆设置了入馆人数上限，但杜甫草堂博物馆、武侯祠博物馆、金沙遗址博物馆等公立博物馆和民办博物馆，在这天均像块吸力超群的“吸铁石”，吸引了超过5万市民及游客入馆亲近历史。此次国际博物馆日的主题是“博物馆致力于社会和谐”（Museums for Social Harmony）。成都片区各博物馆纷纷在门口张贴醒目横幅和示意牌，将博物馆当天免费的信息告知公众，诸多宣传活动也在各博物馆内登场。

早上8点，杜甫草堂博物馆敞开大门，数十名讲解员和志愿者在南、北门开展《文物保护法》及博物馆相关的法律法规的宣传和便民咨询活动，截至下午6点，入馆人数超过1万。在武侯祠博物馆，文物保护专项法规的宣传，以“三国知识问答游戏”的有趣形式展开，2 000多位市民参与其中，通过现场知识问答、猜谜、连线题、绕口令等小环节，增加了不少对三国文化的了解。“考虑到安全和文物保护因素，原本只准备了3 000张免费门票在博物馆日发放。”武侯祠博物馆工作人员介绍，但市民在馆前排起长龙，博物馆不得不再增加2 000张免费门票发放。

（资料来源：http://www.wccdaily.com.cn/epaper/hxdsb/html/2010-05/19/content_190439.html.）

请结合本章所讲有关内容，思考以下问题：

（1）博物馆免费后，游客明显增多说明了什么？

（2）制定休闲政策时，需要考虑到哪些因素？

简要点评：①大量的人群拥进博物馆，最主要的原因是免费参观。如果电影院、剧院、科技馆、酒吧、歌厅等也是免费的，那里也会爆满。为什么呢？因为以上这些场所动辄几十元，甚至几百元的门票，对于普通老百姓来说还是一个不小的花销。②大多数老百姓都有休闲的需求，很多人都有去休闲场所的愿望，但当前，民众普遍的休闲不足，不是因为缺乏休闲和进行休闲消费的意愿，常常是迫于经济原因而难以成行。③政府在制定休闲政策时，要考虑到普通老百姓，特别是弱势群体的需求和经济状况，对他们的休闲权利要给予足够的保障，让他们同样能享受到良好的休闲生活。

本章小结

本章通过对国内外休闲政策发展历程的考察，进一步明确休闲政策在发展休闲中的必要性和重要作用，休闲政策在保障公民休闲权利、开发和保护国家休闲资源、调节和配置休闲资源、引导和发展休闲娱乐产业等方面都发挥了巨大的作用；通过对国内外休闲政策对比分析，明确了进一步增强我国发展休闲政策的紧迫性和必要性；通过对我国具体休闲政策的分析，明确了今后需要进一步完善的休闲政策，明确休闲产业在国家未来经济体系中的重要战略地位，建立政府主导下的休闲事业多元化发展格局，建立完善国家和地方发展休闲产业政策主导下的休闲事业，建立和完善传统休闲文化遗产保护政策等。

思考与练习

一、单项选择题

1. 在英国，对休闲政策的制定起到重要作用的是（　　）。
   A. 英国体育学院　　B. 彩票基金等
   C. 各级政府机构和慈善组织　　D. 休闲政策联盟
2. 美国休闲政策的突出特点是（　　）。
   A. 重在保护和开发国家的休闲资源
   B. 重在保障公民的休闲权利
   C. 众多的休闲协会较多地介入到国家休闲发展政策的制定和推动过程中
   D. 旨在为美国公民创造良好的休闲大环境
3. 在法国的休闲政策形成与实施过程中，（　　）。
   A. 曾经在政府中建立过文化、休闲和社会工作部
   B. 大力支持社会福利型休闲政策的制定与实施
   C. 发展大众文化，推动民间休闲快速发展
   D. 20世纪80年代后建立新的休闲部门，增加公共休闲支出，刺激休闲经济增长
4. 目前中国引导休闲发展的政府职能部门是（　　）。
   A. 国家文化部　　B. 国家体育总局
   C. 中共中央宣传部和国家教育部　　D. 国家旅游局
5. 中国在发展国民休闲的战略中，一个最大的创新试验是（　　）。
   A. 统筹规划国民旅游休闲，制定国民旅游休闲纲要
   B. 积极谋划休闲业发展前景，把中国建设成为世界休闲强国
   C. 把海南省作为“我国旅游业改革创新的试验区”，打造海南国际旅游岛
   D. 出台一系列休闲政策，明确休闲产品发展导向

二、多项选择题

1．应该这样理解休闲政策（　　）。

A．它是由国家、政府以及其他公共权力机关制定的一种公共政策

B．它是为解决休闲问题、达成一定的休闲目标而制定的行动方案

C．它以国家财政、劳动福利和社会保障等方面的政策为保障

D．以劳动时间的缩短和国民生活水平的提高为前提

E．以建立全方位的调控机制为手段，以促进休闲文化生活健康发展为目标

2．休闲政策之所以必要，是因为（　　）。

A．经济和文化的全球化对本土休闲文化提出了严峻挑战

B．经济社会发展中出现了休闲基础设施分配不均等的情况

C．出现了社会公众的休闲消费难以适应休闲供给不断增长的尖锐矛盾

D．社会公众的休闲时间和休闲权利不断被挤占和侵犯的现象严重

E．休闲发展中出现了严重的城乡差距拉大的现象

3．国外休闲政策的内容主要包括（　　）。

A．户外休闲政策，最典型的是美国

B．野生生物资源保护政策，最典型的是非洲和印度

C．海岸休闲政策，最典型的是美国的加利福尼亚州

D．乡村休闲政策，最典型的是英国

E．公共休闲政策，激励人们不断扩大休闲消费

4．近年来中国在休闲政策方面有显著进步，主要表现在（　　）。

A．正在宏观战略层面加紧制定《国民休闲纲要》

B．制定并实施了《全民健身计划纲要》

C．制定并实施了《关于加快发展旅游业的意见》

D．逐步实施了公共休闲场所向全体国民免费开放的政策

三、思考讨论题

1．休闲政策的内涵及其作用是什么？

2．你认为国外休闲政策对发展休闲产生的作用如何？

3．谈谈你对我国现有休闲政策的认识？如何评价？

4．你认为我国未来休闲政策还应从哪些方面进一步完善？

四、实践练习题

1．通过网络等媒体渠道，详细了解国家旅游局和中国旅游研究院牵头制定的《国民旅游休闲纲要》的制定情况，并就其内容提出自己的看法和建议。

2．就国家推行的公共文化休闲场所和设施免费开放的政策实施情况，开展一次调查研究，并撰写一份研究报告。

第12章　休闲制度

教学目标与要求

了解休闲制度的内涵、作用及必要性，初步了解中西方休闲保障制度；了解并掌握当前我国具体的休闲制度规定，提高对我国休闲制度的理解和把握能力。

章节知识框架

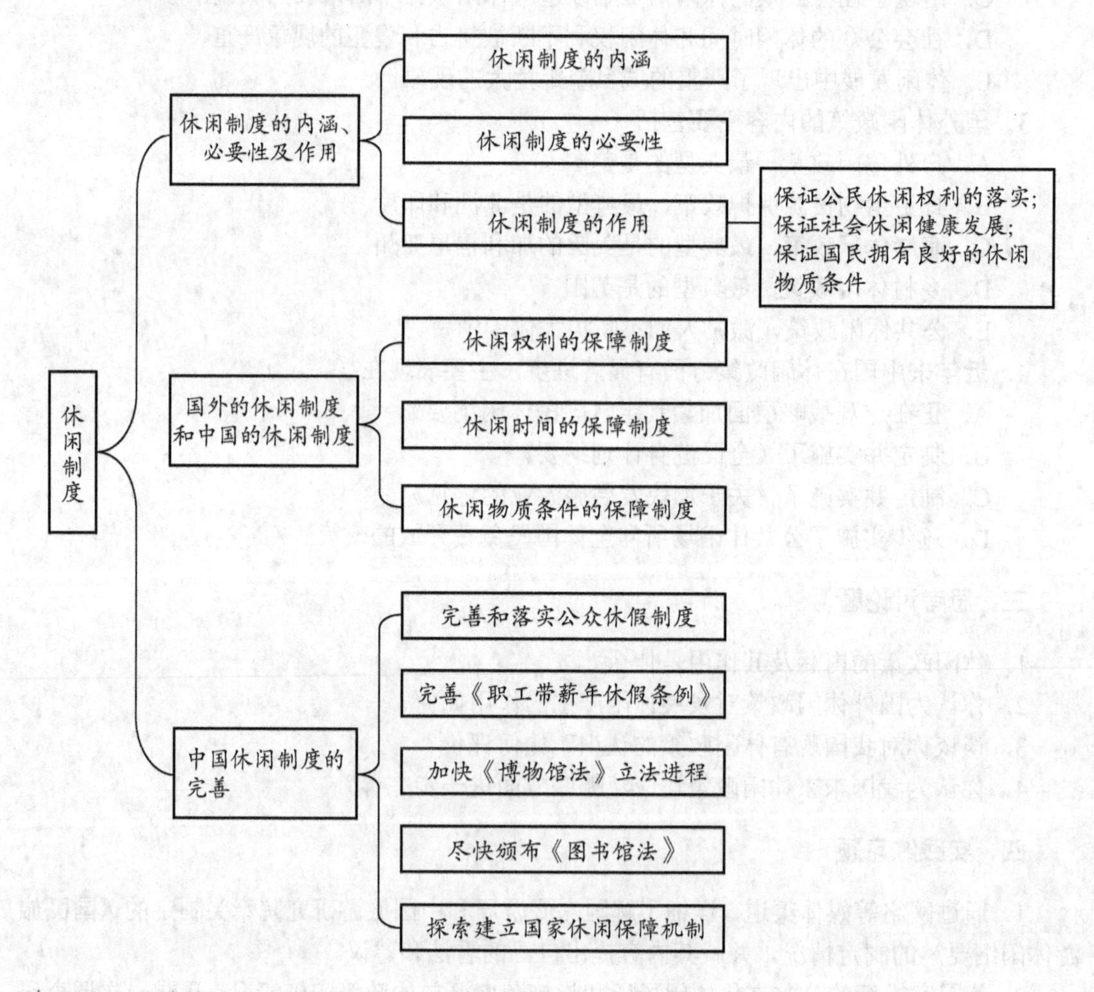

关键术语

休闲制度，休闲权利，休闲时间，休闲物质条件，保障制度

导入案例

“国民休闲”还需制度保障

国家旅游局局长邵琪伟日前透露，在加大对旅游业发展的政策支持上，中国将制定国民旅游休闲纲要，落实带薪休假制度。

资料显示，2010年，我国国内旅游人数已超过21亿人次，公民出境游5 700万人次，实现旅游外汇收入近500亿美元，旅游业总收入达到1.5万亿元。虽然如此，与美国旅游业在GDP中的比重对比看，我国旅游市场的潜力还很大。《国民旅游休闲纲要》的制定，势必会进一步刺激我国旅游经济的快速发展。

通过制定《国民旅游休闲纲要》来刺激经济，这个目的，放在国家与社会的高度，自然高尚无比，没有经济的发展，不会有税收的提高，更不会有公民福利的增加。但是，放在公民的休闲权利层面而言，刺激经济又显得过于功利。刺激经济固然重要，但是保障国民的休闲权同样重要。

曾有报告指出，中国人“赶时间”已经成了一种常态。对此网友评论，这是一个连上厕所都需要数秒的社会。就带薪休假制度的落实而言，调查显示，80%的人从未享受过带薪休假；只有10%的单位有带薪年休假制度并且执行。

国人对于休闲的理解，其实只限于休闲服饰——而这何尝不是一件皇帝的新衣。就原因而言，除了“房奴”、“卡奴”、“孩奴”等现实方面的原因，和休闲制度不健全有着密不可分的关系。

在新加坡从事教师职业的堂弟前几日回国，一起吃饭时，他粗略描绘了一个令人难以想象的“休闲社会”：新加坡的教师和学生，一年有4个假期，总天数要比我国的寒暑假多一个月左右。而每至假期，他的同事都选择到欧美去登山、旅游；他们每天下午的下班时间很早；在大街上，随处可见戴着耳机跑步的人，大小足球场没有一刻闲置，其中不乏50岁上下的足球爱好者；游泳场、健身房也是随处可见，价格实惠、人满为患……弟弟说，在新加坡，休闲被视为最主要的生活方式。

相比于经济发展等，“人”的发展，永远是第一位的，是比刺激经济这个功利目的更加重要的第一位。就现在而言，无论是政府财政收入，还是GDP总量，都已经跃居世界第二的我国，确实应该想想如何放慢脚步，如何让国民过上休闲日子了。

（资料来源：王传涛.“国民休闲”还需制度保障[N]. 羊城晚报，2011-12-31.）

点评

国民休闲权利涉及许多方面，休闲旅游是重要的休闲权利和方式之一。保障国民休闲权利，除了要落实带薪休假制度，给市民免费发送旅游票券之外，更应该从方方面面的权利保障上，给人们以真正的市民待遇：不仅仅包括教育医疗要实现公益化，让老百姓花起钱来无后顾之忧，更要从整体上将国民收入实现翻番甚至更快的增长。只有这样，这个社会才可能慢慢变成“休闲社会”，市民才可能变成“休闲市民”。休闲权利保障之后，所谓的尊严与幸福才会如期而至。

休闲行为在形式上是私人的事情，但是这种行为背后又有制度因素的影响。看似个人行为的休闲，实际“是一项集体使命”，蕴含着一种“制度的、内在化社会准则的特性”（方旭红，2009）。休闲的社会属性就决定了它本身的存在和发展要依赖于一定的社会制度；社会制度的内容，特别是休闲保障制度的内容，又反映了该社会的整体休闲发展水平。

12.1 休闲制度的内涵、必要性及作用

12.1.1 休闲制度的内涵

休闲制度是以社会成员共同享有休闲为目的，运用国家和社会的力量，以法律的形式强制性地保障公民的正当休闲权利，以及休闲权利的公平公正性，惩罚侵犯公民休闲权利的恶性行为的制度。包括休闲权利保障制度、工作时间制度、假日制度和休假制度、休闲物质条件保障制度等。

休闲制度的建设和完善也是一个国家休闲发展水平的标志，休闲制度的落实关系到休闲在社会各个具体领域的发展。因此，建立科学的休闲制度既必要也重要。从经济学角度来看，国民的休闲需求实际上具有实现“先付”经济行为的承诺的性质。保证国民丰富的、非功利的休闲生活质量，是政府与社会必须履行的具有经济法性质的强制时效的责任，因为休闲是相对劳作而言的，在劳动者向国家和社会提交的税金（显性）或被事先索取收入的一部分（低工资制，隐性）中，包含着为确保自由时间里实现休闲的预付款。所以，为其国民提供必要的休闲保障是政府应尽的义务。

12.1.2 休闲制度的必要性

第一，保障公民休闲权利的需要。目前，世界各国虽然都制定了诸如工时制度、节假日制度和休假制度等，但这样的制度设置并未真正保障全体公民的休闲权。例如，中国“黄金周”制度，很大程度上只满足了先富者的休闲、旅游需求，很多贫困群体无缘“黄金周”的休息与休闲；又如，农民工往往“缺席”“黄金周”。就“黄金周”出游者而言，奔波于各大景点，交通拥堵、人满为患，身心也不一定能得到真正的“休闲”。还有诸多别无选择在“黄金周”期间加班者，可能承担着比平时更繁重的任务。这些都让上述鼓励休闲的制度打了折扣。休闲制度的建立和完善，就是要实现休闲制度由有名无实向名实相符的转变，推动社会真正重视公民休闲权利的落实。

第二，保障公民健康权的需要。在经济全球化和信息化时代，面对越来越激烈的竞争，在经济与精神的双重压力下，很多人即使拥有可以休闲的权利，也可能或者必须“放弃”。虽然人人都有休闲的权利，但是一些处于创业阶段的人，坚守工作第一、生活第二的信念，休闲权一次次被自己设定的成功指标所扼杀（魏艳茹，2006）。重压之下，英年早逝已不是“新闻”，“亚健康”已成社会的“流行病”，与之伴随的还有精神疾病与自杀等。建立并完善国家休闲制度，就是要通过一定的法律和行政干预使这些拥有休闲权利的人群能真正放下手中的工作，享有休闲带来的身心健康。

阅读材料 12-1

英年早逝及亚健康呼唤休闲制度

据调查，我国"英年早逝"的悲剧大都发生在40～55岁年龄段的中年知识分子群体中。中国死亡率最集中的年龄段目前是30～50岁。知识分子的平均寿命只有53岁，比全国平均寿命低17岁，中年知识分子死亡率超过老年人的两倍，英年早逝者91%是因为后天自身因素。

如果健康是"第一状态"，疾病是"第二状态"，那么在这两个状态之间是一个巨大的模糊空间，这个空间包括了虚弱，还包括了身体、心理和社会适应的种种不完满状态，世界卫生组织称其为"第三状态"，国内常常称之为"亚健康"状态。世界卫生组织指出，每个人的健康和寿命60%取决于自己。处于亚健康状态的人，既有坠入疾病深渊的可能，更有成为健康人的希望。细究之，亚健康是个大概念，包含着前后衔接的几个阶段，有些接近于健康，有些接近于疾病。关键看您如何善待自己。据中国国际亚健康学术成果研讨会公布的数据，目前，中国人70%属于亚健康人群，而其中的70%左右都是知识分子。我国7成知识分子处过劳死边缘，由于长期透支健康，很多人患有这样那样的疾病，有的人甚至英年早逝。

亚健康是如何产生的呢？医学专家、心理专家提出，亚健康状态的成因是心理压力过大。随着社会的发展，各行业的竞争也不断加剧，人们，特别是中青年几乎每天都面临着新的挑战，精神压力很大。心理素质好、承受能力强的人，能够及时调节心态、化解压力，大大减小了"积劳成疾"的危险；而心理承受能力较弱的人，由于自我调节能力较弱，精神压力长时间蓄积，大脑超负荷运转，加之大脑细胞所需氧和营养补充不及时等，最终很可能导致疲劳过度，从而出现亚健康症状。尤其是作为社会和家庭中坚的中年人，更易感到精神不振，心绪不宁，疲乏无力，失眠，记忆力减退，注意力不集中，易患感冒，没有充沛旺盛的精力去工作和生活，如不加注意，则易罹患疾病。

（资料来源：http://blog.sina.com.cn/s/blog_5f05e98f0100kuq1.html.）

第三，提高公民休闲质量的需要。在休闲国际化、大众化的时代，很多国人的休闲方式还停留在"原始阶段"：双休日没日没夜地打牌玩麻将，中晚餐时拼命喝酒，或到娱乐场所花钱纵欲，要不就泡在网上等，这样的活动上只是打发无聊、消遣无奈罢了，如此"休闲"可能比劳作更累。这种"伪休闲"与工作狂带来的后果可谓"殊途同归"，在过度玩乐时，猝死在酒宴、娱乐场所的时有报道。建立并完善休闲制度，就是要通过国家干预，矫正公民在休闲中存在的陋习和不良习惯，还公民一个真正的"休闲"。

12.1.3 休闲制度的作用

第一，保障公民休闲权利的落实。休闲权利（通常简称为休闲权）是人权的固有内容，有两方面含义：一是依法享有休息的自由；二是在闲暇中能够从事有利于自身发展的事情。这种权利并不是任何时候都可由公民自由实现，往往需要在法律制度上找到明确的依据才能落实的。通过休闲制度明确规范公民的休闲权利，避免任何部门对劳动者这一正当权利的侵犯，通过立法，用法律的强制力明确保障公民正当的休闲权利；通过制度规定各地区在公共休闲场所的开发和建设上必须有投入并保证对公民开放，建立促进休闲产业和经济健康发展的制度，保障公民休闲权的有效落实。

阅读材料 12-2

劳动者休闲权的形成历史

休闲权虽是天赋人权之一，但并非自古就有，而是人类特别是工人阶级通过艰苦斗争得来的。就近代社会而言，休闲权是通过争取 8 小时工作制而逐步确立的。1866 年 9 月第一国际日内瓦代表会议根据马克思事先草拟的指示，提出在全球范围实行 8 小时工作制的口号。马克思指出，这首先是美国工人的共同需求。美国内战结束之后，以美国全国劳工同盟为首的许多工人组织结成联盟，加强了通过立法程序规定 8 小时工作制的全国斗争。联盟在 1866 年 8 月于巴尔的摩举行的全国代表大会上宣布，8 小时工作制的要求是把劳动从资本主义奴役下解放出来的必要条件。1886 年 5 月 1 日美国芝加哥 20 万工人举行大罢工，要求实行 8 小时工作制。经过流血斗争，美国工人最终获得了 8 小时工作制的权利。1919 年国际劳工组织（ILO）根据《凡尔赛和约》成为国际联盟的附属机构，这个国际劳工组织公布的第一号决议就是规定工人每天工作 8 小时，每周工作 48 小时。

1935 年法国总工会同政府达成一致认识，共同公布《马提翁协定》，规定工人每周工作 40 小时，每年可以享受带薪休假 15 天。这个协定，突破了每周工作 48 小时的制度规定。到了 1996 年，法国率先规定每周工作 30.76 小时，而休息时间则达到 32.15 小时。依照这个新的规定，休息时间第一次多于工作时间，人们称其为“历史性逆转”。目前经济发达的挪威、瑞典、芬兰、丹麦等北欧国家，每周工作 35～37 小时，成为世界上工作时间最少的地区。1970 年，在布鲁塞尔召开的国际休闲会议通过了《世界休闲宪章》。这个国际协议规定，一切人都享有休闲的权利，政府必须保障每个人对休闲（时间）的有效使用。从此，休闲是公民不可剥夺的基本权利，政府负有责任为公民休闲消费的自由实现提供法律与物质保障，成为当今世界的共识和政治文明的标志。

新中国成立后，全国普遍实行 8 小时工作制。从 1995 年起，进一步改为每周工作 5 天，每周工作不超过 44 小时。8 小时工作制的实行，休闲时间的不断增加，国家和企业从物质上和法律上支持职工享有充分的休闲权利，意味着中国人民当家作主的国家主人地位。有学者甚至乐观地预测，到 2015 年，中国将全面进入休闲社会。

第二，保证社会休闲健康发展。只有建立健全同市场经济发展水平相适应的社会保障制度，才能促进经济发展，确保社会稳定，形成扩大内需、经济发展、就业扩大、收入增加之间的良性循环。同样，只有建立健全同国家整体休闲发展水平相适应的休闲制度，才能促进国家休闲产业和休闲文化的发展，确保公民休闲权的实现，形成刺激休闲消费、发展休闲经济、扩大就业、提高收入、公平分配、扩大休闲消费之间的良性循环，促使社会整体休闲水平进一步提升。

第三，保证国民拥有良好的休闲物质条件。休闲的实现除了有休闲时间以外，还要有可供休闲的物质条件，并且是公民消费得起的。休闲物质条件是良好的休闲生活必备的条件。休闲生活是在一定环境中开展的活动，公共休闲设施、休闲场所的人均占有量、布局等一定程度上决定了人们休闲生活的质量，一些商业化休闲场所的高收费会将众多的中低收入者拒之门外。只有建立完善的休闲共享制度，全体社会成员才能享受到他们向往的休闲生活。

12.2 国外的休闲制度

西方的休闲制度已有较长的发展历史，相比中国是较为成熟的。考察西方的休闲制度，有利于完善我国的休闲制度。

12.2.1 休闲权利的保障制度

从国际范围来看，休闲与游憩被视作人的一项基本权利越来越受到重视，各种国际劳动组织关于劳动者权益宣言相继问世，从而在法律上充分确认并保障了闲暇，休闲成为一种新的社会建制。1948 年 12 月，联合国大会通过并颁布具有历史意义的《世界人权宣言》，提出了闲暇权："人人有享有休息和闲暇的权利，包括工作时间有合理限制和定期带薪休假的权利。""人人有权自由参与社区的文化活动，享受艺术，分享科学进步所带来的好处"。休闲权与劳动权一样成为人权的不可缺少的内容。1949 年国际劳工组织进一步提出，劳工每年至少有 6 天带薪休假。联合国于 1966 年 12 月还通过《关于经济社会和文化权利的国家公约》，第 7 条款要求各国保证任何人"有休息、消遣、合理的工作时间和有薪休息日的权利"。1970 年，在联合国支持下，由邦克雷财团主办，在布鲁塞尔召开了国际闲暇会议，会议通过了著名的《休闲宪章》（*Charter of leisure*），宣示：享有休闲游憩之机会是一种基本人权，亦是生活品质中极重要不可或缺之一环，所以应予保障及满足。这对于在全球范围内进一步推动休闲发展，提高人类生活质量，尊重人类追求休闲娱乐等自我发展的权利，起到了积极有益的保障作用。该宪章 1979 年曾被修订，直到 2000 年 7 月，第六届世界休闲大会根据人们劳动时间和休闲时间的重新组合和分配，再次修改并正式通过了《休闲宪章》。这是对《世界人权宣言》闲暇权的具体展开。

知识链接 12-1

《休闲宪章》的主要条款

修改完善后的《休闲宪章》，主要条款规定：①所有的人都拥有进行与其同胞的社会规范与价值相一致的休闲活动的基本人权，所有的政府都有承认和保护公民这一权利的义务；②为提高生活质量所提供的闲暇与健康、教育等一样重要，政府应当确保公民得到最高质量的休闲与娱乐的机会；③个人是自己最好的休闲与娱乐资源，因此政府应当确保提供获得这些休闲技术与知识的途径，使人们最优化其休闲体验；④个人可以利用休闲机会实现自我，发展私人关系，增进社会团结，发展社团与文化特性，促进国际间的了解与合作，提高生命质量；⑤政府应该通过保护国家的自然、社会和文化环境的质量，确保未来实现休闲体验的可能性；⑥政府应该确保训练专业人员来帮助个人获得休闲技术，发现和发展他们的才能，扩大他们休闲与娱乐机会的范围；⑦公民必须拥有获得所有形式的关于休闲性质和机会的休闲信息，利用它们来提高知识并影响本地和全国政策的制定；⑧教育机构必须尽最大努力传播休闲的本质与重要性以及如何将这些知识融入个人的生活方式中。——国际休闲权条款的具体规定，为各国休闲权的维护和保障提供了坚实的国际法理基础。

1998 年 10 月，世界休闲组织联合拉丁美洲休闲与娱乐协会、圣保罗服务组织在巴西圣保罗召开了第五届世界休闲大会，重申了《世界人权宣言》和《休闲宪章》，通过了《圣保罗宣言》，其相关条款更加详细地规定了休闲权的内容。

知识链接 12-2

《圣保罗宣言》的休闲权条款

该条款规定：所有人都拥有通过公平和稳定的经济、政治和社会政策获得休闲的权利；所有人都有在休闲中举行及分享多样性活动的机会和需要；所有的政府和机构都应该保护及创造文化的、技术的、自然的和建设等方面的自由环境，使人们从中获得举行和分享休闲的时间、空间、设施和表达的机会；集体与个人的努力应该被允许用来保持休闲的自由和完整性；所有政府应当制定和实施向所有人提供休闲的法律和政策； 所有的公私部门都应当考虑由全球化带来的地方性、全国性、国际性后果所引起的、威胁休闲多样化计划和休闲质量的因素；所有的公私部门，都应该考虑威胁个人滥用和误用休闲的因素，如由地方性、全国性和国际性势力所导致的异常行为和犯罪行为；所有公私部门都应该确保那些向学校和社区系统提供休闲教育课程（或项目）以及培训相关志愿者和专业人力资源的项目的政策得到贯彻实施；致力于实施一项持续的、一致的研究计划，使人们对全球化影响休闲的后果有更深入的理解；致力于传播全球化某些影响深远的因素给休闲带来的代价与好处的信息。

关于儿童、青少年的休闲，国际上有专门的规定。1959 年联合国大会通过的《儿童权利宣言》中第七条规定："儿童应有充分的游憩机会，并配合教育目的施教，社会及公立机构尤应为儿童的游憩权利而努力。"同年在巴基斯坦的卡拉奇举行的亚洲地区义务教育会议上，曾经制定义务教育的四项目标，其中第三项就是："应给予儿童充分的机会，使其从事玩乐休闲，并视此为教育的目标。"

12.2.2 休闲时间的保障制度

这方面的具体制度主要有带薪休假、工作时间缩减、弹性工作制以及工作共享制等，其中最典型的是带薪休假制度。目前世界许多国家都实施带薪休假，而这一制度的起源地是法国。第二次世界大战后法国率先实行了每周 35 小时工作制，60 年代美国劳工联合会和产业工会联合会提出一周工作 5 天、一天工作 7 小时的目标，1960 年日本松下公司开始实行 5 天工作制。20 世纪 60 年代后，西欧、北美绝大多数国家普遍实行了 5 天工作制与带薪休假制，日本、韩国、印度、新加坡、泰国、巴西等国也先后实行了这些制度，我国

的香港、台湾地区目前实行5天半工作制。

1. 法国的休假制度

法国《劳动法》规定，休年假原则上在每年5月1日—10月30日，具体休假时间由员工与老板协商确定，但实际上大部分人选择7—9月阳光最充沛的3个月休假。而在这期间又是学生的暑假，为此，法国人将这一时期称为大假期。假如老板要求员工在法定年休期（每年11月1日—次年4月30日）以外的时间休假，员工有权再享受2天额外的休假。有15岁以下孩子的母亲，年休期可延长，每一个孩子可增加2天假期。目前法国带薪休假一般为30天（星期日不计算在内）。例如，星期五开始休假，星期六不算在假期内，而是从下星期一开始计算，若假期中有节假日则顺延。除年假及周末两天的休息日以外，法国人每年还有11天的法定假日——元旦、“五一”、国庆、第一次世界大战停战日、第二次世界大战停战日以及6个宗教节日。

阅读材料 12-3

法国带薪休假制度的形成

早在1936年6月7日，法国总工会和雇主协会就签署了《马提翁协定》。同月20日，法国众议院通过一项法律，规定法国所有员工只要在一家企业连续工作满一年便可享受15天的带薪假期。从此，这种过去只属于特权阶层的权利进入到了劳动阶级的生活中，法国在全球率先对本国工人阶级实行了带薪休假制度。后来，在工会等组织努力下，法国人的带薪假期越来越长，带薪休假的权利也写进了《劳动法》。

（资料来源：安国章．法国休假神圣不可侵犯 英国休假不“一窝蜂”[N]．市场报，2007-4-27.）

2. 日本的休假制度

日本《劳动基本法》规定，出勤率在80%以上或连续工作6个月以上者，每年可享受10天的带薪休假。6年工龄以上者，每年可以有20天的带薪假期。企业还自己规定有婚丧假、产假、临时停产假、志愿者休假等有薪假日，日本公务员带薪休假时间一般在30天以内。日本是“黄金周”制度的创始国，一般在4月29—5月5日、8月中旬暑假连休及新年连休3个时段。日本的日历上除周末以外，还有一些用红颜色标注的日子，这是国家确定的公众假日，一年共有15天。除6月和8月，每个月都有1～2天是节假日。另外，日本还有许多民间节日。法定的节假日与周末连起来，或者与周末重合，就形成连休日，有3日连休、5日连休，最长的是9日连休。

阅读材料 12-4

日本的“黄金周”

据说中国“黄金周”的形成是借鉴了日本的做法。日本每年的4月29日是绿之节，5

月3日是宪法纪念日，5月5日是儿童节，再加上两个周末，就形成了一周左右的长假。因这一周的长假给旅游业和有关行业带来了黄金般的消费，所以日本人将这一周称为“黄金周”。除5月的“黄金周”，日本还有8月中旬暑假连休和新年前后的连休，在这三大连休期间，日本所有交通工具都人满为患，道路堵塞是常事，有时车辆排队甚至有几百千米。每次大休期间移动人口多达数亿人次，人们将其称为民族大移动。

（资料来源：安国章．法国休假神圣不可侵犯 英国休假不“一窝蜂”[N]．市场报，2007-4-27.）

3．英国的休假制度

英国的法定假日并不多，除周末双休日外，12月的圣诞节和4月的复活节再加上公共假日，一年仅有9天。但英国《劳动法》规定，职工有享受带薪休假的权利，假期长短视工作年限而不同，短则3周，多则一个多月。圣诞节和复活节是英国两个大节日，已成英国人集中休假的时段。除了这两个假期外，英国在职人员法定年假的休息多集中在每年的七八月。这期间，议会休会，政府机构工作人员也轮流休假，日常工作处于半休眠状态。英国带薪休假为20～27天。

阅读材料12-5

英国带薪休假制度的发展历程

在20世纪上半叶，度假还仅仅是英国王室贵族及富裕中产阶层的特权。随着后来英国工会运动的兴起，特别是带薪休假规定的出台，工薪阶层才逐渐开始享受假期。

根据英国1998年实施的《工作时间条例》，全日制员工有权获得每年20天的带薪假期，但培训中的医生、交通运输业从业人员、海洋捕鱼及其他海上作业者等不包括在内。2003年修订后的条例将带薪休假制度扩大至所有行业。根据2000年颁布的《非全日制工人规定》，英国的季节工等非全日制员工的待遇按比例对照全日制员工待遇实行。非全日制员工工作一个月，就有权享受全日制员工年度带薪假期的1/12；如果一周工作两天，一年则可以带薪休假9.6天。如果员工不休假，雇主必须补付其法定休假日的工资。英国有8个永久性公共和银行假日，如果员工带薪休假正值这些假日，后者一并计入带薪休假时间；但在单独的公共和银行假日，员工无权享受带薪休假。此外，如果员工在公共和银行假日工作，工资按雇佣合同办理；如果合同没有另行规定，员工即使不要工资也无权要求补休。英国也有雇主允许员工根据合约在年度法定带薪休假之外享有带补贴的公共和银行假日待遇。英国政府网站提供了详细资料帮助公众了解自己的法定休假权利。如果雇主不依法办事，员工可以找工会或各地公民咨询处寻求帮助，也可向劳动仲裁机构申诉。

在各界工会的积极推动下，英国政府出台了新的《工作和家庭法》。根据新规定，英国员工每年依法享受的20天带薪休假从2007年10月1日起增至24天，从2009年4月1日起再增至28天。英国贸易及工业署表示，新规定使带薪休假受益者增加了400万人，女性、非全日制、低收入及少数族裔员工受益最大。

（资料来源：http://news.xinhuanet.com/newscenter/2007-11/15/content_7077168.htm.）

可见，发达国家公民的休长假、带薪休假等权利普遍受到国家法律法规的保障，公民有了足够多的休闲时间，可以去旅游、购物、阅读、参加各类培训或其他的休闲活动，由此带动的旅游业、相关的休闲经济产业已成为发达国家的主要经济部分。

12.2.3 休闲物质条件的保障制度

1. 国家公园制度

国家公园制度是一种资源保护与开发利用实现双赢的先进管理模式，是让生态环境与旅游消费达到共存的国际惯例和普遍适用的规律。

19 世纪美国建立黄石国家公园，确立了一个基本思想，即国家公园不以赢利为目的，不能被少数营利者掌管，而应“让人民得益、供人民享受”，只能由全体人民所信任的政府为着国家的长久利益行使管理权利。1916 年建立国家公园管理局，制定了以景观保护和适度旅游开发双重任务的基本政策，同时积极帮助扩大州立公园体系以缓解国家公园面临的旅游压力；1935 年通过《历史遗迹法案》，规定将国家重要的自然与历史性旅游资源统一交由国家公园管理局管理。美国国家公园的管理人员一律出国家公园管理局任命、调配，有固定员工和临时员工的区别，一般要求有较高的学历，统一着装，配备先进设备，以保证国家公园的资源保护和服务质量。

阅读材料 12-6

美国国家公园管理的历史与现状

1872 年 3 月 1 日，美国建立了世界上第一个国家公园——黄石国家公园，确立了美国国家公园管理制度的雏形；1916 年 8 月 25 日，美国依法在内政部设立国家公园管理局，正是在国家层面实施严格的公园管理制度；1935 年通过的《历史遗迹法案》，进一步扩大了国家公园管理局的职责范围。如今，美国国家公园体系已涵盖由内务部国家公园管理局管理的陆地或水域的总体，包括国家公园、纪念地、历史地段、风景路、休闲地以及白宫景点等 20 多个不同类型区域的所有土地、水面，还包括了 369 种受威胁或濒危物种的栖息地、1 亿多个博物馆收藏品、150 万个考古地址和 2.7 万个历史遗址，幅员 33.74 万平方千米，占美国国土面积约 3.64%。其中核心部分遍及 49 个州、哥伦比亚特区以及太平洋与加勒比海上的岛屿，代表了全国近 390 个杰出的重要的自然与历史性旅游资源，每年接待游客近 3 亿人次，为地方经济提供 20 多万个工作岗位，并产生 100 多亿美元的产值。在美国经济统计现行的北美产业分类系统（NAICS）中，国家公园成为旅游大类产业的 30 个分部门之一。

（资料来源：http://www.davost.com/index.html.）

产生于美国的关于国家公园的思想和体系，作为一种理念和制度已经为全世界所普遍接受。到 2001 年，国家公园已从美国发展至世界上 225 个国家和地区，全世界的国家公园总数已达到 9 800 多个，总面积近 10 亿公顷（1 公顷=0.01 平方千米）。“国家公园和保护区体系”、“世界遗产”、“生物圈保护区”等概念也是从单一的国家公园概念中衍生而来的。

加拿大的国家公园政策规定，国家公园建立的目的是为了永久保护有意义的地理学、地质学、植物学或历史学特征以作为国家遗产，目的是为了加拿大人的利益、教育和享受（快乐），这也招致了很多人的不满，原因是以资源为基础的国家公园政策并没有考虑人的需要。造成资源丰富的地方公园多，而资源少的地方公园少。例如，魁北克省因为拥有丰富的高级资源而拥有最多的国家公园。而有些省人口多资源少，公园也很少。

在德国，为国家公园设立的政府管理机构称为国家公园管理处，隶属于所在地的县议会，必要的管理经费由州政府根据规定下拨到县。国家公园管理处提出并制订规划和年度计划，经营并管理国家公园及其设施，保护、养护国家公园内的动植物，鼓励并参与有关科学考察和科学研究，对公众进行宣传教育并管理旅游和疗养业。

在日本，国家公园系统（国家公园、准国家公园、府县自然公园）的管理由国家环境署与县政府、市政府以及国家公园内各类土地所有者密切合作进行，在 11 个国家公园和野生物种办公室下设有 55 个公园管理站。准国家公园和府县自然公园则由相关的府县政府管理。

2．博物馆制度

制定规范全国博物馆行业的《博物馆法》是世界各国的通行做法。法国早在 1945 年就颁布了《法国博物馆组织法》，并在 2002 年颁布了新的《法国博物馆法》。日本于 20 世纪 50 年代制定了全国性的《博物馆法》，促进了该国博物馆行业的健康迅速发展。国际博物馆协会 1974 年章程中明确规定："博物馆是一个不追求赢利、为社会和社会发展服务的、公开的永久性机构，对人类和人类环境见证物进行研究、采集、保存，特别是为研究、教育和游览的目的提供展览。"

阅读材料 12–7

英国和美国的博物馆

英国是世界上博物馆最密集的地方之一。据不完全统计，英国现有大大小小约 1 500 个不同类型的博物馆，其中国家级和政府资助的博物馆都实行免费开放。从 2001 年 12 月起，英国博物馆开始对所有公众实行免费开放。当时，英国财政部通过一项新规定，即政府支持的博物馆和美术馆的常设展览若对公众免费开放，则可以享受增值税返还。到 2005 年 10 月，免费开放制度又继续扩展到 48 所大学博物馆和美术馆。为此，英国文化、新闻和体育部每年拨出 4 000 万英镑补偿属下 12 家博物馆因免费开放而损失的门票收入。这项博物馆开放政策实施以来，受到了公众的热烈欢迎。2001—2006 年的 5 年间，参观博物馆的人数增加了 83%，相当于 2 900 万人次，为英国总人口数量的一半。伦敦著名的维多利亚与阿尔伯特博物馆、自然历史博物馆和科学博物馆的参观人数均增加了 80%以上，而大英博物馆等早一步实施免费开放的也在新一轮热潮中增加了 8%的访客。2007 年，时任英国文化大臣乔韦尔（Jowell）称，国家级博物馆和美术馆的免费开放政策是"1997 年以来英国政府文化政策的基石，该政策的成功使得公众无论贫富都能欣赏世界级的收藏"。各博物馆都会推出一些临时或特别展览，而这些都会标价收费。此外，博物馆还会根据参观者

的不同需求，提供“个性化”的服务。以大英博物馆为例，该馆占地 7.5 万平方米，相当于 9 个足球场大小，每年接待参观者超过 500 万人次。博物馆规定，10 人以上的参观团队或学校组织的学生参观通常都要事先在博物馆售票处预订，以便博物馆了解人流，并为学校提供一系列设施与服务。博物馆根据中小学教学大纲的要求对不同年级的学生进行有针对性地参观内容设计，负责学校参观的团队每学期还要组织一次免费的计划会议，学校老师可以前来讨论活动安排。

在美国共有 1.75 万家博物馆，每年参观者达 8.65 亿人次，日均超过 230 万人次。尽管如此，在全球博物馆免费开放的潮流中，美国各地的博物馆却显得“落伍”，免费博物馆仅占博物馆总数 1/3。在美国，不免费的博物馆收费政策各行其是。有的全面免费开放，如首都华盛顿史密森学会下属各大国家级博物馆；有的分时段免费，如洛杉矶县美术馆；有的不仅收费，而且不断涨价，如著名的纽约大都会博物馆；还有的参观者必须付费，但自行定价，如西雅图美术馆。

美国的博物馆不仅是收藏中心，也是其文化中心、教育中心、学术中心，还是休闲中心和娱乐中心。《华盛顿邮报》称，当代美国的博物馆已经成为“新的城市广场”，举办从爵士音乐会到教育研讨会的各种活动，没有任何别的场所能像今天的博物馆一样把各种不同的人聚集到一起。美国的博物馆在公共教育方面发挥了积极作用，绝大部分博物馆和美术馆都有着力量强大的教育部门，这些教育部门除了拥有固定的、有着高学历的教育及艺术史论背景的教育人员，同时还拥有一支庞大的义工团队。教育部门的导赏员会针对不同的人群和对象，运用不同的阐释作品及解说方法。除此之外，博物馆和美术馆还积极与学校、社区合作，构建一些美术教育课程，提供相应的体验场所和学习空间。在纽约大都会博物馆和古根海姆博物馆，馆方专门为不同年龄段的孩童提供了与之相应的美术教育课程，甚至学校当中的部分课程也可直接在博物馆中进行，馆员与教师之间不仅形成了非常亲密和和谐的关系，互通有无，而且共同为孩子的成长和发展搭建了良好的平台。

（资料来源：http://www.ccdy.cn/pubnews/511022/20080427/540403.htm.
http://archive.wenming.cn/worldcivi/2008-02/28/content_14241472.htm.）

3. 图书馆制度

作为一项公益事业，图书馆离开一个切实可行的法律保障体系是无法生存和发展的。图书馆制度是国家为了保障国民的知识权利而选择的一种制度安排，是对公民的知识的自由权利、平等权利、共享权利和休闲权利的保护。

(1)《联合国教科文组织公共图书馆宣言》。1994 年国际图书馆协会联盟（IFLA）发布这份宣言，强调“公共图书馆是地方政府及中央政府的职责，该政府必须单独特别立法，采用独立的预算科目，它必须是文化、信息供给、识字及教育长期策略中的重要一环。……为了确保全国各地的图书馆彼此合作，在立法及策略规划上，必须在规定及推动有既定服务标准的全国图书馆网”。该宣言对公共图书馆做了以下规定：公共图书馆必须对成年人和儿童提供机会以便他们随时赶上时代，不断地对他们施加教育并使他们随同科学与艺术一道进步；公共图书馆建筑应该位于中心地点，应该便于老、弱、病、残的来馆，并且应在对使用者便当的时间内开放；在农村和市郊区域，分馆和流动图书馆是必须设置的；公共图书馆应当有主动的、积极的眼光，要能证明其服务工作的价值并能鼓励人利用它们；公共图书馆应该依据法律的明确规定而设立，这种法律应该这样来形成以使它能够保证在全国范围内提供公共图书馆服务事业。

（2）《公共图书馆标准》。IFLA“基于联合国教科文组织公共图书馆宣言的若干总则”而制定此标准，规定通用的藏书标准为“在最小的行政区（3 000 人）内，至少应为每位居民配备 3 册图书，但这一比例可随着服务人口数量的增加而相应减少，普遍适用的总标准是每位居民 2 册书”。每年图书的增加量应为“每 1 000 人至少 250 册”。而且“50 种期刊应看作是图书馆必备的基本收藏量”。在“服务人口达到 20 000 的图书馆，最低限度应收藏 2 000 张唱片、录音带”。同时 IFLA 还规定了图书馆的建筑标准，即“在市内主要居民区，通常离图书馆 1.5 千米左右就需设立分馆，3～4 千米就需设立一个较大的图书馆。不同地区对这种距离的规定还需按照当地的地形特点、交通条件和社区意识等不同情况做相应调整”。

（3）公共图书馆法。各国公共图书馆法大致规定了公共图书馆的布局原则、公民人均拥有量、财政政策、服务责任和改善措施等，目的在于更好地发挥公共图书馆在促进公民阅读、提升公民文化素养方面的作用。

阅读材料 12–8

各国图书馆法基本情况

1848 年美国马萨诸塞州议会通过在波士顿市建立公共图书馆的法案是世界上第一部公共图书馆法。1849 年美国新帘州颁布了第一个独立州图书馆法。1877 年有 20 个州制定了有关图书馆法。目前美国各州均有公共图书馆法。1956 年美国国会颁布全国性的《图书馆服务法》。1964 年将其修订为《图书馆服务与建设法》，包括服务、建设、馆际合作和读者服务工作等 4 部分。1965 年美国国会通过了几项与图书馆有关的重要法令，如《初等和中等教育法》、《高等教育法》、《医学图书馆资助法》等。

1850 年 2 月，英国议会通过了《公共图书馆法》，规定每 1 万人的地区设一所图书馆，地方政府应对本地区的成人和儿童提供图书馆服务，经费从房地产税中提取，这是世界第一部全国性公共图书馆法；1964 年英国颁布了新的图书馆法《公共图书馆和博物馆法》，进一步从法律上保证图书馆事业的发展。1972 年又公布了涉及国家图书馆的《不列颠图书馆法》。英国的公共图书馆法强调为公民免费提供图书馆服务。

苏联于 1920 年颁布的《人民委员会关于集中管理图书馆事业的命令》，规定所有的图书馆一律交由教育人民委员会（中央政治教育委员会）管辖，宣布人人都能利用的图书馆，所有的图书馆必须加入统一的图书馆网。1934 年苏联政府通过《关于苏维埃社会主义共和国联盟的图书馆事业》的决定。这是苏联第 2 个综合性的图书馆法律。1984 年，苏联最高苏维埃主席团批准的《苏联图书馆事业条例》规定苏联图书馆的性质、任务、组织原则、领导体制、图书馆藏书、读者利用图书馆的权利以及图书统计报表等。

此外，世界其他国家也相继制定了图书馆法，如《日本图书馆法》（1950）、韩国《图书馆法》(1964)，捷克斯洛伐克的《公共图书馆法》(1919)、《全国图书馆组织法》(1959)，比利时的《图书馆法》(1921)，丹麦的《公共图书馆法》(1920)、《学校图书馆法》(1956)、《图书馆法》(1964)，芬兰的《公共图书馆法》(1928)、《图书馆法》(1962)，挪威的《图书馆法》(1935)、《学校公共图书馆法》(1971)，匈牙利的《图书馆法》(1956)。伊朗(1964)、波兰(1968)、民主德国(1968)、保加利亚(1970)等国也制定了图书馆法规。

（资料来源：张雅静. 休闲文化生活支持体系研究[M]. 北京：中国社会出版社，2010.）

（4）公共图书馆建设。在以上图书馆法律和制度的规范下，国外的图书馆事业发展迅速，很多国家的图书馆从规模、数量、藏书、服务等方面都很完善。其中，美国的公共图书馆最具有典范意义。

阅读材料 12-9

走进美国的公共图书馆

1848年，美国第一家免费、面向公众的、由政府税收支持的波士顿公共图书馆正式建成使用。此后，其他州也纷纷效仿建立了公共图书馆。到1998年，美国已拥有8 964座公共图书馆，使图书馆真正成为'公共产品'"。美国的公共图书馆非常多。据美国图书馆协会统计，2007年全美国有公共图书馆和分馆16 549个，每1万人就拥有一家公共图书馆，而约62%的美国公民拥有自己的图书馆借书证，全美平均一年光顾公共图书馆的人次达10亿多。

美国的公共图书馆主要按社区来划分。每个大城市都建有公共图书馆总馆，社区（类似我国的街道办事处）则设立分馆。如位于美国加州旧金山市，人口大约77.7万（相当于北京西城区人口），面积119平方千米（约是北京朝阳区面积的1/4），在这样规模的一个城市里，除了位于市中心的旧金山公共图书馆总馆，还有27个均匀地散布在各个公共的分支图书馆，相当于每4.25平方千米范围内，就有一个图书馆。公共图书馆的人均享有量是每2.9万人拥有一个图书馆，这还不包括市区内各类大、中、小学校的自设图书馆和私立图书馆。图书馆一般都设在交通方便的地段，彼此间的距离也比较合理，真正体现了公共服务的便民宗旨，即使不开车，也可以乘交通工具方便地前往各个图书馆。公共图书馆星罗棋布地坐落在市区的各个角落，无论市民的居住地如何变迁，基本上都可以在离家2公里左右的范围内找到一个图书馆，图书馆在市民的生活中可谓如影相随。

（资料来源：白岩松. 岩松看美国·自由穿行[M]. 北京：华艺出版社，2009.
刘晓清. 美国公共图书馆的理念、服务与推广[J]. 图书馆研究与工作，2009，4.）

美国公共图书馆的经费主要源于政府和基金会，对读者提供的主要服务基本上是免费的，服务非常周到全面，有的甚至超出了图书馆的功能范围。图书馆不仅可以免费申请办卡，提供免费报纸、各种传单和广告、各路公交车的时刻表。图书馆还会定期举办供儿童参与的故事会，并经常为孩子发一些小奖品，鼓励他们对阅读的兴趣。假期里还会安排特殊的项目。有的图书馆还承担了职业培训和外语培训学校的职能，有的等同于“社区文化中心”，有的还可以帮助找工作。美国公共图书馆的服务在信息获取、传播知识、社会教育、提供娱乐、公益服务等方面发挥着越来越广的作用。在美国图书馆协会（ALA）鼓励公众走进图书馆的资料中可以看到这样的文字：公共图书馆是社区活动中心，可以让你免费借阅图书、使用电脑、提供家庭作业帮助、撰写简历和寻找工作、获得财务信息、成人教育课程、新移民帮助，免费借阅 CD 、DVD。美国公共图书馆围绕着社区公众的需求，做了很多。美国还设有流动图书馆，定期到一些固定的地点办理借书，方便读者。另外，美国各个州之间的图书馆都是彼此联网的，所以，如果你想借阅一本书，而你所在的公共图书馆却没有，那么，他们会将你的借阅申请发布给所有联网的图书馆，有这本书的图书馆会免费邮寄给你。

12.3 中国的休闲制度

目前，中国的休闲制度无论是建设，还是完善程度都与发达国家有明显差距，但应该看到，休闲作为一种公民权利越来越得到社会的广泛关注，而国家也正在完善政策并着力健全相关制度。

12.3.1 中国休闲权利的保障制度

休闲权不仅同人的生命权、幸福权等一起构成和谐社会人权的重要内容，而且成为当今中国人权发展的一种新趋势。我国宪法也明文规定："中华人民共和国劳动者有休息的权利。国家发展劳动者休息和休养的设施，规定职工的工作时间和休假制度。"作为休闲进入国家视阈的标志性事件，2006 年 4 月时任国务院副总理的吴仪出席"世界休闲博览会"和"世界休闲高层论坛"，发表题为《积极发展休闲服务，不断提高生活质量》的主旨演讲，虽未使用"国民休闲"一词，但首次在国家层面提出"如何满足人们的休闲需求，发展与休闲相关的产业，不断提高生活质量，是值得我们深入思考的一个问题"，强调政府机构、企业、民间组织、学术团体等都要"积极研究使大多数人都能够享受休闲生活的具体措施，倡导积极向上、文明、健康的生活方式"。"国民休闲"范畴随后逐渐形成，2007 年以来，国家开始在战略上着手有关制度建设，从 2009 年开始酝酿《国民休闲旅游纲要》，显现了政府对于公民休闲权利、尤其是中低收入者休闲权利的一种引导和制度支持。但对于休闲权利的普遍落实，我国还没有上升到法律高度，缺乏系统的制度保障。

12.3.2 中国休闲时间的保障制度

新中国的休闲时间保障制度主要表现在两个方面：

1．工作时间和节假日制度

新中国成立前夕，中国人民政治协商会议通过《中国人民政治协商会议共同纲领》，明确规定："公私合营企业目前一般实行每天 8～10 小时的工作制度，特殊情况斟酌办理。"1949 年 12 月政务院发布《全国年节及纪念日放假办法》规定：每年 1 月 1 日为元旦、5 月 1 日为劳动节、10 月 1 日为国庆节，均为法定休息日。1954 年，新中国第一部《中华人民

共和国宪法》（以下简称《宪法》）第 92 条规定了工时和休假制度。1960 年 12 月《中共中央关于在城市坚持实行 8 小时工作制的通知》规定，全国各城市的一切单位，一切部门，在一般情况下，无例外地必须严格实行 8 小时工作制，不得任意加班加点，不得任意侵占干部和群众的休息时间。1982 年重新修改的《宪法》第 42 条规定“中华人民共和国公民有劳动的权利和义务。国家发展劳动者的休息和休养设施，规定职工的工作时间和休假制度”。1994 年 2 月，国务院公布《国务院关于职工工作时间的规定》。第三条规定：“实行职工每日工作 8 小时，每周工作 44 小时”；第七条规定：“国家机关和事业单位实行统一的工作时间，自本规定的实施之日起，第一周星期六、星期日为休息日，第二周星期日为休息日，依此循环。”1995 年 3 月，国务院发布 174 号令，把全国的周工作时间进一步缩短为 40 小时即实行“双休日”工时制，从 1995 年 5 月 1 日起实施。1999 年 9 月 18 日，国务院发布《全国年节及纪念日放假办法》，决定增加公众法定休假日。春节、“五一”和“十一”法定休假 3 天，再加上调整的前后两个双休日，就形成了每年 3 个连续 7 天的长假，中国人每年制度性休闲时间达到了 114 天。2007 年 12 月 14 日国务院《关于修改〈全国年节及纪念日放假办法〉的决定》规定：国家法定节假日总天数增加 1 天，即由目前的 10 天增加到 11 天；对国家法定节假日时间安排进行调整：元旦放假 1 天、春节放假 3 天、“十一”国庆节放假 3 天不变，“五一”国际劳动节调整为 1 天，清明、端午、中秋增设为国家法定节假日，各放假 1 天。

2. 职工休假保障制度

我国制定了休假保障制度，让公民有一定数量的节假日。1991 年 6 月中共中央和国务院《关于职工休假问题的通知》规定：“可以安排职工年休假”，“安排最多不超过两周的年休假，休假方式一般以就地休假为主”。1994 年通过、1995 年 1 月 1 日开始实行的第一部《中华人民共和国劳动法》规定“国家实行带薪年休假制度。劳动者连续工作 1 年以上的，享受带薪年休假。具体办法由国务院规定。” 2007 年 12 月 14 日，国务院发布第 514 号国务院令，宣布自 2008 年 1 月 1 日开始实施《职工带薪年休假条例》，规定了机关、团体、企业、事业单位等单位职工连续工作 1 年以上，可享受带薪年休假。其中，职工累计工作满 1 年不满 10 年的，年休假 5 天；满 10 年不满 20 年的，年休假 10 天；满 20 年的，年休假 15 天。同年 9 月 27 日又公布了《企业职工带薪年休假实施办法》，其中规定，年休假天数根据职工累计工作时间确定；职工在同一或者不同用人单位工作期间，以及依照法律、行政法规或者国务院规定视同工作期间，应当计为累计工作时间；职工依法享受的探亲假、婚丧假、产假等国家规定的假期以及因工伤停工留薪期间不计入年休假假期等。

12.3.3 中国休闲物质条件的保障制度

1. 国家公园制度

国家公园实际上是一种对自然与文化区域进行可持续发展与保护的最优化的管理体制。它兴起于西方，已被世界很多国家采纳，在我国也已初现端倪。

2004 年，云南省政府研究室组团专项考察了美国的国家公园。该研究室撰写的《关于国家公园的说明》后来列入了省政府工作报告的背景说明材料。报告提出，在滇西北地区建设一批国家公园，形成云南最美丽的生态旅游区和科考探险基地，促成生态保护、经济发展、社会进步的多赢。云南省政府成立了国家公园建设领导小组作为议事和决策机构，有序推进国家公园建设。我国第一个“国家公园发展研究所”在西南林学院成立，为国家公园的科学研究、宣传教育、人才培养提供了支撑。省级有关部门、地方政府、科研机构及大专院校先期对滇西北地区进行了大量实地调查，并编制完成了相关规划。

2006 年 8 月，“香格里拉国家公园——普达措”在云南省迪庆藏族自治州正式开始试运行，这是我国大陆首个真正按照国际规范模式来进行建设、管理、保护的国家公园。2006 年 3 月，在新疆维吾尔自治区，通过专家评审的《喀纳斯旅游区总体规划》提出，要按国际一流的生态旅游观光度假胜地定位，把喀纳斯建成我国西部的国家公园。地处陕西南部秦岭北麓、面积接近 30 平方千米的太白山旅游区也提出了建设中国中央国家公园核心区的概念，意在把现有的太白山国家森林公园、红河谷森林公园和汤峪度假区整合发展成为我国西北地区最大的旅游观光、度假和温泉养生基地。2008 年 9 月，黑龙江汤旺河国家公园获得环境保护部和国家旅游局的批复开建，这被认为是我国首个获得国家级政府部门批准核定建设的国家公园。该公园将划分出一小块区域用于观光旅游和资源开发利用，其所获经济效益用于保护余下大片区域的生态环境，国家有关部门也将提供保护资金的支持。已经或正在使用“国家公园”概念的，还有江西省的庐山、吉林省的拉法山、拟建中的四川省龙门山等。

从目前国家公园试点前期的情况来看，国家公园相关法律法规尚未建立，还有待实践推动；国家公园管理组织体系还没理顺，还在延续国内目前多头管理的保护地管理模式。公园内部的管理体制和运行机制也还不是国外国家公园普遍采用的特许经营模式，无异于国内一般的公共资源依托型景区，经营管理还存在相当明显的问题。今后，还需要以公益性为基本前提，由省、中央两级从立法、财政资金等方面提供保障，地方政府还需在授权国家公园管理局成为唯一的管理责任主体，建立国家公园特许经营制度和相关者的利益保障机制，不断健全我国国家公园制度。

2. 博物馆制度

我国对博物馆的管理，目前还没有正式的法律，有关规定只能参考《中华人民共和国文物保护法》（以下简称《文物法》）中关于博物馆的专门法条。《文物法》于 2002 年 10 月 28 日由第九届全国人大常委会第三十次会议颁布实施。《文物法》主要针对的是不可再生文物，其中涉及的博物馆，只是以国家指定的文物收藏机构、文物所有者的身份，就如何保护文物的意义上而出现于其法条中，对博物馆的规定缺乏针对性和可操作性。

国家文物局早在 1979 年就曾发布过《省、市、自治区博物馆工作条例》，对博物馆的相关核心问题做出规定；1993 年 12 月，北京市人民政府发布《北京市博物馆登记暂行办法》，开创了博物馆登记管理的先河；2000 年 9 月，北京市人民代表大会通过《北京市博物馆条例》，这是我国首个有关博物馆管理的地方性法规。2005 年 12 月，文化部部务会议审议通过了《博物馆管理办法》，为博物馆法的制定提供了一个先导性质的范本，作为《博物馆法》立法程序的一个必要环节，这也是我国目前博物馆事业管理的基本规范。

阅读材料 12-10

我国的博物馆概况

《博物馆事业中长期发展规划纲要（2011—2020 年）》指出，截至 2010 年，全国依法注册的博物馆 3 415 个（含民办博物馆 456 个），其中国家一级博物馆 83 个、二级博物馆 171 个和三级博物馆 288 个。除文物建筑及遗址类博物馆外，1 804 个公共博物馆实现了向社会免费开放。除基本陈列外，全国博物馆举办展览超过 10 000 个，年观众达 5 亿余人次。以国家级博物馆为龙头、省级博物馆为骨干，国有博物馆为主体、民办博物馆为补充，类别多样化、举办主体多元化的博物馆体系初步形成。博物馆致力于文化与自然遗产的保护和传播，研究、展示、教育和社会服务水平显著提升，社会影响力日益增强。中国博物馆事业及其文化价值理念得到国际社会广泛认同。

（资料来源：http://hews.sina.com.cn/0/2006-05-18/08008956285.shtml.）

总之，中国博物馆的专业化品质、社会服务能力、管理水平与时代赋予博物馆的使命尚有不小的距离；特别是在公益性定位和免费开放之后，现有制度的不足更显突出：博物馆体系结构需要优化，品类和区域发展不平衡；藏品保护基础工作仍较薄弱，研究能力、科技支撑和专业队伍建设亟待加强；陈列展览和社会服务整体水平不高，博物馆教育尚未能制度化地纳入国民教育体系；博物馆体制机制不完善，运行活力不足。

3. 图书馆制度

新中国成立 60 多年来，我国只是颁布了一系列关于图书馆的行政法规，如 1957 年国务院颁布《全国图书协调方案》，1955 年文化部颁发《关于征集图书、杂志样本办法》和《关于加强与改进公共图书馆工作指示》，1955 年文化部抄发中华全国总工会《关于工会图书馆工作的规程》，1956 年高等教育部颁发《中华人民共和国高等学校图书馆试行条例（草案）》，1987 年中国科学院颁发《中国科学院图书情报工作暂行条例》，1981 年教育部颁发《中华人民共和国高等学校图书馆工作条例》（1987 年国家教育委员会修订后改名《普通高等学校图书馆规程》），1982 年文化部颁布《省（自治区、市）图书馆工作条例》。

根据图书馆事业发展的需要，2001 年我国启动了《图书馆法》制定工作，但由于种种原因，制定工作在 2004 年中断了。2006 年 9 月我国发布了《国家“十一五”时期文化发展规划纲要》，将“抓紧研究制定图书馆法”列为“十一五”文化立法的任务之一。2008 年 10 月，十一届全国人民代表大会常务委员会立法规划公布，《图书馆法》被列为“第二类项目”，即“研究起草、条件成熟时安排审议的法律草案”。同年 11 月，文化部召开《公共图书馆法》立法工作会议，明确了根据全国人民代表大会常务委员会立法规划的图书馆法从制定《公共图书馆法》做起。2009 年 1 月初，中国图书馆学会 2009 年新年峰会在北京召开，专题讨论、部署《公共图书馆法》立法支撑研究事宜。之后又召开多次会议，通过对立法支撑的研究，为《公共图书馆法》的起草和颁布奠定基础。2011 年 10 月文化部在贵阳举办中国图书馆年会暨中国图书馆学会年会，宣布我国《公共图书馆法》计划在 2011

年年底完成起草。国家将对逐步实行全国美术馆、公共图书馆、文化馆站免费开放，并给予一定经费资助。2011 年地市级图书馆、文化馆的补助标准是 50 万元，县级图书馆、文化馆的补助标准是 20 万元，乡镇综合文化站补助标准是 5 万元，均高于 2009 年各类单位全国平均事业收入水平。

2008 年，国家出台了《公共图书馆建设用地指标》和《公共图书馆建设标准》，为各地建设公共图书馆提出了标准和依据，提出要按服务人口和服务半径设置公共图书馆。人口 150 万人以上的城市，要设置 1～2 处大型馆（建筑面积 20 000 平方米以上），每 50 万人口设置 1 处中型馆（建筑面积 4 500～20 000 平方米），每 20 万人口设置 1 处小型馆（建筑面积 4 500 平方米以下）；人口 20～150 万人的城市，要设置 1 处中型馆，每 20 万人口设置 1 处小型馆；人口在 20 万人以内的城市，要设置 1 处小型馆。同时规定，大、中、小型馆的服务半径分别为 9 千米、6.5 千米和 2.5 千米，大型馆服务半径内不建中、小型馆，中型馆服务半径内不建小型馆。

在我国，一级政府建设一座图书馆、一个城市只有一座图书馆目前还是普遍现象。2008 年，全国平均 3 400 平方千米、47 万人拥有一座公共图书馆，不要说与发达国家相比，就是与 2008 年我国《公共图书馆建设用地指标》确定的标准相比，也还存在较大差距。面对现状，公共图书馆立法必须为形成公共图书馆服务体系提供制度保证，因为没有完善的服务体系，就没有普遍均等的图书馆服务，就谈不上公共图书馆事业的科学发展。

阅读材料 12-11

杭州和它的图书馆精神：免费开放保障文化公平

公共图书馆该如何为读者服务?杭州图书馆的做法是面向所有读者免费开放，包括流浪者和乞丐。有微博称，该馆馆长褚树青曾说："我无权拒绝他们入内读书，但您有权选择离开。"这一微博迅即被转发了 1.6 万次。但他也表示，杭州图书馆的全免费开放政策，不过是践行联合国教科文组织《公共图书馆宣言》中的图书馆使命而已。事实上，未必真有很多乞丐或流浪者去图书馆看报读书，但是否向他们开放，却检验着一个城市和国家的人文精神与气度。

公共图书馆作为一个公共资源，其最重要的意义就在于平等地向公众开放。美国钢铁工业巨富安德鲁·卡内基（Andrew Carnegie），便是在图书馆自学成才的穷孩子。获得成功后，他一生捐建了 2 500 多座图书馆。他的哲学是只要给予公平的社会环境，再穷的人也能成功，图书馆就是成功的第一个台阶。从这个角度说，公共图书馆不只是借书读报的地方，更是一种教育制度，一种生活方式，是知识和信息的再分配。免费进入公共图书馆这小小的权利，却可以使社会底层通过免费获取知识、改变自己的人生。

由杭州图书馆所掀起的波澜正在影响全国。我国文化部、财政部日前出台政策，要求 2011 年底之前，国家级、省级美术馆全部向公众免费开放；全国所有公共图书馆、文化馆（站）实现无障碍、零门槛进入，基本服务项目全部免费。

2011 年 2 月 18 日，文化部表示，备受关注的《公共图书馆法》正在起草中。尽管免费并不意味着"公共"，但不可否认，这是回归公共图书馆精神的可喜开端。

（资料来源：王婧. 杭州和它的图书馆精神[J]. 中国新闻周刊，2011，7.）

12.4 中国休闲制度的完善

中国未来的休闲制度应该朝向公益化、保障所有公民都能享有基本休闲权利的方向发展，盲目的产业化、粗糙的服务，单纯围绕赢利发展休闲，并非大势所趋。真正满足人们的休闲需求，并推动休闲的发展，休闲制度的完善是首要的任务，只有完善的制度才能把休闲落实为每个公民都能共享的平等权利，才能为休闲健康、持续的发展提供最切实的保障。

12.4.1 完善和落实公众休假制度

休假制度创设和执行应贯彻科学发展观和生态化的思想，保障资源使用生态化，体现以人为本的理念和有助于多元化、现代化休假方式的形成。第一，国家法定节假日总天数要与经济社会发展阶段相适应。第二，调整国家法定节假日要有利于传承民族传统文化，发掘传统文化的丰富内涵，扩大中国文化的国际影响。第三，国家法定节假日在时间分布上要相对分散。从国际经验看，适当分散法定节假日密度，有利于经济、社会的正常运行。第四，国家法定节假日调整要与完善职工带薪年休假制度相结合。目前我国推行的新休假制度就是在这种指导思想下关乎民情，顺乎民意，彰显人性关怀的一次改革，在一定程度上，它缓解了人与自然关系的失衡，逐步解决了在密集工作和集中休假的两种极端中人的健康问题，也有效抑制了人际关系的异化。但是，由于新的休闲制度是从全国整体性考虑的，尚缺乏灵活性和差异性，在休假制度的完善上要支持各省、自治区、直辖市级探索建立与生态环境承载力的限度和人自身自然的承载力的限度相适应的分散、灵活、多样的休假制度；在休假总量不变的前提下，可以由个人决定自己的休假时间分布，从而避开居民休假出游的高峰，降低“假日”的压力；可以通过服务与被服务的交流，形成文化传播，有利于休闲产业的形成和发展，迅速形成规模。这是我国以后休假制度创设的根本立足点。

12.4.2 完善《职工带薪年休假条例》

实行职工带薪年休假制度，是世界各国劳动制度的普遍做法。我国近年来的实践主要存在三大问题：目前已经实行年休假制度的仅是机关、事业单位和一部分团体、企业，实际上大部分企业、团体以及民营部门没有实行年休假；在已经实行年休假制度的单位，由于工作繁忙等原因，许多职工实际上多年享受不到年休假待遇；职工因单位工作需要未能享受年休假的，也没有得到相应的经济补偿。因此，有关部门要尽快研究出台更具体的实施细则，加大执法监察力度，采取有效措施，切实保障广大职工的基本休假权利。

12.4.3 加快《博物馆法》立法进程

制定规范全国博物馆行业的《博物馆法》是世界各国的通行做法。我国目前还没有一部自己的博物馆法律，管理全国行业仍依靠文化部的《博物馆管理办法》，作为一部部门规章，该办法不能有效地规范文化文物系统以外各行政部门的工作，在各地方与地方性法规有冲突时地方政府也只能依照地方性法规执行，这种现状与中国作为文化大国的地位极不相称，也不能很好地适应现代国民的休闲文化生活需求。早在1991年马自树先生就曾撰文建议对博物馆立法，20多年来在我国文博学界和法学界关于博物馆立法的呼吁和讨论始终不断；博物馆立法也积累了大量实践经验，我国应借鉴世界各国的成功经验，尽早推动国家《博物馆法》早日出台。要建立现代博物馆制度，健全政府主导、社会参与、办馆主体多元、办馆形式多样、充满生机活力的办馆体制，形成国有博物馆和民办博物馆共同发展的格局，进一步激发博物馆活力，满足人民群众多层次、多样化的文化需求；深化国有博物馆办馆体制改革，探索多种形式，加强优质博物馆文化资源整合，增强办馆活力，提高办馆效益；健全促进民办博物馆发展的优惠扶持政策；依法管理民办博物馆。

12.4.4 尽快颁布《图书馆法》

改革开放以来，我国图书馆事业取得了快速的发展，适应当前图书馆事业发展的现状，满足读者越来越高的休闲学习要求，必须加快图书馆立法进程。从2001年年初提出启动我国《图书馆法》立法进程，到2008年11月决定正式启动《公共图书馆法》立法工作，但至今未正式颁布；而缺乏相关法规，必将影响图书馆业的发展，也直接影响人们的休闲学习。这部法律要推动公共图书馆实行免费开放，加强公共电子阅览室建设，定期或不定期开展图书馆公益讲座，进行少儿图书馆的服务创新，注重少数民族图书馆事业发展。

这部法律要解决好当前影响图书馆发展的一些迫切问题，如经费问题，要提供足够的资金保障各级图书馆的可持续发展，建立中央和地方财政共担的经费保障机制。免费开放之后人员和公用经费的基本支出由同级财政部门予以保障，开展基本公共文化服务项目所需经费由中央财政和地方财政共同负担；中央财政要重点对中西部地区的地市级和县级美术馆、公共图书馆、文化馆（站）以及乡镇文化馆（站）开展基本公共文化服务项目所需经费，按照一定标准予以补助。其他问题，如要适当增加图书馆人力、完善基础设施、规范服务，拓展新媒体服务项目内容，有条件的图书馆建立人流量实时统计系统；在规定图书馆责任的同时，也应明确政府的责任、读者的责任和义务，并对违约行为予以相应的处罚；对图书馆的布局问题也要做出相关规定，如对图书馆的馆址、面积、交通等的合理性、便利性予以规范。

12.4.5 探索建立国家休闲保障机制

我国公民目前休闲生活质量不高，除国情、素质及国民认识上的原因外，还有一个重要原因是现有的国家休闲保障机制不健全。目前，独生子女与高龄社会现象是我国都市正在出现的问题，这无疑大大增加了社会的休闲需求。但也存在严峻问题，即便是发达国家，老人也是社会中的弱势群体，老人的经济状况与在职者相差很大。同时，抚育未成年是中年家庭的重要支出与负担，在职者的休闲活动也受到来自经济及休闲时间的限制。

解决这些问题，日本的休闲保障机制对我国有借鉴意义。日本国民的休闲是在强大的社会保障系统支持下运作的，归纳起来就是公助、共助、自助三大属性。公助是指社会保障系统，共助则包括来自家庭、地区福利、企业福利的扶助，自助指自我努力。在未来的国家休闲保障机制设计上，应参考日本的做法，建立由公助、共助和自助相结合的国家、地域和公民共“做”机制，使更多的公民能够真正享受休闲。

案例分析

如何破解中国就业难问题

材料一 据中国政府发布的《中国的就业状况和政策》白皮书披露：21 世纪前 20 年中国将面临较大的就业压力，16 岁以上人口将以年均 500 万人的规模增长，到 2020 年劳动年龄人口总规模将达到 9.4 亿人。在这个时段之前，每年进入劳动力年龄的人口数量多于退出劳动力年龄的人口数量，劳动力的替代比始终大于 100。

"要解决我国的就业问题，仅靠调控运行的战术性措施已无济于事，必须根据以人为本的科学发展观对国民经济发展战略和劳动就业管理政策做出重大调整。"四川大学工商管理学院陈维政教授最近提出破解就业难题的一条思路，那就是实施工作分享。什么是工作分享？工作分享是指通过对一个经济系统内（一个企业、一个地区或一个国家）的工作总量和工作时间进行重新分配，以增强就业机会、减少非志愿失业的一种措施。陈教授选用了一个形象的比喻：工作分享不是要倒退到 3 个和尚没水吃的时代，倒退到计划经济人浮于事低效率的旧体制，而是要寻找一种合理的办法让 3 个和尚轮流挑水吃，在一个和尚挑水的时候，另外两个和尚可以按照自己的意愿选择或者职业培训，或者休闲娱乐。实施工作分享制度是与共享休闲制度密切相关的。

（资料来源：谢湘．让 3 个和尚轮流挑水 川大教授提出用工作分享制破解就业难题[N]．中国青年报，2007-3-5.）

材料二 改革劳动和用工制度，缩短每日工作时间，增加就业人员数量，实行劳动轮流和人员轮休，保证每个人在缩短了的工作时间里也能够获得足以维持其基本生活需要的工资收入，从整体上造成每天都有人过星期日和节假日的状况。每天每个人都只是工作较短的时间，既可以使就业人数成倍地增长，又可以提高单位时间的工作效率；形成劳动和休闲双轨并行，生产和消费基本平衡，人的各种活动都有充裕时间而且平衡发展的格局，这种格局的结果必然是社会的平衡发展、人的平衡发展、人与自然和社会关系的协调等较为理想的发展态势。这种格局和状态可概括为全民"共有工作—共同富裕—共享休闲"。

（资料来源：吴文新．科学发展观视野中的休闲建制[J]．自然辩证法研究，2004，10.）

请结合本章有关内容，思考以下问题：

（1）工作和休闲的关系是怎样的？

（2）我国在舆论导向上对工作和休闲的地位认同是否一样？说明了什么？

（3）我国应该建立怎样的工作制度和休闲制度？

简要点评：①现代社会对休闲与工作关系的理解，往往具有功利性，通常认为，工作是为了有更多的时间和金钱去休闲，休闲是为了以更充沛的精力和身心去工作，两者相辅相成。但随着社会的发展，两者之间的界限越来越模糊并有融合趋势。②我国的舆论导向把那些为工作而献身的人作为大众学习的榜样，具有双重性。杰出人物的精神值得学习，但做法值得商榷。由于长期过度的劳累，不仅使相当多的劳动者积劳成疾，有的已经付出了生命的代价，有什么能比生命的价值更大呢？③工作制度和休闲制度两者直接相关，不能把它们割裂开来。

本章小结

休闲制度是保障社会成员最大限度共享休闲的社会制度，随着社会的发展，其必要性愈加突出。休闲制度对于保证公民休闲权利落实、保证社会休闲健康发展以及保证国民拥有良好休闲物质条件都具有重要作用。每个国家都有自己的休闲制度，如休闲权利的保障制度、休闲时间的保障制度、休闲物质条件的保障制度。国外特别是发达国家的休闲制度建设时间较长，相对完善；中国需要借鉴发达国家的休闲制度，不断完善和落实公众休假制度，完善《职工带薪年休假条例》，加快《博物馆法》立法进程，尽快颁布《图书馆法》，探索建立国家休闲保障机制。

思考与练习

一、单项选择题

1．休闲制度的含义丰富，其核心含义是（　　）。
A．以社会成员共同享有休闲为目的
B．通过国家强制和社会自觉来实现
C．以法律的形式强制性地保障公民的正当休闲权利及其公平公正性
D．惩罚侵犯公民休闲权利的犯罪行为

2．在国际上，首次把休闲纳入人权保障体系的文件是（　　）。
A.《世界人权宣言》　　B.《休闲宪章》
C.《圣保罗宣言》　　D.《儿童权利宣言》

3．在休闲时间的保障制度方面，相对而言做得最好的是（　　）。
A．美国　　B．日本　　C．英国　　D．法国

4．在国家公园制度方面，最值得我国学习借鉴的是（　　）。
A．美国　　B．加拿大　　C．德国　　D．日本

5．在图书馆制度方面，最具有典范意义的是（　　）。
A．联合国教科文组织　　B．英国
C．苏联　　D．美国

二、多项选择题

1．休闲制度非常必要，主要是因为（　　）。
A．作为国家，必须切实保障公民的休闲权利
B．面对激烈的竞争和日益增大的压力，必须保障公民的身心健康

C．必须保障公民的自由全面发展
D．为了经济社会协调发展，必须通过休闲制度确保休闲业的健康发展
E．国家也确实需要通过制度大力提高公民的休闲生活质量

2．国际上，关于休闲制度建设的几个重要文件是（　　）。
A．《世界人权宣言》　　B．《休闲宪章》
C．《圣保罗宣言》　　D．《儿童权利宣言》
E．各国的劳动相关法规

3．目前中国的国民休闲时间保障制度，主要是通过（　　）来实现的。
A．国务院《关于修改〈全国年节及纪念日放假办法〉的决定》
B．国务院《职工带薪年休假条例》
C．《中华人民共和国劳动法》
D．国务院《企业职工带薪年休假实施办法》
E．《中华人民共和国宪法》

三、思考讨论题

1．如何理解休闲权利？谈谈国际上有关休闲权利的法律规章及其规定的内涵和意义。
2．你怎样理解休闲制度的本质和作用？
3．你认为我国未来休闲制度还应从哪些方面进一步完善？

四、实践练习题

1．请以某一外国为例，搜集有关资料，叙述其休闲制度，并分析其长处和不足。
2．试针对我国公共休闲机构和设施向全民免费开放后，其相关制度的改革与完善问题展开一次调查研究，并撰写相关研究报告，供国家有关部门决策参考。
3．请结合我国文化大发展大繁荣的战略，谈谈学习这章后你的最大收获。

五、案例分析题

试就本章“案例分析”中的事实和问题以及点评所提供的思路，特别是从休闲制度的角度对我国的就业问题展开详细分析和论证。

第5篇

现代休闲及其发展

此为现代休闲篇，但因篇幅所限，不能尽述现代休闲之全貌（按照《休闲绿皮书》，现代休闲主要包括旅游休闲、文化休闲、娱乐休闲、体育休闲、餐饮休闲等），只能择取旅游休闲、网络休闲和体育休闲 3 种形式来讲述，网络休闲属于文化休闲中最为时尚的休闲类型，也最具典型性和复杂性。旅游休闲是以旅游活动的形式进行的休闲；旅游作为较为传统的产业近年来正在加速休闲化转型，旅游与休闲的关系越来越紧密；旅游休闲主要有旅游观光、旅游度假、旅游健身、文化旅游几种形式，且内容丰富、各有特色。网络休闲是通过互联网络实现的现代休闲方式，具有开放性、猎奇性、创造性、便捷性、大众化等特点；网络休闲有网络游戏、网络聊天、网络影视、网上购物、网上阅读、在线音乐、虚拟旅游等类型，尤以前几种为甚；网络休闲是一把双刃剑，把握不好会对人造成巨大的伤害，因此，必须加强网络引导，树立网络人文精神、增强主体自觉性、加强网络伦理建设，并保持网络休闲与其他休闲的平衡。体育休闲是以体育为手段的休闲，越来越成为一种时尚而普及的大众休闲；它主要以休闲体育和养生体育为参与活动的内容，以竞技体育为观赏的对象。休闲体育以娱乐身心、体验幸福感和发展自我为主要目的；养生体育则以中华儒释道医武等养生文化为基础，结合现代体育而形成；而竞技体育则以其丰富而高雅的竞技之美赢得大众观赏之深爱，并激励和吸引人们积极参与竞技、提高休闲健身的自觉性。

第13章　旅游休闲

教学目标与要求

通过学习，认识到旅游休闲是一种重要的休闲方式，了解旅游活动方式及其变化，理解旅游休闲化变迁的社会背景、原因及意义；明确旅游休闲化的趋势、旅游休闲的含义、主要旅游休闲方式的特征，能够对相关的概念进行辨析，了解主要旅游休闲方式及其发展趋势，能够对旅游和休闲发展实践进行分析。

章节知识框架

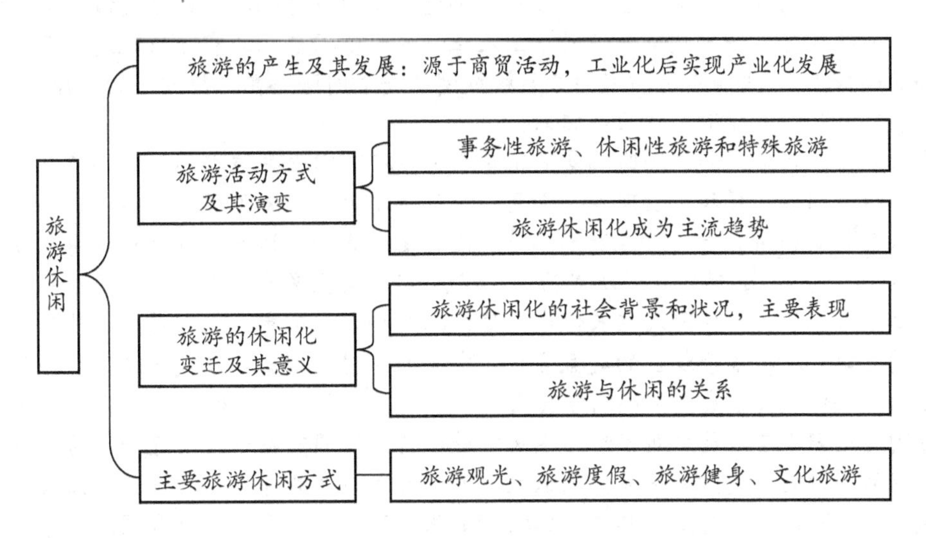

关键术语

旅游休闲化，旅游休闲，旅游观光，旅游度假，旅游健身，文化旅游

导入案例

“黄金周”12年旅游休闲大思考

从 1999 年开始的“黄金周”，至今已经走过 12 载。12 年来，虽然人们以不同的视角来解读黄金周，但不可否认的是，黄金周在拉动内需的同时，大大改变了人们的休闲观念。“黄金周”记录的不仅是假日经济的辉煌，更记录下无数普通中国人休假心态和方式的转变。从取消“五一黄金周”到设定“中国旅游日”，这些都表明，为满足国人休闲意愿，国家也在不断地进行着积极的探索。

人们究竟需要什么样的休假方式?对国家来说，这是一个值得认真研究、思考的课题；对国人来说，需要转变观念的同时，也许更多的是期待。如今，对于1999年的“十一黄金周”，很多人的印象都已经模糊了。习惯加班加点、埋头苦干之后，人们面对第一个7天长假，心情激动难耐，却也有些不知所措。

统计数字显示，第一个“十一黄金周”全国出游人数达到2 800万人次，实现旅游收入141亿元。随即是2000年黄金周的“井喷”，“十一”旅游人数达5 980万人次，旅游收入230亿元。随后的“十一黄金周”旅游人数更是数以亿计。然而，每个新变化往往会带来新问题的产生。7天长假让许多出门度假的人，第一次实地体会了什么叫“摩肩接踵”，什么叫“坐车难、买票难”。调查发现，对于黄金周，很多人都表示自己有一种“爱恨交加”的感觉：出去时兴致勃勃，回来时身心俱疲。从集中出游到多样休闲。人们厌倦了这样的黄金周，一些变化也因此悄然酝酿着。

2008年，国家进行假日改革，取消了“五一黄金周”，取而代之的是小长假。这更是一个转折点。之后，“赶着旅游”的人越来越少，像完成任务一样赶着、忙着的假日生活越来越被抛弃，人们更乐于把黄金周当作一个调整身心的好时机，开始享受假日带来的惬意与悠闲。网络调查显示，越来越多的中国人正倾向于根据自己的实际情况选择度假方式。在时间的选择上，“错峰出游”成为经常被提到的一个词语；在出行方式的选择上，“自驾游”、“农家乐”、“近郊游”成为关键词。

专家表示，黄金周刚启动时确实给很多平时没有时间出去旅游的人提供了机会，使旅游活力在短时间快速释放。但现在人们更关注旅游质量。记者了解到，纵观近年“十一”长假和春节长假的情况表明，旅游已不是长假的唯一选择，越来越多的人利用长假在本地探亲、访友、聚会，运动健身场所成为“度假胜地”，甚至多看看书、多睡睡觉都成为一种度假选择。专家认为，中国人在长假中的度假心态和方式正在或已经发生了转变，面对优于以往的度假环境，多于以往的度假方式，中国人的度假心态和方式正经历着转型升级，趋于成熟。人们从兴奋疲惫中逐渐学会用更加理性、平和的心态对待假日，享受假日。

休闲文化研究专家吴文新曾经在威海市进行的一项调查显示，接近一半的受访者希望每天都有休闲时间。受访者认为，闲暇生活可以使他们“锻炼身体，增进健康”、“消除紧张，调节身心”、“观赏自然，享受自然”、“全家共享天伦之乐，融洽加深家庭感情”、“学习知识，接受教育”等。山东大学社会学教授王忠武认为，近年来，中国人闲暇时间的增多，大大丰富了人们的生活内容。与此同时，百姓的休闲消费能力也在不断提高，用于餐饮、购物、旅游、健身、娱乐等的消费与以前相比大幅度增加。他说：“中国人从来没有像现在这样有更多的时间和经济能力去享受生活的美好。”

黄金周的负面效应突出表现为人口大国的集中消费旅游模式，让交通资源处于高度紧张状态，旅游设施、风景区、文化遗产地的生态环境也都处于危险的临界状态。尽管有关部门扩建了宾馆、增修了停车场、增开了旅游车辆等，并建立了方方面面的紧急预警系统，但仍无法解决“集体式”出游所带来的冲击。

“想象一下，当数以亿计的人一起外出旅游时，对有限的公共资源将构成怎样的压力?这样的旅游质量可能有多高呢?”业内人士认为，旅游区按照峰值来建设服务设施，这些设施只在黄金周期间派上用场，过后很多都处于闲置状态，这是多大的资源浪费!

（资料来源：http://lhrb.e23.cn/html/jinrb/20110928/jinrb11594.html.）

点评

黄金周制度虽然一开始是为了刺激消费、拉动经济，实行过程中也的确带来了不少的负面影响；但是在增强国民旅游和休闲意识方面可谓功不可没。国民旅游休闲 12 年来发生的巨大变化就证明了这一点。从旅游井喷到个性化休闲度假、享受宁静、发展兴趣。这种变化说明旅游的休闲化和个性化正在成为人们休闲生活的重要选择。那么，为什么会有这种变化？除了旅游休闲外，出现了哪些新的休闲方式，这些休闲方式的出现对旅游休闲有什么影响？对旅游经济和资源环境有什么意义？本章将引导大家思考这些问题。

20 世纪 90 年代以来，世界进入全球化浪潮，世界贸易组织（World Trade Organization，WTO）的成立加速了世界经济、技术、文化的交流合作，国际旅游发展突飞猛进。世界旅游业超过了汽车、化工等，一跃成为第一大产业。人类旅游活动进入全面革新时期，旅游业在推进标准化的同时，个性化趋势也越来越明显。

13.1 旅游的产生和发展

旅游活动是在一定社会经济条件下产生的社会现象，人类旅游活动大致经历了古代旅行、近代旅游和现代旅游三个历史阶段。不同历史时期，人类旅游活动的规模和特点也不相同。

13.1.1 旅游活动的产生

人类的旅游活动，最初源于因剩余产品的产生和交换而形成的经商贸易这种经济活动。原始社会，为了生存，人类就开始了迁徙活动，更换生存环境，从而改善生存条件；但从严格意义上来讲，这时的迁徙活动不属于旅游活动。原始社会的三次社会大分工，畜牧业从农业中分离，农牧部落间的农牧产品交换开始出现；手工业从农牧业中分离，生产力大大提高，剩余产品数量和品种增多，货物交换品种类型和范围得以扩大；商业从农牧和手工业中分离，专门从事商品交换的商人阶层出现。商人旅行到异地，或者交换自己收集的产品或货物，或者了解其他地区的产品生产和需求状况，于是以经济目的的自愿外出旅行随之产生。这种以产品交换和贸易经商为目的的旅游活动在奴隶社会得到迅速发展，由于阶级产生和以奴隶主为代表的社会“有闲阶层”的出现，以消遣和宗教为目的的外出旅行也开始产生。例如，在古埃及，人们去尼罗河流域的一些宗教朝圣中心去旅行；古希腊人到奥林匹斯山去旅行；奥林匹克运动会等节庆活动也具有旅游的特征；早期基督徒到耶路撒冷和罗马等圣地去朝拜等。奴隶社会还出现了限于那些当权者或富有者的消遣旅行活动。

总体而言，这个时期的人类旅游处于萌芽和起步阶段，经济和商贸活动是旅游的主要目的和形式。这个时期的旅游被称为古代旅游，其产生和发展与一个国家或地区的政治、经济状况有直接关系，旅游活动主要繁荣在古代文明国家。旅行中商务旅游人数较多，一直处于主导地位。西方和中亚宗教旅游较为活跃。而在东方，帝王巡游和文人旅游对社会产生较大的影响。古代旅游参加人数有限，消遣性旅游只限于统治阶级及其附庸阶层人士。

旅游活动的范围与交通工具有很大的关系，古代主要的交通工具是马车和船，速度较慢，所以当时的旅游仅是区域旅行活动。

知识链接13-1

关于旅游产生的几种观点

关于人类旅游的产生，不同的学者有着不同的观点。李天元教授认为，旅游最早产生于原始社会瓦解和奴隶社会形成时期，旅游的动机主要是产品交换。霍洛韦（Holloway）提出，旅游萌芽于奴隶社会的形成时期，最早可追溯到巴比伦帝国和埃及帝国时期。查尔斯（Charles）等认为，旅游活动开始于公元前4000年，苏美尔人发明了货币，其贸易发展标志着现代旅行时代的开始。

13.1.2 旅游活动的发展

旅游活动产生于原始社会末期，历经奴隶社会、封建社会漫长的历史阶段，但由于整个社会生产力和人类生活方式转变较慢，旅游始终不能成为一种规模化、常规化的社会活动，也不能成为一种具有深刻社会影响力的产业部门。直到19世纪中叶，旅游活动才真正转变为一种产业，这主要归因于产业革命的影响。从18世纪中叶一直延续到19世纪中叶，世界主要资本主义国家相继完成产业革命，它推动了交通方式的变革，经济的快速发展，人们购买能力的提高，同时也为旅游业发展提供了巨大的需求市场，需求的发展刺激旅游供给的发展。

产业革命促进了资本主义国家社会经济繁荣、交通运输进步和社会生活方式变迁，一方面人们有了外出旅游的支付能力，另一方面休息权的获得和休假制度的形成，为人们外出旅游提供了新的可能。这个时期，人们基本上没有外出旅游的经验，对异国他乡的情况以及必要的旅行知识都不大了解，语言和文化的障碍也使人们对外出旅游有所担心。在这种社会背景下，社会上需要专门为人们外出旅游提供帮助的“旅游专业服务”人士和机构，英国人托马斯·库克（Thomas Cook，1808—1892）敏锐地看到了这种情况并意识到这种社会需求，成功地组织了若干次保价旅行，从而开创了现代旅游经营的先河。与古代旅游相比，近代旅游具有参加者的公众性、组织工作的周密性、经营和服务的规范性、连续性和经济性等特点，适应了社会进步为旅游发展提出的新要求和新趋势，获得了巨大的生命力，不仅构建了现代旅游业的雏形，而且大大促进了公众旅游活动的开展。

第二次世界大战以后，世界各国经济开始恢复并得到持续稳定发展，社会变革和生活方式转型加速，交通运输得到长足改善，旅游业也进入现代化发展阶段。一方面战后科学技术和生产自动化程度的迅速提高，人们的劳动时间缩短，闲暇时间增加很快，使得人们的带薪休假成为可能。20世纪60年代以后，很多国家都在不同程度上实行了带薪休假制度，人们的闲暇生活变得日益丰富起来。作为闲暇活动重要形式之一的外出旅游有了时间上的保证。另一方面，随着各国教育文化水平的提高，信息技术和资讯发展的影响，越来越多的人们不满足于长期生活在自己熟悉的家乡环境，渴望了解其他地区和国家的自然风光，体验异域文化和民族风情，外出旅游需求大大增加。这个时期，世界旅游业呈现出广

泛性、社会性、大众化、持续性的特点，旅游队伍由社会的上层人士逐步扩大到平常的百姓人家，旅游活动真正成为一种大众性活动，成为人们日常生活不可缺少的一部分。

13.2 旅游活动方式及其演变

现代旅游活动的地域范围越来越广，旅游活动类型也日益丰富多样，旅游活动方式和内容也越来越复杂。总体而言，旅游是人们休闲生活中的一种方式，是人们离开常住地所进行的各种休闲活动。但是基于研究和实际的需要，世界各国各地区的旅游统计中，也把离开常住地去外地从事的非休闲性活动（即事务）作为旅游活动。根据人们外出旅游的目的和形式，按照联合国和世界旅游组织的有关规定，现代旅游活动可以分为事务性旅游、休闲性旅游和特殊旅游三大类。

13.2.1 事务性旅游

事务性旅游是指凡出于事务性目的而外出开展的旅游活动，有时把公务活动本身看成是旅游活动，有时是指伴随事务而开展的休闲性旅游活动，包括事务过程中或事务完成后的旅游活动。根据事务的目的和内容，事务性旅游又可以分为公务旅游、商务旅游、会议旅游、家庭和个人事务旅游。

第一，公务旅游。通常是指政府部门、党派组织、企事业单位、社会团体的代表或工作人员因公事出访异域他乡的差旅活动，这类公务活动被纳入旅游活动的范畴。公务旅游，最初只是纯公务活动，没有伴随性的旅游活动，随着时代的发展，公务旅游越来越多地包含了公务本身和公务之外（后）的休闲性旅游活动。公务旅游一般都是公费资助，旅游者基本上是政要或社会名流，旅游花费高、影响面大，旅游活动表现出“忙（公务）中有闲（旅游）”、“忙里偷闲”的特征。

第二，商务旅游。泛指工商界人士因商务目的而出访异域他乡的差旅活动。和公务旅游一样，现代的商务活动压力越来越大，伴随商务活动而开展的休闲性旅游活动越来越多。由于世界经济贸易、科技文化交流日益密切，商务活动极其频繁，商务旅游也越来越频繁。因而商务旅游表现出常年性、重访率高、消费水平高等特点。旅游者也是“忙（商务）中有闲（旅游）”、“忙里偷闲”。随着人们价值观、生活方式和企业管理理念的变化，现代商务活动中的休闲性活动越来越多，商务活动越来越闲化，商务旅游成为一种休闲化的商务活动方式。

第三，会议旅游。泛指因参加各种会议而前往异国他乡的访问交流活动。随着世界经济文化交流的深入，各国各地区组织的会议数量不断增加，由参会者组成的会议旅游市场越来越大。会议在举办期间或结束之后一般都安排有参观、考察、观光游览活动。在一些国家，很多参会者甚至将会议出差和个人度假旅游结合起来安排。由于会议服务业务的利润较高，且伴随会议而开展的休闲性旅游活动越来越丰富多样，因此会议旅游的休闲化趋势越来越明显。

第四，家庭和个人事务旅游。这种旅游包括外出参加亲朋好友的婚礼（寿礼、庆典）、参加在外求学子女的开学典礼或毕业典礼、利用假期外出参加学习或进修、外出探亲访友等因私的事务性活动。其中以修学旅游和探亲访故游居多，这类活动本身就是一种旅游方式，而且多安排有休闲性旅游活动。

总体而言，事务性旅游，一方面指事务本身就是一种旅游方式，这尽管是工作本身或与工作紧密相关，且行程和内容都实现安排有序，但由于是离开事务主体的常住地，因而活动相对自由，事务当中一般安排有放松性的活动，如宴会、酒会、舞会、茶歇、参观考察等，具有休闲的成分。另一方面，事务中或事务后一般都安排有休闲性的旅游活动，其目的就是休闲放松。总之，事务性旅游越来越呈现出休闲化特征和趋势。

13.2.2 休闲性旅游

休闲性旅游是指纯粹以休闲放松、精神愉悦、情感体验为目的的非事务性旅游活动，包括观光、度假、文化旅游等旅游活动方式。

第一，观光旅游。这是一种以领略异国他乡的自然风光、都市景观或社会风情为主要活动内容的休闲性旅游活动，是世界上开展得最早、最为普遍的旅游活动方式。观光旅游由最初的“走马观花”或“赶集”式的方式向现代的深度观赏、审美体验、情感熏陶的方向转变，旅游者越来越注重从旅游吸引物中获取尽可能多的旅游体验。观光旅游是一种典型的休闲活动，是离开常住地在异地举行的旅游休闲形式。

第二，度假旅游。这是人们为了摆脱日常工作和生活的紧张压力而前往各种类型的度假地生活和放松的一种旅游方式。这种旅游方式不同于“走马观花”式的观光旅游，旅游者基本上在某度假地停留一段时间，从事各种休闲、娱乐等放松活动；从中体验恬静、放松、悠闲的意境和感觉，享受与亲朋好友相聚的温馨、浪漫和甜美，游中消闲、闲中享乐、乐中生美。

第三，文化旅游。人们为了体验异国他乡的民俗风情、传统习俗、生活方式、科学技术、文化教育、社会组织等而前往异地开展的游览、观赏、考察、交流、学习等文化活动就是文化旅游。这类旅游方式有的是以文化体验、增长知识为目的，也能够收到休闲放松的效果；有的则是以消遣休闲为目的，客观上收到了文化体验、增长知识的效果。广义的文化旅游类型多样，包括狭义的文化旅游，如参观文化艺术地、参加文化艺术活动，也包括教育修学旅游、科技旅游、历史考察（名人故居、历史城镇）旅游等。

13.2.3 特殊旅游

特殊旅游也称特种旅游或专项旅游，指人们为了满足个人的某种嗜好、业余爱好或特殊事件而前往某地开展的旅游活动。特殊兴趣如高山或极地探险、攀岩或登山、太空遨游、深海潜水、考古、宗教朝拜、新婚蜜月等。这类旅游方式一般将个人特殊目标、事件和消遣休闲结合起来，是一种具有积极意义的休闲放松活动。现代旅游，越来越具有个性化特点，特殊旅游是人们在闲暇时间内发挥特长、培养兴趣、展现个性、实现自我价值的重要休闲方式。

阅读材料 13-1

旅游休闲收入6亿多

尽管由于天气原因影响了游客的出行，但北京元旦3天假期旅游总人数仍然达到116万，总收入达 6.1 亿元。记者从北京旅游局获悉，1月1～3日，全市重点监测的20个

景区共接待游客 37.5 万人次。特别是天气较好的前两天，20 个景区共计接待游客 31 万人次，同比增长 15%。

温泉游受追捧

从国庆长假之后憋闷了近 3 个月的人们都渴望找个阳光明媚的地方享受假期，对于只想单纯旅游休闲的人们来说，3 天的元旦假期正是一个休假放松的好时机。近日来节日气氛早已弥漫的旅游市场被国内短途游带热起来，其中滑雪、温泉产品更是受益于“寒”假而广受追捧。

1 月 4 日，记者从同程旅游网市场相关负责人王先生处得到相关消息：“2009 年的双节旅游热比预计要来得早，经过 11 月旅游的淡季，进入 12 月没多久特别是12月15日之后预订量出现了井喷，其中绝大多数是元旦期间的。”

王先生还说，“元旦期间短线游特别火，出境游、国内长线游市场并不如预期来得火爆，短途的温泉、滑雪却特别多。例如，江浙沪一带的颐尚温泉、瘦西湖天沐温泉、天目湖御水温泉等温泉都颇受欢迎，景区门票价格比平时下降了 15%～20%，预订票量同比增长 3 成多，预订客服每天都忙不停，甚至有景区向我们建议限制客人数量。”

携程旅行网预订信息显示，三亚正处于旅游旺季，一房难求的态势比去年大为提前，元旦出游报价上涨 3 成以上。据北京市旅游局监测，元旦小长假头两天，“变身”滑雪场的鸟巢共接待游客近 4 万人次。在饭店出租信息统计中，温泉型饭店平均出租率超过 6 成，明显高于其他类型饭店的出租率。另外，气候温暖的目的地如香港、厦门、桂林等也颇受游客欢迎。

港澳购物太疯狂

据了解，元旦 3 天深圳口岸共有旅客 170 万人次，旅行团近 5 000 个。受一签多行及非粤籍自由行影响，今年元旦的旅客出入境量比去年同期增长 13%，深圳边检使用取消休假、增开移动口岸等方式，使口岸未现严重堵塞。

元旦小长假最后一天，深圳各口岸迎来了出、入境客流高峰。在罗湖、皇岗、深圳湾等主要口岸，边检部门开足通道，确保旅客在 25 分钟内顺利通关。

据介绍，这几天经蛇口口岸出入境的旅客多为趁元旦赴港澳旅游购物的内地居民，而上月澳门回归十周年的一系列庆祝活动更带动了内地居民赴澳旅游热。节日期间，大批“一签多行”、非粤籍深圳居民自由行赴港扫货，许多香港的购物商场与旅游景点都可听到各地口音的普通话。

与之形成呼应的是，香港居民则大批北上，入境深圳及珠三角等地走亲访友，度假娱乐，深圳口岸始终保持双向客流高峰的景象。

王先生分析说：“元旦掀起的旅游热在一定程度上也说明了休假新政以来，元旦小黄金周已成为春节前最热的一个旅游小旺季。随着农历新年的临近，旅游业还将迎来另一个高峰。”

（资料来源：宋爽. 旅游休闲收入 6 亿多[N]. 消费日报，2010-1-8.）

13.2.4 旅游休闲化成为当前旅游演变的主流趋势

20 世纪科学技术对人类做出的最重要贡献之一，就是通过劳动工具的改进将人类从繁重的体力劳动中解放出来，为人们创造了越来越多的闲暇，也根本改变了人们的工作方式和生活方式，离开日常生活地域，到一个陌生的地方享受休闲，愈益成为人们重要的生活方式。经济技术化、技术生活化、生活休闲化成为现时代的重要特征，休闲深入到经济和社会生活的各个层面、各个领域，在各类旅游方式中，越来越多地表现出休闲化趋势，休闲性旅游在整个旅游中所占的比例越来越高。我国的旅游发展相比西方发达国家要晚，从我国居民旅游活动的变迁中可以看出世界旅游发展的历程和特点。中国首部休闲绿皮书《2010 中国休闲发展报告》指出，以观光旅游为代表的休闲旅游至今一直是中国国民旅游（包括国内旅游和出境旅游）的主体；节假日旅游（休闲旅游）显得非常集中；各地的一日游非常旺盛；彰显个性、突出休闲价值的自驾游增长最为突出；互联网对旅游“双方”的作用越来越重要。

阅读材料 13-2

中国国民旅游休闲化特征明显

以休闲旅游为表征的中国国民旅游的休闲化特征非常明显（表 13-1），2005—2009 年，休闲旅游在整个旅游中所占的比例，城镇出游者在 85%～90%；农村出游者保持在 6～8 成（其中过夜游客的休闲旅游将近 80%，一日游客的休闲旅游除特殊年份外在 60%左右）。出境游中，因私出境居民的绝大多数是休闲目的（观光旅游、探亲旅游等），其年出游人数在 10 年间增长了 5.49 倍，其所占出境居民的比例从 53.7%增加到 88.6%。

表 13-1　2005—2009 年中国居民休闲旅游在国内旅游中的比例　　单位：%

年份	区域	观光游览	度假休闲	探亲访友	休闲总计
2005	城镇	48.00	19.70	23.70	91.40
	农村一日	游览休闲 24.27		37.20	61.67
	过　夜	13.33	3.65	60.36	77.34
2006	城　镇	44.90	18.50	23.80	87.20
	农村一日	游览休闲 21.11		40.30	61.41
	过　夜	11.07	3.31	64.38	78.76
2007	城　镇	42.60	20.60	23.40	86.60
	农村一日	游览休闲 23.49		38.15	61.64
	过　夜	11.47	3.24	64.61	79.32
2008	城　镇	42.80	21.90	22.00	86.70
	农村一日	游览休闲 22.88		37.74	60.62
	过　夜	12.50	3.71	64.26	80.47
2009	城　镇	27.30	24.90	36.70	88.90
	农村一日	游览休闲 7.13		7.57	14.70
	过　夜	8.01	4.10	66.64	78.75

（资料来源：刘德谦，等. 2010 中国休闲发展报告[M]. 北京：社会科学文献出版社，2010.）

13.3 旅游的休闲化变迁及其原因

从世界旅游发展的历史和现实看，旅游本身就是一种休闲生活方式，尽管旅游活动中附带有一些事务性活动，但旅游的休闲化变迁是一个历史趋势和客观规律。中国旅游经历改革开放以来30多年的发展和变化，进入21世纪以后其休闲化特点和趋势越来越明晰。

13.3.1 旅游休闲化的社会背景和基本状况

旅游的休闲化变迁，有着深刻的社会背景。以我国为例，改革开放以来，随着国民消费的“闲化”和“软化”，国民经济也呈现出“闲化”趋势，很多产业，特别是服务业发展也呈现出“软化”趋势（卿前龙，2007）。不仅兴起了新兴的休闲产业，而且传统行业也趋向休闲化发展，产生了新兴的延伸、衍生产业（表13-2）。休闲正成为新的变革引擎，驱动着经济、社会、政治与文化的全面变革，人们的旅游活动和旅游业在这种时代背景下，也朝着“休闲化”趋势发展。

表13-2 传统行业的休闲化发展

衍生产业／基础产业	休闲第一产业（延伸产业）	休闲第二产业（延伸产业）	休闲第三产业（衍生产业）
农业	观光农业，休闲农业：休闲种植业/休闲林业/休闲渔业/休闲牧业/休闲副业（手工艺）	休闲饮、食品加工业；休闲日用品加工业（属于广义休闲农业部分）	农业观光，农业休闲：种植业休闲/林业休闲/渔业休闲/牧业休闲/副业休闲（属于广义休闲农业部分）
工业		休闲工业（休闲食品加工业/休闲用品制造业/休闲建筑业）	工业旅游（观光）/工业休闲（如DIY）
房地产业			旅游房地产业（旅游物业）/休闲房地产业（休闲物业）
商业服务业			休闲商业/旅游购物业→购物休闲/购物旅游
公共服务业			公共休闲服务业

（资料来源：秦学，等．休闲经营管理[M]．北京：中国科学技术出版社，2010．）

13.3.2 旅游休闲化的含义、原因和表现

1．旅游休闲化的含义

旅游休闲化是指旅游的主体、客体和媒介三者的性质、功能、状态等均合乎旅游主

体（旅游者）的旅游休闲目的，顺应其对休闲生活方式的追求，满足其积极休息、缓解压力、转换心情、强身健体、增长知识、开阔视野、获取灵感、践行伦理、提高生命和生活质量、达到全面发展等的休闲需求，促进旅游主体自身的和谐、旅游主体与社会的和谐、人与自然的和谐和统一。旅游休闲化的变迁是旅游活动和旅游业发展到一定阶段后的必然趋势，是旅游业发展的必经之路，旅游休闲化趋势对于旅游业转型升级和人们旅游活动的提升具有决定性的意义，这是由构成旅游系统的主体、客体和媒体三者自身发展规律所决定的。

2. 旅游休闲化的原因

旅游休闲化是提高旅游主体的旅游休闲质量，使旅游业健康持续发展的必然选择，其原因主要包括以下几方面。

第一，旅游客体的休闲化是旅游业提升的基础。旅游客体（即旅游的对象）的休闲化包括旅游环境、旅游资源和旅游产品的休闲化，它是旅游提升的物质基础。利用景观生态学和游憩生态学以及美学、心理学、建筑学等学科的原理，通过生物、物理或化学的手段，优化旅游环境，设定适宜的环境容量和社会容量，以保证旅游者获得高质量的旅游体验。同时，通过政治、法律、经济和教育等手段优化旅游地的人文环境，营造"游客友好型环境"，以满足旅游者的安全、观光、社交、学习等需要。而深入发掘旅游资源的地域的、民族的、原生态的特色文化内涵，并通过旅游环境、旅游设施、旅游产品、旅游过程等充分地外化出来，对旅游者获取独特的旅游体验具有更为重要的意义。

此外，传统产业的休闲化运作或"泛休闲化"，即传统产业在外延上与休闲经济有机结合或传统产业在内涵上的休闲化，就会催生新的产业业态，进而产生新的可资旅游消费的旅游客体，前者如观光农业、工业旅游等，后者如旅游汽车或休闲轿车的设计和生产等。从开放和发展的眼光来看，传统产业的休闲化也是旅游提升的应有之义。

第二，旅游媒介的休闲化是旅游业提升的保障。旅游传统的六大要素"食、住、行、游、购、娱"的提供主体都是沟通旅游主体与旅游客体的媒介。与旅游资源的开放性一样，随着旅游主体休闲需求的多样化和个性化，旅游媒介也呈开放性的特点。在旅游过程中，"食、住、行、游、购、娱"服务要素以外的休闲服务的提供主体也理当融入媒介的范畴，如提供康体保健或文博修学等服务的个人或组织。旅游主体的非物质消费，必定促进各种服务业的发展，许多新兴产业业态、部门或其他经济组织等以及相应的市场会应运而生，如服装业中的旅游休闲服饰市场，服务业中的酒吧、咖啡吧、聊吧、茶吧、果吧、电影吧、陶吧甚至彩票吧，这些"媒介"通过提供独具特色的旅游休闲服务来充实人们的旅游生活，并因此获得了市场生存和发展的空间。重要的是，旅游媒介的休闲化不仅要体现在其产品或服务内容的休闲化，形式或过程的休闲化也同等重要。后者涉及旅游服务的艺术和技巧问题。这些艺术和技巧事关旅游主体旅游活动的满意度，而满意度又是高质量旅游体验的不可或缺的体验要素。很多情况下，形式或过程的休闲化能掩盖或弥补内容上的"非休闲化"的不足，旅游者对服务内容的不满、抱怨甚至投诉等"非休闲化"的态度和情绪会因形式或过程的休闲化而得到缓解，从而使旅游消费继续朝

休闲化的方向前进。

第三，旅游主体的休闲化是旅游业提升的关键。从市场经济来考察，旅游客体和媒介的休闲化都是服务于主体休闲需求的满足的。但从一定意义上说，旅游者自身的休闲化起到关键的作用，因为主体的“逆休闲化”（或休闲异化）（如制造“旅游垃圾文化”——在景物上胡乱涂鸦）不仅会抵消前两者的休闲化努力，无法达成自身的休闲化目标，甚至使前两者本身朝着“逆休闲化”的方向发展，最后可能导致全部旅游环境、旅游活动的“休闲恶化”。此时，旅游非但勿言休闲化，而且只有休闲退化。而主体的休闲化在于正确休闲观的确立，正确的休闲伦理和道德的形成，并实施正确的休闲行为。必须强调的是，个人的休闲化不能以他人、社会和环境的“非休闲化”为代价，否则只能是“人类中心主义”、极端个人主义、纵欲主义等“逆休闲化”劣行的上演。在这一点上，中国儒家传统的“克己复礼，天下归仁”、“仁义礼智信”，道家传统的“天人合一”、“自然无为，返璞归真”和西方哲学中的“自然中心主义”以及社会主义荣辱观对旅游主体自身的休闲化具有很强的现实指导意义。

3. 旅游休闲化的表现

以上旅游休闲化的原因，某种意义上也是其表现。而在现实中，往往又更生动地表现为旅游过程及其结构要素的休闲化。例如，旅游消费的休闲化，旅游消费转变成休闲消费；旅游产品的休闲化，旅游产品具有了休闲娱乐和使主体获得休闲畅爽甚至省悟的功能；旅游环境的休闲化，旅游的自然、社会和人文环境被浓郁的休闲氛围所环绕，主体置身其中便可获得丰富的休闲体验；旅游形象的休闲化，即旅游地景观的地方化、民族化、特色化、主题化，使主体在旅游中获得独一无二的休闲体验；区域经济的休闲化，这是上述旅游要素休闲化的必然结果，表明旅游休闲化发展的产业和经济链带效应，以至人们生活其中便可时时处处畅享休闲。

阅读材料 13-3

广东省旅游休闲化的主要表现

广东省的旅游发展在我国具有典型性，能够很好地反映出我国旅游休闲化的变迁状况。刘少和（2009）研究后发现，受邻近港澳影响，广东区域旅游已趋向休闲化发展，观光、度假、文化、娱乐、吧馆、运动、保健、美食、购物、农业、工业等专业休闲形式蓬勃发展；在城市居民休闲消费拉动下，城市旅游、乡村旅游都趋向休闲化，并以主题公园、吧馆休闲、温泉养生、高尔夫运动、滨海4S（阳光（sun）、大海（sea）、沙滩（sand）、运动（sport））、美味饮食、休闲农业、漂流漂游等享誉全国，呈现出“休闲旅游地”的基本特征。广东省旅游休闲化变迁主要表现在5个方面：

第一，旅游消费休闲化。广东区域旅游发展正经历主要由探亲旅游、商务旅游、观光旅游需求拉动到主要由休闲旅游特别是休闲度假与休闲娱乐需求拉动的过程，并进一步趋向深度休闲体验发展，商务、观光与度假、娱乐休闲，文化和生态休闲，城市与乡村、滨海休闲，本地与外出旅游休闲，户外游乐与室内吧馆休闲并行不悖。

第二，旅游产品休闲化。一方面是乡村和滨海区域的、资源环境依托型的休闲度假和休闲娱乐产品；另一方面是城市区域的、资源环境脱离型的休闲娱乐产品。前者如温泉、漂流、农业、高尔夫、山地、森林、滨海休闲度假等；后者如深圳的游乐业、东莞的酒店娱乐、广州的吧馆业、珠海的保健业等，其中单广州的羽毛球馆、中山的乒乓球馆就有上千家。

第三，旅游环境休闲化。广东各地日益重视旅游环境的生态化、休闲化、文化化、主题化建设，如“文化梅州”、“绿色河源”、“休闲清远”、“山水肇庆”、“浪漫珠海”、“海天阳江”、“侨乡江门”等，企望为外来旅游者、本地休闲者营造一种“轻松、自然、随意、品位”的休闲氛围，也为招商引资、兴业创业筑巢引凤；旅游企业也愈益注重环境的绿化、美化、园林化、审美化、体验化，希望通过环境氛围留给客人美好的回忆，提高回头率，其中以休闲度假区（村、酒店）为典型。例如，从化碧水湾温泉休闲度假区，已从单纯卖温泉到卖环境，非常注重体验环境与项目的营造，包括对园林、碧水、蓝天、白云、绿山、歌舞的视觉体验，对乐声（主题歌、轻音乐、疗效音乐）、泉水、鸟鸣的听觉体验，对香薰、氧吧的嗅觉体验，对乡村菜的味觉体验，对动感温泉的触觉体验，对宇宙万物的冥想体验，对温泉文化的审美体验等。

第四，旅游形象休闲化。在休闲需求拉动下，广东区域旅游地形象也日趋休闲化、主题化，即游客与居民休闲化→旅游定位休闲化→旅游产品休闲化→旅游环境休闲化→旅游形象休闲化，如梅州主要定位于文化休闲、河源主要定位于生态休闲、清远市主要定位于珠三角“休闲后花园”、肇庆主要定位于山水休闲、恩平市主要定位于温泉休闲、珠海主要定位于浪漫休闲与保健休闲、东莞主要定位于商务休闲等。

第五，区域经济休闲化。广东区域经济既有从轻型向重型，又有“软化”与“闲化”发展趋势，服务业特别是休闲业、旅游业比重不断增加，成为区域经济新的增长点。例如，2007年广东省旅游总收入达2 454.07亿元，占GDP的8%；同时，旅游休闲促进传统产业的休闲化发展，形成休闲延伸、衍生产业，即农业→休闲农业→休闲饮、食品与日用品加工业→农业休闲；工业→休闲工业—工业休闲；商业→休闲商业→购物休闲；房地产业→旅游房地产业（旅游物业）、休闲房地产业（休闲物业）。

（资料来源：刘少和，李秀斌. 基于休闲娱乐产业化的区域旅游休闲化发展研究：兼论广东区域旅游休闲化发展的趋势特征[J]. 旅游论坛，2009，5.）

13.3.3 旅游与休闲的关系

休闲是人的一种生活形态和生活方式，休闲活动的方式有很多，其中旅游就是一种重要的方式——旅游休闲。此外还有运动（体育）休闲、文化休闲、娱乐休闲等。旅游和休闲是既有联系又有区别的两种活动方式，它们的关系非常密切，如下图所示。

休闲是指人从劳作压力中解脱出来，以自己喜欢的、感到有价值的方式，自发地参加与谋生无关的自由活动，其本质是从职业活动以外获得恢复身心、发展自我、充实精神的生活体验。结合上图可知其中的“非本地休闲”就是人们离开常住地，去外地所开展的非

工作（谋生）性质的休闲活动，如观光、度假、探亲访友、徒步行走、文化交流等，这种非本地的休闲就是旅游休闲，“异地性、自愿性、消遣性和非谋生性”是旅游休闲区别于其他休闲方式的根本特征。

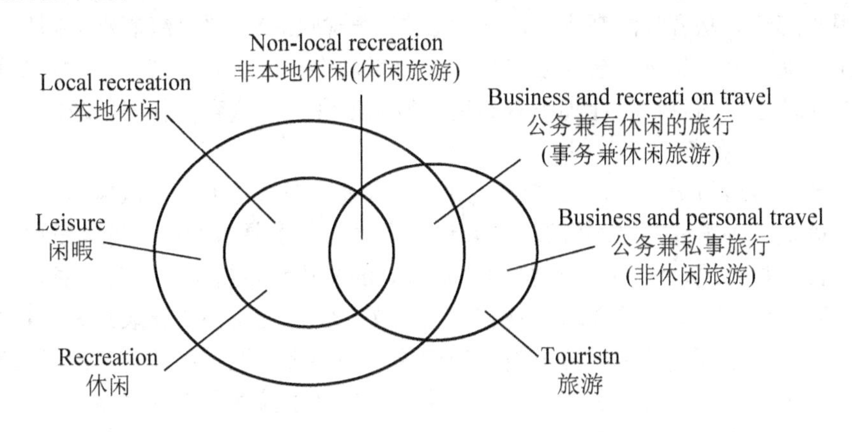

休闲与旅游的关系

资料来源：Sue Wan. Recreation and Tourism[M]. UK：Nelson Thores Ltd，2002

13.4 主要的旅游休闲方式

旅游休闲主要有旅游观光、旅游度假、旅游健身、文化旅游 4 种基本方式。

13.4.1 旅游观光

1. 旅游观光的概念和目的地

旅游观光（观光休闲），主要指旅游者到异国他乡进行游览自然山水、鉴赏文物古迹、领略风土民情，从中获得自然美、艺术美、社会美的审美情趣以达到消遣娱乐、积极休息和愉悦身心的效果。旅游观光是集“吃、住、行、游、购、娱”等内容为一体的综合性活动。该活动以个人消费为基础，以直接体验为特征，追求的是物质文明与精神文明的双重享受。

旅游观光的目的地就是旅游景点，但大都是知名度较高的自然或人文景点，如桂林山水、北京故宫、西安兵马俑等类型的景点，游客一般都是走马观花似的游览，出游时间一般视景点远近和大小而定。由于观光性产品很容易形成市场垄断，因此，观光游比拼的主要是住宿、餐饮、景点门票等方面的价格。中国旅游业兴起之初，自然山水观光就和历史古迹及城镇建筑游览共同构成了当时旅游的主要内容，时至今日，丰富多彩的旅游类型不断涌现，但这几种依然占据头筹，而尤以自然山水观光为最盛。

2. 旅游观光的类型

1）自然山水观光

自然山水观光是开发最早的一种旅游模式，以山河湖海、植被、禽兽、地质地貌等为旅游景点，如黄山、九寨沟、张家界等众多山水型旅游景区持续火爆。自然山水旅游一直是我国旅游市场的宠儿。自然山水景区环境优美、空气清新，吸引着旅游者体验回归大自然的情趣和进行休闲、健身、避暑等活动。游客在自然山水中沉淀自己浮躁的灵魂，慢慢行走，用心感悟。从容旅游观光，是一种心态，一种心境。要“潇洒走一回”，游得开心，玩得快乐，调整好心态很重要。心态好了，自然就会排除各种干扰，科学巧妙地安排好旅程，放缓匆忙追逐的脚步，让脚跟着心走，使旅游观光在从容中获得乐趣。

2）人文古迹观光

人文景观是指历史、文化的古迹，如文物古迹、宗教圣地、民族风情和古建筑等。历史人文古迹是一种重要的旅游资源，对其进行有效的保护是旅游业可持续发展的重要前提。旅游者在古村住古屋、品古味，体验和领略古老的文化和乡村生活劳动气息以满足其休闲、度假、体验、观光、娱乐的需求。富有原生态文化特征的民俗文化表演、古色古香的老街和悠久的人文古迹都将给游客留下美好的印象，为游客创造一种流连忘返、回味无穷的旅游意境。名山大川的多娇，名胜古迹的辉煌，历代文人墨客留下的墨宝，仁人志士的光辉业绩和爱国主义精神，以及各地文化、历史、风土人情、神话传说、建设成就等，都需要静下心来，从容徜徉，细细品味才会享受大自然的美丽，才会领略名胜古迹的魅力。品味的过程便是一种快乐的演绎。

3）城镇建筑观光

城镇建筑是体现城镇街景风貌特色的重要载体。在观光旅游中，城市或城镇，既是游览对象，又是接待中心。世界上许多名城名镇之所以具有极大的魅力，无不是长期历史演进和文化积淀的结果。事实上，城镇建筑是城镇历史的化石，是凝固的历史，是无声的音乐，是人类生活的标记，具有“化成心灵”的功能。它记述着城镇的过去，标志着现在，预示着未来。适逢太平盛世，加之经济生活的改善，外出旅游观光已成为百姓生活时尚。人们通过旅游，饱览了祖国的大好河山及各地的名胜古迹，欣赏了美景，开阔了视野，为健康长寿增添了活力。

3. 旅游观光是旅游业的永恒主题

旅游观光，是一种在休闲中寻找快乐、增长见识的活动，它追求的是寄情山水，物我两忘的境界。“走马观花”虽了却了一桩“到此一游”的心愿，可是不能从容地徜徉其间，毕竟是一种遗憾。明代吕坤在《呻吟语》中说：“天地万物之理，皆始于从容，而卒于急促，事从容则有余味，人从容则有余年。”观景如同饮酒品茶，要一小口一小口地咂，仔仔细细地品才能知其真味。

中国旅游业的实践充分表明，目前的中国旅游业正处在观光+休闲的旅游发展阶段。一方面，观光是旅游业发展的永恒主题，观光在旅游业发展的任何阶段都不可能消逝，只是观光的内容可能改变（如由自然山水观光向人文古迹观光变化），观光的地点可能改变（如由城市观光向城郊、乡村观光，由国内观光向出国观光变化等）；另一方面，随着“有钱”和“有闲”阶层的出现，中国进入了一个以休闲消费为主的社会，休闲旅游的地位将凸显，以休闲为目的的旅游将占旅游方式越来越大的比重。

13.4.2 旅游度假

随着旅游市场日渐成熟，传统的山水观光已不能满足人们对旅游品质的需求，超越自然风景和基础设施之外的休闲度假需求越来越强烈，也驱动了各类山野旅游房地产和高端生态休闲项目的发展。

从严格意义上说，休闲与度假还是有一定区别的。所谓休闲，是指对闲暇时间有意义的利用，而其方式是多种多样的，可以逛街，可以观光游览；可以在家，也可以出门旅游度假，还可以参与各种其他活动。将旅游转变为度假休闲，是由于利用闲暇已成为旅游度假的一项主要内容，而度假区良好的环境，丰富的旅游内容为游客休闲提供了一项特殊的经历与体验。随着休闲时代的到来，度假成为人们利用闲暇的重要方式。因此，针对度假旅游时间较长和较高的重游率，增加度假区的休闲设施和内容，提高度假旅游的服务质量，有利于提高人们度假旅游的体验和收获。

1. 乡村度假

现代农业不仅具有生产性功能，还可以改善生态环境质量，为人们提供观光、休闲、度假的生活性功能。乡村度假休闲是融民俗文化、田园风光、风土人情、美食、体育、休闲度假为一体的旅游活动。它是以休闲度假为宗旨，是加强城乡居民感情沟通、体验古老乡村劳作、了解风格各异的风土民俗、领略田园生活、回归自然和走向自然的最佳通道。游人来到乡下，住进农家，体验日出而作、日落而息的田园生活；同时了解当地的民族文化、传统美德、风土人情、乡风民俗；欣赏那生机勃勃的田野和春意盎然的风光，亲身领略乡村那种“小桥流水人家”、“稻花香里说丰年，听取蛙声一片”等自然美景；参加当地民族宗教节日活动等。

乡村有城市不可比拟的清新宜人的空气、风光迷人的田园、淳厚感人的乡情等。在这里能使游人真正体验到陶公那种“采菊东篱下，悠然见南山”田园生活悠然自得的乐趣。在那鸡鸣狗叫声里，在红日皓月下，在田野河渠之上，在稻香麦馨之中，或散步、观赏、聊天，或坐牛（马）车欣赏田园风光，品尝美食，观看民间艺术表演等，可陶冶游人休闲、宁静的情操，享受回归大自然之美景，把自己浸泡在浓浓的乡土情趣之中，怡然自乐。

2. 滨海度假

美国未来学家甘赫曼将人类社会发展的第四次浪潮预言为“休闲时代”，随着休闲时代的到来，休闲体验将成为旅游者消费需求的一大特征，而滨海度假旅游区所具有的良好环境、丰富内容又能为游客休闲提供特殊的经历与体验。为适应这一市场需求，我国滨海度假旅游区在未来发展中将不断增强旅游产品的休闲性功能，增加休闲设施和服务，使旅游者在享受大自然所赐的同时还能享受到民俗、文化、艺术等无限的休闲乐趣，这也将大大延长游客的平均逗留时间并提高重游率。

滨海度假是一种高层次的生活内容，一种优雅的状态，一种难得的享受，一种洒脱，一种对人本意义的超越和对人体目标的浪漫审视。它不仅是旅游业的一个重要组成部分，也是海洋产业构成中的一个重大部分。文化是度假区的灵魂，是度假区能够存在与发展的源泉，是度假区形成特色的主要组成部分，因为文化既体现在度假区的特色之中，又成为度假区旅游吸引物的主要内容，如墨西哥坎昆大型海滨度假区以玛雅文化为中心。

3．湖滨度假

湖泊属于一种遍在型资源，所以世界各地湖泊型旅游度假区数量也比较多。欧洲的湖泊旅游度假开始于18世纪，发展于19世纪，兴盛于20世纪。20世纪70年代后期，大多数欧州共同体国家半数以上的人口每年至少离家休假一次。经过这种长期的循序渐进的发展，欧洲的滨湖旅游度假区发展比较成熟，有稳定的度假客源市场。我国的湖泊旅游度假在20世纪90年代前，主要以官办的疗养院等为主（如太湖、滇池附近的疗养院）。1992年后，建立了国家级、省级的滨湖旅游度假区，当时，国内对度假旅游普遍还不了解，尤其不了解国际上同类产品的发展情况，随着度假市场的形成，滨湖旅游度假区也逐渐增多。我国滨湖旅游度假区众多，最集中的是长三角地区，以江苏、浙江两省最为突出，90%以上是滨湖旅游度假区。

湖滨旅游，是一种新兴的旅游度假方式。炎炎夏日里，与水相亲，感受自然生态的湖滨度假是最受欢迎的旅游产品之一。游客不仅可以乘船游览湖光山色，还可以在湖中畅游、在沙滩上享受日光浴、品尝湖中鱼虾等天然美味。度假区的文化一般有地域特色文化和现代休闲度假文化两部分组成，以形成既具有地方文化特色又满足特殊客源市场的需求为目的。例如，苏州太湖国家旅游度假区的文化则形成并集中展现了传统地域文化（吴地的地域文化）和现代休闲文化的有机结合。

4．山岳度假

山岳度假是以山地资源为依托，以休闲为主要目的，以山地自然景观、人文景观和山地生产经营活动为内容，配以系统的配套设施设备，吸引游客前来休闲度假的一种旅游活动方式。其中的山地旅游资源通常从广义角度考虑，即以地文景观为载体的多种旅游资源组合而成的旅游综合体，不仅包括山地本身，还包括与之相关的生物景观、水文景观、天象景观等。

山岳度假之所以发展势头迅猛，越来越为广大群众所喜爱，正在于它迎合了现代人的需要：一是可以远离城市的喧嚣和空气污染，在进行体育锻炼的同时，充分享受自然山水和新鲜空气给人们带来的身心愉悦与放松；二是运动量适中，各种体力和各年龄段的人都能适应，在某种程度上说，可以最大限度地满足人们的参与感，而积极参与是国民自主意识逐步增强的体现；三是可以满足不同消费层次人们的需求；四是选择面广，可以根据个人的爱好、体力、经济状况、年龄等进行多方位的选择；五是户外时尚运动往往以集体活动为主，有利于增加人与人之间的交往，这正是现代生活中越来越需要的。

13.4.3 旅游健身

随着旅游业的迅速发展，国内外的旅游者已经不仅仅满足于普通的观光旅游。人们在紧张的工作之余，希望通过轻松、愉快的体育活动，减轻压力，享受生命。根据这一市场需要，将体育和旅游融为一体的体育旅游，让人们在亲近自然、放松身心的同时亲身

参与体育活动，在游山玩水之余领略体育健身的无穷魅力，这是人们越来越推崇的健康生活方式。

1. 徒步旅行

徒步旅行（hiking）这个词语最早是用来指19世纪60年代在尼泊尔的远足旅行，从那以后徒步旅行就开始流行了起来。徒步旅行就是指沿着山间小径行走，徒步旅行和登山还是有区别的，徒步旅行线路可长可短。徒步旅行深受人们的喜爱，其原因就在于沿途的自然风光和人文景观，另外，一路上的奇花异草、珍禽异兽也为徒步旅行增色不少。

徒步旅行中山景也许是最吸引人的，但旅行者还发现了其他的诱人之处：美丽的小山村，别具风格的房舍，整洁的山野，引人入胜的庙宇……当你越走越高时，绿地、绵延数里的森林、水流湍急的溪流和深不可测的峡谷代替了风光，并且山景随季节而变化，春种秋收，花开花谢，却总是一派迷人景象。当然，徒步旅行的同伴也是快乐旅行的一个重要原因，旅行能够增进朋友之间的情谊。

2. 自行车休闲游

自行车休闲游是当今国际新兴的一种旅游方式，是集环保、健康、时尚、娱乐于一体的运动方式。单车骑游项目在最近两年的发展速度特别快。其主要原因：首先，单车骑游是一个非常好的有氧运动，对健身非常有好处；其次，单车骑游也是一个非常时尚的运动，对于广大青年骑游爱好者来说，戴上头盔，全副武装穿梭于都市山川的感觉非常神气；再次，车友中流行一句话：“步行太慢，开车太快，骑自行车旅游更融入自然。汽车能去的地方我们能去，汽车不能去的地方我们也能去。”骑自行车可以走一些乡村公路，更容易贴近乡土，看到更多别致的特色风景；最后，单车骑游还是一项非常低碳、环保的运动。每逢天气晴好的周末，都会有众多的俱乐部会员，穿梭于城市的青山绿水中。

自行车休闲游作为一种健康、环保的旅游时尚，早已风靡世界，备受国内外游客推崇，不少国家与地区已将其列为旅游发展的重要一环。单车骑游融运动健身与旅游休闲于一体，既是以环保的途径来亲近自然，又是用最自由的方式去体验旅程，是现代都市人放松身心、休闲生活的重要内容。

3. 登山旅游

登山旅游是一种旅游和登山运动相结合的活动。目前在西欧、日本、美洲和我国的港台地区，这种活动被广为提倡。据统计，每年登上西欧最高峰——勃朗峰的人数多达10余万人，日本最高峰——富士山每年多达250万人前往攀登。在我国，这一活动也已逐步得到开展。闻名中外的“五岳”：东岳泰山（山东）、南岳衡山（湖南）、西岳华山（陕西）、北岳恒山（山西）、中岳嵩山（河南），著名的四大佛教名山：峨眉山（四川）、普陀山（浙江）、九华山（安徽）和五台山（山西），以及其他雄伟秀丽的山峰，吸引了无数登山旅游爱好者。因其活动形式生动活泼，内容丰富多彩，深为广大青少年的喜爱。中国大陆群众性的大型登山活动十分普及，许多大专院校成立了登山协会。“九九重阳登高”是我国传统的登山节日。

登山旅游活动历史悠久，现代旅游登山出现于20世纪70年代初，20世纪80年代以后得到广泛开展。游客在登山过程中感受大自然的神奇魅力，呼吸山野间的清新空气，观赏历史悠久的名胜古迹。活动中，游客心情欢愉，长期在工作生活中的压力得以释放，尽享休闲、健身之乐。

4．攀岩

早期的攀岩运动多是在户外天然的悬崖峭壁上进行的，攀岩者享受的是个人挑战自然的乐趣。20世纪80年代在意大利举办的一次世界范围的攀岩大赛，吸引了各国的攀岩爱好者同场竞技，这次比赛在很大程度上改变了攀岩的历史，使得攀岩从单纯的娱乐变为时髦的运动。攀岩运动大致分为室内和户外两大类别。室内攀岩是在宽大的房间内设置角度不同而且难度各异的人工岩壁。这种人工岩壁上装置着一些不同大小的岩石点，以供攀岩者做攀附和支撑的固定点。户外攀岩利用的则是天然的悬崖峭壁，而天然形成岩壁的凸凹点与缝隙的分布通常更为复杂，这既给了攀岩者以多条路线攀登的选择机会，也使得攀岩者在极限环境中面临更大的挑战。

攀岩作为一种超越自我、挑战极限的时尚休闲运动，它集技巧和健身于一体，不仅能充分满足人们回归自然、寻求刺激的渴望，还能从中激发人们挑战自然、战胜自我的欲望，是一项极具美感和观赏性的运动，被许多人誉为“岩壁芭蕾”。

5．探险旅游

探险旅游是指人们在离开常住地，以参与体验和挑战自我的旅游目的，在自然环境中进行的具有冒险性或危险性的一切旅游活动的总称。一些人长期居住于繁华都市，厌倦了车马喧嚣的生活，很想找一个幽静而富有神奇刺激的场所体验探险乐趣。据此，很多国家开辟了探险旅游。如泰国的骑象探险旅游，丹麦的狗拉雪橇探险旅游等。大多数的探险旅游既具有旅游的性质，又具有体育活动的性质。探险旅游的项目可以根据活动的空间分为空中类、陆地类和水上类。

探险旅游是户外娱乐的一种型式，也是提高人类适应性的一种特殊方式。探险旅游的开展有益于常规旅游产品的改善与提升。休闲式探险旅游既具有其他旅游类型的共性，又不同于专业探险旅游，有其独有的特征。休闲式探险旅游活动包括沙漠探险、山岳探险、峡谷探险等。随着各种探险活动日益成为人们特别是年轻人喜爱的活动，休闲式探险旅游市场需求量极大。另外，户外探险让参与者具有成就感，在挑战自然的过程中也可以体会团队、友情、互助等现实中逐渐淡漠的东西。

6．森林浴

所谓森林浴，是由桑拿浴、日光浴等派生出来的一种时尚流行语，意即到树林中去沐浴那里特有的气息、氛围，也叫林内步行运动，已成为近年来新兴保健活动。据日本森林综合研究所对森林浴的一项最新研究成果表明，吸入杉树、柏树的香味，可降低血压，稳定情绪。其基本方法是人在林荫下娱乐、漫步、小憩，通过肺部吸收森林中散发的具有药理效果的芳香物，刺激植物性神经，达到促进身心健康的目的。

森林浴是目前流行的一种健身方式。享受森林浴并非唯森林是举，城市里的公园、花房、林阴道都具有这种氛围。在越来越广泛的休闲生活中，与游乐场、健身房相比，森林浴可以给人以更多的放松和保健。

7．海洋旅游

海洋旅游是以海洋为旅游场所，以探险、观光、娱乐、运动、疗养为目的的旅游活动形式。海洋面积辽阔，开发潜力很大。海洋空气中含有一定数量的碘，大量的氧、臭氧、碳酸钠和溴，灰尘极少，有利于人体健康，适于开展各种旅游活动。在海上旅行具有与陆地迥然不同的趣味，游客可在海上观看日出日落，开展划船、海水浴，以及各种体育和探险项目，如游泳、潜水、冲浪、钓鱼、驰帆、赛艇等。游船是海洋旅游的主要交通工具。当今世界拥有数百艘豪华型游船，不仅可为游客提供食宿，而且具有各种服务项目和娱乐设施。

随着海洋旅游开发的不断深入，海洋休闲度假旅游产品的种类也在不断增加，新的海洋休闲度假产品大量涌现；海洋休闲的空间不仅仅局限于滨海和海岛地区，而进一步扩大到海上、船中；休闲方式也从传统的消磨时光和康体疗养发展到海上的各种游乐性活动。新型的海上休闲活动是现代工业技术发展，尤其是船舶工业发达后的产物，工业革命的结果是将海洋旅游休闲活动空间从滨海和岛屿扩展到真正的海上，充分体现出亲水性特征；游艇、邮轮的出现，又将海陆连接一体，极大地拓展了活动空间、丰富了海洋休闲活动的方式。

阅读材料 13-4

太空旅游

太空旅游是基于人们遨游太空的理想，到太空去旅游，给人提供一种前所未有的体验，最新奇和最为刺激的是可以观赏太空旖旎的风光，同时还可以享受失重的感觉，也具有相当的探险性质。太空游项目始于2001年4月30日，迄今已有3位太空游客：第一位是美国商人丹尼斯·蒂托（Dennis Tito），第二位是南非富翁马克·沙特尔沃思（Mark Shuttleworth），第三位是美国人格雷戈里·奥尔森（Grgry Olsen）。专家表示，未来的太空旅游将呈大众化、项目多样化、多家公司竞争、完善安全法规四大趋势。

发展太空旅游业，不仅让普通平民体验太空生活，还可利用其收益继续发展航天事业，保证昂贵的资金来源不仅限于政府资助，加快人类航天技术的发展。未来太空旅游的平民化，对于人类的航天事业有着非常重大和深远的意义。

13.4.4 文化旅游

如今，随着人们文化消费需求的不断释放，历史遗迹、文艺汇演、民俗宗教主题公园等，各种新兴文化旅游形态日渐崛起，文化和旅游呈现出多层次、多领域的相互融合、相互促进的强劲势头，并与游客需求的转变相适应，文化旅游应运而生。文化旅游是指游客通过各种形式体验、感知、了解当地文化内涵的过程，是将当地文化转化为产业的重要形式和有机载体。这是一种全新的、知识含量很高的旅游形式，世界旅游组织曾预测，到21世纪，原市场份额较大的自然风光旅游产品增长率将下降，而文化旅游将有强劲的发展势头，它将与探险旅游等成为最有吸引力的旅游产品。世界上多姿多彩的民族文化、民俗文化、社会文化、艺术文化丰富了这样的旅游种类，形成了多种多样的文化旅游方式，如民俗旅游、艺术旅游、宗教旅游、考古旅游、修学旅游、寻根旅游等。

1．科考旅游

科考旅游是近年我国兴起的特种旅游之一，也是生态旅游的重要组成部分。科考旅游不仅是专业人士的探究性考察活动，也是对广大青少年以及旅游爱好者进行科普教育的良好形式。科考旅游是一种高品位的生态旅游活动，是通过对旅游地深层次开发，突出其科学文化内涵，以满足人们探索大自然奥秘的好奇心，提高科学知识水平的旅游项目。发掘科考旅游内涵，结合观光、休闲度假进行综合性开发是科考旅游开发的重要途径。在国外，尤其是那些历史人文资源相对贫乏的地区，依靠自然资源，着重发展自然景观科考旅游成为一些国家的必然选择，优美的自然景观、稀奇的自然现象、独特的自然资源都被囊括到科考旅游的范围之内。如美国的亚里桑那州的科罗拉多大峡谷、夏威夷火山公园、国家黄石公园，以及加拿大组织的近间隔欣赏北极熊等野生动植物科考旅游，使游客在体验刺激的野外活动时也有所收获。

阅读材料 13–5

“七彩云南考察团”：青少年科考旅游

2月1日，经过将近1周的行程，中国科学院（以下简称中科院）和“知乐游”共同发起的“七彩云南考察团”的首次出行圆满结束了，这是自知乐网开发青少年科学考察项目以来，第一个成功的长线考察路线，对于知乐网来讲，想必是意义重大的。知乐网当初的想法，是希望给孩子带来一种自己动手，亲临科学现场的机会——让孩子在实践中学习到知识，引起他们对科学的兴趣。知乐网希望将一种全新的青少年教育和娱乐理念传达出去，而从这次考察项目的成功来看，无疑是取得了初步的成效了。

参与考察团的每一个孩子和家长都对本次活动印象深刻，在活动过程中积极地参与到了每一个实验项目中，活动结束后又纷纷登录“知乐游”的官网社区将自己的照片与感悟拿出来与其他团员交流，其中有一位家长，是小说《高阳大帝》的作者，更是在自己的博客中写了10余篇关于这次行程的游记，在其开篇的游记中，他贴出了知乐游对于本次活动的宣传，并如是写道：“根据本人对于该活动的参加，我是基本认同知乐网对于该活动的评价的。希望其他家长也能够像我一样，多腾出时间陪陪孩子，伴随孩子健康成长。”他还强调说：“要说这次‘知乐游’的组织者确实没有一点市侩气，生怕活动染上任何商业色彩，所以不安排到什么地方购物，游览南平街，一是让大家看看著名的金马碧鸡牌坊，再就是让大家自己去购物，而不是强迫购物。对此，我是很佩服‘知乐游’组织者的知识分子风度的。”所有这些反馈完全是参与本次活动团员自发性的反映，对于他们来讲，这次活动非常有意义。

其实，能够取得这样的效果，也与知乐网的精心策划和准备是分不开的，将第一个长线的考察项目定为云南，知乐网的工作人员也经过了长期的规划和讨论：就科学性来讲，由于云南地处边陲，污染和人造的痕迹非常少，从而使得这里保留了丰富多样的动植物资源，仅西双版纳便拥有300多万亩自然保护区，其中70万亩是保护完好的大型原始森林，更是被称为“热带动物王国”。而除了云南本身所自有的资源，这里还有昆明动物博物馆、西双版纳植物园等多处中科院下属机构，还有世界闻名的禄丰恐龙谷。云南属于高原地区，偏偏又处在低纬度亚热带，这使得原本应该很冷的地方四季如春，而其冬季受到干燥的大陆季风影响，夏季又盛行湿润的海洋季风，使得这个地方的气候十分特别，事实上云南具备7种气候特征，从而让许多动植物都可以在这个地方生存，所以这个地方动植物的博物馆所拥有的资源也异常的丰富。由于中科院同样是“知乐游”计划的发起人之一，所以中科院对于此行也给予了大力的支持，除了开放一些特别的场馆，也派出了最好的专家带领小朋友学习知识。而另一方面，知乐网并不想将考察团变成纯粹进行学习的活动，“知乐游”是一种在休闲之余进行科学考察的理念，所以这同样是一项为广大家长和青少年提供节假日放松的活动。知乐网考虑到，云南原本就是著名的旅游胜地，风景秀丽，更是保留大量少数民族原始的风土人情的地方，这些都为人们离开都市，走进自然，放松身心提供了条件，于是，所有深思熟虑和精心准备也便造就了本次出行的圆满成功。

知乐网的目的，是希望给广大青少年提供一个学习实践和娱乐的平台，除此之外，就像那位爸爸说的那样：“希望其他家长也能够像我一样，多腾出时间陪陪孩子，伴随孩子健康成长。”

（资料来源：http://www.zhile365.com/news.php?do=view & arcid=13307.）

2. 修学旅游

修学旅游是旅游项目中的古老品种，历史上，游与学一直紧密结合在一起，“读万卷书，行万里路”就是经典写照。孔子以周游列国著称，他曾率领学生遍踏山川都邑，广求知识，丰富阅历，考察政风民情，宣传礼乐文化长达14年之久，堪称世界修学旅游的先师和典范。中国历代王朝都曾接待过来自欧洲、日本、俄罗斯等国人员来华修学旅游。但是“修学旅游”一词却源于日本，日本自明治维新开始鼓励修学旅行，它在教学大纲中规定，小学生每年要在本市做一次为期数天的社会学习，初中生每年要在全国做一次为期数天的社会学习，高中生每年则要在世界范围做一次为期数天的社会学习，谓之“修学旅行”，1998年海外修学旅游学生达15万人。综合古今中外的历史实践，修学旅行的定义应该是以提高国民素质为主旨，以一定的修学资源为依托，以特定的旅游产品为载体，以个人的知识研修为目标，以旅游为表现形式的市场化的专项旅游项目。

阅读材料13-6

我国修学旅游发展现状

改革开放后，我国与世界各国的文化交往日益增加，作为一项有特色和有意义的专项旅游项目，修学旅游呈现出进出两旺的势头。大致有入境、出境和国内修学旅游三大类：

（1）入境修学旅游。成为我国目前最具活力和潜力的黄金旅游市场之一。①资源主要集中在黄河流域和长江流域，特别是陕西、山东、河南、江苏、北京、上海等；②修学旅游品种多种多样，如苏州以寒山寺等为载体的宗教专题旅游，以吴门书画为载体的书法绘画吴文化系列游，以古典园林为载体的世界园林遗产游，以评弹昆曲为载体的传统戏曲游，以苏绣、丝绸为特色的工艺美术实践游等。此外各地还有如胡同游、书法旅游、佛学旅游、著名学府游、学者故里游等品种；③修学旅游顾客以海外为主，海外修学者来自世界各地，地区以欧美、日韩为主；④有组织的大规模的跨地域国内修学旅游尚未进入发展阶段；⑤以北京和上海为先导，发展也最好；⑥修学旅游发达的地区已经走出开发的初级阶段，从无序到有序，开始有意识的培养修学旅游品牌，各地正在努力打造修学旅游核心产品和塑造修学旅游品牌。

（2）出境修学旅游。是近年来我国修学旅游市场的热门产品和热议话题。它以中小学生为主体，目的地以英国、美国等英语国家为主，到日本、韩国、新加坡的也不在少数，多由旅行社组织和留学中介机构，以学习英语对话、感受外国高等教育等内容为卖点，目的大多为学生将来出国留学做准备，这类游学活动的赢利目的性较强，因而活动本身的修学含量普遍不高，游多学少，而且费用较高，变成了贵族消费项目，难以大众化普及，背离了修学旅游的原本价值取向。

（3）国内修学旅游。随着我国教育模式由“应试教育”向“素质教育”的转变，国内修学旅游作为一种传统而现代的素质教育手段被广泛关注，正在逐渐兴起和推广。但是目前的修学旅游一是缺乏政策支持；二是修学旅游项目缺乏规划和设计；三是广度和深度远远不够。

（资料来源：http://baike.baidu.com/view/1055722.htm.）

3. 文化交流

旅游活动是一项文化活动，旅游的过程是文化交流的过程，在这个交流的过程中，各种文化互相交融，从而达到文化互补，共同促进文化繁荣。在文化旅游中，游客大多希望从旅游中轻松地获得新知识及地域性文化。文化交流之旅，为游客提供一个探索和认识旅游地的好机会，游客通过亲身接触当地的文化、大自然风光、风土民情，拓宽了见识和眼界。文化交流的过程就是旅游者对旅游资源文化内涵进行体验的过程，这也是文化交流的主要功能之一，它给人一种超然的文化感受，这种文化感受以饱含文化内涵的旅游景点为载体，体现了审美情趣激发功能、教育启示功能和民族、宗教情感寄托功能。

4. 怀旧访古

怀旧访古指专门为寻觅古代社会风情、古代建筑、古代生活用具、古代歌舞文化、古代名人故居或墓地的旅游活动。怀旧游是时下很流行的旅游方式，包括乡村怀旧游、电影怀旧游、音乐怀旧旅游、蒸汽机车怀旧游等。在形式多样的文化旅游中，以亲身体验虽已消失但仍然留在人们记忆中的某些生活方式为主题的怀古文化旅游，是当今颇为风行的专

题游览项目之一。例如，坐落在詹姆斯河与约克河间的美国古城威廉斯堡，由于完整地保存了18世纪英国殖民地时代的城镇风貌，使参观者仿佛时间倒流了200多年，从而成为美国最重要的历史名胜之一；亚洲的泰国故城、香港宋城和北京大观园也都以模拟古代生活方式而成为门庭若市的文化旅游胜地。怀旧旅游是对旧时代的一种留恋体验，城市遗产是旧时代的记忆的载体，而解说，则是引起人们记忆、帮助人们体验过去的一种手段。

现代人的旅游，首先是一种休闲方式，其次亦是一种充实自己的学习方式。通过旅游，了解世界各地自然、人文景观的种种差异，通过观察社会、体验风俗和积累历史文化知识来达到积极的休闲和娱乐，获得人生的启迪。文化旅游是一种特殊的旅游形式，以追求并参与新奇的、深层次的文化经历为基础，包括美、知识、情感或心理体验等；其属性不仅包括文化性，还包括休闲娱乐所带来的愉悦性。例如，在茶文化旅游中，主要是通过有关茶的艺术表现形式来突出这一特征，特别是茶文化的核心——茶道，它在表演过程中，所展示出来茶的休闲、养生的文化都能使旅游者得到身心的愉悦。文化与旅游与生俱来的本质属性决定了两大产业之间密不可分，相辅相成。促进旅游与文化实现两者的互融共进，既是文化与旅游的本质属性要求，也是世界旅游发展的大趋势。

案例分析

全国政协委员和各界人士为设立中国旅游日建言

2009年全国“两会”期间，中国人民政治协商会议（以下简称全国政协）常委、复旦大学教授葛剑雄和全国政协委员、宁波市副市长成岳冲分别提交了相关提案，建议设立中国旅游日。2009年以来，这一话题一再引起全国人民的关注。为此，中国社会科学院旅游研究中心2009年2月在北京组织了一次专家座谈会，12月23日，北京、上海、杭州等地专家学者在上海举行了一次专家研讨会，就“徐霞客旅游”活动与“中国旅游日”设置等热点话题，畅谈各自的认识与看法。与会者大多认为，设立“中国旅游日”意义重大，而5月19日是“中国旅游日”的最佳选择。12月29日上午，由人民政协报社主办的“和谐社会、旅游文化与旅游日创设”座谈会，在北京全国政协礼堂举行。来自全国各地数十位全国政协委员聚会畅谈国家旅游业发展，并纷纷发言赞成将5月19日设为中国旅游日。

国务院参事、十届全国政协常委任玉岭说：“根据中国旅游发展的形势和要求，设立‘中国旅游日’是完全必要的。中国旅游日的设立，将能更加有力地增加公民的旅游意识，也便于通过旅游日，更好地动员社会各方面参与旅游业、关注旅游业、投入旅游业……关于中国旅游日，我认为‘5·19’比较适宜。‘5·19’是《徐霞客游记》开卷篇的撰写日，这个日子不仅气候适宜，而且具有较深内涵。徐霞客是中国最有影响、最出名的旅行家，他的考察和调研为我国旅游业的开拓奠定了坚实的基础……为此，我们应该把‘5·19’作为‘中国旅游日’，用这样一个日子，有利于弘扬徐霞客精神，鼓励人们学习徐霞客坚韧、顽强不屈的品格，继承他热爱祖国山山水水、一草一木的爱国情怀，更有利于人们借助旅游开阔眼界、陶冶情操、增添知识、增进健康，使旅游业为民族的伟大复兴作出更大的贡献。”

全国政协常委葛剑雄建议："以每年5月19日为国家旅游日。自1979年联合国世界旅游组织确定以每年9月27日为'国际旅游日'以来，已有很多国家确定了本国的旅游日。事实证明，这一做法有利于提高国民的旅游意识，推动各级政府重视旅游和旅游产业，吸引更多国际游客，促进旅游事业的持续发展。……徐霞客是中国历史上最伟大的旅游家，是一位具有自觉旅游意识和科学观念、又留下了最丰富记录的杰出人物。《徐霞客游记》开始于明万历四十一年三月晦，即公元1613年5月19日，他于此日'自宁海出西门'，开始新一段旅游。这是中国最有影响的一位旅游家一次长途旅游有明确记载的出发时间。"

全国政协委员、宁波市副市长成岳冲说："我们的旅游日应当与我国历史上重大旅游事件或者重大人物联系在一起，和哪个人物联系比较合适呢？我觉得除了徐霞客，其他人都不太合适。……他一生最重要的成果就是《徐霞客游记》，就是5月19日开始开篇，作为自己终身职业的开始，也是他从普通的游客变成旅行家的转折。所以，5月19日有着深刻的文化内涵，而且这个季节中国大部分地方都是春暖花开、生机盎然，适宜户外活动，适宜倡导走进大自然。"

中国社会科学院旅游研究中心副主任刘德谦说："每年的9月27日，作为联合国的专门机构的世界旅游组织（UNWTO）都要在全球各地庆祝'世界旅游日'。……'世界旅游日'的设置，其立意自当是为了进一步阐明旅游对于人类的意义和价值。……我十分赞同浙江和江苏同志关于设立'中国旅游日'的倡议。'中国旅游日'的设立，不仅有利于中国旅游业的健康发展，也更有利于老百姓和国家从旅游活动的开展和旅游业的发展中受益。'世界旅游日'被定于9月27日，是基于两个重要因素：一是它的纪念意义；二是这天与人类旅游活动的关系。……如果也考虑与之近似的因素，我觉得浙江同志建议的'5月19日'还是十分可取的。'5月19日'，是一个关于我国著名旅行家徐霞客出游的纪念日。徐霞客在我国文化史和旅游史中的地位，几乎是人所共知的，他的《徐霞客游记》在我国文化典籍和游记中的价值，也是其他同类典籍难以比拟的。"

北京第二外国语学院旅游发展研究院副院长、教授张凌云建议："国家旅游局提出到2020年要将我国建设成世界旅游强国的宏伟目标，要从旅游大国向旅游强国迈进，公民广泛参与旅游活动以及旅游在各阶层人群中的日益普及是实现旅游强国的社会经济基础。为此，我们认为，设立'中国旅游日'适逢其时。……徐霞客是中国近代旅游第一人，有'中华游圣'之美誉。60万字的鸿篇巨著《徐霞客游记》在其开卷第一篇'游天台山日记'中写道：'癸丑之三月晦，自宁海出西门，云散日朗，人意山光，俱有喜态。'……毫无疑问，'中国旅游日'的设立对于国民素质教育、普及旅游知识、倡导科学旅游有着积极的意义，也有利于激发公民热爱生活、热爱大自然、热爱传统文化和热爱祖国的热情。《徐霞客游记》开篇所说的'癸丑之三月晦'，是公历1613年5月19日，5月的第3个星期日。因此，我们建议，将每年5月的第3个星期日作为'中国旅游日'。"

（资料来源：http://cppcc.people.com.cn/BIG5/34955/10730692.html.）

结合本章内容思考下面的问题：

（1）设立"中国旅游日"的背景是怎样的？你对设立"中国旅游日"有何看法？

（2）"中国旅游日"对国民旅游休闲生活会产生什么影响？对中国的旅游、休闲产业发

展有什么意义？

（3）你认为怎样才能使“中国旅游日”真正成为中国国民的“节日”？

简要点评：①中国具有深厚的旅游休闲的历史文化渊源，发展到今天，国民的生活方式发生了重大变化，旅游休闲正在成为中国国民重要的、普遍的生活方式，成为整个国家和社会变革的重要动力，这都深刻地影响到社会的各个方面、各个领域和各个层面。国家的治国理念和方式与时俱进，弘扬优秀的旅游休闲传统文化，推动当代社会发展，适应世界发展潮流，设立具有中国特色的旅游日，具有重大的历史和现实意义，必将有力地促进中国社会的现代化进程，并对世界的发展做出应有的贡献。②中国旅游日的确立，会进一步激发国民参与旅游休闲的热情，显著地拉动休闲消费的增长，从而促进中国旅游、休闲产业的大发展。③要使“中国旅游日”真正成为国民的节日，还是要首先做好国民休闲时间和收入增长的基本法律法规和制度保障工作，确保国民公平地享有充裕的休闲时间和不断增长的收入，从而有足够的休闲消费能力去投入旅游休闲之中。

本章小结

人类旅游活动产生于因剩余产品的产生和交换而形成的经商贸易这种经济活动，它的发展经历了古代旅行、近代旅游和现代旅游三个历史阶段；现代旅游活动可以分为事务性旅游、休闲性旅游和特殊旅游三大类；近现代旅游发展的趋势是大众化、个性化、休闲化，旅游休闲化成为旅游发展的主流趋势；现代旅游休闲化变迁有深刻的社会背景，表现为旅游消费、产品、环境、形象等多方面趋于休闲化。旅游休闲具有异地性、自愿性、消遣性和非谋生性等特征，主要有旅游观光、旅游度假、旅游健身、文化旅游四种基本方式，每一类旅游休闲方式各有不同的亚类，内容丰富，形式多样。

思考与练习

一、名词解释

1．旅游　2．旅游休闲化　3．旅游休闲　4．旅游观　5．旅游度假
6．旅游健身　7．文化旅游

二、单项选择题

1．旅游活动最初发源于（　　）。
　A．因剩余产品的产生和交换而形成的经商贸易这种经济活动
　B．第三次社会大分工
　C．当权者或富裕阶层的消遣性旅行活动
　D．货币产生以后的贸易活动
2．20世纪60年代以来，世界旅游业呈现出（　　）。

A．权贵化、富豪化、消遣性的特点

B．公众性、周密性、规范性、连续性和经济性的特点

C．广泛性、社会性、大众化、持续性的特点

D．商务性、学术性、娱乐性、生态性的特点

3．现代旅游活动方式主要有（　　）。

A．商务性旅游、学术性旅游、观光性旅游三大类

B．事务性旅游、休闲性旅游和特殊旅游三大类

C．度假型旅游、康疗型旅游、生态型旅游三大类

D．事务性旅游、文化性旅游、探险性旅游三大类

4．旅游主体休闲化，最主要的是（　　）。

A．主体具有很高的“玩商”

B．主体正确的休闲观、休闲伦理及休闲行为

C．主体休闲活动的复杂和熟练程度

D．主体在休闲活动中能够克己复礼、返璞归真

5．旅游休闲主要有（　　）4 种基本方式。

A．生态旅游、文化旅游、度假旅游、观光旅游

B．事务性旅游、休闲性旅游、康疗型旅游、探险性旅游

C．旅游观光、旅游度假、旅游健身、文化旅游

D．会议旅游、学术旅游、商务旅游、健身旅游

6．旅游观光（　　）。

A．就是吃、住、行、游、购、娱

B．就是到外地寻求快乐、消遣时光

C．就是上车睡觉，到了景点使劲拍照

D．是旅游业发展的永恒主题

7．旅游度假与旅游观光的最大区别是（　　）。

A．都是异地休闲

B．前者是在某个异地景区居留一段时间，后者是一段时间内连续不断游历多个景区

C．前者的休闲活动更加丰富，后者的休闲活动较为单调

D．前者的目的地非常明确，后者的目的地则具有不确定性

8．旅游健身与其他旅游休闲方式的区别在于（　　）。

A．旅游的目的是否在于亲近自然、愉悦身心

B．是否以体育活动的方式进行旅游

C．是否是把旅游和体育融为一体，以强身健体为主要目的

D．是否以运动竞技的方式从事旅游活动

三、多项选择题

1．以下属于休闲性旅游活动的有（　　）。

A．到拉斯维加斯或澳门从事博彩业活动

B．利用节假日登泰山、赏日出

C．到延安或井冈山进行红色文化旅游，重温革命传统

D．到乡村农家乐园住一段时间，从事采摘、种植、养殖等活动

E．年轻人新婚期间到“新加坡—马来西亚—泰国”旅行度蜜月

2．以下属于事务性旅游活动的有（　　）。

A．政府部门、党派组织、企事业单位、社会团体的代表或工作人员因公事出访异域他乡的差旅活动

B．工商界人士因商务目的而出访异域他乡的差旅活动

C．因参加各种会议而前往异国他乡的访问交流活动

D．暑假期间到北京参加新东方学校的英语培训班

E．双休日参加亲朋好友的聚餐和娱乐活动

3．对旅游休闲化的含义，正确的理解是（　　）。

A．旅游的主体、客体和媒介均合乎主体（旅游者）的旅游休闲目的

B．旅游活动满足了主体积极休息、缓解压力、转换心情、强身健体、增长知识、开阔视野、获取灵感、践行伦理、提高生命和生活质量、达到全面发展等的休闲需求

C．旅游活动成为了纯粹的消遣或娱乐活动

D．旅游活动促进了主体的身心和谐、与社会的和谐以及人与大自然的和谐

E．旅游活动的商业性逐渐减少、文化性逐渐增多的趋势

4．旅游休闲化的原因是（　　）。

A．旅游客体的休闲化是旅游休闲化的基础

B．旅游媒介的休闲化是旅游休闲化的保障

C．旅游景区管理的人性化是旅游休闲化的关键

D．旅游活动过程的休闲化是旅游休闲化的本质

E．旅游主体的休闲化是旅游休闲化的关键

5．旅游休闲化的表现主要有（　　）。

A．旅游消费的休闲化　　B．旅游产品的休闲化

C．旅游环境的休闲化　　D．旅游形象的休闲化

E．区域经济的休闲化

6．旅游与休闲的关系，可以理解为（　　）。

A．本质上看，旅游是休闲的一种

B．旅游就是非本地或异地的休闲

C．旅游是一种经济活动，休闲则是一种文化活动

D．旅游与休闲的交集被称为“旅游休闲”

E．休闲化了的旅游被称为“休闲旅游”

7．旅游观光的对象主要是（　　）。

A．自然山水　　B．田野调查　　C．风土人情

D．地理探险　　E．文物古迹

8．旅游度假主要有（　）几种方式。

A．乡村度假　B．修学度假　C．滨海度假

D．湖滨度假　E．山岳度假

9．以下活动属于文化旅游的是（　）。

A．利用节假日到一些地质公园或原始森林进行科学考察

B．利用闲暇时光云游四方，拜师求学，研修技艺，验证和拓展知识

C．利用闲暇时间到异国他乡进行学术交流、文化沟通等活动

D．为了怀旧或体验古人的生活而到一些具有古代社会风情的地方进行旅游

E．乘渔船到远海从事捕捞、垂钓、观海及其他海上娱乐活动

四、思考讨论题

1．旅游发展经历了怎样的历史变迁？从中可看出旅游发展有什么规律和趋势？

2．人类旅游活动的本质是什么？旅游和休闲有怎样的联系和区别？

3．旅游休闲和休闲旅游有什么不同？本质上是否一样，为什么？

4．试从休闲体验的意义上比较旅游休闲与其他类型的休闲有什么异同？

五、实践练习题

1．自己尝试进行一次外出旅游，用心体验这一旅游过程，写一篇旅游日记（或游记），描述旅游休闲体验的特点。

2．调查你身边熟悉的人群，看看他们有哪些休闲活动方式，比较他们在不同类型的休闲活动（如旅游休闲、体育休闲、娱乐休闲、文化休闲）中所产生的行为和心理差异。

六、案例分析题

就本章“导入案例：黄金周12年旅游休闲大思考”所提供的材料，回答以下问题。

1．黄金周12年为中国的休闲业发展做出了什么样的贡献？

2．从休闲体验的角度谈谈“黄金周”的弊端主要体现在哪些方面？

3．为了进一步改善国民休闲体验，你认为目前还有必要保留“十一”和春节“黄金周”吗？或者是否有必要把目前的“五一”小长假恢复成“黄金周”？

第 14 章　网络休闲

教学目标与要求

掌握网络休闲的内涵和特点，了解网络休闲的几种主要类型；理解网络休闲对人的双重影响；了解如何能够正确引导人进行积极的网络休闲。

章节知识框架

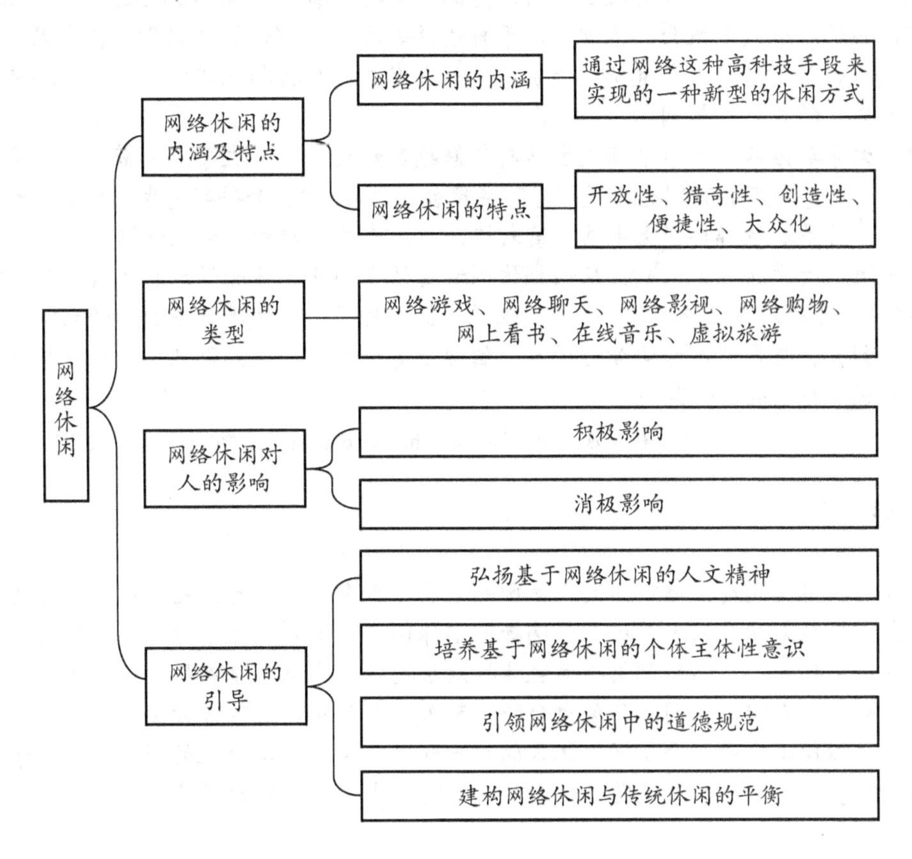

关键术语

网络休闲，网络休闲的特点，网络休闲的主要类型，网络休闲的影响，网络休闲的引导

导入案例

网络休闲成中国年轻人假期主要休闲方式

连续看了5集美剧《绯闻女孩》的郑燕大呼过瘾。郑燕今年25岁，在山东青岛一家家电企业工作，她说："从国庆节放假前两个星期我就开始攒着更新的美剧，假期抱着一杯咖啡，宅在家里连续看一天可真是享受！"

10月1～7日是中国的国庆假期，也是中国上班族一年中可以享受的最长的两个假期之一，另外一个则是中国传统节日——春节。在这个秋高气爽的长假，中国年轻人除选择旅行、爬山和自驾游以外，很多人与郑燕一样，选择最多的一种休闲方式就是网络休闲。

"除了10月3日和朋友去爬了崂山，其他时间我基本都是'宅'在家里。平时上班很忙，周末有时还要加班或者聚会，很少有属于自己的时间。"郑燕说，"假期待在家里，什么事都不耽误。想要买衣服点点鼠标就能搞定，而且有些网店折扣比实体店还大，还可以方便地追自己喜欢的韩剧和美剧。"

厦门大学英语语言文学系研究生林国华假期前两天当了一次导游，带着高中同学在厦门旅游了一番，剩下的时间也都是"宅"在宿舍。他说："我今年研究生三年级，已经着手找工作了，许多职位都要网上申请，填表格、简历累了，就看一会儿电影。"

中国海洋大学新闻系刘骏国庆假期休闲都是依靠网络，他除了玩自己喜欢的游戏"魔兽世界"，还喜欢在网上寻找"组织"。他说，由于时间、地域等诸多因素的影响，很难在现实中找到大批与自己有相同爱好的人，但网上有针对性很强的贴吧、论坛，很容易在里面寻找到属于自己的"部落"。

（资料来源：http://news.xinhuanet.com/society/2011-10/06/c_122122719.htm.）

点评

如今，网络休闲越来越成为大众休闲的常态，很多年轻人已经把网络休闲作为重要的休闲方式。有越来越多的人节假日会选择网络休闲，人们在网上看电影、玩游戏、购物、交朋友、找工作等。网络休闲使个体主体性地位增强，带来了全新的生活休闲娱乐体验，扩大了人际交往空间。但网络休闲也会给人带来负面影响，有可能使个体主体意识弱化、道德失范、心理不健康。分析网络休闲的特点和类型，分析其对人的影响等，对于人们更好的休闲有重要意义。本章试图引导人们思考网络休闲的一系列问题。

人类经历了农业社会、工业社会，现在已迈进以互联网为载体的信息社会，互联网的发展给全世界带来了不同寻常的机遇。网络从最初的军方国防用途，逐渐演变到学术和商业的应用，到后来以异常迅猛的速度深入到人们生活的各个方面，发展成普通人们工作、娱乐、沟通、学习、传播的工具。据统计，截至2011年年底，中国网民规模达到5.13亿，其中手机网民达3.56亿，网民每周上网时间持续增加，平均每周上网时间已达18.7小时。互联网已与传统的四大媒体——报纸、广播、杂志、电视一样，成为人们获得信息与休闲

的重要渠道，并深深植根于普通大众，成为日常生活的重要组成部分。

14.1 网络休闲的内涵及其特点

14.1.1 网络休闲的内涵

网络休闲是通过互联网络来实现的一种新型的休闲方式，是主体借助互联网，在网络虚拟信息空间上进行的休闲活动。网络休闲突破了传统的交往方式，扩大了人们交往的范围，是互联网技术普及的产物。

知识链接 14-1

对网络休闲内涵的其他理解

于晓东认为：网络休闲即运用网络这种高科技手段达到休闲的目的，并通过互联网进行休闲娱乐的活动，也称其为“网上休闲”。

陈来成认为：网络休闲是指网络时代人类休闲的活动、现象、方式和特征的总和。……网络是休闲活动的虚拟空间，它构筑了一个无穷大的立体休闲空间，将原来仅仅是单纯的交流方式和沟通手段的网络，迅速演变成了人们寄存理性、寻求安慰的心灵休闲栖息地。

14.1.2 网络休闲的特点

与常规休闲活动不同，网络休闲往往表现为一种虚拟活动，具有开放性、猎奇性、创造性、便捷性、大众化等特点。

1. 开放性

开放性是网络休闲最根本的特性，互联网本身就是建立在自由开放的基础之上的。互联网的开放性不仅仅是技术层面的，它还表现在时空的开放，它超越了时空的限制。以往传统的交往方式、娱乐方式具有地域性和局部垄断性，而网络沟通、娱乐打破了时空的界限和市场隔离，娱乐产品的生产、流通、销售、消费都是全球化的。开放性意味着任何人都能够得到发布在网络上的任何事物，意味着任何个人、组织包括国家和政府，都不能完全控制互联网。互联网给予了人们充分的自由，使人们个性化的特殊兴趣爱好得到充分的满足，为人们在工作之余的身心放松、精力恢复以及各种能力的全面发展创造了良好的条件。网络的开放性和全球化，促进了人类知识的共享和经济的全球化。

2. 猎奇性

猎奇性是网络休闲吸引人的那种秘藏不露甚或连主体也不自知的深层动机。网络休闲为广大网友提供了集社会、科技、人物、奇异新闻、探索、自然科普、医学、心灵谜团、自然奥秘、恐怖经历等于一体的新奇、好玩、创意、娱乐、搞笑、时尚的东西。人们在网上可以追逐新奇的事物，可以探索未知世界，可以满足人们的求知欲和好奇心。网民作为网络传媒受众群体的一部分，同样有对极品事物的好奇和从众。网络休闲在一定程度上通过特殊的方式满足了人们的这种需求。

阅读材料 14-1

网民助推网络红人的心理动机及成因

根据邵培仁的观点，受众除了有符合社会规范的、公众能够认同的、个体在明确承认后不会引来非议的表层动机外，还有一种深藏不露、秘而不宣的或者是连受众本人也不清楚的深层动机。同样网民作为大众传播的受众群体的一个组成部分，有着一般受众的共同特征，也有对新事物的猎奇心理，对极品事物的好奇和从众。网络上，网民真正关心的不是“哥”与“姐”的生活状态，更多的是无聊心态的疯狂追捧。网民将“哥”神圣化，是将之化作了一种精神寄托。从侧面反映了落入物质欲望的人们在虚拟的网络世界中找到了一个可以释放的地方。网民咒骂“姐”，排除“姐”自身的炒作、作秀，网民通常是基于凑热闹的心态将时间倾注在否定的声浪中。“有需求就有市场”，网络受众在现实与虚拟世界中的心虚转换这一内在需求也是推动网络红人走红的原因之一。也许正是这些所谓网络受众的猎奇心理，很大程度上使得网络红人迅速走红网络，随着将来网络的发展，极可能发展出更多复杂的心理因素。

（资料来源：http://media.people.com.cn/GB/22114/206896/207970/13292890.html.）

3. 创造性

创造性是指每个人都可以在网络娱乐中发挥自己的创造力，展示自己的智慧和能力，从而获得一定的自我实现。随着现代社会休闲活动范围的扩大、种类的增多、层次的提升，网络休闲生活方式得到了大众的认可，网络休闲娱乐的功能不仅是休息，而且还可以给人们的精神和心灵注入新的动力，开阔眼界，启迪心智，提高创造能力。网络为每个人提供了方便、快捷和低成本展示自我的私人空间。例如，在互联网上，网络文学活动空前繁荣，普通人不只是读者，还可以尝试自己创作，如今网络作家比比皆是，而在过去他们是很难有机会展示自己的作品的。虽然大多数网络文学质量都不高，但毕竟为创作的人带来了表现和表达自我的机会与空间，写作在这里完全成了一种没有压力的休闲活动和业余爱好，并且创作的过程也是一种和众多读者共同交流的过程。

阅读材料 14-2

网络文学 10 年盘点揭晓：21 部作品胜出

经过 21 位终审专家历时两个月的交叉审读，《此间的少年》、《成都，今夜请将我遗忘》、《新宋》等 21 部网络文学作品最终胜出，至此，历时半年有余的“网络文学 10 年盘点”活

动成功落下帷幕。

2008 年 11 月—2009 年 6 月，在中国作家协会的指导下，中国作家出版集团、长篇小说选刊杂志社和中文在线共同举办了“网络文学 10 年盘点”活动，对近十年的网络文学进行了全面盘点。这一规模巨大的活动以主流文学价值观和传统审美标准审视网络文学，在网络文学批评领域树立了公正、公开、公信的形象，在读者和作家中引起强烈反响。

本次盘点经过两个月的交叉审读，21 位终审专家分别为进入十年盘点终审阶段的 21 部作品写出了评语，并背靠背对作品进行了名次排序。评分以 10 分为满分，以交叉审读累计总分的平均值为最后得分。终审 21 部作品分别为：《此间的少年》（作者：江南）；《成都，今夜请将我遗忘》（作者：慕容雪村）；《新宋》（作者：阿越）；《窃明》（作者：大爆炸）；《韦帅望的江湖》（作者：晴川）；《尘缘》（作者：烟雨江南）；《家园》（作者：酒徒）；《紫川》（作者：老猪）；《无家》（作者：雪夜冰河）；《脸谱》（作者：叶听雨）；《狼群》（作者：刺血）；《天行健》（作者：燕垒生）；《琴倾天下》（作者：宁芯）；《都市妖奇谈》（作者：可蕊）；《原始动力》（作者：出水小葱水上飘）；《电子生涯》（作者：范含）；《回到明朝当王爷》（作者：月关）；《官商》（作者：更俗）；《曲线救国》（作者：无语中）；《真髓传》（作者：魔力的真髓）；《凤凰面具》（作者：蘑菇）。

（资料来源：http://book.sina.com.cn/news/c/2009-06-25/162/257251.shtml.）

4. 便捷性

便捷性是指人们可以借助于电子邮件、聊天软件（如 QQ，MSN，Skype 等）、购物网站等快速地在网上实现沟通、联系以及购物等，真正感受到网络时代沟通渠道的畅通和便捷。通过网络，人们可以与国内外网友进行坦率和无拘无束的交谈，甚至可以与远在太空飞行的宇航员进行直接交流，这种交流方式打破了传统社交方式的固有局限，无限制地扩大了人们的社会交往范围。人们可以在网上观看自己喜欢的电影，也可以把自己的照片、视频传到网上供他人欣赏，双向互动的交换方式可以强化人们在网络影视文化休闲活动中的主动性和兴趣。人们可以在网上便捷地买到自己所需要的产品，也可以把自己想卖的东西通过网站卖出去。对于一些现实旅游不便的人，还可以进行网络旅游，通过视频饱览世界各地名胜古迹、风土人情。

5. 大众性

大众性是指网络休闲不再是少数人的专利和享受，普通群众包括低收入阶层也可以成为网络休闲的主体，可以享受到网络信息技术进步的成果。随着国家经济实力的增长，网络基础设施的不断完善，互联网普及率也随之攀升，覆盖的范围越来越广，基本囊括了各个层次的人群，网络大众化的趋势日益显现。截至 2011 年年底，我国互联网网民达到 5.13 亿人，互联网普及率达到 38.3%，远高于世界平均水平。在网络休闲中，人们不必花很多钱就可以休闲娱乐，“博客”、“微博”等使各阶层网民都可从网络上找到交流思想、展示才华和释放心情的空间。

阅读材料 14-3

陈东来点评 2011 年中国互联网

2012 年 1 月 16 日，中国互联网络信息中心（CNNIC）在北京发布《第 29 次中国互联网络发展状况统计报告》，其中亮点颇多，现将我关心的截至 2011 年 12 月底的数据进行一个大整理，并点评汇成 30 句话分享给各位。（以下为选录）

（1）中国网民数量突破 5 亿，达到 5.13 亿，全年新增网民 5 580 万。中国的人口众多，网民绝对数当然让世界其他各国望尘莫及。

（2）互联网普及率较上年年底提升 4 个百分点，达到 38.3%。同样是由于中国人口基数太大，互联网普及率还有很大的上升空间，感觉目前比例大约只有欧美发达国家的一半。

（3）过去 5 年内 10～29 岁群体互联网使用率保持高速增长。这表明，互联网在年轻人中的普及仍然是最快的——已经听到有人感叹：年轻真好！不过我要提醒：请珍惜青春年华！

（4）过去 5 年内高中学历人群的渗透率增长最为明显，2011 年网民比重也已经超过 9 成，达到 90.9%。这说明，有一定文化的人多数都会用互联网。

（5）我国家庭计算机上网宽带网民规模为 3.92 亿，占家庭计算机上网网民比例为 98.9%。宽带已经是主流，电话上网的日子一去不复返了。

（6）中国手机网民规模达到 3.56 亿，同比增长 17.5%。绝对数量很大，仍然是世界第一，人多还是主因，但去年增长速度开始放缓。

（7）使用台式计算机上网的网民比例为 73.4%，比 2010 年底降低 5 个百分点，手机上升至 69.3%，说明手机终端的使用率正不断逼近传统台式计算机。

（8）中国网民在家里和单位接入互联网的比例保持稳定，比例分别为 88.8%和 33.2%，与 2010 年基本持平。这说明宅男宅女真不少。

（9）在学校和网吧上网的网民比例明显下降，其中在网吧上网的网民仅占 27.9%，较上年年底下降 7.8 个百分点。这说明网吧正在走下坡路。

（10）网民平均每周上网时长为 18.7 个小时，较 2010 年年底增加 0.4 小时。比我想象得要少，感觉人们在网上的时间越来越多。

（11）学生仍然是网民中规模最大的群体，占比为 30.2%，其次个体户/自由职业者占比为 16.0%。虽然有人说是不是这两类人的时间最多？但也许他们并不只是在网上消磨时间，是不是你自己知道。

（12）农村网民规模为 1.36 亿，比 2010 年增加 1 113 万，占整体网民比例为 26.5%。但与 2010 年相比，农村网民占比下降 0.8 个百分点。这与收入有关联，但更与农村计算机与网络的普及不够有关。

（13）我国 IPv4（Internet Protocol version4，网际协议版本 4）地址数量为 3.30 亿，拥有 IPv6 地址 9398 块/32。IPv6 地址相比上年增长超过了 2 000%，其意义不仅在于解决 IPv4 时代地址资源枯竭的问题，同时 IPv6 还将成为其他技术发展的基础——天还很广。

（14）中国网民即时通信使用率上升较快，增至 80.9%，一举超过搜索引擎、网络音乐及网络新闻，位居第一。原因你懂的——这是在中国。

（15）微博的用户数增长最快，达到296.0%，中国微博人数已经达到2.498 8亿。这是意料之中的数，但新浪微博声称用户超2.5亿，腾讯微博声称用户超过3.1亿，为啥CNNIC的统计数据却都比这个少？

（16）我国博客/个人空间用户数量为3.19亿，较2010年底增长2 414万，增长率为8.2%。博客/个人空间的使用率为62.1%，较上年年底下降了2.3个百分点。这有些矛盾。地方开了不用有些浪费，不能只怪微博，只怪心静不下来的人太多。

（17）中国网络游戏用户规模达到3.24亿，较去年同期的3.04亿增长6.6%，网民使用比例为63.2%。有增长就不错了——游戏开发公司可能这么想。

（18）中国网络视频用户数量增至3.25亿，年增长率达到14.6%，在网民中的使用率由上年年底的62.1%提升至63.4%。这已经算是逆市上涨，因为其他许多娱乐应用都在下滑——这叫比下有余。

（19）手机即时通信成为使用比率最高的移动互联网应用（83.1%）。这个比整体网民的即时通信使用率（80.9%）要高，说明用手机玩即时通信更受欢迎。

（20）手机微博的使用率同比增加了23个百分点，是增长幅度最高的手机应用。微博不仅异军突起，而且用手机发微博已经成为许多人的习惯，据说接近一半的微博是用手机发出来的。

（资料来源：http://column.iresearch.cn/u/chenyongdong/476880.shtml.）

14.2 网络休闲的类型

网络休闲已成为很多人生活中必不可少的部分，其内容也非常丰富。对网络休闲的分类有很多说法，这里主要介绍四种类型：网络游戏、网络聊天、网络影视、网络购物。

14.2.1 网络游戏

网络游戏是指以互联网为传输媒介，以游戏运营商服务器和用户计算机为处理终端，以网页或游戏客户端软件为信息交互窗口的旨在实现消遣、娱乐、交流和取得虚拟成就的具有可持续性的个体性多人在线游戏。网络游戏区别于单机游戏，是指玩家必须通过互联网连接来进行的多人游戏。

目前网络游戏根据使用形式可以分为两种： 浏览器形式和客户端形式。基于浏览器的游戏，也叫网页游戏，它不用下载客户端，任何地方任何时间任何一台能上网的计算机就可以进行的游戏。只要能打开网页，几秒钟即可进入网络游戏，不存在机器配置不够的问题。其类型及题材也非常丰富，典型的类型有角色扮演（天书奇谭）、战争策略（热血三国）、社区养成（猫游记）、SNS（开心农场）、休闲竞技（捕鱼达人）等。

基于客户端形式的网络游戏是由公司所架设的服务器来提供游戏，而玩家则是由公司所提供的客户端连上公司服务器以进行游戏，而现在被称为网络游戏的大都属于此类型。此类游戏的特征是大多数玩家都会有一个专属于自己的角色（虚拟身份），而一切角色资料以及游戏资讯均记录在服务端。此类游戏大部分来自欧美以及亚洲地区，如魔兽世界

(World of Warcraft)(美国)、穿越火线(韩国)、星战前夜(EVE online)(冰岛)、战地(Battlefield)(瑞典)、最终幻想14(日本)、天堂2(韩国)、梦幻西游(中国)等。

14.2.2 网络聊天

网络聊天就是指人在互联网络上进行聊天，它是计算机技术、通信技术与网民结合的产物。人们日常上网，网络聊天是重点内容，已成为人们的一种生活方式。它是人类的一种新型文化，不同于传统的文化，并给传统的文化带来深远影响，也拓宽了人们的交往空间。

网络聊天一般有以下几种形式：一是版聊，即在BBS上轮流发帖子，展开对话。一些网站邀请嘉宾与网友聊天常采用这种方式；二是聊天室聊天，聊天室就是可以在线交谈的网络论坛，可进行文字聊天、语音聊天和视频聊天。在同一聊天室的人们通过广播消息进行实时交谈；三是借助网络聊天工具进行，这是目前最流行的聊天方式，常有的工具是QQ、MSN、、飞信、百度Hi 、ICQ等。只要下载相应的聊天软件，注册一个号码，就可以方便地与他人交流。

知识链接14-2

网络聊天是第三种公共话语

鲍庆忠在其硕士论文《网络聊天第三种公共交往方式》中认为，除了现实生活中的两类日常公共话语（公共管理制约的日常公共话语，如传媒；日常闲聊）外，还存在第三种公共话语，即网络聊天。网络聊天是不同于前两种日常公共话语的新型公共话语，它是当今生活中的第三种公共交际方式。它具有个人的随意性，但远远低于公众交流的特点，网民在网络中可以随时换话题聊天，也可以随时换人聊天；可以一对一单聊，也可以一对多广聊；刚才还是文质彬彬，可转眼间却变得如同凶神恶煞般；无拘无束，无所顾忌，很少有责任感。它是在大范围内传播，且网民也意识到它是在大范围传播，它可以传播到地球的每一个角落。它有“虚拟身份”，即“符号人”，不似前两种话语有“实际身份”，即“社会人”。“符号人”具有了符号的特征：第一，人不作为一个实体在网络上出现，不代表明确的形象（除非他自己愿意键入真实的照片），但他是一个存在的代码；第二，他能够与其他符号产生直接的互动，并产生意义，他的活动是一个明确的意指过程。虚拟身份可以造成虚构情景、假想情景，如虚拟亲戚关系、婚姻关系等；虚拟身份造成个人隐秘和公共话语的认同，那些不能够进入公共话语的思想、言语现在都在网络中谈了。

14.2.3 网络影视

网络影视是指以有线或无线网络为传播工具，以计算机、手机、PDA、MP4等载体为主要连接终端的视频播放媒体，面向广泛的视频受众人群的影像产品。网络影视从拍摄、制作，到推广、发行以及观看模式都与传统影视存在较大的差异，绝不是仅局限于简单的传统影视网络化，而是专为网络播放量身打造，通过网络制作、发行，超越简单的观赏，

增加更多的受众参与互动的影像艺术形式。

借助 3G 移动通信技术、网络宽频技术、无线宽带技术等强有力的技术支撑，以网络电影、手机电影、网络电视及综艺节目、网络原创视频短片、网络广告等为代表的新型网络影视艺术形式已经深刻地改变着传统影视产业的面貌和内涵，对传统影视受众的行为和心理产生了重大的影响。目前网络影视主要分 3 种类型：

第一类是影视内容与网络相结合，对传统影视的题材进行拓展的样式。主要表现在新增了以网络或与网络相关事件为主要内容的影视作品。例如，围绕网络展开的爱情故事类型，如《电子情书》(1999)，《网络时代的爱情》(1998)； 利用网络犯罪、破案等科幻、惊险故事类型，如《黑客帝国》(1999—2003)；《异次元骇客》(1999) 等；根据网络小说改编的电影、电视剧类型，如《第一次的亲密接触》(2001)，《爱情前规则》(2009)。

第二类是将传统影视跳出原有的呈现方式，通过网络进行传播的样式。将传统影视胶片数字化，通过网络供人上传、下载或在线观看，已经成为现行最常见的一种影视传播方式及欣赏样式，即影视的网络化。电驴、迅雷、比特精灵等下载软件旗下网络资源共享专区都为网民免费提供最新、最全的影视资源下载。各大门户网站，如新浪、雅虎、搜狐等都有自己独立的影视频道，提供高清版本的网络在线影视欣赏，这些都为传统影视通过网络传播提供了良好的平台。百度公司的奇艺网于 2010 年 4 月正式上线，全面进军正版高清网络视频领域，提供最新、最全、最专业的高质量免费视频点播服务，这开始了国内网络影视走上正版化的发展道路，具有深刻含义。而一些影视集团则通过建立自己的电影网站通过收费的形式，提供电影欣赏的相关业务，获取经济效益。美国迪斯尼电影集团就通过网络提供由自己公司旗下发行过的影片实行“点播看电影”的服务。网络已经成为除传统影院观影、家庭电视或碟片观影之后最主要的传播途径。

第三类是为网络播放而特制的影视作品，它们寄生于网络，不同于一般的影视播放和欣赏模式，真正强调了观影过程中受众的参与性和互动性，这也是真正意义上的网络影视的存在样式和发展方向。影片置于网络中供点击在线观看、下载或者点播，网民可以与之互动，参与情节设计、影片编辑加工等。台湾制作的网络原生电影《175 度色盲》开创了网络互动电影的新篇章，这是一部兼具多重实验性的电影，整部电影共分为 11 个段落，每一个段落约 2～3 分钟。在播放方式上，观赏者更多的自主性配合网络的互动性，受众根据个人喜好正着看、倒着看、跳着看等随心所欲地与电影片段进行互动，网友的回应也可以主宰男女主角未来的命运。国内《天使的翅膀》是较早的网络电影的代表，该片将制作过程和故事情节在网络上同步，发动网友参与剧情设计和创作，边拍摄，边播出；甚至网友还可以自荐演员，在网络上欣赏完整的影片内容、影片剧照和相关的小动画等。通过网络，大众成了导演，成了演员，拉近了曾经遥不可及的影视艺术与普通大众之间的距离。类似的影视还有《我们没有隐私》、《混混》、《老鼠爱大米》、《特务迷城》、《小强历险记》、《我的地盘谁做主》等作品。

阅读材料 14-4

网络影视增强了欣赏主体的主动性

网络化的欣赏大大增强了欣赏主体的主动性，受众可以非线性地随意挑选想看的片段，在一定程度上控制审美客体而不是完全被审美客体所左右。网络对“话语霸权”的打破满足了消解传统的后现代心理需求，人们的表现欲与参与欲被激发了出来。受众不再是一个单纯的观者了，他们有着极强的自主意识，甚至开始通过网络赋予电影意义。作为一种相当有趣的文化现象，很多后现代气息浓重的电影作品在刚推出时并无影响，是网络和网民让它们大红大紫。

电影《大话西游》在20世纪90年代初上映时，票房遭到惨败，然而随着网络文化、电影论坛的流行，《大话西游》戏剧般地在21世纪初席卷了全国，征服了众多的年轻人。这部典型的香港“无厘头”电影不仅成为了后现代网络社会的强势话语，还被附加了很多的文化意义：网民在各大论坛里将《大话西游》奉为后现代的经典文本，这些网民往往是拥有较高学历但还没有话语权的大学生，网络让他们有了话语权；《大话西游》的影像广泛在网络上流传，反复观看影片的网民将那些诙谐的对白烂熟于心并时不时地提及，这些台词以各种不同的版本出现在各大网络场合甚至出现在日常生活中；它也影响到了文学创作，《悟空传》、《沙僧日记》等网络小说或直接衍生于《大话西游》，或继承了《大话西游》的颠覆精神；《大话西游》还造就了一种象征着时尚与前卫的“场”，在这个“场”中，人更容易与他人沟通交流及获得理解。《大话西游》的流行色彩与文化光环，由网民带来。

（资料来源：陈吉. 网络与传统电影艺术本体、价值革命[J]. 艺术百家，2008，1.）

14.2.4 网络购物

网络购物，就是通过互联网检索商品信息，并通过电子订购单发出购物请求，然后通过私人支票、银行账号、信用卡等直接或者间接付款，卖家通过邮购、快递、直送等方式发货。国内的网络购物，付款方式有两种，一种是款到发货（直接银行转账，在线汇款），另一种是货到付款，利用淘宝支付宝，百度百付宝，腾讯财付通等担保的担保交易。

网络购物主要有以下几个特点：一是网络购物人群年轻化，参与网络购物的人群主要为青年、女性，他们有一定收入，能够自主购物。二是网络购物时间随意化，网络购物没有时间的限制，从早到晚网络购物无时不在；随处可见购物者的痴迷。这是网络购物营销模式的成功，也是参与者非理性行为难以控制的表现。三是网络购物空间多样化，只要有一个连接网络的计算机就可以进行网络购物，任何空间都可以实现。随着笔记本电脑的广泛应用以及手机购物平台的建立，人们不仅在家里、宿舍可以购物，而且可以在教室、办公室、旅途中都可以进行。四是网络购物广告病毒化，购物网站为了在竞争中获得更大成功，往往把营销推广作为重要渠道，利用网络广告、网站链接做宣传，把广告链接在一些有影响的网站，如门户网站首页、专业网站、搜索引擎、电子邮件上。网站链接无处不在，网站和产品促销广告随时都会出现在大众的视线里，这种病毒式的营销模式让大众难以抗拒。

除了以上4种类型，还有网上旅游、网上阅读、网上听音乐、网上体育、网上下棋、网上打牌、写博客、网上动漫、网上收藏等。可以预见，网上休闲的项目会越来越多，休闲生活会越来越丰富；随着网民休闲理性的增强，依托网络的阅读、收藏、旅游、文学艺术和科学创造、博客思想创造、微博议政参政以及志愿服务等的使用率在逐渐上升，网络休闲更具文化性、政治性和社会性，发挥着促进自我发展和社会融合的积极作用。

知识链接 14-3

几种对网络休闲类型的理解

于晓东认为：比较常见的网络休闲方式有网络游戏、网络动漫、网上聊天、网上看球、网上旅游、在线影视音乐、网上阅读、网上购物等。同时指出，网上休闲娱乐已成为人们休闲方式的重要组成部分之一，许多人选择网络休闲来代替某些传统休闲。

山西财经大学硕士刘秀峰在硕士论文《我国网络休闲产业发展研究》中把网络休闲分为 10 种类型：网络游戏、影音在线、网络文学、博客、网上交友、五环广场、读书看报、千里对局、网上购物、网上旅游等。

陈来成认为，网络休闲有网络联系、网上聊天、网络影视、网络情爱、网络娱乐、网络虚拟旅游等多种活动方式。

14.3 网络休闲对人的影响

网络休闲使个体主体性地位增强，带来了全新的生活方式和休闲体验，扩大了人际交往空间。但网络休闲也使个体主体意识弱化，容易造成道德失范行为，对身心健康造成负面影响。

知识链接 14-4

关于网络休闲利弊的研究

近年来，随着网络休闲的迅猛发展，其负面影响也引起了社会各界的高度重视，学者纷纷从技术、法律、伦理和心理等角度展开研究。试举几例：于晓东（2007）认为随着网络时代的到来以及休闲时间的增加，网络休闲越来越多地进入了人们的生活空间。一方面，它对传统的休闲方式进行了前所未有的超越；另一方面，网络休闲特有的局限性也产生了一些负面影响，影响了人们的身心健康和社会的稳定发展。王岩（2007）指出网络休闲已经成为人们日常生活中重要的休闲方式，在网上人们心情愉悦。但是，由于人在网络中容易迷失自我，人的主体性价值失去了其应有的位置。因此，要培养网络休闲环境下的主体性意识，使网络休闲中的道德回归到日常生活中，从而实现网络休闲的真正目的。刘根（2010）认为，网络休闲创造了全新的休闲方式，改变了人们的生活方式，拓展了个体的交际空间，网络休闲是一把双刃剑，在带来精神愉悦的同时也有负面影响，要弘扬网络休闲中的人文精神，建构网络休闲与传统休闲的平衡。鉴于网络休闲弊端的客观存在，有学者建议，从计算机和信息技术上设置计算机或某程序运行的时间，迫使使用者及时休息也可考虑；还有人认为，而由于网络休闲的个体化极强，法律监控难度极大，社会公共伦理规范也难以涉入，因而，应从心理上、道德上强化疏导和引导等。

（资料来原：刘秀峰．我国网络休闲产业发展研究[D]．太原：山西财经大学，2011.）

14.3.1 网络休闲对人的积极影响

1．网络休闲增强了人的主体性意识

主体性是主体在对象性活动中体现或发挥出来的自主性、能动性和创造性，其实质是人的自我认识、自我理解、自我确信、自我塑造、自我实现及自我超越。网络为人的全面的、开放的、完善的主体性地位的形成准备着条件。在网络自由空间里，在不危害他人、集体、社会及国家的前提下，主体可尽情地在网络时空中遨游，个人真正成为自我主体，完全听从自我意识的支配，既是行为的执行者和管理者，又是行为的选择者和调控者，人的自由个性得到发挥，个人切实感受到主体性地位的高扬，主体意识不断强化。互联网络智能多媒体终端所营造的全息操作环境及交流平台，极大地扩展了人的智力、体力和感官能力。同时，人们可以利用计算机的智能和虚拟的超现实性，把现实中的不可能性，或者只能在思维中展现而难以在现实空间展现出来的可能性，变成虚拟空间可以反复再现的现实性（虚拟现实），创造出现实生活中难以展现的对象，把人的潜能发掘到一个更深层次，提高了人们认识世界和改造世界的能力。

2．网络休闲丰富了人的娱乐方式

网络科技的发展应用不仅提高了劳动生产率，节省了劳动时间，使劳动者自由时间延长，而且造就了一个庞大的网络休闲产业。网络旅游、远程会议、远程服务、数字图书馆、电子购物的蓬勃发展，不仅免去了人们奔波的辛苦，且为人们赢得了自由时间。网络平台使现代人的工作、学习、生活及休闲娱乐的界线模糊，并逐步趋近于马克思的目标：真正的劳动是把劳动作为自己的创造，作为天赋才能的发挥，达到体与脑、身与心、外在与内在以及自由与必然的真正和谐统一，人的才能的发挥成为最大的生产力。网络休闲带来了数字化的娱乐与生活艺术。网络娱乐是目前中国网民网络文化生活主要内容之一，具有娱乐方式的低成本化、全球性、交互性、多元化和个性化、娱乐需求的多样化以及娱乐产业和娱乐产品的数字化等特点；网民可自主选择休闲娱乐方式和节目，可自由选择兴趣爱好相同的网友进行交流沟通。网络娱乐带人们进入了一个艺术表现方式更生动和更具参与性的新时代，人们有机会以截然不同的方式，来传播和体验丰富的感官信号。

3．网络休闲拓展了个体的人际交往空间

人的交往方式、交往时空受到交往工具和通信手段的制约，而交往工具的变革可以看作是交往方式变革的历史性标志。基于网络平台的人际交往使交往主体趋于个体化和多元化，使交往客体和交往中介趋于复杂化和网络化，交往的具体模式不断走向开放化和交互性，交往成本降低，对丰富和发展人的社会关系具有重大意义。首先，网络交往关系是一种开放型关系，网络使交往空间从周围现实的狭小面延伸到无数的交往点、交往面上，并由此出发向四面八方延伸而形成或长或短的交往连线，甚至是全方位的、立体性的交往空间。关系双方既不必有血缘关系，也不必有地缘关系和业缘关系。交往对象的性别、年龄、职业、社会地位、经济状况、文化背景、政治态度、居住地域等差异，已不再成为影响交往的前提条件。网络交往必将打破现有交往的局限性，增进区域之间、行业之间、民族之

间、国家之间的交流，促进不同文化的人们之间的理解与包容，并在一定程度上消减文化的冲突与隔阂，形成共同的文化价值取向。其次，网络交往的匿名性使交往各方关系平等，没有高低贵贱之分，人们有了逾越社会现实和松弛禁忌压力而宣泄自我的机会，交往主体之间的信息是一种真情的流露与表达。同时，交往主体之间关系的建立与结束，也不受交往对象和其他任何因素的制约，充分体现了自愿交往的原则。网络交往平台也使人们摆脱了主要局限于用口头语言和手势的直接交往方式，而利用成形的文字符号和丰富的网络符号标志来表达自身的思想和感情，这赋予了人类广博无限的精神交往领域空间。

4．网络休闲增加了不良情绪宣泄的途径

网络休闲的匿名性特点为网民不良情绪的及时释放和网民之间的情感帮助、心理支持提供了新渠道。网民间一般不发生面对面的直接接触，使得网络人际交往比较容易突破年龄、性别、地位、身份、外貌等传统人际交往影响因素的限制，建立更为和谐、民主、平等的人际关系，有助于解决是现代社会生活中日趋严重的人际关系冷漠现象。现代心理治疗理论非常重视宣泄在心理健康维护和治疗中的作用。心理咨询和治疗者的重要任务之一就是为受到压抑的心理症结提供宣泄和释放的渠道。但是，由于传统观念和行为习惯的影响，很多人在遇到烦恼和心理问题时， 往往没有勇气或不习惯找心理医生，也不愿意向身边熟悉的人倾诉。这种忌“心病”现象和“家丑不外扬”的普遍心态显然不利于个体心理问题的及时解决，不利于心理健康。网络休闲中网民在轻松、平等的氛围中，很容易说出自己的不满和困惑，为不良情绪的宣泄提供了途径，也为不自信的网民表达自己的想法增添了信心。

阅读材料 14–5

网络对学生的好处

收发电子邮件、玩游戏、查阅资料、交友聊天、看新闻是学生上网的主要目的。新闻的时效性在网络上体现得尤其突出。以美国“9·11”事件为例，不仅让人们最迅速地了解情况，网友还能发帖满足发表欲。

有人总结了上网的五大好处：一是开阔视野，及时了解时事新闻，获取各种最新的知识和信息；二是可以毫无顾忌地与网友聊天，倾吐心事，减轻课业负担，缓解压力；三是可以在各个 BBS 里张贴自己对各种问题的看法和见解，觉得很有成就感；四是可以提高自己某项业余爱好的水平；五是自己动手做主页已成为时尚，把自己喜爱的图片资料传上去，开一个讨论区，发一些帖子，和大家交流，自己做版主的感觉真的很棒。

（资料来源：http://vip.book.sina.com.cn.）

14.3.2 网络休闲对人的消极影响

网络休闲具有明显的两面性，它在给个体带来精神愉悦的同时，也造成了各种负面影响，网络休闲可能对人的生理、心理、道德观等产生不良影响，甚至可以让青少年丧失生命。

1. 网络休闲可能造成个体的主体性价值弱化

在网络休闲的虚拟空间中，个体容易被异化，无法实现休闲的目的，主要原因有两点：一是网络信息的碎片化导致个体主体性价值的失真。网络的超文本结构和超链接组织管理决定了网络信息的碎片化，碎片化的信息只能给人片段化的感受和认识，比较肤浅和感官化。个体在网络休闲中容易陷入无意识的自由自在状态，不愿对碎片化的零散信息进行归纳、整理与选择，人的主体性消失在碎片化信息的支离破碎的片段中，成为被动的接受者；二是网络中海量化及鱼龙混杂的信息导致主体价值选择能力失准，甚至使主体价值选择系统瘫痪。网络是信息的宝库，也是信息的迷宫。网络信息的良莠不齐及海量化，使网民陷入选择的困境，人们往往根据点击率高低或者内容的新奇性去选择信息，或者是网络提供了什么，自己就选择什么，自主性未起作用，自身缺乏明确的价值标准，价值判断比较混乱， 在是非对错的判断上出现迷茫，这种情况下的自由是被异化的自由。

2. 网络休闲可能导致主体道德失范

网络休闲的匿名性使他律及法律的约束作用极其弱化，网民的行为被赋予极高的自由度和随意性，网民很容易为一时的刺激和愉悦，淡化道德意识，做出对自己、他人和社会不负责任的行为，出现严重的网络道德失范问题，如非法侵入他人计算机设施、破坏他人管理信息系统、偷看他人信件、侵犯他人隐私、散布病毒、网上欺骗，以及不负责任地传播谣言、沉迷于低俗和暴力的网络游戏，甚至迷恋黄、赌、毒和封建迷信等有害信息等，这都影响着人们的世界观、人生观、伦理观，造成人们行为上的无所适从，观念上的是非不分。

网络形成的“快餐文化”模式使人的思维简单化、线形化、直观化，使人的知识贫乏、审美能力下降和优秀文化道德传统遭遗弃。“媒介文化帝国”文化观上的沙文主义，价值观、人权观上的霸权主义已在网络上表现得淋漓尽致，成为各种优秀文化道德交流、融合、补充的最大障碍。此外，网络还在一定程度上淡化人们的道德观念，诱发非道德行为，一些违法和背道的行为，如勒索、诽谤等在互联网上也屡见不鲜。

3. 网络休闲可能会影响个体的身体健康

网络休闲有一个共同的弱点，就是时间长会影响人们的健康，易造成肥胖、腰颈疾病；神经紧张不说，还间接地使人们放弃了应有的户外休闲，放弃了人类自我行走的权利，也排挤了许多有益于身心健康的传统休闲方式。世界卫生组织估计，全世界成年人中 60%～80%缺乏运动，每年有 200 万人死于缺乏运动。此外，电脑的辐射也带来了许多疾病。

知识链接 14-5

电脑辐射对身体的危害不容忽视

英国一项研究证实，电脑屏幕发出的低频辐射与磁场，会导致 7～19 种病症，包括眼睛痒、颈背痛、短暂失去记忆、暴躁及抑郁等。电脑辐射对女性还易造成生殖机能及胚胎

发育异常，据对武汉市200多名银行系统从事电脑操作者调查，有35%以上女性出现痛经、经期延长等症状，少数妇女还发生早产或流产。世界卫生组织的研究指出，孕妇每周使用20小时以上电脑，其流产发生率增加80%以上，并且还可能导致胎儿畸形。其中眼睛痒、干燥和酸涩时，眼睛只是处于功能性损伤的阶段，但是如果这时还不注意保护眼睛，使眼睛继续长期处于干燥的状态，就会引起角膜上皮细胞的脱落，造成器质性的损伤，使症状进一步恶化，严重影响视力。

颈部肌肉、软组织长时间紧张或者损伤造成的“颈背综合症”，如果治疗不及时，颈背综合症会发展为颈椎病。简单而言，电脑辐射的主要危害有以下几点：①计算机和家用电器的低频电磁辐射，对人体有伤害；②伤害作用对不同人群有差异，妇女、少年儿童、老年体弱者为敏感人群，特别对胎儿损害更大；③受害程度与接受辐射的积累剂量有关；④低频电磁辐射的非热效应和刺激为主要作用；⑤对人体的神经系统功能、免疫系统功能、循环系统功能和生命发育功能等产生影响；⑥尚待对分子生物及过程、细胞生物学过程和生物化学过程深入研究，进一步探明和揭示其作用机理。

（资料来源：http://www.diannao114.cn/test/8428.htm.）

4. 网络休闲可能造成个体人格及心理的不健全

这种局限性突出表现在一些网络游戏中，某些网络游戏的成瘾者过度地沉溺于网络虚拟角色而往往迷失了真实的自我。他们将网络上的规则带到现实生活中，造成角色的混乱，尤其在现实社会中与人交往受到挫折时，转向虚拟的网络社会寻求安慰，消极地逃避现实。这对那些处于身心发育期的儿童的人格成长极其不利。

过度网络休闲对人的心理健康造成的负面影响更大，可能导致人出现一系列心理问题：一是降低人的感知能力，使人思维混乱。心理学研究表明，人们长时间感知同一事物容易导致对该事物感受性降低。浏览网络时间越长，越来越多的信息对人的感受程度将不再有更多的意义，人感受性降低，浪费时间越多。海量化良莠不齐网络信息的输入超过人正常负荷后，残留在人脑中未经消化的信息会在潜意识中干扰人的思维，影响人思维的广度和深度，思维能力降低。二是扭曲人的世界观和价值观，使人情感迷失。西方敌对势力从未停止利用网络对我国意识形态和社会制度进行攻击和诽谤。个体在网上长期受到这些不良思想侵害，加之精神空虚和享乐主义、拜金主义等思潮的影响，民族歧视、侮辱性言论和暴力色情等文化垃圾的泛滥，使人的世界观及人生观扭曲，引发道德情感的匮乏和冷漠，人变得越来越麻木及迷茫。三是导致现实人际交往的萎缩及障碍。过度网络休闲可能导致对网络虚拟空间的依赖，对正常的现实社会交往失去本来的兴趣，人际关系疏远。自觉错误感及犯罪感的网络行为使人对人际交往的安全感产生怀疑，防范心理增强，甚至导致自闭心理，备感孤独苦闷及焦虑和压抑，于是他们就会回到网络社会去寻求刺激，导致恶性循环。个体在网络与现实生活中身份的不一致还可能导致角色冲突，严重的出现双重或多重人格障碍。四是易患“网络成瘾综合症”，该症是一种新的心理疾病，主要表现为对网络操纵时间失控，随着乐趣的增加欲罢不能，上网时间越来越长，使大脑神经中枢持续处于高度兴奋状态，引起肾上腺素分泌增多，血压升高，造成机体免疫功能降低，诱发种种疾病，甚至死亡。

阅读材料 14–6

网络游戏让少年失去宝贵的生命

天津博文中学二年级一个品学兼优的好孩子，2004 年 12 月在连续玩了 30 多个小时的游戏后，14 岁的他以一种奇异的亢奋和决然推开了窗户，从天坠落；同月天津市塘沽区一个 13 岁男孩因痴迷网络游戏不能自拔，在 24 层高的楼顶上一跃而下，去追寻网络游戏中那些虚幻的英雄朋友，他在事发现场留下了 4 封遗书和一份 8 万字的网络游戏笔记《守望者传》。这些惨剧的发生虽然不是一种普遍现象，但是不能不引起社会的警觉，因为它的背后是数量庞大的青少年组成的网络游戏大军。根据 2006 年的统计结果，中国约有 2 000 万网游少年，其中 260 万人是网游成瘾者。华东某高校 237 名退学试读和留级的学生中，80% 因迷恋网络导致成绩下降。调查表明，以玩游戏作为上网首要目的的大学生占总人数的 40%。如果网络休闲的这种负作用不加以控制和纠正，那么将有更多的人受到伤害。

14.4 网络休闲的引导

网络休闲是一把“双刃剑”，对人的影响有利有弊，网络休闲需要正确的引导。对网络休闲负面影响的规避，需要发挥技术、法律的他律及道德约束的综合作用。然而，网络休闲的跨时空性、匿名性、即时性、虚拟性、互动性特征使技术监管、法律约束及伦理制约的效果大打折扣，道德自律成为规范个体网络休闲的低成本有效方式。发挥道德自律对网络休闲的规范，可从以下几方面着手。

14.4.1 弘扬基于网络休闲的人文精神

人文精神是一种普遍的人类自我关怀，表现为对人的尊严、价值、生命的维护、追求和关切，对全面发展的理想人格的肯定和塑造。人与人之间的网络交往不应是陌生的、冷漠无情的。和谐的网络环境需要构建比现实交往活动中更多的人文关怀，网络应具备适应人性、满足人性和关怀人性的品质。

应关注人性的全面发展，建构网络休闲与人文精神相统一的运作机制。网络所创造的技术和产业神话，使人领略到了其力量的神奇、信息的便捷、物质的丰赡和生活的安逸。但人类对工具至上、技术决定论的信心已成痴心崇拜的同时，却是对价值理性和道德精神的漠视，美德修养、理性崇高、个性丰满和精神健康被无所不能的网络技术带来的物质富有、生活优裕等眼前的功利所吞噬。这警示人们，在网络技术飞速发展的今天，更要关注人类的精神家园，不能忽略人类心灵的塑造，信息文明的声光电掩盖不了道德培植和情操修养的重要性。事实也证明，离开人文精神的辅佐和道德精神的参与，网络休闲就有走向邪路的危险。居高不下的网络犯罪、层出不穷的信息污染、令人胆战心惊的电脑黑客及道德滑坡、亲情隐退造成的人与人的欺诈和防范等已向人类敲响了警钟。

14.4.2 培养基于网络休闲的主体意识

人应该成为网络世界的主体，而不应被网络世界所俘虏。要通过教育引导人树立科学的世界观，让科学世界观帮助人在网络的纷繁复杂情况下做出合规律性与合目的性相统一的决定，能够在发生不同道德准则冲突时做出正确选择，在面对道德困境时根据已有的伦理精神提出新的道德规范；要把人作为社会历史活动的主体来培养，重视人的能动性、自主性、创造性和超越意识，增强主体适应和改造外部世界的自由度和自觉度，从而规范引导网络休闲者的言行，着力培育敢于同网络中不道德的、违法的行为斗争的勇气。

14.4.3 引领网络休闲中的道德规范

网络休闲活动中，不同文化的交流和碰撞、冲突和融合，是道德保持其生命力、实现自我更新和发展的重要机制。人们从事网络休闲，不断在多重文化和价值的冲突、融合里发现、发掘高尚的道德观念、道德行为及道德品质，进而内化为网络休闲活动的道德规范，并发挥它们的价值引导作用，使网络休闲活动中的人最终成为网络中的道德人。换个角度来说，网络道德规范与现实社会的道德规范必定有不同之处，但是，许多现实社会中的道德规范准则，特别是古代中国流传下来的优秀道德品质，如整体至上、崇德重义、修己内圣、慎独、推己及人、克己复礼等，对统一网络道德评判标准，解决道德认知矛盾，规范道德行为，进而治理网络社会的各种道德失范症状，仍然具有十分重要的现实意义。

14.4.4 建构网络休闲与传统休闲的平衡

从一定程度上说，网络休闲是对传统休闲的超越，网络休闲相对于传统休闲具有优越性但也有其局限性。如何取其“精华”去其“糟粕”，即发扬网络休闲之优势，避免其缺陷，还得用传统休闲方式对网络休闲进行“再超越”。

“再超越”是相对于网络休闲对传统休闲的“超越”而言的，这种“再超越”与网络对传统的“超越”有同样重大的意义。在现在和未来，传统休闲必须在更大的范围、用更大的力度实现对网络休闲的“再超越”。此种“再超越”只是对休闲网络化的局限性进行某种程度的“克服”，因此它并没有否定网络休闲的进步性，是“超越”基础上的“再超越”，可以看作是努力进入一个比“网络时代”更进步而美好的“后网络时代”。网上固然可以饱览名山大川，但亲自踏上真实的土地定会有另一番感受；网上固然可以交朋友，但在现实中牵起老朋友的手诉说心里话，应该会感到更踏实……可以说，这些传统休闲方式是任何先进的科技产品所替代不了的，也是永远不会过时和被淘汰的。

传统休闲方式的“再超越”表现在回归自然和回归人类社会上，就是对于网络要能够做到随进随出、随走随停，将网络仅仅作为一种能更好地促进自身发展的工具，同时更加注重运动，要走出去在大自然中获得健康与舒畅。传统的郊游观光、游览名胜古迹、吟诗作画都是回归自然的表现。适当地用传统的方法代替网络休闲，用几千年来祖先留传给我们的休闲文化中的精华滋养我们的体魄与心灵，能够给我们带来健康和幸福的真切体验。

案例分析

网络素养讲堂引导少年正确处理网络和现实关系

中国青少年犯罪研究会和中国共产主义青年团北京市委员会、中国青年报、中国网络电视台、新浪网日前共同发起主办了一场别开生面的“大家 E 起来——青少年网络素养大讲堂”活动，北京师范大学附属中学等 10 所中学的学生与专家面对面，就如何正确理解网络社会和现实社会之间的关系、如何提高网络素养、如何在网络中形成正确的社会观等问题展开了热烈的讨论。

“孩子嫌父母是菜鸟，上网笨手笨脚；父母觉得网络很可怕，因为很多青少年有网瘾。那么，网络是天使还是魔鬼？”中国青少年研究中心副主任孙云晓开门见山地提出问题，孩子们竖起耳朵倾听。

“其实就看我们怎么样去使用它，把握它。”孙云晓给出的答案让在场的许多中学生释怀。他们大多喜欢上网，但又常常因此被贴上网瘾的标签。实际上，也确实有些同学从喜欢上网、习惯于上网，慢慢变成依赖网络、迷恋网络。网瘾，如今成了让家长担心、孩子困惑的问题。

在“网络素养大讲堂”上，孩子们坦承他们在上网中遇到的很多问题。国防大学军队政治工作教研室副主任、中国青年五四奖章获得者公方彬教授这样告诉同学：“网瘾不可怕，可怕的是不敢正视网瘾，不愿摆脱网瘾。就人的惯性而言，你要改变有难度。但你提出这个问题，说明你已经认识到了，也不希望这样延续下去。那么第一是必须要有一个强制期，下决心让老师和父母来帮助、约束自己。第二是要有一个起始点，例如，咱们今天的交流是引发你思考的一个时机，把今天作为一个起始点。有了这两条，我相信你一定能够改变。”

作为“网络素养大讲堂”第一讲主讲人，北京师范大学艺术与传媒学院副院长于丹告诉孩子们，上网本身不是错，但一定要掌握好度，就像酒喝多了要伤肝。“这个世界上很多的东西错不在本身，而在人的沉迷，一旦过度就过犹不及。”但网络的信息泛滥确实容易将人引入歧途。于丹坦承，她在上网的时候就经常不自觉地陷进去，有时候工作累了，想在网上休闲一会儿，就 10 分钟，但最后常常下来一看都超过两个小时了。“一开始是想我是要看看新闻，怎么后来逛到淘宝里了，什么正事都没干。所以，有时候想想，网络这个东西别说孩子了，大人也挺容易迷失的。但是你得知道网络你还得上，有用的信息还得提取，这个世界上任何好东西其实都是过犹不及。”

中国社会科学院新闻与传播研究所研究员、媒介传播与青少年发展研究中心主任卜卫说，孩子不是一个被动的接受者，他们上网有他们的需求，寻找信息、交友、扮演现实生活中不同的角色，进行课外学习和研究感兴趣的问题等。孩子上网或者玩游戏并不一定会影响学习，关键是看你会不会学习，怎样使用时间。互联网实际上能够帮助孩子学习，最好的方面在于，能够帮助孩子掌握最适合自己的学习方式，能够通过独立探索，进行有效的学习，如学习怎样处理信息，学习怎样进行有效的交流，这些对未来的生活

都是非常有用的。

孙云晓告诉孩子们，21 世纪最重要的学习就是要学会管理知识和处理信息的能力。“青少年如果能够正确使用网络，你就会如虎添翼，你的视野会前所未有的开阔。希望青少年朋友能够抓住这个时机，正确使用网络，用好网络这个工具，真正成为这个时代的主人，成为一代巨人。”孙云晓说，现在很多的父母觉得互联网很可怕，因为现在有很多的青少年有网瘾。实际上在网络时代，互联网有巨大的娱乐功能、游戏功能、交往功能，人们可以充分地享受这些网络带来的便利。但如果只是把网络当成一种游戏的工具，那是一个巨大的浪费。“将来检验中华民族、中国青少年能不能成为有创造力的一代，能不能成为有着世界胸怀、世界眼光、未来眼光的一代，可能就看你在互联网上做什么。”

卜卫做了一个比喻：在互联网日益发展的今天，青少年都在信息高速公路上，有人就惊呼，天哪，他们都坐在司机的位置上。孩子可以自己冲浪，但他们确实还需要大人的引导，毕竟网络信息鱼龙混杂，网络病毒、虚假信息、黑客攻击、网络欺诈、网络色情、暴力等低俗内容充斥网络，而青少年的认识能力和判断力毕竟有限。航天英雄杨利伟作为“网络素养大讲堂”的嘉宾，告诉孩子们他年轻的时候也非常喜欢玩这些游戏，有些飞船训练还跟游戏相关。“例如，航天飞行，现在很多模拟飞行的游戏软件，已经做得比真实的飞行员去飞行的时候的还要复杂。”杨利伟的笑谈成功拉近了与孩子们的距离，也不知不觉中告诉孩子们要正确选择有益的游戏。

“知心姐姐”卢勤在“网络素养大讲堂”上跟孩子们说着知心话。“一个人走遍世界，越过千山万水，最后要抵达的是真正的自己。一个人正确的时候，他的世界才是正确的。”于丹告诉孩子们，在网络中自由翱翔需要“定力、抗力和分辨力”。国家互联网应急中心主任黄澄清说，对青少年上网的教育，重点是引导青少年识别什么是有害信息，什么是有价值信息，而不是告诉他们应该看什么不应该看什么。

“我们在调研过程中发现很多孩子是受网络不良影响而走上犯罪道路的，这引发了我们对互联网和青少年关系的研究。”中国青少年犯罪研究会秘书长操学诚认为，“互联网对青少年乃至对中国的影响是深远的，对网络不仅要管理更要建设，这也是中国社会建设和文化建设的一部分。大讲堂活动着眼于大兴网络文明之风，引导青少年提高网络素养，正确处理网络世界和现实世界的关系，受到了社会各界的积极响应”。

根据各位专家的观点，结合本章内容思考问题：

（1）网络休闲是恶魔吗？

（2）如何让网络休闲真正成为天使？

（3）如何让正确引导青少年学生的网络休闲？

简要点评：①网络休闲既不是天使，也不是恶魔，它是网络技术运用于休闲领域的产物，只是一种工具。随着网络技术的普及和闲暇的增加，网络越来越多地进入了人们的休闲空间，它是对传统的休闲方式的超越。②网络作为一种高科技的休闲手段也是一把双刃剑，在迅速提升人们幸福感的同时，又在一定程度上使人们过于追求这种享受而陷入某种“困境”：休闲是为了放松，而网络休闲有时会使人们局限在网络这个“狭小”空间中，任其束缚，不愿走出来，不觉陷入了疲劳与紧张中；休闲是为了让人们获得健康，网络休闲却可能使人因缺乏运动而损害了肢体；休闲是为了让人们心情舒畅，某些网络休闲形式却让人因为在虚拟游戏和网络交友中的失败而更加压抑；休闲是要让人们活得更好，网络休闲却使一些人过早地结束了生命。这在本质上已经背离了休闲的真正目的，使休闲在某种程度上异化了。这表明：人们其实误解了网络，至少可以说是使用不当；面对网络，人们缺乏失去了自我控制能力，因而沉溺于信息的海洋而不能自拔；不能自主，因而被奴役；忘掉目的，因而被手段俘虏；而当人们自觉自主自控地对待网络，网络休闲就成了天使。③构建休闲方式传统与现代、虚拟与现实的平衡有着现时代的紧迫性；让休闲方式向着有益于人类真正幸福的方向发展，是人类文明进步的表现。因此，培养青少年学生健康的网络休闲习惯是人类未来发展所必需的。对此，可以将网络休闲引入学校教育体系，在课程框架和教师指导下学会正确、恰当地使用网络，一边学会娱乐，增加学习乐趣，一边学会运用网络获取有用的知识，培养技能，甚至进行科学和艺术创造；同时布置一些带有娱乐性、探险性和创造性的网络家庭作业，在家长监督下，引导孩子健康地从事网络学习和休闲。

本章小结

本章主要介绍了网络休闲的内涵、特点、主要类型以及网络休闲对人的影响。网络休闲是通过网络这种高科技手段来实现的一种新型的休闲方式，是网络休闲主体借助互联网，在网络空间上进行的休闲活动。网络休闲突破了传统的交往方式，扩大了人们交往的范围，是互联网普及的产物。与常规休闲活动不同，网络休闲往往表现为一种虚拟活动，具有开放性、猎奇性、创造性、便捷性、大众化等特点。网络休闲已成为很多人生活中必不可少的一部分，网络休闲的内容也非常丰富。最主要的网络休闲有 4 种类型：网络游戏、网络聊天、网络影视、网络购物。网络休闲使个体主体性地位增强，带来了全新的生活休闲娱乐体验，扩大了人际交往空间。但网络休闲也使个体主体意识弱化，容易造成道德失范行为，对心理健康造成负面影响。网络休闲需要正确的引导。对网络休闲负面影响的规避，需要发挥道德自律的作用，要弘扬基于网络休闲的人文精神、培养基于网络休闲的个体主体性意识、引领网络休闲中的道德规范、建构网络休闲与传统休闲的平衡。

思考与练习

一、单项选择题

1．网络休闲与其他休闲方式的根本区别在于（　　）。

A．目的不同　　　　B．技术手段不同

C．具体活动形式不同　　　　D．所实现的休闲价值不同

2．网络休闲最根本的特性是（　　）。

A．便捷性　　B．猎奇性　　C．大众性　　D．开放性

3．网络休闲的创造性主要体现在（　　）。

A．主体可以随时随地把自己所能想象到的新鲜想法发布到网络上

B．网络世界的复杂性和神秘性可激发主体的求知欲和好奇心

C．网络信息可以激发主体的想象力和创造力，并激励主体从事创造性活动

D．只要具备上网条件，任何人都可以在网上从事创造性活动

二、多项选择题

1．网络游戏（　　）。

A．是最重要的网络休闲方式

B．可分为多人在线游戏和单机游戏

C．有浏览器和客户端两种使用形式

D．以网页或客户端为信息交互窗口

E．旨在实现消遣、娱乐、交流和取得虚拟成就

2．目前的网络影视主要有（　　）几种类型。

A．网络电影、手机电影、网络电视及综艺节目等

B．以网络或与网络相关事件为主要内容的影视作品

C．传统影视传播渠道的网络化

D．为网络播放而特制的影视作品，具有较强的网民参与性和互动性

E．网络原创视频短片、网络广告等

3．网络休闲的其他活动形式还有（　　）。

A．网络旅游　　B．网络阅读　　C．网络博客或微博

D．网络收藏　　E．网络音乐（创作或欣赏）

4．网络休闲对人的积极影响主要有（　　）。

A．增强了人的主体性意识　　B．丰富了人的娱乐方式

C．拓展了个体的人际交往空间　　D．导致主体道德失范

E．增加了不良情绪宣泄的途径

5．以下表现属于网络休闲对人的消极影响的是（　　）。

A．部分网民在现实生活中是非不清、真假不辨、善恶不分

B．部分网民乐于在黄、赌、毒、暴、谣（言）等不良信息中寻求刺激和快感

C．部分网民沉醉于网络游戏，连续不断，直至身心崩溃而死亡

D．部分网民几乎失去了分辨网络虚拟世界和现实生活世界的能力

E．作为网络休闲载体的电子计算机的辐射直接危害人的身体健康

6．网络休闲对个体人格和心理造成危害，主要表现在（　　）。

A．可能降低人的感知能力，使人思维混乱

B．可能扭曲人的世界观和价值观，使人情感失迷

C．直接造成少儿网民的暴力和色情倾向

D．可能导致现实人际交往的萎缩及障碍

E．容易形成网瘾，导致“网络成瘾综合症”

7．对待网络休闲的正确态度是（　　）。

A．网络休闲是一把双刃剑，应该辩证地对待它

B．针对网络休闲手段的高科技特点，应该强力注入深厚的人文精神

C．针对网络海量信息对人的操控，应该大力唤醒人的主体意识

D．鉴于网络信息去道德化的倾向，应该切实强化网络道德建设

E．鉴于网络休闲价值的片面性，应该倡导传统休闲，以维护休闲的平衡

三、思考讨论题

1．怎样理解网络休闲的内涵及其特点？

2．网络休闲的出现给人带来了哪些变化？

3．作为休闲主体的人应该怎样进行网络休闲？

4．你认为家庭、社区、学校、媒体和政府等在引导青少年进行积极的网络休闲方面应该做什么？

四、实践练习题

1．请谈谈学了这章后你的最大收获。

2．请尝试对某小学的学生网络休闲状况进行调查研究，并撰写有对策价值的研究报告。

五、案例分析题

认真阅读本章“阅读材料 14-3：陈东来点评 2011 年中国互联网”所提供的材料，请回答以下问题：

（1）有人认为，今后互联网的发展趋势是越来越休闲化，你怎样看待？

（2）也有人认为，今后休闲发展的趋势是越来越依赖于网络，你怎样看？

（3）试就我国网络休闲的发展现状和问题提出自己的看法和建议。

第15章　体育休闲

教学目标与要求

学习本章，要了解体育休闲及其与休闲体育的联系，认识体育在日常休闲中的重要性；理解体育休闲的内涵及其分类；了解体育休闲的发展历史及不同发展阶段的特点，理解其发展背后的文化动力；把握中国体育休闲的基本发展线路；深刻理解竞技体育和养生体育及其与体育休闲的关系。

章节知识框架

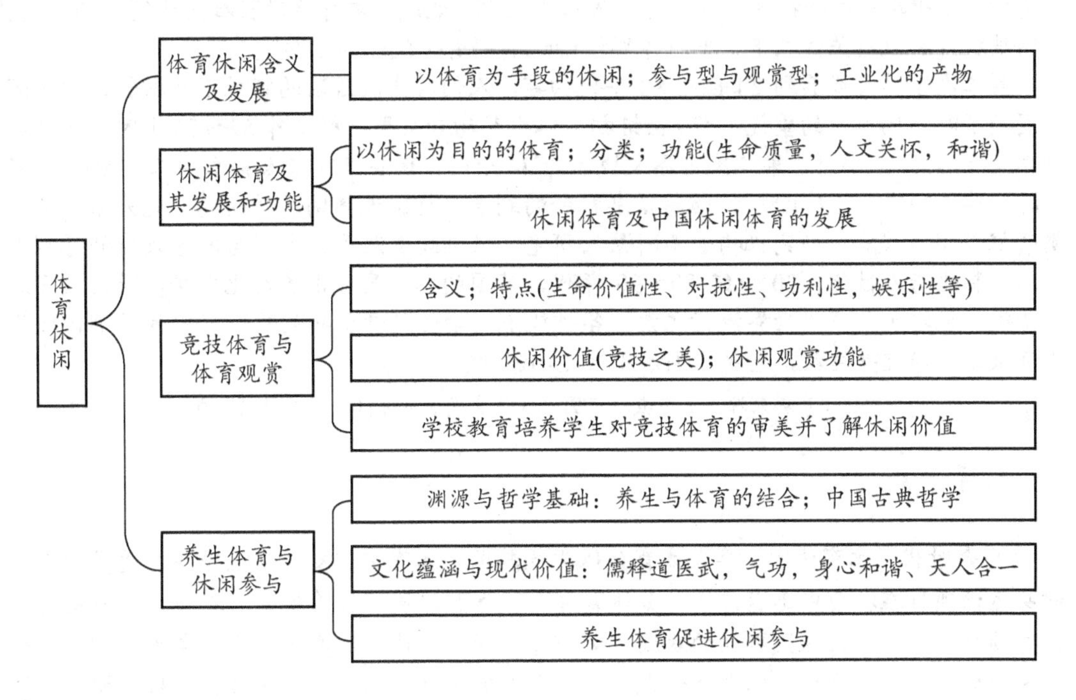

关键术语

体育休闲，休闲体育，竞技体育，体育观赏，养生体育

导入案例

英国的体育与休闲

在农业社会，英国贵族与平民的休闲方式有着明显的区别。体育休闲活动的方式也是

身份和地位的象征，如贵族的骑马、射箭、猎狐等。平民的休闲与劳动基本没有区别，田间地头、牧场树阴是平民休闲的主要场所，而贵族的休闲与工作却有着明显的区别，贵族热衷于马背、聚会等休闲活动，以及参加各种私人俱乐部，这是一般平民可望而不可即的。

工业化早期，休闲与工作分化，体育休闲多样化。工业化早期（early industrial britain，1800—1850），按照布里格斯（Briggs）和霍布斯鲍姆（Hobsbawm）的观点，即“19 世纪 30～40 年代是工人阶级文化黑暗年代”，前工业时代的生活习惯已被打破，现实生活条件仍很糟糕。此时，英国爆发了以争取民众权力为目的的宪章运动。当时的经济危机是主要导火索，资产阶级把工人当作机器使用，使其没有足够的休闲时间。从休闲的角度看，当休闲缺失时，其重要性就显现出来了。这也是现代化过程中，人类由生存向生活转变的开端。

第二次产业革命使工作效率有了更大的提高，劳动者休闲的时间越来越多，休闲的空间也越来越大。与各种体育活动有关的器材材质，随着化学与物理学的发展而得到很大改良：原来的天然材质，变为合成材料或者金属的材质。第二次产业革命到冷战时期，体育休闲商业发展很快，原来仅属于高端的体育器材、体育场所，由于成本降低，普通民众也可负担。另外政府也将社区体育作为一种基本福利，这使得体育活动在社区变得较为普遍。在科技提升和政府关注之下，各种体育活动逐渐朝着平民化的方向发展。

第二次世界大战后到 20 世纪 80 年代初期，人们对休闲活动的需求不断增长，政府随之提高了对休闲事业的重视。“20 世纪初，体力劳动者每周一般工作 52～54 小时，第一次世界大战后为 48 小时，第二次世界大战后为 44 小时，现在产业工人标准周工作时间为 40 小时，非体力者为 37 小时”。随着信息社会的到来，英国人休闲的时间越来越充裕，地域越来越广阔。政府和研究机构也不断深入研究，促进政策改革，中央与地方政府的管理也更加法制化与人性化。20 世纪 80～90 年代，英国的体育呈现出多元化态势，既延续了本土传统，也增加了不少世界流行元素。各种极限运动受到青少年的欢迎，中青年则比较喜欢有氧运动与健身运动，老年人则乐于慢跑与散步。

（资料来源：王志威．英国社区体育发展研究[J]．北京体育大学学报，2012，1.）

点评

当今时代，体育休闲、群众体育全球化及其国际体育文化交流发展很快，更多的全民健身运动项目在社会中迅速传播，如体育舞蹈、体育表演、健美操等。在我国，一些外来体育项目受到了广大人民群众的欢迎，如沙滩排球、壁球以及高尔夫等都成为人们休闲体育中的新内容。一些新兴体育活动也如雨后春笋般地发展起来，如冲浪、滑板、帆船、滑翔、激流皮划艇、水上摩托、轮滑、花式自行车等这些被称为“极限运动”的项目，也正以飞快的速度在社会传播，成为人们热衷的休闲体育和全民健身运动的主要内容。那么，体育与休闲是什么关系？什么是休闲体育、体育休闲？它们是什么关系？它们与人们的健康存在着怎样的关系？本章就来探讨这些问题。

体育休闲是现代休闲的一种重要形式，从趋势看，可谓方兴未艾。体育休闲的基本功能是强身健体、愉心悦情，内容非常丰富。体育休闲的主要内容是休闲体育、养生体育等活动形式，以及对竞技体育的观赏和适度参与，这些在我国全健身运动的背景中，显得更有价值、更有韵味。

15.1 体育休闲的含义及发展

15.1.1 体育休闲的含义

体育休闲是休闲，也是体育的一个子属概念，其研究领域属于休闲学。

体育休闲是人们在闲暇时间内，以体育为途径或载体、以休闲为目的而进行的活动。它以体育活动（或体育运动）的形式，或者以观赏体育活动及相关内容的活动的形式，来获得休闲体验，实现某种身体和精神畅爽的需要。体育休闲包括直接参与体育活动，也包括间接观赏体育赛事、观看体育电视节目、浏览体育报刊等；从更宽泛的意义上看，以各种棋戏、桥牌为内容的智力运动也归属于体育休闲。此外，将以体育为载体或由媒介衍生而来的各种休闲文化活动如体育雕塑欣赏、体育建筑游览、体育艺术展览等也可归于体育休闲的范畴。

体育休闲是休闲的一种活动形式，主要是体育运动及其相关观赏活动，大致有两大类：一是参与型休闲体育，即需要主体亲身参与、亲自经历和体验的体育娱乐、体育健身、体育养生、体育竞技、体育旅游等；二是观赏型休闲体育，即只需要旁观、阅览及心理参与的体育观赏等。而作为体育休闲之观赏活动本身并不属于休闲活动，但其对象，无论以现场赛事、电视节目或报刊等何种形式呈现在观赏者面前，其内容都主要是职业性的体育竞赛活动——对于体育活动主体（运动员及其裁判、教练等）而言属于谋生性、功利性甚至商业性、政治性的活动，而对于休闲主体（观赏者，如球迷等）来说，就是体育观赏的对象，属于消遣性、娱乐性或兴趣爱好的休闲观赏活动。作为现代体育休闲形式之一的体育养生，日益受到大众推崇，它致力于人的疾病康复，特别是保护健康及提升健康水平，通常所谓“有病治病，无病强身”，亦即养生体育；竞技体育的竞技性、刺激性、挑战性、娱乐性等都具有很大的吸引力，不仅可以成为职业，而且也成为休闲体育的重要内容。故本章着力介绍休闲体育、竞技体育和养生体育，帮助人们了解现代体育休闲的主要内容。

15.1.2 体育休闲的发展

体育活动源于人类的劳动，其具体动作是劳动动作的演变形式，而劳动之余的体育动作则是对劳动动作的补偿，以便使身体全面活动，并弥补劳动对身体作用的片面性。一般而言，严格的体育与谋生性的劳动无关，应该属于休闲的范畴，但随着生产劳动的日益复杂化和社会的整体进步，体育本身也发生了细化和分化，最典型的就是体育的职业化和休闲化发展。

体育休闲是工业化时代发展的产物，它以技术革命、效率提高为前提；人们有更多剩余时间，从事完善人类自身的行为，并受社会经济、文化价值取向、政府政策指引的影响，具体的个人体育休闲行为还受金钱、教育的影响及社会大环境感染。

体育休闲的蓬勃发展，对人们提高生活质量和完善自我起到积极的作用。体育休闲作为人类的主要活动内容之一，以新的活动形式在更大程度和更大范围为人们实现休闲提供更加丰富的选择空间，也给人们带来了显而易见的好处。

有人极端地认为，强调体育休闲是因为正规的竞技运动（serious sport）无公平可言，已经对之充满着仇恨、嫉妒、炫耀、暴力、悲观，换句话说，是双方处于擦枪走火的境界。也有人（无政府主义者）认为，竞技体育运动太过政治化，已被当作是一种政治工具，但其事实上不应作为一种政治工具。普遍认为，正规的竞技从某种角度来说，也促进了休闲业的发展，如体育竞技行业的观赏等。无论是正规竞技还是体育休闲，都无法超脱国家制度和政府政策的范围，都在政府宏观与微观的调控之下，在政府有效的组织、协调、控制、约束的条件下，结合体育社团的自行组织，社会各种事务有可能会更加公开、公平地发展，使更多人受益。体育休闲发展的发达程度，间接反映着社会的发达程度。

阅读材料 15-1

英国体育休闲的发展

17 世纪，由于农业的季节性强，休闲与农业工作之间的区别还不是很清晰，很多民众的体育运动就在田地间进行。体育运动可以夹杂他们特有的粗俗语言，这使得民众乐在其中。而当时的社会精英、贵族不愿参与这些活动，认为它们多是粗俗且低级的。随着工业化发展、机器普及和工作效率提高，休闲活动中的参与者和观众越来越多，贵族文化与平民文化出现了融合的迹象。原来只有贵族与骑士独享的体育运动方式，也开始在社区普及。工业化社会的到来，以大农庄、村庄为基本单位的社区，逐渐朝着城镇化的方向发展。而城镇化发展又使得政府对社区的行政管辖发生了变化。社区人口增多，各种社会问题滋生，使得政府越来越重视社区文化建设，包括引导居民分配社会闲暇时间、减少社区矛盾、推动社区体育活动的开展、提供硬件设备等。

虽然工人阶级不断要求保障自己的各种权利，但雇主却想尽办法，减少工人的休闲时间，以增加产量，教会也一贯以勤恳劳动为理念，支持雇主的行为，然而工人紧张工作了一天后，迫切需要休闲。另一方面，农业社会的工作与休闲基本不分，而农业型社会向工业型社会转型后，很多农村人口涌向了城市，工作与休闲的区分较为明显。当时机械和蒸汽动力的应用，使得人们的工作方式与传统手工劳动完全不一样。最显著的特点，就是他们的业余时间比在乡下还多，每周只要工作六天，另外还有其他的假期。于是出现了这样的场景：工人们在地上摆几个木头，进行类似现代保龄球的体育运动，或用一个带把铁环和几个铁球，进行类似今天的门球运动。

休闲复古（重现）（re-emergence of mass leisure，1850—1914），底层热衷于流连酒吧，上层则热衷于鉴赏音乐、马术比赛等。而休闲活动的真正开展与轰轰烈烈的工业革命有着密切的关系，也可以说，是第二次产业革命使英国人有了真正的休闲。“毫无疑问，在 19 世纪 50 年代，人们的娱乐方式产生了巨大变化”。各种以身体活动为主的娱乐活动开始流行，民间休闲得到了大力的发展。其主要的原因是，普通民众的收入大幅度提高，工人有了自由支配的资金，另外在科技的影响之下，各种体育器材的材质发生本质变化，能够经久耐用。1833 年，第一个公共浴室在伯肯黑德（Birkenhead）开放，1846 年公共浴室在巴茨（Bath）开放；1845 年，政府允许大都会提供娱乐场所。但是，大部分休闲场所还是由私人提供。英国公共洗浴业

的发展，使得英国人不讲究洗澡（英国常年温度在 20℃左右，不洗也不会感到难受，另外当时没有自来水，洗澡也不方便），浑身虱子的形象大为改变，同时也促进了公共健康的发展，使得体育在民众中得以推广开来。拥挤、不安全的街头足球赛，迫使政府进行社区公园等公共体育场地的规划与建设，同时也使政府开辟了一些专门提供给儿童游憩的场所，体育作为公共产品开始广泛地为民众服务。

1911 年的人口统计显示，80%的人口生活在城镇，为满足他们的休闲需求，中央政府鼓励地方政府提供开放地带，包括公园、游泳池（露天）等场所。1870—1900 年新增游泳池的数量超过 200 个，到 1914 年总数已超过 500 个。而在 1914 年前建成的游泳池中有 201 个使用至 1977 年，有些甚至使用至今，这也体现了英国人以节约为理念的体育休闲发展模式。

传统上，典型的锻炼主体一直是年轻人、专业人士与白人男性。虽然 20 世纪 80 年代的健身热潮在一定程度上已经改变了这个表象，但是本质上仍没有改变。某些群体参加体育运动仍会受到各种条件的限制，特别是处于弱势的妇女群体。如今，许多研究已经开始关注妇女和那些明显没有机会接触体育运动的群体。

自从伦敦获得 2012 年夏季奥林匹克运动会（Olympic Games，以下简称奥运会）的承办权以来，英国全国上下都非常重视，不仅仅因为承办奥运会有利于提高国家声望、复兴民族精神，更重要的原因是可以提高社区居民体育运动的参与率，尤其是基层群众的参与率。但有一个比较矛盾的事实是，为了承办奥运会，英国政府不得不削减了 8%用于社区体育发展的财政拨款，社区体育的发展受到了一定的制约，尤其是硬件设施的改善、专业人士的培训方面，不利于青少年休闲、体育与娱乐的发展。也就是说，这个阶段存在着理念与现实的矛盾，虽然理念与精神的宣传力度比以往增强了，但是事实上硬件并没有太多的改善。

（资料来源：王志威. 英国社区体育发展研究[J]. 北京体育大学学报，2012，1.）

15.2 休闲体育及其发展和功能

15.2.1 休闲体育的含义

休闲体育是以娱乐身心、体验幸福感和发展自我为主要目的的体育活动。广义而言，它是人们依据自身的休闲偏好和健康需求，以自主选择和直接参与为基础的体育活动，它是一种体育性的参与态度和生活方式，目的在于娱乐身心、提高生活质量以及完善自我。狭义的休闲体育是指人们在余暇时间所进行的，以满足自身发展需要和愉悦身心为主要目的，具有一定文化品位和内涵的体育活动。休闲体育强调的是回归自然，身心放松，强调活动的乐趣。

休闲体育的形式不拘一格，内容丰富多彩，既包括户外运动，也包括室内健身活动，既包括规范场地规则的各种球类、田径等项目，也包括各种形式灵活的游戏、民俗体育活动，以及人们日常生活的远足、骑车、慢跑等。当然，随着体育和社会发展而出现的许多新兴运动项目，如攀岩、轮滑、蹦极等，因为其能满足人们冒险、刺激等多方面独特的身心调节需求，具备休闲价值，得到了广泛传播，这些项目也应属休闲体育范畴。

休闲体育的特点是简便易行，老少皆宜，适宜活动的人群范围广，具有健身健美、娱乐（包含消遣、刺激和宣泄等）、发展自我、人际交往、社会参与、文化交流等多种休闲价值。

知识链接15-1

有关休闲体育的代表性观点

相比之下，欧美学者比较重视休闲态度、观念等“形而上”研究，而国内学者则热衷讨论休闲的时间、空间、活动方式等“形而下”的浅表层次问题。在此背景下，国内关于休闲体育的定义探索，过多纠缠在休闲体育与传统的体育三分模式（竞技体育、群众体育、学校体育）的关系问题上。

本书认为，休闲体育并非是一种新的体育形态，而应该是一种新的体育观念。体育为了与当今经济社会发展相适应，必须进入一个新的阶段，即体育作为休闲、娱乐、健身手段的阶段，作为玩的阶段。只有进入这一阶段，才能协调处理大众休闲与竞技体育、群众体育、学校体育的关系。

从某种意义上说，休闲体育与竞技体育、群众体育、学校体育不是并列关系，而是包容关系，即只有当竞技体育、群众体育、学校体育都成为休闲体育的不同表现形式的时候，体育才是休闲，而不是其他东西的延伸，如不再使竞技体育过分地成为政治的延伸。我们要研究的是在这些不同形式的体育活动中，休闲如何成为可能，而不是另外去设定休闲体育有哪些新的形式和新的项目。如果人们用休闲的态度去参与体育、对待体育，从中获得乐趣、健康、教益和自由，各种类型的体育就都有成为休闲体育的可能。

（资料来源：张德胜．体育观赏作为体育娱乐休闲的哲学思考[J]．广州体育学院学报，2008，2.）

15.2.2 休闲体育的分类

1．按组织形式分类

第一，个人行为。具有自发性强、自由度大的特点。虽然个人行为严格来说不算是一种组织形式，但事实是个人行为是休闲体育参与的一种重要形式。2000年，我国体育人口参加体育活动的组织形式中，个人锻炼排在第二位。

第二，亲朋好友。具有浓郁的情感色彩。到2000年，以朋友、同事为主的活动形式排在第一位，家庭活动形式排在第三位，社区活动形式仅排在第五位。

第三，集体组织。有着中国特色的集体性和政治性。一般多为单位内部组织，如工会等，以及由社区出面的一些组织。

第四，非正式的体育团体。多为以某些特殊的体育爱好者的人际关系网络的组织方式为主，具有规模小，兴趣相投等特点。

第五，正式体育社团。主要是针对官方的大型体育活动，指由拥有共同体育兴趣的人组织在一起，在民政部门正式注册的，具有独立法人资格的非营利性体育组织，如体育总会、体育协会、不同运动项目和不同人群的体育俱乐部等。

第六，商业性组织。主要是针对中、高档的体育小群体。提供的是高质量的休闲体育服务产品，促进休闲体育产业化。

2. 按照目的和动机分类

按照从事休闲体育的目的和动机，可以把休闲体育活动划分为如下几类：

第一，健身塑形类。如果说过去人们强身健体是为了活得更加健康，更加长寿的话，那么，时至今日，人们热衷于塑造身体形态的运动显然是受到一种更高层次的需求所驱使，即追求身体外部形态和身体姿态的完美。

第二，娱乐类。体育娱乐活动是一种体验性的休闲活动，其主要目的就在于愉悦身心，它的具体形式可以多种多样，但强调心理愉悦感更甚于身体舒适感。

第三，竞赛类。竞赛活动一方面可以在其他人面前展示和表现自己，也可以通过他人的表现去了解和认识他人。这也是一种十分具有吸引力的活动方式，能够满足人的多种需求。

第四，消遣放松类。这类活动带来的感受，可能没有娱乐类休闲活动那么强烈，也没有竞赛类休闲活动所产生的紧张刺激，对人的体形变化影响也不大，但是由于其往往不需要花费太大体力，不需要经过艰难历程，方便快捷，并且具有时尚性和较高的品味感，所以成为现代都市人们最容易选择的休闲体育项目。

第五，交际活动类。在共同的体育活动过程中，没有高低贵贱之分，没有职业的差异，许多社会性差异在这个过程中变得毫无意义，平等很容易消除人与人之间的隔阂，使彼此之间的交流也没有障碍。甚至在一些特殊情况下，即使是商业谈判或者其他会谈，采用休闲体育方式比其他方式更加便于任务的完成。

第六，探异求新类。探异求新是一种普遍存在的心理倾向。这一点也是人类在长期的进化过程中遗留下来的动物本性，在幼儿时期我们就从不掩饰对新事物的好奇心理，随着年龄的增长，阅历的增加，我们把这种心理慢慢藏到了心底，但这种需要却从未减弱过。

第七，寻求刺激类。对于大多数人来讲，生活总是平平淡淡，工作在生产线上和写字楼里或者其他的领域，若能体会到适当的刺激感，可以改变心理状态。

知识链接 15-2

中国传统的休闲体育分类

①球戏：蹴鞠、马球、击鞠、捶丸、珍珠球、蹴球、柔力球等；②舞戏：舞龙、舞狮、踢踏舞、摇旱船、跳竹竿、霸王鞭、跳铜鼓等；③舟戏：划龙舟、龙舟竞渡、赛独木舟、赛皮筏等；④水戏：游泳、潜水、骑木划水、游水捉鸭等；⑤冰雪：戏滑冰、打冰嘎、滑雪等；⑥棋戏：象棋、围棋、六博棋等；⑦骑术：赛马、走马、赛牦牛、赛骆驼、刁羊等；⑧武术：太极、拳术、刀棍术等；⑨其他：抢花炮、拔河、荡秋千、放风筝、打陀螺、踢毽子、跳绳、扔沙袋、跳皮筋、跳板、投壶等。

（资料来源：李茜. 休闲娱乐类民族传统体育的基本范畴及其特征[J]. 北京体育大学学报，2008，4.）

15.2.3 休闲体育的发展历程

休闲体育活动的起源与休闲的起源密不可分（参见知识链接3-3）。早在原始社会，人们因获取足够猎物而举行的狂欢活动便是休闲体育活动的萌芽。公元前2500年古巴比伦文化中就有赛马、摔跤、射箭、绘画、音乐、狩猎等。可见，当时的体育活动已经成为休闲活动的重要组成部分。

休闲体育的发展经历了从学校体育到社区体育模式演变的过程。学校体育模式始于20世纪初期或更早，这一时期的体育活动是通过学校的体育教育课、课外体育活动和体育比赛来实现的。随着体育的进一步发展，有更多的机构为更多的人群提供了更为广阔的体育活动空间，学校体育模式逐步被社区体育模式所替代，其内容更加丰富，参与者背景更加广泛。无论是学校还是市政当局或私人实体都可为体育活动提供场所与设施。20世纪70年代中期，随着休闲体育活动在世界各国普及，加之学者对休闲体育的研究不断深入，休闲体育逐渐发展成为一个不同于学校体育、竞技体育和职业体育的专门学科，并全面普及于社会，形成社会体育模式。它强调不同人群不受活动地点或提供休闲体育服务机构的限制，在闲暇时直接参与体育活动。

可见，经过几十年的发展，休闲体育作为专门学科在欧美等发达国家有了很大进展，在现代社会生活中发挥着重要作用。

15.2.4 中国休闲体育的发展趋势

在中国，改革开放以来，休闲体育逐渐被人们所认识，学者对于休闲体育的研究也将会逐渐系统、细致、实用，并对我国全民健身运动的发展起到推波助澜的作用。

1. 休闲体育将为全民健身活动提供更大的发展空间

我国的《全民健身计划纲要》已经颁布十多年，政府推进的全民健身运动取得了较大进展。随着人们生活水平的提高和闲暇时间的增多，休闲体育将为全民健身运动的开展提供更大的发展空间，主要表现为：

第一，休闲体育的组织形式多样。中国政府重视全民健身运动的开展，在政策制定、宏观管理和组织大规模群众性体育活动方面做了卓有成效的工作，从社会文明的发展进程分析，群众性体育的组织形式应该是多元的。社会体育要顺应运动休闲的时代需求，树立大社会体育观，引导休闲、发展休闲，采取有效措施促进体育休闲的发展。在体育场地设施上要充分利用山川湖海、公园绿地等自然资源，用以开辟健身场地，引导建设体育公园、户外营地、健身步道等适合运动休闲活动的场地设施。在组织建设上，鼓励、支持、引导各类俱乐部发展，坚持面向大众、面向社会、面向市场，吸收和培养运动休闲爱好者积极参与和组织各类健身活动。在活动组织上，通过组织开展各种群众性体育休闲活动，提高群众认知度，拓展健身人群，延伸活动区域，使更多人群享受健康文明的体育休闲生活。

第二，休闲体育的参与人数增多。国家体育总局新公布的中国体育人口为中国人口的31.4%，这意味着有 4 亿中国人达到了每次运动 30 分钟以上而平均每周运动超过 90 分钟的标准，虽然这一数字与美国、日本和澳大利亚 70%以上的体育人口有很大距离，但是花钱

买健康，体育即生活的概念越来越深入人心，尤其是北京、上海、广州和深圳等综合指数高的城市已经在这方面大大领先。在我国城市居民的体育组织主要有单位、社区、活动站和俱乐部，体育组织功能不完善，有组织的体育活动只占总人口的 1.84%，而美国参加锻炼者的 72.3%都是俱乐部成员。

2．从身体锻炼模式到休闲体育模式

以往人们参加体育锻炼的主要目的是为了身体健康，从参加体育锻炼的动机，到运动项目的选择，以及健身方案的制定，主要围绕身体健康或某种特殊疾病的康复，侧重于为身体健康的身体锻炼模式。新近的一项调查表明，我国体育锻炼人群的动机已由原来的单纯健身动机，发展到强身健体、修炼精神情绪的双重动机，这也从一个侧面说明，我国群众体育活动已开始向休闲体育模式转化。同时，关于休闲体育的研究表明，人们可以因不同的目的参与休闲体育活动，有的是因为休闲体育可以提供社会交往的机会，提高交际能力，开阔视野；有的是因为休闲体育可以释放压力、变换生活节奏；而有的则因为休闲体育可以实现目标、满足自我等。管理良好的休闲体育系统可满足人们不同的需求，这也将成为我国今后群众体育活动的发展趋势。

3．休闲体育研究助推休闲体育发展

休闲体育越来越成为人们健康生活方式的重要内容，人们通过参与体育或观看体育赛事来享受体育带来的乐趣。近年来我国国内体育学术界也陆续将国外休闲研究书籍介绍到中国，并已开展这方面的研究，并不再将休闲体育看作贵族体育，而是全体大众都受益的体育活动；群众体育、社会体育、大众体育等字眼将会被休闲体育所代替。休闲体育的研究内容将更加广泛、深入、系统、细致、实用，它不仅研究体育活动参与者，研究体育比赛观看者；同时还要研究休闲体育的概念、休闲体育的政策、休闲体育的服务、场馆设施及其维护、休闲体育人才的培养及管理、休闲体育市场的开发、休闲体育项目的设计与评价、休闲体育与环境和经济的关系等。随着研究的不断深入，休闲体育对于个人和社会发展的价值也会逐步被大众认识。人们将从更高的层面来认识休闲体育，将它看成是生活质量、生活态度、文明程度、人格魅力以及社会进步的体现。

4．北京奥运会促进休闲体育在中国的快速发展

2008 年北京奥运会为中国体育提供了极好的发展契机，这种机遇不仅表现在竞技体育，同时也表现在全民健身领域。这一重要体育赛事大大提高了人们的体育参与意识和对体育运动的热情。世界财富论坛首次将体育列为圆桌会议内容，许多大型国际赛事和学术会议在北京举行，众多知名学者来华进行学术交流，带来了国外最新的体育研究成果等，足以说明国人们对体育的重视。休闲体育作为西方国家重要的体育健身理念，也必将会对中国的全民健身活动产生积极影响。上海已将构筑日常、双休日、节（长）假日体育活动圈作为 2004—2010 年活动的重要措施之一，其中，双休日体育生活圈就是以休闲体育服务为主，建设包括公共体育设施、商业体育设施、社会体育设施等多元化市民健身娱乐体育服务基地。

5. 休闲体育带动相关产业的快速发展

纵观休闲体育的发展，休闲体育已成为现代健康生活方式的重要组成部分，参与休闲体育人数的上升将会带动整个体育消费数量的增加，促进体育场馆、设施、服装，以及体育书籍、报刊等相关产业的发展。美国、日本、意大利等国家的研究成果表明，体育产业的总值均可排在本国的前10位，其中，休闲体育产业占有相当大的比重。在2005年举行的第16届体育用品博览会上，参展企业中，与休闲体育有关的运动服装、健身器材等占50%以上，其中，与休闲体育产业有关的企业约为18%。休闲体育在我国的发展，将逐渐增加对于休闲体育专业人才的需求，因此，休闲体育专业人才的就业市场会有很大的发展潜力。

15.2.5 休闲体育的功能

第一，促进人的生命和精神生活质量的提高。随着个人收入提高，闲暇时间增多，人们转向对生活和生命质量的追求，转向对精神生活的向往、对全面发展的渴望，把更多的时间和金钱花费到精神消费和享受消费上来，这也必将投入更多的财力和闲暇时间于健身、游戏、娱乐、旅游、影视等各种休闲活动之中，借助休闲文化来修身养性、愉悦身心、陶冶情操、提升品位、优化人格，最终获得文化生活的富足。随着生活质量提高，越来越多的人需要体育、参与体育。

第二， 实现人的身体和心理的和谐发展。休闲体育作为 21 世纪的一种健身理念，使人们逐渐抛弃了体育运动只是在人生中某一个短暂时期内进行活动的观念。人们已经意识到体育的健身、愉悦功能，它是一个人终身的过程，是人生必需的生活内容。休闲体育项目绝大部分是有氧运动，特点是强度低、有节奏；不终断和持续时间长；对技术要求不高；动作方便易行；容易坚持。无论参加者的性别以及体质的强弱等，这些活动对促进身体健康、增强体质、保健养生等都有非常重要的作用。如果说过去人们的强身健体是为了活得更加健康，更加长寿，今日人们热衷于休闲体育运动显然是受到一种更高层次的需求驱使，即追求身体形态和心理健康的完美。休闲体育通过身体活动本身与自身的心情愉悦相互协调，实现个人生理水平上的强身健体，精神水平上的体验自由与超脱，心理水平上的愉情悦意，对于激发个人进取意识，开拓视野，激发灵感，积极调整生活态度，激发生活热情等方面都起到了重要作用，从而能更好地帮助个人实现自我完善。

第三，给予休闲体育参与者人文关怀。休闲体育作为一种实践活动，是参与者以获得实践体验价值为目的的体育休闲娱乐活动，人们可以在活动中尽情地发泄自己的感情，表达和交流自己的思想。体育休闲活动中人们多姿多彩的表现，就是不同思想文化的碰撞和展示。休闲体育提倡人文关怀、身心合一的价值理念，这与“更干净、更人性、更团结”的奥林匹克新格言相吻合。在当前人类文明病逐渐增多，日常生活中的身体活动逐渐减少的背景下，追求身体素质的改善和体质完善将成为现代人们的主动选择，具有独特人文关怀价值的休闲体育将在满足人类健身需求和促进社会和谐发展方面发挥更大的作用。休闲体育在实现人文关怀的大背景中满足了不同阶层人的不同需求，使健康、娱乐、人际关系与情感相统一，实现体力与智力，生理与心理，物质与精神的和谐统一，这都充分体现了

和谐的本质。

第四，促进经济与社会的和谐发展。休闲体育以人为本，追求人的彻底解放，其相关组织就是一种“自由人联合体”。从本质上讲，休闲体育是精神文明与物质文明高度发展的显著标志，是先进文化与先进生产力共同作用的产物。首先，休闲体育促进经济和谐。经济协调发展离不开生产力的最终推动，它取决于社会生产力和社会基本经济制度的协调统一。而在生产力系统中最活跃、最能动的因素是人，只有深入开发人的潜能，充分调动人的积极性和创造性，才能最大限度地保证经济的有序运行。休闲体育恰恰为生产力主体提供了一个充满活力、全面展示和发展的平台，为经济和谐发展开拓了新途径。其次，休闲体育在反映人与自然的关系方面，彰显中国传统哲学“天人合一”思想的时代价值，显示出回归自然、走入自然的趋势。最后，在反映人与社会的关系方面，休闲体育显示更加理性、更加柔性而平和的社会理想，那些能充分反映社会生活过程和人类共有愿望的集体性竞争项目，受到愈来愈多的关注。

综上可知，休闲体育不但可以塑造健康的体魄，也能够培育健全的心灵，拉近人与自然的距离，协调人与人之间的社会关系。它不仅是一种锻炼身体的方式，也是一种教育手段、生活方式，在提高人们生活质量、促进人的全面发展、丰富社会文化生活、维护社会稳定、增添经济发展亮点和构建和谐社会等方面有着重要的作用。

阅读材料 15-2

开发体育的休闲功能

知识经济时代的来临，将使未来社会以史无前例的速度变化，休闲、娱乐活动及旅游业将成为下一个经济大潮。中国社会正实现由小康社会向中等发达国家过渡，按照经济学理论，这一时期也是社会消费结构发生巨大变革的时期，尤其是与人的健康和生活质量提高直接相关的服务消费品的需求将会迅速上升。我国居民需求结构和消费结构的升级，正是休闲体育发展的动力，休闲娱乐消费的崛起是生活水平提高、消费观念进步的产物，并且日益在假日市场中占据重要的比重，这不仅为休闲体育的发展提供了前所未有的机遇，而且为经济增长提供了新空间。目前，在闲暇文化的组成中，人们更多地是以被动式的体力恢复为主。对积极性的增强体力、储积精力的生活选择趋势所占比重较小，居民消费水平不高，体育消费结构也不尽合理。调查显示，有体育休闲消费的居民约占50%～60%，年均消费额大多都在100元以下。因此，必须根据时代的特点，开发体育的休闲功能（包括体育健身旅游），如山地自行车、越野跑车、越野滑雪、江河漂流、远足、露营、踏青等以满足现代都市居民强身健体、欢度闲暇和提高生活质量的需要。

休闲体育作为“人类着力建造的美丽精神家园”，是一种文明、健康、科学的余暇生活方式。它不仅可以促进个体的生活健康、满足个体需求，有利于建立完整的人格；端正国民的人生态度和道德情操；而且可以充实国民文化生活，提高国民文化水准，改善生活风气，使国民生活质量得到有效的提高。

（资料来源：刘华平．21世纪初的中国休闲体育[J]．北京体育大学学报，2000，1.）

15.3 竞技体育与体育观赏

竞技体育既可以亲自参与，可纳入休闲体育的范畴，参加者以彰显自己的体育技能、获得畅爽、超越自我为目的；也可以旁观欣赏，属于体育休闲的范畴，具体说就是体育观赏，具有更为广泛的适用性。

15.3.1 竞技体育的含义和特点

1. 竞技体育的含义

从体育的发展史看，体育运动和大多数娱乐项目一样，原本是一项发端于民间，植根于社会的娱乐游戏，是一种草根文化。随着历史的进步，竞技体育逐步演变成一种制度和文化。竞技体育亦称竞技运动，是指为了战胜对手，取得优异运动成绩，以最大限度地发挥和提高个人、集体在体格、体能、心理及运动能力等方面的潜力所进行的科学的、系统的训练和竞赛。竞技体育有别于学校体育和大众体育，是体育的重要组成部分，它是以体育竞赛为主要特征，以创造优异运动成绩，夺取比赛优胜为主要目标的社会体育活动。它主要包含运动训练和运动竞赛两种形式。

知识链接 15-3

竞技运动

当今世界所开展的竞技运动项目是社会历史的产物。远在公元前700多年的古希腊时代，就出现了赛跑、投掷、角力等项目，发展至今已有数百种之多。普遍开展的项目有田径、体操、篮球、排球、足球、乒乓球、羽毛球、举重、游泳、自行车等，各国、各地区还有自己特殊的民族传统项目，如中国的武术，东南亚地区的藤球、卡巴迪等。其发展与各个国家、地区的政治、经济、文化教育、科学技术等密切相关。

远在史前时代早期的人类生活中，便已经出现以争取胜利为特点的原始、古朴的体育——竞技体育比赛形式。此后，这种活动形式又经古代的长期发展，内容更加丰富多彩，不少项目已略具雏形，其形成为近代运动打下了基础。在整个近代体育领域中，比赛活动获得了越来越大的独立性，并被定名为“竞技运动”。在当代，竞技运动经不断发展、演进，不仅在理论原则和实践方法上日臻成熟，而且影响也不断扩大，成为一个遍及社会各阶层，波及世界五大洲的特殊社会现象。人们常说竞技性体育是一种艺术，因为竞技体育能够超越语言和其他社会因素的障碍，依靠大众的传播媒介，而不需要借助其他形式和附加条件（如翻译）可直接为人们所接受。艺术是审美意识物化了的集中表现，它能强烈地引起人们的美感。竞技性体育有各种有效规则来阻止不公平，是一种艺术的创造，给人一种既激烈、精彩又和谐、优美的感觉。

2. 竞技体育的特点

竞技体育的一般特点有挖潜性（充分调动和发挥运动员的体力、智力、心理等方面的

潜力)；对抗性和竞赛性；技艺性（参加者有充沛的体力和高超的技艺）；国际公认性（按照统一的规则竞赛，具有国际性，成绩具有公认性）；娱乐性；观赏性（越来越具有规范性、艺术性、娱乐性，喜爱和观看竞技运动的人也逐渐增多）；教育性（促进全民健身普及，发掘更多的体育人才，培养青少年的兴趣）。

竞技体育最突出的特点是它的生命价值性，它使主体生命在活动中实现自身价值：在展现身心能力中证明生命存在价值，在挑战生命极限中挖掘生命潜在价值，在相互竞争中体现生命延续价值，在满足精神需要中体现生命超越价值。体育竞技运动能够满足人的生存需要、强身需要、交往需要、享受需要和发展需要，充分体现人的价值。其次是它的功利性，竞技体育以打败对手来获取有形和无形的利益为目标，这一点在竞技体育产生的时候就存在，并成为个体向自然、自我挑战的源泉之一。

知识链接15-4

休闲体育健身、娱乐功能的维系与竞赛性

健身与娱乐是休闲体育的两大主要功能，休闲体育实现健身、娱乐功能需要借助一定的方式和手段，而体育竞赛便是其中之一。历史上早期的体育活动都体现了健身与娱乐的统一，体现了传统体育锻炼过程中健身与娱乐的有机结合。但在发展过程中，体育运动健身的色彩愈加强烈，娱乐成分就愈少。进入现代社会，大众体育需求激增，“轻体育”逐渐流行。这些类型的体育活动（包括后来兴起的休闲体育）更加重视大众体育中的游戏成分，用更具趣味性的身体活动吸引更多参与者进行体育锻炼。竞赛是开展体育游戏的重要载体，通过个体或集体等不同形式的体育比赛，休闲体育的健身目的可以在竞赛过程中得以实现。

休闲体育的竞赛特性以促进休闲体育活动参与者的身心健康为宗旨，具体表现在3个方面。第一，通过竞赛获得健康与娱乐，产生本真的愉悦感。竞技体育比赛的外在目的主要是获得奖励或荣誉，这些奖励或荣誉通常以一定数量的物质铺垫为基础；休闲体育不排斥物质奖励，但其参与理念是以赢得比赛、获得满足为主要特征，这种满足主要是通过休闲体育活动实现健康、娱乐、社会交往等目的，从而获得最本真的、来自内心世界与身体本源的快乐体验，这种快乐体验与物质的获得没有直接联系。第二，自由参加喜爱的、娱乐性强的休闲体育活动。参加休闲体育活动与休闲体育比赛在时间、空间上都是自由的，没有强制性；比赛的项目都是参与者自己喜爱的，有相关参与技能的体育活动；比赛规则的随意性较强，较竞技体育比赛规则要宽松，有些新创建的休闲体育项目规则是依据参与者的身心特征与技能可行性而自行制定的。第三，强调休闲活动的身心健康效果。休闲体育活动的效果主要体现在促进休闲质量的提高。

（资料来源：莫再美，等. 论休闲体育的竞赛性[J]. 体育文化导刊，2011，3）

15.3.2 竞技体育的休闲意蕴：竞技之美

第一，体育竞技精神美。体育铸就将强悍、粗犷、豁达、热情、爽朗、活泼、矫捷与冷静、沉稳、自强、自律等集中于一身的独特气质；体育既展示了人的阳刚之气、柔美之姿，同时也凸现出人的积极的、促人奋进的、健康的精神美。一是奋发进取的美，体育运动，搏击攀登，可外化出人的精神美，催人奋进。二是强悍拼搏的美，即使是失败者也能体现出一种自强不息的奋斗悲壮美。三是健康美，体育是以力示健，以健为美。四是竞争的气势美。奥运会的口号是“更快、更高、更强”，反映体育竞赛的竞争性，运动员在竞争中压倒一切的气势透射出人独特的气势美。体育竞技可为观众带来一种悲壮的美感；胜者一方运动员的精湛技艺和娴熟的表演，也可以给观众以美的满足、美的熏陶。

第二，体育竞技运动美。运动美是体育竞技最基本的审美内涵，是体育美观赏的核心。体育运动是人的本质力量的展示，像一面镜子，使人看到了自己的形象，看到了自己的力量、智慧和才能，感受到自由创造的喜悦。体育竞技中的运动美是人的生命活动与思维活动多种形式的综合效应。因此，人的运动是体育竞技存在的方式，是体育竞技的具体表现手段。运动美寓于运动之中，人们在观赏体育竞技时，从运动员表现出自己生命活力所达到的高超技艺和精神境界中所获取的美感是极为丰富的，而且会从欣赏中产生一种非常独特的情感体验。乒乓健儿用胶板把小小的乒乓球弄得变化莫测；篮球运动员默契传球、快速换位、准确投篮，宛若魔术师变戏法儿；滑冰运动员在平坦溜滑的冰面上从容不迫、疾缓有序，时而飞燕凌空，时而平衡伫立；足球运动员灵活多变的传带过人、凌空抽射和守门员扣人心弦的横空飞扑；赛跑运动员万马奔腾般的飞速奔跑。当然，体育运动的训练方法和手段以及精美的运动场地、设施、器械、服装等，也会在体育竞技中对运动美起到衬托和加强的作用，如乒乓球从白色改成黄色，撑竿跳高从原来的竹竿发展成金属竿乃至尼龙竿，田径赛场地上铺上鲜艳的塑胶跑道，足球场上深浅交替的人工草皮，运动员鲜艳协调的服装，以及艺术体操等竞赛中的音乐等都强化了运动美的魅力。

第三，体育运动风格美。体育竞技中的风格美是观众欣赏体育竞赛的又一重要内容。风格主要是指一件事物所表现的主要思想特点和艺术特点。繁多的体育竞技项目，其运动的形式与特点各异，亦各有不同的美学特征和各自独特的美，从而形成了体育竞技的风格美。根据主要体育竞技项目的特点和表现特征，可以把体育竞赛的风格美分为三类：一是表演性运动项目；二是对抗性竞技项目；三是搏击性竞技项目。

第四，体育运动文化与科技美。体育竞技是人类文明的结晶，是科技进步的结晶。很多体育竞技项目就是珍贵的文化遗产，是科技进步的产物。前者如国际象棋、围棋、中国象棋、射箭、击剑、武术以及很多具有民族特色的竞技项目，它们是人类文化遗产中的奇葩。浓厚的文化气息和特色，吸引着众多的爱好者和观赏者。但随着科技的发展，又出现了许多专门依靠物质技术为载体的运动项目，如汽车、摩托、飞机、滑翔、赛艇、帆船等，因此，科技的进步性也是人们观赏体育竞技的重要内容。这种运动项目既是运动员的竞争，也是科学技术的竞争，把传统的运动竞技推到了一种新的发展高度，它映射出一个国家、民族、时代的进步与发展，可以提供给人们更为广阔的观赏领域。

阅读材料 15–3

中国竞技体育的发展历程

1959 年 3 月，乒乓球运动员容国团在德国举行的第二十五届世界乒乓球锦标赛中获得

中国体育史上的第一个世界冠军。此后的中国竞技体育硕果累累。截至2003年年底，中国运动员共获得世界冠军1 695个，创超世界纪录1 106次。其中，1989年以来的15年中获世界冠军1 341个，占总数的79.1%；创超世界纪录724次，占总数的65.5%，是中国竞技体育持续发展较快的阶段。

自2000年开始举办的全国体育大会，是中国竞技体育体制的一项重大改革。全国体育大会为非奥运项目的综合性运动会，其目的在于满足广大群众对体育运动多样化的需求，推动非奥运体育项目的普及和促进竞技体育和群众体育的协调发展。在成功举办了两届之后，从2002年开始，全国体育大会每四年举行一次。

2003年，经北京市政府和中国奥林匹克委员会（以下简称奥委会）批准，北京向国际奥委会正式提出申办2006年世界群众体育大会。世界群众体育大会每两年举办一次，由国际奥委会支持，世界群体组织国际协调委员会、国际体育运动联合会总会、世界卫生组织、联合国教科文组织等机构共同主办，其目的是通过讲座、专题座谈、小组讨论、文化或体育交流活动、短途游览等方式宣传普及群众体育知识，介绍各个国家和地区开展群众体育活动的情况，研讨有关世界群众体育发展问题。

（资料来源：http://baike.baidu.com/view/949272.htm.）

15.3.3 竞技体育的休闲观赏功能

1. 从竞技体育到观赏体育和体育观赏

现代竞技体育的发展趋向大都以增强审美性为其要旨。随着生活的改善，人们愈益渴望享受和谐美满的精神生活，以摒弃粗陋和野蛮，于是体育竞技活动便不断渗入艺术的因素，许多时尚的运动项目都具有较强的审美性，如艺术体操、韵律操、冰上舞蹈、花样游泳、高台滑雪、冲浪和健美等竞技项目，很多就是为了满足人们对体育活动日益增长的审美需要而形成的，对这些项目的评分，除了难度之外（难度也是一种美），还要考虑艺术美因素。有些传统项目也在深化改革，以适应观众观赏需求，如乒乓球、足球、中国象棋等，其可观赏性日渐增强，由竞技体育转为观赏体育，对休闲者来说就是体育观赏。

2. 体育观赏的3个阶段

首先是感性认识阶段。观赏者通过感官系统接受体育竞赛，引起大脑的思维活动，随着个人的喜好和心情产生不同的感受。例如，在观赏国际标准舞时，有的喜好动作优雅的探戈，有的喜好动作节奏快的吉特巴，而有的喜好浪漫的慢三步。每一种舞步的姿态、节奏、速度、力量和动作的变化都各有不同，对每一位观众在心理感觉上会产生不同的反应。

其次是理性认识阶段。体育运动来源于生活，既是日常生活中的一种活动、游戏，又是高于日常生活的一种艺术形象。在巴西，人们把足球动作称为“足球芭蕾”，如果说足球运动仅仅包含着芭蕾舞的艺术成分的话，那么像健美操、花样游泳、体育舞蹈、艺术体操和冰上芭蕾等则是名副其实的艺术化体育运动。这些项目不仅动作难度大，而且姿势优美、变化复杂、富有节奏感，再配以优美动听的音乐，能给人以无限的遐想和美的享受。对此都需要一些理性的认识。

第三为参与体育活动阶段。体育运动比赛令人振奋、让人陶醉，这就使人们在观赏之后有可能去主动参与，亲身感受体育竞技活动带来的兴奋和快感。观赏体育能够激发人们参与体育运动的欲望。这种强烈的参与感、享受感，促使人们积极参加体育活动，从中去感受体育盛会的真正魅力。这就使竞技体育的休闲性质由观赏型转变为参与型了。

知识链接15-5

体育观赏与欣赏

体育观赏是一个十分简单的概念，简单地说，就是观看比赛。与此相近的概念有体育欣赏、赛事观赏、观赏体育、欣赏体育等。但如果把它当作一门学问来对待，则包含了体育学、美学、社会学、心理学等多学科知识，而这些都是通过“观”与“赏”的动机、过程与结局等要素贯穿起来的，所以，我们使用了“体育观赏”一词，而没有使用“体育欣赏”的说法，目的在于构建一个观赏体育的系统工程。

“观赏”与“欣赏”看似同义词，其实也有细微差别。前者重在“观看欣赏”这一特定过程，含义单一，而后者的外延较之前者要广泛，包括了两方面的含义：一指享受美好事物，领略其中的趣味，二指认为好，喜欢。我们认为，体育观赏是指体育迷在闲暇时间，通过亲临现场加油助威，或者通过广播电视收看等不同行为方式，以表达对某些特定运动项目、运动员或运动队的兴趣、爱好与支持，从而满足自己内心功利与审美等多维精神需要的一种体育娱乐休闲活动。体育观赏在本质上是一种体育娱乐休闲活动，是体育迷的一种玩法，也是休闲体育的一个有机组成部分。因为从文化上看，休闲体育文化本身就是一种玩的文化。

（资料来源：张德胜．体育观赏作为体育娱乐休闲的哲学思考[J]．广州体育学院学报，2008，2.）

3．体育观赏的基本内容

第一，对运动员在比赛中的品德、技术战术的运用和临场发挥的观赏。无论是什么比赛，运动员的技术和战术是构成比赛的核心，也是观赏体育的主题。优美、高超的技术和配合默契的战术，以及运动员在比赛中的水平发挥，使观众赏心悦目并激发高昂的情绪。例如，我国女排运动队在教练员和运动员的集体努力下，发扬顽强拼搏的精神，在世界排球史上创下了五连冠的辉煌战绩，这就是现在所提倡的“女排精神”。

第二，对裁判员执法水平的观赏。在所有体育运动精神中，裁判员的执法水平不但影响着比赛的结果，而且还影响着观众的观赏情绪。特别是在比赛节奏快的项目中，裁判的正确判断显得格外重要。

第三，对体育运动器材和服装的观赏。体育运动器材的发展，体现了一个国家的经济和科技的发展水平。拥有一款高档的网球拍，对运动员和观众都有一种满足感和自豪感，尤其是当观赏者看到运动员使用本国器材创造了世界优异成绩时，会从内心深处对自己的国家充满热爱之情。运动服饰，如帽子、服装、鞋子、运动包等也同样标志着一个国家的文化水平。优秀的运动员配上和谐、美观大方的运动服装，会给人一种精神抖擞、朝气蓬勃的感觉。

阅读材料 15-4

奥林匹克运动与休闲

奥林匹克运动是体育运动的最高的集中体现。世界上规模最大，影响最广泛的盛会——奥运会，从字义上看，就是一种游戏、竞技的盛会。其渊源可追溯到公元前776年，伯罗奔尼撒的统治者伊菲图斯（Lphitos）努力使宗教与体育竞技合为一体。它不仅革新宗教仪式，还组织大规模的体育竞技、活动，并决定每4年举行一次。时间定在闰年的夏至之后。所以公元前776年的古代奥林匹克运动会就正式载入史册，成为古代奥运会的第一届。当时仅有1个比赛项目，即距离为192.27米的场地跑。这一时期各城邦之间虽有纷争，但希腊是一个独立的国家，政治、经济、文化都较发达，是运动会的黄金时期。特别是公元前490年，希腊雅典在马拉松河谷大败波斯军之后，民情奋发，国威大振，兴建了许多运动设施、庙宇等，参赛者遍及希腊各个城邦，奥运会盛极一时，成为希腊最盛大的节日之一。显然，在它诞生之初，作为祭神娱人的隆重盛典，不仅具有浓厚的宗教性和习俗性，而且具有强力的娱乐性和竞技性。现代奥林匹克运动在文艺复兴、宗教改革和启蒙运动这三大资产阶级思想文化运动的推动下，以及古代奥运会遗址的考古发掘成果促进下，于1896年4月6日又回到了人们现实生活中。人们赞美古代奥运会的理想和精神，宣扬自由、平等、博爱和个性解放，宣扬古希腊身心和谐发展的教育思想，希望复兴古希腊文化。奥运会把“比生命中任何力量都更起作用的竞赛之乐带进我们这更加圣洁的火光照亮的世界”。奥林匹克的“更快、更高、更强”格言，是“增强体质、意志和精神，并使之全面发展的一种生活哲学”。在它所倡导的“业余原则”和“重在参与”的口号之下，工作之余，人们以努力奋斗，体验奥林匹克运动带来的快乐的生活乐趣，追求人的自我完善和自我实现，体现体育运动的休闲意义和价值。前奥委会主席萨马兰奇（Samaranch）指出：“自有史以来，游戏与竞技就是人类生活的一个部分。”这种“大众的”、“业余的”、“生活的”、“竞赛之乐”——olympic games，就是一种休闲活动。

（资料来源：席玉宝．从体育运动的演变及休闲特征论体育休闲[J]．北京体育大学学报，2006，1.）

4．体育观赏与学校体育

第一，要使学生树立体育竞技具有艺术审美特征的观念。学校体育教育要使学生在获取体育知识和掌握运动技能的同时，把握其个别性、变化性、独特性，进而形成比较完善的审美意识。因此，在体育教学中，必须注重培养学生对体育竞技美的感受能力，注意培养学生丰富的联想体验，对体育的形象有整体的把握，注重培养学生对体育美的创造能力。

第二，要注意培养学生适宜于体育竞技的审美心境。心境是指影响人的整个行动的一种较持久的情绪状态。影响心境的因素很多，如学校的校风、教师素质、团队精神、环境的优美整洁等。因此要树立良好的校风，使学生有良好的精神风貌。教师首先要使自身具备良好的审美意识，能运用美的标准衡量人和事物，善于把握学生的生理、心理特点，善于用美去启迪学生的心灵，用美去挖掘体育竞技的本质特征，不断提高教学质量和教学技巧。

第三，要增强学生的团队意识，提倡团结协作的集体主义精神，在增强团结协作中完善审美意识。体育竞赛既需要个人能力的极大发挥，又要团结一致。加强对学生的体育竞技的审美意识培养，就必须在体育教学中加强学生的集体意识，维护集体的荣誉。在教育学生时，应该强调以美的标准来评价他人，把个人尽量融入到整体利益中去，使个人的审美意识升华到一个较高的层次上。

第四，增强体育审美教育的个性化和多样化。由于经历、世界观和文化素质的差异，学生的审美感受、审美趣味、审美经验、审美理想和审美评价会有所不同，甚至是同一个审美主体在不同的心境下，其审美感受也会有差异。因此，在进行体育教学时，需采用多种教法，使教学手段艺术化、多样化。

总之，加强观赏者的审美意识培养，提高他们的观赏体育竞技的水平，就必须不断强化学校体育教学中的美学教育，建立和完善体育教学中审美意识体系。这不仅是体育发展与进步的客观需要，也是提高人们的文化修养、审美趣味的需要，是社会发展与社会文明进步的需要。

阅读材料 15-5

美国观赏体育的演变

美国人了解观赏体育大约是在19世纪晚期。在此之前，美国人举办身体技能和力量比赛是在执行比赛规则人员的监督下进行的。近代以前，从英国传入的休闲体育主导了美国体育。赛马、棒球、驯兽（如驯狗用于管理熊和公牛）、斗鸡、非正式的球赛和草地保龄球都是早期的共和国和殖民地的人们喜欢的体育运动。

从1800年起，这种区分开始明显，起先，体育比赛的规模戏剧性的增大，赛跑和赛马偶尔会吸引成千上万的人观看。在20世纪中期，古老的民间棒球游戏由那些喜欢娱乐和社交的年轻人从事。有时是基于他们的职业和社会地位，所以很容易形成俱乐部。

在19世纪与20世纪之交，在今天看来最吸引观众的体育比赛以恰当的方式出现。1892年，第一个重量级拳击运动员冠军争夺赛在昆斯伯里（QueenSbury）侯爵制定的规则下举行。

1920年是一个文化分水岭，因为那些繁荣的岁月，观赏性体育进入了美国人的意识。20世纪为体育带来了另外的根本的变化，体育成为巨大的商业。也许在20世纪中期以后最重要的变化是重要体育比赛在电视转播中的出现。

（资料来源：王雪峰. 美国观赏性体育的演变[J]. 体育文化导刊，2007，5.）

15.4 养生体育与休闲参与

一般而言，养生属于中国或东方文化范畴，养生体育作为现代体育形式，实际上是东方人传统养生与体育相结合并现代化、大众化的产物。在全球化的时代，通过中外体育交流，它也加入了很多西方体育的元素。它强调参与性，从养生实践中获得防病治病、延年

益寿的效果，这实际上也是人的享受和发展的重要方面，因而属于体育休闲的范畴。

15.4.1 养生体育的渊源及哲学基础

“养生”一词始于道教书籍，最早出现在《庄子·内篇》。所谓养，就是保养、培养、护养的意思；所谓生，就是生命、生存、生长的意思。养生，就是根据生命发展的规律，采取一定的方法，以达到提高生命质量的目的。中华养生产生于上古先民为抗御严酷的自然环境，调整体力、防治疾病的需要，其最初形成源于为人治病的巫舞。传统养生形式多样，如饮食药膳养生、琴棋书画养生，以及体育锻炼养生、身心修炼养生，后者即养生体育。

先人为养生论提供了思想深邃的哲学内涵，从养生学理论和实践中所透显出来的休闲观，一开始就表现出一种高格调、高品位。因此，内蕴于中国人养生学中的休闲理论一开始也就有较深刻的哲学背景。中华养生观认为，各种养生方法都是通过调身、调息、调心等以修炼人身三元——精、气、神。把“精、气、神”视为人体生命存亡的关键所在，认为只要精足、气充、神全，自然能够祛病延年。中华传统养生思想是在汲取先秦诸子百家的哲学思想和古代医学思想，特别是先秦道家、儒家、易学思想和古代巫术、神仙方士等实践活动的基础上，形成特有的养生方法及其思想体系。宇宙生成论和天人论，阴阳五行论和八卦九宫说以及中华传统医学思想，是中华传统养生体育的哲学和科学基础。传统养生体育思想体现了传统文化围绕人的生命价值、形神动静关系等一系列问题的基本态度和哲学思考。

阅读材料 15–6

中国养生思想的源头

在中国古代，很早就产生了追求健康长寿的思想和观念。山东的蓬莱仙境是中国养生长寿思想的滋生之地，夏商乃至秦汉时的方士、术士多出自齐鲁之地。夏商时期的医疗保健和养生知识已有初步的积累，人们对于长寿和健康有了更为强烈的追求和朴素的认识。《尚书·洪范》中对人的“福”与“祸”分别提出了几条标准：人有“五福”，即“一曰寿，二曰富，三曰康宁，四曰好德，五曰考终命”；人还有“六极”（穷极恶事曰极），即“一曰凶短折，二曰疾，三曰忧，四曰贫，五曰恶，六曰弱”。长寿与健康已经成了商周时期人们评判幸福的重要标志，这种观念对后来我国的养生学产生了深远影响。《诗经》中有关山东的诗歌中也有很多祈求健康长寿的诗句，如《鲁颂·泮水》的“永辞难老”，《鲁颂·閟宫》的“万有千岁”，反映了山东古人对生命长存和健康的希冀与追求。

由夏至商，传说中的养生家更是不乏其人，其中最有名的要数彭祖。“颛顼属于东夷”，彭祖为颛顼之孙，那么彭祖所属的善于养生的族团自然非东夷莫属。旁证有二：一是中国神仙方术的总源头在山东的蓬莱仙境，彭祖来自东夷无可厚非；二是史料记载彭祖氏于殷末被灭，结合商夷先联盟故有彭祖峰于徐，后商伐夷故有殷末彭祖氏灭亡，这也符合当时的历史背景。彭祖在中国导引养生史上有着重要位置，后世多有附会彭祖者，因其名声而已。

汉代学者刘向所撰《列仙传》记载：“彭祖者，殷大夫也，姓铿名铿，帝颛顼之孙，陆终氏之中子。历夏至殷末，八百余岁。常食桂芝，善导引行气。”《庄子·刻意》篇也记载说："吹呴呼吸，吐故纳新，熊经鸟申（伸），为寿而已矣。此道（导）引之士，养形之人，彭祖寿考者之所好也。"说一个人享寿至八百余岁，无论如何总是荒诞不经的。因此，有学者认为，历时 800 多年，恐怕是以彭祖命名的一个氏族，而其中商代的彭祖尤以保健养生而负盛名。

据文献资料记载，彭祖在帝尧时已被擢用，历夏、商，封于大彭（今徐州）。但至商代末年，彭祖这个氏族遭到了毁灭性的打击。《史记·楚世家》说："彭祖氏，殷之时尝为侯伯，殷之末世灭彭祖氏。"彭祖这个氏族大抵是一个精于养生的氏族。关于彭祖的导引养生法，东晋道教养生家葛洪在《神仙传》中有如下几种："(彭祖）常闭气内息，从旦至中。乃危坐拭目，摩搦身体，舔唇咽唾，服气数十，乃起行言笑。其体中或疲倦不安，便导引闭气，以攻所患。心存其体，头面九窍，五脏四肢，至于毛发，皆令俱至，觉其气云行体中……寻即体和。"

（资料来源：刘亚. 中国古代养生体育的发展[J]. 体育文化导刊，2011，2.）

15.4.2 养生体育的文化蕴涵与现代价值

中国传统养生思想派别甚多，而以儒、道、佛、医、武（武术）五家为代表，奠定了中国传统养生思想的基础构架。其文化内容不但与现代科学的研究成果相一致，还形成了一种具有崇尚节制、简约的独特养生文化，而且它所包含的人生哲学、人生艺术、人生美学等精深内容也是现代休闲观的重要内容。中国的养生休闲实际上正是本书第 4 章阐述过的最为典型的人本、和谐的古典休闲。

1. 儒家养生观与现代休闲重德性修养的价值取向基本趋同

儒家的养生哲学是儒家道德哲学的反映，体现了儒家对人生价值、养生目的的认识。儒家修身养性、仁寿相兼，重礼和节、养生延年，演练六艺、调养情性的养生理论对我国传统养生学形成和发展具有积极而深远的意义。儒家养生关注生命、重视修养、崇尚健康，主张积极进取的人生态度。对于儒家来说，个人的道德修养，以及人文素质都是休闲的重要内容。儒家养生特点是以人与社会为核心，以礼制心，注重内心修养和社会实践，强调修身养性的重要。从养生角度看，儒家的崇德修德是一种"养神"，而这种"养"更是一种精神的升华。儒家提倡的"大同"社会就是希望达到一种人人休闲的休闲社会。这种社会休闲观对中国人的休闲观有着直接的影响。对于养生来说，这是一个更高的层次。如果将最具民族传统文化色彩的中国传统佳节作为一种"休闲"方式来看的话，也反映了中华民族传统休闲观的一个很重要的内容。一言以蔽之，便是乐中不忘教、闲暇思进取的所谓休闲原则和快乐宗旨。

2. 道家养生观与现代休闲的自然理念相一致

道家注重研究人的生命发展，重视自然、社会、心理、生理之间的关系，提出了系统的养生理论和方法，有力地推动了中国传统养生文化的发展。道家养生，一是通过精神修炼，通过摒去利欲，收心习静等，做到处污而心不染；二是通过呼吸修炼；三是形体修炼，

包括按摩、导引、拳术等内容，强调吐纳在前，屈伸在后，使呼吸运动和躯干运动密切联系起来；四是内丹修炼，将人体内的精、气、神凝聚起来，使人耳目清明，手脚轻捷，益寿延年。而道家关于清净无为、抱一守中、养神守形、专气致柔等观点对中国人的养生观、生命观和休闲观都有直接的影响。

道家思想为中华养生学更为医养奠定了理论基础。老子提出“清净无为”、“反璞归真”以静养生的理念；庄子提出“恬淡虚无”、“任其自然”，并编制了“熊经乎申”的导引、吐纳等方法。道家流传的导引术，可谓五花八门，现在流传的八段锦、太极拳、形意拳、八卦拳等，都与道家的导引之术密切相关。我国医学经典《黄帝内经》中的大多养生思想和方法都源于道家养生体系。道家崇尚自然，而其直接实践，便是走入自然的怀抱；其亲近自然、贴近山水，是一种在更高层次上向自然的回归，是人们从人性的角度对自然的体悟和认同，借助“自然”对“自我”的医治和拯救，成为人们养生休闲的一种手段。尽管这种休闲方式就是闲静下来，使身体好好休息，但与现代“休闲是人体回归其自然状态，消除工作紧张疲劳，恢复其体力和智力（以及情感）”的观念却是一致的。作为一种休闲理论，道家思想最主要的贡献是它提出了一种积极的人生态度与人生理想。道家以自然恬淡、少私寡欲的生活情趣，清净虚明、无思无虑的心灵境界，以及养气守神等健身方法为辅的良好的生理状态共同构成的人生哲学，既是一种养生方法又是一种人生境界，符合现代休闲中健康、俭朴、生态化的理念。

3. 佛家养生观认同现代“精神和生命意义上的休闲”的价值

佛家养生，注重的是以“修行”来达到灵肉的升华解脱，促成生活的和谐自在。古人云：流水之声可以养耳，青禾绿草可以养目，观书绎理可以养心，弹琴学字可以养脑，逍遥杖履可以养足，静坐调息可以养筋骸。中国佛教禅宗，是在“入世出世”之中，追求着一种超越的精神境界。从入世法而言即“养生”，从出世法而言是“修道”。禅定中的修炼过程强调调身、调息、调心，是用一念统摄万念、意守一念而达到无所守为基本原则的。禅宗的休闲哲学是一种简易可行的人生哲学。中国禅宗要人消除执念，保持一颗“平常心”，以一种精神和生命意义上的“休闲”，遵循着豁达、闲适、超然、洒脱的生活态度和生活方式，体现着中国人一种特有的生存智慧。也就是说，“休闲”的内涵并不仅仅体现在对肉体舒适的追求和心灵愉悦的满足，它还应该包括人们在生活中精神与情感获得安抚或慰藉的过程，如佛家思想以超脱的人生态度，抚慰人们的情感，松弛人们紧张的精神。这又何尝不是一种精神和生命意义上的休闲呢？

4. 医家养生观与现代休闲的健康观相通相融

医家（中医）养生观认为，求得生存、保持健康是人类生存的最基本需求。医家养生以防病治病作为主旨，一方面运用药物、针砭等各种外在方法祛除疾病，另一方面通过主体心身自我调节，主动地顺应自然规律，把握自身之阴阳运化。医家养生是一种积极的、扩张的、经世的，它以自己的身体为核心，以生命运动为宗旨，保持健康的体魄和平和的性情为最高目标。医家养生理论对中国人的休闲观有着直接影响，这主要表现在中国人对“情感”，主张调和七情、节制六欲。喜、怒、哀、乐、爱、恶、欲或者喜、怒、忧、思、悲、恐、惊 7 种情志，如果它们激动过度，就可能导致阴阳失调、气血不畅而引发各种疾病；生、死、耳、目、口、鼻或见、听、香、味、触、意六欲，如果不能得到有效节制，也会危害自身精气神的正常运行，导致疾病发生。因此，医家养生在饮食药膳养生基础上，强调情志和欲望的修养与锻炼。

5．武家养生观及中华传统养生体育的系统整体性

中国武术本身应该属于技击类体育活动，通过由内到外、由心到身的整体修炼，增强人们的身心联系及心调控身的能力，以击败对手。但由于存在着心性修炼和身体运动，便具有养生价值。经过几千年的发展，武术已经分化为技击武术（如各种武打理法派系及其擂台竞技等）和养生武术（如现在流行的太极拳、易筋经、八段锦等）。武术养生在理论上与前述儒释道三家没有本质区别，只是更加强调内气功夫的修炼和四肢百骸整体功能的提升。

武家、医家与儒、道、佛三家有着不可割舍的互动关系。在某种意义上，中国文化是儒、道、佛、医、武互补的文化。正是儒、道、佛、医、武各家的文化合流，奠定了中国传统文化的基础构架。更为重要的是中医的一些思想还对儒、道、佛、武产生过反影响或产生过修补作用，如天人观念、阴阳五行学说、气学说等。如果说儒、道、佛更注重在哲学义理上阐明休闲养生之道，那么，医、武两家则注重在技术、方法和运动套路上养生实践。但它们都强调心灵的自由，它们认为休闲的目的就是要人如何去达到天地境界，都是在探讨与建构以“境界为中心”的休闲思想。其实，“境界”是中国人的一种休闲观念，而这种“境界”与中国哲学的价值论或意义论取向是相一致的。

气功就是从儒释（禅）道医武那里吸收、综合了各种各样的心身修炼方法，成为渊源于古代中华民族各家各派心身修持方法的总称，具有极高的养生休闲价值。

阅读材料 (5–7

中医与气功

1．中医典籍中保存着大量的气功资料

早在《黄帝内经》中，就已有了关于气功基础、气功理论、练功原则、练功要领、练功方法、临床运用等多方面的内容。《黄帝内经》记载的有关气功导引的论述就有十几处，治疗的病症亦多达十几种。其中包括痞症、痹症、厥症、热病、伤筋等。

《素问·上古天真论》提出的“恬淡虚无”等，也是修炼气功的不二法门。东汉末年的两位著名中医学家“医圣”张仲景《金匮要略》和神医华佗“五禽之戏”对气功也有很重要的论述与实践活动。同时代的大概还有“八段锦”，与“五禽戏”共为动功功法的鼻祖，对后世的动功功法影响很大。晋代名医葛洪“尤好神仙导养之法”，其《抱朴子·内篇》明确提出了气功的精要和作用。南北朝时期，陶弘景搜录了六朝以前的气功养生经验，集六朝以前气功资料之大成，著成《养性延命录》，其中有不少古代气功的理论与方法，为我国幸存的第一部气功导引专集。

隋代巢元方著有《诸病源候论》，不仅是我国第一部病因症候学著作，也是我国第一部

气功治疗学专著，收载气功导引之法200多种，并“录于各病源之后，以代药品”。《备急千金要方》是唐代著名医学家孙思邈所作，该书有许多气功导引方面的论述，如《养性》、《摄养枕中方》等。唐代另一著名医家王焘在《外台秘要》中，也常于处方治疗之前先列出导引吐纳的锻炼方法，补充了《诸病源候论》气功导引方面的内容。

宋朝官方组织名医共同编著的《圣济总录》，汇集了北宋以前的导引服气之法。宋代医家陈直，根据《黄帝内经》理论，通过亲身实践，对身心关系做了辩证的阐述，丰富发展了气功理论。然后是金元四大家，记载了很多气功治病的案例。刘完素在《摄生论》里，有专门讨论摄生的方法，在《素问玄机原病式》中就有用气功治病的内容。张子和所著《儒门事亲》，有以导引发汗的内容以及以“存想”吹气功法治疗外伤的记载。李东垣之《兰室秘藏》中，有以静坐之功治疗脾病的办法。朱丹溪在他的《格致余论》中，强调“顺四时，调息、神、态，而为治病之本”，《丹溪心法》中亦说：“气滞痿厥，寒热者，治以导引。”

明代著名医家李时珍，深明“内视”之妙，其《奇经八脉考》指出：“紫阳《八脉》所载经脉，与医家之说不同，然内景隧道，惟返观者能照察之，其言必不谬也。”此书被当成中医与气功的“入门指南”。此外，明代医籍中还保留着大量的气功资料。例如，冷谦的《修龄要时》，本着《黄帝内经》摄生理论，提出了“四旨调摄”、“起居调摄”、“长生一十六字诀”等功法；聂尚恒的《医学汇涵》，设气功导引专章，着重防病治病，颇切临床实用；高濂的《遵生八笺》，气功内容丰富；万全的《养生四要》，练功方法简明……这都表明，气功自古以来就是中医学的重要组成部分，是中医学多种治疗方法当中较为重要的一种。

2．中医与气功在理论上相辅相成，息息相通

医学中的整体观念、辨证论治、阴阳五行、子午流注、四气五味、升降浮沉等，在气功中起着重要的理论指导作用；但最重要的有3点联系最为密切，可谓是相辅相成：一是丹田理论，二是精气神学说，三是大小周天运动。

丹田学说，是气功最为重要的基础理论之一。历代气功学家，为丹田做了许多神秘美妙的命名，如“龙宫”、“北海”、“玄冥”、“元华”、“神炉”、“内鼎”等，足见其对丹田的重视。其实，用中医的理论来观察与分析，丹田不过是人体一组重要穴位的总称亦或别名。例如，丹田就是关元，龙宫就是气海，元华就是神阙，泥丸就是百会等，丹田学说，实际上就是中医腧穴学说的延伸和发展。

精气神学说，也是气功当中的重要理论之一，实际上它亦从属于中医理论的范畴。《素问・金匮真言论》说：“夫精者，生之本也。”《灵枢・本神》：“生之来，谓之精，两精相搏谓之神。”《素问・宝命全形论》说：“天地合气，命之曰人。”《难经・八难》说：“气者，人之根本也。”《素问・八正神明论》：“血气者，人之神。”《灵枢・平人绝谷》：“神者，水谷之精气也”等，足见它们二者之间的关系。

大小周天运动是气功借“周天”这一古代天文术语，来说明内气在人体的运行情况。其中，内气沿任督二脉循行者为小周天，沿十二经脉依次流注循行则为大周天。可见，周天学说，实际上是中医经络学说的体察和运用。

（资料来源：http://www.hqlfd.com/article/4/2010-8-5-100.html.）

15.4.3 养生体育与休闲参与的关系

对于现代人人格和身体的统一和完善，应由养生和体育手段共同作用完成。养生静心、养神，体育塑形、健身，摒弃养生文化中的消极思想，以科学的态度杜绝养生文化的异化，并与时俱进地转变落后的体育价值观。养生体育强调动静结合、身心并练、性命双修，既健身美体又修心养性，既增强体魄又颐养性情；两者的思想和手段从古至今均有交集，在新时期，应扬长避短，互相弥补，适应时代的发展和人的需要。

知识链接 15–6

养生对身心统一的作用机理

“从个体生命活动的整体出发，强调健康的整体性（holistic health），这是现代健康的核心理念。”世界卫生组织在 1978 年国际初级卫生保健大会上所发表的《阿拉木图宣言》中重申：健康不仅是没有疾病或不虚弱，而且是身体的、精神的健康和社会适应良好的总称。1989 年世界卫生组织又一次深化了健康的概念，提出了 21 世纪的健康标准，认为健康包括躯体健康（physical health）、心理健康（psychological health）、社会适应良好（good social adaptation）和道德健康（ethical health）。现代健康概念中的心理健康和社会性健康是对生物医学模式下的健康的有力补充和发展，它既考虑到人的自然属性，又考虑到人的社会属性，从而摆脱了人们对健康的片面认识，体现了健康的多维特质：生物、心理、社会，称之为新时代健康的统一观。

要达到这种多维度的、身心统一的健康状态，养生有其自身的优势。中国传统养生文化崇尚自然，注重研究人的生命发展，重视自然、社会、心理、生理之间的关系，这一点，正是现代社会所倡导的健康理念。例如，道家养生借助“自然”对“自我”进行医治和拯救。现代科学技术的发展给社会带来进步，但同时也带来了“现代文明病”，如感觉综合失调、心血管病、糖尿病、肥胖病等。这些病症的致因不是细菌病毒，而是社会因素、心理因素以及不健康的生活和行为方式等。对这些非病毒性慢性疾病的预防和治疗，科学已经证明传统养生方法比较有效，养生手段中所包含的导引术和太极拳等练习，讲究舒缓、柔和、绵而不断，柔而不松的形动，气息的调养和动作的运行协调进行，追求情绪稳定，心态平和。紧张、繁忙、快节奏的现代都市生活，给人们带来精神紧张，心情烦燥，思绪紊乱等负效应。养生文化中的养心要求清静无为不苛求自我，泰然处之的自足心态。通过自我意念控制，使身体和精神获得最大限度的放松，有利于消除人事的烦恼和内心的冲突，获得心理的平衡。

但养生手段在促进人的体质健康、身心和谐与全面发展方面也存在自身的缺陷。例如，养生观念中无为、不争、中庸的消极观念，主静的养生思想，以及养生本身对于人形态发展的有限调节作用，对于人所要达到的身体素质的基本要求的效果和效率，对现代人宣泄生活压力的需求等，诸如此类的问题可以借助现代体育的生理和社会价值，而人们对于体育的价值观也应随着时代的变化而进行相应的转变。

（资料来源：康军，陈少青．养生文化的异化与体育价值观的时代化思辨[J]．体育与科学，2011，5.）

养生体育具有很强的实践性，只有亲自参与才能收到实际的效果，属于参与型休闲体育，而有些养生活动还有观赏价值，如近年来出现的大型太极拳及其他养生武术表演，而技击型武术、散打等已纳入竞技体育的观赏范畴。鉴于近年来健康问题的凸显，养生体育会越来越成为休闲体育的重要内容，全民健身运动也应该以养生体育为主体，充分发挥其健身功能；这将促进全民的休闲体育参与的自觉意识和习惯的养成，并推动全民休闲参与氛围的形成。

知识链接 15–7

中西方体育养生比较

1．中西方体育养生的文化背景

中国传统体育养生与西方的体育养生，正是在不同的人文环境、民族习惯大文化背景下所产生的。西方体育养生更注重以外求为主，强调身体运动，通过运动获得身体形态发展和生理功能的提高，达到“更快、更高、更强”的目的，从而彰显人类的阳刚之美和烈性之躯。

2．中西方体育养生的差异性

中西方体育养生的观念不同。“养生”一词，中国自古有之，最常见于一些医学书籍中。自然界致病因素无时不有、无处不在，要做到不发或少发生疾病，唯一的措施就是通过各种有效的养生方法进行预防，增强生命内在的免疫力和抵抗力，保护身体不受外界致病因素的干扰，特别针对“亚健康”状态，所以中国“养生”偏于预防医学。而西方“养生”主要应用于健康者的健身方面，因为在西方的观念里，只有健康和疾病两种状态，而“亚健康”是不为大家所重视的；患者需要的是医学治疗，健康者需要的是健身锻炼，因此，其“养生”的方法及目的主要偏于体育运动。中国体育养生受到传统文化和哲学的影响，认为人体的阴阳平衡就是最佳健康状态，不管机体的能量多少，不管身体的力量大小，只要各系统功能正常并工作协调，没有不适之自觉症状，就是中国传统的健康标准。而西方体育养生对身体各方面都有其客观标准，如肺活量的多少、心跳指数的快慢、神经反射的速度、韧带的柔韧性、肌肉的丰满度等，是有具体数字和分值的，只有达标才健康，并且分值越高，表明健康状况越好。

中西方体育养生的方法不同。中国传统体育养生方法种类繁多，其中最具代表性的要属气功。就气功而言，其内容极其丰富，虽然锻炼的形式各异，但基本都具有“调身、调息、调心”三大要素，即通过姿势、呼吸、意念的调整和锻炼，达到人体的阴阳平衡、气血调和、经络疏通、脏腑功能协调之目的。西方的体育健身运用的是通过肌肉的收缩带动肌体产生运动，一般单项的健身方式所锻炼的肌肉也有限，因此，针对全身的肌肉设计大量的动作和运动项目。而西方体育养生只是锻炼项目的不同，对机体、季节、气候以及地理环境等不同状态却没有相应的调整，采取的是始终如一的方法。

中西方体育养生追求目标有差别。中国体育养生的理念是“天人合一”，它所追求的是人和自然的和谐统一，其方法上是通过人体内在的和谐统一，达到进一步与自然、社会的和谐相处。在调整人体内在环境时追求的“精、气、神”的统一，通过“精”的调整使得物质结构处于正常，通过“气”的调整使得各脏腑功能协调平衡，通过“神”的调整使得大脑以及心理保持平静。也就是世界卫生组织所提出的健康新模式：心理—生理—社会，只有这三者都处于健康状态，才是真正意义上的健康。西方体育养生的概念以及范围相对比较狭窄，它是一种保持机体，特别是使躯体处于强健状态的方法，追求的目标是“更快、更高、更远”。因此，两者从理念到方法上都有着根本的不同。

3. 中西方体育养生的融合与发展

从发展趋势来看，西方体育激情的高水平、高刺激竞技必然会得到进一步发展。然而，西方极端主张“动”的思想，注重局部，强调结构与机能的对应，方法上虽具有相对的精确性，毕竟头痛医头，脚痛医脚，尤其在现代社会日益复杂，人的心理越难把握的现代文明背景下，更是存在一定的局限性。中西方体育养生在各自的发展脉络中形成了自己独特的养生理念和体系，各有所长，但都存在一定的局限，需要寻找新的途径加以解决。恰恰在两种体育养生文化进行碰撞的过程中，产生了智慧的火花，中国传统体育养生借助于现代科学实验对其健身机理、功效进行科学分析，走向了理性的发展道路；西方则汲取中国古老体育养生思想，获得了新的突破和发展。因此，中西方体育养生的相互融合是发展的必然趋势，也将把世界的体育养生带入一个新的天地。

（资料来源：吴京梅. 中西方体育养生之比较研究[J]. 上海体育学院学报，2004，6）

案例分析

胡小明谈体育与休闲

在中国较早研究体育与休闲的胡小明（国家体育总局体育社会科学重点研究基地教授，博士生导师）认为，西方体育传入中国已经有一个多世纪了，然而，有太多的人至今仍然不知道体育与休闲娱乐有何联系，实在令人遗憾。

博士生：休闲时代体育的社会功能有哪些转变？

胡小明：三个转变。一是从生产到生活的转变；二是从群体到个体的转变；三是从工具到玩具的转变。

博士生：中国体育理论的缺失有哪些？

胡小明：中国的体育理论隐藏两大不足：一是缺乏对西方体育中内涵的人类文明普适性原则的理解，容易简单地接受其具体形式；二是缺乏中华传统文化的滋养，中断了自身多元发展的根源，失去了中国体育借助东方文明为人类未来发展做贡献的机遇。以前体育自身的所谓“理论”，是悬空的观念，无法行走，现在，需要两条腿支撑其发展。

博士生：您能不能，就您的观点谈谈中国体育理论的基本架构的构建？

胡小明：我前面说到了“从生产到生活、从群体到个体、从工具到玩具”的转变，这一切导致了我国体育对休闲娱乐的呼唤，导致了对新时期体育理论的重构。理论的重构立足于把握世界体育发展潮流和分析具体国情的基础上，以适应小康社会为轴心的同时，力求做到：既要弥补缺失已久的人文精神，又要寻回东方文明的根。在这个过程中，娱乐是体育的趣味和魅力。游戏是体育活动的源头和灵魂，竞技是体育的手段和激素，健康是体育的价值趋向和审美判断。新时期的体育理论围绕当代体育最基本的几大要素展开，形成了休闲论、娱乐论、游戏论、竞技论、健康论，这些是新时期我国体育理论的基本构架。

请结合本章有关内容，思考以下问题：

（1）中国体育休闲崛起的背景是什么？

（2）体育活动作为一种休闲方式，其形成过程中的一些遭遇说明了什么？

（3）结合目前我国体育的发展状况，你认为我国的体育与休闲应该怎样开展研究？

简要点评：①在科技发达的今天，生产效率史无前例地提高，人体肌肉组织的弹性却在下降。体育活动从劳动中分离出来，能使身体得到更加全面合理的活动。②事实上，各种体育活动不仅是一种身体锻炼方式，更是一种社会文化。追溯西方的体育休闲与休闲体育，或多或少地与古希腊文化有关；而中国古代的体育休闲与休闲体育，无不与中国传统的“儒、释、道、医、武”有关。不理解人类体育的深厚而悠久的历史文化意蕴，便难以把它和休闲联系起来。③近百年来，中国的体育休闲与休闲体育基本西化。但是，不管是西化的，还是中国传统的体育休闲与休闲体育，都对提升人的生活品质有积极作用，尤其体现在强身健体和愉悦身心方面。为此关于休闲与体育的研究应该在着力发掘中华传统休闲和养生体育资源的基础上，吸取西方休闲体育之长，构建适应时代需要具有中华文化特色的现代休闲养生体育体系。

本章小结

体育休闲是以体育及相关活动为内容的休闲，是体育休闲化的产物；包含参与型和观赏型两种，前者即休闲体育，包括养生体育，后者则以竞技体育为主要对象。休闲体育是以休闲为目的的体育活动，它内容丰富，类型多样，具有很强的休闲功能，在我国也在全民建设运动中呈现蓬勃生机。作为休闲观赏之对象的竞技体育，展现多方面的竞技运动之美，成为体育观赏价值之所在，其休闲观赏功能十分显著。养生体育既是休闲活动，也是人生修养过程，它是中华传统养生与现代体育相结合的产物，与现代休闲精神高度一致，其保健防病、强身祛病、中和情志、节制欲望的功能，会推动大众休闲参与，提升全民建设运动的质量。体育休闲的发展，不仅有益于个体的身心健康，对促进社会成员之间交流，减少文化冲突，维持社会和谐也起着积极作用。

思考与练习

一、名词解释

1．体育休闲　2．休闲体育　3．竞技体育　4．体育观赏　5．养生体育

二、单项选择题

1．体育休闲与休闲体育的根本区别在于（　　）。

A．前者是一种休闲方式，后者是一种体育活动方式

B．前者是以体育为载体、对象或途径，以休闲为目的的闲暇活动，后者是以休闲为目的的体育活动

C．前者与后者没有实质差异

D．前者的外延比后者更为广泛

2．20 世纪以来，休闲体育经历了（　　）。

A．由家庭体育到学校体育，再到社区体育的发展过程

B．由个人体育到社区体育，再到大众体育的发展过程

C．由学校体育到社区体育，再到社会体育

D．由精英体育向大众体育发展的过程

3．竞技体育与休闲体育的区别在于（　　）。

A．两者都以体育运动为活动方式

B．前者具有竞技性，后者没有竞技性

C．前者只能作为观赏的对象，后者只能作为参与的对象

D．前者既可供观赏，也可供参与体验，后者主要供参与和体验

4．竞技体育最突出的特点是（　　）。

A．生命价值性　　B．挖潜性、对抗性和竞赛性

C．技艺性、娱乐性和观赏性　　D．国际公认性和教育性

5．对于非专业的社会大众来说，竞技体育的主要功能是（　　）。

A．保健养生功能　　B．休闲观赏功能

C．艺术创造功能　　D．参与体验功能

6．中国儒家养生观特别强调（　　）。

A．按摩导引，长生不老　　B．强调明心见性、灵魂不死

C．修身养性、仁寿相兼　　D．强调自然无为、无知无欲

7．中国养生体育对于大众而言，（　　）。

A．其理念与现代生活格格不入，应该淘汰

B．贵在领悟其哲学思想，学习有关文化经典

C．贵在学会各种招式、动作和技巧

D．贵在积极参与，亲身实践

三、多项选择题

1．目前中国的休闲体育呈现出（　　）的发展趋势。

A．全民健身活动越来越成为休闲体育的主要内容

B．由单纯的锻炼身体向强身健体与愉悦心情、提高心理素质同时并举转化

C．奥运会等世界性大型体育赛事活动助力休闲体育加速普及

D．体育休闲的发展极大促进了相关学术研究

E．休闲体育带动系列相关产业整体推进

2．休闲体育的功能主要有（　　）。

A．促进人的生命和精神生活质量的提高

B．实现人的身心和谐与健康发展

C．引导人们体会和感悟其中的科学精神

D．增强主体的体育运动能力和技巧
E．促进经济与社会协调发展

3．竞技体育的休闲意蕴主要是（　　）。
A．竞技运动的精神气质之美　　B．竞技体育的运动艺术之美
C．竞技体育的运动风格之美　　D．竞技运动的民族特色之美
E．竞技体育的科技创意之美

4．体育观赏在学校体育中起重要作用，可以（　　）。
A．帮助学生树立体育竞技具有艺术审美特征的观念
B．帮助培养学生适宜于体育竞技的审美心境
C．有利于增强学生的团队意识和集体主义精神
D．增强体育审美教育的个性化和多样化
E．极大增强学生的体育竞技能力和水平

5．一般来说，养生体育（　　）。
A．就是一切具有保健养生功能的体育
B．是东方传统养生与体育活动相结合并现代化、大众化的产物
C．强调参与性，否则主体难以收到养生效益
D．以现代科学理论为其文化和科学基础
E．主要以东方身心和谐、天人合一思想为其哲学基础

6．养生体育的现代价值在于（　　）。
A．儒家养生有助于人们性情中和、身心和谐与健康
B．道家养生有助于人们清心寡欲、顺从自然，实现人与自然的和谐
C．佛家养生有利于人们摆脱烦恼、心灵清净，获得阳光心态
D．医家养生能促进人们节制七情六欲、实现阴阳平衡、经络畅通，防治疾病
E．武家养生能够增强体质、健身塑形、延年益寿

四、思考讨论题

1．请尝试辨析体育、休闲、体育休闲与休闲体育的区别与联系。
2．竞技体育在体育休闲中具有什么地位？其休闲价值何在？
3．如何理解养生体育？其休闲性质体现在哪些方面？
4．中西方体育养生文化的差异性主要有哪些表现?

五、实践练习题

1．联系现实，举例说明不同文化群体对竞技体育的观赏有所不同。

2．试选取一种养生体育活动方式，坚持习练一段时间，体验并论述它与其他的体育锻炼方式的区别。

3．试选取某一地区，对我国体育休闲的发展状况和趋势做一次调查研究，并撰写调查报告。

参考文献

[1] 马惠娣．休闲：人类美丽的精神家园[M]，北京：中国经济出版社，2004.

[2] 于光远，马惠娣．于光远马惠娣十年对话：关于休闲学研究的基本问题[M]．重庆：重庆大学出版社，2008.

[3] 于光远，马惠娣．休闲・游戏・麻将[M]．北京：文化艺术出版社，2006.

[4] 马惠娣．走向人文关怀的休闲经济[M]，北京：中国经济出版社，2004.

[5] 马惠娣，张景安．中国公众休闲状况调查[M]，北京：中国经济出版社，2004.

[6] 陈鲁直．民闲论[M]．北京：中国经济出版社，2005.

[7] 于光远．论普遍有闲的社会[M]．北京：中国经济出版社，2005.

[8] 马惠娣．休闲与国计民生：2008 年中国休闲与社会进步学术年会论文集[M]．重庆：重庆大学出版社，2009.

[9] [美]托马斯・古德尔，杰弗瑞・戈比．人类思想史中的休闲[M]．成素梅，等译．昆明：云南人民出版社，2000.

[10] [美]杰弗瑞・戈比．你生命中的休闲[M]．康筝，译．昆明：云南人民出版社，2000.

[11] [美]杰弗瑞・戈比．21 世纪的休闲与休闲服务[M]．张春波，等译．昆明：云南人民出版社，2000.

[12] [美]约翰・凯利．走向自由：休闲社会学新论[M]．赵冉，译．昆明：云南人民出版社，2000.

[13] [美]卡拉・亨德森，等．女性休闲：女性主义的视角[M]．刘耳，等译．昆明：云南人民出版社，2000.

[14] [美]克里斯多弗・R・埃廷顿，等．休闲与生活满意度[M]．杜永明，译．北京：中国经济出版社，2009.

[15] [美]查尔斯・K 布莱特比尔．休闲教育的当代价值[M]．陈发兵，等译．北京：中国经济出版社，2009.

[16] [美]伊夫・R 西蒙，瓦肯・魁克．劳动、社会与文化[M]．周国文，译．北京：中国经济出版社，2009.

[17] [德]约瑟夫・皮珀．闲暇：文化的基础[M]．刘森尧，译．北京：新星出版社，2005.

[18] [法]罗歇・苏．休闲[M]．北京：商务印书馆，1996.

[19] [加]埃德加・杰克逊．休闲的制约[M]．凌平，等译．杭州：浙江大学出版社，2009.

[20] [美]克里斯多夫・爱丁顿，等．休闲：一种转变的力量[M]．李一，译．杭州：浙江大学出版社，2009.

[21] [美]凡勃伦．有闲阶级论[M]．蔡受百，译．北京：商务印书馆，1964.

[22] [英]享利．休闲政策政治学[M]．徐菊凤，等译．北京：中国旅游出版社，2010.

[23] [美]J・曼蒂，L・奥杜姆．闲暇教育理论与实践[M]．北京：春秋出版社，1989.

[24] [韩]孙海植，等．休闲学[M]．朴松爱，李仲广，译．辽宁：东北财经大学出版社，2005.

[25] [苏]Φ E・瓦西留克．体验心理学[M]．北京：中国人民大学出版社，1989.

[26] [荷兰]约翰・赫伊津哈．游戏的人[M]．北京：中国美术学院出版社，1996.

[27] [德]马克思．资本论 [M]．北京：人民出版社，2004.

[28] [德]马克思．1844 年经济学哲学手稿[M]．北京：人民出版社，2000.

[29] [美]尼尔・波兹曼．娱乐至死・童年的消逝[M]．章艳，吴燕莛，译．桂林：广西师范大学出版社，2009.

[30] [锡兰]L・A・贝克．东方哲学简史[M]．赵增越，译．北京：中国友谊出版公司，2006.

[31] 李仲广，卢昌崇．基础休闲学[M]．北京：社会科学文献出版社，2004.
[32] 章海荣，方起东．休闲学概论[M]．昆明：云南大学出版社，2005.
[33] 马勇，周青．休闲学概论[M]．重庆：重庆大学出版社，2008.
[34] 陈来成．休闲学[M]．广州：中山大学出版社，2009.
[35] 楼嘉军．休闲新论[M]．上海：立信会计出版社，2005.
[36] 刘嘉龙，郑胜华．休闲概论[M]．天津：南开大学出版社，2008.
[37] 刘德谦，等．2010 中国休闲发展报告[M]．北京：社会科学文献出版社，2010.
[38] 刘德谦，等．2011 中国休闲发展报告[M]．北京：社会科学文献出版社，2011.
[39] 魏小安．中国休闲经济[M]．北京：社会科学文献出版社，2005.
[40] 卿前龙．休闲服务与休闲服务业发展[M]．北京：经济科学出版社，2007.
[41] 刘晨晔．休闲：解读马克思思想的一项尝试[M]．北京：中国社会科学出版社，2006.
[42] 张雅静．休闲文化生活支持体系研究[M]．北京：中国社会出版社，2010.
[43] 刘海春．生命与休闲教育[M]．北京：人民出版社，2008.
[44] 卿前龙．休闲服务与休闲服务业发展[M]．北京：经济科学出版社，2007.
[45] 程遂营．北美休闲研究：学术思想的视角[M]．北京：社会科学文献出版社，2009.
[46] 魏小安．中国休闲经济[M]．北京：社会科学文献出版社，2003.
[47] 王琪延，等．休闲经济[M]．北京：中国人民大学出版社，2005.
[48] 郭鲁芳，休闲经济学：休闲消费的经济分析[M]．杭州：浙江大学出版社，2005.
[49] 唐湘辉．休闲经济学：经济学视野中的休闲研究[M]．北京：中国经济出版社，2009.
[50] 赵兴宏．网络伦理学概要[M]．沈阳：东北大学出版社，2008.
[51] 李一．网络行为失范[M]．北京：社会科学文献出版社，2007.
[52] 吴承忠．国外休闲经济发展与公共管理[M]．北京：人民出版社，2008.
[53] 龚煦林，等．休闲体育[M]．长沙：湖南师范大学出版社，2007.
[54] 刘新平．百年时尚 休闲中国[M]．北京：中国工人出版社， 2002.
[55] 林语堂．林语堂文集·第七卷：生活的艺术[M]．北京：作家出版社，1995.
[56] 龚斌．中国人的休闲[M]．上海：上海古籍出版社，1998.
[57] 谢彦君．基础旅游学[M]．北京：中国旅游出版社，1999.
[58] 庞桂美．闲暇教育论[M]．南京：江苏教育出版社，2004.
[59] 孙林叶．休闲理论与实践[M]．北京：知识产权出版社，2010.
[60] 张永红．马克思的休闲观及其当代价值[M]．长沙：湖南人民出版社，2010.
[61] 张玉勤．休闲美学[M]．南京：凤凰出版传媒集团，江苏人民出版社，2010.
[62] 吴文新．大众休闲与民闲社会：胶东半岛城市休闲发展状况研究[M]．哈尔滨：黑龙江人民出版社，2009.
[63] 柴毅龙．畅达生命之道：养生与休闲[M]．昆明：云南人民出版社，2005.
[64] 胡伟希，陈盈盈．追求生命的超越与融通：儒道禅与休闲[M]．昆明：云南人民出版社，2004.
[65] 李立．看似逍遥的生命情怀：诗词与休闲[M]．昆明：云南人民出版社，2004.
[66] 吴小龙．适性任情的审美的人生：隐逸文化与休闲[M]．昆明：云南人民出版社，2005.
[67] 柴毅龙．畅达生命之道：养生与休闲[M]．昆明：云南人民出版社，2005.

[68] 崔乐泉．忘忧清乐：古代游艺文化[M]．南京：江苏古籍出版社，2002.
[69] 胡大平．崇高的暧昧：作为现代生活方式的休闲[M]．南京：江苏人民出版社，2002.
[70] 黄巧灵．休闲改变中国：四天工作制营造和谐社会[M]．上海：上海人民出版社，2005.
[71] http://www.chineseleisure.org/shuping.htm.
[72] http://www.chineseleisure.org/2011n/20110808-1.html.
[73] 于光远，马惠娣．于光远马惠娣十年对话：关于休闲学研究的基本问题[M]．重庆：重庆大学出版社，2008.
[74] 马勇，周青．休闲学概论[M]．重庆：重庆大学出版社，2008.
[75] 陈来成．休闲学[M]．广州：中山大学出版社，2009.
[76] 李仲广，卢昌崇．基础休闲学[M]．北京：社会科学文献出版社，2004.
[77] [美]托马斯・古德尔，杰弗瑞・戈比，人类思想史中的休闲[M]．成素梅，等译．昆明：云南人民出版社，2000.
[78] 程遂营．北美休闲研究：学术思想的视角[M]．北京：社会科学文献出版社，2009.
[79] 胡伟希，陈盈盈．追求生命的超越与融通：儒道禅与休闲[M]．昆明：云南人民出版社，2004.
[80] 李立．看似逍遥的生命情怀：诗词与休闲[M]．昆明：云南人民出版社，2004.
[81] 吴小龙．适性任情的审美的人生：隐逸文化与休闲[M]．昆明：云南人民出版社，2005.
[82] 柴毅龙．畅达生命之道：养生与休闲[M]．昆明：云南人民出版社，2005.
[83] http://www.chineseleisure.org/.
[84] [美]杰弗瑞・戈比．你生命中的休闲[M]．康筝，译．昆明：云南人民出版社，2000.
[85] 于光远，马惠娣．于光远马惠娣十年对话：关于休闲学研究的基本问题[M]． 重庆：重庆大学出版社，2008.
[86] [韩]孙海植，等．休闲学[M]．朴松爱，夺仲广，译．辽宁：东北财经大学出版社，2005.
[87] [法]罗歇・苏．休闲[M]．北京：商务印书馆，1996.
[88] [美]托马斯・古德尔，杰弗瑞・戈比．人类思想史中的休闲[M]．成素梅，等译．云南人民出版社，2000.
[89] [美]克里斯多弗・R・埃廷顿，等．休闲与生活满意度[M]．杜永明，译．北京：中国经济出版社，2009.
[90] [德]马克思．资本论[M]．北京：人民出版社，2004.
[91] 崔乐泉．忘忧清乐：古代游艺文化[M]．南京：江苏古籍出版社，2002.
[92] 刘新平．百年时尚 休闲中国[M]．南京：中国工人出版社，2002.
[93] 龚斌．中国人的休闲[M]．上海：上海古籍出版社，1998.
[94] [美]尼尔・波兹曼．娱乐至死・童年的消逝[J]．章艳，吴燕莛，译．桂林：广西师范大学出版社，2009.
[95] 廖小平，孙欢．休闲及其类型：一种文化哲学的视角[J]．河南社会科学，2010，6
[96] [德]约瑟夫・皮珀．闲暇：文化的基础[M]．刘森尧，译．北京：新星出版社，2005.
[97] 马惠娣．休闲：人类美丽的精神家园[M]．北京：中国经济出版社，2004.
[98] 林语堂．林语堂文集·第七卷：生活的艺术[M]．北京：作家出版社，1995.
[99] 于光远，马惠娣，于光远马惠娣十年对话：关于休闲学研究的基本问题[M]． 重庆：重庆大学出版社，2008.

[100] [锡兰]L・A・贝克．东方哲学简史[M]．赵增越，译．北京：中国友谊出版公司，2006．
[101] [美]杰弗瑞・戈比．你生命中的休闲[M]．康筝，译．昆明：云南人民出版社，2000．
[102] 胡伟希，陈盈盈．追求生命的超越与融通：儒道禅与休闲[M]．昆明：云南人民出版社，2004．
[103] 胡大平．崇高的暧昧：作为现代生活方式的休闲[M]．南京：江苏人民出版社，2002．
[104] 张雅静．休闲文化生活支持体系研究[M]．北京：中国社会出版社，2010．
[105] 孙林叶．休闲理论与实践[M]．北京：知识产权出版社，2010．
[106] [美]杰弗瑞・戈比．你生命中的休闲[M]．昆明：云南人民出版社，2000．
[107] [美]托马斯・古德尔，杰弗瑞・戈比．人类思想史中的休闲[M]．成素梅，等译．昆明：云南人民出版社，2000．
[108] [美]卡拉・亨德森，等．女性休闲：女性主义的视角[M]．刘耳，等译．昆明：云南人民出版社，2000．
[109] [苏]Φ E 瓦西留克．体验心理学[M]．北京：中国人民大学出版社，1989．
[110] [荷兰]约翰・赫伊津哈．游戏的人[M]．北京：中国美术学院出版社，1996．
[111] 于光远，马惠娣．于光远马惠娣十年对话：关于休闲学研究的基本问题[M]． 重庆：重庆大学出版社，2008．
[112] 于光远，马惠娣．休闲 游戏 麻将[M]，北京：文化艺术出版社，2006．
[113] [韩]孙海植，等．休闲学[M]．林松爱，李仲广，译．辽宁：东北财经大学出版社，2005．
[114] 李仲广，卢昌崇．基础休闲学[M]．北京：社会科学文献出版社，2004．
[115] 章海荣，方起东．休闲学概论[M]．昆明：云南大学出版社，2005．
[116] [加]埃德加・杰克逊．休闲的制约[M]．凌平，等译．杭州：浙江大学出版社，2009．
[117] [韩]孙海植，等．休闲学[M]．辽宁：东北财经大学出版社，2005．
[118] [美]杰弗瑞・戈比．你生命中的休闲[M]．康筝，译．昆明：云南人民出版社，2000．
[119] 章海荣，方起东．休闲学概论[M]．昆明：云南人民出版社，2005．
[120] 李仲广，卢昌崇．基础休闲学[M]．北京：社会科学文献出版社，2004．
[121] 许斗斗．休闲之消费与人的价值存在：经济与非经济的考察[J]．自然辩证法研究，2000，5．
[122] 刘正山．幸福经济学[M]．福州：福建人民出版社，2007．
[123] 邢占军．测量幸福：主观幸福感测量研究[M]．北京：人民出版社，2005．
[124] 曹建飞．关于幸福指数理论研究的文献综述[J]．兵团经济研究，2011，3．
[125] 于光远，马惠娣．于光远马惠娣十年对话：关于休闲学研究的基本问题[M]． 重庆：重庆大学出版社，2008．
[126] 于光远．论普遍有闲的社会[M]．北京：中国经济出版社，2005 年．
[127] 马惠娣．休闲：人类美丽的精神家园[M]．北京：中国经济出版社，2004．
[128] 章海荣，方起东．休闲学概论[M]．昆明：云南大学出版社，2005．
[129] 刘海春．生命与休闲教育[M]．北京：人民出版社，2008．
[130] 张永红．马克思的休闲观及其当代价值[M]．长沙：湖南人民出版社，2010．
[131] 吴文新．休闲文化与先进文化：复杂关系辩证[J]．中共福建省委党校学报，2006， 3．
[132] [美]杰弗瑞・戈比．你生命中的休闲[M]．康筝，译．昆明：云南人民出版社 2000．
[133] [美]杰弗瑞・戈比．21 世纪的休闲与休闲服务[M]．张春波，等译．昆明：云南人民出版社 2000．
[134] [美]约翰・凯利．走向自由：休闲社会学新论[M]．赵冉，译．昆明：云南人民出版社，2000．

[135] 马惠娣．休闲：人类美丽的精神家园[M]．北京：中国经济出版社，2004.
[136] 刘海春．生命与休闲教育[M]．北京：人民出版社，2008.
[137] 李仲广，卢昌崇．基础休闲学[M]．北京：社会科学文献出版社，2004.
[138] [美]托马斯·古德尔，杰弗瑞·戈比．人类思想史中的休闲[M]．成素梅，等译．昆明：云南人民出版社，2000
[139] [美]查尔斯·K·布莱特比尔．休闲教育的当代价值[M]．陈发兵，等译．北京：中国经济出版社，2009.
[140] [美]J·曼蒂，L·奥杜姆．闲暇教育理论与实践[M]．北京：春秋出版社，1989.
[141] 庞桂美．闲暇教育论[M]．南京：江苏教育出版社，2004.
[142] 于光远，马惠娣．于光远马惠娣十年对话：关于休闲学研究的基本问题[M]．重庆：重庆大学出版社，2008.
[143] 刘海春．生命与休闲教育[M]．北京：人民出版社，2008.
[144] 孙林叶．休闲理论与实践[M]．北京：知识产权出版社，2010.
[145] 黄巧灵．休闲改变中国[M]．上海人民出版社，2005.
[146] 于光远．论普遍有闲的社会[M]．北京：中国经济出版社，2005.
[147] 马惠娣．21 世纪与休闲经济、休闲产业、休闲文化[J]．自然辩证法研究，2001，1.
[148] 程遂营．北美休闲研究：学术思想的视角[M]．北京：社会科学文献出版社，2009.
[149] 魏小安．中国休闲经济[M]．北京：社会科学文献出版社，2003.
[150] 王琪延．休闲经济[M]．北京：中国人民大学出版社，2005.
[151] 郭鲁芳．休闲经济学——休闲消费的经济分析[M]．杭州：浙江大学出版社，2005.
[152] 卿前龙．休闲服务与休闲服务业发展[M]．北京：经济科学出版社，2007.
[153] 唐湘辉．休闲经济学——经济学视野中的休闲研究[M]．北京：中国经济出版社，2009.
[154] 刘雅丹．休闲渔业对美国经济的影响[J]．中国水产，2000，5.
[155] 李江帆，等．旅游业的产业关联和产业波及分析——以广东为例[J]．旅游学刊，2001，3.
[156] 邓崇清．简论休闲与休闲消费[J]．改革与战略，2002，5.
[157] [英]亨利．休闲政策政治学[M]．徐菊凤，等译．北京：中国旅游出版社，2010.
[158] [美]凡勃伦．有闲阶级论[M]．蔡受百，译．北京：商务印书馆，1964.
[159] 吴承忠．国外休闲经济发展与公共管理[M]．北京：人民出版社，2008.
[160] 张雅静．休闲文化生活支持体系研究[M]．北京：中国社会出版社，2010.
[161] 宋瑞．英国休闲发展的公共管理及其启示[J]．杭州师范学院学报（社会科学版），2006，5.
[162] 朱寒笑，苗大培．欧洲休闲运动政策的演变[J]．体育文化导刊，2009，2.
[163] http://www.doyouhike.net/AOTF/294273.html.
[164] http://www.8264.com/.
[165] [加]埃德加·杰克逊．休闲的制约[M]．凌平，等译．杭州：浙江大学出版社，2009.
[166] [美]凡勃伦．有闲阶级论[M]．蔡受百，译．北京：商务印书馆，2007.
[167] 张雅静．休闲文化生活支持体系研究[M]．北京：中国社会出版社，2010.
[168] 吴承忠．国外休闲经济发展与公共管理[M]．北京：人民出版社，2008.

[169] 吴文新．大众休闲与民闲社会：胶东半岛城市休闲发状况研究[M]．哈尔滨：黑龙江人民出版社，2009.

[170] 程遂营，张珊珊．中国长假制度：旅游与休闲的视角[M]．北京：中国经济出版社，2010.

[171] 刘德谦．也论休闲与旅游[J]．旅游学刊，2006，10.

[172] 张晓萍，黄继元．纳尔逊·格雷本的“旅游人类学”[J]．思想战线，2000，24.

[173] 马勇，周霄．旅游的产生发展、本质属性与社会价值[J]．湖北大学成人教育学院学报，2003，4.

[174] 谢彦君．论旅游的现代化与原始化[J]．旅游学刊，1990，4.

[175] 李文明．休闲化是旅游业提升的必由之路：基于旅游主体、客体和媒体的视觉[J]．旅游学刊，2006，9.

[176] 谢彦君．基础旅游学[M]．北京：中国旅游出版社，1999.

[177] 于光远，马惠娣．于光远马惠娣十年对话：关于休闲学研究的基本问题[M]．重庆： 重庆大学出版社，2004.

[178] 马惠娣．休闲：人类美丽的精神家园[M]．北京：中国经济出版社，2004.

[179] 卿前龙．休闲服务与休闲服务发展[M]．北京：经济科学出版社，2007.

[180] 魏小安．中国休闲经济[M]．北京：社会科学文献出版社，2005.

[181] 陈来成．休闲学[M]．广州：中山大学出版社，2009.

[182] 李一．网络行为失范[M]．北京：社会科学出版社，2007.

[183] 赵兴宏．网络伦理学概要[M]．沈阳：东北大学出版社，2008.

[184] 于晓冬．网络休闲局限性与休闲方式的平衡性建构[J]．边疆经济与文化，2007，10.

[185] 鲍庆忠．网络聊天第三种公共交往方式[J]．南京：南京师范大学，2002.

[186] 刘秀峰．我国网络休闲产业发展研究[J]．太原：山西财经大学，2011.

[187] 马惠娣．休闲一文化哲学层面的透视[J]．自然辩证法研究，2000，1.

[188] 刘根．对网络休闲的理性思考[J]．江苏商论，2010，8.

[189] http://www.hhlv.net/newsdetail.aspx?id=194.

[190] 龚煦林，等．休闲体育[M]．长沙；湖南师范大学出版社，2007.

[191] 柴毅龙．畅达生命之道：养生与休闲[M]．昆明：云南人民出版社，2005.

[192] 陈玉忠．论休闲体育与体育休闲[J]．上海体育学院学报，2010，1.

[193] 张宏．论休闲体育的不同组织形式及其特点[J]．武汉体育学院学报，2007，12.

[194] 卢锋．休闲体育活动的分类研究[J]．武汉体育学院学报，2006，12.

[195] 陈颖川，等．城市居民休闲化趋势与大众体育的开发和指导[J]中国体育科技》，2003，1.

[196] 田慧，等．休闲、休闲体育及其在中国的发展趋势[J]．体育科学，2006，4.

[197] 马志福．休闲体育与全民健身运动[N]．中国体育报，2011-4-15.

[198] 滕宁．体育竞技之美赏析[J]．广西师范大学学报（哲学社会科学版），2011，5.

[199] 孙慧，等．传统养生文化与现代休闲理念的契合[J]．体育文化导刊，2007，1.

[200] 康军，陈少青．养生文化的异化与体育价值观的时代化思辨[J]．体育与科学，2011，5.